高等院校
法学融合创新
教材系列

债法

主　编　杨垠红
副主编　朱炎生　郑丽清

厦门大学出版社
XIAMEN UNIVERSITY PRESS
国家一级出版社
全国百佳图书出版单位

图书在版编目（CIP）数据

债法 / 杨垠红主编. -- 厦门 ：厦门大学出版社，2025. 8. --（高等院校法学融合创新教材系列）.

ISBN 978-7-5615-9741-5

Ⅰ. D923.3

中国国家版本馆 CIP 数据核字第 2025YP0105 号

责任编辑　甘世恒
美术编辑　李夏凌
技术编辑　许克华

出版发行　厦门大学出版社
社　　址　厦门市软件园二期望海路 39 号
邮政编码　361008
总　　机　0592-2181111　0592-2181406(传真)
营销中心　0592-2184458　0592-2181365
网　　址　http://www.xmupress.com
邮　　箱　xmup@xmupress.com
印　　刷　厦门集大印刷有限公司

开本　787 mm×1 092 mm　1/16
印张　30.25
字数　740 千字
版次　2025 年 8 月第 1 版
印次　2025 年 8 月第 1 次印刷
定价　68.00 元

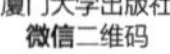
厦门大学出版社
微信二维码

厦门大学出版社
微博二维码

总　序

2023年2月，中共中央办公厅、国务院办公厅印发《关于加强新时代法学教育和法学理论研究的意见》（以下简称《意见》），提出要完善法学教材体系，通过抓好核心教材、编好主干教材、开发新形态教材等，构建中国特色法学教材体系。

为适应新时代法学教育事业发展的需要，贯彻落实《意见》关于法学教材建设的要求，福建省法学会法学教育研究会和厦门大学出版社联合组织福建省内和省外数十所高校的法学院（系）之教学、科研骨干和一线教师，以及法律实务领域的专家，共同编写一套能够充分反映我国社会主义法治建设的伟大成就，适合法学本科教学需要的高等院校法学融合创新教材系列。本系列教材的特色主要体现在以下四个方面：

第一，在内容上，本系列教材以我国现行法为依据，结合执法和司法的实践，系统阐释我国社会主义法治建设的成就。在学理上，以法学通说为主，注重基本概念、基本原理和基本制度的讲解和传授，力求以教材的方式讲好中国特色社会主义法治故事，弘扬社会主义法治精神。

第二，在表达形式上，本系列教材除采用传统章节结构模式外，进一步采用融媒体技术对法学知识点进行多形态拓展，通过在线测试、线上资源、拓展阅读等方式，进一步拓宽教材的广度和深度，使之更符合当代大学生的学习需求和学习方式。

第三，本系列教材除法学核心课程和专业课程教材外，新增大量符合新时代法律人才培养需求的特色课程教材、实践教学教材和实训教材等，以期实现法学教育与时代需求的结合，与法律实践的结合，为构建理论与实践相结合的完整课程体系和教学体系提供支持。

第四，本系列教材作者队伍主体来自福建省内高校的法学专业教师和法律实务部门专家，多数作者具有“教师兼律师”“律师兼教师”“法官兼教师”“检察官兼教师”等法学教育和法律实务的双重角色，他们有着丰富的法学教学和法律实践经验，本系列教材也因此较多地反映福建省法学教育的整体风貌。

组织编写“高等院校法学融合创新教材系列”是福建省法学会法学教育研究会和厦门大学出版社为贯彻落实《意见》精神，构建中国特色法学教材体系的一次尝试，不足之处在所难免，敬请读者批评指正。

柳经纬

2025 年 5 月 1 日

前　言

在人类文明的漫漫征程中，法律宛如一座熠熠生辉的灯塔，为社会的有序运行指引方向，维系着社会的基本秩序。债法作为现代法律体系中的重要组成部分，凭借其严谨的逻辑结构，紧密贴合经济活动的实际，深刻规范着人们的契约行为，对推动经济发展与社会进步发挥着不可或缺的作用。本书旨在帮助读者系统、全面地理解债法，通过结合理论和实际案例，引领大家深入掌握这门学问。

债法的精妙之处，在于将复杂的社会万象凝练为一套科学合理的规则体系。从日常的买卖交易，到跨国的商业往来，从邻里的纠纷处理，到网络侵权责任的界定，债法始终像一只无形的手，默默地保障着交易安全，维护着经济的稳定。学习债法，并非仅仅是机械记住法律条文，更重要的是锤炼“以法为尺”的思维范式，让抽象的法律条文在现实中焕发生机，成为解决实际纠纷的有力工具。

本书的问世，恰逢法治进程的关键节点。随着《最高人民法院关于适用〈中华人民共和国民法典〉合同编通则若干问题的解释》（法释〔2023〕13 号）与《最高人民法院关于适用〈中华人民共和国民法典〉侵权责任编的解释（一）》（法释〔2024〕12 号）的相继出台，传统教材已难承时代之重。作为一本服务于法学入门者的债法教材，我们秉持“守正出新”的原则，既保留债法理论的经典框架，又注入《民法典》及其司法解释的新鲜血液，同时直面教学实践中“知易行难”的症结，将实务基因深植于知识图谱。此外，经过数年教学实践，编写组发现传统教材在理论与实务衔接方面存在提升空间，尤其需要强化知识转化能力的培养。为此，本书在保留法学基础逻辑的前提下，通过体系创新与资源整合，构建起符合新时代法治教育需求的立体化教材体系。

本书以《民法典》为依据，采用“总分结合、类型化研究”的体系架构，系统阐释债法的理论逻辑与实务规则。全书共分十八章，以债的发生原因为主线，依次展开合同、无因管理、不当得利及侵权责任四大债之类型研究。全书编排突出三大特色：一是遵循“债法总论—合同分论—法定之债—侵权责任”的递进逻辑，强化理论体系性；二是注重规范与实践结合，对物业服务合同等实务难题设专章研究；三是吸纳《民法典》最新修订成果，确保规则解析的时效性。这种编排既满足法学教育的体系化需求，又为司法实践提供精准指引，有助于读者全面掌握债法的规范逻辑与适用要点。

本书着力打造"纸电融合"的新型教材形态，通过多元化教学资源的有机整合，构建全方位学习支持体系。

知识可视化系统：每章配备思维导图，以图形化方式呈现知识脉络，帮助学习者快速建立知识框架，实现"一图掌握全章精髓"的学习效果。

动态教学资源库：本教材创新性地采用二维码＋微课音视频的融合式教学模式，将重点、难点知识转化为动态延伸的可视化学习资源，通过多维度拆解、场景化解读与典型案例剖析，为读者打造"即扫即学、即学即用"的深度学习体验。

案例实训体系：本教材通过以案释法的方式，将大量贴近现实的典型案例融入理论讲解，针对法律条文理解与实务操作中的重难点问题进行情景化剖析，以帮助读者在案例推演中深化理论认知、提升法律思维与实践应用能力。

能力测评系统：每章设置客观题与主观题，习题设计注重与国家统一法律职业资格考试命题趋势接轨，通过高频考点映射、新型题型模拟与实务场景化训练，强化法律职业能力培养。

拓展阅读模块：本教材每章特别设置多维延伸阅读模块，系统整合经典文献精读、前沿研究成果与实务动态解析，引导读者突破书本知识边界，在经典理论与前沿研究的对话中实现认知迭代与思维升级。

在此，谨向厦门大学出版社编辑团队致以深切谢忱。衷心感谢厦门大学出版社的编辑团队在内容审校与出版流程中展现的专业素养与高效协作，为本书的规范化、精品化呈现提供了重要保障。

特别感谢福建师范大学法学院李正凝、臧赫若、苏源、高天、李好、黄祯祺、刘仁彬、关昕铭、黄晨阳、吴永超、黄宏仙、许淑娟、周媛、夏莉莉、陈天琦等学生的协助。同时也感谢法院、检察院、律师事务所同人们提供的支持与帮助。

核心编写组(按章节先后顺序)：

郑丽清教授(福建师范大学法学院)：第一章、第九章、第十章(除第七节外)、第十一章第三节。

杨垠红教授(福建师范大学法学院)：第二章、第四章、第五章、第七章、第八章。

林翠秀副教授(福建江夏学院法学院):第三章、第六章。

黄佳钰讲师(华侨大学法学院):第十章第七节、第十一章第一、二、四、五节。

朱炎生教授(厦门大学法学院):第十二章、第十三章。

徐婧副教授(福州大学法学院):第十四章、第十五章、第十八章第一节至第四节。

吴雅婷讲师(闽江学院法学院):第十六章、第十七章、第十八章第五节至第八节。

编写团队始终秉持“理论与实践并重、传统与创新融合”的理念,力求通过体系化的知识架构与前沿化的呈现方式,为法学学习者提供优质的入门指南。由于水平有限,书中疏漏之处恳请学界同仁与读者指正。

本书编写组

2025 年 3 月 31 日

定稿于星雨湖畔人文楼

目 录

第一章　债法概述

思维导图

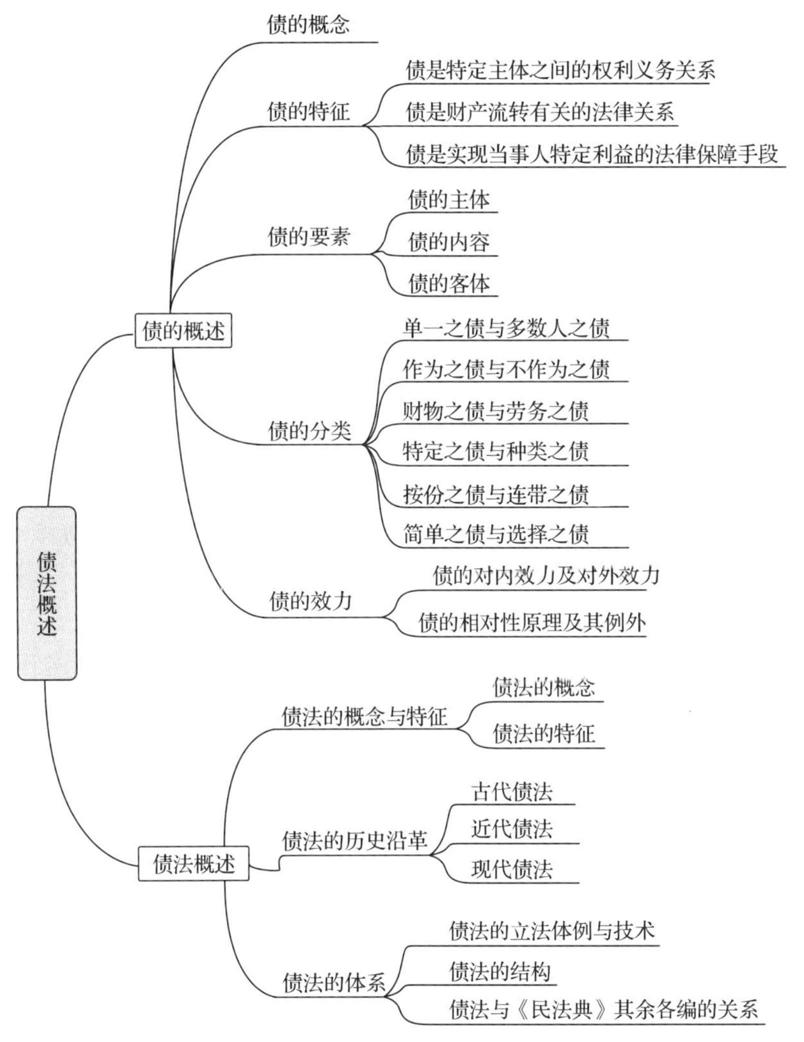

第一节　债的概述

一、债的概念

债法制度是相当古老的制度，它不仅是经济交往的基础，也是社会和谐稳定的重要保障，因此，界定债的内涵和外延十分重要。理论上认为，对于债的概念，有广义和狭义之分。广义债之关系可界定为特定民事主体间基于法定或约定形成的财产性权利义务关系，其本质特征体现为权利主体与义务主体之间实施特定作为或履行不作为的权利义务关系。狭义的债，仅指代债权或者债务，并且特别指代债务。在法学语境中，当指涉"债"这一法律概念时，通常采用广义的债之定义，理由如下：

一方面，采用广义的债的概念有利于全面把握债权人和债务人之间的法律关系。[①] 例如，甲与乙签订一份买卖合同，甲交付货物，乙支付价款。在狭义的理解中，合同签订时，债权和债务就已确定，甲有交付货物的义务，乙有支付价款的义务。然而，在买卖合同关系中，不仅包含标的物所有权转移（主给付义务）与价款支付（对待给付义务）这类狭义债之关系，更涵盖诸多衍生性法律约束：出卖人负有的标的物瑕疵披露义务（附随义务）、买受人逾期付款产生的法定孳息责任（违约救济）、风险移转后出卖人对保管费用的求偿权（费用偿还之债）等复合型法律关系。广义的债可将买卖双方在缔约磋商、履行阶段乃至后合同义务期的众多的债权债务以及权能、拘束以及衍生出来的责任等组成涵盖其中。

另一方面，采用广义的债的概念有利于从动态视角把握债的发展过程。在广义的债的体系中，债权和债务被视为一个动态的过程，包括产生、变更和消灭等多个阶段。例如，甲与乙签订买卖合同后，乙因资金周转困难，与甲协商延期支付价款。这种协商变更了原有的债务履行期限，体现了债务的变更过程。随后，乙在延期期间支付了部分价款，这又体现了债务的部分履行。最后，乙支付完全部价款，债务消灭。整个过程中，债权和债务的状态不断变化，广义的债能够更完整地反映动态变化，而狭义的债则可能忽略这些。

相较于狭义的债，广义的债具有以下两个特点：其一，广义的债具有更加全面的规范构造，不仅包含基础性的权利义务关系，还衍生出抗辩权体系、形成权机制以及各类法定责任形态，构成一个多层次、立体化的法律规范系统；其二，广义的债具有动态演进特征，债的关系始终处于持续发展的状态，从缔约阶段的萌芽、履行期间的成长、到违约后的救济，直至最终权利义务关系的终止，整个过程呈现出鲜明的生命发展周期特性。[②]

---

① 参见王利明：《债法总则研究》，中国人民大学出版社 2015 年版，第 9～10 页。

② 参见崔建远、陈进：《债法总论》，法律出版社 2021 年版，第 3 页。

广义的债全面化、动态化的规范构造在司法实践上意义重大。在争议解决程序中，当事人提出的权利主张必然以特定的债权债务关系作为请求权基础。司法或仲裁机构在审查此类主张时，需对相关法律关系进行全方位的法律评价：既要考察基础法律关系的效力状态（如合同效力是否存续），又要分析抗辩事由的适格性（包括但不限于时效抗辩、履行抗辩等），同时还需评估当事人是否全面履行了包括附随义务在内的各项法律义务。这种多层次的审查机制要求裁判者必须突破狭义的债之关系的局限，将先合同义务、履行过程中的衍生义务以及后合同义务等纳入考量范围。① 正是广义的债的全面性和动态性，使其能够有效应对现代交易中日益复杂的权利义务形态，为司法裁判提供更加全面、灵活的法律适用框架，从而确保裁判结果既符合法律规范的要件要求，又能适应商业实践的发展需求。

二、债的特征

（一）债是特定主体之间的权利义务关系

该特征体现在两个方面：一是主体特定。债的法律关系当中，至少涉及两类主体，一为债权人，二为债务人。“特定的”主体要求债权人与债务人具有明确且独特的身份地位。这种特定性要求双方的身份必须明确可识别，且均具有不可替代性。二是内容特定。双方当事人订立的合同自生效之时起，权利义务均已明确，不得随意变更；若义务方未能履约时，债权人一方可以就合同承载的特定债权主张权利，债务人也应当承担特定的违约责任。债是特定主体之间的权利义务关系，也是债的相对性在主体之间的体现。

案例：原告诸暨市某建材有限公司和被告浙江某某建设集团有限公司订立合同，约定原告为被告承建的工程供货电缆、管道材料等，货物已全部交付。合同履行过程中被告张某某和赵某某分别在电缆购销合同和结账单上签字。后经原告多次催要，三被告未支付分文。2016 年 12 月 26 日，原告诉至法院请求判令三被告立即向原告支付拖欠的货款 567971 元，并支付该款自 2016 年 7 月 1 日起至付清之日止按每天 3‰计算的补偿金，并互负连带责任。

解答：根据债的法律特征及相关概念，债权人诸暨市某建材有限公司有权向合同的相关方，即债务人浙江某某建设集团有限公司、张某某、赵某某提出并主张其相应的债权权利。

（二）债是与财产流转有关的法律关系

债的核心内容是财产的流转。财产流转是财产在不同主体之间的转移和变动，而债则是这种财产流转的法律关系的表现形式，是由在资源配置中起决定性作用的市场来把握的。债是财产流转过程中的承载体。在我国秉持区分原则的物权变动模式下，债权合意构成物权变动的法定基础，物权处分须以有效债权关系为前提要件。典型例证如不动

① 参见李永军主编：《债法教程》，法律出版社 2024 年版，第 5 页。

产交易领域，当事人缔结买卖契约即产生债法效力，但所有权的实际移转须待完成物权登记程序这一程序性要件。由于立法体系否认物权变动无因性原则，债权关系的有效成立及存续状态始终构成物权变动的效力前提。

（三）债是实现当事人特定利益的法律保障手段

债的法律关系在实现经济利益、保障公平正义以及适应社会经济发展等方面，发挥着重要作用。《民法典》通过明确的权利义务安排，设置违约责任机制，以及提供多样化的法律保障手段，为民事主体实现特定利益提供了坚实的法律基础。在特定利益的具体实现上，不同种类的债具有平等的效力。当同一债务人承担多个债务时，各个债务在法律效力上地位平等。即使债务的清偿顺序可能有先后，其法律效力依然平等。

关于"债的概念与特征"的详细阐释，可扫码观看视频：

三、债的要素

（一）债的主体

债权债务关系中的主体具有明确界定性，即权利主体与义务主体均呈现具体化特征。此种法律关系的特殊性在与《民法典》规定的物权、人格权等绝对权法律关系对比时尤为显著。在物权法规范体系中，尽管物权关系与债权关系均具有权利义务的法定确定性，但基于物权的绝对权属性，其义务主体范围具有不特定性特征。任何非特定民事主体均需承担不得妨害权利人物权行使的消极不作为义务，此种义务的普遍性正是物权对世效力的实质体现。相较而言，债权债务关系不仅权利义务内容层面具有确定性，更在法律关系主体维度展现出确定性——尤其体现为债务人的具体化指向。这种主体特定性的差异构成债权区别于其他民事权利的重要特征：物权等绝对权围绕权利主体形成辐射，债权则表现为特定主体间相互对应的权利义务约束。

（二）债的内容

在民事法律关系中，债之权利义务的实质内涵体现为权利主体依法享有的请求权能，具体表现为债权人可向具有特定义务的债务人主张其实施特定作为或履行不作为义务。依据《民法典》第 118 条的规定，债权是因合同、侵权行为、无因管理、不当得利以及法律的其他规定，权利人请求特定义务人为或者不为一定行为的权利。《民法典》虽没有对债直接作出定义，但借助对债权的阐释，清晰地明确了债权产生的多种依据，为权利人主张权利提供清晰的法律指引，也充分彰显了我国民法"以人为本"，保障民事主体合法权益的立法宗旨。债务作为债的重要组成部分，是债权得以实现的对应义务。在日常法律实践与生活中，人们审视债法时，往往从义务，或者说是从债务的角度出发。这与物权领域的讨论形成鲜明反差。物权的探讨多围绕权利或者物权本身，而非义务。

关于"债权与其他民事权利的区别"的详细阐释，可扫码观看视频：

（三）债的客体

在民事法律关系中，债之客体指向权利义务共同作用的具体对象，其本质体现为义务人应履行的给付行为。根据行为特征可划分为财物交付、金钱支付、权利转移、劳务提供、成果提交及消极不作为等法定类型。给付，是债权人实现权利和债务人履行义务的具体方式，具有双重意义，[①]包括给付行为和给付效果。前者指给付存在于给付本身，后者指给付须达其目的。区分给付行为和给付效果的意义在于，区别不同合同所应当达到的目的。给付行为是指债务人按照约定或法律规定完成了特定的行为，无论债权人的目的是否实现，债务人都因清偿而消灭债务。给付效果则要求债务人的行为必须实现特定的效果，如果未达到效果，即使行为已完成，仍构成债务不履行。学说亦认为，给付是带有增益他人财产之目的的行为。[②]

四、债的分类

债依据性质和划分标准，衍生出丰富多样的分类。本书将介绍一些经典分类。学习这些分类，有助于全面认识债的不同特性，精准把握各类债在法律规范层面的意义及其产生的法律效果。

（一）单一之债与多数人之债

在民事法律关系分类体系中，权利义务主体数量构成债的类型划分标准。单一之债特指仅存单一债权人与单一债务人构成的法律关系，其权利义务关系呈现清晰对应的双务结构；多数人之债则表现为至少一方存在两个以上民事主体参与的法律关系，具体可划分为债权人复数型、债务人复数型及双方复数型三种样态。广义的多数人之债，指的是只存在一个债权或债务，但债权人或债务人为复数；狭义的多数人之债，存在复数债权或债务，但其给付目的同一，因此对同一个给付，存在复数债权人或者复数债务人。但是，如果债的一方为两人或两人以上，以“共同的名义”（如名称、商号）对外订立合同时，为单 之债。

区分单一之债与多数人之债，关键意义在于准确界定不同情形下的法律责任，这涉及当事人享有的不同法律请求权。在单一之债中，由于权利义务主体仅存在单一债权人与债务人，因此其法律责任的归属呈现绝对指向性，任一主体的请求权行使均直接作用于特定相对方。而多数人之债因存在复数主体，在给付可分的情况下，可以类比按份共有，划分为按份债权、按份债务和连带债务；在给付不可分的情况下，可以成立连带债权、协同债权、连带债务和协同债务，这些差异化责任形态直接影响债权人实现债权的路径选择及债务人内部追偿权的行使边界。多数人之债还涉及对内效力和对外效力两个方面的问题。外部效力表现为全体债务人与债权人集合体之间的权利义务关系，体现为债务履行的整体性约束；内部效力则指向共同债务人之间的责任分担机制，涉及履行义务

① 参见王泽鉴：《债法原理》，北京大学出版社 2022 年第 2 版，第 27～28 页。

② 参见解亘、冯洁语、尚连杰：《板书体债法总论》，北京大学出版社 2024 年版，第 4 页。

后的内部追偿权及责任比例划分问题。

（二）作为之债与不作为之债

依据债的内容系积极的或消极的行为而作出的分类。作为之债以积极的行为作为给付内容，不作为之债以消极的行为。作为之债与不作为之债不能以单纯的身体动静作为划分标准。作为之债要求债务人积极实施特定的行为，例如支付货款、提供服务或交付物品等，其履行方式表现为通过积极的行为完成债务；而不作为之债则要求债务人避免实施特定的行为，例如不从事竞争活动、不泄露商业秘密或不干涉他人权利等，其履行方式表现为通过消极的不作为来实现债务的履行。因此，两者的核心区别在于债务内容及履行方式：作为之债以积极行为为特征，强调债务人的主动履行；而不作为之债以消极行为为特征，强调债务人的克制与不行动。

区分作为之债与不作为之债具有重要法律意义，主要体现在两方面：其一，强制执行方法不同。当债务不履行时，作为之债（如交付标的物或提供劳务）可通过直接强制（如强制履行）、替代履行（由第三人代为履行并由债务人承担费用）或损害赔偿等方式实现；而不作为之债（如禁止竞业或禁止排放污染物）因履行内容往往具有人身专属性，通常仅能通过间接强制（如罚款、拘留等）迫使债务人停止侵害行为。其二，可转让性不同。作为之债的债权和债务通常可依法转让或由第三人代为履行；而不作为之债的债权债务因涉及特定主体的行为限制或容忍义务，一般不可转让或由他人替代履行。[①]

（三）财物之债与劳务之债

依据给付的标的为财物或劳务而作出的分类。财物之债，是指以财产、财物的交付为主要给付内容的债，例如买卖合同、租赁合同、赠与合同等；劳务之债，是指由当事人完成一定的事务或者劳动财产、财物的交付为主要给付内容的债，如律师为客户提供案件分析、合同审查等专业意见，客户支付的是律师的智力劳动，而非获得实物，这就是典型的劳务之债；又如某业主与家政公司签订服务合同，约定由家政公司指派保洁员为其提供清洁服务，在该合同中，合同给付内容是家政人员提供清洁劳动，而非交付任何物品。

财物之债与劳务之债在履行主体及方式上存在显著区别，因此对二者进行区分对于司法实践中债务履行不能的认定、违约责任承担方式的选择具有重要指引作用。就履行方式而言，财物之债的核心在于标的物的给付，债权人以获取特定财物的所有权或使用权为根本目的。其履行具有客体替代性，即只要最终交付的标的物符合法定或约定要求，既可由债务人直接履行，亦可经债权人同意由第三人代为履行。例如，在建设工程合同中，发包方对工程款的支付义务既可通过自身账户完成，亦可授权第三方金融机构划转。区别于财物之债，劳务之债的本质是人身专属性的服务行为，其履行过程与债务人的人格特征、专业技能等不可分割，此类债务的成立基础在于债权人与债务人之间形成的特殊信赖关系，因而具有不可替代性。以法律委托合同为例，委托方支付律师费的义务属于财物之债，可通过自主支付或第三方代付实现；而受托律师提供的诉讼代理、法律

---

① 参见解亘、冯洁语、尚连杰：《板书体债法总论》，北京大学出版社 2024 年版，第 11～12 页。

意见撰写等专业服务，则因其对执业资格、专业能力的特殊要求，必须由合同约定的律师亲自履行，不得任意转由其他主体替代。[①] 就违约责任的承担方式而言，财物之债以继续履行、损害赔偿为核心救济方式，尤其金钱债务具有绝对强制力；劳务之债则受限于人身权保护原则，通常以替代成本赔偿或解除合同为主，排除人身强制履行。

（四）特定之债与种类之债

特定之债与种类之债是对财物之债的进一步区分，值得注意的是，劳务之债项下并无此种区分。特定给付之债与种类给付之债的划分依据，取决于标的物在债之关系成立时是否完成特定化程序，即给付的标的物是否被具体化、特定化。[②] 特定之债要求所给付之标的物为特定的标的物，而种类之债则要求给付的标的物为某一种类之中的一定数量的某种物。

区分特定之债与种类之债的意义在于确定给付人的给付义务。特定之债的履行要求具有严格性，债务人必须严格按照合同约定的特定标的物进行给付，任何替代性履行均不构成债务的完全履行。例如，在艺术品买卖合同中，债务人必须交付合同明确指定的特定画作，交付其他同类作品不产生履行效力。种类之债的履行具有选择性，债务人在符合合同约定的种类、规格等基本要求的前提下，可以在一定范围内自主选择具体的给付标的。以农产品买卖合同为例，只要交付的粮食符合约定的品种、等级等标准，债务人可以选择不同批次的产品进行履行。

另外，标的物因不可抗力灭失，债务人能否免除给付义务不同。如果是特定之债，债务人不能履行的，被视为履行不能，从而适用其他救济措施；但如果是种类之债，则可以同类物替代，不产生履行不能的问题，[③]原因是：种类之债具有较强履行弹性，标的物灭失时债务人仍可通过替换同种类物继续履行（如电视机毁损后重新采购同型号产品）；[④]特定之债则因标的物唯一性，一旦灭失即可能构成履行不能（如孤品艺术品损毁）。

（五）按份之债与连带之债

这是在多数人之债的基础上，按照债的标的是否可分而为的划分。所谓按份之债，依据《民法典》第 517 条第 1 款的规定，是指债主体为多数人的一方，各自按照一定份额享有权利或承担义务的债。例如，在合伙企业经营场景中，若合伙人 A 与 B 按出资比例共同购置生产设备并出租予第三方，则各合伙人对承租人享有的租金收益分配权即构成按份债权；反之，若该合伙体因共同经营需要承租厂房，合伙人依约定比例对出租方承担的租金分摊义务则形成法定按份债务。[⑤] 所谓连带之债，依据《民法典》第 518 条第 1 款的规定，是指债主体为多数人的一方，各个当事人之间存在连带关系的债。其中“连带关系”是指当事人之间的权利或义务具有共同目的，因此在债的效力、消灭上相互发生牵

---

① 参见刘凯湘：《债权法讲义》，人民法院出版社 2024 年版，第 44 页。

② 参见李永军主编：《债法教程》，法律出版社 2024 年版，第 34 页。

③ 参见李永军主编：《债法教程》，法律出版社 2024 年版，第 37 页。

④ 参见刘凯湘：《债权法讲义》，人民法院出版社 2024 年版，第 40 页。

⑤ 参见崔建远、陈进：《债法总论》，法律出版社 2021 年版，第 42 页。

连。对于连带债权人而言,任一或多个权利主体均具有独立主张债权实现的资格;而在连带债务情形中,债权人得向特定数量的义务主体或全体债务人主张全额清偿。例如,若夫妻作为受遗赠人,就遗赠而为的清偿义务,此时,即为连带债务。若夫妻以共同财产购买房屋,此时,该夫妻对出卖方交付房产并移转所有权的债权,即为连带债权。①

区分按份之债与连带之债有着对外以及对内两层价值。对外体现为有助于明确责任边界。在按份之债中,权利义务的行使范围严格以特定份额为限,各民事主体仅得在法定比例范围内独立行使权利或负担责任。当特定权利主体获得其对应比例之给付,或义务人完成法定份额范围内的责任承担时,该主体即从原有复数主体构成的债之关系中退出,不再与其他参与方产生法律上的权利义务牵连。② 如甲、乙按 3:7 比例分担债务,债权人只能分别主张 30%和 70%的债务承担。在连带之债中,任一债权人有权要求债务人履行全部债务、任一债务人负有清偿全部债务的义务。如甲、乙连带清偿 100 万元,债权人可直接向甲或乙主张全额债权。在连带之债中,任一义务人完成债务的完全清偿将产生绝对性消灭效力,该法律事实不仅导致主债权债务关系的终止,同时解除其他连带责任人的法定给付义务。③ 对内体现为债务人清偿后内部追偿的实现。连带之债通过"外部连带、内部按份"的规则平衡效率与公平,对外便利债权人快速实现债权,对内通过追偿权避免债务人承担超出自身份额的最终责任(《民法典》第 519 条第 2 款);按份之债则直接以"比例分割"简化法律关系,降低债务人之间的潜在纠纷风险。

(六)简单之债与选择之债

这是以债的给付内容或者债的标的有无可选择性作为划分标准而进行的分类。简单之债,也称不可选择之债,是指债的给付内容或给付标的在债的关系成立时即已确定且唯一,债务人必须依照该特定内容或标的履行,债权人亦只能请求该特定内容或标的的履行,不存在选择或替代的可能性的债。选择之债,是指债的给付内容或者给付标的上,通过约定或者法律规定,债务人或者债权人可以进行选择,选择其中之一的给付内容或者给付标的进行履行,选择以后就把选择之债变为简单之债。可以认为,特定之债是特殊情况下的简单之债,种类之债是特殊情况下的选择之债。④

选择之债的特定指履行债务前,享有选择权的一方将两种以上的给付特定为一种,行使选择权后,履行债务则完全遵循简单之债的履行原则、规则及方法。⑤ 关于其特定需要注意的有以下两点:其一是选择之债中选择权的归属。根据《民法典》第 515 条第 1 款的规定,当标的有多项而债务人只需要履行其中一项时,债务人享有选择权,但是法律另有规定、当事人另有约定或者另有交易习惯的除外。依此规定,选择权原则上属于债务人一方,但是,当选择权人怠于行使选择权,也可能发生选择权法定地移转至对方当事人

① 参见崔建远、陈进:《债法总论》,法律出版社 2021 年版,第 42 页。

② 参见解亘、冯洁语、尚连杰:《板书体债法总论》,北京大学出版社 2024 年版,第 395 页。

③ 参见解亘、冯洁语、尚连杰:《板书体债法总论》,北京大学出版社 2024 年版,第 400 页。

④ 参见李永军主编:《债法教程》,法律出版社 2024 年版,第 46～48 页。

⑤ 参见崔建远、陈进:《债法总论》,法律出版社 2021 年版,第 38 页。

的后果。根据《民法典》第 515 条第 2 款规定，当享有选择权的当事人在约定期限内或者履行期限届满未作选择，经催告后在合理期限内仍未选择的，选择权转移至对方。其二是选择之债中选择权的行使。根据《民法典》第 516 条第 1 款规定，选择权的行使方式应当以通知的方式行使，通知到达对方时，标的确定。此外，516 条第 2 款还规定可选择的标的发生不能履行情形的，享有选择权的当事人不得选择不能履行的标的，但是该不能履行的情形是由对方造成的除外。

对简单之债与选择之债进行区分有着重要的理论价值与实践意义。① 理论上，明晰选择之债的特殊规则（如选择权归属、行使条件及法律效果），是理解债法规范逻辑的关键环节，不仅有助于准确界定债权人与债务人的权利义务关系，而且有利于正确区分选择之债与种类之债、任意之债等相近概念的差异，能够更精准地把握债的体系结构，避免因概念混淆导致法律适用偏差。实践上，正确认识选择之债选择权的性质和行使方式（不能通过诉讼请求行使，而仅仅通过转移选择权的处理方式），有利于正确把握意思自治与法律强制之界限。

五、债的效力

债的效力，指的是债的关系发生后，为实现其内容，而在法律上所赋予的效果或权能。②

（一）债的对内效力及对外效力

债的对内效力与对外效力是债之法律效力的两个核心维度。对内效力聚焦于债之关系对直接当事人的约束，表现为债权人请求履行权与债务人给付义务的严格对应。对外效力则突破债的相对性，典型如债权人得以行使代位权介入债务人与次债务人间的权利义务关系；在利益第三人合同中，非缔约方基于特别约定直接取得给付请求权。这两类效力共同构成债之约束力的完整框架，既维护当事人意思自治的基础，又为后续探讨债的相对性原理及其法定例外提供逻辑起点。

（二）债的相对性原理及其例外

1. 债的相对性原理

在民事法律效力理论中，债之关系相对性原则体现为权利义务的严格主体限定性特征，其规范要义在于债之法律拘束力仅作用于特定债权人与债务人构成的闭合法律关系框架内。学理上亦称债之效力内部性，具体表现为债权人行使权利的对象范围严格限定于合同相对方，义务人履行责任的指向性亦不得突破既定的法律关系框架。这使得债的关系在特定当事人之间形成，与物权的绝对性形成鲜明对比，是罗马法中“法锁”概念的体现。

---

① 参见李永军主编：《债法教程》，法律出版社 2024 年版，第 50 页。

② 参见郑玉波著，陈荣隆修订：《民法债篇总论》，中国政法大学出版社 2004 年版，第 244 页。

该原理在《民法典》第 465 条第 2 款规定中得以体现，依法成立的合同，仅对当事人具有法律约束力之规定，但是法律另有规定的除外。该条款通过“仅”字的限定性表述，精准锚定债之相对性的规范边界；同时，该条的但书条款还为后续特别规范（如代位权、涉他合同）的例外适用预留制度接口。

关于债的相对性的具体内容，主要现为三个要点：一是主体相对性，二是内容相对性，三是责任相对性。主体相对性要求权利义务仅约束特定债权人与债务人，第三人非经法定程序不受债之关系直接拘束；内容相对性强调，债之效力严格限定于特定主体间的给付关系，债权人行使请求权的对象严格限定于特定债务人，非经法定特别程序授权不得向非缔约第三方主张权利；责任相对性则体现为违约救济的效力边界始终维系于缔约主体之间，第三方既非责任承担主体亦非救济请求权主体，例如《民法典》第 593 条明确排除因第三人原因违约的对外追责可能。

2. 债的相对性原理的例外

《民法典》第 465 条第 2 款“法律另有规定的除外”，为相对性原理的突破设定严格法定条件。债的相对性的突破，也称为债的对外效力，可认为是债权效力的扩张。以下介绍几种常见的情况。

(1)真正的利益第三人合同

真正的利益第三人合同作为突破债的相对性原理的典型制度，在《民法典》第 522 条第 2 款中得以确立。其中，第三人无须通过债权人介入，可直接向债务人主张履行请求权体现了对债的相对性的突破。

真正的利益第三人合同的构成要件包含以下几个方面：首先，第三人直接请求权的产生基础须来源于法律特别规定或当事人明确约定的条款；其次，立法特别赋予第三人意思自治保障机制，即依私法自治原则，即便缔约双方已设定利他条款，第三人仍保有拒绝受领利益的法定权利；最后，制度设计确立权利推定规则，若第三人在法定期间内未作出拒绝意思表示，则视为接受合同利益配置，此时直接请求权自动生成。这一机制既尊重第三人的意思自治，又避免合同效力长期处于不确定状态。需注意的是，第三人一旦行使拒绝权，其权利溯及消灭，原本为其设定的履行利益回归至债权人，但若债务人已向第三人履行部分义务，可能涉及不当得利返还问题。

真正的利益第三人合同的法律效果是当义务人未按约定向第三人实施给付时，第三人得主张债务人履行给付义务或承担损害赔偿责任，该法定救济路径突破传统合同相对性限制；但基于非缔约方地位的特殊性，第三人的权利范围严格限定于给付请求权本身，不得扩张至合同变更权、撤销权等形成权领域。同时，债务人基于债务人地位对债权人享有的抗辩权可向第三人主张，通过权利制约机制实现三方利益衡平。

另外，值得一提的是《民法典》第 522 条第 1 款关于不真正的利益第三人合同的规定，该条款严格遵循了债的相对性原则，主要表现在以下三个方面：其一，第三人仅具备受领资格但未获独立请求权，其权利存续状态完全依附于原债权债务关系，权利行使范围受制于基础合同效力；其二，债务人仅对债权人承担合同义务，未向第三人履行的法律后果仅限于对债权人的违约责任，第三人不得主张独立的权利救济。相比之下，第 2 款规定的真正利益第三人合同突破了债的相对性，其核心区别体现在：在权利性质上，真正利益第三人合同的第三人享有独立请求权；在违约责任承担上，第三人可直接请求债务人承担责任。这两款的本质区别在于是否赋予第三人独立的法律地位，从而突破传统债法中的相对性原则。

(2)债权的物权化

债权的物权化在债法中主要体现在租赁权的物权化。传统民法理论中，租赁权属于债权，但其通过“买卖不破租赁”规则被赋予对抗第三人(新所有权人)的效力，具有“债权物权化”特征。《民法典》第725条是对于“买卖不破租赁”的规定：“租赁物在承租人按照租赁合同占有期限内发生所有权变动的，不影响租赁合同的效力。”这一规定发源于近代社会。房屋作为不动产，其所有权人所享有的最大利益就在于利用它，最多的途径在于居住。但随着经济的发展，地产商人大量涌现、产业快速发展，则居住的需求变小了，这些商人用房屋租赁来赚取租金，法人也开始作为出租人。在居住供需关系变化时，更需要保护出租人与承租人的利益平衡。否则不仅承租人的利益得不到保障，出租人的营利行为也无法持续。因此就出现了以租赁权物权化为代表的债权物权化现象。

“买卖不破租赁”突破债的相对性表现在以下几个方面：其一是权利义务的法定延伸。根据《民法典》第725条规定，新物权人虽非原租赁合同缔约方，仍须受既有租赁关系约束。这意味着新所有权人(买受人)虽未参与原租赁合同订立，却需直接承受合同义务(如允许承租人继续使用租赁物)，并受合同条款(如租金、期限)约束。其二是承租人可对抗新所有权人。承租人无须与新所有权人重新订立合同，即可基于原租赁合同主张权利(如继续占有使用租赁物)。若新所有权人要求承租人搬离或变更合同内容，承租人可援引第725条直接对抗，这显然超出了债的相对性框架下“合同仅约束缔约方”的范畴。其三是新所有权人的被动承受地位。新所有权人不得以“非合同当事人”为由拒绝履行原租赁合同义务，其权利受原合同限制(如不得擅自提高租金或缩短租期)。这体现了租赁合同效力对第三人物权的直接干预。

《民法典》第725条确立的“买卖不破租赁”原则虽然保护了承租人的权益，但其适用并非绝对，存在以下限制和例外情形：首先，承租人对租赁物的实际控制构成规范要件，该原则仅适用于租赁物已通过交付实现占有移转且处于持续占有状态的情形，若租赁关系仅停留于契约层面而未完成标的物交付，则承租人无权主张对抗效力。其次，租赁合同效力需合法有效，若合同因违反法律强制性规定、存在欺诈胁迫等事由被确认无效或撤销，或根本未成立，则承租人基于无效合同无法主张对抗新所有权人；最后，租赁物权利受更高优先顺位限制。根据《民法典》第405条规定，“抵押不破租赁”的前提是抵押权设立前，抵押财产已经出租并转移占有，若抵押权设立时间早于租赁合同，则原租赁关系不得对抗通过强制执行或抵押权实现取得所有权的新权利人。例如甲将房屋抵押给银行后出租给乙，银行行使抵押权拍卖房屋时，乙不得以“买卖不破租赁”对抗新买受人丙，此系因抵押权作为物权优先于租赁债权。

(3)债的保全

代位权与撤销权是法律赋予债权人的两项重要权利,旨在防止债务人财产不当减少,确保债权实现。债的保全制度作为债的相对性突破的典型代表,在保护债权人利益、维护交易安全等方面发挥了重要作用。

《民法典》第535条以及第537条是对代位权的有关规定,其对债的相对性的突破表现在以下两个方面:其一是权利行使主体的突破。债权人得以突破合同相对方限制,直接以诉讼主体资格向次债务人主张原属债务人的债权,此种制度设计打破"债权人—债务人"封闭结构,形成"债权人—债务人—次债务人"的权利实现路径。例如:甲欠乙10万元,丙欠甲8万元。若甲怠于向丙追讨,乙可起诉丙,要求丙直接向乙履行8万元债务。其二是义务履行对象的突破。根据债的相对性原理,次债务人仅需向债务人履行义务,《民法典》第537条规定,法院认为代位权成立的,法院可判令次债务人直接向债权人履行,使债权人成为实际受偿主体,打破"债务关系仅约束直接当事人"的界限。

《民法典》第538条至542条是关于债权人撤销权的规定,对于债务人实施的无偿财产处分行为,撤销权构成要件采取客观主义标准,即无须证明相对人主观状态,仅需满足侵害债权之客观事实;而对于有偿交易行为,则适用主客观结合标准,要求债权人举证证明债务人与相对人存在损害债权的主观恶意,具体涵盖以显著低价让渡资产、异常高价受让财产或为他人债务设定非对等担保等异常交易形态。撤销权对债的相对性的突破主要表现在权利主体的突破。根据债的相对性原理,债务人与第三人的法律行为(如买卖、赠与)仅约束双方,债权人无权干涉。在债权人撤销权制度的效力构造中,权利实现的突破性体现在债权人得以通过司法程序直接否定债务人与第三人之间法律行为的效力。当撤销之诉经裁判确认成立时,该被撤销行为产生溯及既往的效力自始无效。

第二节　债法概述

一、债法的概念与特征

(一)债法的概念

债法,指的是调整有关债的法律关系的法律规范的总称。债法可分为形式意义上的债法与实质意义上的债法。形式意义上的债法,是指《民法典》中关于债的规范体系,如合同编、侵权责任编等。实质意义上的债法,包括民法典在内的所有调整债的关系的法律规定、法律解释等一切债的规范。前者如《证券法》第53条以下关于从事禁止交易行为的损害赔偿的规定、《公司法》第191条对董事第三人责任的规定、《反不正当竞争法》第6条与第8条结合第17条对经营者从事不正当竞争行为的损害赔偿责任的规定、《企业破产法》对破产债权清偿顺序的规定等;后者如《最高人民法院关于适用〈中华人民共和国民法典〉合同编通则若干问题的解释》(法释〔2023〕13号)等。实质意义上的债法往往涉及对形式债法的细化与补充,故对于债法的概念,应从两个方面同时加以把握,以正确适用法律。

(二)债法的特征

1. 债法具有动态性

债创设出了当事人之间的紧张关系,而该紧张关系又迫使债务人通过清偿予以消除,消除后,债权人就获得其应得的给付,由此债法促成了金钱、货物以及服务的流动。相比于关注静态财产关系即解决财产归属与利用方式的物权法,债法处理的是市场交易的规则,具有较强的动态性。债之关系作为物资流动的媒介,不仅以过去及现在的财富为目标,还可以将来可能发生的社会财富为内容(例如期货),使财富融通更加频繁,最终加速与促进经济的发展。

2. 债法具有任意性

所谓任意性,是指当事人可以通过约定排除有关法律的适用。有关合同的许多规范其实都是任意性规范,例如当事人可以自行约定违约金以排除法定损害的适用等;侵权之债、无因管理之债虽然是一种法定债之关系,但其也具有任意性的特点。例如,在侵权损害赔偿之债成立以后,债权人可以免除债务、在一定范围内可以进行债的抵销,也可以通过和解的方式形成新的债,而且当事人可以就债的履行方式、履行期限等作出约定。

3. 债法具有国际性

债法作为规范交易秩序的核心制度,在全球化进程中日益显现国际化特征。资本跨境流动与商事交往要求突破国界限制,促使各国通过统一交易规则降低制度差异带来的额外成本。传统大陆法系与英美法系在合同制度上存在显著分歧,但市场经济全球化驱动着不同法系规则的深度融合与趋同发展。开放型经济体系要求消除市场壁垒和垄断,构建统一开放的国内外市场环境,这决定了债法既要形成国内统一规范,更需实现与国际规则的体系性接轨,近三十年来,债法国际化趋势显著增强,例如《联合国国际货物销售合同公约》《国际商事合同通则》等国际法规范,提炼了不同法系共同原则,为国际贸易提供了极好的样本。

二、债法的历史沿革

马克思曾言:“法的关系正像国家的形式一样,既不能从它们本身来理解,也不能从所谓人类精神的一般发展来理解,相反,它们根源于物质的生活关系”。[①] 人们基于日常

① 《马克思恩格斯文集》第2卷,人民出版社2009年版,第591页。

商品交换的需要，才制定债法，以保障市场秩序，提高交易效率。因此，若希望更好地理解债法的当代运作，应了解其历史发展。

（一）古代债法

德国法学家耶林曾言："罗马曾三次征服世界，第一次以武力，第二次以宗教，第三次以法律。"不仅在耶林的时代如此，在近代，罗马法也起到重要作用。罗马法的一些制度，比如说地役权制度，直至今日同样发挥重要作用。这里以罗马法为例，介绍古代债法中债的起源、主要规定及对后世的影响。

1. 起源

现代意义上的"债"源起于罗马法。古罗马的《十二表法》、优士丁尼《民法大全》、古巴比伦的《汉穆拉比法典》都有债的规定。债(obligatio)，"它划分为两个最基本的种类：每个债或者产生于契约，或者产生于私犯。"[①]然而，私犯这一概念，尤其是"对人私犯"的部分内涵从现在看来更具有刑事法的意味，与现代的侵权责任法有很大区别。

2. 主要规定

罗马法对债的有关规定：一是债的发生原因制度。罗马法认为债可以基于合法行为与违法行为发生，前者包括契约和准契约，后者分为私犯和准私犯。[②] 公元2世纪以后，受市民法保护的称为契约，而不受市民法保护的称"简约"(pactum)；私犯的概念与公犯对应。公犯，是危害国家利益的罪行；私犯是侵害私人的财产或人身的行为，它们不如公犯般危害公共秩序，行为人一般仅负损害赔偿责任，而被害人也可放弃请求赔偿的权利，故罗马的私犯与近现代民法意义上的侵权行为在性质无二。[③] 二是债的效力。法律上有规定债务不履行的情况，主要包括故意、过失、债务人迟延、债权人迟延，以及强制履行和请求损害赔偿等问题。至于债权的对外效力，法律明确规定了如果债权有欺诈行为，法务官可以撤销。[④] 对于债权人代位权制度，罗马法是否有相关规定确有争议，但能确定《法国民法典》完整地确立了债权人代位权制度。三是债的保障制度。罗马法采取了诸如违约金契约、定金等方式来确保合同如约履行；为了防止债务人陷入无力清偿的困境，则实施了连带债务、保证、担保物权以及对欺诈行为的撤销等一系列措施。四是侵权责任的归责原则。在侵权责任的归责原则上，采用结果责任原则。不论当事人主观上过错情况如何，只要造成了损害结果，则侵权人就需要承担侵权责任。这与当时的立法重形式轻实质的态度有关。

3. 古代债法的特征

(1)债的主体受到严格的限制。法律承认家长等少数符合严格条件的人具有债的主

① 参见《盖尤斯法学阶梯》，黄风译，中国政法大学出版社2008年版，第162页。

② 参见周枏：《罗马法原论》，商务印书馆2017年版，第724页。

③ 参见周枏：《罗马法原论》，商务印书馆2017年版，第854页。

④ 参见郑玉波著，陈荣隆修订：《民法债篇总论》，中国政法大学出版社2004年版，第246页。

体资格，奴隶被视为财产，是交易的客体；家子、家女、妻子都是家长的财产，一般情况下无权处分财产，不能成为债的主体。

(2)合同成立采取形式主义。古代债权法侧重于保护交易的安全，订立合同必须经过严格的程序和仪式。例如罗马法早期的铜块和秤式的合同形式，买卖当事人应运用铜块和衡器的形式，并宣读法定词句，才能完成一项买卖。

(3)侵权责任认定上以结果责任为主。即不论行为人是否有过错，只要造成他人的损害就应承担相应责任。在古代社会公权力还不是很强大，法律技术尚不发达的情况下，采用结果责任可以确保社会不会因为家族或者氏族之间的纷争而崩裂。

(4)责任承担的残酷性。债务人不履行合同时，一方面国家会对他实施刑事制裁，另一方面债权人也可以对债务人予以私力惩罚。如早期罗马法曾规定债务人不履行债务时可能沦为债奴，在人身上受役使，甚至还可以杀戮债务人。

(二)近代债法

国外近代资本主义债法理念与制度有着深刻的变革。这一变革主要体现在从身份到契约的转变、契约自由原则的确立、债物二分体例的形成以及现代民法对契约自由的限制等方面。以下介绍近代得以产生和发展的债法原理，它们对后世债法乃至整个民法的体系基本原则产生了深远影响。

1. 契约自由原则

契约自由原则，可以分为纵向和横向两个方面，纵向方面是指，在契约缔结、履行的整个过程中，契约自由贯穿始终；横向方面包括订立契约的自由、选择相对人的自由、设定契约内容的自由、变更和解除契约的自由、决定契约形式的自由等。它与物权法定原则对应分别为债法和物权法的基本原则。这一原则诞生于近代，近代的社会运动呼唤着自由。新的阶层击垮了封建社会，新的社会需要立法，这种社会阶层的精神内核就是自由，此种自由在债法上最重要、直观的表现即契约自由原则。

2. 个人本位与权利本位的思想

孟德斯鸠在《论法的精神》里写道："在民法的慈母般的眼里，每一个个人就是整个的国家。"各国民法通过设立基本原则的方式，彰显民法的基本价值追求和立法精神，并且以法律的形式对个人本位与权利本位的思想进行公权力背书，从而能够保障人之所以为人的尊严、体现人之所以为人的价值。《法国民法典》《德国民法典》《瑞士民法典》是近代大陆法系债法发展的标志性法典，它们都有体现以人为本的思想。

个人本位与权利本位思想的生动体现，在于平等原则。如《德国民法典》第 1 条规定："人的权利能力始于出生完成之时。""权利能力"这一概念如今为我国《民法典》所采纳。《法国民法典》第 8 条规定："所有法国人均享有民事权利。"这些法条规定的多数为法律上的平等，经济实力等方面是否平等在所不问。但这也是近代民法的伟大之处：为每个从事交易活动的民事主体提供平等交易、平等从事商品交换的法律认可，赋予人们从事各种债法上行为的资格。将人作为权利客体的时代不复存在，每个人都有资格平等地进行生活。

3. 过错责任原则

区别于罗马时期的结果责任原则,这一时期的人们开始将主观要件纳入侵权责任的认定中。过错原则是侵权责任的基本归责原则,目前这一原则仍然为世界上大多国家所采纳。

(三)现代债法

从古代到近代,债法历经深刻变革,在不同时代背景下持续发展。进入现代,伴随经济社会的新变化,债法在理念与制度层面进一步演进,呈现出诸多新特征。

1. 对契约自由原则的限制

既然契约自由能够产生如此大的社会经济效益,那又为何要对其加以限制?这是因为,随着各种经济体(例如公司)的经济实力和社会影响得到大幅提高,这些以营利为目的经济体为节约生产成本以实现利润最大化,使得预先设定好的、能够反复订立的格式合同大量出现,与消费者之间构成了强弱不均等的态势。这种强弱不均等主要体现在专业知识的差异、涉诉时举证能力的差异等。因此,国家对此不得不作出干预,于是发生了对契约自由原则的限制。

惩罚性赔偿制度体现了对契约自由的限制,其旨在通过惩罚生产者的不当行为以保护消费者,以在一定程度上弥补消费者与生产者悬殊的实力差距,其也体现了民法社会化的社会化。

2. 民法的社会化

随着经济社会的发展,人们逐渐意识到不能无止境地支持自由,在民法上体现者则为民法的社会化。民法社会化在债法上体现为禁止滥用权利制度以及强制缔约制度等。前者如《德国民法典》第 157 条①和第 242 条②,其使合同法被置于诚实信用原则之下③,要求必须遵循诚信原则解释合同条款,当事人须诚信履行合同义务,不得滥用权利;后者如机动车责任事故强制保险的规定等。

国外债法的诸多原则和精神,对我国的立法工作产生了持续且深远的影响。④ 这种影响渗透至我国大量的法律制度与法律思想层面,集中体现为诚实信用、公平原则的广泛运用,以及对弱者保护理念的深入贯彻。尤其是在消费者保护和劳动纠纷两大领域,国外债法的影响得到了极为显著的体现。在消费者保护领域中,其影响主要体现在对格式合同、格式条款的规制;在劳动纠纷领域中,对劳动者的权利保护主要包括禁止实施就

---

① 《德国民法典》第 157 条:"合同必须以诚实信用所要求的方式,同时照顾交易习惯,予以解释。"

② 《德国民法典》第 242 条:"债务人有义务以诚实信用所要求的方式,同时照顾交易习惯,履行给付。"

③ 参见陈卫佐译注:《德国民法典》(第 5 版),法律出版社 2020 年版,第 11 页。

④ 例如《消费者权益保护法》第 24 条规定:"经营者不得以格式合同、通知、声明、店堂告示等方式作出对消费者不公平、不合理的规定,或者减轻、免除其损害消费者合法权益应当承担的民事责任。"

业歧视、确立最低工资基准、限定最高工作时长、规定法定休息休假、加强劳动保护、健全社会保险等。

3. 过错责任与无过错责任并存原则

这一时期的法律承继了近代债法的过错责任原则，并且加入了无过错责任，英美法称严格责任，在此基础上形成了二元归责体系。产生无过错责任，是因为近代的工业生产机器化、集约化，社会上涌现了一些较为危险的行业，如核能、铁路、航空等，若发生事故时采用过错责任的归责原则，会使得被害人难以举证，无法保证自身利益。

随着制度的演进，无过错责任原则不再限于环境保护，而是将其拓展至多数被害人举证的成本大于直接采用无过错责任的情况。例如损害赔偿制度。损害赔偿一般以过错为原则，但《德国民法典》第 833 条第 1 句①（动物饲养人的责任）、第 831 条第 1 款第 1 句（为事务辅助人而负的责任）②和第 832 条第 1 款第 1 句（监督义务人的责任）③所规定的对他人（事务辅助人和需监督者）所引起的损害的赔偿义务采用了无过错责任原则。

三、债法的体系

（一）债法的立法体例与技术

大陆法系的民法典中，债法通常由总则和分则两部分组成：总则适用于所有的债的类型，涉及债的效力、债的发生、债的履行、债的担保与保全、债的移转、债的消灭等内容；分则即具体的债的类型，包括法定之债中的无因管理、不当得利、侵权行为之债，意定之债中各种具体的合同之债。须说明的是，债法总则构成的根据不在于各种债务关系构成要件的一致性，而是在于其法律效果的相同性，④即一方当事人得向另一方当事人请求特定给付，在法律适用上，应首先看分则是否有规定，若分则无规定，方才适用总则规定。统一债法的意义在于简化法律条文的数量和设置、实现法律体系的内在协调、明晰法律的适用过程。

我国《民法典》未设债编和债法总则。债法的相应内容主要规定在合同编（其中包含无因管理、不当得利的“准合同”与缔约过失）和第七侵权责任编，其中，合同编通则的一些规范包含了传统债法中总则部分的要素（如履行不能），这些要素借助第《民法典》

---

① 《德国民法典》第 833 条第 1 句：“因动物致使某人死亡，或某人的身体或健康受到伤害，或某物被损坏的，动物饲养人有义务向受害人赔偿因此而发生的损害。”

② 《德国民法典》831 条第 1 款第 1 句：“为某事务而使用他人的人，对该他人在执行事务中所不法加给第三人的损害，负有赔偿义务。”

③ 《德国民法典》832 条第 1 款第 1 句：“依照法律有义务对因未成年或因精神上或肉体上的状态而需监督者实施监督的人，有义务赔偿需监督者所不法地加给第三人的损害。”

④ 参见[德]迪特尔·梅迪库斯：《德国债法总论》，杜景林、卢谌译，法律出版社 2003 年版，第 29 页。

468 条的参照适用技术[①]辐射至其他债务关系中，这也直接表明合同编通则在一定程度上承担了债法总则的功能。需要注意的是，我国特定的立法模式不在于否定债法的体系与价值，而是来源于特定的历史需要和立法技术，[②]在理论上对债法与债法总则进行研究，有助于形成体系思维与运用体系解决问题的能力，对于法律的学习、研究、适用都至关重要。法条可能会过时，但法理永不过时。

依 20 世纪 80 年代初期立法机关的设想，民事立法采用“分—总”的形式，即先制定当时急需的民事单行法，待时机成熟再制定统一的《民法典》。随着 1999 年《合同法》的颁布与 2009 年《侵权责任法》的颁布，传统债法中两个最重要的债都有了单独的立法。编纂《民法典》时，有学者主张，应制定单独的债法编，将合同和侵权责任统一到债法编，或至少制定一个债法总则。但立法机关未采纳以上建议理由在于：其一，合同与侵权责任是完全不同的法律关系，放在一起并不妥当；其二，我国的立法实践已经将合同与侵权责任进行了区分，应当沿用这种体例，重新制定债编（尤其是债法总则）将耗费时日，极为艰巨；其三，如果将合同与侵权责任放在一起，编纂为统一的债法编，则这一编的内容和篇幅会太多太长，与其他各编不协调；其四，债法总则的功能可以由合同编的总则或者通则替代。

（二）债法的结构

根据《民法典》第 119 条的规定，债权是因合同、侵权行为、无因管理、不当得利以及法律的其他规定，权利人请求特定义务人为或者不为一定行为的权利。其中，“法律的其他规定”，包括单方允诺、缔约过错、紧急避险中的牺牲补偿等情形，对我国债法的结构，可根据债务关系发生的上述原因加以把握。

1. 合同

合同是一种当事人意思表示一致的合意或协议，是债发生的最常见和最重要的原因。我国《民法典》第 464 条规定，“合同是民事主体之间设立、变更、终止民事法律关系的协议。”

合同之债的特点包括：第一，由以意思表示为核心的合法法律行为引起；第二，需双方或多方意思表示一致；第三，具有较强任意性，当事人可自由选择合同内容。合同之债必须以有效合同为依据，无效或被撤销的合同不产生合同之债，而是引发其他债的法效果。我国《民法典》规定了合同有效的要件，包括行为人应当具备相应行为能力、意思表示真实、不违反法律、行政法规的有关强制性规定以及公序良俗，并列举了合同无效和可撤销的情形。合同部分无效不影响整体效力的，合同之债在有效部分成立。同时，自 2023 年 12 月 5 日起施行的《最高人民法院关于适用〈中华人民共和国民法典〉合同编通

① 《民法典》第 468 条规定，非因合同产生的债权债务关系，适用有关该债权债务关系的法律规定；没有规定的，适用本编通则的有关规定，但是根据其性质不能适用的除外。

② 参见王泽鉴：《中国民法的特色及解释适用》，载《法律适用》2020 年第 13 期。

则若干问题的解释》对合同条款的解释规则、合同成立的有关认定、格式条款的认定、"怠于行使"的认定作出了更加详细的规定。

2. 侵权行为

侵权行为是指不法侵害他人人身或财产权益，依法应承担侵权责任的行为。

一旦发生侵权行为，债务人与加害人之间形成侵权之债，加害人负有赔偿损失等义务。我国《民法典》将侵权责任单独成编。在我国法上，侵权责任的特点包括：第一，由不法行为引起，区别于合法行为引起的债之关系；第二，是单方行为，不要求双方意思表示一致；第三，具有较强的强制性，侵权责任的责任构成要件、形式及内容均由法律规定，当事人不得事先排除。

侵权责任一般由以下要件构成：加害行为、受害人遭受损害（人身、财产或者精神损害）、加害人存在过错（故意或者过失）、过错与损害之间存在因果关系。特殊情形下，即使加害人无过错，但造成损害后果的，仍可能承担侵权责任，如产品缺陷、环境污染、高度危险行为等致人损害，其正当性基础在于风险适当分配的需要。侵权责任中，债权人对债务人享有的请求权通常为损害赔偿请求权，此外还包括绝对权请求权（停止侵害、排除妨害、消除危险等），但后者无须损害与过错的要件，只要对绝对权（例如物权、人格权等）存在妨害之虞即可发生。本书将在第十七章介绍侵权损害赔偿、第十八章介绍特殊侵权责任。自 2024 年 9 月 27 日起施行的《最高人民法院关于适用〈中华人民共和国民法典〉侵权责任编的解释（一）》对监护关系侵权、教育机构责任、高空抛物致害等作出了更加详细的规定。

3. 准合同

准合同，学理上认为包括无因管理和不当得利两种。它们虽然并非基于合同关系产生，不要求双方当事人意思表示一致，但在法律效果上能够产生类似于合同的权利义务关系。我国《民法典》第 979 条至 988 条规定了准合同。

（1）无因管理

无因管理是指没有法定的或约定的义务，为避免他人利益受到损失，自愿管理他人事务或为他人提供服务的行为，属于法定之债，内容由法律直接规定。根据《民法典》第 979 条第 1 款，无因管理的构成须满足三项要件：管理他人事务、为他人利益进行管理的意思、无法定或约定的义务。

学理上，无因管理可分为真正无因管理与不真正无因管理。真正无因管理符合《民法典》第 979 条第 1 款规定的三项要件，即管理他人事务、为他人利益管理、无约定或法定义务。又细分为：正当无因管理（适法管理）与不正当无因管理（不适法管理）。正当无因管理的管理行为符合本人利益及可推知的意思。不正当无因管理虽满足三项要件，但管理事务不利于本人，违背其明示或可推知的意思。根据《民法典》第 980 条，不真正无因管理不符合无因管理的构成要件。具体包括三种情形：管理人因误信他人事务为自己事务而管理（误信管理），或者误信自己事务为他人事务而管理（幻想管理），或者明知是他人事务而仍然作为自己事务而管理（不法管理）的情形。误信管理和不法管理的情形下，不满足“为他人利益管理”这一要件，而在幻想管理的情形下，欠缺“管理他人事务”的要件。此外，应注意区分不正当无因管理与不法管理，前者虽不合本人意思或利益，但仍符合无因管理的法定要件，而后者并不符合无因管理的要件。

在法律效果上，正当无因管理具有两种法律效果，其一是阻却违法，管理行为利于他人的行为，可以减少社会资源的浪费，符合社会公共利益，因此具有阻却违法功能。其二是形成管理人与本人之间的债务关系。管理人对本人的义务应尽适当管理、及时通知、继续管理和报告、计算等义务，管理人未尽义务应承担债务不履行责任。同时，管理人享有第 979 条第 1 款规定的费用偿还与损失补偿请求权。不正当无因管理不能阻却违法，如擅自出卖他人珍藏品即构成侵权。依据第 979 条第 2 款，此类管理人不享有费用偿还与损失补偿请求权，但仍需履行第 981 条至第 983 条规定的各项义务。[①]

此外，真正无因管理中，本人可依据《民法典》第 984 条事后追认，使管理事务自始适用委托合同规定。而不真正无因管理不产生无因管理债务关系，应按侵权、不当得利规定处理，且不能被追认为委托合同。

案例：张某父子俩出远洋打鱼，需 1 个月后才能回家。一天，气象台预报：近期将有强台风。张家邻居王某见张家无人，房子又年久失修，难以承受台风袭击。于是，就花钱请人对张家的房子进行了加固，共花费用 500 元，但台风过后，张家的房子还是倒塌了。王某的行为是否构成无因管理？

解答：王某的行为属于无因管理，无因管理的构成只要求管理人的管理行为在主观上是为了避免他人损失，至于是否同时有利于自己在所不问。

(2)不当得利

不当得利是指一方没有合法根据，因他人受损而使自己获得利益的事实状态。不当得利属于法律事实中的客观事件，但造成不当得利的原因则可能是行为或事件。不当得利制度的功能在于矫正欠缺法律关系的财产转移、保护财产的归属，以去除无法律上原因而受的利益，而非赔偿损害，因此，不当得利的构成无须考察受益一方的违法性。[②]

不当得利的构成有四：一方获有利益，包括财产利益的积极增加与消极增加；他方受有损失；取得利益与受有损失存在因果关系，此处因果关系为直接而非相当因果关系；没有合法根据，包括自始无法律根据与嗣后丧失法律根据两种情形。

不当得利的法律规定较为抽象，但不当得利的体系极为庞杂，有必要予以类型处理。因此，尽管《民法典》第 985 条提出的是统一的不当得利规则，但为了对不当得利进行更细致的考察，学理上通常将不当得利细分为给付型不当得利与非给付型不当得利两种类型，以关注不同类型的内在依据与功能，就某一行为是否构成不当得利进行更为周密的

---

① 参见金可可：《〈民法典〉无因管理规定的解释论方案》，载《法学》2020 年第 8 期。

② 参见王泽鉴：《不当得利类型论与不当得利法的发展——建构一个可操作的规范模式（上）》，载《甘肃政法学院学报》2015 年第 5 期。

判断。在这样的分类标准之下，不当得利的具体判断要件有所细化：在给付型不当得利中，基于“给付”这一概念的功能，“取得利益与受有损失”的因果关系应替换为因他人的给付而获利，“受有损失”的要件也没有再单独判断的必要，[①]“合法根据”的判断也围绕着给付目的的欠缺（即有效的债务关系）进行；在非给付型不当得利中，则是依不同情形（例如因得利人行为所产生的权益侵害型不当得利、因受损失人的行为产生的支出费用型不当得利等），就是否构成不当得利，作出具体判断。

不当得利返还形式包括原物及因原物取得的其他利益，若无法返还原物，则偿还价额。善意不当得利人仅返还现存利益，恶意不当得利人则需返还全部利益及利息，并承担损害赔偿责任。

4. 债的其他发生原因

债的其他发生原因，是指除了合同、侵权行为、准合同外，能够引起债权债务关系发生的法律事实。

（1）单方允诺

单方允诺，是指表意人单方设定义务、赋予相对人权利的意思表示，无须相对人承诺即产生法律约束力的债，一种单方法律行为。

单方允诺的效力基础在于允诺人的意思自治和自我决定，但是这种自我决定不应也不需要通过合同来实现，相比于合同自由所要求的协商模式更能保护相对人的利益，基于单方意思表示所形成的债务关系也能避免出尔反尔的不诚信行为发生。[②] 因此，与需要双方合意的单务合同和以特定合同关系为基础的附获奖机会合同不同，单方允诺无须相对人同意或者形成合同关系即可成立。不过，为了避免允诺人沦为他决，须赋予允诺人更大的权利，允许其在所预定的状态或行为未实现或完成前撤回允诺。[③]

单方允诺具有以下特征：

其一，单方性。作为单方法律行为，仅需表意人意思表示即具有法律行为的拘束力。

其二，对象群体不特定性。若对象特定，则对特定人所为的以给付（或赏金）为内容的允诺，在本质上就是一种要约，应遵守合同成立的要约—承诺规则。

其三，义务单向性。单方允诺作为单方法律行为，由表意人设定义务且无需对价。

其四，附条件性。即债的关系在符合条件的相对人出现时成立。单方允诺仅是债产生的原因，而非债务关系本身，在符合条件的相对人出现时，其对允诺人的履行请求权才是债的内容。

悬赏广告是单方允诺的典型形式，即广告人公开声明对完成特定行为者支付报酬。对于悬赏广告的法律性质，存在两种理论争议：认为行为完成即产生债务的单方允诺说

① 参见［德］迪尔克·罗歇尔德斯：《德国债法各论》，沈小军、陈丽婧译，北京大学出版社 2024 年版，第 593～597 页。

② 参见许中缘：《论民法中单方法律行为的体系化调整》，载《法学》2014 年第 7 期。

③ 参见徐涤宇、黄美玲：《单方允诺的效力根据》，载《中国社会科学》2013 年第 4 期。

以及需行为与承诺结合的合同说。单方允诺说更具优势，因其保护无民事行为能力人以及限制民事行为能力人的权益，允许不知广告存在者主张报酬，并以行为完成为成立条件；尽管合同说上述两种情况也存在一定的解释力（例如，对于未成年人的行为，可由法定代理人追认；对于不知情而完成悬赏广告要求的行为，可特别规定），但解释的路径过于迂回，也不符合悬赏广告的本质和法律关系中的利益状态，因此本书不予采用。

悬赏广告的构成要件包括：以公开方式向不特定人作出意思表示、明确给付报酬内容、指定需完成的具体行为。

悬赏广告的效力体现为广告人不可随意撤销，行为人完成指定行为即享有报酬请求权。若多人完成行为，按完成顺序或比例分配报酬；协同完成者可按贡献分配，但广告明确禁止协作时则无权请求。

案例：王某养了一只宠物狗多年，突然一天狗狗走失，王某万分着急。多日寻找未果后，王某以“重金悬赏”的方式在微信朋友圈、小区里发布“寻找爱犬启事”来吸引大家帮忙寻找，并承诺找到爱犬支付赏金 2000 元。同小区的小学生李某找到狗狗并送回，但是王某有些后悔，不想支付承诺的赏金，便以李某未成年为由，给李某买了一些零食敷衍了事。如何评价王某的行为。

解析：悬赏广告具有法律上的约束力，因此在行为人完成特定行为后，悬赏广告人应当按照悬赏广告上的承诺支付相应的报酬。如果悬赏广告人不履行或者不适当履行支付报酬义务，构成违约行为，应当承担违约责任。对于谁可以请求悬赏广告人支付承诺报酬，根据民法典规定只要是完成特定行为的人就可以。其中，并未要求该行为人需要具有完全民事行为能力，限制民事行为能力人的行为如果与其年龄、智力、精神健康状况相适应，也可以请求悬赏人支付报酬，悬赏人不得以年龄为由予以拒绝。故而王某应当按照其悬赏的内容向李某支付报酬。

法条索引：

《民法典》第 145 条：限制民事行为能力人实施的纯获利益的民事法律行为或者与其年龄、智力、精神健康状况相适应的民事法律行为有效；实施的其他民事法律行为经法定代理人同意或者追认后有效。

《民法典》第 499 条：悬赏人以公开方式声明对完成特定行为的人支付报酬的，完成该行为的人可以请求其支付。

（2）缔约过错

缔约过错，也称缔约过失，指的是在合同订立过程中，一方因违反诚实信用原则所产生的先合同义务，导致另一方的信赖利益受损，从而应承担的损害赔偿责任。先合同义务，是指缔约双方在订立合同过程中相互接触产生的义务，包括通知、照顾、保护、协助、保密和其他诚信义务。[①] 这种责任发生在合同成立之前或合同虽成立但被确认无效、撤销的情形，旨在保护当事人在缔约过程中的合理信赖，维护交易的公平与诚信。

《民法典》第 500 条规定："当事人在订立合同过程中有下列情形之一，给对方造成损失的。应当承担赔偿责任：(一)假借订立合同，恶意进行磋商；(二)故意隐瞒与订立合同有关的重要事实或者提供虚假情况；(三)有其他违背诚信原则的行为。"这一规定承继于 1999 年《合同法》第 42 条。正是因为本条的规定，有学者认为，缔约过失中的"过失"并不能准确地概括当事人订立合同过程中的主观状态，因为其完全可以是故意。[②]

学理上有观点主张，第三人也可能承担缔约过失责任，其正当性基础在于受有损害的当事人对于第三人具有特别信赖，《最高人民法院关于适用〈中华人民共和国民法典〉合同编通则若干问题的解释》第 5 条[③]也为此提供了一定的法律依据。[④] 第三人缔约过失责任在现行法中的典型情况是有过错的担保人对主合同无效的责任。[⑤]

(3)牺牲补偿

在低位阶权益与他人的高位阶权益发生冲突时，低位阶权益不得不让步和妥协，高位阶权益人需要就此提供一定的补偿。[⑥] 与侵权或者权利滥用不同，此时的权益冲突是正当权益之间的冲突，因此即使基于权益位阶等理由判断一方权益的优先性而牺牲了另一方的权益，被牺牲的一方(牺牲人)也因违法性的欠缺，无权对优先方(受益人)主张侵权损害赔偿请求权，此种情况下，为了平衡受益人和牺牲人的利益，在牺牲人做出了特别牺牲时，须赋予牺牲人对受益人的补偿请求权。[⑦]

牺牲补偿之债的构成如下：①受害人负有特别牺牲。特别牺牲的判断包括一方权益被完全剥夺(例如紧急避险中为了躲避危险损害了无辜者的花瓶)、超越无偿容忍限度(通常见于相邻关系)，未超越容忍限度的(如噪音、光照、气味等符合标准)，不能认为受害人负有特别牺牲；②受益人获得利益；③获益与受损之间具有因果关系。

---

① 参见李永军主编：《债法教程》，法律出版社 2024 年版，第 194 页。

② 刘凯湘：《债权法讲义》，人民法院出版社 2024 年版，第 35 页。

③ 第三人实施欺诈、胁迫行为，使当事人在违背真实意思的情况下订立合同，受到损失的当事人请求第三人承担赔偿责任的，人民法院依法予以支持；当事人亦有违背诚信原则的行为的，人民法院应当根据各自的过错确定相应的责任。但是，法律、司法解释对当事人与第三人的民事责任另有规定的，依照其规定。

④ 参见王洪亮：《〈民法典合同编通则解释〉第三人缔约过失责任制度的创设与再发展》，载《浙江工商大学学报》2024 年第 2 期。

⑤ 《最高人民法院关于适用〈中华人民共和国民法典〉有关担保制度的解释》(法释〔2020〕28 号)第 17 条第 2 款："主合同无效导致第三人提供的担保合同无效，担保人无过错的，不承担赔偿责任；担保人有过错的，其承担的赔偿责任不应超过债务人不能清偿部分的三分之一。"认为该规则属于第三人缔约过失责任的，参见张红、孙悦：《论第三人缔约过失责任》，载《福建师范大学学报(哲学社会科学版)》，2024 年第 2 期。

⑥ 参见王利明：《论民事权益位阶：以〈民法典〉为中心》，载《中国法学》2022 年第 1 期。

⑦ 参见韩富鹏：《私益牺牲补偿请求权的构成要件与法律效果》，载《法学》2023 年第 3 期。

牺牲补偿的典型情况是紧急避险中受害人对被避险人的补偿请求权。根据《民法典》第 182 条第 2 款规定,危险由自然原因引起的,避险人可以给予受害人适当补偿,尽管本条规定的是"可以",但我国司法实践有将之解释为"应当"的做法,[①]认为避险人负有补偿义务。

(三)债法与《民法典》其余各编的关系

1. 债法与民法总则

《民法典》总则编的规定与债法存在紧密的关联。例如,意思表示的解释、法律行为不得违反公序良俗、代理人不得滥用代理权损害本人利益等规定对于合同的解释具有重要意义;再如,民法总则规定了禁止权利滥原则,权利滥用除了会导致法律行为无效外,若行为人还造成了他人损害,则可能需要承担侵权责任。[②]

2. 债法与物权法

债法与物权法作为财产法的重要内容,也存在较为紧密的联系:

其一,担保物权(例如抵押权、质权、留置权等),其目的旨在确保债权的实现,债权因有担保物权的保障,更能促进社会经济活动。

其二,债权请求权与物权请求权可能发生竞合。例如,车辆被盗窃时,债权人同时享有所有物返还请求权与不当得利返还请求权。

其三,随着社会经济的发展,物权与债权的功能趋近,边界模糊,也因此使得法律问题日趋复杂。例如,对于涉及"所有权保留买卖"的纠纷,既可能适用买卖合同的规则来处理,也可能作为一种非典型担保而适用担保物权的有关规则处理。[③]

3. 债法与人格权法

对人格权的保护通常需要与侵权法结合起来考虑,例如人格权禁令往往作为一种特殊的防御请求权规范(停止侵害、排除妨害等)来对待,是否构成对人格权的侵害也需要在侵权行为的构成要件中加以判断。此外,我国《民法典》人格权编规定了肖像权使用许可的任意撤销,本质可以理解为一种任意解除权而从合同的角度予以考察;对于个人信息使用许可的同意撤回问题,也可能在合同的视角下研究。[④]

---

① 参见赵永意、淮北市杜集区矿山集街道办事处徐庄社区紧急避险损害责任纠纷案,安徽省淮北市中级人民法院(2020)皖 06 民终 804 号民事判决书。

② 《最高人民法院关于适用〈中华人民共和国民法典〉总则编若干问题的解释》(法释〔2022〕6 号)第 3 条第 3 款规定,构成滥用民事权利的,人民法院应当认定该滥用行为不发生相应的法律效力。滥用民事权利造成损害的,依照民法典第七编等有关规定处理。

③ 《最高人民法院关于适用〈中华人民共和国民法典〉有关担保制度的解释》(法释〔2020〕28 号)第 64 条:所有权保留买卖中,出卖人依法有权取回标的物,但是与买受人协商不成,当事人请求参照民事诉讼法"实现担保物权案件"的有关规定,拍卖、变卖标的物的,人民法院应予准许。出卖人请求取回标的物,符合民法典第六百四十二条规定的,人民法院应予支持;买受人以抗辩或者反诉的方式主张拍卖、变卖标的物,并在扣除买受人未支付的价款以及必要费用后返还剩余款项的,人民法院应当一并处理。

④ 参见刘召成:《人格权法上同意撤回权的规范表达》,载《法学》2022 年第 3 期。

4. 债法与婚姻家庭法

婚姻家庭法处理的是家事法律关系，但也会与财产法发生一定的联动。根据《民法典》第 464 条第 2 款，身份协议依其性质可以参照适用合同编的有关规定；此外，婚姻家庭编的离婚损害赔偿请求权，在性质上有侵权责任或债务不履行责任的争议，在具体适用上有时需要以合同编或侵权责任的规定加以补充。

本章小测

一、客观题

扫码测试

二、主观题

1. 何为债，债的特征有哪些？
2. 债的发生原因有哪些？
3. 古代债权法与近代债权法的区别有哪些？

延伸阅读

有关债法总则存废的几个基本理论问题。

延伸阅读

本章参考文献

1. 王利明：《债法总则研究》，中国人民大学出版社 2015 年版。
2. 李永军主编：《债法教程》，法律出版社 2024 年版。
3. 陈卫佐译注：《德国民法典》（第 5 版），法律出版社 2020 年版。
4. 刘凯湘：《债权法讲义》，人民法院出版社 2024 年版。
5. 王泽鉴：《债法原理》（第二版），北京大学出版社 2022 年版。

6. 解亘、冯洁语、尚连杰:《板书体债法总论》,北京大学出版社 2024 年版。

7. 郑玉波著,陈荣隆修订:《民法债篇总论》,中国政法大学出版社 2004 年版。

8.《马克思恩格斯文集》第 2 卷,人民出版社 2009 年版。

9.《盖尤斯法学阶梯》,黄风译,中国政法大学出版社 2008 年版。

10. 周枏:《罗马法原论》,商务印书馆 2017 年版。

11. 魏振瀛:《债与民事责任的起源及其相互关系》,载《法学家》2013 年第 1 期。

12. 陈华彬:《债法通论》,中国政法大学出版社 2018 年版。

13. 于语和,郑晓辉:《〈大清民律草案〉——外来法与本土法混合的产物》,载《外国法制史研究》2000 年。

14. 马俊驹:《中国民法的现代化与中西法律文化的整合》,载《中国法学》2020 年第 1 期。

15. 徐涤宇、黄美玲:《单方允诺的效力根据》,载《中国社会科学》2013 年第 4 期。

16. 王泽鉴:《中国民法的特色及解释适用》,载《法律适用》2020 年第 13 期。

17. 刘召成:《人格权法上同意撤回权的规范表达》,载《法学》2022 年第 3 期。

18. 许中缘:《论民法中单方法律行为的体系化调整》,载《法学》2014 年第 7 期。

19. 金可可:《〈民法典〉无因管理规定的解释论方案》,载《法学》2020 年第 8 期。

20.[德]迪特尔·梅迪库斯:《德国债法总论》,杜景林、卢谌译,法律出版社 2003 年版。

第二章　合同概述

思维导图

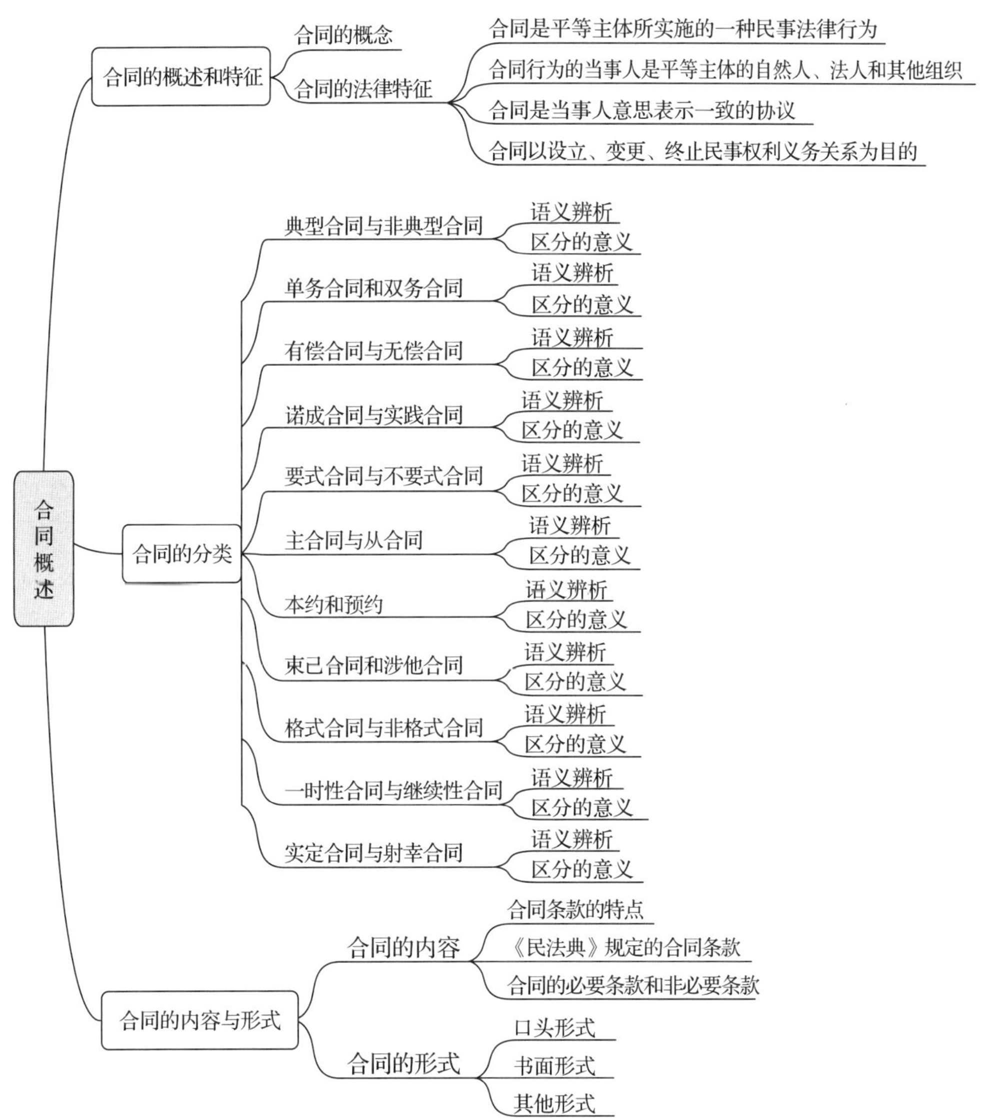

第一节 合同的概念和特征

一、合同的概念

合同以英文表达为“contract”，以法文表达为“congtrat”，以德文表达为“vertrag”。“合同”一词在拉丁文中的符号表现为“contractus”，该词是动词“contrahere”的过去分词，“con”从“com”而来，是表示“共同”的前缀；“trahere”表示拉紧。显然，contrahere 的基本含义是“共同拉紧”，后演变为“限制”“约束”“缔结”“订立”等意思。因此，作为“contrahere”的过去分词，“contractus”有两种含义：一是作为形容词的意思，“有限的”“狭小的”“贫乏的”“压紧的”“经济的”等，二是作为名词的意思，“收缩”“拉紧”“合同”“契约”等。

合同有时亦可称为契约。在民法学说史上，曾经将二者区别开来。合同是指当事人的目的相同，意思表示的方向也一致的共同行为，如设立社团法人的行为；契约是当事人双方的目的对立，意思表示的方向相反的民事行为。20 世纪上半叶，我国民法学说继受了这一观点，但新中国成立后“契约”一词逐渐被“合同”一词所替代且现在我们已经不对二者作严格划分，合同即契约已成为通说。但在某些情形下，契约的表述仍不宜换为合同，如从身份到契约。

大陆法系和英美法系对合同的内涵存在着不同的看法。在大陆法系，传统观点一般认为合同是一种合意或协议。例如，在罗马法中，契约被定义为“得到法律承认的债的协议”。《法国民法典》第 1101 条规定，契约为一种合意，依此合意，一人或数人对于其他一人或数人负担给付、作为或不作为的债务。而英美法学者大都认为合同是一种允诺，将合同归结为当事人承担债务的单方意思表示，与大陆法系合同定义存在着本质的区别，这是受英国的历史习惯和诉讼程序的影响而决定的。英美的一些学者已经注意到英美法合同定义存在着缺陷，因而力图将大陆法系合同概念移植到英美法系合同法中，把合同看作是产生债的双方当事人合意。例如，特内脱的《合同法》一书中对合同的定义：“合同是产生由法律强制执行或者认可的债务之合意。”

在合同定义上，我国民法理论基本上继受了大陆法系的概念，认为合同是一种合意或协议，即当事人意思表示一致。我国《民法典》第 464 条第 1 款规定，合同是民事主体之间设立、变更、终止民事法律关系的协议。第 2 款则规定，婚姻、收养、监护等有关身份关系的协议，适用有关该身份关系的法律规定；没有规定的，可以根据其性质参照适用本编规定。

合同有广义和狭义之分。最广义的合同是指所有法律部门中确定权利、义务的协议，包括民法上的合同、行政法上的合同、劳动法上的合同等。次广义的合同是指凡以发生私法上效果为目的的合意行为，包括物权合同、准物权合同、债权合同、身份合同等。

如周林彬先生认为，所谓合同不但包括所有以债之发生为直接目的的合同，也包括物权合同、身份合同(如婚姻合同)等等。王利明先生亦认为："合同是作为平等主体的自然人、法人及非法人组织之间设立、变更、终止民事权利义务关系的协议，是一种发生民法上效果的合意。"狭义的合同是指以发生债权债务关系为目的的合意行为。主张狭义的学者如梁慧星先生，他认为应当把合同概念界定为旨在发生债权债务关系的民事法律行为。

从法律条文规定来看，我国《民法通则》第 85 条规定，"合同是当事人之间设立、变更、终止民事关系的协议"，其文字表述本身暗示着我国合同概念应为广义。但是，《民法通则》把该条款放在"债权"一节中，并且在第 84 条明确规定合同为债发生的原因，究其立法原意，应认为合同为债权合同，采用狭义的合同概念。然而我国《合同法》的表述更具特色和模棱两可性，其第 2 条第 1 款规定："本法所称合同是平等主体的自然人、法人、其他组织之间设立、变更、终止民事权利义务关系的协议。"第 2 款规定："婚姻、收养、监护等有关身份关系的协议，适用其他法律的规定。"这沿用了《民法通则》的文字表述，但其中的合同究竟是指广义的合同还是狭义的合同，应加以详细探讨。从合同法草案的背景来看，学者起草的《合同法建议稿》第 2 条规定："合同是当事人之间设立、变更、终止债权债务关系的协议。"这采用的是狭义的合同概念。但颁布的《合同法》为何将"债权债务关系的协议"改为"民事权利义务关系的协议"？这是因为在起草过程中，有的委员、部门和专家提出，鉴于对"债权债务关系"一词容易产生不同理解，对《合同法》调整范围的表述还是用"民事权利义务关系"为好。仅从字面上考察这种改变，民事权利义务语义显然有别于债权债务关系，所以才存在替换的问题，民事权利义务关系范围大于债权债务关系，这表明《合同法》放弃了狭义的合同概念而采用了次广义的合同概念。这一观点亦可以从《合同法》第 2 条第 2 款的规定加以印证。该款将身份合同排除在第 1 款所指的合同之外，可见只有在第 1 款所指的合同包括债权合同、物权合同、准物权合同及其他合同的前提下，第 2 款的限制性规定才有必要。但是我们也需注意，《合同法》中合同的概念虽然蕴含广义之意，然而《合同法》起草是围绕调整债权债务关系而进行的，这便决定了《合同法》的规定在骨架和血肉上都是以规范债权合同为中心的，所以尽管第 2 条采用了"民事权利义务关系"的提法，但这只不过给合同披上了一层宽松的轻纱，为其他与之类似的民事合同的准用留有余地。新出台的《民法典》第 464 条对合同概念的规定与《合同法》的规定基本一致，同样是在广义概念下主要围绕债权合同加以规范。因此，本书以债权合同为讲述重点。

二、合同的法律特征

(一)合同是平等主体所实施的一种民事法律行为

民事法律行为是一种极常见并很重要的法律事实，它是由民事主体实施的，能够引起民事权利和民事义务的产生、变更或终止的合法行为。合同作为一种同样以意思表示为要素的民事法律行为有别于事实行为。事实行为是指不以意思表示为要件而能发生民法上效果的行为，如侵权行为等。事实行为法律效力的发生不是基于当事人的意思表示而是依据法律的直接规定。合同当事人追求的是他们预期的目的，合同的效力主要依当事人的意思表示内容而发生。合同作为法律行为,其在本质上属于合法行为。也就是说,只有在合同当事人所作出的意思表示符合法律要求时,合同才具有法律约束力,并受到国家法律的保护。若当事人的意思表示违反了法律规定,则不发生他们所期望达到的法律效果。

(二)合同行为的当事人是平等主体的自然人、法人和其他组织

合同属于私法调整领域,所以合同行为主体是平等的,即合同是由作为平等主体的自然人、法人或其他组织所订立的,订立合同的主体在法律地位上是一律平等的,任何一方都不享有凌驾于他方之上的权利,不得利用自己的经济强势等向他方强加不合理条件。

(三)合同是当事人意思表示一致的协议

合同是当事人合意的结果,所以它应具备如下几个要素:第一,合同的成立必须要有两方或多方当事人。第二,各方当事人须互相作出意思表示。换言之,当事人各自基于自身的利益而参与合同的订立,须作出交互的意思表示,从而成立合同。第三,各方意思表示是一致的,即各方当事人就合同的内容等要素达成了一致。第四,当事人必须在平等、自愿的基础上进行协商,形成合意。如果不存在平等、自愿,也就没有真正的合意。这是合同区别于单方法律行为的重要标志。在单方法律行为中,只需要一方当事人的意思表示就可以发生法律效果。如订立遗嘱的行为,仅遗嘱人单方的意思表示即可成立法律行为,无须继承人或受遗赠人的意思表示的配合。

(四)合同以设立、变更、终止民事权利义务关系为目的

所谓设立民事权利义务关系,是指当事人通过订立合同的方式在他们之间形成某种民事法律关系(如技术开发关系、培训关系),从而享有一定的民事权利、承担一定的民事义务。所谓变更民事权利义务关系,是指当事人在保持原合同关系效力的前提下,改变原合同关系的内容,从而使当事人之间的民事权利义务关系发生变化。如果变更行为使原合同关系消灭而产生一个新的合同关系,则不属于本书所指的合同变更的范畴。所谓终止民事权利义务关系,是指当事人订立合同的目的在于消灭原合同关系。无论当事人订立合同旨在达到何种目的,只要当事人达成的协议依法成立并生效,就会对当事人产生法律效力,当事人可以基于合同约定享有权利,但也应当按照约定履行义务。

关于"合同的概念与法律特征"的详细阐释,可扫码观看视频:

第二节 合同的分类

合同的分类是指根据一定的标准将合同区分为不同的类型。合同是支持交易活动的重要工具,交易越复杂合同类型就越多样。合同的分类有助于人们区分不同类型的合同的特征,掌握不同类型合同的成立要件和法律效力,从而有助于人们在社会生活中较

快速地选择、运用适当的合同，并能较好地解决现实当中出现的各种合同纠纷。一般而言，合同可以作如下分类：

一、典型合同与非典型合同

（一）语义辨析

根据合同的名称与适用规则是否为法律所明文规定，可将合同分为典型合同与非典型同。

典型合同，又称为有名合同，是指法律上已明确规定了一定的名称及适用规则的合同。如我国《民法典》合同编规定了19类典型合同：买卖合同，供用水、电、气、热力合同，赠与合同，借款合同，保证合同，租赁合同，融资租赁合同，保理合同，承揽合同，建设工程合同，运输合同，技术合同，保管合同，仓储合同，委托合同，物业服务合同，行纪合同，中介合同，合伙合同。此外，《民法典》其他编所规定的抵押合同、质押合同、定金合同，《保险法》所规定的保险合同等也都属于典型合同。对于典型合同的内容，法律通常设有一些规定，但这些规定大多为任意性规范，当事人可以自行约定，而无须严格采用法律的规定。

在合同类型自由主义的背景下，法律规定典型合同存在如下几点考虑：

第一，以任意性规定来弥补当事人自由约定的不足之处。当事人对于合同的要素（如买卖标的物及价金）必有约定，否则合同不成立，但对其他事项（如履行时间、履行地点、瑕疵担保、风险负担等），常有疏于注意的情形，法律为使合同内容臻于完善，从各种复杂的关系中，依从前的经验归纳出若干种典型合同并规定其一般的、合理的内容，作为解释合同的基准。法律上的示范可以为当事人订立合同提供参考，亦可以在当事人订立合同不尽完善时起到补充作用，从而减轻当事人订立合同的成本与负担。

第二，通过典型合同的规范，使得非典型合同有准用的依据。法律就交易活动中经常发生的合同关系将之抽象化、类型化，形成典型合同。但由于法律自身的缺陷，它不可能穷尽社会活动所有的合同现象，不可能对千变万化的交易现象作出一览无余的规范，所以法律仅规定了部分合同类型，其他未作规定的合同可以参照典型合同加以调整。例如，我国《民法典》第467条规定："本法或者其他法律没有明文规定的合同，适用本编通则的规定，并可以参照适用本编或者其他法律最相类似合同的规定。"这便为法律未作规定的合同提供了准用的依据。

第三，通过强制性规范对当事人之间的法律关系加以规制，从而维护当事人之间利益的平衡，保护国家、社会公共利益。法律以某些强制性规范向当事人课加一定的义务，如《民法典》第143条规定了当事人实施民事法律行为时若想使民事法律行为有效，应当具有相应的民事行为能力。这一规定一方面维护了作为民事法律行为的合同的当事人的交易安全，另一方面保护了未成年人等弱者的利益，由于他们在辨别能力、智力水平、意思能力等方面与成年人存在差距，所以排除他们在大多数情形下作为合同当事人的可能，从而避免对方当事人利用未成年人的弱势地位订立损害他们利益的合同。此外，法律亦通过强制性规范防止当事人通过自由约定而损害国家、集体或者第三人的利益。例如,《民法典》第 153 条、第 154 条规定了民事法律行为无效的情形,包括违反法律、行政法规的强制性规定的民事法律行为无效。但是,该强制性规定不导致该民事法律行为无效的除外;违背公序良俗的民事法律行为无效;行为人与相对人恶意串通,损害他人合法权益的民事法律行为无效。(《民法典》第 508 条规定,本编对合同的效力没有规定的,适用本法第一编第六章的有关规定。)通过对当事人约定效力的否定,法律为国家、集体或者第三人的利益提供了保障。

所谓非典型合同,又称无名合同,是指法律上尚未确定一定的名称与适用规则的合同。根据合同自由原则,合同当事人可以通过合意自由决定合同的内容,因此即使当事人订立的合同不属于典型合同的范围,只要不违背法律的禁止性规定和社会公共利益,也仍然是有效的。在现实生活中非典型合同实属常态,且大量存在。一般来说,可以将非典型合同归为三类:(1)纯粹非典型合同,即以法律完全没有规定的事项为内容的合同,或者说,合同的内容不属于任何典型合同的事项。例如,培训合同、美容整形合同等。此种合同与现行法律规定的典型合同均不相当,其法律关系应当依合同的约定、诚实信用原则,并斟酌交易惯例加以决定。(2)混合合同,即合同中可能同时包含多个典型合同的内容,从而使其难以被简单归入某个典型合同之中。简言之,即双方当事人互负属于不同类型之主给付义务,如在买卖一件较为珍贵的收藏品时,双方约定买方以向卖方提供免费住房代替支付该出卖物的价款。(3)准混合合同,即在一个典型合同中规定其他非典型合同事项的合同。例如,甲乙约定,乙出租房屋于甲,甲以给乙的儿子辅导功课的方式抵付租金。非典型合同产生以后,经过一定时间的发展,其基本内容等已比较成熟,则可以上升到法律层面上,由《民法典》单独予以规范,使之成为典型合同。

(二)区分的意义

典型合同与非典型合同的区分意义主要在于两者适用的法律规则不同。有典型合同应当直接适用《民法典》的相关规定,但对于非典型合同,根据《民法典》第 467 条的规定,它应适用本编通则的规定,并可以参照本编或者其他法律最相类似合同的规定。详言之,首先应当考虑适用合同编的一般规则;其次,若非典型合同的内容与某些典型合同相类似,则可比照类似的典型合同的规则或其他法律中与之最为类似的规定,考虑当事人的真实意思等进行处理。

二、单务合同和双务合同

(一)语义辨析

根据是否仅有一方当事人负有给付义务,可将合同分为单务合同与双务合同。

单务合同是指合同当事人中仅有一方负担给付义务的合同。也就是说,合同双方当事人之间并不是通常的互相享有权利和承担义务,而是仅由一方负担义务,而另一方并不负有相对的义务,如在赠与合同中,仅仅由一方当事人负有给付义务。亦存在一种情形即虽然双方都负有义务,但一方负担主要给付义务,另一方负担次要义务,双方的义务不具有对价性。例如，在借用借贷合同中，借用人负有按约定使用并按期归还借用物的义务，出借人仅在故意或重大过失未告知借用物的瑕疵导致借用人受损的情况下，才承担责任(非诺成合同时)。

双务合同是指当事人双方互负对待给付义务的合同。在此类合同中，一方当事人负担履行义务的目的在于期待他方当事人为对待给付义务，也可以说，一方当事人所享有的权利，即为他方当事人所负有的义务，如买卖、租赁、有偿保管合同等均为双务合同。

双务合同区别于单务合同的重要特征是双方当事人的义务之间存在牵连关系。这种牵连关系可以体现为以下三种形式：(1)成立上的牵连关系，即一方的债务因无效或者撤销而归于消灭时，对方的债务亦因而消灭的关系，与此相关的理论问题为自始不能与缔约上过失(或者违约责任)。(2)履行上的牵连关系，即一方的债务的履行与对方的债务的履行在时期上或顺序上的关系，相应地发生同时履行与异时履行中的抗辩权问题。(3)存续上的牵连关系，即在一方的债务发生履行不能场合，对方的债务是归于消灭还是继续存在的问题，与此相关联的是风险负担问题。

(二)区分的意义

在法律上区分单务合同和双务合同具有以下几点意义：

1. 可否适用履行抗辩权的问题

双务合同成立以后，当事人基于合同的约定各自负有对待履行义务，一方负担的义务是以他方负担的义务为前提的。因此当双方当事人履行时间没有先后顺序时，一方当事人在对方当事人未为对待履行或未提出履行以前，可以拒绝对方的履行请求。而在单务合同中，仅有一方当事人负担义务或者另一方当事人虽然负有义务但其所负的义务并不是主要的对待给付义务时，当不负有对待给付义务的一方当事人请求负有义务的一方当事人实施履行时，对方当事人无权主张同时履行抗辩权。由此可见，单务合同不适用同时履行抗辩权原则。同理，在双务合同中当事人享有的先履行抗辩权和不安抗辩权，单务合同的当事人也不享有这些权利。

2. 有关风险负担的问题

在双务合同中，双方当事人的权利义务是互相依存、互为条件的，如果因不可归责于双方当事人的原因导致合同义务不能被履行时，则发生风险的负担。就风险负担的分配，我国《民法典》规定了两种方式：其一为《民法典》第 604 条所表明的交付主义，即标的物毁损、灭失的风险，在标的物交付之前由出卖人承担，交付之后由买受人承担，但是法律另有规定或者当事人另有约定的除外。其二为《民法典》第 858 条所表明的合理分担主义，即“技术开发合同履行过程中，因出现无法克服的技术困难，致使研究开发失败或者部分失败的，该风险由当事人约定；没有约定或者约定不明确，依据本法第五百一十条的规定仍不能确定的，风险由当事人合理分担”。而在单务合同中，如果因不可抗力等不可归责于双方当事人的原因而导致履行不能，则不会发生双务合同中的风险负担问题。

3. 因一方的过错导致合同不履行的后果问题

在双务合同中，一方当事人违约时，如果非违约方已依约履行合同，则可以要求违约方实际履行合同或承担其他违约责任，甚至在满足一定条件下可以解除合同；如果非违约方要求解除合同则发生溯及既往的效力，非违约方对于其已经履行的部分有权要求违约方返还其已受领的给付。而在单务合同中，适用违约解除制度的情形较少，即使因违约而解除，也不发生违约方返还受领给付的后果，只能是守约方负担返还义务。

三、有偿合同与无偿合同

（一）语义辨析

根据合同一方当事人作出给付是否能获得对价给付，可将合同分为"有偿合同"与"无偿合同"。

有偿合同是指双方当事人在从合同的缔结到债务的履行的整个过程中，均作出相互具有对价性质的付出（并不仅限于财产的给付，也包含劳务、事务等）的合同。也就是说，一方履行合同所约定的义务而给予对方某种利益，对方必须支付相应代价才能得到这一利益。如《法国民法典》第 1106 条规定："当事人双方互相承担给付某物或做某事的义务时，此种契约为有偿契约。"有偿合同是反映交易关系的一种典型的合同，当事人之间存在着对价的交换，是商品交换最为典型的法律形式。在社会生活中，绝大多数体现交易关系的合同都是有偿的，如买卖、租赁、承揽、建设工程、培训、旅游等合同。

无偿合同是指一方给付对方某种利益，对方取得该利益时并不作出任何给付或所作的给付不具有对价意义的合同。无偿合同并不是反映交易关系的典型合同，虽然一方无偿地给予另一方某种利益而没有取得任何对价回报，但这类合同亦是基于双方合意产生，因此无偿合同也是一种合同类型，并受到《民法典》规范。虽然无偿合同是等价有偿原则在适用中所具有的例外现象，但在社会生活中还是存在不少。我国《民法典》所规定的赠与合同就是典型的无偿合同，在学理上，使用借贷合同亦为无偿合同。还有一些合同究竟为有偿合同或是无偿合同，得依合同是否约定了报酬、利息来判断，如委托、保管、消费借贷合同中，如果当事人约定应支付相应的报酬或利息，则为有偿合同；反之为无偿合同。

有偿合同与无偿合同，与双务合同与单务合同相比较而言，它们是在对合同的全过程中经济的平衡与否加以考虑的基础上而作出的分类。这两种分类并不必然一致对应，双务合同均为有偿合同，因为双务合同中，双方负有的债务具有对价关系。但有偿合同范围较之双务合同更广，有偿合同并非都是双务合同，有可能是单务合同，如有偿的消费借贷合同。因此可以说，双务必系有偿，而单务原则上为无偿，例外亦有为有偿者。反过来说，无偿必系单务，而有偿原则上为双务，例外亦有为单务者。

（二）区分的意义

1. 对价关系的确定

在有偿合同中，对价要求充分对应，而且，一方当事人在支付对价的时候有权要求对方当事人支付相应的对价，一方当事人不支付对价的，无权要求对方当事人支付相应的对价。而无偿合同不存在这一问题。所以显失公平现象主要发生在有偿合同中，同样的，善意取得要件之一是“以合理的价格转让”，因此只发生在有偿合同中。

2. 主体要求不同

订立有偿合同的当事人原则上应为完全行为能力人，限制行为能力人非经其法定代理人的同意，不能订立一些较为重大的有偿合同，但对于一些纯获利益的无偿合同，如接受赠与、劳动报酬等，限制行为能力人和无行为能力人即使未取得法定代理人的同意也可以订立该合同。但需要注意的是，在负返还原物义务的无偿合同中，限制行为能力人和无行为能力人仍需取得其法定代理人的同意才能为之。

3. 义务的轻重程度不同

在无偿合同中，利益的给予者一般仅承担较低的注意义务，而在有偿合同中，当事人所承担的注意义务显然较无偿合同中所承担之注意义务更重。根据风险收益相一致原则，收益的享有者有尽到合理的注意义务来防范风险的义务。在无偿合同中义务人没有从对方当事人处获得对价收益，所以法律所要求他尽到的注意义务程度相对较低，仅当他存在故意或重大过失并造成损失时，才要求他承担责任。而在有偿合同中，各方当事人都从对方当事人处获得了相应的对价利益，所以法律一般要求他尽到具备通常认知的正常人所能尽到的合理注意义务，该注意义务程度高于无偿合同中当事人的注意义务程度。例如，《民法典》第 897 条规定：“保管期内，因保管人保管不善造成保管物毁损、灭失的，保管人应当承担赔偿责任。但是，无偿保管人证明自己没有故意或者重大过失的，不承担赔偿责任。”不过，最高人民法院《关于审理买卖合同纠纷案件适用法律问题解释》（以下简称《买卖合同解释》）突破了这种原则，于其第 3 条第 2 款规定：“买受人主张出卖人承担代为保管期间非因买受人故意或者重大过失造成的损失的，人民法院应予支持。”

4. 成立条件不同

在有偿合同中，因为双方当事人合意相互负有义务，不允许当事人轻易反悔，所以法律一般把有偿合同定位为诺成合同，即当双方诺言取得一致时，合同即成立并发生法律效力。

而在无偿合同中，因为一方当事人给付财产或者劳务却没有获得相应对价，所以法律一般把无偿合同定位为实践合同，或者是有任意撤销权的诺成合同。其意义在于给无偿付出的一方以反悔权，鼓励人们实施无偿、助人为乐的行为。对于实践合同，当当事人交付标的物或者开始履行时，合同才成立或者生效，所以无偿合同的债务人可以在此之前通过不交付标的物或不实施履行合同的行为来行使反悔权。对于有任意撤销权的诺成合同（如赠与合同），赠与人（债务人）可以通过通知对方撤销来行使反悔权，也就是说，在赠与的财产权利转移之前，赠与人可以任意撤销赠与合同，但法律有特别规定的除外。

5. 法律准用的规则不同

对于有偿合同，法律无具体规定的，根据《民法典》第 646 条的规定，可参照适用买卖合同的有关规定，而对于无偿合同则不能适用这一规定。

案例分析：刘某发现停在停车场的汽车发生损坏。经查，车辆是第三人醉酒后毁坏。由于刘某无法提供有效的停车发票，停车场管理方认为双方之间不能形成有偿保管合同关系。请问：本案的合同系有偿合同还是无偿合同？

解答：本案的合同为有偿合同，是否实际支付报酬或利息不影响对合同有偿与否的判断。保管合同为实践性合同，保管物的交付是保管合同的成立要件。根据停车场的停车模式，刘某领取停车卡后驶入停车场，双方达成了有偿保管合同的一致意思表示，已达到实际控制的标准。因此刘某与停车场之间形成的是有偿保管合同关系。虽然刘某未能提供充分证据证明其交纳了停车费，但本案中是否交纳停车费并不能改变双方已达成的有偿保管合同的意思表示。

四、诺成合同与实践合同

（一）语义辨析

根据合同成立或生效除意思表示一致外是否还要交付标的物或进行其他现实给付，可将合同分为诺成合同与实践合同。

诺成合同是指合同当事人意思表示一致即能产生法律效果的合同。这种合同的特点可概括为他诺即成。在现代法上，为便捷交易，许多合同都被定位为诺成合同。

实践合同又称要物合同、践成合同，是指除当事人意思表示一致以外尚需交付标的物或进行其他现实给付才能成立的合同。这类合同的特点在于，仅凭合同当事人的意思表示一致还不能产生一定的权利义务关系，还必须有一方当事人实际交付标的物或现实给付的行为，才能使当事人的合意产生法律效果。与诺成合同相比，实践合同数量较少。

诺成合同与实践合同的确定，通常应根据法律的规定及交易而定。例如，根据传统民法理论，买卖租赁、雇佣承揽、委托等属于诺成合同，而使用借贷、保管、运送等属于实践合同。然而此种分类并非绝对不变。

在我国《民法典》出台之前，《合同法》对实践合同的“要物”标准存有争议，究竟是成立要件上的“要物”还是生效要件上的“要物”，我国法律处于模棱两可的状态。例如，我国《合同法》第 367 条规定：“保管合同交付时成立，但当事人另有约定的除外。”可见，这一实践合同是成立要件上的“要物”，即以物的交付作为合同成立的要件，而《合同法》关于自然人借款合同的规定，自然人之间的借款合同于双方达成合意时成立，提供借款时生效。我国《担保法》第 90 条规定，定金合同从实际交付定金之日起生效。可以看出，在借款合同和担保合同这两种实践合同中，采用的是生效要件上的“要物”，即以物的交付作为合同生效的要件。故有学者质疑，从某种意义上说，借款合同和担保合同可视为诺成合同。于是新出台的《民法典》对法律规定造成的该分歧焦点进行了重新梳理，《民法典》第 586 条规定：“当事人可以约定一方向对方给付定金作为债权的担保。定金合同自实际交付定金时成立。”第 679 条规定：“自然人之间的借款合同，自贷款人提供借款时成立。”由此可以看出，《民法典》统一将“要物标准”规定为了成立要件上的“要物”。

（二）区分的意义

1. 合同成立或生效的时间不同

在诺成合同中，当双方当事人意思表示一致（双方达成合意）时，合同即告成立或生效；而在实践合同中，在当事人达成合意之后，于当事人交付标的物或履行给付行为时，合同才能成立。所以实践合同的当事人可以通过不交付标的物或者不履行来行使反悔权。

2. 当事人义务的确定不同

在诺成合同中，交付标的物或完成其他给付，系当事人的给付义务，违反该义务便产生违约责任。在实践合同中，交付标的物或完成其他给付，不是当事人的给付义务，而是先合同义务，违反它不产生违约责任，但可能构成缔约过失责任。

五、要式合同与不要式合同

（一）语义辨析

根据合同是否应以一定的形式为要件，可将合同分为要式合同与不要式合同。

要式合同是指必须具备法律规定的特定方式而成立或者生效的合同。要式合同通常用于一些重要的交易，法律要求当事人必须采取特定的方式订立此类合同。例如，融资租赁合同、建设工程合同、技术开发合同等，其涉及的标的较大或法律关系较为复杂，法律要求当事人以书面形式订立。

不要式合同是指当事人订立的合同依法并不需要采取特定的形式，当事人可以采取书面形式，亦可以采取书面形式外的其他方式。除法律、行政法规有特别规定以外，合同一般均为不要式合同。因为根据合同自由原则，当事人有权选择合同形式，但这种自由并不是绝对的，如果法律规定有特别的形式要件，则当事人应遵守法律的规定。

法律关于形式要件的规定是属于成立要件的规定还是生效要件的规定，在《民法典》出台之前学界同样存在争议。例如《合同法》第 32 条规定："当事人采用合同书形式订立合同的，自双方当事人签字或者盖章时合同成立。"可见，法律对这种合同的形式要件的规定属于成立要件而非生效要件的规定。在这种情况下，当事人未按照法律的规定采用一定的形式，则合同不能成立。但在某些法律规定下形式要件又属于生效要件，当事人若违反，则已成立的合同不能生效。例如原《担保法》第 41 条规定："当事人以本法第四十二条规定的财产抵押的，应当办理抵押登记，抵押合同自登记之日起生效。"由此可以看出，形式上的要求被作为合同生效的要件。因此，《民法典》的出台对上述争议焦点进行了修改回应，删除原《担保法》中对要式形式作为抵押合同的生效要件的有关表述，统一按照《民法典》第 214 条"不动产物权的设立、变更、转让和消灭，依照法律规定应当登记的，自记载于不动产登记簿时发生效力"的规定，认定形式要件为不动产物权变动下合同的生效要件。

需要说明的是，合同法规定书面形式的合同不等于绝对的要式合同，因为《民法典》第 490 条规定："当事人采用合同书形式订立合同的，自当事人均签名、盖章或者按指印时合同成立。在签名、盖章或者按指印之前，当事人一方已经履行主要义务，对方接受时，该合同成立。”可以说，通过一方当事人的实际履行行为，另一方当事人受领的，该行为可以免受法定形式要件的约束，从而使该合同成立。

(二)区分的意义

要式合同与不要式合同区分的主要意义在于，判断合同成立或生效是否应以一定的形式作为要件。一些合同比较重要，法律关系亦相对复杂，法律要求当事人应比较慎重，故强制当事人采用书面形式。这样既可以提高当事人的注意程度，以谨慎的态度订立合同，从而避免或减少纠纷的产生，又可以为将来发生纠纷时举证提供便利，白纸黑字的方式更有利于辨明事实、判定责任。此外，有些合同可能涉及公共利益、社会利益等，国家行政力量需要介入，所以这些合同需要办理批准、登记手续。因此，在要式合同中，如果不符合形式要件，将会产生合同不成立等法律效果，而这在不要式合同中是不会发生的。

六、主合同与从合同

(一)语义辨析

根据合同相互间是否存在从属关系，可以将合同分为主合同与从合同。

主合同是指不需要其他合同的存在即可独立存在的合同。这种合同具有独立性，不以其他合同的存在为前提。

从合同，又可称为附属合同，是以其他合同的存在为其存在前提的合同。例如，抵押合同、质押合同、保证合同、定金合同等。从合同是相对于主合同而言的，是要依赖主合同的存在而存在的。这种合同的主要特点在于其附属性，即它不能独立存在，必须以主合同的存在并生效为前提。

(二)区分的意义

主合同与从合同区分的主要意义在于厘清它们之间的制约与依存关系。

主合同与从合同是相对而言的，没有主合同就没有从合同；没有从合同，反过来也无所谓主合同。主合同不成立，从合同就无法有效成立；主合同被宣告无效或被撤销，从合同也无效或随之失效；主合同发生转让，从合同一般亦随之转让，从合同一般不能单独转让；主合同终止，从合同亦随之终止。尽管主合同的存在及效力对从合同的成立及效力会产生直接的影响，但由于主合同是独立存在的，并不依附从合同，因此从合同不成立或无效，通常并不影响主合同的效力。

此外，根据最高人民法院《关于适用〈中华人民共和国民法典〉有关担保制度的解释》第 2 条：“当事人在担保合同中约定担保合同的效力独立于主合同，或者约定担保人对主合同无效的法律后果承担担保责任，该有关担保独立性的约定无效。主合同有效的，有关担保独立性的约定无效不影响担保合同的效力；主合同无效的，人民法院应当认定担保合同无效，但是法律另有规定的除外。”

七、本约和预约

（一）语义辨析

根据合同之间手段与目的的关系，可以将合同分为本约与预约。

预约是指当事人之间约定将来订立一定合同的合同，又可称为预备合同。本约即为基于该预约在将来应当订立的合同，又称为本合同。预约是以订立另一个合同（本约）为内容。我国《民法典》第 495 条首次对预约合同作出了立法规定："当事人约定在将来一定期限内订立合同的认购书、订购书、预订书等，构成预约合同。"

预约不同于意向声明。意向声明是当事人意图订立合同的一种意向性陈述或说明。这种声明一般不具有强制约束力，即使对方当事人对声明作出同意的意思表示也不成立合同。最高人民法院《关于适用〈中华人民共和国民法典〉合同编通则若干问题的解释》（以下简称《合同编通则解释》）第 6 条第 2 款规定："当事人通过签订意向书或者备忘录等方式，仅表达交易的意向，未约定在将来一定期限内订立合同，或者虽然有约定但是难以确定将来所要订立合同的主体、标的等内容，一方主张预约合同成立的，人民法院不予支持。"而预约作为一种合同，双方当事人都要受到约束。

当事人的意思表示究竟是预约还是本约，有时很难辨别，应探求当事人的真实意思来判断。订立预约在交易上系属例外，有疑义时，宜认定为本约。此外，当事人为订立合同，除预约外，尚有其他方式可资采用，包括：(1)确定的要约，即订立较长的承诺期间，使相对人可以随时承诺而成立合同；(2)选择权合同，即赋予当事人可依其单方的意思表示，使一定合同发生效力的权利（形成权）；(3)订立附条件或附期限合同。当当事人所订立的合同究竟属哪一种类别存有疑义时，应当通过解释当事人的意思及根据交易目的来认定。

预约合同可否因情势变更而撤销呢？我国没有相关的规定，但可以借鉴《奥国民法》第 936 条的规定，即因情势变更致毁灭原有目的（明示的规定或依其情形可推知之目的）或一方对于他方丧失其信任时，失其拘束力。因为当发生情势变更时，继续订立本约将可能违背当事人缔约的初衷，或可能导致双方当事人之间获利显失公平，所以允许当事人撤销预约是符合公平正义、诚实信用原则的。

（二）区分的意义

区分预约与本约的主要意义是认清预约的特殊法律效力。

预约虽然仅使当事人负有订约义务，但本身已是一种债权合同，它对当事人产生法律上的约束力，当事人违反预约则应承担相应的法律责任。本约在预约成立和生效时尚未存在，所以预约效力仅使当事人负有将来按预约规定的条件订立本约的义务。如果预约的一方当事人不履行其订立本约的义务，则另一方有权请求法院依照我国《民法典》第 495 条规定"当事人约定在将来一定期限内订立合同的认购书、订购书、预订书等，构成预约合同。当事人一方不履行预约合同约定的订立合同义务的，对方可以请求其承担预约合同的违约责任"强制其履行订约义务并承担违约责任。

该内容在我国台湾地区及德国也有相关规定，在台湾地区“民法”与德国民法中，预约债务人负有订立本约的义务，权利人可诉请履行，法院应判令债务人为订立本约的意思表示，债务人不为该意思表示的，视同自判决确定时已为该意思表示。本约成立后，债权人即可享有请求给付的权利，基于诉讼经济原则，债权人可以合并请求订立本约及履行本约。

案例分析：郭某与福达公司签订了一份《意向书》，约定由郭某向福达公司以 15 万元的价格购买安置房的一个车位，具体车位地点待安置房落成后再给予确定。安置房落成后，福达公司未与郭某订立车位买卖合同。福达公司提出《意向书》仅为一项意向，对方并未支付分文对价，不享有任何预约或期待权利。请问：郭某是否可以要求福达公司履行《意向书》确定的义务？

解答：郭某可以要求福达公司履行《意向书》确定的义务。《意向书》的法律性质为预约合同，系无名合同。预约的内容是可确定的，具备合同成立及有效的要件，福达公司作为预约债务人负有订立本合同的义务，郭某作为权利人有权诉请该公司履行义务。

八、束己合同和涉他合同

（一）语义辨析

根据缔约人订立合同是否恪守合同相对性原则，可以将合同分为束己合同和涉他合同。

束己合同是指严格遵循合同的相对性原则，缔约当事人通过订立合同为自己设定权利和义务。使自己能直接享有某种利益并承担某种义务。由于当事人订立合同都是为了追求一定的利益，所以在绝大多数情况下，合同当事人订立合同都是为了给自己设定权利和义务，可以说，合同大都是订约人为自己订立的合同。为订约人自己订立的合同恪守合同相对性原则，合同仅为缔约的当事人设立权利和义务，第三人不会因此享有权利或承担义务，合同的效力仅发生在缔约的当事人之间。

然而，在某些情况下，缔约当事人并非为了直接追求自身的利益，而是为增加第三人的利益或课加第三人的义务而订立合同，合同将对第三人发生法律效力，这就是所谓的涉他合同。它突破了合同相对性原则，对合同当事人以外的第三人发生法律效力。涉他合同主要包括两类合同，即“为第三人利益的合同”和“由第三人履行的合同”。

为第三人利益的合同，又可称为利他合同、向第三人履行的合同。在这类合同中，当事人双方约定由债务人向第三人履行义务，第三人由此取得直接请求债务人履行义务的权利。由于这类合同中的第三人仅享有权利而不承担义务，因此该第三人也常常被称为“受益人”，其法律特征表现为以下几点：

1. 第三人不是缔约当事人，不必在合同上签字或盖章，也不需要通过其代理人参与缔约。尽管第三人不是缔约当事人，却可以依据合同，请求债务人履行义务，并接受债务人的履行。如果债务人不履行义务，债权人可以要求其承担责任。但法律规定或者当事人约定第三人可以直接请求债务人向其履行债务，第三人未在合理期限内明确拒绝，债务人未向第三人履行债务或者履行债务不符合约定的，第三人可以请求债务人承担违约责任；债务人对债权人的抗辩，可以向第三人主张。尽管第三人可以独立享受权利，但他毕竟不是合同当事人，因此他无权变更、转让合同，即使存在合同可撤销的原因，第三人也不得主张撤销合同。

2. 该合同只能给第三人设定权利，而不得为其设定义务。根据民法基本原理，未经他人同意，任何人不得给他人课加义务，擅自为第三人设定义务的合同是无效的。

3. 合同一经成立，该第三人可以拒绝接受该权利，亦可以接受该权利。法律虽然允许合同当事人为第三人设定权利，增加其利益，但合同当事人无权强迫该第三人接受该权利。第三人有自由选择的权利，可以欣然接受，也可以不接受。第三人接受权利的意思表示，可以采用明示或默示的方式，若第三人未作出明确拒绝表示的，则视为接受该权利。第三人拒绝的，其拒绝表示应向合同当事人作出。此时，合同所设定的权利归为第三人利益订约的当事人自己享有。

由第三人履行的合同是指合同当事人为第三人设定了义务，第三人应向合同债权人履行该合同义务的合同。这类合同的典型例子是连环买卖合同，上游合同的买受人是下游合同的出卖人，他可以在下游合同中约定由上游合同的出卖人直接向下游合同的买受人交付买卖标的物。

由第三人履行的合同具有如下法律特征：

1. 第三人不是合同的缔约当事人，不需要在合同上签字盖章，也不需要委托代理人参与缔约。

2. 该合同表面上似乎违背了民法基本原理——未经他人同意，不得擅自为他人设定义务，但实际上合同的约定并没有增加第三人的负担，合同其实是以第三人既有负担的给付作为标的，而不是毫无依据地向第三人课加义务，施加负担。

3. 合同的约定对第三人没有绝对的约束力，第三人可以拒绝这一义务的课加，也可以接受这一义务的负担。第三人不履行其义务时，不承担违约责任，而是由债务人承担责任。

（二）区分的意义

束己合同与涉他合同的区分体现了这两类合同所追求的目的的相异，前者是为了通过自己义务的履行而实现自身的利益，后者则是为第三人设定了权利或义务，增加他人收益或课加他人义务。这两类合同的区别亦表明了合同效力范围的差异。束己合同严格遵守合同相对性原则，涉他合同则大胆突破了这一限制，但是由于第三人并非为合同当事人，所以如果发生违约情况时，我国《民法典》原则上仍然要求债务人向债权人承担违约责任，债务人与第三人之间的关系另行处理。

不过，值得注意的是，根据最高人民法院《关于审理民间借贷案件适用法律若干问题的规定》（以下简称《民间借贷司法解释》）第 22 条，为追求实质公正，允许将民间借贷合同当事人之外的第三人列为共同被告或者第三人，或者共同承担责任，这显然已经突破了合同相对性原则。

九、格式合同与非格式合同

（一）语义辨析

格式合同是指由一方当事人事先拟定合同的内容且在拟定时对方当事人并无参与

协商的合同,又可称为标准合同。例如,铁路、航空运输合同、保险合同等。格式条款是格式合同的基础。所谓的格式条款,依《民法典》第 496 条第 1 款的规定,格式条款是当事人为了重复使用而预先拟定,并在订立合同时未与对方协商的条款。格式条款的运用,可以免除当事人就同类问题进行重复的商讨,可以避免烦琐的程序,降低交易成本。格式合同并非完全由格式条款所构成,其中也可能包含非格式条款,如保险合同中的保险金额、保险费率等空白条款,需要根据投保人和被保险人的具体情况来填写。非格式合同是当事人自由协商一致的合同,而没有采用事先拟定的固定条款。

(二)区分的意义

格式合同与非格式合同区分的主要意义是,由于格式合同在某些内容上排除了一方当事人参与协商的可能,所以法律对格式合同规定了一些特殊的规则,从而加强了对格式条款相对人的保护,平衡合同双方的利益。在非格式合同中,其内容是由当事人双方协商确定的,当事人基于各自的利益考虑在自由协商过程中充分斗智,所签订的合同一般使双方当事人利益都得到很好的满足,合法有效的合同符合了等价有偿、自愿平等的原则,所以法律通常无须再作出特别的规定。而格式合同则不同,其合同中的一些内容是由一方当事人事先拟定好的,自然排除了一方当事人参与协商的机会,而且格式合同的拟定者一般是实力较为强大的经济主体,正因为如此,法律通常要对格式合同的相关问题作出特别规定,目的在于尽可能在保证公平的前提下,使处于弱势的相对人的利益得到切实保障。我国《民法典》第 496 条、第 497 条和第 498 条都对格式合同的问题作出了专门的规定。

十、一时性合同与继续性合同

(一)语义辨析

根据合同给付义务的内容及其范围是否受到时间因素的影响,可以将合同分为一时性合同和继续性合同。

一时性合同,又可称为一次给付合同,是指当事人依合同的约定,一次给付即可完成履行的合同。在有偿合同中,若呈对价关系的两项给付分别一次完成,即使两项给付在时间上有距离,也仍可为最典型的一次性给付。

继续性合同,又可称为持续给付合同,是指当事人依合同的约定,在一定期间数次给付或给付不间断的合同。在此类合同中,时间要素在债的履行上起着十分重要的作用,给付时间的长度决定着总给付的内容。比如,在房屋租赁合同中,出租方提供住房,承租方支付租金,债的内容随时间的经过而增加,则是给付不间断的合同。应注意此类合同与分期给付合同的区别,分期交货合同属于分数次给付的合同,它仍可被看作一时性合同,因为合同的总给付是自始确定的,虽然采用分期交付的方式,但时间因素对债的内容及范围并没有产生影响。

（二）区分的意义

1. 合同的履行

原则上，在一时性合同中，合同债务一经履行，债权债务关系就归于消灭。而在继续性合同中，在合同履行期限内，履行行为呈现持续状态，债权债务关系不会因一次履行而消灭，且由于这种履行的时间性特征，使得双方当事人之间的信任关系较为重要。

2. 合同无效或被撤销

对一时性合同而言，合同被宣告无效或被撤销产生溯及既往的效力，根据《民法典》第 157 条的规定，民事法律行为无效、被撤销或者确定不发生效力后，行为人因该行为取得的财产，应当予以返还；不能返还或者没有必要返还的，应当折价补偿。而对于继续性合同，虽然民法典的规定并没有排斥对继续性合同的适用，但有的学者认为："就一时性合同而言，其无效或撤销具有溯及力，即根据需要，在当事人已为给付时，应予返还。但连续给付的合同无效或撤销则一般不具有溯及力。例如，雇佣合同无效或撤销后，雇主不可能要求已提供劳务的雇员返还其已领的工资；同样，在房屋租赁合同无效或撤销后，出租人不可能向使用其房屋的承租人返还已交付的租金。"简言之，就继续性合同而言，应当限制无效或被撤销的溯及力，无效或撤销的主张仅向将来发生效力，过去已经产生的法律关系不因此受到影响。

3. 合同解除

根据《民法典》第 566 条第 1 款的规定，"合同解除后，尚未履行的，终止履行；已经履行的，根据履行情况和合同性质，当事人可以请求恢复原状或者采取其他补救措施，并有权请求赔偿损失"。其中的"根据合同性质"包括对合同是一时性合同还是继续性合同的考查。一时性合同，如果被解除，可以恢复原状，故一般溯及既往地发生解除效力。而继续性合同被解除，或无法恢复原状，或不宜恢复原状，所以原则上不具有溯及力，已为的给付应当保持。解除仅向将来发生法律效力，过去的合同关系不受影响。

十一、实定合同与射幸合同

（一）语义辨析

以合同的效果在缔约时是否确定为标准，合同分为实定合同和射幸合同。

实定合同，是指合同的法律效果在缔约时已经确定的合同，绝大多数合同都是实定合同。

射幸合同，又称机会性合同，是指合同的法律效果在缔约时不能确定的合同，保险合同、有奖抽奖或有奖销售合同均属此类。在中国，保险合同为合法合同，予以鼓励；有奖抽奖或有奖销售有数额限制，数额过高者以不法论处。根据《反不正当竞争法》第 10 条的规定，抽奖式的有奖销售，最高奖的金额超过 5 万元者即被禁止。

（二）区分的意义

区分实定合同与射幸合同的法律意义在于，实定合同一般要求等价有偿，若不等价，则可能被撤销乃至无效。对射幸合同，一般不能从等价与否的角度来衡量合同是否公平。

关于“合同的分类”的详细阐释，可扫码观看视频：

第三节　合同的内容与形式

一、合同的内容

合同的内容，可以从两方面理解：一是从民事法律关系方面来说，合同内容是指合同当事人享有的权利和承担的义务，即合同当事人根据法律规定和合同约定所设定的权利义务关系，简称合同权利和合同义务。二是从内在结构来说，合同的内容是指合同的各项条款。合同的条款是合同内容的固定化和体现，是确定合同当事人权利义务的凭据，若合同的条款存在含糊不清、自相矛盾的情形，则将会影响当事人法律关系的确定。本书主要介绍作为条款的合同内容。

（一）合同条款的特点

从合同条款的角度看，合同的内容具有以下几个特点：

1. 合同的内容是当事人通过协商，经过缔约程序就合同条款达成一致的意思表示而形成的。当事人没有形成合意，或没有将设立民事权利和义务的内在意思表示出来，都不可能构成合同的条款。

根据大陆民法的传统理论，将合同内容分为要素、常素与偶素，这是横跨两大法系的重要方法论范式。要素是任何合同都必须具备的条款，是合同成立的底限要素。要素的明确、具体是合同成立与生效的条件。常素是某类典型合同通常具备的条款，它们决定了合同的类型。偶素则是由当事人自由约定的内容既不决定合同成立，也不决定合同的类型，如违约责任、争议解决方式等。

2. 合同条款需要通过语言文字等符号予以表现，在这一过程中合同内容难免会发生模糊或欠缺，这时可以通过合同解释的规则予以弥补。由于当事人在订立合同时所使用的文字或语言的含义可能较为模糊，或未能准确地表示出当事人的意图，或存在多义现象，这将影响到当事人具体权利义务的确定以及当事人期待目的的实现，所以可以通过合同解释来明确当事人之间的权利义务关系，从而避免或减少因合同内容的不明确而引发的纠纷。

（二）《民法典》规定的合同条款

《民法典》第 470 条规定了如下一些条款，为缔约人订立合同提供参考，使缔约人能够较快捷、较完整地订立相关合同。但这些条款只是起到提示性或建议性的作用，而非都是合同必须具备的条款。

1. 当事人的姓名或者名称和住所。当事人是合同权利的享有者和合同义务的承受者，没有明确的当事人，则合同的权利义务的规定相当于一纸空文，更无从谈起合同的履行。因此，订立合同首先必须具有当事人这一条款。依据债的性质，合同的当事人不可能是泛化的主体，当事人由其名称或姓名及住所加以特定化。所以，在订立具体合同条款时应当写清当事人的名称或者姓名和住所。

2. 标的。标的是合同权利义务所指向的对象。合同标的的规定指明当事人订立合同的目的，若没有规定合同标的该合同就会失去意义，标的是一切合同的主要条款。标的条款必须清楚地写明标的名称，以便将标的特定化，否则当事人将无法履行。

3. 质量和数量。标的的质量和数量是用以确定合同标的的具体条件，是该标的区别于同类其他标的的表征。标的的质量表明当事人对标的的质的要求，它应具体详细，如标的应达到的质量标准、技术指标、标的的具体规格等。标的的数量是当事人对标的的量的需求，它也应明确，其计量单位可选择国际或国家规定的标准，也可选择当事人双方共同认可的标准，并应同时确定其具体内涵。在大多数情形下，该数量要求并非十分精确地限定，允许存在合理的磅差或尾差。

4. 价款或酬金。价款或酬金是有偿合同的主要条款。价款是针对取得标的物而言的，即取得标的物所应支付的代价，酬金是针对服务而言的，即获得服务所应支付的代价。价款通常指标的物本身的价款，由于取得标的物而支付的其他费用，如运输费、保管费、关税等，由当事人明确约定应由谁负担。当事人如果没有约定价款或酬金，并不影响合同的成立，可以通过《民法典》中合同的有关法律规定予以弥补。

5. 履行的期限。履行期限是对当事人履行合同时间的规定，它直接关系着合同义务何时完成，涉及当事人的期限利益。履行期限可以是即时履行，也可以是将来某一具体时间的定时履行，还可以是在一定期限内一次性或是分批分期履行。如果为分期履行，应当写明每期履行的准确时间。当事人没有约定履行期限的，不会影响到合同的成立，当事人亦可以通过《民法典》中合同的有关法律规定来补充。

6. 履行的地点和方式。履行地点往往是确定验收地点的依据，也是确定运费由谁负担、风险由谁承担的依据，同时还是确定标的物所有权是否发生移转的依据。在涉外合同纠纷中，它也是确定法律适用的依据之一。因此履行地点在合同中显得十分重要。但对大多数合同来说，它并非主要条款，当事人没有约定的，亦可以通过有关方式加以推定，合同即使欠缺该条款也不影响成立。

7. 违约责任。违约责任是指当事人未按合同约定履行义务而应承担的责任。责任的课加可以促使当事人履行债务，弥补或减少非违约方遭受的损失，它与当事人的利益关系密切，当事人可以在合同中予以明确约定。然违约责任毕竟是一种法律责任，法律不会对当事人的违约行为视而不见，所以即使合同未作约定或约定不全，只要不属于法定免责事由，违约方就应当承担相应的违约责任。

8. 解决争议的方法。解决争议的方法是指对于将来可能发生的合同纠纷，通过何种方式予以解决的方法。包括在发生争议时，运用诉讼方式还是仲裁方式，如何选择管辖的法院，适用何种法律，选择哪家鉴定机构等。

(三)合同的必要条款和非必要条款

合同的必要条款,有的学者亦称主要条款,是指根据法律规定、合同性质或当事人的约定所必须具备的条款,欠缺它,合同就无法成立。它对确定当事人各方权利义务的质与量起着相当重要的作用。我国《民法典》第 470 条所规定的合同条款,并非对于所有合同都是必要条款。一般来说,尽管每一个具体合同的必要条款可能有所差异,但是有些合同条款是合同所必备的。《合同编通则解释》第 1 条第 1 款直接规定了合同成立的底限内容要求,即只要"能够确定当事人姓名或者名称、标的和数量的,一般应当认定合同成立"。

合同的必要条款可以是法律直接规定的,当法律直接规定某种特定合同应当具备某些条款时,这些条款就是必要条款。如我国《民法典》第 668 条规定,借款合同应有借款种类、币种等的条款,则这一条款即为借款合同的必要条款。合同的必要条款可以由合同的类型和性质决定,如有偿合同,其性质价款或者酬金条款即为合同的必要条款。合同的必要条款也可以由当事人约定产生,因为合同是当事人意思表示一致的产物,所以当事人有权决定哪些条款作为合同的必要条款。

合同的非必要条款,有的学者亦称普通条款,是指合同必要条款以外的其他条款。它包括以下类型:

(1)法律未直接规定,且非合同的性质所要求必须具备的,并且当事人无意使之成为必要内容的合同条款。

(2)当事人没有在合同中规定,但基于当事人的行为,或合同的明示条款,或法律的规定,本应存在的合同条款。它可以分为以下几个种类:其一,该条款对于实现合同的目的及发挥合同的作用是必不可少的,只有推定其存在,合同才能顺利地实现其目的。其二,根据公认的商业习惯或交易规则,该条款必然蕴含于该合同之中。其三,合同当事人以往的交易惯有规则默认了这一条款。

当事人常有意将某些合同条款留待以后根据具体情况加以谈判商定,或由第三人加以确定,因为现实生活的情况是复杂多变的,当事人为将来的变化留有余地,特意在合同中预留这样的空间。

二、合同的形式

合同的形式,又称合同的方式,是当事人内心合意表现于外部的形式,是合同内容的外部表现和载体。

就我国现行立法的规定而言,合同的形式存在广义和狭义两种概念。广义的合同形式是指包括订立合同的方式以及缔结合同的特殊要件。订立合同的方式包括口头、书面或其他方式。缔结合同的特殊要件,如根据《民法典》第 502 条的规定,"依法成立的合同,自成立时生效,但是法律另有规定或者当事人另有约定的除外。依照法律、行政法规的规定,合同应当办理批准等手续的,依照其规定。未办理批准等手续影响合同生效的,不影响合同中履行报批等义务条款以及相关条款的效力。应当办理申请批准等手续的当事人未履行义务的，对方可以请求其承担违反该义务的责任”。可见，批准、登记等手续即为缔结合同的特殊要件。狭义的合同形式概念仅指订立合同的方式，即合同内容的外在表现形式。此为本书介绍的重点。

根据我国《民法典》第 469 条“当事人订立合同，可以采用书面形式、口头形式或者其他形式”的规定，狭义的合同形式可以分为口头形式、书面形式和其他形式。

（一）口头形式

口头形式是指当事人以语言对话进行意思表示从而订立合同的方式。口头方式包括电话交谈、面对面谈判等。法律没有强制当事人应采用书面形式或其他特定形式的合同的，当事人可选择口头形式。

采用口头形式的合同是一种不要式的法律行为，具有简便迅速的优点，其交易成本很低，日常生活中一些简单即时清结的交易常采用这一方式。但同时由于缺乏客观记载，一旦发生纠纷，日后不易取证，因此那些数额较大、内容比较繁多或不能即时清结的交易一般不采用这一方式。

在实践中，处理口头合同时应注意以下几个问题：

1. 以口头形式订立的合同，当事人一方已经履行了全部或主要义务，另一方已经接受了履行，应当确认合同成立。因为这可以视为当事人以行为的方式订立了合同，一方当事人实施了履行行为且另一方当事人接受了该履行，表明当事人就此达成合意。该规则已为《民法典》第 490 条所承认。

2. 合同采取口头形式并不意味着不能产生任何文字的凭证。人们到商店购物，有时也会要求商店开具发票或其他购物凭证，但这类文字材料只能视为合同成立的证明，不能作为合同成立的要件。

3. 当事人对合同关系的存在没有异议，但对合同的内容发生争议时，得依情况而定。如果当事人对合同的大多数重要条款没有异议，仅对其他次要条款有争议，可以根据法律规定的方式予以填补漏洞。但如果当事人对合同的大多数重要条款存有大量争议，则不能认定合同已经成立。

（二）书面形式

书面形式是指当事人通过文字表现合同内容的合同形式。在当前社会，随着科技的迅猛发展，文字的物质载体不限于纸张，还包括数据电文等多种多样的形式。书面形式的优势在于，它可以促使当事人深思熟虑后才实施法律行为，将当事人的合意定型化和明确化，并保存于可见可查的载体，便于当事人日后举证，有助于预防和处理争议。常见的书面形式有以下几种：

1. 合同书

合同书是指载有合同条款且有当事人双方签字或盖章的文书。其格式可以采取表格形式等事先已拟定好的格式，也可以由当事人自己拟定合同书的结构。

2. 信件

信件是指载有合同条款的文书，它是当事人双方书信交往的文件，通常运用于相隔较远的当事人之间，他们通过往返的信件协商方式而订立合同。它不同于本书下文将要提到的电子邮件，后者是通过电脑网络的媒介来传递信件。

3. 数据电文

(1)电子数据交换(electronic data interchange，EDI)，又可称为“电子资料连通”，是指将商业或行政事务处理按照一个商定的标准，形成结构化的事务处理或信息数据格式，从计算机到计算机的电子传输方法。它通过计算机系统和通信网络，采用国际公认的标准格式，完成与某一贸易活动有关企业和有关部门之间的数据交换和处理，从而进行以贸易为中心的活动的全部过程。

EDI的应用可以减少甚至取消贸易过程中的纸面单证，因此被称为“无纸贸易”。以传统的买卖活动为例，按照传统的方式是由买方向卖方发出使用订单，卖方按照订单发货，买方收到货物及发货票后开出支票给卖方，卖方到银行兑现。如果采用电子数据交换系统的话，则计算机就将按照预先设置的程序自动处理该订单，检查订单是否符合要求；通知安排生产；向供应商订购零配件；向运输部门预订集装箱；向保险部门申请保险单等，使整个交易过程在最短时间内准确完成。在这样的商业流程之中，不同的部门之间所传递的是一级电子数据，因此国际标准化组织将其描述为：“将贸易或者行政事务按照一个公认的标准形成结构化的事务处理或信息数据格式，从计算机到计算机的电子传输。”

EDI可以缩短交易的时间，提高交易的效率，但其安全性是应用EDI过程中面临的主要问题，如如何对电子数据进行保护，如何运用“电子签名”等都有待理论的深入和立法的完善。

(2)电子邮件(E-mail)是通过互联网系统来传递信息的一种方式。电子信箱系统中传递的信件与传统的信件不同，它的介质是电磁讯号，其内容可以是各种电子文本格式的文本文件、数据文件以及传真、语音和图像文件等。

4. 其他可以有形地表现所载内容的形式

法律留了一个口袋条款，为现实生活中存在的纷繁复杂的书面形式或随社会发展将会出现的新方式之运用提供了灵活的空间。

(三)其他形式

1. 推定形式

推定形式是指当事人通过一定有目的的积极行为将其内在意思表现于外部，他人可以通过基本常识、交易习惯或相互间的默契，推知当事人已作某种意思表示，从而使合同成立。如房屋租期届满后，承租人并没有搬出该房屋而是继续居住并交纳房租，出租人接受之，由此可推定双方当事人之间存在延长租期的合意。

2. 沉默形式

沉默形式是指既无语言表示又无行为表示的消极行为，只有在法律有特别规定或当事人有特殊约定以及符合当事人之间的交易习惯的情况下，才可将当事人的沉默视为一种意思表示，从而使合同成立。通常情况下，内部意思表达于外部需要借助积极的表示行为，单纯沉默不是表示行为，不构成意思表示，不能成立合同。所以只有法律作出特别规定或当事人作出特殊约定以及当事人之间的交易习惯的情形下，当事人的消极行为才被赋予一定的表示意义，并发生缔结合同的法律效果。

本章小测

一、客观题

扫码测试

二、主观题

1. 合同一般包括哪些条款？
2. 请论述合同的法律特征。
3. 请论述有偿合同和无偿合同的注意义务区别。
4. 请论述合同的形式。

拓展案例

合同要素认定的例外规则，请阅读中国葛洲坝集团房地产开发有限公司与海口恒天晟实业有限公司借款合同纠纷案。

拓展案例

延伸阅读

价款或者报酬是否为有偿合同的要素？

延伸阅读

本章参考文献

1. 周林彬：《比较合同法》，兰州大学出版社 1989 年版。
2. 胡康生：《中华人民共和国合同法释义》，法律出版社 1999 年版。
3. 史尚宽：《债法总论》，中国政法大学出版社 2000 年版。
4. 王利明：《合同法研究》(第 1 卷)，中国人民大学出版社 2002 年版。
5. 陈小君：《合同法》，高等教育出版社 2003 年版。
6. 郑玉波：《民法债编总论》，台湾三民书局 2004 年版。

7. 尹田:《法国现代合同法》,法律出版社 2009 年版。

8. 王利明:《合同法研究》(第 1 卷),中国人民大学出版社 2011 年版。

9. 王泽鉴:《债法原理》,北京大学出版社 2013 年版。

10. 韩世远:《合同法学》,高等教育出版社 2022 年版。

11. 徐国栋:《民法基本原则解释》,中国法制出版社 2023 年版。

12. 谢鸿飞:《民法典合同编司法解释释义》(中国社会科学院版),中国法制出版社 2023 年版。

13. 王利明:《民法》(下册),中国人民大学出版社 2024 年版。

14. 崔建远:《合同法》,法律出版社 2024 年版。

15. 梁慧星:《论我国民法合同概念》,载《中国法学》1992 年第 1 期。

16. 吴奇琦:《法律行为三元素(要素、常素、偶素)理论的诞生发展史》,载《交大法学》2020 年第 2 期。

17. 北川善太郎:《债权各论》,日本有斐阁 1995 年版。

18. 彼得罗・彭梵得:《罗马法教科书》,黄风译,中国政法大学出版社 2005 年版。

第三章　合同的订立及成立

思维导图

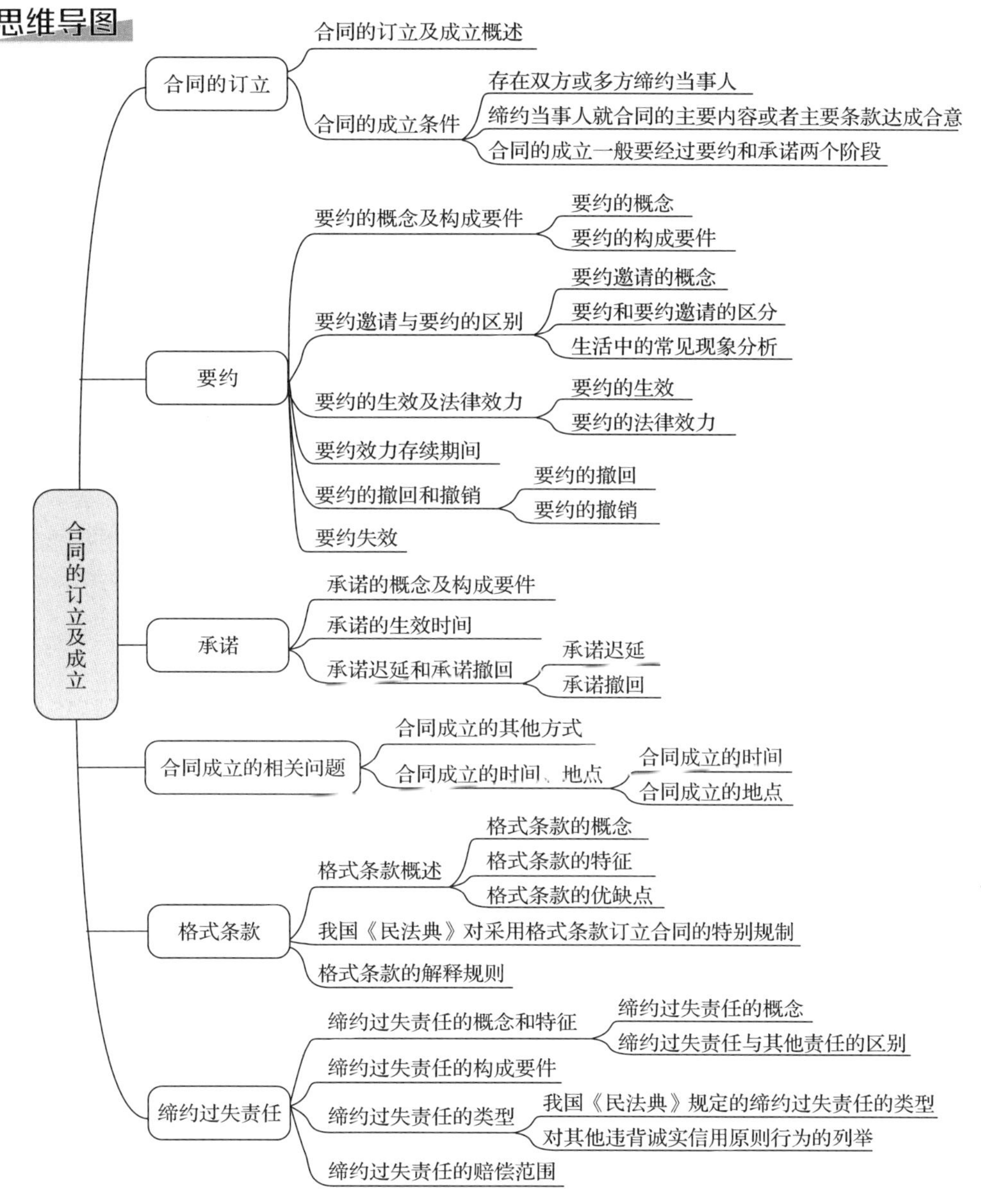

第一节　合同的订立

一、合同的订立及成立概述

缔约当事人就合同的主要内容达成合意时，合同成立。合同的成立意味着各方当事人的意思表示一致。

合同的订立是当事人谋求合意的过程，即合同成立的过程。合同订立，侧重的是订约的过程，就是一个讨价还价、互相协商、互相妥协的过程，用缔约术语表示即要约邀请、要约、反要约、承诺的过程，甚至在此过程中，要约、反要约循环进行，直至承诺，达成了缔约的合意。在这个过程中的每一个环节的主体意志的自由性及主体地位的平等性，使得契约自由和契约正义相互协调。①

订立合同所追求的目标就是成立合同，合同成立是订立合同的结果。当然，有订立行为不一定就能导致合同的成立。

二、合同的成立条件

合同的成立是缔约各方利益协调的结果，成立合同必须具备如下条件：

（一）存在双方或多方缔约当事人

合同是一种双方或多方的民事法律行为，它必须具有双方或多方当事人，若只有一方当事人则根本无法成立合同。某一民事主体不能与自己订立合同，也不能委托他人与自己订立合同。合同必须存在两个或两个以上利益不同的缔约主体。作为缔约当事人，既可以是自然人，也可以是法人或者非法人组织。

（二）缔约当事人就合同的主要内容或者主要条款达成合意

根据《民法典》第 470 条的规定，合同条款一般包括当事人的姓名或者名称和住所，标的，数量，质量，价款或者报酬，履行期限、地点和方式，违约责任，解决争议的方法等。该条规定使用了“一般包括”而不是“必须包括”的表达，表明上述条款并非合同成立所必备的条款。

合同必备的条款是指合同成立所必须具备的，决定合同的类型和当事人的基本权利、基本义务的条款。合同必备的条款来源于两种情形：一种是法律规定的合同必须具备的条款或者是由合同的类型及性质决定的合同必须具备的条款，如当事人条款。另一种是缔约当事人要求合同必须具备的条款，如合同公证条款。无论是哪一种必备条款，当事人只要不能达成意思表示的一致，就不能成立合同。

① 李永军：《合同法》，中国人民大学出版社 2021 年版，第 45 页。

合同成立，当事人必须对足以确定合同性质及当事人基本权利义务关系的条款，即合同必备条款达成意思表示一致，但并不要求当事人对合同的全部条款都形成合意。比如在上述条款中，“解决争议的方法”并不妨碍合同目的的实现，与合同成立与否没有关系。又如，在无偿合同中，“价款或者报酬”条款就没有存在的必要。

另外，根据《民法典》第 510 条、第 511 条之规定，当事人就质量、价款或者报酬、履行地点等内容没有约定或者约定不明确的，可以协议补充；不能达成补充协议的，按照合同相关条款或者交易习惯确定。仍然不能确定的，按照第 511 条所提供的标准履行。由此可见，上述条款的不确定，并不影响合同的成立和生效，可以在合同成立后由当事人继续协商。除非法律另有规定或当事人另有约定，一般来说仅当事人的姓名或者名称、标的和数量条款为主要条款，亦称为合同成立的“三要素”。

（三）合同的成立一般要经过要约和承诺两个阶段

《民法典》第 471 条规定，“当事人订立合同，可以采取要约、承诺方式或者其他方式”。说明要约和承诺是合同订立的基本过程，一般而言也是合同成立必经的两个阶段。除此之外，由于合同的性质和类型的不同，一些合同的成立还须具备特殊的成立要件。合同的特殊成立要件是指根据法律的规定或当事人的约定，合同成立所应特别具备的要件。例如，在实践性合同中，法律要求当事人交付标的物或完成其他给付时，合同才成立，所以交付标的物或完成其他给付行为构成实践性合同的特殊成立要件。

案例分析：孙某临终前在日记中写道，若离人世，愿将个人藏书赠与好友汪某。其后不久孙某过世。那么，孙某与好友汪某之间是否形成了赠与合同关系呢？

解答：孙某虽然有赠与藏书给好友的想法，但是该种想法并没有在生前向好友汪某表示，汪某并不知道，自然也不可能与孙某就藏书赠与问题达成合意，因此他们之间并没有赠与合同关系。

关于“赠与合同与遗赠”的详细阐释，可扫码观看视频：

第二节　要约

一、要约的概念及构成要件

（一）要约的概念

要约（offer），又可称为发盘、出盘、发价或报价等，是指一方当事人向对方当事人作出的、希望与之缔结合同的意思表示。发出要约的一方称为要约人，接受要约的一方则称为受要约人、相对人或承诺人。要约是订立合同过程中的首要环节或者说是始发阶段，没有要约就没有之后的协商开展，就不存在承诺，合同也就无从产生。

大陆法系普遍认为，要约是当事人订立合同的意思表示，既非事实行为，也非法律行为，只是订约的意愿，是缔约一方向另一方发出的订立合同的动议。要约作为单方的意思表示，只是双方法律行为的要素，须与承诺相配合才能成立双方法律行为。

《联合国国际货物销售合同公约》第 14 条指出："向一个或一个以上特定的人提出订立合同的建议，如果十分确定，并且表明发价人在得到接受时承受约束的意旨，即构成发价。"我国《民法典》第 472 条也采纳了要约属于意思表示的观点。

（二）要约的构成要件

一项有效的要约应具备以下四个要件：

1. 要约是由具有缔约能力的特定人作出的意思表示。要约的提出旨在向相对人表示愿意与之订立合同，并唤起相对人的承诺，所以要约人必须是订立合同的一方当事人。这里的特定人是指要约人是具体的人且应能为外界所确定。要约人还应当具有相应的缔约能力，无民事行为能力人或依法不能独立实施某种行为的限制民事行为能力人所作出的欲与他人签订合同的意思表示，不能产生要约的法律效力，其要约行为须通过其代理人进行。

2. 要约必须向欲与之缔结合同的受要约人发出。要约人向谁发出要约也就表明他希望与谁订立合同，要约人只有向这样的人发出要约才可能取得相对人的承诺。受要约人原则上也应是一个或数个特定人。但这并不意味着要严格禁止要约向不特定的人发出。比如，正在工作的自动售货机，它所针对的购买者是不特定的；在自选超市中，已标价由消费者自取的陈列商品也是针对不特定当事人发出的要约。另外，《民法典》第 473 条第 2 款规定，"商业广告和宣传的内容符合要约条件的，构成要约"，也表明向不特定人发出的商业广告和宣传也可构成要约。《最高人民法院〈关于审理商品房买卖合同纠纷案件适用法律若干问题的解释〉》对于商品房的销售广告和宣传资料亦作了类似规定。

在下列两种情形下受要约人可以是不特定的：

其一，法律明确规定在某些特定情况下向不特定的人发出缔约的意思表示具有要约的效力。其二，本着合同自由原则，法律亦允许要约人表明他意图向不特定人发出要约，并自愿承担由此产生的后果。

但是向不特定人发出要约，亦有一定的限制，必须符合两个要件：

其一，当事人必须明确、不含糊地表示其提出的动议是一项要约而非要约邀请。其二，必须能够承担向多人发出要约的责任，尤其是要约人向不特定人发出要约后，应当保证其有能力在合同成立以后向不特定的受要约人履行合同。

3. 要约必须具有订立合同的意图。这是作为要约的关键。要约人发出要约的目的是和他人缔结合同，所以在要约中必须表明要约经受要约人承诺，要约人即受该意思表示约束。由于要约具有订约意图，这就意味着要约人愿意接受承诺的后果，故受要约人一经承诺，合同即告成立，要约人要受到拘束，不得再撤销要约。例如，张三到李四正在装修的新房参观，李四向张三抱怨，如今的装修材料十分昂贵，他准备买的 A 牌地砖一片就要 180 元。张三当即向李四表示，这个牌子的地砖在自己朋友王五的店铺里每片只要 150 元。此时，张三向李四所言，并非要约的意思，因张三并无与李四订立买卖地砖的合同的意图，而只是在向李四传递某种商品的讯息。

4. 要约的内容必须具体确定。所谓“具体”，是指要约的内容必须具有足以使合同成立的主要条款，即当事人的姓名或者名称、标的和数量条款。如果不能包含合同的主要条款，承诺人无法全面了解缔约的内容，无法作出承诺，即使作出“承诺”，也会因为该合意不具备合同的主要条款而使合同无法成立。所谓“确定”，是指要约的内容必须清楚地表示出当事人的意图，而不能含糊不清、模棱两可，否则受要约人不能了解要约人的真实意图，无法承诺。

案例分析：张三逛街想购买一部手机。当张三经过甲商店时，看到一部心仪的手机，标价 5000 元，张三还价 4500 元，甲店不卖；张三继续往前走，经过乙商店，看到同款手机乙店标价 4800 元，张三继续还价 4500 元，乙店也不卖；后张三经过丙商店，看到丙店标价 4600 元，张三依然还价 4500 元，丙店仍然不卖。最后张三向丙店表示，愿意以 4600 元的价格购买该手机，双方当场交货付款。

解答：无论是甲商店、乙商店还是丙商店，都在其出售的手机上标出具体售价，该行为即为要约行为。而张三的讨价还价过程，是对于商店的要约行为提出的反要约。反要约在性质上亦属于要约，店家拒绝，则合同并没有成立。而最后张三向丙商店表示愿意以 4600 元的价格购买该手机，则是对于丙商店发出的要约的同意，该行为构成承诺，双方之间形成合同关系。

二、要约邀请与要约的区别

（一）要约邀请的概念

要约邀请，又可称为要约引诱，是指希望他人向自己发出要约的表示。也就是说，要约邀请是当事人订立合同的前期准备行为，在发出要约邀请时，当事人仍处于订约的准备阶段。要约邀请只是引诱他人向自己发出要约，相对人即使作出同意的意思表示，也不能成立合同。发出要约邀请之后，要约邀请人撤回其邀请，只要没有给善意相对人造成信赖利益的损失，要约邀请人一般不承担法律责任。

（二）要约和要约邀请的区分

两者具体可以根据以下方式进行区分：

1. 依法律直接规定作出区分

法律如果明确规定了某种行为为要约或要约邀请，即应按照法律的规定作出区分。例如，我国《民法典》第 473 条规定，要约邀请是希望他人向自己发出要约的表示。拍卖公告、招标公告、招股说明书、债券募集办法、基金招募说明书、商业广告和宣传、寄送的价目表等为要约邀请。商业广告和宣传的内容符合要约条件的，构成要约。由此可见，拍卖公告、招标公告、招股说明书、债券募集办法、基金招募说明书、寄送的价目表、一般的商业广告和宣传都属于要约邀请。

另外，挂牌出让公告与拍卖公告、招标公告相同，一般刊登在报纸之上，也是向不特定主体发出的以吸引或邀请相对方发出要约为目的的意思表示，其实质是希望竞买人提出价格条款，其性质也应认定为要约邀请。

2. 根据当事人的意愿来作出区分

此处所说的当事人的意愿，是指根据当事人已经表达出来的意思来确定当事人对其实施的行为主观上认为是要约还是要约邀请。表意人表示其为要约，或要约的引诱的(要约邀请)，依其表示。[①] 由于要约旨在订立合同，因此，要约中应包含明确的订约意图。而要约邀请只是希望对方向自己提出订约的意思表示，所以在要约邀请中订约的意图并不是很明确。如当事人在订约的建议中标明“仅供参考”，其订约建议则只是要约邀请。相反，如果当事人明确指出“本意思表示为要约”，那么该动议就是要约。

3. 根据订约动议的内容是否包含了合同的主要条款来区分

要约的内容中应当包含合同的主要条款，这样才能因承诺人的承诺而成立合同。而要约邀请只是希望对方当事人提出要约，因此它不必包含合同的主要条款。但是仅仅以是否包含合同的主要条款来作出区分是不够的。即使表意人提出了未来合同的主要条款，如果他在动议中声明不受该意思表示的拘束，或提出需要进一步协商，或提出需要最后确认等，也都将难以确定他具有明确的缔约意图，因此不能认为该动议是要约。

4. 根据交易的习惯来区分

交易习惯常常会体现缔约当事人的意愿，因此可以用于区别要约和要约邀请。例如，出租车司机将出租车停在路边招揽顾客，如果根据当地的规定和习惯，出租车可以拒载，则此种招揽是要约邀请；如果不能拒载，则认为是要约。

5. 从是否具有拘束力角度来区分

要约人有受要约表示内容约束的意思，当相对人作出承诺时，合同即告成立；要约人反悔的，则构成违约。要约邀请人并无使自己受要约邀请内容约束的意图，相对人作出的意思表示仅为要约，此时要约邀请人处于承诺人地位，他有权决定是否要缔结此合同。

案例分析：某商场举行二十周年店庆活动，制作了大量的彩色宣传单，其中有一个宣传单上面印有“店庆活动期间 A 牌豆浆机 100 元一台，限购 20 台”的内容。王某接到宣传单后，认为该款豆浆机差不多和自己的进货价一样，自己在乡下开店，正好在这个商场买，不用到外地进货了。于是，王某手持宣传单找到商场，要求按 100 元一台的价格，购买 20 台豆浆机。此时商场发现如真按 100 元一台卖，自己得亏本，于是主张自己的宣传单只是要约邀请，合同没有成立；而王某主张宣传单是要约，合同已经成立，商场必须按 100 元一台的价格卖给自己豆浆机，双方产生争议。

---

① 王泽鉴:《债法原理》，北京大学出版社 2009 年版，第 123 页。

解答:在区分要约和要约邀请时,不宜仅仅考虑一种因素,有时由于情况的复杂性或综合性,需要全面考察各种因素来区分要约与要约邀请。商场和王某争议的关键在于商场所发出的宣传单在性质上究竟是要约还是要约邀请?从本案的具体情况来看,商场宣传行为应属于要约的意思表示。如果该商场仅仅是想吸引顾客前去询价,则无须在宣传单中说明具体商品、具体价格,更无须注明限购数量。而商场的宣传单中明确了该豆浆机的品牌,还限定了购买数量,这都表明商场是希望公众前去购买,而不仅仅是希望公众去询价,协商购买。可见,商场的真实意图就是希望向公众发出要约,该宣传单的内容中已明确具有愿受该宣传单拘束的意思。故商场向王某发放的宣传单在性质上应属要约。王某提出购买20台的请求应予支持。

(三)生活中的常见现象分析

1. 商业广告和宣传

我国《广告法》第2条规定:"在中华人民共和国境内,商品经营者或者服务提供者通过一定媒介和形式直接或者间接地介绍自己所推销的商品或者服务的商业广告活动,适用本法。"从此条款中不难得出商业广告的定义,即商品经营者或者服务提供者通过一定媒介和形式,直接或者间接地介绍自己所推销的商品或服务的商业广告活动。这种形式应该让潜在的受众群体直接了解产品或服务的品质、性能、质量等信息。

"宣传"一词起源于16世纪的反宗教改革时期,被用来表示通过无限制使用传播,来推广特定信仰和期望的行为。如今,宣传被广泛应用在各行业的广告、公共关系等品牌营销战略中,包括商业服务推广与商品服务市场营销。商业宣传指的是商品的生产者(经营者)或者服务提供者通过一定的媒介和形式直接或间接地介绍自己所推销的商品或者服务以及自身品牌形象、追求理念等内容的组织活动。商业宣传的常见形式有商业广告、商业展会、现场演示、现场体验、展示展览、试吃试用、品牌形象专题展示、商业新闻、企业官方微博动态、纪录片展播、悬挂横幅标语、商业新闻发布会、导购导医、公共事件营销、案例分享、橱窗展示、讯息推送、信誉分享(成交量、用户评价)等。

对于商业广告和宣传是否为要约这个问题,应具体判断。一般情况下,二者为要约邀请。但是一旦商业广告和宣传的内容满足了前述要约的条件的,如"内容具体确定"包含了将要缔结合同的主要条款的,同时又表明"受该意思表示约束"的,那么构成要约。如果广告或宣传中含有合同得以成立的确定内容,又含有广告人希望订立合同的愿望以及愿意承受约束的意旨,就应当视为要约。

2. 悬赏广告

悬赏广告,是以广告的方式公开表示对于完成特定行为的人给予报酬的意思表示。在现代社会,悬赏广告在报纸、网络中比比皆是,用途十分广泛。2018年5月6日,轰动全国的郑州空姐遇害案,滴滴出行公司悬赏100万元缉拿凶手,就是典型的悬赏广告。对于悬赏广告的性质,学说上一直存在争议,主要有三大观点:第一,要约邀请说。该观点认为悬赏广告在性质上属于要约邀请,行为人完成悬赏广告中所声明的行为,该行为在性质上属于要约。第二,契约说。契约说也叫作要约说,认为悬赏广告是向不特定的多数人发出的要约。第三,单方法律行为说。该说认为悬赏广告是附停止条件的单方法律行为。对比三大观点,要约邀请说不利于对悬赏人作出拘束,有违诚信,在比较法上极少被采用。而契约说和单方法律行为说相比,我们认为单方法律行为说更为合理,理由如下:

其一,从保护完成特定行为的人的角度考虑。完成特定行为的人可能是无民事行为能力人或者限制民事行为能力人,如果采用契约说,那么行为人将会因为不具备完全行为能力,不具备有效承诺的资格而导致无法获得报酬。相反,采用单方行为说,即使完成悬赏广告中指定行为的人为无民事行为能力人,他仍然可以获得报酬请求权。

其二,从完成特定行为的人是否知晓悬赏广告的内容角度考虑。悬赏人虽然以公开方式声明悬赏内容,但是完成悬赏广告中指定行为的人未必知晓该内容。如果采用契约说,那么行为人如果并未知晓悬赏内容而作出了特定行为,该行为也就不能认为是针对要约所作的承诺了。相反,单方行为说则没有这个障碍,行为人只需完成特定行为,悬赏人所负担的债务即发生。

《民法典》第499条规定,"悬赏人以公开方式声明对完成特定行为的人支付报酬的,完成该行为的人可以请求其支付"。由此可见,《民法典》虽未明示悬赏广告的性质,但"完成该行为"即可以请求支付,故而解释为单方法律行为更为合理。

3. 超市明码标价陈列的商品

商业社会,超市林林总总,数量繁多,超市里明码标价的商品,成为广大消费者自由选购的对象。通说认为超市货架上的标价商品应为要约,而消费者的购买行为视为承诺。值得注意的是,消费者的承诺并不是在挑选商品时就作出了,而是在付款时承诺才作出,合同关系才成立。故而,消费者在挑选商品未付款时还可以自由地选择,遇到更合意的商品可以将先前挑选的商品放回原处即可。

4. 自动售货机的设置

自动售货机的出现方便了人们的生活,无论是英美法系国家或是大陆法系国家都普遍认为,自动售货机的设置为要约。自动售货机中装着待售货品,价格明确,它向不特定的人发出了出卖该货品的要约,人们只需在售货机中放入货币或者是扫码支付特定商品的价款,买卖合同即告成立。至于售货机无货或出现故障无法正常运转,应视为未能履行买卖合同,需退回相应价金。

三、要约的生效及法律效力

(一)要约的生效

要约的生效时间是指要约发生法律效力的时间。要约的形式不同,生效时间亦有所不同。以对话方式作出要约的,自相对人知道要约内容时方能发生法律效力,如果存在客观理解障碍,要约人未以合理方法予以排除的,要约便不能发生法律效力。以非对话方式作出的要约的生效时间,学说上有两种主流观点:发信主义和到达主义。英美法系国家主要采取发信主义,即要约人将要约置于自己控制范围之外时,要约即告生效,如要约电报、电传、传真的发出等。大陆法系国家大多采用到达主义，到达主义又可称为受信主义，即要约必须于到达受要约人可控制范围内之时，才发生法律效力。

许多国家的法律或者是国际公约都采纳了到达主义，我国也采纳了到达主义，并在《民法典》第 137 条及第 474 条规定了这一规则。同时，为顺应科学技术的发展需要，又特别规定："以非对话方式作出的采用数据电文形式的意思表示，相对人指定特定系统接收数据电文的，该数据电文进入该特定系统时生效；未指定特定系统的，相对人知道或者应当知道该数据电文进入其系统时生效。当事人对采用数据电文形式的意思表示的生效时间另有约定的，按照其约定。"值得一提的是，采用到达主义，"到达"成为要约生效的标准，但是"到达"并不意味着一定要实际交送到受要约人及其代理人手中，只要送达到受要约人所能够控制的范围(如公司的传达室、受要约人的信箱等)即为到达。

（二）要约的法律效力

要约的法律效力即要约对当事人的约束力，主要表现在两个方面：

1. 要约对要约人的拘束力

要约对要约人的拘束力，也可称为要约的形式拘束力，其实质是法律对要约人课加的义务。详言之，要约一经生效，要约人即受到要约的拘束，不得任意撤销或对要约加以限制、变更和扩张。法律之所以要求要约人负有此等义务，是为了保护受要约人的利益，保护受要约人与要约人之间的信赖关系，维护交易安全。故而我国《民法典》第 476 条虽然允许要约人撤销要约，但对此作出了限制。"要约人以确定承诺期限或者其他形式明示要约不可撤销""受要约人有理由认为要约是不可撤销的，并已经为履行合同做了准备工作"的属于除外情形。

2. 要约对受要约人的拘束力

要约对受要约人的拘束力也可称为承诺适格，是指在要约发生效力时，受要约人取得依其承诺而成立合同的法律地位。一旦要约人向受要约人发出要约并发生法律效力，就必须给予受要约人承诺的权利，一旦受要约人作出承诺，要约人必须受到约束。因此，与其说是对受要约人的拘束力，不如说是对要约人的拘束力。它具体表现在以下三点：

第一，要约生效以后，只有受要约人才有权对要约人作出承诺。因为要约人选择了特定的相对人，确定了特定的受要约人，只有受要约人才有资格对要约人作出有效的承诺。如果第三人代替受要约人作出"承诺"，此种"承诺"只能视为对要约人发出的要约，而不具有承诺的效力。

第二，受要约人无权转让其作出承诺的权利。因为该权利是一种资格，它不能作为承诺的标的，也不能由受要约人随意转让，否则他人作出的"承诺"对要约人不产生效力。当然，如果要约人在要约中明确允许受要约人有权转让其承诺权，或者受要约人在取得要约人的同意后转让承诺权，则此种转让是有效的。

第三，承诺权是受要约人享有的权利，受要约人可以自行决定是否行使这项权利，也就是说受要约人可以接受该要约也可以拒绝该要约。承诺人在收到要约以后并不负有当然承诺的义务，即使要约人在要约中明确规定承诺人不作出承诺通知即为承诺，此种规定对受要约人也不产生效力。但如果受要约人按照法律规定或一般商业惯例负有承诺义务或通知义务,则受要约人应为承诺或予以通知。如有的国家法律规定,医生对病人请求治疗的要约,无正当理由的,不得拒绝承诺。有正当理由的,如该医院的医疗设施不能满足病人的要求,医生应及时通知该病人。再如,经常有业务往来并且订有预约的商人,依照商业惯例,无论哪一方提出要约,对方承诺与否均应通知要约人,怠于通知的,则其默示行为将视为承诺。

四、要约效力存续期间

要约效力存续期间是指要约可在多长时间内发生法律效力。关于要约的期限问题完全由要约人决定,如果要约人没有确定,则只能以要约的具体情况来确定合理期限。具体来说,如果要约没有明确规定该要约的存续期限,则应区分如下两种情况:

其一,以对话方式发出的要约。该种要约中要约人采取使相对人可以同步受领的方式进行意思表示,其特点是,要约人作出的意思表示和相对人受领意思表示是同步进行的,没有时间差。如面对面交谈、电话、微信语音、微信视频、QQ 语音等。[①] 此时,如果要约中没有规定承诺期限,那么受要约人应立即作出承诺,这样才能对要约人产生拘束力,否则要约将会失去效力。在双方当事人面对面地协商,一方向他方提出要约而没有指出任何承诺时间的情况下,该他方当事人通常会得出的推论是,对方期待他立即答复。“对话为要约者,非立时承诺,即失其拘束力。”此之所谓立时,系指尽交易上之可能,在对话关系终了前迅速为之而言。从而是否为立时承诺,应依一般社会观念客观解释之,不可拘泥于文字解为应紧接于要约生效后,即刻为承诺。职是之故,以电话为要约,电话突告中断,不久再行接通而恢复通话,于此时始为承诺者,或于餐会中提出要约,相对人于餐会结束离席前为承诺者,均应解为仍立时承诺。[②]

其二,以非对话方式发出的要约,如果要约人在要约中具体规定了存续期限,则该期限为要约的有效存续期限。如果要约中没有规定存续期限,则应以一段合理时间作为要约存续的期限。合理期限的计算主要考虑以下三项因素:要约到达受要约人的时间,作出承诺所需要的时间,承诺通知到达要约人所需要的时间。

关于要约效力的存续期间的计算,还需明确其起算点,我国《民法典》第 482 条规定:“要约以信件或者电报作出的,承诺期限自信件载明的日期或者电报交发之日开始计算。信件未载明日期的,自投寄该信件的邮戳日期开始计算。要约以电话、传真、电子邮件等快速通讯方式作出的,承诺期限自要约到达受要约人时开始计算。”

---

① 最高人民法院民法典贯彻实施工作领导小组:《中华人民共和国民法典合同编理解与适用(一)》,人民法院出版社 2020 年版,第 70 页。

② 刘春堂:《民法债编通则(一)契约法总论》,台湾三民书局 2011 年版,第 72 页。

五、要约的撤回和撤销

（一）要约的撤回

要约的撤回是指在要约发出以后，未到达受要约人之前，要约人有权取消要约。一般情况下，要约是可以撤回的，只要撤回的通知先于或同时与要约到达受要约人。允许要约人撤回要约，是充分尊重要约人的自由意志和利益的体现。由于撤回是在要约到达受要约人之前作出的，因此要约尚未生效时即被撤回，亦不会损害受要约人的利益。我国《民法典》第 141 条和第 475 条的规定确认了这一点，即“要约可以撤回”但“撤回意思表示的通知应当在意思表示到达相对人之前或者与意思表示同时到达相对人”。

需要特别注意的是，对以电子数据形式发出要约而言，要约人在发出要约以后，通常是不可能撤回的。因为电子数据的传输速度非常迅捷，要约人发出的要约马上就会到达对方的系统，所以不可能有其他的方式能够在要约到达之前便能够将撤回的指令到达对方的系统，所以在电子商务中，要约一般是不能撤回的。

（二）要约的撤销

要约的撤销是指在要约到达受要约人并生效以后，要约人取消该要约，从而使该要约的效力归于消灭。我国《民法典》第 476 条规定“要约可以撤销”。第 477 条又接着规定“撤销要约的意思表示以对话方式作出的，该意思表示的内容应当在受要约人作出承诺之前为受要约人所知道；撤销要约的意思表示以非对话方式作出的，应当在受要约人作出承诺之前到达受要约人”。

撤销与撤回的共同目的都是取消要约，并且都只能在承诺作出之前实施。但两者存在一定的区别，主要有以下两点：

其一，撤回发生在要约未到达受要约人并生效之前，而撤销则发生在要约已到达并生效但受要约人尚未作出承诺的期限内。

其二，由于撤销要约时要约已经生效，因此对要约的撤销必须有严格的限定，如因撤销要约而给受要约人造成损害的，要约人应负赔偿责任。而要约的撤回是发生在要约生效之前，所以法律对要约的撤回并没有这些严格的限制。

我国《民法典》第 476 条对要约的撤销作了一定的限制：

（1）要约人确定了承诺期限。要约规定了承诺期限，则表明要约人在承诺期限内放弃了撤销权，不撤销该要约。例如，“……请于 7 月 8 日前答复，逾期不候”。该要约表明了承诺的期限，7 月 8 日就是承诺期限的最后一天，这种要约是不可撤销的。

（2）要约人以其他形式明示要约不可撤销。例如，“在你方答复之前，我方将保持要约中列举的条件不变”“我方不可撤销该要约”等。

（3）受要约人有理由认为要约是不可撤销的，并已经为履行合同做了合理准备工作。这一规定保护了受要约人的信赖利益。受要约人有理由认为要约是不可撤销的，这是从受要约人的主观方面来考虑，包括可能导致受要约人合理信赖要约人不会撤销要约的各种情形。已经为履行合同做了合理准备工作，这是从客观方面来考虑，如购买原材料、筹备货款、租用场地、购买车船机票等到要约人指定的地点去实施履行行为等。受要约人在收到要约以后，基于对要约的信赖，已为履行合同支付了一定的费用，如果要约人撤销该要约，则受要约人有权要求要约人承担赔偿责任。

六、要约失效

要约失效是指要约丧失了法律效力，不再对要约人和受要约人产生拘束。要约失效以后，受要约人也丧失了作出承诺的资格或权利，即使他向要约人表示了“承诺”，也不能促成合同的成立。

要约失效的原因主要有以下几种：

(1)拒绝要约的通知到达要约人。受要约人没有接受要约所规定的条件，并将这一意思表示传达给要约人。拒绝的方式有多种，既可以是明确表示拒绝，也可以是在要约规定的时间内不作答复而拒绝。一旦拒绝，则要约失效。

(2)要约人依法撤销要约。在受要约人发出承诺通知之前，要约人可以根据法律的规定撤销要约。

(3)承诺期限届满，受要约人未作出承诺。要约中明确规定了承诺期限的，则承诺人必须在该期限内作出承诺，超过了该期限，则要约自动失效。

(4)受要约人对要约的内容作出实质性变更。所谓的实质性变更，根据《民法典》第488条的规定，是指有关合同标的、数量、质量、价款或者报酬、履行期限、履行地点和方式、违约责任和解决争议方法等的变更。受要约人对要约的实质内容作出限制、更改或扩张，既表明受要约人已拒绝了要约，同时受要约人又向要约人提出了一项反要约，在这一反要约中，原要约人成了承诺人。如果受要约人作出的承诺通知并没有更改要约的实质内容，只是对要约的非实质性内容予以变更，且要约人又没有在合理期间内表示反对，则此种承诺不应视为对要约的拒绝。但是如果要约人事先声明不得对要约作任何内容改变，则受要约人更改要约的非实质性内容，也会产生拒绝要约的效果。

另外，我国台湾学者多有主张如果依照契约的性质，特别注重当事人其人，仅为要约人本身而订立或以当事人间之信任为基础的要约，因要约人死亡或丧失行为能力，要约失效。比如，要约人定制供自己穿的西装，请人教自己英文或者病中雇人看护等。[①]

第三节　承诺

一、承诺的概念及构成要件

承诺是指受要约人同意要约内容的意思表示，换言之，即承诺人所作出的同意接受

① 刘春堂：《民法债编通则(一)契约法总论》，台湾三民书局2011年版，第74～75页。

要约的条件并基于此缔结合同的意思表示。

承诺的法律效力在于，承诺一经作出并送达于要约人，合同便告成立。由于承诺一旦生效，将导致合同的成立，因此承诺必须符合一定的条件。在法律上，承诺应具备以下条件，才能产生法律效力：

1. 承诺必须由受要约人向要约人作出

由于要约是向受要约人发出的，因此只有接受要约的特定人即受要约人才有权作出承诺。如果受要约人是不特定的人，则不特定的人中任何人都可以作出承诺。承诺可以由受要约人本人作出，也可以由受要约人委托的代理人作出。承诺应当向要约人作出，对要约人本人及其代理人之外的第三人作出同意要约的意思表示的，不发生承诺的效力。

2. 承诺必须在规定的期限内到达要约人

承诺到达要约人才能生效，但承诺也有一定的期限限制。承诺的期限通常都是在要约中规定的，如果要约规定了承诺期限，则应当在规定的承诺期限内到达；在没有规定承诺期限时，如果要约是以对话方式作出的，承诺人应当即时作出承诺，如果要约是以非对话方式作出的，承诺应当在合理的期限内作出并到达要约人。合理的期限的长短应当根据具体情况来确定，一般应当综合考虑要约发出的时间、要约到达的时间和作出承诺所必要的时间、承诺通知到达所需要的时间。未能在合理期限内作出承诺并到达要约人，不能成为有效承诺。

3. 承诺的内容必须与要约的内容一致

在承诺中，受要约人必须表明其愿意按照要约的全部内容与要约人订立合同。也就是说，承诺的内容必须与要约的内容一致，才构成意思表示的一致，从而使合同成立。承诺的内容与要约的内容一致，并不意味着承诺与要约的内容完全一样，丝毫不能变动。当代绝大多数国家法律允许承诺更改要约的非实质性内容，如果要约人未及时表示反对，则承诺有效。我国《民法典》也采用这　观点，承诺的内容应与要约的实质内容相一致，而不得对要约的内容作出实质性更改；否则，不构成承诺，应视为对原要约的拒绝并作出一项新的要约。承诺对要约的内容作出非实质性变更的，除要约人及时表示反对或者要约表明承诺不得对要约的内容作出任何变更外，该承诺有效，合同的内容以承诺的内容为准。

关于“镜像规则”的详细阐释，可扫码观看材料：

4. 承诺的方式必须符合要约的要求

受要约人必须将承诺的内容通知要约人，受要约人应采取何种方式通知，原则上应根据要约的要求来确定。如果要约规定承诺必须以某种特定的方式作出，那么承诺人作出承诺时，必须符合所规定的承诺方式。在此情况下，承诺的方式成为承诺生效的特殊要件。如果要约没有特别规定承诺的方式，则该承诺为不要式的行为。在我国，承诺原则上应采取通知方式，但根据交易习惯或者要约表明可以通过行为作出承诺的除外。也就是说，在一般情况下，承诺应采用通知的方式，但如果根据交易习惯或者要约的内容可以采用行为方式作出承诺，则受要约人可通过一定的行为作出有效的承诺。例如，甲乙两公司之间存在着长期的交易关系，通常当甲公司向乙公司发出要约，表明需要一定数量的机床时，乙无须作出承诺通知，仅须将货直接发至甲公司，根据这样的交易习惯，乙公司对甲公司的要约可以采用行为的方式作出承诺。

行为方式的承诺，绝不同于单纯的缄默或不行动。缄默或不行动均指受要约人没有作任何意思表示，他人无法确定其具有承诺的意思，所以不属于承诺。在实践中，有的当事人在要约中规定沉默视为承诺，这种规定对受要约人不具有约束力。如甲方向乙方以信函方式提出要约："我书店将向您出售一套法律职业资格考试用书，您如不同意，请在3天内答复，否则视为接受。"对含有这种规定的要约，受要约人保持沉默，则构成对该要约的拒绝，而不发生要约上所规定的法律效果。因为只有在法律有特别规定时，沉默这一消极的行为才构成意思表示，要约人单方面的规定并不能赋予沉默行为以法律上的效力。

案例分析：教授甲举办学术讲座时，在礼堂外的张贴栏中公告其一部新著的书名及价格，告知有意购买者在门口的签字簿上签名。学生乙未留意该公告，以为签字簿是为签到而设，遂在上面签名。甲乙之间是否成立买卖合同呢？

解答：教授甲举办学术讲座时，在礼堂外的张贴栏中公告其一部新著的书名及价格，告知有意购买者在门口的签字簿上签名，甲的行为属于要约。但是，学生乙并未留意该公告，以为签字簿是为签到而设，遂在上面签名，这表明乙的签字行为并不是同意购买该书的意思表示，因此并未构成承诺，甲乙之间并未成立买卖合同。

二、承诺的生效时间

根据我国《民法典》第483条的规定，"承诺生效时合同成立"，一旦承诺生效，合同便宣告成立，承诺的法律效力在于使合同成立。可见，承诺生效的时间对确定合同生效的时间具有重要的意义。

判断承诺生效的时间有发信主义和到达主义两种标准，英美法系国家多采用发信主义，而大陆法系国家多采用到达主义。它们的区别主要表现在以下三点：

第一，在合同成立的时间方面。根据到达主义，要约人只有在收到承诺人的承诺通知时，承诺才能生效。在此之前，由于邮局、电报局及其他信差的原因而导致承诺通知丢失或延误，一律由承诺人承担此后果。同时因承诺通知的丢失或延误，承诺通知也不生效。但是根据发信主义，一旦承诺人将承诺信丢进信箱或把承诺的电报稿交给了电报局，则承诺生效，不论要约人是否收到，都应受到承诺的拘束。至于承诺的通知因邮局或电报局的原因而丢失或延误，则应由要约人负责。由于在成立时间上的不同，所以根据发信主义所成立的合同，应比到达主义成立的合同，在时间上要早。

第二，在承诺的撤回方面。根据到达主义，承诺人发出承诺通知以后，可以撤回承诺的通知。只要撤回的通知先于或与承诺通知同时到达要约人，则撤回有效。而根据发信主义，承诺在承诺通知发送时即已生效，承诺人不可能再撤回他的承诺通知，即使承诺人撤回承诺的通知先于或与承诺通知同时到达要约人，撤回也是无效的。承诺人只有一种撤回的可能性,即在发信之前撤回承诺,所以实际上发信主义已经剥夺了承诺人撤回的权利。

第三,在承诺的迟延方面。根据发信主义,只要受要约人将承诺的信件投入信箱或将承诺的电报移交给电报局则承诺已经发生效力,如因邮局、电报局的原因造成承诺延误,也不阻碍合同的成立。因此,根据发信主义,承诺迟延不影响合同的成立。根据到达主义,承诺必须在要约规定的期限内作出并到达要约人,在承诺迟延的情况下,要约人及时通知受要约人因承诺迟延不接受承诺的,合同不能成立。

从上述比较中可以看出,大陆法系的规定侧重于保护交易安全,而英美法系的规定侧重于效率的实现,两者孰优孰劣难以定论。根据《民法典》第 484 条的规定,我国现行立法采纳了到达主义。所谓到达是指承诺的通知到达要约人可支配的范围内,如要约人的信箱、代理人处、营业场所等。无论要约人是否实际阅读和了解承诺通知,都不影响承诺发生法律效力。承诺通知到达于要约人时,合同即宣告成立。如果根据交易习惯或者要约的要求,承诺不需要通知,可以采用行为方式,则受要约人作出承诺的行为时,承诺生效,合同即成立。

案例分析:甲商场向乙企业发出采购 100 台电冰箱的要约,乙于 5 月 1 日寄出承诺信件,5 月 8 日信件寄至甲商场,适逢其总经理外出。5 月 9 日经理知悉了该信内容,遂于 5 月 10 日电传告知乙收到承诺。请问承诺何时生效?

解答:我国对于非对话的、对特定人发出的承诺意思表示的生效时间采取到达主义,承诺到达要约人时就生效了,到达应当理解为承诺的意思表示到达要约人可支配的范围之内,而不管其“经理”是否知悉。该案例中 5 月 8 日承诺的信件到达了要约人甲商场,已经进入了要约人可支配的范围,所以承诺就生效了。

三、承诺迟延和承诺撤回

1. 承诺迟延

承诺迟延是指受要约人未在承诺期限内发出承诺。承诺的期限通常是由要约规定的,如果要约中未规定承诺时间,则受要约人应在合理期限内作出承诺。超过承诺期限作出承诺的,根据《民法典》第 486 条的规定,受要约人超过承诺期限发出承诺,或者在承诺期限内发出承诺,按照通常情形不能及时到达要约人的,为新要约;但是,要约人及时通知受要约人该承诺有效的除外。迟延的承诺原则上不产生效力,但要约人可承认其有效,在这种情况下,要约人应及时通知受要约人。要约人亦可不承认迟延的“承诺”,则该迟延的“承诺”为新要约,原要约人则处于承诺人的地位。

值得注意的是,还有一种特殊的迟延情形,即受要约人在承诺的期限内发出承诺,按照通常情形能够及时到达要约人,但因其他原因承诺到达要约人时超过承诺期限。此时,根据《民法典》第 487 条的规定,除要约人及时通知受要约人因承诺超过期限不接受该承诺外,该承诺有效。例如,一般信件异地传递时间是 3 天。甲方以信件向乙方发出要约的时间是 3 月 1 日,承诺期限是 15 天,乙方接到要约的时间是 3 月 4 日,经过考虑,乙方于 14 日向甲方邮寄接受要约的信件。表示承诺的信件本应于承诺期限的最后一天,即 3 月 16 日到达甲方,但由于自然灾害或者邮局人员的工作失误,3 月 17 日承诺才送达甲方。那么,甲方如果不接受迟到的承诺,必须及时发出否认的通知,否则承诺生效,合同成立。

2. 承诺撤回

承诺撤回是指承诺人在承诺通知发出以后,在承诺生效之前撤回其承诺,是承诺人阻止承诺发生法律效力的一种意思表示。

由于各国法律对承诺生效的时间规定不同,因此,对撤回承诺的做法也不同。大陆法系的多数国家采取到达主义,所以允许承诺人撤回承诺,但撤回承诺的通知必须于承诺生效前到达要约人;而英美法系国家对承诺生效采取发信主义,承诺一经发出即告生效,所以不存在承诺撤回的问题。我国民法允许承诺撤回,根据《民法典》第 141 条、第 485 条的规定,“承诺可以撤回”。撤回的通知必须在承诺生效之前到达要约人,或与承诺通知同时到达要约人,撤回才能发生法律效力。如果承诺通知已经到达要约人,合同则已告成立,受要约人当然不能再撤回承诺。

第四节　合同成立的相关问题

一、合同成立的其他方式

一般情况下,合同的成立要经过要约和承诺两个阶段,但是这并不排除采用其他方式达成合同。其他成立合同的方式主要有以下几种:

1. 合同确认书

根据《民法典》第 491 条的规定,“当事人采用信件、数据电文等形式订立合同要求签订确认书的,签订确认书时合同成立”。当事人通过信件或数据电文等形式订立合同时,可以约定只有再行签订确认书后合同才成立。

合同确认书在于确定合同的成立,还是确定合同的内容?我国《民法典》第 491 条的立场很明确,“签订确认书时合同成立”。当然,双方异地签订确认书的,经签字的确认书相互送达后合同方为成立。

那么确认书与承诺之间是什么样的关系呢?双方就合同的基本内容达成合意后,一方要求以其最后的确认书为准,这表明他所发出的确认书才是其对要约所作出的最终的、明确的承诺。确认书是承诺的重要组成部分,是判断是否作出承诺的要素。如果一方是以信件、数据电文等方式订约,并提出要以最后的确认书为准,则在他未发出确认书以前,双方达成的合意只不过是一个初步意向,对双方并无真正的拘束力。

并不是以任何形式订立合同,当事人都可以要求再签订确认书,并以此为准的。确认书仅适用于当事人采用信件、数据电文等形式订立合同的情况。因为在这种情形下,当事人身处异地，没有在同一份文件上共同签字，任何一方都有权提出签订确认书，以确认书作为最后的标准。当然，双方在达成初步意向以后，在签订确认书的过程中，一方过错，致使另一方遭受了信赖利益的损害，则有过错的一方应承担缔约过失责任。在承诺人已作出承诺之后，如果他又提出签订确认书的问题，则这并非合同成立的形式问题，实际上是想要推翻或否认已经成立的合同，这一行为已构成违约，应承担相应的违约责任。

2. 交叉要约

交叉要约又被称为交错要约，是指订约当事人采取非直接对话的方式，相互向对方提出两个独立的且内容相同的要约。[①] 交叉要约通常发生在以书面方式为意思表示的场合。例如，甲向乙以信件方式发出以一定价格购买某商品的要约，在该要约未到达乙的时候，乙向甲也发出以相同交易条件出售某商品的信件要约，双方当事人都有订立合同的愿望，要约的内容也一致，这就是典型的交叉要约。

关于交叉要约是否可以成立合同，主要有两种不同的观点：

一种观点认为，交叉要约本身不能成立合同，因为严格来说，双方当事人都处于要约人的地位，而没有真正的承诺人。况且，有可能当事人又拒绝对方所提出的要约。英美法传统观点亦持此观点，它认为，双方当事人缔约的基本条件是要经过要约和承诺阶段，仅有要约而无承诺，如果能构成合同，不但不合学理，甚至会引发商业上的许多问题。

另一种观点认为，双方当事人已发出了相同的意思表示，法律则可推定他们已经相互作出了承诺，可以成立合同。

我国《民法典》对此没有作出规定，本书认为交叉要约虽然在表面上看似双方意思表示的内容相同，但双方未就具体内容进行协商，未意识到另一相同意思表示的存在，双方的合意尚未形成，而且一方当事人有可能会撤销其要约，如果盲目地肯定交叉要约可以成立合同的效果，则相当于剥夺了当事人撤销要约的权利，极易引发纠纷。

3. 意思实现

意思实现是指依照商业惯例或交易的性质或要约人预先声明，承诺无须通知，在相当时期内发生可推断其承诺意思的客观事实时，合同成立。受要约人虽然没有作出明确承诺的意思表示，但依据其客观事实，可推断其有承诺的意思。

我国《民法典》原则上采用承诺须通知的原则，但为简化、便利合同的成立，承认合同因承诺意思的实现而成立这一例外。但合同因意思实现而成立，不必通知，关系当事人的利益极大，所以一般仅限于以下特别情形：(1)依交易习惯，承诺无须通知，如向宾馆订房间、向酒店订酒席。(2)依事物性质，承诺无须通知，如附有“拆封视为购买”标签的现物要约。(3)依要约人要约时预先声明，承诺无须通知，如嘱托即刻发货之要约。[②]

4. 强制缔约

强制缔约，是指民事主体负有应对方请求与其订立合同的义务，非有正当理由不得拒绝的合同订立方式。强制缔约不以双方当事人的合意为要件，只要一方当事人提出缔

① 房绍坤：《合同法》，中国人民大学出版社 2023 年版，第 31 页。

② 陈小君：《合同法》，高等教育出版社 2003 年版，第 68 页。

结合同的请求，另一方当事人就负有法定的、与之缔结合同的义务。[①] 强制缔约仍然采取要约和承诺的程序，只是一方当事人负有必须承诺的义务。

我国《民法典》第 494 条规定："国家根据抢险救灾、疫情防控或者其他需要下达国家订货任务、指令性任务的，有关民事主体之间应当依照有关法律、行政法规规定的权利和义务订立合同。依照法律、行政法规的规定负有发出要约义务的当事人，应当及时发出合理的要约。依照法律、行政法规的规定负有作出承诺义务的当事人，不得拒绝对方合理的订立合同要求。"据此，强制缔约有三种情形：

其一，国家根据抢险救灾、疫情防控或者其他需要下达国家订货任务或者指令性任务的有关民事主体之间应当依照有关法律、行政法规规定的权利和义务订立合同。

其二，依照法律、行政法规的规定负有发出要约义务的当事人，应当及时发出合理的要约。

其三，依照法律、行政法规的规定负有作出承诺义务的当事人，不得拒绝对方合理的订立合同要求。

在强制缔约的情况下，负有作出承诺义务的当事人对要约的沉默通常可以理解为默示承诺，缔约的内容有国家和行业标准的，依照该标准确定。没有标准的，按照合理的标准确定，缔约义务人在无正当理由情况下拒绝缔约，致对方损害的，应当承担损害赔偿责任。

二、合同成立的时间、地点

（一）合同成立的时间

合同成立的时间取决于承诺实际生效的时间。可以说，承诺在何时生效，当事人就应当在何时受合同关系的拘束，享受合同上的权利和承担合同上的义务，因此承诺生效的时间具有极为重要的意义。

由于我国民法典采用到达主义，因此承诺生效的时间以承诺到达要约人的时间为准，即承诺何时到达要约人，则承诺便在何时生效。

关于合同成立时间，还需要注意以下几种情况：

1. 采用合同书形式订立合同的，自当事人均签名、盖章或者按指印时，合同成立。这里的当事人包括了自然人本人或者其委托代理人，企业法人或者其他经济组织的法定代表人、负责人或其委托代理人。另外，不只是签名，盖章或者是按指印也可以产生合同成立的法律效果。在我国广大农村地区，甚至在部分城市中许多人仍然习惯于按指印签约。根据意思主义原则，按指印与签名或者盖章都具有将意思表示的内容与意思表示的主体联结起来而确认合同主体的作用。因此，当事人在合同书上按指印应当具有与签名或者是盖章同等的法律效力。[②] 当事人采用合同书形式订立合同，只要具备了签名、盖章、按指印中的一个要件，合同即成立，并不需要全部具备。但在司法实践中，有的当事

---

① 王利明：《合同法研究》（第 1 卷），中国人民大学出版社 2011 年版，第 278 页。

② 何志：《最高人民法院合同法司法解释精释精解》，中国法制出版社 2019 年版，第 11～12 页。

人为了稳妥，往往约定“签名并盖章”合同才成立并生效。显然，基于意思自治原则，对其自主约定的效力应予认可。

2. 采用数据电文形式订立合同的，如果要约人指定了特定系统接受数据电文的，则受要约人承诺的数据电文进入该特定系统的时间，视为到达时间；未指定特定系统的，要约人知道或者应当知道该数据电文进入其系统时，视为到达时间。当事人对采用数据电文形式的意思表示的生效时间另有约定的，按照其约定。当事人采用信件、数据电文等形式订立合同要求签订确认书的，签订确认书时合同成立。

3. 以直接对话方式作出承诺的，应以收到承诺通知的时间为承诺生效时间。如果承诺不需要通知的，则受要约人可根据交易习惯或者要约的要求以行为的方式作出承诺，一旦实施承诺的行为，则应视为承诺的生效时间。

4. 以公告方式作出的承诺，公告发布时承诺生效。

5. 对于要式合同，必须履行特定的形式合同才能成立。如果合同必须以书面形式订立，则应以双方在合同书上签名、盖章或者按指印的时间为承诺生效时间。如果合同必须经批准或登记才能成立，则应以批准或登记的时间为承诺生效的时间。然而，在实践中，当事人虽未履行特定的形式，但已经实际履行了合同，对方表示了接受，则可以从当事人实际履行合同义务的行为和对方当事人接受的行为中推定当事人已经形成了合同关系。因此，我国民法典规定，采用合同书形式订立合同，在签名、盖章或者按指印之前，当事人一方已经履行主要义务，对方接受时，合同成立。当事人一方不得以未采取书面形式或未签字盖章为由，否认合同关系的实际存在。法律、行政法规规定或者当事人约定采用书面形式订立合同，当事人未采用书面形式但是一方已经履行主要义务，对方接受的，该合同成立。

6. 当事人一方通过互联网等信息网络发布的商品或者服务信息符合要约条件的，对方选择该商品或者服务并提交订单成功时，承诺生效，合同成立，但是当事人另有约定的除外。

7. 采取招标方式订立合同的，自中标通知书到达中标人时合同成立。招标投标是缔结合同的一种特殊程序。通过招标投标方式缔结的合同适用有关法律、行政法规对招标投标活动的特殊规定。对招标投标行为进行规范的法律和行政法规主要为《招标投标法》和《招标投标法实施条例》。但二者主要是解决招标投标涉及的程序性问题，对于合同的成立、效力、实质性条款等实体性问题，仍然需要根据《民法典》合同编的相关规定进行认定和处理。①

采取招标投标方式订立合同过程中，当事人之间的合同文本可能包含招标文件、投标文件、中标通知书、另行订立的合同、实际履行的合同等多个文本。根据《民法典》第473条的规定，招标公告属于要约邀请，因此招标文件是招标人邀请投标人向其提出签订合同的要约，其法律性质为要约邀请。而投标行为则符合《民法典》第472条关于要约的

① 最高人民法院民事审判第二庭、研究室：《最高人民法院民法典合同编通则司法解释理解与适用》，人民法院出版社2023年版，第72页。

规定,因此投标文件的性质为要约。招标人一旦向投标人发出中标通知书,其法律意义就是招标人对投标人发出的要约予以接受的行为表示,此为承诺。招标投标虽然是订立合同的一种特殊方式,但其关于要约、承诺的意思表示效力的规定,依然符合民法的一般规则,因此中标通知书自到达中标人起发生法律效力。当事人请求确认合同自中标通知书到达中标人时成立的,人民法院应予支持。

8. 采取拍卖方式订立合同的,拍卖师落槌(实物拍卖)、电子交易系统确认成交(网络拍卖)时,拍卖人与买受人的拍卖合同成立。实践中,当事人常常对拍卖成交确认书的性质产生疑问,并引发纠纷。尽管拍卖因为引入了公开竞价机制,而在表现形式上与一般买卖存在差异,但是拍卖合同的成立仍然遵循意思表示一致的合同原理。在拍卖活动中,拍卖人的拍卖表示属于要约邀请,竞买人的应价属于要约,而拍卖人以落槌或其他习惯的做法作出的拍定的意思表示则是承诺,承诺生效时合同成立。拍卖成交确认书是对拍卖成交这一事实进行的书面确认,而不是拍卖合同成立的必备条件。

案例分析:甲公司将一空房出租给江某,江某将合同打印后即签名并盖章。然而公司法定代表人不在,公司财务收了江某的租金和合同书。后来,江某准备入住时,甲公司要提高租金。江某表示应按合同约定履行,公司辩称合同无公司法定代表人签名也无盖公司公章,合同不成立。

解答:合同书上只有江某的签名,仅就合同书的形式要件而言,是有欠缺的。但江某已经履行了合同的主要义务交付了租金,而且交租金时,甲公司已然接受而并没有拒绝,说明甲公司已经接受江某的履行。双方履行与接受履行的行为,足以认定合同成立。

(二)合同成立的地点

合同成立的地点和时间常常是密切联系在一起的。由于合同的成立地是确定法院管辖权及选择法律的适用等问题的重要考虑因素,因此明确合同成立的地点十分重要。

合同的签订地不等同于合同的成立地,不可将两者混为一谈。合同成立地只有一个,而合同签订地,可能因当事人分处异地而有两个甚至多个。合同签订地中,可能其中之一是合同成立地,也有可能合同成立地在合同签订地之外的地方。

从原则上说,合同成立的地点是由承诺生效的地点来决定的,它因合同为不要式或要式而有所区别。不要式合同应以承诺发生效力的地点为合同成立地点,而要式合同则应以完成法定或约定形式的地点为合同成立地点。根据我国《民法典》第 493 条的规定,当事人采用合同书形式订立合同的,最后签名、盖章或者按手印的地点为合同成立的地点。又根据《民法典》第 492 条第 2 款的规定,采用数据电文形式订立合同的,收件人的主营业地为合同成立的地点;没有主营业地的,其住所地为合同成立的地点。当事人另有约定的,按照其约定。

第五节　格式条款

一、格式条款概述

(一)格式条款的概念

格式条款是指当事人为了重复使用而预先拟定,并在订立合同时未与对方协商的条款。格式条款也被称为定式合同、格式合同、标准合同、附合合同等。

对于格式条款,我们应当作广义的解释,它不仅包括那些篇幅巨大的条款作品,而且包括:一张附有预先印刷好的文句的普通收据,存放衣帽处张贴的"概不负责"的告示,或者机动车司机为排除责任要求搭乘者签字的表格。[①] 生活中的汽车票、火车票、飞机票、存款单、寄存物领取单等都是格式条款。

那么,格式条款究竟是一种合同,还是合同中的条款呢? 有学者认为格式条款有可能构成一个完整的独立的合同,也可能是合同中的一个条款,即在一个合同中可以将所有的条款分为两类,即格式条款和非格式条款。[②] 本书认同该种观点。

(二)格式条款的特征

1. 格式条款是由一方为了重复使用而预先制定的

格式条款必须是在订约以前就已经预先制定出来,而不是在双方当事人反复协商的基础上制定出来的。[③] 这是格式条款的本质特征之一。格式条款亦具有可反复使用性,但这只是格式条款的经济功能,并非其本质的法律特征。因为有的格式条款可能仅使用一次,并没有反复使用;而相反,有的经过双方当事人自由协商的普通合同条款,却在当事人之间被多次重复使用。"为了重复使用",是指当事人拟定格式条款系为了重复使用之目的,并非要求实际被重复使用。[④] 当然,格式条款的重要功能还是在于它可以被重复使用,这有益于降低交易费用,节约交易成本。例如,在许多公共事业服务活动中,公共事业部门与相关主体之间此类的交易活动是不断重复进行的,则可以通过格式条款的方式将既定的要求事先拟定出来,便可使订约基础明确,避免大量的时间、精力的浪费,从而大大降低交易的成本。

值得注意的是,有时候格式条款并非出自订约的当事人,而是出自第三人。例如,有些格式条款可能出自行业协会,如公证合同可能出自公证协会。又如,有些地方政府也

---

① 迪特尔·梅迪库斯:《德国民法总论》,邵建东译,法律出版社 2000 年版,第 301 页。

② 王利明:《合同法研究》(第 1 卷),中国人民大学出版社 2011 年修订版,第 158 页。

③ 王利明:《合同法》(上册),中国人民大学出版社 2021 年第 2 版,第 127 页。

④ 最高人民法院民事审判第二庭、研究室:《最高人民法院民法典合同编通则司法解释理解与适用》,人民法院出版社 2023 年版,第 124 页。

会为了规范市场而统一起草、印制并要求当事人在交易中适用的合同文本，如商品房交易过程中的“房屋预售合同”等。

2. 格式条款的内容是定型化的

定型化是格式条款的内容的主要特点。所谓定型化，是指格式条款具有相对的稳定性和不变性，它对一切要与提供方订立合同的不特定的相对人来说，都可以适用，而不因相对人的不同有所区别。相对人对合同的内容只能表示完全的同意或拒绝，而不能加以修改、变更。所以，也可以说格式条款的另一重要的特征在于它是订立合同时当事人不能协商的条款。格式条款内容的定型化还表现为，在格式条款的适用过程中，要约人和承诺人双方的地位也是相对固定的，而不像一般合同在订立过程中，要约方和承诺方的地位可以因情况改变而发生变化。

3. 格式条款的相对人一般为弱势者

格式条款的相对人在订约中居于附从地位，因为他们并不参与协商过程，只能对他方制定的格式条款概括地予以接受或不接受，而不能就合同所规定的内容进行讨价还价，因而相对人在合同关系中处于附从地位。正是由于格式条款具有这一特性，使得合同自由受到限制，因而也极易造成对格式条款的相对人不公平的后果。格式条款中契约自由的褪色并不意味着交易必然不公，即便消费者不再有机会对合同条款进行个别化的磋商，但只要市场具有竞争性，消费者仍然可以四处寻找更好的交易机会。① 但是格式条款的制定者通常是一些大公司、大企业或从事公共事业服务的部门，它们有可能垄断一些经营与服务事业，如房地产开发商、水电等供应部门；而相对人通常是势单力薄的个体，他们与格式条款的制定者进行交易时往往别无选择，只能被迫接受其提出的格式条款。法律是维护公平正义的工具，面对格式条款的此等弊端，法律需采用相应的措施加以规制，从而维护双方当事人之间利益的平衡。

（三）格式条款的优缺点

格式条款使得提供格式条款一方摆脱繁复的反复磋商，合同谈判，能够一次制定反复使用，有利于降低交易成本，提高效率。格式条款有利于国家干预经济，通过对格式条款固定条款的规制，贯彻国家对经济的态度，直接贯彻国家的经济政策。然而格式条款的缺点也是多为学者诟病的，格式条款一定程度上限制了合同相对人的合同自由。德国学者罗伯特指出：“一般交易条款（格式条款）曾被广泛地用来规避法律规则，制作由对方承担一切风险和不利益的契约形式。而对方当事人则通常无力抗拒这种单方面的风险转移，因为提出契约的一方几乎不可能就其一般交易条款另外进行个别商讨。银行的客户或电力的用户一般都没有力量坚持修改一般交易条款……只有那些具有同等或更强经济实力的当事人才有可能坚持签订特殊的契约。如果契约当事人中有一方可以利用其经济实力将不公平的单方面条款强加给对方，特别是有关违约的条款，那么一般交易

---

① 弗里德里奇·凯斯勒：《合同法：案例与材料》（上），屈广清等译，中国政法大学出版社 2005 年版，第 536 页。

条款赖以存在的基础，即契约自由就需要某种补充性的保护了。”[①]为了恢复平衡，法律必须对之进行规制。

二、我国《民法典》对采用格式条款订立合同的特别规制

格式条款的出现不仅改变了传统的缔约方式，而且对合同自由原则形成重大挑战。据此，各国都纷纷对格式条款加以规制。格式条款需要规制已经是一种不证自明的论断，或者说格式条款需要规制正是市场需要规制在交易领域的一个投射。根据我国相关法律的规定，对采用格式条款订立合同的特别规制主要有以下几个方面：

1. 提供格式条款的一方应当遵循公平原则确定当事人之间的权利和义务。这体现了对相对人加以保护、实现公平正义的思想。法律要求有关格式条款事先得经过批准方能采用，或甚至由国家主管机构直接拟定相关的格式条款。在格式条款的内容上，法律为防止提供格式条款的一方滥用权利，规定提供格式条款的一方不合理地免除或者减轻其责任、加重对方责任、限制对方主要权利的，不发生其预期的法律效果。

2. 要求提供格式条款的一方应尽到说明义务。说明义务的履行包括提示和说明两个环节，提示的作用在于引起相对人的注意，而说明则是使相对人理解专业信息。一般认为，说明义务之目的更多在于对于专业知识性信息不对称的矫正，其通常施加于被推定为专家的一方当事人身上，通过向专家一方课以复杂条款的提示说明义务以推动专业信息向相对人流动，从而确保相对人的知情决策进而实现交易公平。[②]

根据我国《民法典》第 496 条第 2 款的规定：“采用格式条款订立合同的，提供格式条款的一方应当遵循公平原则确定当事人之间的权利和义务，并采取合理的方式提示对方注意免除或者减轻其责任等与对方有重大利害关系的条款，按照对方的要求，对该条款予以说明。提供格式条款的一方未履行提示或者说明义务，致使对方没有注意或者理解与其有重大利害关系的条款的，对方可以主张该条款不成为合同的内容。”提供格式条款的一方应采取合理的方式提示对方注意免除或者减轻其责任等与对方有重大利害关系的条款，并按照对方的要求，对该条款予以说明。尤其是在免责条款存在的情况下，提供格式条款的一方很可能利用免责条款，改变双方当事人之间的责任分配，而不合理地减轻甚至免除自己依法应承担的责任，让相对人承担加重的责任。所以法律要求提供格式条款的一方应主动提示对方当事人此等条款的存在，当对方当事人存有困惑时，应详细解释该条款的内涵，使之能了解、明白。“合理的方式”，即提供格式条款的一方对免除或者减轻其责任等与对方有重大利害关系的条款，应在合同订立时采用足以引起对方注意的文字、符号、字体等特殊标识，并按照对方的要求，对该条款予以说明。另外，提供格式条款的一方当事人违反“提示和说明义务”的法律后果，即对方当事人可以主张该条款不成为合同的内容。

3. 规定某些不公平的格式条款无效。我国《民法典》第 497 条以列举的方式规定了

---

① 罗伯特・霍恩等：《德国民商法导论》，楚建译，中国大百科全书出版社 1996 年版，第 94 页。

② 马辉：《格式条款规制体系研究》，法律出版社 2019 年版，第 179 页。

格式条款无效的情形，具体如下：

其一，格式条款具有一方以欺诈、胁迫的手段订立合同，损害国家利益；恶意串通，损害国家、集体或者第三人利益；以合法形式掩盖非法目的；损害社会公共利益；违反法律、行政法规的强制性规定的情形的，该条款无效。

其二，格式条款具有《民法典》第 506 条规定的情形的，即规定对造成对方人身伤害而免责的或因故意或者重大过失造成对方财产损失而免责的，该条款无效。

其三，提供格式条款一方不合理地免除或者减轻其责任、加重对方责任、限制对方主要权利的，该条款无效。

其四，提供格式条款一方排除对方主要权利的，该条款无效。

4. 对格式条款的理解发生争议，应当按照格式条款的特殊解释规则予以解释，从而保障相对人的利益。

三、格式条款的解释规则

格式条款的解释是指基于有关的原则，根据一定的事实，对格式条款的含义作出说明。格式条款有时会存在模糊、内涵不明确、存有多种含义的情形，当事人从各自的利益出发会有不同的理解，因而发生争议，这时便涉及如何对该格式条款加以解释的问题。正如前述提到的，格式条款具有其特征，与普通条款差别较大，所以格式条款解释所遵循的原则也具有其特殊性，具体体现为以下几点：

1. 应当遵循通常理解加以解释

通常理解，即对于格式条款应当以合同当事人一般的、合理的、正常的理解进行解释。该解释规则是合同解释客观原则的体现。合同解释的客观原则是指探求当事人真意时，应依客观表示的规范意义加以确定。在格式合同解释中，该客观原则表现为解释资料客观化原则，也就是说，除当事人有特别约定外，在进行解释时，不将合同缔结时的特殊环境以及当事人的特殊意思表示列入考虑因素，不可仅探求个别当事人的特殊意图，而应将该合同类型的一般共同真意作为解释依据。如果仅是某个可能订约的相对人不能理解某个条款所涉及的术语或知识，则仍可以用通俗的、日常的、合理的理解加以解释。

然而，合同解释毕竟以个性化为本质特征，因而对格式合同条款的统一解释也只能是指以该条款所预定适用的特定或不特定某地域或某职业团体的平均的、合理的理解可能性为基础进行解释。这一原则要求，对格式合同相对人群体中有特殊地位、知识、技能的人，仍应适用一般理解的解释，这样才能真正实现格式条款的保障交易迅捷安全进行的优势。

2. 对条款提供方作不利解释原则

该原则来自罗马法的“有疑义应为表意者不利之解释”的原则，之后它一直为许多国家的判例和学说所接受。运用此项原则解释格式条款，主要是为了限制制定格式条款的一方利用其优势地位损害另一方当事人的合法利益。详言之，当格式条款有两种以上解释时，作出不利于提供格式条款方的解释。适用不利解释的原因在于格式条款一般作为一个行业或大企业的合同条款，经过多方专家和律师的精心研究起草而成，必然经过仔细措辞，以尽可能地保护自己的利益，对方当事人通常没有能力修改和完全理解这些条款。因此，一旦格式条款的含义不清，双方当事人对条款用词的含义或解释出现争议，这时法院应当采取不利于格式条款提供方的解释，方显公正。

3. 格式条款与非格式条款不一致的，应采用非格式条款

该原则来自“特别规定优于普通规定”的法律解释原则。格式条款是格式条款制定者为了重复使用而预先拟定的，它是制定者根据通常情况可能遇到的问题进行规划的，是一般的普通规定的条款。非格式条款不是由一方当事人预先拟定的，而是由合同当事人之间通过特别商定而作出的条款，它可以是在缔约当时根据具体、个别情况而确定的条款，是特别规定的条款。如果格式条款与非格式条款不一致，可视为制定格式条款的当事人以非格式条款取代了格式条款，这是对当事人双方意思表示尊重的体现。因此，在同一合同中，特别商定的条款的效力优于格式条款的效力。

案例分析：顾某想买一部手机，经人介绍她来到某移动电话超市。正要步入超市入口时，她发现ZH公司贴有一张告示，上面写着：“郑重承诺，手机三包、七天包退、假一罚十。”这样的承诺着实让顾某感到踏实，于是她便在该超市的ZH公司购买了手机一部，价格为3000元。ZH公司开具发票注明了手机型号及电池序号等。然而，时隔4天，顾某给手机充电时，发现手机电池出了问题，经鉴定该手机非原装，电池系假冒产品；另外，进网许可证标志也系伪造。气愤的顾某带着鉴定报告再次来到手机超市，她认为既然公司承诺了“假一罚十”，那理所当然就该返还购机款3000元并赔偿10倍手机款即30000元，但是得到的答复却令她大失所望。ZH公司认为“假一罚十”中的“十”应解释为10元，并不是十倍的意思，仅同意退还购机款3000元，并赔偿10元。双方产生争议。

解答：ZH公司对其提供的商品不进行必要的检验，以致将假冒产品充当合格产品卖与顾某，其行为应属民事欺诈。ZH公司作为商家，其在张贴的告示上承诺“假一罚十”，该内容明确、具体，就其张贴的地点看，应该是对所有要与ZH公司达成买卖合同的消费者作出的要约。一旦消费者与ZH公司达成买卖合同，作出该告示的ZH公司即受“假一罚十”的约束。另外，“假一罚十”从字面上看确实有不够准确的地方，但按照通常的理解，应是10倍价金而不是10元。

第六节 缔约过失责任

一、缔约过失责任的概念和特征

(一)缔约过失责任的概念

缔约过失责任是德国法学家耶林于1861年在《缔约上过失,缔约无效与不成立时之损害赔偿》一文中首先提出的,他指出:"从事契约缔结的人,是从契约交易外的消极义务范畴进入契约上积极义务的范畴,其因此而承担的首要义务,系于缔约时善尽必要的注意。法律所保护的,并非仅是一个业已存在的契约关系,正在发生中的契约关系亦应包括在内;否则,契约交易将暴露在外,不受保护,缔约一方当事人不免成为他方疏忽或不注意的牺牲品。契约的缔结产生了一种履行义务,若此种效力因法律上的障碍而被排除时,则会产生一种损害赔偿义务。因此,所谓契约无效者,仅指不发生履行效力,非谓不发生任何效力。简言之,当事人因自己的过失致使契约不成立者,对信其契约为有效成立的相对人,应赔偿基于此信赖而产生的损害。"概言之,缔约过失责任是指在合同订立过程中一方因违背依诚信原则所应负的义务,致使对方信赖利益损失而应承担的责任。缔约过失责任的产生、内容以及责任范围等都是依法产生的,而不是当事人约定的,因此,缔约过失责任在性质上属于法定之债的范畴。

(二)缔约过失责任与其他责任的区别

缔约过失责任不同于违约责任,它发生在缔约人进入缔约阶段后、合同生效之前,而违约责任产生于合同生效后,所以缔约过失责任将合同责任范围拓展到合同有效成立之前,它强调契约并非仅仅是当事人主观意志的一致,应将社会利益的衡量纳入契约的法律价值判断之中。

同时,缔约过失责任又有侵权责任无法涵盖的内容,它能弥补侵权法对当事人利益保障之不足:

第一,侵权责任赔偿的是一方因对方侵权行为而造成的损失,但一方因对方违反某些依诚信原则所产生的义务,如告知、通知、协助义务而造成信赖利益损失,在侵权法上得不到赔偿,只能借助缔约过失责任请求赔偿。

第二,侵权行为法只要求当事人尽到一般社会共同生活的注意义务,而由于缔约过失责任主体之间存在特殊的信赖关系,所以法律要求他们承担依诚信原则产生的特殊注意义务,其注意程度高于侵权行为法所要求的程度,这实际上减轻了受害人的举证责任,便于受害人获得赔偿。

第三,一些国家侵权法规定,只要雇主对雇员尽了必要的选任监督义务及相当的注意,雇主可以免责,仅由实施侵权行为的雇员单独承担责任。而雇员的财力通常弱于雇主，他对侵权责任的承担往往缺乏充分的保障。但若根据缔约过失责任，雇员代表雇主对进入交易的对方负有依诚信产生的义务，雇员过错违反该义务造成对方损失，应由雇主承担责任，从而保障受害人有充分的求偿权。由此可以看出，缔约过失责任有它独立存在的价值，它与违约责任、违反后合同义务责任一起构成合同责任，与侵权责任并列，从而完善了民事责任体系。

二、缔约过失责任的构成要件

1. 缔约过失责任主要发生在合同订立阶段。这是缔约过失责任与违约责任的基本区别。缔约过失责任不是发生在合同成立以后，只有在合同尚未成立，或者虽然成立，但因故未生效，或因不符合法定的生效要件而被确认为无效或被撤销时，缔约人才应承担缔约过失责任。缔约过失始于当事人为订立合同而进行磋商之时，因为这时他们之间已产生一种特殊信赖关系，双方之间应负有诚信的义务，应尽到交易上必要的注意，一方违反这一义务给对方造成损失，应承担赔偿责任。

若双方无任何法律上的联系，在没有进入合同订立前的协商阶段时，如果因一方的过失致他方损害，此时则不能适用缔约过失责任，而应当适用侵权责任。例如，某人进商场时，刚推开门，商场玻璃门上的玻璃掉了下来，将其手划伤，商场是否构成缔约过失呢？本书认为，此种情形并不成立缔约过失之债，因为双方并没有实际的接触，即使某人在进入商场以后，因为商场里的路面很滑而摔伤，或者因为商场悬挂的物品掉下砸伤，也不能认为商场构成缔约过失，因为受害人进入商场并不意味着他已经和商场发生了缔约上的联系，其与商场并没有发生任何实际的接触，很难确定他具有明确的缔约意图。更何况进入商场的人很复杂，不能说任何进入商场的人都有与商场缔约的意图。如果双方没有实际的接触，一方对另一方不能产生一种信赖，也不会产生先合同义务。因此，此种情形应当适用侵权责任，而不能适用缔约过失责任。①

2. 一方当事人违反了依据诚信原则所产生的义务。该义务有如下四个特点：首先，该义务是一种法定义务，是由法律规定并强制当事人遵守的义务，不由当事人任意约定。其次，它是由诚信原则派生出来的，如告知、保护、协助、保密及通知义务。再次，它是合同附随义务的一种，是发生在合同生效前的附随义务。当然，合同附随义务还包括履行合同中的附随义务和合同终止后的附随义务。作为一种附随义务，它不同于合同义务，不是当事人订立合同的主要目的。最后，它发生在特定的缔约当事人之间。只有在特定的缔约当事人之间才产生特定的信赖关系，法律才有必要要求一方对其违反该义务而造成对方信赖利益的损失承担赔偿责任。

3. 缔约过失行为造成了他人信赖利益的损失。也就是说，缔约过失行为与信赖利益损失之间存在因果关系，即一方当事人的过失行为与另一方遭受的信赖利益损失之间存在必然的联系。否则，即使出现了信赖利益的损失，当事人也不应承担责任。所谓信赖利益的损失主要是指一方对对方实施某种行为产生了合理的信赖（如相信其会订立合

---

① 王利明：《债法总则研究》，中国人民大学出版社2018年第2版，第291页。

同),并为此而支付了一定的费用或丧失了一些利益,而因对方违反诚信原则使该费用或丧失的利益不能得到补偿。

三、缔约过失责任的类型

(一)我国《民法典》规定的缔约过失责任的类型

我国《民法典》第500条、第501条规定了承担缔约过失责任的如下情形:

1. 假借订立合同,恶意进行磋商。我国《民法典》借鉴了《国际商事合同通则》的规定,即"(1)当事人可自由进行谈判,并对未达成协议不承担责任;(2)但是,如果一方当事人以恶意进行谈判,或恶意终止谈判,则该方当事人应对因此给另一方当事人所造成的损失承担责任;(3)恶意,特别是指一方当事人在无意与对方达成协议的情况下,开始或继续谈判"。如甲就某项合同的订立与乙进行谈判,目的在于阻止乙与丙订立合同,或者使乙丧失其他商业机会。所谓"假借",是指行为人根本无意与对方签订合同,与对方进行谈判只不过是个借口,其真实目的是损害对方的利益。只有行为人在主观上具有恶意,才承担此种缔约过失责任。所谓"恶意",是指行为人主观没有缔约的意图,且有给对方造成损害的故意。

2. 故意隐瞒与订立合同有关的重要事实或者提供虚假情况。故意隐瞒重要事实,是一种消极的不作为,即不告知对方与订立合同有重大关系的事实。故意提供虚假情况,是一种积极的作为,即故意向对方告知错误的情况,妨碍其作出正确的判断。这些都违背了当事人在缔约过程中依据诚信原则应履行的重要事实告知义务。在订约过程中,一方当事人故意实施上述行为,实际上已构成欺诈,因此给对方造成损失的,应当承担赔偿责任。

3. 泄露或不正当地使用商业秘密或者其他应当保密的信息。这特别强调了对商业秘密或应当保密的信息的保护。商业秘密和其他应当保密的信息,对当事人具有重要的财产价值,一旦失密,将会造成重大损失。在谈判、缔约过程中,一方当事人可能会接触或了解到另一方当事人的上述秘密,此时就必须负有保密义务。如果违反保密义务,向他人泄露该秘密或者自己不正当地使用该商业秘密或者信息,凡是给对方造成损失的,都应当承担损害赔偿责任。这种损害赔偿责任的性质,应当根据缔约或者合同发展的不同阶段确认。如果发生在缔约过程中,为缔约过失责任;如果发生在合同履行阶段,构成违约责任;如果发生在合同履行完毕之后,则构成后契约责任。

4. 其他违背诚实信用原则的行为。这一兜底性条款为现实生活中复杂多样的违背诚信的缔约过失行为预留了规制的可能。我国《民法典》采用的列举和概括相结合的表述方法具有进步意义,既在一定程度上限制了法官的自由裁量权,又避免了因单纯列举产生遗漏的缺陷。

(二)对其他违背诚实信用原则行为的列举

1. 对于有效的可撤销要约,要约人变更、撤销要约时应承担缔约过失责任。因为要约一经合法有效作出,在其有效期限内对要约人具有约束力,要约人变更、撤销要约给受要约人造成损害的，应承担赔偿责任。

2. 因一方过错使合同不具备法定的成立要件时，过错方应赔偿对方因信赖合同得以成立而受到的损失。例如，在订立合同时，由于一方当事人法律知识的欠缺或疏忽大意，致使合同缺少必备条款，导致合同不成立。

3. 合同无效或被撤销(包括与限制民事行为能力人，没有代理权、超越代理权或代理权终止后的行为人订立的合同，善意相对人行使撤销权的情况)时的情形。因为合同无效或被撤销，合同自始无效，当事人之间不产生合同权利、义务关系，过错方承担的赔偿责任实际上是缔约过失责任。对某些合同，法律规定或者合同约定必须履行必要的手续，但由于当事人一方的疏忽大意未履行，导致合同不发生效力，则过错方应承担缔约过失责任。

4. 限制民事行为能力人、无代理权人(包括没有代理权、超越代理权或代理权终止后的情形)订立的合同属于效力待定的合同，因为效力待定的原因出现在缔约阶段，一般出于缔约方缔约能力瑕疵，所以若由于权利人拒绝追认而使合同无效的，无效原因可追溯自缔约阶段过错，因此限制民事行为能力人的监护人、无代理权人应承担缔约过失责任。

5. 合同生效前未尽提示对方注意义务的情形。如根据《民法典》第 496 条的规定，“采用格式条款订立合同的，提供格式条款的一方应当遵循公平原则确定当事人之间的权利和义务，并采取合理的方式提示对方注意免除或者减轻其责任等与对方有重大利害关系的条款，按照对方的要求，对该条款予以说明”。若提供格式条款方未尽此义务，导致该条款不成为合同的内容，对于对方的损失仍应给予赔偿。

6. 合同生效前未尽通知义务造成对方损失的情形。例如，受要约人应要约来看出租房，该房屋已被毁，但要约人却疏于通知，则要约人应承担受要约人因此遭受的交通费、误工费等损失。

四、缔约过失责任的赔偿范围

缔约过失责任的形式以损害赔偿为主，赔偿范围主要是信赖利益的损失，它主要包括：缔约费用，准备履行或已履行合同所支付的费用，上述费用的利息损失，因信赖合同有效而丧失其他订约机会的损失，因当事人违反先合同义务造成对方人身的伤害，为救济损害、减少损失而支付的必要费用等。在具体确定时需要注意以下四个问题：

首先，信赖利益损失应以合理信赖为基础，采用社会标准，即一个通情达理的人在正常情况下信赖合同得以成立，因此受到的损失。非基于合理信赖而支付的费用不予赔偿。例如，甲和乙是老友，他们开始洽谈交易，乙仅表示同意考虑一下，而甲自信凭这交情，该合同能成立，并进行大量的准备工作，在这种情形下，他所支付的费用不能视为合理信赖利益的损失。

其次，从公平出发，借鉴美国《第二次合同法重述》第 349 条(以信赖权益为依据的损害赔偿)的规定，即受损害的一方有权依其信赖权益得到赔偿，包括准备履行或履行合同的过程中支出的费用，减去违约方能够用具有合理的确定性的证据证明该受损害的一方在合同得到履行时也会蒙受的损失。在进行信赖利益赔偿时，应防止将本应由自己承担的损失转嫁给违反先合同义务的对方，即信赖利益赔偿应扣除违反先合同义务方能以确切证据证明的假如其未违反先合同义务时受害方亦会遭受的损失。例如，甲向乙订购服装，乙买布制衣时发现布价大幅度上涨使其交易亏本，但乙为履约仍高价买入布料，后来得知甲是无代理权人，乙行使撤销权，要求信赖利益赔偿。若甲赔偿乙全部信赖利益损失，等于将甲若有代理权时本应由乙自己承受的经营风险损失转嫁于甲，这显然有失公平。

再次，在计算信赖利益损失时可以适用过失相抵、损益相抵、减轻损失的原则来平衡双方之间的利益。过失相抵原则是指若信赖利益损失中含有受害人未尽注意义务的因素，可以适当减轻对方的责任。损益相抵原则是指赔偿权利人基于损害发生的同一赔偿原因获得利益时，应将所得到的利益从所受损害中扣除。例如，甲为履行合同而购进布料后因合同无效，甲出售该布料，适逢市场价格上扬，甲的获利应从信赖利益赔偿额中扣除。减轻损失原则即非违反先合同义务方有责任及时采取措施防止损害扩大，否则无权就扩大的损失要求赔偿。

最后，在确定“丧失其他订约机会的损失”时应注意：第一，信赖人应提供证据证明这种机会曾经真实地存在过，不是当事人主观臆断的产物。第二，这个机会能导致信赖人与第三人订立合同的结果。第三，这一机会在确定赔偿时已确实不存在，这时应根据不同情况确定损失范围：若第三人就相同标的与“第四人”订立了合同，可以以“第四人”依此合同获得的利润为参照；若第三人尚未与其他人签订相同标的的合同并且不打算签订同种合同时，可以参照同行业签订相同标的物的合同通常可获得的利润来计算。

案例分析：甲隐瞒了其所购别墅内曾发生恶性刑事案件的事实，以明显低于市场价的价格将其转卖给乙。乙在不知情的情况下，放弃他人以市场价出售的别墅，购买了甲的别墅。几个月后乙获悉实情，可否向法院申请撤销合同？能否同时要求甲赔偿损失？

解答：甲的别墅内曾发生过恶性刑事案件，按照我国传统的民俗习惯，如出售房屋内曾经发生过此类事件，此类房屋通常被称为凶宅。对于凶宅的信息是否属于在合同订立过程中卖方应告知买方的重要事实，法律没有进一步规定。但是，房屋发生过恶性事件可能对合同订立与否或者对合同订立的条件产生重大影响。因此，在合同缔约阶段，出卖人有如实告知与订立合同有关的重要事实的义务，甲故意不告知，其行为违背了基于诚信所应尽的告知义务，并因此给乙造成合理信赖利益的损失，成立缔约过失。乙得向法院申请撤销合同。同时乙也有权要求甲赔偿撤销合同时，别墅市场价格与此前订立合同时别墅市场价格的差价损失，该种损失属于“因丧失交易机会遭受的损失”，为合理信赖利益的损失，在缔约过失损害赔偿责任的范围之内。

本章小测

一、客观题

扫码测试

二、主观题

1. 简述合同成立的要件。
2. 论述缔约过失责任的赔偿范围。

拓展案例

邓某与绵阳经开万达广场投资有限公司商品房销售合同纠纷案。

拓展案例

延伸阅读

1. 关于合同成立的几个问题。
2. 当事人约定合同成立时间的限制。

延伸阅读

本章参考文献

1. 李永军:《合同法》,中国人民大学出版社 2021 年第 6 版。

2. 王泽鉴:《债法原理》,北京大学出版社 2009 年版。

3. A. L. 科宾:《科宾论合同》,王卫国等译,中国大百科全书出版社 1998 年版。

4. 刘春堂:《民法债编通则(一)契约法总论》,台湾三民书局 2011 年版。

5. 陈小君:《合同法》,高等教育出版社 2003 年版。

6. 王利明:《合同法研究》(第 1 卷),中国人民大学出版社 2011 年修订版。

7. 何志:《最高人民法院合同法司法解释精释精解》,中国法制出版社 2019 年版。

8. 迪特尔・梅迪库斯:《德国民法总论》,邵建东译,法律出版社 2000 年版。

9. 弗里德里奇・凯斯勒等:《合同法:案例与材料》(上),屈广清等译,中国政法大学出版社 2005 年版。

10. 马辉:《格式条款规制体系研究》,法律出版社 2019 年版。

11. 王利明:《债法总则研究》,中国人民大学出版社 2018 年第 2 版。

12. 最高人民法院民事审判第二庭、研究室:《最高人民法院民法典合同编通则司法解释理解与适用》,人民法院出版社 2023 年版。

13. 王利明:《合同法》(上册),中国人民大学出版社 2021 年第 2 版。

14. 房绍坤:《合同法》,中国人民大学出版社 2023 年版。

15. 最高人民法院民法典贯彻实施工作领导小组:《中华人民共和国民法典合同编理解与适用(一)》,人民法院出版社 2020 年版。

第四章　合同的效力

思维导图

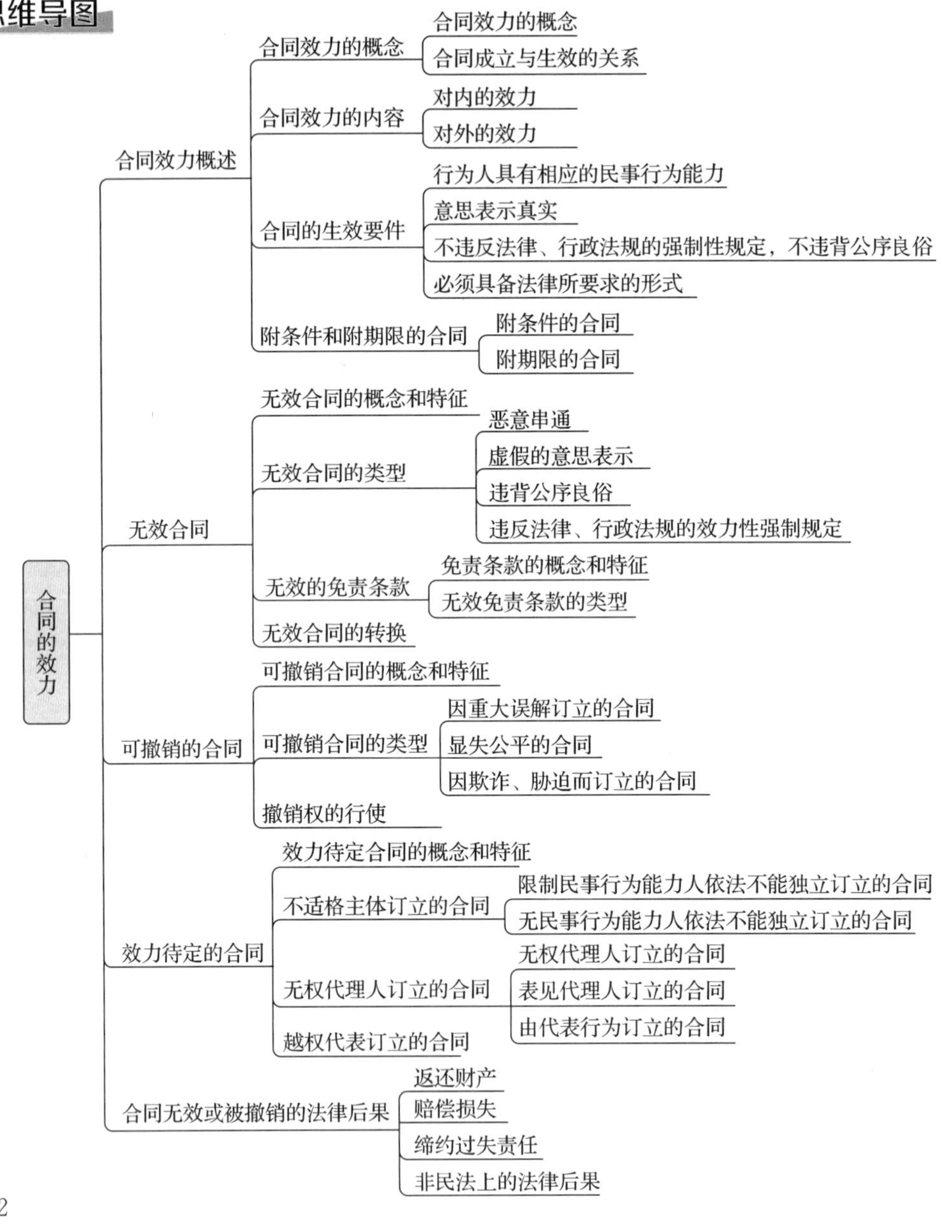

第一节　合同效力概述

一、合同效力的概念

（一）合同效力的概念

合同效力是指法律赋予依法成立的合同具有拘束当事人各方乃至第三人的强制力[①]，即合同生效后所发生的法律效力。此处所说的法律效力并不是指合同能够像法律那样对任何人都产生约束力。虽然19世纪时曾有过合同神圣——合同在当事人之间相当于法律的观念，但现今这一观念已被放弃，合同本身并非法律，它只是当事人之间的合意，其约束力并非来源于当事人的意志，而是来源于法律的赋予。因为只有当事人的意志符合国家的意志和社会利益时，国家才赋予当事人的意志以法律约束力；当事人的意志不符合国家意志的，该合意将会被宣告无效或被撤销。合同生效后，合同当事人应全面履行合同。如果当事人履行不符合约定或法律规定，则当事人可以借助国家强制力请求违约方强制履行或承担其他违约责任。可见，合同生效与合同成立是两个不同但又密切相关的概念，前者介入了国家意志，是国家意志的体现；后者则侧重于当事人之间的合意，合同成立是合同生效的前提，但合同成立并不一定生效。下面将详细说明两者的关系。

案例分析：某针织公司与某袜业公司存在袜子买卖业务，袜业公司拖欠针织公司货款，经协商双方达成协议，约定袜业公司支付一定货款后，其他互不追究。后袜业公司起诉要求针织公司开具相应的增值税发票。针织公司抗辩，双方协议已经明确，在针织公司减让货款后无须再开具增值税发票。

解答：法院经审理认为，缴纳税收系法定义务，具有强制性，不能以当事人意思予以排除。而增值税的征收与发票的开具、交付紧密相连。不开具、交付增值税发票的约定可能冲击我国正常的财经秩序，不宜认定其效力，判决针织公司开具并交付相应增值税发票。合同行为的基本原则是当事人意思自治，当事人可以按照其真实意思订立和履行合同。但这也是有限制的，其中之一就是合同的内容不能违反法律法规的效力性强制规范，不能违反公序良俗。双方当事人虽然达成了合意，但如果合同内容违反效力性强制规范，或者违反公序良俗，那么合同无效，就难以达成企业的订约目的，从而导致资源浪费或产生经济损失。

（二）合同成立与生效的关系

合同的成立与生效常常是密切联系在一起的。当事人订立合同，就是意图在他们之

---

① 崔建远：《合同法》，法律出版社2024年版，第69页。

间产生合同上的约束关系，以此实现他们所期待的利益。如果当事人订立的合同，在内容和形式上都符合法律规定，则此等合同一旦成立便会依法产生约束力，正如我国《民法典》第 502 条所规定的“依法成立的合同，自成立时生效”。由此可见，合同生效是合同成立所追求的效果。但是，如果当事人虽然进行磋商，但最终没有订立合同，合同没有成立则合同生效就无从谈起，所以合同成立是合同生效的基础。

合同的成立与合同生效又是两个不同的概念，应将两者区分开来。合同成立着重的是当事人是否就合同必备条款达成了一致的意思表示，一旦当事人根据特定合同的性质要求而就必备条款达成了合意，合同便宣告成立。合同的成立只是解决了当事人之间是否存在合意的问题，并不能表明已经成立的合同是否可以产生法律上的约束力。即使合同已经成立，但不符合法律规定的生效要件，则仍然不能产生法律效力。依法成立的合同从合同成立时起就具有法律效力，而违反法律强制性规定的合同即使成立也不发生法律效力。由此可见，合同成立后并不是当然生效的，合同是否生效，主要取决于其是否符合国家的意志和社会公共利益，而非取决于当事人的意思表示。

合同的成立和生效的要件也是不同的。就合同的成立要件来说，主要包括存在双方或多方缔约当事人，缔约当事人就合同的基本内容或者说是主要条款达成合意，一般要经过要约和承诺两个阶段。至于当事人是否具有相应的缔约能力，当事人的意思表示是否真实，是否受到欺诈与胁迫，当事人的合意是否有违法律规定或有悖于社会公共利益，则是合同效力是否发生要考虑的因素。如果当事人订立的合同违反了法律、行政法规的强制性规定或损害了社会公共利益，则该合同自始无效，即该合同自订立之时起就没有发生法律效力。《民法典》一方面在总则编第 136 条第 1 款规定“民事法律行为自成立时生效，但是法律另有规定或者当事人另有约定的除外”，并在第 158 条、第 160 条对附生效条件和生效期限的民事法律行为作了规定；另一方面《民法典》合同编第 502 条也对须经批准的合同作了规定。可见，合同“依法成立”仅仅是合同“有效”的要件，而合同“生效”，则不仅要求“依法成立”，有时还要具备某些特定的要件；也就是说，我国民法不仅严格区分合同成立与合同生效，还严格区分合同的有效要件和生效要件：前者仅仅是合同生效的一般要件，后者则还可能包括某些特殊的要件。①

合同不成立或合同无效时，处理的方式不同。一般而言，当事人欠缺合意而导致合同不成立时，当事人之间不存在法律责任承担，但当事人违反诚信义务应承担缔约过失责任的除外。而且法律为鼓励交易的达成，亦采取推定及其他方法来补救使合同得以成立。对于合同无效，法律则采取不同的对待。无效合同，法律不允许采取其他措施来补救，而无效合同的违法性，决定了法律不仅要使这些行为不发生法律效力，让当事人承担返还财产、赔偿损失等民事责任，若当事人因无效合同获利，严重侵害了为法律所保护的国家利益或社会公共利益，当事人可能还会因此承担其他法律责任。

---

① 吴光荣：《中国民法语境下“合同效力”的层次性》，载《现代法学》2024 年第 1 期。

二、合同效力的内容

合同的效力包括对内的效力和对外的效力。

(一)对内的效力

对内的效力是指生效的合同在合同当事人之间所发生的法律效力。根据《民法典》第 119 条的规定,"依法成立的合同,对当事人具有法律约束力"。合同的效力主要体现在对当事人的约束力上,它包括合同权利和义务两个方面。

从合同权利方面来说,合同当事人依据法律规定或合同约定所享有的权利受到法律保护。该权利包括请求债务人履行债务的权利、履行中的抗辩权、接受并保有债务人的给付的权利,以及在一方当事人违约时而获得救济的权利等。当事人合理行使这些权利而获得的利益,亦受到法律的保障。

从义务方面来说,一方面,通过合同约定而给当事人课加的义务具有法律的强制性。根据《民法典》第 509 条的规定,"当事人应当按照约定全面履行自己的义务",当事人拒绝履行、不适当履行、迟延履行或受领迟延,都视为违背了法律,在本质上属于违法行为。另一方面,当事人违反合同义务的,则应当承担相应的违约责任。也就是说,如果一方当事人不履行其应负的合同义务,另一方当事人可以借助国家的强制力要求履行义务或者承担赔偿责任等。法律责任为合同义务的履行提供了后盾和保障,如果没有合同责任的存在,合同义务则难以对当事人产生真正的约束力。

(二)对外的效力

对外的效力是指合同对合同当事人之外的第三人产生的法律效力。根据合同相对性的原则,只有合同当事人才能享有基于合同所产生的权利并承担根据合同所产生的义务,当事人一方只能向对方当事人行使权利并要求其承担义务,不能要求第三人履行合同上的义务,第三人也无权向合同当事人主张合同上的权利。从这个意义上说,合同不对第三人产生约束力。但是合同相对性观念已被突破,依法成立的合同还对第三人产生了约束力,以排除第三人的非法干预和侵害。因为在实际生活中,合同的履行常常受到第三人的不当影响,如第三人采用非法手段诱导债务人不履行合同义务从而损害合同债权人的利益,此时有必要赋予合同当事人排除第三人非法干预和侵害的权利,对侵害债权的行为加以惩治,从而保证合同的正常履行和交易目的的正常实现。

合同对第三人的拘束力还表现在为合同的保全,法律允许债权人在特定的情况下行使代位权和撤销权。例如,我国《民法典》第 535 条规定,"因债务人怠于行使其债权或者与该债权有关的从权利,影响债权人的到期债权实现的,债权人可以向法院请求以自己的名义代位行使债务人对相对人的权利,但该权利专属于债务人自身的除外。代位权的行使范围以债权人的到期债权为限。债权人行使代位权的必要费用,由债务人负担"。《民法典》第 538 条规定,"债务人以放弃其债权、放弃债权担保、无偿转让财产等方式无偿处分财产权益,或者恶意延长其到期债权的履行期限,影响债权人的债权实现的,债权人可以请求人民法院撤销债务人的行为"。《民法典》第 539 条规定,"债务人以明显不合理的低价转让财产、以明显不合理的高价受让他人财产或者为他人的债务提供担保，影响债权人的债权实现，债务人的相对人知道或者应当知道该情形的，债权人可以请求人民法院撤销债务人的行为”。《民法典》第 540 条规定，“撤销权的行使范围以债权人的债权为限。债权人行使撤销权的必要费用，由债务人负担”。

这些保护措施都可对第三人产生约束力，对于保障债权的实现具有重要的意义。

三、合同的生效要件

合同的生效要件是判断合同是否具有法律效力的标准。根据《民法典》第 143 条的规定，合同的一般生效要件包括以下几项：

（一）行为人具有相应的民事行为能力

这一要件在学理上又被称为主体适格原则。合同是一种法律行为，以当事人的意思表示为基础，并以此产生一定的法律效果为目的，因此，行为人是否具备正确理解自己的行为性质和后果、独立地表达自己的意思的能力，对于该行为能否产生法律效力是至关重要的。只有缔约者能够正确理解其缔结合同行为的性质及可能产生的后果，他才具有缔约的相应的民事行为能力。主体是否适格的考察有利于保护当事人的利益，维护正常的交易秩序。缔结合同的主体可以为自然人，也可以为法人，亦可以为其他组织。

1. 自然人的缔约能力

根据我国《民法典》的规定，年满 18 周岁且能完全辨认自己行为的人，则是完全民事行为能力人。16 周岁以上不满 18 周岁的自然人，以自己的劳动收入为主要生活来源的，视为完全行为能力人。完全行为能力人可以自主地进行民事活动，具有完全的缔约能力。

8 周岁以上的未成年人和不能完全辨认自己行为的精神病人是限制民事行为能力人。他们只能实施某些与其年龄、智力、精神状况相适应的民事活动，其他的活动必须由其法定代理人代为实施或在征得其法定代理人同意后才能实施。限制民事行为能力人的缔约能力也受到一定的限制，他们只能从事与其年龄、智力、精神状况相适应的缔约行为。

8 周岁以下的未成年人和完全不能辨认自己行为的精神病人是无行为能力人，不能独立进行民事活动，他们所需要从事的民事活动应由其法定代理人代理进行。无行为能力人不具有缔约能力。

但限制民事行为能力人和无民事行为能力人的缔约能力有以下例外：(1)可独立签订接受奖励、赠与、报酬等纯获利益或被免除义务的合同；(2)限制民事行为能力人可以签订与其年龄、智力和精神健康状况相适应的合同；(3)可独立签订日常生活中的格式合同或事实合同，如利用自动售货机购买商品、乘坐交通工具等；(4)签订处分自由财产的合同，如学费、旅费等由法定代理人预定使用目的的财产的处分；(5)其他征得法定代理人同意的合同。[①]

① 崔建远：《合同法》，法律出版社 2024 年版，第 72 页。

2. 法人的行为能力

法人的行为能力是一种特殊的行为能力，过去我国的司法实践认为，法人应当在其核准登记的生产经营和业务范围内活动，其缔约能力也以此为限。法人在其经营范围和业务范围外所缔结的合同，属于无效合同。这一做法存在着不合理性，所以它已逐渐改变。

20 世纪之前奉行严格的越权无效规则，法人从事章程所规定的目的事业外的行为均无效，即使全体股东的事后追认也不能使之发生效力，除非该行为是包括于权能之内的行为或附随于权能的行为。但是自 20 世纪以来，这一规则有了新发展，许多大陆法国家的公司法均规定，公司的缔约行为超越章程范围时，如不能证明相对人为恶意则合同仍为有效，在此情况下，仅发生有关负责人对公司的民事责任。我国也逐渐采用了这一观点。1993 年 5 月，最高人民法院印发的《全国经济审判工作座谈会纪要》中指出，合同约定，仅一般违反行政管理性规定，如一般地超越经营范围，违反经营方式等，而不是违反专营专卖及法律禁止性规定，合同的标的物也不属于限制流通物的，可按照违反有关行政管理规定进行处理，而不因此确认合同无效。这实际上是对法人民事行为能力限制的一种放宽，可以说，超越经营范围所订立的合同违反了行政法的规定，应承担一定的行政责任，但不能因此就认定合同本身无效。这为承认超越经营范围所订立的合同效力开了一个口。

我国《民法典》亦承继了这一观点，《民法典》在关于“合同的效力”的规定中没有将法人超越经营范围而订立的合同规定为无效合同。而且其第 504 条和第 505 条承认法定代表人超越权限所订立的合同在多数情形下是有效的，也就表明若法定代表人超越经营范围的权限限制而订立相关合同，合同有效。

但需要强调的是，越权订立合同的行为如果违反了国家强制性规定，则应认定无效。

法人分支机构，在得到法人书面授权后，可以自己的名义签订合同。合伙企业、法人的筹备组织，其他非法人组织有资格独立签订合同。[①]

3. 其他组织

其他组织是指不具有法人资格但可以以自己的名义进行民事活动的组织，又可称为非法人组织。其缔约能力，应分两种情况看待，未领取营业执照的非法人组织，不得以自己的名义独立从事民事活动，而只能以法人的名义订约；拥有营业执照的非法人组织，可以对外签订合同。因为依据我国现行法律的规定，允许领取营业执照的非法人组织对外从事经营活动，民事经营活动的范围是很广的，其中最为重要的是缔约活动，倘若无订立合同的能力则之后的交易等就无法进行，所以这实际上是允许非法人组织对外订立合同。当然，非法人单位如果不能独立清偿民事债务，则应当由设立该组织的法人或投资人等承担。

（二）意思表示真实

意思表示真实是指表意人的表示行为应当真实地反映其内心的效果意思，即效果意思与表示行为相一致。[②] 表示行为是指表意人将其内心的效果意思表达于外部的行为，

---

① 崔建远：《合同法》，法律出版社 2024 年版，第 72 页。

② 崔建远：《合同法》，法律出版社 2024 年版，第 73 页。

效果意思是指表意人内心所想要发生一定法律效果的意思。意思表示真实是合同生效的重要构成要件。因为从本质上，合同是当事人之间的一种合意，基于意思自治原则，当事人只受自己真实的意思表示约束，法律赋予这种真实的意思表示以及在此意思表示基础上形成的合意以法律效力。

在大多数情况下，行为人表示于外部的意思同其内心真实意思是一致的。但有时会出现不相符合的情况，这称为“意思表示不真实”或“非真实的意思表示”。在意思表示不真实的情况下，对于如何确定行为人所作出的不真实的意思表示的效力，各国立法和学说有意思主义、表示主义和折中主义三种不同的观点。意思主义主张，应以行为人的内在意思为判断标准。因为内心意思是意思表示的来源，外在的表示是以内心的意思为基础的，没有内在的意思，外在的表示则为无本之木，因而这种外在表示应为无效，从而保护表意人的自由意志和合法利益。表示主义认为应以行为人外部表示为依据，因为行为人内心真实意思是什么，外人无法推测，只有通过表见于外部的行为才能推知表意人的意思。所以应赋予由外部状态所推定的当事人的意思表示以法律效力，从而保护交易相对人的信赖，维护交易安全。折中主义认为，在意思表示不真实时，应考虑行为人的内心意思和外部表示，结合具体情况，作出判断，这样才可以兼顾双方当事人的利益。也就是说，以意思主义为原则，以表示主义为例外，或以表示主义为原则，以意思主义为例外。

本书认为折中说较为合理，在意思表示不真实的情况下，既不能仅考察行为人表示于外部的意思，而不考虑行为人的内心意思；也不能仅以行为人的内心意思为标准，而不考虑行为人的外部表示。因为意思主义仅以内心意思为依据，而人的内心真实意思是难以探求的，一般要通过见诸外部的行为才能推知表意人的意思，从这一角度说，表示主义有其合理性。但表示主义过于强调外在行为给相对人的一种信赖性，把保护第三人利益放在首位，而忽视了对表意人真意的考察。折中说则较为科学，因为它结合具体情况，采用主客观相配合的方法，既注意到了表意人的内在真意，又考量了外在的行为表示，调和了双方当事人的利益，有利于交易的顺利进行。

当某一意思表示被认定为不真实时，其所产生的合同效力应如何认定？一般来说，如果当事人作出的意思表示违反了法律、行政法规的强制性规定或社会公共利益，那么应当确认此种意思表示无效，由此产生的合同也应认定无效。但如果不真实的意思表示并未违反现行法律、行政法规强制性规定或社会公共利益，其对合同效力的影响应视具体情况而定。在一般误解等情况下，合同仍有效。存在重大误解时，合同则可被撤销。在乘人之危致使合同显失公平的情况下，合同可被撤销。在因欺诈、胁迫而成立合同场合，若违背公序良俗，合同无效；若未违背公序良俗，合同可被撤销。

（三）不违反法律、行政法规的强制性规定，不违背公序良俗

合同之所以能产生法律效力，其原因在于当事人的表示符合法律的规定。对合法的意思表示，法律赋予其法律上的约束力，而不合法的合同法律不予以保护，也就无法产生当事人预期的法律效果。这里的法律、行政法规主要是指法律的强制性规定，而不包括任意性规定。因为合同领域，强调的是当事人意思自治，合同法的大多数规定为任意性

规定，当事人可以通过合意加以变更，当事人的特别约定可以排除任意性法律的适用。合同不违反法律、行政法规，主要是指合同的内容合法，即合同的全部条款应符合法律、行政法规的强制性规定，这样，合同的内容才能产生法律效力。如果仅仅是部分条款违法，部分条款无效不影响其他部分的效力的，则可以仅确认该部分条款无效。

规定合同不违背公序良俗，旨在以公序良俗的强大包容性来弥补成文法规定的不足，而且将公序良俗作为衡量合同生效的要件，有利于维护全体社会成员的共同利益，维护社会公共伦理道德。

（四）必须具备法律所要求的形式

合同自由中就包括了当事人有选择合同的形式的自由。但是，如果法律对合同的形式作出了特殊规定，当事人必须遵守法律规定。例如，依照法律规定，有些合同当事人在签订合同后还必须办理批准、登记等手续，方为有效。

四、附条件和附期限的合同

合同所附条件和期限，又称为附款，设置附款的目的在于将当事人的动机转化为合同条件，引导当事人为特定的行为，从而在当事人之间分配一定的风险，实现双方利益的平衡。

（一）附条件的合同

1. 条件的特征

并不是合同中约定的任何条件都可以成为附条件合同中的“条件”。该“条件”应符合下列几个特征：

（1）应该是尚未发生的事实。既成的事实不能被设定为条件，因为既成的状况不具有借助条件来控制合同效力的意义。假设条件在订立合同时已经成就，如果是停止条件，相当于合同没有条件；如果是解除条件，该法律行为为无效。如果在合同订立时，已经确定条件不能成就，当条件为停止条件时，合同为无效；当条件为解除条件时，则相当于合同未附条件。

（2）应该以是否发生尚不确定的事实为条件，一定会或者一定不会发生的事实不能作为条件。如果以一定成就的事实作为条件，等于只是延缓了合同生效的时间或合同失效的时间，因此这一事实非条件，而是期限。如果以必定不能发生的事实作为条件，则该条件若为停止条件，合同无效；该条件若为解除条件，合同相当于“太阳从西边出来”在客观上是不可能发生的事实，所以不能作为附条件合同中的条件。

（3）必须是合法的事实，违法或违反社会公共利益的事实不能作为条件，如约定“如杀死赵某某，赠金10万元”，这一违法事实不得作为条件；再如约定“终身不结婚，可得赠金100万元”，这一事实亦不得作为条件。

（4）应是当事人约定的事实。法律规定或者行为性质决定的事项，不能作为条件。例如，房屋买卖合同中，在房地产部门办理过户登记手续后房屋买卖才生效，这里过户登记是房屋买卖发生效力的法定条件而非约定性条件，因此不能将办理过户手续看作是合同所附条件。再如，政府机关对有关事项或合同审批或者批准的权限和职责，源于法律和行政法规的规定，不属于当事人约定的范畴。当事人将上述权限和职责约定为合同所附条件，不符合法律规定。①

2. 条件的种类

(1)生效条件和解除条件

根据我国《民法典》第158条的规定，合同中所附的条件可以分为生效条件和解除条件。

生效条件，也可称为延缓条件、停止条件，是指限制合同发生效力的条件。如果合同附有生效条件，则合同在成立以后还不能立即发生法律效力，只有在生效条件成就时，合同才能产生效力，合同才在当事人之间产生实际约束力。解除条件，也可称为消灭条件，是指限制合同失效的条件。如果合同附有解除条件，则合同成立时已经实际发生效力，当解除条件成就时合同则失去法律效力。

在附条件的合同成立以后，在条件未成就以前，任何一方当事人均不得为了自己的利益，以不正当的手段促成或阻止条件的成就，而应让作为条件的事实自然发生，不应在其中介入人为的不正当的原因。所谓的不正当手段包括行为人违反法律规定、道德规范或诚信原则，采取作为或不作为的方式促成或阻止条件的成就。当事人采用此等不正当的手段的，法律对此给予否定的评价，即当事人为自己的利益不正当地阻止条件成就的，视为条件已成就；不正当地促使条件成就的，视为条件不成就。例如，房屋租赁合同中，双方约定如果甲的亲戚出国回来需要居住，则房屋租赁合同终止，乙应及时搬离。乙听说甲的亲戚已回国欲前来居住，则采用恐吓手段阻止该亲戚到来，乙的行为已构成以不正当的手段阻止条件成就，应视为条件成就。

(2)肯定条件与否定条件

根据约定条件是为发生还是为不发生的客观事实，可以将所附条件分为肯定条件与否定条件。

肯定条件，又可称为积极条件，是指以发生某种客观事实为其条件的内容，所附事实发生，则条件成就；所附事实不发生，则条件不成就。例如，甲和乙的女儿约定如果乙的女儿各门期末考试成绩都在80分以上，甲就同意乙的女儿参加其主办的培训班，该培训合同就是附肯定条件的合同。

否定条件，又可称为消极条件，是指以不发生某种客观事实为内容的条件，所附事实不发生，则条件成就；所附事实发生，则条件不成就。例如，甲和乙约定如果明天不下雨，甲就借乙3万元钱，该借款约定则为附否定条件的合同。

(二)附期限的合同

附期限的合同是指当事人在合同中约定一定的期限，并将该期限的到来作为合同发生效力或丧失效力的根据。

合同中所附的期限与合同中所附的条件一样，都是合同的附款，都能对合同效力的

① 参见青岛市崂山区国土资源局与青岛南太置业有限公司国有土地使用权出让合同纠纷案[最高人民法院(2004)民一终字第105号]。

发生或消失起到限制作用，但作为条件的事实是否发生是不确定的，而期限却为确定的事实，其到来具有必然性。在附期限的合同中，合同是否生效受到一定时间或期间的到来的限制，因而只有尚未到来且必然到来的时间或期间，才可以作为附期限的合同中的期限。

期限可以分为两种：一是生效期限，又可称为延缓期限或始期，在附生效期限的合同中，合同的效力自期限到来时才发生，在期限到来之前，合同虽已成立但尚未生效。例如，双方当事人约定合同自某年某月某日起发生法律效力。二是终止期限，也可称为解除期限或终期，在附解除期限的合同中，合同的效力自期限到来时消灭，在期限到来之前，合同一直发生效力。

所附的期限可以是准确确定的期限，也可以是不完全确定的期限。例如，甲乙双方约定，合同成立后的第一场大雨下过之后，甲向乙出售一套雨后登山设备。

第二节　无效合同

一、无效合同的概念和特征

无效合同，是相对于有效合同而言的，它是指合同虽然已经成立，但因欠缺法定生效要件，使得当事人订立的合同不能被法律赋予法律效力的一种状态。这是狭义的无效合同。在有些情况下，法律不许按照当事人合意的内容赋予法律效果，只是对于特定人而言的；对其他人来说，仍然无权否认合同的法律效力。前者为绝对无效，后者为相对无效，它们都属于广义的无效合同。[①] 无效合同是法律对合同的否定评价，是国家意志对合同自由的一种限制，它具备以下几个特征：

1. 无效合同具有违法性。无论何种无效合同，都具有违法性。所谓违法性，是指法律给予否定性的评价，典型表现为违反了法律、行政法规的强制性规定以及国家或社会公共利益。这里强调的是违反法律或行政法规的强制性规定，而非仅是违反了法律和行政法规的任意性规定。对社会公共利益的考量，是因为社会公共利益体现了全体社会成员的共同利益，对它的违反可谓是冒天下之大不韪，即使没有违反法律的明文规定，亦是无效的，国家强制力是不会保障此等合同的。

案例分析：某建材公司作为出租方，将未取得产权证或建设工程规划许可证的部分房屋出租，未履行《协议书》承诺的办理改建项目的行政许可，导致合同无效，应当承担主要责任。某投资公司在明知改建项目尚未办理相应行政审批手续之前即与某建材公司签订《房屋租赁合同》，未尽合理审查义务，应当承担次要责任。本案合同无效的原因显然是上述约定违反法律法规的强制性规定。

① 崔建远：《合同法》，法律出版社 2024 年版，第 74 页。

2. 无效合同体现了国家的干预。合同被确认无效，是国家对私人合同自由进行控制的手段，从而满足国家某种经济社会政策需要。国家干预主要体现在，有关国家行政机关可以对一些无效合同进行查处，追究无效合同有关当事人的行政责任；在当事人请求确认合同无效之前，法院和仲裁机构可以主动依职权审查合同是否无效。依法被确认为无效的合同，当事人即使愿意继续履行该合同或追究一方的违约责任，法律也不允许，因为合同已被宣告无效，体现了国家强制力的因素，当事人的意愿不能使之有效。

3. 无效合同自始无效、当然无效。"自始无效"是指该合同自始不发生法律约束力，合同一旦被确认无效，便产生溯及力，使合同自订立之时起就不具有法律效力，也不因为之后法律的修改或废止使之转化为有效合同。"当然无效"是指任何人都可以主张合同是无效的，即使当事人不愿主张，其他无须与合同有密切关系的人均可以要求宣告该合同是无效的。

但是，也有合同在成立时本不违反当时的法律规定，符合有效要件，只是后来国家颁布了新法或修正了既有的法律，才使合同变得违反了强制性规定，因而应当归于无效，此即嗣后无效。其法律依据是《合同编通则解释》第 16 条第 2 款但书——"合同履行必然导致违反强制性规定或者法律、司法解释另有规定的除外"。如果在国家颁行新法之前或尚未修正既有的法律场合，合同已经履行完毕，新法颁行或既有的法律被修正之后，维持合同履行后的状况没有负面影响，就不宜按合同嗣后无效处理。尚需指出，如果国家颁行了新法或修正了既有的法律尚未使合同变得违法，只是使合同成为法律上的不能，也不宜按无效处理，而应当适用《民法典》第 580 条、第 563 条第 1 款第 1 项的规定，由合同解除制度管辖。①

4. 无效合同具有不得履行性。所谓无效合同的不得履行性，是指当事人在订立无效合同以后，不得根据合同的约定实际履行，已经履行的，应返还财产或折价补偿；尚未履行的，不得履行，也不承担不履行合同的违约责任。

值得注意的是，合同存在无效的原因，并不等于合同全部无效，有时可能只是部分无效。根据我国《民法典》第 156 条的规定，当合同仅有部分存在无效的原因，且该部分又不影响其余部分时，其余部分仍然有效。详言之，在由若干部分组成或在内容上可以分为若干部分的合同中，如果有效部分和无效部分可以独立存在，一部分无效并不影响其他部分的效力，那么无效部分被确认无效后，有效部分继续有效存在。但是，如果无效部分与有效部分有牵连关系，确认部分内容无效将影响其他部分的效力，或者根据合同的性质或诚实信用原则，剩余的有效部分对于当事人已无意义，则合同应被全部确认为无效。

二、无效合同的类型

根据我国《民法典》的规定，无效合同的类型主要包括以下几种：

（一）恶意串通

《民法典》第 154 条规定，"行为人与相对人恶意串通，损害他人合法权益的民事法律

① 崔建远：《合同法》，法律出版社 2024 年版，第 75～76 页。

行为无效”。恶意串通的合同是指双方当事人非法串通在一起，通过共同订立某种合同，来损害国家、集体或第三者利益的行为。例如，在招标投标过程中，投标人之间恶意串通，以压低标价从而损害招标人的利益；或者投标人与招标人恶意串通，以达到排挤其他投标人的目的；等等。

恶意串通合同的主要特点包括：

1. 当事人出于恶意。即当事人双方都希望通过订立合同损害国家、集体或者第三人的利益，也就是说，当事人明知其行为会损害国家、集体或者第三人的利益，仍为之。

2. 当事人之间互相串通。互相串通，可以表现为事先共谋的方式，即双方当事人事先达成协议，也可以是一方当事人作出意思表示，对方当事人明知其目的非法而用默示的方式接受。相关当事人具有上述主观上的串通后，在具体实施上，可以是双方当事人分工相互配合，也可以是双方共同实施某一行为。

3. 损害国家、集体或者第三人的利益。所造成的利益损失可以是积极利益的损失，即既有利益的丧失；也可以是消极利益的损失，即应该增加的利益而没有增加。

《合同编通则解释》第 23 条第 1 款所谓“法定代表人、负责人或者代理人与相对人恶意串通，以法人、非法人组织的名义订立合同，损害法人、非法人组织的合法权益，法人、非法人组织主张不承担民事责任的，人民法院应予支持”也有无效合同的含义。第 23 条第 2 款关于“法人、非法人组织请求法定代表人、负责人或代理人与相对人对因此受到的损失承担连带赔偿责任的，人民法院应予支持”的规定，符合法理。第 23 条第 3 款规定，根据法人、非法人组织的举证，综合考虑当事人之间的交易习惯、合同在订立时是否显失公平、相关人员是否获取了不正当利益、合同的履行情况等因素，人民法院能够认定法定代表人、负责人或者代理人与相对人存在恶意串通的高度可能性的，可以要求前述人员就合同订立、履行的过程等相关事实作出陈述或者提供相应的证据。其无正当理由拒绝作出陈述，或者所作陈述不具合理性又不能提供相应证据的，人民法院可以认定恶意串通的事实成立。

案例分析：重庆某建材有限公司诉重庆某房地产有限公司、重庆某实业公司确认合同效力纠纷案。

解答：第三人与债务人恶意串通转移债务人财产，损害债权人利益的，在合同无效所涉及财产无法返还的情况下可判令第三人承担侵权责任。第三人与债务人恶意串通转移债务人财产明显具有恶意逃债、规避执行的性质，损害债权的实现，转移财产相关合同符合合同无效的法定要件。

（二）虚假的意思表示

《民法典》第 146 条第 1 款规定，“行为人与相对人以虚假的意思表示实施的民事法律行为无效”。虚伪行为，又称“通谋虚伪表示”或“双方虚假行为”，指表意人与相对人通谋而为的虚假意思表示。

成立虚伪行为，其要件有三：其一，须为有相对人的意思表示（否则不能形成“通谋”）。其二，表意人的表示与内心真意不符。其三，须表意人与相对人通谋。所谓“通谋”，指表意人为虚伪表示，相对人表示同意，即“双方一致的意思是表达出来的意思不在双方之间生效”。

在当事人间，因当事人无受其拘束的意思，故虚伪表示订立的合同无效。虚伪表示的无效，不得对抗善意第三人。例如，虚假协议离婚的，不得对抗善意第三人，善意第三人有权主张虚假的协议离婚有效。

同时，《民法典》第 146 条第 2 款规定，“以虚假的意思表示隐藏的民事法律行为的效力，依照有关法律规定处理”。隐藏行为，指隐藏于虚伪表示中依表意人的真意意欲发生效力的法律行为。隐藏行为与虚伪表示如影随形。例如，名为买卖实为赠与的合同，此处的买卖合同，就是所谓的虚伪表示；此处的赠与合同，就是所谓的隐藏行为。

被隐藏的事实，对隐藏行为的效力不产生影响，隐藏行为不因被隐藏的事实而无效。所以被隐藏的合同不当然无效，其效力依据适用法律关于该隐藏行为的效力规则判断。

相同的当事人之间订立数个合同，其中以虚假意思表示订立的合同无效。当事人为规避法律、行政法规的强制性规定，以虚假意思表示隐藏真实意思表示的，适用《民法典》第 153 条第 1 款的规定来认定被隐藏合同的效力。《合同编通则解释》第 14 条第 1 款规定，当事人为规避法律、行政法规关于合同应当办理批准等手续的规定，以虚假意思表示隐藏真实意思表示的，适用《民法典》第 502 条第 2 款的规定来认定被隐藏合同的效力。

（三）违背公序良俗

违背公序良俗的合同无效这一规定体现了对全体社会成员共同利益的特别保障。违反社会公共利益或公序良俗的合同无效，是各国立法普遍确认的原则。公序良俗是一个内涵不确定、外延较宽泛的范畴，它包含了公共秩序和善良风俗的概念。按史尚宽先生的看法，“公共秩序，谓为社会之存在及其发展所必要之一般的秩序，而个人之言论、出版、信仰、营业之自由，乃至私有财产、继承制度，皆属于公共秩序。善良风俗，谓为社会之存在及其发展所必要之一般道德，非指现在风俗中善良者而言，而系谓道德律，即道德的人民意识”。凡是订立合同危害国家公共安全和秩序，损害公共秩序、善良风俗的，无论当事人是否主张无效，法院和仲裁机构都可以主动宣告合同无效。《合同编通则解释》第 17 条第 1 款将合同影响政治安全、经济安全、军事安全等国家安全，以及合同影响社会稳定、公平竞争秩序或者损害社会公共利益等行为，作为违背公序的两种主要类型；把背离社会公德、家庭伦理或者有损人格尊严等行为，作为违背良俗的具体类型，规定了判断标准，保障公序良俗原则的正确适用。[①] 例如，以从事犯罪或帮助犯罪作为内容的合同，规避课税的合同，危害社会秩序的合同，对婚外同居人所作出的赠与和遗赠等违反道德的合同，赌博合同，违反人格尊严的合同，危害家庭关系的合同，限制经济自由的合同，违反公平竞争的合同，违反劳动者保护的合同等，均应无效。[②] 同时，《合同编通则解释》

---

① 杨立新：《〈合同编通则司法解释〉完善我国合同法规则的重大进展》，载《法律适用》2024 年第 1 期。

② 梁慧星：《市场经济与公序良俗原则》，载梁慧星主编《民商法论丛》（第 1 卷），法律出版社 1994 年版。

第 17 条第 2 款也提出，当事人确因生活需要进行交易，未给社会公共秩序造成重大影响，且不影响国家安全，也不违背善良风俗的，不应当认定合同无效。

（四）违反法律、行政法规的效力性强制规定

无效合同都具有违法性，而违反法律、行政法规效力性强制规定的行为，在违法性方面较之于其他无效合同更为显而易见，所以此类合同属于最明显的无效合同。此处所说的法律是指由全国人大及其常委会制定的法律，行政法规是指由国务院制定的法规，违反这些全国性的法律和法规的强制性规定的行为是当然无效的。

值得注意的是，认定违反强制性规定是否导致合同无效，必然涉及价值判断和利益衡量，尤其是要考虑当事人违反法律、行政法规的强制性规定，究竟是仅需承担公法上的责任就可以实现该强制性规定的目的，还是有必要通过否定合同效力来实现该强制性规定的目的。为此，《合同编通则解释》第 16 条在总结司法经验的基础上，确定了违反强制性规定不导致合同无效的几种情形：

一是强制性规定虽然旨在维护社会公共秩序，但是合同的实际履行给社会公共秩序造成的影响显著轻微，认定合同无效将导致案件的处理有失公平公正。显然，这是“比例原则”在民法上的具体运用。

二是强制性规定不是为了保护合同当事人的民事权益，而是旨在维护政府的税收、土地出让金等国家利益或者其他民事主体的合法利益，认定合同有效不会影响该规范目的的实现。

三是强制性规定旨在要求当事人一方加强风险控制、内部管理等，对方无能力或者无义务就合同是否违反强制性规定进行审查，认定合同无效将使其承担不利后果。

四是当事人一方在合同订立时违反强制性规定，但是在合同订立后已经具备补正违反强制性规定的条件却违背诚信原则不予补正。

五是法律、司法解释规定的其他情形。这是一个兜底性的规定，主要包括三种情形：其一，法律、司法解释明确规定违反强制性规定不影响合同效力，如当事人订立房屋租赁合同后，未依法办理备案登记，依据《民法典》第 706 条的规定，不应影响房屋租赁合同的效力；其二，当事人虽然违反强制性规定，但人民法院还要结合其他法律规定对行为性质进行认定，再在此基础上认定合同效力，如当事人违反《民法典》第 399 条关于有些财产不得抵押的规定，就需要根据具体情形结合其他法律的规定判断行为究竟是无权处分还是违反法律、行政法规的强制性规定，再据此认定合同效力；其三，如果强制性规定旨在规范合同的履行行为，则合同原则上不因违反该规定而无效，除非法律、司法解释另有规定或者合同的履行必然违反强制性规定。[1]

---

① 刘贵祥、吴光荣：《〈民法典〉合同编法律适用中的思维方法——以合同编通则解释为中心》，载《法学家》2024 年第 1 卷。

案例分析：贵州省清镇市某乡人民政府诉黄某发等确认合同效力纠纷案。

解答：合同当事人约定转包防护林林木、林地，将防护林地用于从事农业项目种植生产经营，更改了防护林的用途和性质，违反法律的强制性规定，应为无效。人民法院在判决认定合同无效的同时，考虑案涉林地已栽种经济作物的实际情况，判令承包人收获后返还，在返还林地前对林地内的植被妥善保护，在收获时应当采取最有利于生态保护的收获方法，兼顾了保护当事人利益与保护生态环境的关系。

三、无效的免责条款

（一）免责条款的概念和特征

免责条款是指当事人在合同中事先确立的限制或者排除某一方合同当事人未来责任的条款。它一般具有如下几个特征：

1. 免责条款一般是当事人明示约定的条款。免责条款是当事人经协商后约定的，而非法律规定的，如不可抗力免责是法定免责事由。免责条款一般仅限于当事人的明示约定，默示的方式或推定的方式不能订立免责条款。

2. 免责条款的主要目的是事先限制或排除一方当事人未来的民事责任。这是一种事先的限制或排除责任的方式，而不同于事后的限制或排除，事后当事人约定减轻或免除一方当事人的责任，则属于当事人处分其权利的行为。

3. 免责条款所针对的是合同履行过程中所产生的责任。免责条款具有一定的附从性，它以一定的合同关系存在为前提，与合同履行过程中所发生的责任相联系。

（二）无效免责条款的类型

根据《民法典》第506条的规定，“合同中的下列免责条款无效：（一）造成对方人身伤害的；（二）因故意或者重大过失造成对方财产损失的”。无效的免责条款可分为两类：其一，对人身造成伤害的免责条款，无论该侵害行为是故意的，还是过失的，规定此类行为免责的条款一律无效。这彰显了人文主义精神，体现了对人的生命权、健康权、身体权的尊重和重视。其二，对财产权侵害的免责条款，采用了限制无效的原则。仅规定对故意或重大过失责任的事先免责条款为无效。可见，在人身权的保障与财产权的保障上，法律采取了不同的标准。

此外，对于一些特殊的合同关系，法律还专门规定了免责条款无效的情形。例如，《消费者权益保障法》规定，经营者不得通过格式合同、店堂告示等方式免除责任。

四、无效合同的转换

无效合同的转换，是指本为无效的合同，若具备其他种类合同的有效要件，并因其情形，可以认定当事人若知其无效，就签订其他种类的合同，该其他合同仍为有效的现象。其构成要件有三个：(1)须有无效的合同，不包括效力未定的情形。(2)该无效的合同必须具备其他合同的有效要件，该其他合同称作替代合同。(3)无效合同的转换，必须符合当事人的意思，即当事人若知道该合同无效就不签订该合同，而签订另外种类的合同。这里所应探求的，是当事人假设的意思。对此，应依当事人所欲实现的经济目的和可认知的利益衡量加以认定。当事人的真意可以经由解释认定时，应依其意思。这是"解释优先于转换"的原则。①

关于"无效合同"的详细阐释，可扫码观看视频：

第三节　可撤销的合同

一、可撤销合同的概念和特征

可撤销合同，又称为可撤销、可变更的合同，是指当事人在订立合同时，因意思表示存在瑕疵或不真实，撤销权人有权通过行使撤销权而使已经生效的合同归于无效。可撤销合同的法律特征表现在如下几点：

1. 可撤销的合同主要是意思表示不真实的合同，如当事人存在重大误解而订立的合同，一方当事人乘人之危而订立的合同，其意思表示不具有违法性，没有损害国家或社会公共利益，所以在这一点上，它不同于无效合同。但是可撤销合同并不仅是意思表示不真实的合同，还包括合同当事人之间权利义务显失公平的合同。

2. 欲撤销合同，得由撤销权人主动行使撤销权。法律赋予撤销权人是否主张撤销的权利的选择权，撤销权人可以自由决定是否撤销合同，法院对此采取不告不理的态度。而无效合同是当然无效，无论当事人是否主张合同无效，法院或仲裁机构都可以主动干预，宣告合同无效。

3. 对于可撤销合同，撤销权人可以请求予以撤销，也可以不要求撤销。可撤销合同在未被撤销以前仍然是有效的，而无效合同是自始无效的，当事人亦不得履行。而且当撤销权人仅要求变更合同内容的情况下，合同仍然是有效的，法院不得作出撤销的判决。而在无效合同中，当事人无权在变更合同与要求确认无效之间随意作出选择。

二、可撤销合同的类型

（一）因重大误解订立的合同

重大误解是指合同当事人因自己的过错而对与合同有关的情势发生误解，致使该行为结果与自己的内心意思相悖，并造成较大损失的情形。

---

① 崔建远：《合同法》，法律出版社 2024 年版，第 82 页。

重大误解常见的类型有：(1)对行为性质的误解，如误把借用当作赠与，误把出租当作出售；(2)对对方当事人的误解，如把甲公司误认为乙公司而与之订立合同；(3)对标的物的种类、质量、规格、数量的误解，如误把镀金制品当纯金制品，误把藏玉的石头当普通的石头；(4)对价金的误解，如误以人民币计价当作美元计价；(5)对标的物的包装、履行方式、履行地点、履行期限等内容的误解，如误将异地履行当作本地履行。而对行为动机的误解，在行为动机未作为合同条件提出时，他人难以了解，法律也难以作出评价，因此原则上不属于重大误解的范围。但是，如果当事人在订立合同时已经把动机作为合同条件提出，且对此误解会造成较大损失时，则应当将其视为对合同内容的重大误解。

因为重大误解将对当事人的权利义务产生重大的影响，所以重大误解的构成要件是较严格的，主要有以下几个：

1. 当事人是对合同的内容等发生了重大误解。当事人对关涉合同的重要内容发生误解，方为重大误解。若仅仅是对合同一些次要的、不重要的条款发生误解且对当事人的权利义务影响不大，则不作为重大误解处理。

2. 误解是由表意人自己的过失造成的，不能是表意人的故意行为所造成的，否则不能构成误解。如果表意人在订立合同时故意保留其真实的意思，或者明知自己对合同发生了误解而仍然与对方签订合同，则表明表意人希望追求其意思表示所产生的效果，不能以重大误解来处理。如果误解是因为受他人的欺诈行为造成的，则构成欺诈而非重大误解。

3. 表意人因为误解作出了意思表示。表意人作出了意思表示，这种意思表示是由误解造成的，误解与表意行为之间存在因果关系。误解与表示错误不同，在表示错误情形下，当事人的内心意思不存在缺陷，只是表示发生错误，如错将标的物的数量50架，写为500架。而在误解的情形下，当事人内心真实意思发生了缺陷，而外部表示与内心意思是不一致的。

4. 误解方因此遭到较大损失。

案例分析：原告郑某某与被告王某甲、王某乙均系莒南县某村村民。2019年1月31日，王某甲、王某乙从村集体处承包两片土地分别为2.82亩、3.55亩。双方约定承包方禁止挖沙取土，禁止在承包土地上搞非法建设。承包期限30年，每亩每年承包费300元，二被告按照合同约定交纳前5年土地承包费。2021年2月8日，郑某某与王某甲、王某乙签订土地使用权转让协议书一份，协商约定将上述两片土地承包经营权转让给郑某某，自2021年2月8日到合同终止日到期(计18年)，以后土地承包费由郑某某承担。协议签订后，原告支付二被告转让金8万元。签订合同时，二被告向原告提供了相关部分土地的2008年耕地占用税的收据及耕地占用税完税证。交付土地时，其中一片土地上有养鸡大棚等养殖设施，其他部分种植桃树。后原告郑某某在涉案土地上进行非农建设，被相关行政机关制止。原告郑某某认为由于被告的误导，导致自己构成重大误解，该协议应该予以撤销，遂诉至法院。

法院经审理后认为，双方当事人的争议焦点是原告是否构成重大误解。是否属于建设用地使用权问题属于与订立本案该土地承包经营权转让合同相关的重要事实，不仅影响转让的价格，还直接影响着受让人即原告的缔约意愿。对于是否属于可以进行非农建设的土地使用权性质，二被告通过提供耕地占用税纳税凭证的行为进行了误导，同时涉案土地使用权在双方签订协议时存在养殖设施等地上附着物，也容易引起原告的误解。二被告在与村委会签订合同时，每亩每年承包费仅为300元，且二被告仅仅将转让的土地使用权的承包费缴纳了第一期5年承包费，双方对剩余年限内的承包费则约定由原告承担，双方在协议中约定的8万元转让费仅是转让土地承包经营权的价格，原告在受让涉案土地使用权后，还应该负担被告应缴纳给村委会剩余15年土地承包费的合同义务。结合双方在签订协议时被告提供给原告耕地占用税完税证等事实，双方当事人土地使用权转让协议关于年限、价格及剩余承包期内承包费的承担问题各方面的约定，以及从村委会处承包时的价格等各种因素，根据日常生活经验法则和法律规定，可以认定原告对于被告转让的土地使用权性质方面存在重大误解。对于该重大误解的产生，原、被告均存在一定过错。因重大误解解除合同后返还财产时，应当综合考虑原、被告的过错程度，签订转让合同书后原告已经占用被告承包土地并清除地上附着物的事实以及占用时间等各种因素，酌情在解除合同后，由原告返还被告土地时，减少被告返还原告出让金2万元，即由被告返还原告出让金6万元。

关于“重大误解的合同”的详细阐释，可扫码观看视频：

（二）显失公平的合同

显失公平是指双方当事人在订立合同的过程中，一方当事人利用对方处于危困状态、缺乏判断能力等情形，致使双方权利义务的分配明显不对等，使一方明显处于不利的地位。

我国《民法典》合同编规定，在订立合同时显失公平的，当事人可以行使撤销权。这体现了法律对公平原则的贯彻和实现，尤其是对程序公平的一种保障。法律要求当事人在为订立合同而进行协商过程中，双方应是平等的，能够自由地表达其内心真实的意思，而不受其他不当的影响。一方借助其优势地位，利用对方处于危困状态、缺乏判断能力等情形而与之订立明显有利于自己的合同，使双方利益明显失衡，此类合同违背了公平原则，所以法律允许当事人予以撤销。显失公平的合同主要具有以下法律特征：

1. 这种明显不公平主要发生在合同订立时，合同已经成立、生效后，因客观情势发生变更使得当事人利益严重失衡时，可能发生情势变更原则的运用，而非主张显失公平的运用。

2. 双方当事人利益严重失衡，一方获得的利益超过了法律所允许的限度。正如《国际商事合同通则》所指出的，“即使价值和价格之间相当失衡，或其他因素扰乱了履行与对应履行之间的平衡，尚不足以允许宣告合同无效或修改合同。这种不平衡必须是非常严重的，以致破坏了正常人所具有的道德标准”。[①] 如若标的物的价格仅比当时当地的同类物品交易价格有所上涨，应属于当事人应当预见的商业交易风险，不应认定为利益严重失衡，双方显失公平。[②]

3. 一方当事人在订立合同时利用了对方处于危困状态、缺乏判断能力等情形。所谓危困是指由于一时的紧迫，大多数为经济上的窘境，而需要他人提供实物或金钱。缺乏判断能力是指未能按照理性的动机形式或正确评价双方的给付，以及交易在经济上的结果。

一方利用对方处于危困状态导致订立的合同显失公平，作为可撤销合同的原因，需要具备如下构成要件：(1)对方处于危困状态。(2)另一方当事人故意利用对方的危困状态，提出不利于其甚至极为苛刻的条件。在这里，不得有积极的胁迫行为，只是利用对方的危困状态的消极行为；否则，就构成胁迫，应由《民法典》第 149 条或第 150 条予以规范，而非《民法典》第 151 条调整的对象。(3)对方迫于自己的危困状态接受了不利的甚至极为苛刻的条件，不得已地与利用危困状态的一方订立了合同。

对方缺乏判断能力导致订立的合同显失公平，作为可撤销合同的原因，需要具备如下构成要件：(1)对方缺乏判断能力；(2)另一方明知此点，故意利用之，提出不利于其甚至极为苛刻的条件；(3)对方接受了这些条件。[③]

(三)因欺诈、胁迫而订立的合同

因欺诈、胁迫订立的合同应分为两类：一类是以欺诈、胁迫的手段订立合同而损害国家利益的，应作为无效合同处理；另一类是一方以欺诈、胁迫的手段订立合同但没有损害国家利益，或是损害了集体或是损害了第三人的利益，对于这类合同应作为可撤销合同还是应作为无效合同对待，存在两种不同的观点：

一种观点为撤销主义说。这种观点主张欺诈、胁迫合同作为可撤销的合同对待即可，无须当作无效合同处理。理由在于，一方因受欺诈、胁迫而订立合同，主要是意思表达不真实或存在瑕疵的问题，而非具有违法性。一方在受到欺诈、胁迫的情况下进行意思表示是不自由的，所作出的意思表示是不真实的，为了充分地维护当事人的意志自由，同时为制裁实施欺诈、胁迫的一方，法律赋予被欺诈人、受胁迫人以撤销权，由被欺诈人、受胁迫人决定瑕疵意思表示的效力，让他们能在充分考虑其利害得失以后，作出是否撤销合同的决定。

另一种观点为无效主义说。这种观点认为欺诈、胁迫合同应属于无效合同。这一观点认为确认此类合同无效有利于有关行政机关或司法机关对此进行干预，从而维护社会公共秩序和公共道德，而且这能够更有力地制裁实施欺诈、胁迫行为的人，有效地防止欺诈、胁迫行为的发生。

我国大多数民法学者认为撤销主义更为合理，这一观点亦为我国立法所肯定。理由

---

① 国际统一私法协会：《国际商事合同通则》，法律出版社 2005 年版，第 63 页。

② 参见福建三木集团股份有限公司与福建省泉州市煌星房地产发展有限公司商品房预售合同纠纷案[最高人民法院(2004)民一终字第 104 号]。

③ 崔建远：《合同法》，法律出版社 2024 年版，第 87 页。

主要有三：首先，撤销主义更能充分尊重被欺诈方、受胁迫方的意愿，将选择权交予他们，充分体现了民法的意思自由原则。其次，有时某些欺诈、胁迫行为给被欺诈人、受胁迫方所造成的损失可能是轻微的，受害人可能仍认为该合同对自己是有利的，并愿意接受该合同的约束。最后，在许多情况下，对受害人来说，责令实施欺诈、胁迫行为的当事人承担违约责任，要胜于责令实施欺诈、胁迫行为的当事人承担合同被宣告无效后的责任。

欺诈作为合同被撤销的原因，必须符合以下要件：(1)须有欺诈行为；(2)实施欺诈行为出于故意，在第三人实施欺诈行为的场合，非受欺诈的当事人知道或者应当知道第三人实施欺诈行为；(3)该欺诈行为使对方陷于错误的认识；(4)该对方基于该错误认识而订立合同。后两个构成要件显示欺诈行为与合同成立之间具有因果关系。①

欺诈行为的表现形式有：(1)积极作为的欺诈，即对不真实的意思表示其为真实，如捏造事实等，但轻微夸张不属于欺诈。(2)单纯缄默，或消极隐瞒事实，原则上不构成欺诈，但依法律明文规定、诚信原则及交易习惯，缔约人负有告知义务却不予披露的，则构成欺诈。例如，房屋为凶宅的，出卖人负有告知义务，未予告知就构成欺诈。(3)对不当问询不予据实回答的，不构成欺诈。②

案例分析：A以虚构的财务报表来吸引B投资公司股份，实际公司财务状况严重欠佳。如果B揭开真相，并要求撤销合同，法院会判决支持。

欺诈不同于显失公平。其一，欺诈是一方故意制造假象使对方陷入错误，对方在此错误的基础上作出不真实的意思表示；而在显失公平的情况下，一方并没有欺诈他人，只是利用了对方的无经验、轻率等。其二，在欺诈的情况下，受害人在主观上并没有选择的自由，受欺诈人订立对其不利的合同是因对方的欺诈行为所导致的；而在显失公平的情况下，受害人在主观上具有一定的选择自由，而由于自己的无经验、轻率等而与对方订立合同，可以说，在许多情况下受害人自身存在一定的过错。

欺诈亦有别于重大误解：首先，在欺诈的情况下，受欺诈的一方陷入错误认识是由于欺诈行为造成的，而非是自己的过错造成的。在重大误解的情况下，误解方陷入错误认识源于自己的过失，并非受到他人的欺诈。其次，在欺诈的情况下，不管欺诈是否给受欺诈方造成较大的损失，受欺诈方都有权基于对方欺诈的事实而行使撤销合同的权利。在重大误解的情况下，误解方遭到较大损失则是重大误解的构成要件，误解方未受较大损失的，则不能行使撤销权。

胁迫行为，是指表示危害的行为。所谓危害，是指任何将来的不利益，如殴打、杀害、终止合同、泄露秘密或拘捕。实施胁迫行为者不以具有识别能力为必要，醉汉持刀索取财物，亦得成立胁迫。胁迫行为得由对方为之，亦得由第三人为之。胁迫行为系由第三人所为的，对方虽属善意，另一方也可以撤销之。盖胁迫行为对另一方意思自由影响甚

---

① 崔建远：《合同法》，法律出版社2024年版，第85页。

② 王泽鉴：《民法总则》，北京大学出版社2009年版，第367～368页。

大，应当有限予以保护。①

胁迫作为可撤销合同的原因，必须符合如下构成要件：(1)须有胁迫行为；(2)须胁迫行为系故意所为；(3)对方因该胁迫行为而陷于恐惧；(4)对方基于该恐惧而为意思表示，订立合同。

胁迫的手段既可以是物质的，也可以是精神的。胁迫既可以针对当事人本人实施，也可以针对足以对当事人本人产生影响的利害关系人如近亲属实施。②

胁迫行为须具有不法性，至于实施胁迫行为者是否具有违法性的认识，在所不问。此处所谓不法性，情形有三种：(1)手段不法，如“若不把房屋卖给我，就杀死你”；(2)目的不法，如“若不出资经销毒品，就告发你偷税之事”；(3)手段与目的关联的不法，如“若不为我的债务提供担保，就告发你犯罪”。③

胁迫行为使对方陷于恐惧进而导致合同订立。换言之，胁迫行为与合同成立之间具有因果关系，该合同才可成为撤销的对象。

三、撤销权的行使

可撤销合同的撤销权是指撤销权人依其单方的意思表示即可使合同效力自始消灭的权利。撤销权是一种形成权，通常只由因意思表示不真实而受有损害的一方当事人享有。具言之，在因重大误解而订立的合同中，误解人享有；在显失公平的合同中，由受到重大不利的一方当事人享有；在因欺诈、胁迫而订立的合同中，由被欺诈方、受胁迫方享有；在乘人之危的情形中，由身处危难境地的人享有。

根据《民法典》第 147 条至第 151 条的规定，因重大误解订立的合同；在订立合同时显失公平的合同；一方以欺诈、胁迫的手段或者乘人之危，使对方在违背真实意思的情况下订立的合同，受损害方有权请求人民法院或者仲裁机构变更或者撤销。所以在我国，撤销权的行使，必须通过诉讼或仲裁的方式，由法院或仲裁机构对合同是否符合撤销条件进行审查，在符合条件时才支持当事人的请求，宣告合同被撤销。撤销权人主动向对方作出撤销的意思表示的，不能直接发生撤销合同的后果。

撤销权人可以在撤销合同与变更合同中作出选择，不主张撤销仅请求变更合同也是撤销权人享有的一项权利。根据我国《民法典》的规定，如果当事人仅提出了变更合同的请求而没有要求撤销合同，该合同仍然是有效的，法院或仲裁机构不得撤销该合同。尽管变更权与撤销权存在着密切联系，但两者还是有差别的。当事人行使撤销权，将会使合同溯及既往地消灭，即自始不发生效力；而当事人行使变更权，并不会导致合同效力的消灭，而只是对合同的部分条款作一变动，不会动摇该合同的效力。

由于撤销权的行使会使合同效力归于消灭，所以为了稳定交易关系，使合同当事人

---

① 王泽鉴：《民法总则》，北京大学出版社 2009 年版，第 374 页。

② 李永军：《民法总则》，中国法制出版社 2018 年版，第 743 页。

③ 王泽鉴：《民法总则》，北京大学出版社 2009 年版，第 375 页；李永军：《民法总则》，中国法制出版社 2018 年版，第 745 页。

之间的权利义务关系不处于不确定的状态，法律要求撤销权人必须在规定的期限内行使撤销权，否则无权再行使此等权利。我国《民法典》第152条规定，撤销权须在除斥期间内行使。在重大误解的场合行使撤销权的，误解的一方当事人须自其知道或应当知道撤销事由之日起90日内请求人民法院或仲裁机构予以撤销；在胁迫的场合行使撤销权的，受胁迫的一方当事人须自胁迫行为终止之日起1年内请求人民法院或仲裁机构予以撤销；基于其他撤销事由而行使撤销权的，当事人自知道或者应当知道撤销事由之日起1年内请求人民法院或仲裁机构予以撤销。

为督促撤销权人适时行使撤销权，《民法典》第152条第2款规定，当事人自民事法律行为发生之日起5年内没有行使撤销权的，撤销权消灭。享有撤销权的当事人可以以明示或默示的方式放弃该权利，换言之，根据《民法典》第152条第1款第3项的规定，撤销权人在知道撤销事由后明确表示或者以自己的行为放弃撤销权的，撤销权不可撤回地消灭。

第四节　效力待定的合同

一、效力待定合同的概念和特征

效力待定合同是指合同虽然已经成立，但由于其欠缺合同生效的某些要件，因此其效力能否发生尚未确定的合同。效力待定的合同一般须经有权人加以追认才能产生当事人预期的法律效力，如果权利人在规定的期间内不予追求，则合同归于无效。

效力待定合同具有如下特征：

1. 效力待定合同，其效力处于一种不确定的状态，既非完全有效，亦非完全无效。此类合同在被追认之前，其效力不同于有效合同，因为它的效力尚不确定，亦不是无效合同，因为无效合同是自始无效的；它也非可撤销合同，因为可撤销合同在被撤销之前是具有法律效力的。

2. 效力待定合同已经成立，但因欠缺某些合同生效要件而没有完全发生法律效力。效力待定合同严格区分了合同成立与合同生效。合同成立强调的是当事人意思表示的合意，只要当事人就合同的基本内容达成一致的意思表示，则合同即告成立。但合同生效渗入了国家意志的考量，它是在合同成立的基础上，再符合一定的生效要件，法律才可赋予其法律效力。效力待定的合同正处于合同已经成立但尚未完全生效这一阶段，虽有当事人的合意，但不完全具备合同的全部生效要件，所以法律尚未赋予其完整的效力。

3. 效力待定合同是否可发生法律效力，尚无法确定，有待于其他行为或事实的发生加以确定。能够使效力待定合同效力得以确定的法律事实包括两类：一是事件，如无权处分合同中，因无权处分人通过继承、受赠等方式取得所有权或相应的处分权，该效力待定合同成为有效合同。二是行为，行为主要包括真正权利人追认权的行使和善意相对人撤销权的行使。前者使效力待定合同发生法律效力，后者则使此类合同归于无效。

效力待定合同不同于无效合同及可撤销合同,它们的区别在于:其一,引发的原因不同。此类合同并不具有违法性,当事人并未违反法律的强制性规定及社会公共利益,而且此类合同当事人也不存在意思表示不真实,其效力尚未确定主要是因为欠缺某些生效要件,如有关当事人缺乏缔约能力、没有相应的处分能力、不具备订立合同的资格等造成的。其二,法律效力不同。效力待定合同可以因为权利人的承认而发生法律效力,这样既有利于促成更多的交易,也有利于维护相对人的利益;而无效合同是自始无效、当然无效的,当事人不得履行这样的合同。可撤销合同当事人具有选择权,如果权利人请求撤销合同,则合同效力自始归于消灭;如果权利人请求变更合同,则合同仍有效但当事人须对合同权利义务作出变更。

效力待定合同亦不同于其他普通的有效合同,其最突出的特点是此类合同须经过权利人的承认才能生效。所谓承认,是指权利人表示同意无缔约能力人、无代理权人、无处分权人与他人订立有关合同。权利人的承认与否决定着效力待定合同的效力。在权利人尚未承认以前,效力待定合同虽然已经订立,但并没有实际生效。所以,当事人双方都不应作出实际履行,尤其是相对人如果知道对方不具有代订合同的能力和处分权,则不应当作出实际履行,否则构成恶意,将导致其不能依善意取得制度而取得财产。

二、不适格主体订立的合同

(一)限制民事行为能力人依法不能独立订立的合同

根据我国法律规定,限制民事行为能力人可以实施某些与其年龄、智力和健康状况相适应的民事行为,其他民事活动由其法定代理人代理,或在征得其法定代理人同意后实施。因此,限制民事行为能力人可以订立纯获利益的合同或与其年龄、智力、精神状况相适应的合同。此外,此类主体订立合同得由法定代理人代理进行,或者得到法定代理人的事先允许。此类主体未征得法定代理人的同意,而独立签订了其依法不能独立订立的合同,则会由于其缔约资格的缺陷而使该合同效力待定。

对于此等效力待定合同,法定代理人可以加以追认,追认后,合同发生完全的法律效力。该追认权属于形成权,由限制行为能力人的法定代理人享有及行使,限制行为能力人取得行为能力后,也有权追认合同。该追认权由限制行为能力人的法定代理人以意思表示的方式向合同相对人行使。追认的意思表示自到达相对人时生效,合同自订立时起生效。

案例分析:王某13岁,某日去某商城购日用文具,正赶上该商城促销。凡是购买价值30元的商品均可以得到刮刮奖券一张,最高奖为价值8000元的彩色电视机一台。王某购买文具套装一套,价值35元,获得一张“刮刮奖”奖券,正巧该奖券中了最高奖。王某去领取奖品的时候,商城的工作人员对王某说可以以5000元的价格买下他的奖品,于是王某领取了5000元现金。王某回家后,将中奖的事告知了父母。王某父母得知此事后要求商城返还电视机。商城拒绝返还,认为王某还是个孩子,其中奖行为无效,而且商场还支付了5000元价款给王某。请问,王某父母是否有权要求商城返还电视机?

解答:第二个买卖合同,属于效力待定合同。效力待定合同需经权利人同意或者追认才能有效,否则无效。根据《民法典》第 145 条的规定,限制民事行为能力人除可以独立实施纯获利益的民事法律行为或者与其年龄、智力、精神健康状况相适应的民事法律行为外,其实施的其他民事法律行为均需经其法定代理人同意或者追认后才能有效。王某将价值 8000 元的电视机以 5000 元的价格卖给商城的行为超越了其行为能力,该行为需经其法定代理人也即其父母追认才能有效。本案中王某父母对王某卖掉电视机的行为,显然是不同意的,所以商城不能以已支付 5000 元价款为由拒绝返还电视机。王某的父母有权要求商城返还电视机。

法律没有明确规定行使追认权的期间,但为了避免这一法律关系长期处于一种不确定的状态,相对人的权利得不到保障,法律赋予相对人催告权。相对人可以催告法定代理人在收到催告通知之日起 30 日内予以追认。在这一期间内,法定代理人应作出明确的表态,或追认该合同或拒绝追认。这一期间为除斥期间,期间届满,法定代理人仍未作表示的,追认权消灭,法律推定其拒绝追认。

追认权的设置保护了限制行为能力人的利益,让他们有机会通过事后的补救实现订立合同的目的。但是在订立合同时,难以从外观很准确地判断某人是否处于限制行为能力状态,而且有时限制行为能力人亦会采取隐匿的手段使相对人相信其有缔约能力。所以为了平衡双方当事人的利益,给予相对人合理的保护,法律在赋予限制行为能力人的法定代理人撤销权的同时,亦赋予善意的相对人撤销权,即在合同被追认之前,善意相对人有撤销的权利。所谓善意相对人是指在订立合同时不知道或不应当知道与其订立合同的当事人处于限制行为能力状态,而相信其为具备适格的缔约能力的人。相反,如果该相对人是恶意的,他明知或应当知道当事人不具有相应的缔约能力或明知其法定代理人不同意时,而仍然与之订立合同,或者甚至想利用这一状况,则他无权撤销该合同,只能等待限制行为能力人的法定代理人的决定。撤销权的行使将使双方的权利义务关系发生重大的改变,所以法律要求善意的相对人应当以通知的方式作出撤销。

(二)无民事行为能力人依法不能独立订立的合同

我国《民法典》虽然没有对无民事行为能力人订立合同的效力作出明文规定,但实则可以类推适用限制行为能力人订立合同的情形。无民事行为能力人在缔约方面可能遇到的问题与限制行为能力人类似,对于无民事行为能力人订立的“纯获法律上利益”的合同,或与其年龄、智力、精神状况相适应的合同,或事先征得法定代理人同意的合同,大多数国家与地区立法都承认其效力,因为此类合同并不会损害无民事行为能力人的利益,所以本书承认此类合同的效力较为合理;而对于无民事行为能力人不能独立订立的合同,大多数国家立法规定其为效力待定合同,少数规定其为可撤销合同(如日本)。[①] 考虑我国具体情况,本书认为可以类推适用《民法典》关于限制行为能力人订立合同的规定。

---

① 余延满:《合同法原论》,武汉大学出版社 1999 年版,第 237 页。

三、无权代理人订立的合同

(一)无权代理人订立的合同

无权代理是指行为人没有代理他人的资格却以他人的名义进行民事活动的行为,简言之,是指欠缺代理权的代理。广义的无权代理主要有三种情况:根本无权代理、超越代理权范围所为的代理、代理权消灭以后的代理。这些行为虽然具有代理行为的表面特征,但由于行为人不具备有效的代理权,因而并不符合有权代理的要件。

案例分析:甲未经乙授权,即以乙的名义与丙签订合同,从丙处购买价值1万元的电脑1台。丙对此并不知情。如果乙不予追认,则甲与丙所签订的合同对乙不发生效力。该说法是否正确?

解答:甲未经乙授权,即以乙的名义与丙签订合同,属于无权代理,行为效力待定。据此,如果被代理人乙不追认,则甲与丙所签订的合同对乙不发生效力。

无权代理人以本人名义与他人订立合同,是一种效力待定的合同,而不是绝对无效的合同。此类合同的瑕疵是可以通过本人的行为予以修补的,本人的追认可以使无权代理行为发生法律效力。非经被代理人追认,对于被代理人不发生法律效力,除非构成表见代理。法律没有将此类合同打入绝对无效合同范围,是因为:其一,无权代理行为并非都对本人不利,有些无权代理活动有利于本人实益的增加。如果一概认定无权代理而订立的合同无效,则当本人愿意订立这样的合同时,却还要进行新一轮的磋商、谈判,这无疑会增加合同交易成本,不符合效率原则。其二,无权代理行为也具有代理的某些特征,只是实际上没有代理权限,但如果本人事后予以追认,实则属于事后补授代理权,可以使代理行为有效。当然,如果本人认为无权代理行为对其不利,自然可以不予追认。可见,这一灵活的做法更有利于维护本人及相对人的利益,更有利于实现双赢。

职务代理也可能发生无权代理。《合同编通则解释》第21条第2款规定了超越职权行为构成狭义无权代理,除非构成表见代理的情形:(1)依法应当由法人、非法人组织的权力机构或决策机构决议的事项(如公司为公司股东或实际控制人提供担保);(2)依法应当由法人、非法人组织的执行机构决定的事项(如发行公司债券);(3)依法应当由法定代表人、负责人代表法人、非法人组织实施的事项(如公司章程规定数额巨大的合同须由法定代表人亲自签署);(4)不属于通常情形下依其职权可以处理的事项(如公司合并、分立的合同通常不由办公室主任签署)。

合同所涉事项未超越依据前述确定的职权范围,但是超越法人、非法人组织对工作人员职权范围的限制,相对人有权主张该合同对法人、非法人组织发生效力并由其承担违约责任,即发生表见代理的效果。但是,法人、非法人组织举证证明相对人知道或者应当知道该限制的除外。(《合同编通则解释》第21条第3款)法人、非法人组织承担民事责任后,有权向故意或有重大过失的工作人员追偿。(《合同编通则解释》第21条第4款)

对于法人或非法人组织的工作人员将法人或非法人组织的印章加盖在合同文本上

与无权代理或表见代理之间的关系,《合同编通则解释》第 22 条中确立了如下规则:(1)工作人员以法人、非法人组织的名义订立合同且未超越权限,法人、非法人组织仅以合同加盖的印章不是备案印章或系伪造的印章为由主张该合同对其不发生效力的,人民法院不予支持。(2)合同系以法人、非法人组织的名义订立,但是仅有工作人员签名或按指印而未加盖法人、非法人组织的印章,相对人能够证明工作人员在订立合同时未超越权限的,人民法院应当认定合同对法人、非法人组织发生效力。但是,当事人约定以加盖印章作为合同成立条件的除外。(3)合同仅加盖法人、非法人组织的印章而无工作人员签名或按指印,相对人能够证明合同系工作人员在其权限范围内订立的,人民法院应当认定该合同对法人、非法人组织发生效力。(4)在前三种情形下,工作人员在订立合同时虽无代理权,但是依据《民法典》第 172 条的规定构成表见代理的,人民法院应当认定合同对法人、非法人组织发生效力。

对于此类效力待定合同,法律赋予本人追认权来确定该合同效力。本人予以追认的,本人成为合同的当事人,受到合同约定的约束;本人不予追认的,该合同对本人不发生法律约束力,无权代理人则应承担相应的责任。详言之,本人一旦作出追认,便具有溯及既往的效力,使因无权代理所订立的合同从成立之时开始即产生法律效力。然追认权是一种形成权,当事人可以行使亦可以不行使,由于其行使与否决定其合同关系或其他责任的确定与否,所以法律要求当事人在一定期限内作出,即在相对人催告后的一个月内作出,本人未作表示的,亦为拒绝追认。

本人拒绝追认的,则无权代理行为自始无效,因无权代理所订立的合同不能对本人产生法律效力,而由行为人承担责任。我国《民法典》没有对责任作出进一步详细的规定,依学理解释,该责任包括两种类型:一为合同有效情形下的责任。无权代理人借代理为伪装的意思表示,则成为自己的意思表示,该合同的主体发生变更,即为该无权代理人与相对人。因此,该无权代理人作为合同当事人应承担合同的履行责任,若他没有履行能力或履行不符合约定,则应承担违约责任。二为合同无效情形下的责任。如果无权代理人没有缔约资格或其他原因导致合同无效,合同不发生法律效力,无权代理人应承担缔约过失责任。

为了保护相对人特别是善意相对人的权益,法律亦赋予相对人以催告权,赋予善意的相对人以撤销权。相对人可以催告被代理人自收到催告通知之日起 30 日内予以追认。追认的意思表示自到达相对人时生效,合同自订立时起生效。被代理人未作表示的,视为拒绝追认。(《民法典》第 171 条第 2 款)但无权代理人以被代理人名义订立合同,被代理人已经开始履行合同义务或接受相对人履行的,视为对合同的追认。(《民法典》第 503 条)被代理人承担有效代理行为所产生的责任后,可以向无权代理人追偿因代理行为而遭受的损失。合同被追认之前,善意相对人有撤销的权利。撤销应以通知的方式作出。(《民法典》第 171 条第 2 款)

在相对人不行使撤销权、被代理人亦未追认的情况下,善意相对人有权请求行为人履行债务或就其受到的损害请求行为人赔偿。(《民法典》第 171 条第 3 款前段)

(二)表见代理人订立的合同

有可能存在这样一种情形,无权代理人的外观行为使善意相对人产生一种确信,相信该无权代理人有代理权。此时,无权代理人与相对人之间产生的法律关系则不同于前面所提到的无权代理而产生的法律关系,而是一种新的法律关系,即表见代理法律关系。

表见代理不同于一般的无权代理,它是指无权代理人的行为客观上使相对人相信其有代理权,且相对人主观上是善意且无过失的,因而该行为的法律效果直接由被代理人承担。表见代理的构成要件有以下几点:(1)无权代理人并没有获得本人的有效授权。在表见代理的情况下,行为人或者根本没有代理权,或者超越了代理权限,或者代理权已经终止,而以本人的名义实施民事行为。正是从这个意义上说,表见代理与广义的无权代理有相似之处。(2)表见代理人的行为使相对人有理由相信其有代理权。代理人虽然没有代理权,但其行为从表面上可以使他人产生一种合同的信赖,相信行为人具有合理代理权,即具有权利的外观。所谓权利外观,是指本人的授权行为已经在外部形成了一种表象,即能够使第三人有合理理由相信无权代理人已经获得了授权。[①] (3)相对人主观上须为善意且无过失。所谓主观善意,是指相对人不知道或不应当知道无权代理人实际上没有代理权。所谓无过失,是指相对人的这种不知道并不是因为自身的疏忽大意或懈怠造成的。相对人若存有过失,则不构成表见代理。[②] (4)无权代理行为的发生与本人存在一定的关系。法律要求本人直接对表见代理人的行为承担责任,在一定程度上考虑到表见代理行为的发生大多与本人自身的过错行为有一定的关系。例如,由于本人自身疏于管理,而让他人有机可乘,冒用其公章、空白合同等与相对人订立合同。(5)无权代理人与相对人所订立的合同,本身并不包含无效和应被撤销的内容。

在构成表见代理的情况下,这种无权代理的行为被视为有效,本人应受无权代理人订立的合同的约束,但这种无权代理的性质将会影响无权代理人与本人之间的内部关系。

(三)由代表行为订立的合同

代表行为有别于无权代理行为,它是一种具有特殊性质的代理行为。法人或其他组织的法定代表人、负责人以该法人或组织的名义从事经营活动、订立合同时,无须再获得该法人或组织的特别授权,因为法律推定他们全权代表该法人或组织,其所有行为包括越权行为的后果均应由该法人或组织承担,除非相对人知道或应当知道该法定代表人或负责人订立合同的行为超越了权限。我国《民法典》第 504 条对此亦作出了类似的规定,法人或者其他组织的法定代表人、负责人超越权限订立的合同,除相对人知道或者应当知道其超越权限的以外,该代表行为有效。《合同编通则解释》据此细化,特设第 20 条,以增强可操作性,也填补漏洞:(1)法律、行政法规为限制法人的法定代表人或非法人组

---

① 王泽鉴:《债法原理》(第 1 册),中国政法大学出版社 2000 年版,第 358 页。

② 我国司法实践亦认可此观点。如中国银行合肥市桐城路分理处诉安徽合肥东方房地产有限责任公司借款、抵押担保合同纠纷案[最高人民法院(2000)经终字第 220 号]。法院认为构成表见代理应同时具备行为人具有代理权的客观表象和相对人善意无过失两个方面的要件,相对人存在疏忽懈怠的重大过失的,不构成表见代理。

织的负责人的代表权，规定合同所涉事项应当由法人、非法人组织的权力机构或决策机构决议，或应当由法人、非法人组织的执行机构决定（如《公司法》第 15 条第 1 款、第 2 款），法定代表人、负责人未取得授权而以法人、非法人组织的名义订立合同，未尽到合理审查义务的相对人主张该合同对法人、非法人组织发生效力并由其承担违约责任的，人民法院不予支持，但是法人、非法人组织有过错的，可以参照《民法典》第 157 条的规定判决其承担相应的赔偿责任。相对人已尽到合理审查义务，构成表见代表的，合同有效，法人或非法人组织承受合同项下的权利义务。(2)合同所涉事项未超越法律、行政法规规定的法定代表人或负责人的代表权限，但是超越法人、非法人组织的章程或权力机构等对代表权的限制，相对人主张该合同对法人、非法人组织发生效力并由其承担违约责任的，人民法院依法予以支持。但是，法人、非法人组织举证证明相对人知道或应当知道该限制的除外。(3)法人、非法人组织承担民事责任后，向有过错的法定代表人、负责人追偿因越权代表行为造成的损失的，人民法院依法予以支持。法律、司法解释对法定代表人、负责人的民事责任另有规定的，依照其规定。[①]

四、越权代表订立的合同

《民法典》第 504 条规定了越权代表订立的合同的法律效力。相对人不知也不应知法人的法定代表人或非法人组织的负责人超越权限的，合同有效；反之，法人或非法人组织有权拒绝承受合同项下的权利义务。《合同编通则解释》据此细化，特设第 20 条，以增强可操作性，也填补漏洞：(1)法律、行政法规为限制法人的法定代表人或非法人组织的负责人的代表权，规定合同所涉事项应当由法人、非法人组织的权力机构或决策机构决议，或应当由法人、非法人组织的执行机构决定（如《公司法》第 15 条第 1 款、第 2 款），法定代表人、负责人未取得授权而以法人、非法人组织的名义订立合同，未尽到合理审查义务的相对人主张该合同对法人、非法人组织发生效力并由其承担违约责任的，人民法院不予支持，但是法人、非法人组织有过错的，可以参照《民法典》第 157 条的规定判决其承担相应的赔偿责任。相对人已尽到合理审查义务，构成表见代表的，合同有效，法人或非法人组织承受合同项下的权利义务。(2)合同所涉事项未超越法律、行政法规规定的法定代表人或负责人的代表权限，但是超越法人、非法人组织的章程或权力机构等对代表权的限制，相对人主张该合同对法人、非法人组织发生效力并由其承担违约责任的，人民法院依法予以支持。但是，法人、非法人组织举证证明相对人知道或应当知道该限制的除外。本书认为，由越权代表所在的法人或非法人组织决定否认合同效力或认可合同效力，更为合理。(3)法人、非法人组织承担民事责任后，向有过错的法定代表人、负责人追偿因越权代表行为造成的损失的，人民法院依法予以支持。法律、司法解释对法定代表人、负责人的民事责任另有规定的，依照其规定。

关于法人印章加盖在合同文本上与越权代表之间的关系，《合同编通则解释》第 22 条中确立了如下规则：(1)法定代表人、负责人以法人、非法人组织的名义订立合同且

---

① 崔建远：《合同法》，法律出版社 2024 年版，第 90 页。

未超越权限，法人、非法人组织仅以合同加盖的印章不是备案印章或系伪造的印章为由主张该合同对其不发生效力的，人民法院不予支持。(2)合同系以法人、非法人组织的名义订立，但是仅有法定代表人、负责人签名或按指印而未加盖法人、非法人组织的印章，相对人能够证明法定代表人、负责人在订立合同时未超越权限的，人民法院应当认定合同对法人、非法人组织发生效力。但是，当事人约定以加盖印章作为合同成立条件的除外。(3)合同仅加盖法人、非法人组织的印章而无人员签名或按指印，相对人能够证明合同系法定代表人、负责人在其权限范围内订立的，人民法院应当认定该合同对法人、非法人组织发生效力。(4)在前三种情形下，法定代表人、负责人在订立合同时虽然超越代表或代理权限，但是依据《民法典》第 504 条的规定构成表见代表，或依据《民法典》第 172 条的规定构成表见代理的，人民法院应当认定合同对法人、非法人组织发生效力。

第五节　合同无效或被撤销的法律后果

合同被确认无效或者被撤销后，合同自始不发生法律约束力，不能产生当事人预期达到的合同目的。合同被确认无效或被撤销，具有溯及既往的效力，即合同自成立之日起就是无效的，而不是从确认合同无效或被撤销之时起无效。

一旦合同被确认无效或被撤销，合同关系便不复存在，当事人无权基于该合同而主张任何权利。合同被确认无效或被撤销以后，虽不能产生当事人所预期的法律效果，但并不是不产生任何法律后果。由于无效合同具有违法性，可撤销合同当事人存在意思表示不真实的缺陷，所以这两类合同都可能损害到合同一方当事人的利益、第三人的利益、集体的利益，甚至是国家的利益。因此，法律要求对合同被确认无效或被撤销负有责任的当事人承担相应的法律后果，从而保护交易活动参与者的合法权益，保护集体和国家的利益，维护良好的交易秩序。我国《民法典》所规定的合同无效或被撤销的法律后果主要有以下几项：

(一)返还财产

一方当事人在合同被确认无效或被撤销以后，对其已交付给对方当事人的财产享有返还请求权，已经受领对方所交付的财产的当事人则有义务将该财产返还对方。根据《民法典》第 157 条的规定，合同无效或者被撤销后，因该合同取得的财产，应当予以返还；不能返还或者没有必要返还的，应当折价补偿。关于这一点，应注意以下几个问题：

1. 从返还财产的目的来看，返还财产旨在使双方当事人的财产关系回复到合同订立前的状态，而不是使当事人处于合同被履行后的状态，即不可能满足当事人订立合同所欲达到的目的，仅是使当事人回复到合同订立前的原始状态。

2. 如果原物尚存在，则物之所有权人基于物上返还请求权，可以要求受领人返还原物，该返还财产具有物权的效力，可以优先于其他普通债权。但如果原物已经不存在，返还财产请求权则为不当得利返还请求权，仅具有债权的效力，与债务人的其他普通债权一样平等受偿。《合同编通则解释》第 24 条第 1 款后段表述为“人民法院应当以认定合同不成立、无效、被撤销或确定不发生效力之日该财产的市场价值或者以其他合理方式计算的价值为基准判决折价补偿。”

3. 返还财产的范围因区分原物返还抑或不当得利返还而有不同。返还原物仅限于原物及因原物所产生的孳息。原物存在时，应返还原物，不能以货币或其他形式的实物来代替该原物。不当得利返还的目的在于将受益人所获得的一切不正当的利益返还于受损害方，所以返还的范围包括实际受有的利益、因原物的占有或权利的取得而获得的收益，因原物被毁损而取得的保险金或赔偿金等。受领人主观是善意还是恶意会对返还利益的范围有所影响。

4. 返还财产存在单方返还与双方返还两种情形。单方返还一般适用于一方当事人故意违法的情形和一方当事人已履行合同主要义务而另一方尚未履行的情形。在前一种情形下，故意违法方应将从非故意方处所取得的财产返还于对方，而非故意方则将从对方处获得的财产上缴国库。在后一种情形下，已接受履行的当事人应当将财产返还于对方。双方返还主要适用于合同被撤销的情形，双方当事人应各自将从对方处获得的财产返还于对方。

5. 当事人行使返还财产的请求权原则上不应当考虑对方是否具有过错的问题。也就是说，一方如果接受了对方交付的财产，只要该财产仍然存在或能够返还，则负有返还财产的义务，而不论其在主观上是否存在过错。

6. 如果财产不能返还或者没有必要返还，则采用折价补偿的方法。所谓不能返还包括事实上不能返还和法律上不能返还。事实上不能返还主要是指因某些客观事实而致使财产无法返还，如特定的标的物被大火完全烧毁；法律上不能返还主要是基于法律规定使得财产不能被返还，如第三人依善意取得制度已取得财产的所有权。没有必要返还主要有三种典型的情形：第一种情形是受让、使用知识产权的问题，知识产权是无形的，当事人无法返还已使用的部分，只能按获得利益的标准进行折价补偿。第二种情形是接受劳务的情形，已受有的劳务在性质上无法返还，则可以根据提供相关劳务的报酬标准予以补偿。第三种情形是返还财产虽有可能但在经济上极不合理，此时亦不宜适用返还财产方式，而应以折价补偿来替代。

合同不成立、无效、被撤销或者确定不发生效力，有权请求返还价款或者报酬的当事人一方请求对方支付资金占用费的，人民法院应当在当事人请求的范围内按照中国人民银行授权全国银行间同业拆借中心公布的一年期贷款市场报价利率(LPR)计算。但是，占用资金的当事人对于合同不成立、无效、被撤销或者确定不发生效力没有过错的，应当以中国人民银行公布的同期同类存款基准利率计算。

双方互负返还义务，当事人主张同时履行的，人民法院应予支持；占有标的物的一方对标的物存在使用或者依法可以使用的情形，对方请求将其应支付的资金占用费与应收取的标的物使用费相互抵销的，人民法院应予支持，但是法律另有规定的除外。

（二）赔偿损失

合同被确认无效或被撤销以后，也会产生损害赔偿的责任，根据《民法典》第 157 条的规定，有过错的一方应当赔偿对方因此所受到的损失，双方都有过错的，应当各自承担相应的责任。从其法律性质上看，该责任属于缔约过失责任的范畴。

该损害赔偿的构成要件如下：

1. 有损害事实的存在，当事人因合同无效或被撤销而遭受了一定的损失。

2. 赔偿责任人具有过错。责任人的过错可以分为两种情形：其一为一方有过错，另一方无过错，则过错方对违法后果的责任承担，不影响过错方对无过错方承担赔偿责任。其二为双方均有过错，则适用过错相抵原则，根据双方过错程度的大小来确定各自应承担的责任范围。

3. 过错行为与损失结果之间存在因果关系。

（三）缔约过失责任

合同不成立、无效、被撤销或不被追认，当事人一方因此受有损失，对方当事人对此有过错时，应赔偿受害人的损失。这种责任就是缔约过失责任。合同的缔结产生了一种履行义务，若此种效力因法律上的障碍而被排除时，则会产生一种损害赔偿义务，因此，所谓合同无效者，仅指不发生履行效力，并非不发生任何效力。简言之，当事人因自己过失致使合同不成立者，对信其合同有效成立的相对人，因赔偿基于此项信赖而生的损害。①

缔约过失责任有以下几种类型：(1)恶意缔约的责任。(《民法典》第 500 条第 1 项)(2)欺诈缔约的责任。(《民法典》第 500 条第 2 项)(3)违反人格和人格尊严等违背诚信原则的缔约过失责任。(《民法典》第 500 条第 3 项)(4)不履行报批义务时成立的缔约过失责任。所谓不履行报批义务，是指依照法律、行政法规的规定经批准等手续才能生效的合同成立后，有义务办理申请批准等手续的一方当事人未依约履行报批义务的，承担违反报批义务的违约责任(《民法典》第 502 条第 2 款后段)；未按照法律规定办理申请批准等手续的，属于其他违背诚信原则的行为，承担缔约过失责任(《民法典》第 500 条第 3 项、第 502 条第 2 款后段)。(5)擅自撤销要约时的缔约过失责任。(6)当事人泄露或者不正当地使用在订立合同过程中知悉的商业秘密或者其他应当保密的信息，造成对方损失的，于合同未成立时产生缔约过失责任。(《民法典》第 501 条)(7)缔约之际未尽保护义务侵害相对人的人身权、物权时的缔约过失责任。其请求权基础可以定为侵权行为。(8)合同不成立时的缔约过失责任。对此，中国现行法虽然尚无明文，但在当事人之间不存在合同、当事人对此具有过失等方面，合同不成立与合同无效、合同被撤销具有共性，且在缔约过失制度中处于重要地位，故可以类推《民法典》第 157 条的规定。况且，域外的若干立法例都承认合同不成立场合的缔约过失责任。(9)合同无效时的缔约过失责

① Jherings Jb. 4(1861), S. If. 转引自王泽鉴：《民法学说与判例研究》(第 1 册)，北京大学出版社 2009 年版，第 72 页。

任。(《民法典》第157条)(10)合同被撤销时的缔约过失责任。(《民法典》第157条)(11)合同不被追认时的缔约过失责任。于此场合,类推适用《民法典》第157条的规定,理由如同合同不成立场合的缔约过失责任。(12)无权代理情况下的缔约过失责任。(《民法典》第171条第3款)

缔约过失责任的赔偿范围为"由此产生的费用和给相对人造成的实际损失",大多为信赖利益的损失。所谓信赖利益,是指缔约人信赖合同有效成立,但因法定事由发生,致使合同不成立、无效、不被追认或被撤销等而造成的损失。它同样包括直接损失和间接损失,但于间接损失表现为机会利益的损失时,为避免双份赔偿或重复赔偿,原则上只准予机会利益的损害赔偿,不支持直接损失的赔偿;或者反过来,仅支持直接损失的赔偿,不支持机会利益的损害赔偿。①

(四)非民法上的法律后果

在合同被确认无效或被撤销以后,当事人除应承担相应的民事责任以外,还可能因其违法行为而应承担行政甚至刑事责任,如当事人恶意串通,损害国家、集体或者第三人利益的,因此取得的财产收归国家所有或者返还集体、第三人。当事人还可能被吊销营业执照、被责令停产整顿等。

本章小测

一、客观题

扫码测试

二、主观题

1. 简述合同的生效要件。
2. 简述无效合同的特征。
3. 请论述违反强制性规定不导致合同无效的情形。
4. 简述可撤销合同的类型。
5. 简述合同无效或被撤销的法律后果。

拓展案例

① 这一观点存在的分歧与辨析,参见崔建远:《合同法总论》(上卷),中国人民大学出版社2011年第2版,第447页以下;崔建远:《论机会利益的损害赔偿》,载《法学家》2023年第1期。

整治耕地“非农化”问题——徐某某与邬某某租赁合同纠纷案。

拓展案例

延伸阅读

须经报批生效合同法律适用问题。

延伸阅读

本章参考文献

1. 崔建远:《合同法》,法律出版社 2024 年版。

2. 王利明:《民法》,中国人民大学出版社 2023 年版。

3. 谢鸿飞等:《中华人民共和国民法典合同编通则司法解释释义(社科院版)》,中国法制出版社 2023 年版。

4. 韩世远:《合同法学》,高等教育出版社 2022 年第 2 版。

5. 梁慧星:《市场经济与公序良俗原则》,载梁慧星主编《民商法论丛》(第 1 卷),法律出版社 1994 年版。

6. 王泽鉴:《民法总则》,北京大学出版社 2009 年版。

7. 李永军:《民法总则》,中国法制出版社 2018 年版。

8. 余延满:《合同法原论》,武汉大学出版社 1999 年版。

9. 王泽鉴:《债法原理》(第 1 册),中国政法大学出版社 2000 年版。

10. 王泽鉴:《民法学说与判例研究》(第 1 册),北京大学出版社 2009 年版。

11. 吴光荣:《中国民法语境下“合同效力”的层次性》,载《现代法学》2024 年第 1 期。

12. 崔建远:《论机会利益的损害赔偿》,载《法学家》2023 年第 1 期。

13. 杨立新:《〈合同编通则司法解释〉完善我国合同法规则的重大进展》,载《法律适用》2024 年第 1 期。

第五章　合同的履行

思维导图

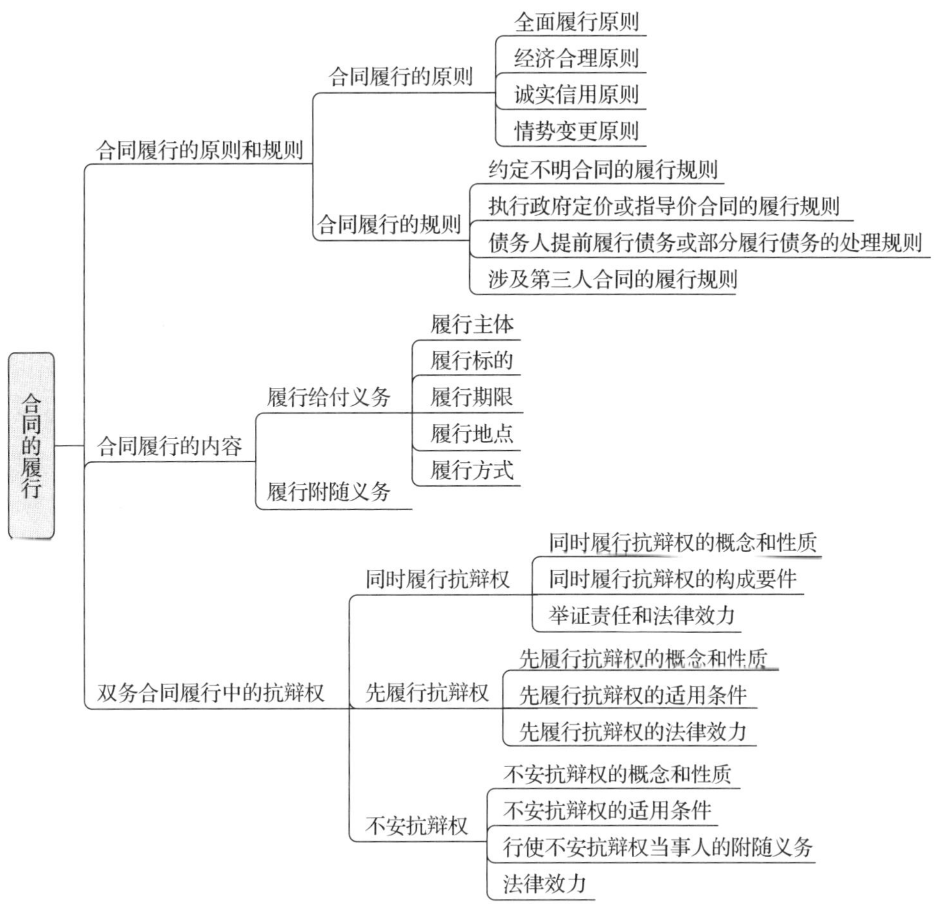

第一节　合同履行的原则和规则

一、合同履行的原则

合同的履行是指合同当事人按照合同的规定履行各自义务的行为。合同履行的前提是合同有效存在。不是依法有效存在的合同，不会对合同当事人产生法律上的约束力，就谈不上合同的履行问题。合同履行的原则是指债务人履行合同时应当遵守的基本准则。《民法典》第 509 条规定："当事人应当按照约定全面履行自己的义务。当事人应当遵循诚实原则，根据合同的性质、目的和交易习惯履行通知、协助、保密等义务。当事人在履行合同过程中，应当避免浪费资源、污染环境和破坏生态。"虽然不同类型的合同有不同的特点，但此条规定了合同履行一般原则中的两项原则。

合同履行的原则通常包括以下几项：

（一）全面履行原则

全面履行原则又可称为适当履行原则或正确履行原则，是指按照合同当事人的约定，由适当的履行主体在适当的时间、适当的地点，以适当的方式，按照合同中约定的数量和质量，全面完成合同中约定的义务。这是债的效力的要求，其核心在于强调债的履行标的特定性，不能任意用其他标的或以支付违约金和赔偿金来代替合同的履行。[①] 这项原则包括五个方面的具体要求：一是履行主体适当，即除非当事人另有约定或法律另有规定，当事人应亲自履行合同义务或接受他方义务的履行，不能任意由第三人代为履行合同义务或代为接受义务的履行。二是标的适当，即当事人所交付的标的物或所提供的服务应符合有关法律的规定、合同的约定或相关的交易习惯。三是履行的时间适当，即合同约定了履行期限的，当事人应当按照合同的约定履行，不得迟延履行或受领；合同未约定履行期限的，当事人可随时提出或要求履行，但必须给对方合理的准备时间。四是履行地点适当，即当事人应当在合同约定的地点履行自己的义务，若当事人未在合同约定的地点履行，即使其他条件都符合合同要求，也不能发生清偿的效力。五是履行方式适当，当事人应当按照合同约定的方式或根据合同的性质所要求的方式履行自己的义务。

（二）经济合理原则

经济合理原则是指合同当事人在履行合同过程中，应讲求经济效益，力求以最小的成本取得最佳的合同利益。在市场经济环境中，交易主体是追求自身利益最大化的理性主体。因此，如何以最小的缔约成本和履约成本获得最大的合同履行利益，是合同当事人共同追求的目标，所以交易主体在合同履行中遵循经济合理原则是不言而喻的。这项

① 刘凯湘：《债法总论》，北京大学出版社 2019 年版，第 18 页。

原则在《民法典》中有很多体现，如《民法典》第591条规定："当事人一方违约后，对方应当采取适当措施防止损失的扩大；没有采取适当措施致使损失扩大的，不得就扩大的损失请求赔偿。当事人因防止损失扩大而支出的合理费用，由违约方承担。"《民法典》第913条规定："保管人发现入库仓储物有变质或者其他损坏，危及其他仓储物的安全和正常保管的，应当催告存货人或者仓单持有人作出必要的处置。因情况紧急，保管人可以作出必要的处置；但是，事后应当将该情况及时通知存货人或者仓单持有人。"

（三）诚实信用原则

诚实信用原则可简称为诚信原则，从字面上理解，它要求人们在进行民事活动时诚实不欺诈、信守诺言，不损害他人的利益或社会的整体利益；从内涵上来说，它要求人们在不损害他人或社会利益的前提下，追求自身的利益，实现当事人之间利益的平衡和当事人与社会之间利益的平衡。它原本是一种道德原则，上升为法律原则后，体现为对一种实质上的利益平衡和公平正义的追求。鉴于其内涵的模糊性和外延的不确定性，法官可利用诚信原则进行创造性的司法活动，在法无明文规定或法律规定模糊时据此作出公正判决。它在债法中发挥着十分重要的作用，正如台湾地区学者邱聪智所言，债的关系，以当事人之间信赖关系为基础，而社会生活关系本极为复杂琐碎，非有限条文及当事人意思可预先完全容纳，有此情形，其有着问题之妥善解决，非诉诸诚实信用之运用，难勘圆满达成。[①] 在《民法典》合同编中它主要是要求合同当事人不仅应按法律的规定、合同的约定履行义务，还应在法律没有规定或规定模糊、合同也未约定或约定不明的情况下，根据诚信原则合理地履行义务，以实现对方当事人订立合同的目的。

从合同缔约、订立到履行完毕过程来看，诚信原则可以体现为以下几方面：

1. 依诚信原则进行合同磋商和缔约。在有关当事人为订立合同而进行磋商时，虽然他们之间尚未形成合同关系，但他们之间的关系显然不同于普通陌生人之间的关系，在他们之间产生一种源于希望订立合同的愿望而坦诚沟通的信赖关系，所以诚信原则要求一方对相对方尽到一些先合同义务，如提供缔结合同所必需的信息，对所得知的相关商业秘密尽到保守义务，不得任意撤销要约等。

2. 依诚信原则履行合同。合同有效成立后，双方当事人应按照合同的约定严格履行合同义务，在合同没有约定或约定不明时，根据合同的性质、当事人期望达到的目的、交易习惯等适当地履行，这是诚信原则的基本要求。例如：(1)如果债务人所提供的标的物存在质量差异，但没有超出合同约定的允许范围，则债务人不得故意选择质量较差的标的物进行交付。(2)如果债务人给付的数量存在轻微的不足，但并未使债权人遭受严重或明显的损害，债权人不得以此为借口拒绝此等履行，亦不得同时行使抗辩权拒绝支付相应的款项。(3)如果合同中约定了履行的期限但没有明确限定具体的时间，债务人应尽量选择方便债权人受领的时间履行，而不得故意选择不恰当的时间要求债权人受领其履行，如特地深夜上门提出履行或在营业时间之外要求企业接受其履行。(4)如果合同

---

① 邱聪智：《新订民法债编通则》(下)，中国人民大学出版社2004年版，第254页。

中约定由卖方代为托运但未明确约定具体的运输方式和运输路线，债务人应本着最有利于债权人的原则在可供选择的多种运输方式和路线中作出合理的选择。

3. 依诚信原则尽到合同履行完毕后的义务。合同约定的权利义务终止后，并不意味着合同当事人之间不存在其他义务，当事人还应遵循诚信原则，根据相关的交易习惯等履行通知、协助、保护、保密等义务。如租赁合同终止后，如果承租方继续居住而出租方未表示异议，则他们之间的承租关系继续有效，只是这种承租合同是不定期的租赁合同。

（四）情势变更原则

《民法典》第533条规定："合同成立后，合同的基础条件发生了当事人在订立合同时无法预见的，不属于商业风险的重大变化，继续履行合同对当事人一方明显不公平的，受不利影响的当事人可以与对方重新协商；在合理期限内协商不成的，当事人可以请求人民法院或者仲裁机构变更或者解除合同。人民法院或者仲裁机构应当结合案件的实际情况，根据公平原则变更或者解除合同。"情势变更原则是指合同有效成立以后，若非因双方当事人的原因而构成合同基础的情势发生重大变更，致使继续履行合同将导致显失公平，则当事人可以请求变更或解除合同。实际上，这项原则亦是源于诚实信用原则，但它已形成一套独立的理论或一项独立制度，从作为上位原则的诚信原则中脱离而出，以诚信原则的特殊下位规范①的姿态在《民法典》合同编中独立发挥着积极的作用。

1. 情势变更原则的适用条件

（1）必须存在情势变更的客观事实。情势是指作为合同成立基础或环境的一切客观事实。情势变更是指此等事实在客观上发生了异常的变动。情势变更是一个很难确定其具体内涵的概念，可以参考国外相关学说判例作一探讨。国外相关学说判例主要有两种观点，其一为"客观行为基础"，它包括等价关系的失衡和目的的无法达到。前者的典型表现为因国家政策调整或通货膨胀等致使一方给付与对待给付之间的不等价，这正是我国情势变更原则的主要适用情形。与后者相对应的是我国《民法典》合同编所规定的"不能实现合同目的"的情形，但我国《民法典》合同编对此规定了法定解除权，而非适用情势变更原则。其二为"主观行为基础"，德国学者认为它主要是指合同当事人共同的动机错误。而我国《民法典》合同编将此作为意思表示瑕疵来处理，当其构成重大误解时，当事人可主张撤销合同。

（2）情势变更发生在合同成立生效以后，履行终止以前。一方面，当情势的变更发生在合同订立时，如果当事人已认识到该事实，但仍以对自己不利的已变更的情势作为合同的内容，则表明当事人自愿承担由此产生的风险，因此事后的救济是没有必要的；如果当事人未认识到这一事实，该情势的变更导致合同的履行对一方当事人显失公平，则可以运用重大误解的规则来解决这一问题。另一方面，如果在合同履行完毕后才发生情势变更，由于此时合同关系已经消灭，之后所发生的情势变更与合同无关，所以不应适用情势变更原则。

---

① 邱聪智：《新订民法债编通则》（下），中国人民大学出版社2004年版，第254～257页。

(3)情势变更的发生是双方当事人缔约时所不可预见的。如果当事人在订约时能够预见,则表明他愿意承担这一事件发生的风险,因此不适用情势变更原则;如果当事人对情势变更事实上应当可以预见而没有预见,那么他仍然不可主张适用情势变更原则。

(4)情势变更的发生不可归责于双方当事人。也就是说,双方当事人对于情势变更的发生没有过错,当事人无法控制情势变更的发生。不可归责于当事人的事由可分为不可抗力、意外事件和其他事件三种,如国家经济政策的调整、全球性或区域性的金融危机、罢工等。

(5)因情势变更而使原合同的履行显失公平。情势变更发生后通常造成当事人之间的利益失衡,如果继续履行合同,显然会造成双方当事人之间利益的明显不公平,有悖于诚实信用原则和公平原则。这里有一个"度"的衡量,即情势变更必须造成当事人之间的利益极不均衡,如果仅是对当事人之间的利益造成轻微的影响,就不能适用这一原则。

2. 情势变更原则适用的法律后果

《民法典》第 533 条规定:"合同成立后,合同的基础条件发生了当事人在订立合同时无法预见的,不属于商业风险的重大变化,继续履行合同对当事人一方明显不公平的,受不利影响的当事人可以与对方重新协商;在合理期限内协商不成的,当事人可以请求人民法院或者仲裁机构变更或者解除合同。人民法院或者仲裁机构应当结合案件的实际情况,根据公平原则变更或者解除合同。"

情势变更原则的效力主要体现在以下两个方面:

(1)当事人可以要求变更合同,从而使原合同可以在公平的基础上得以继续履行。这主要表现为增减履行标的的数额,运用此方法时,必须解决好增减的限度问题,这就需要确定合理的标准来准确评估双方的价值比例关系,消除显失公平现象;同时还应避免发生使一方当事人免受损害的同时,另一方当事人却承担了不必要的经济负担的情形。此外,还有延期或分期履行、拒绝先为履行、变更标的物等方法。

(2)当事人可以请求解除合同,从而彻底消除显失公平的现象。如果采用变更的方式不足以消除显失公平的后果,或者一方当事人认为合同的变更有悖于订约目的,那么就只有通过解除合同的方式来消除显失公平的后果。

关于"情势变更规则"的详细阐释,可扫码观看视频:

二、合同履行的规则

(一)约定不明合同的履行规则

如果合同约定不明,则势必给当事人履行合同造成困难,为了鼓励交易、节约交易成本,法律会采取措施尽量予以补充,以使合同具有可履行性。根据《民法典》第 510 条、511 条的规定,约定不明合同的履行规则有如下几点:

1. 当事人协议补充规则

根据《民法典》第 510 条的规定,"合同生效后,当事人就质量、价款或者报酬、履行地点等内容没有约定或者约定不明确的，可以协议补充”。由此可以看出，这项原则是指当事人对没有约定或者约定不明确的合同内容可以通过协商的办法订立相关的补充协议，使合同的内容具体化和明确化，为当事人履行合同提供明确依据，减少纠纷的发生。

2. 参考合同有关条款或交易习惯规则

约定不明合同在履行中形成纠纷时，先由当事人协议补充，当事人不能达成补充协议的，可以按《民法典》第510条后段规定的“按照合同相关条款或者交易习惯确定”的原则进行确定。其中，按照合同有关条款确定是指结合合同的其他方面内容加以判断，从而使合同的内容具体化和明确化。因为合同是一个整体，如果当事人在某一具体条款中对自己的相关意图作了明确表示，当在其他条款中涉及这一问题时，就可以根据该条款加以确定。按照交易习惯确定是指按照人们在同样或类似的交易中通常奉行的惯例来确定合同中未明确约定的内容，使合同得以准确地履行。因为在长期的国内交易或国际交易中，人们都已形成了许多被默示遵守的交易习惯或规则，当合同未对交易习惯或规则所涉及的事项作出具体约定时，人们完全可以根据这些交易习惯或规则来全面地履行合同。

3. 法定补充规则

当事人对于合同有关内容约定不明确，在适用上述规则仍不能确定时，可以适用法定补充规则。法定补充规则，又可称为合同的补缺规则，是用以弥补当事人所欠缺或模糊、不确定的意思，从而使合同内容具有明确性、可履行性的法律条款。这一规则主要适用于欠缺合同主要条款或合同条款约定不明确，但并不影响效力的合同。法定补充规则是法律对长期经济活动中形成的一些规则的总结，体现了法律对商业习惯、交易惯例和经济活动一般准则的确认。《民法典》第511条规定：“当事人就有关合同内容约定不明确，依据前条规定仍不能确定的，适用下列规定：(一)质量要求不明确的，按照强制性国家标准履行；没有强制性国家标准的，按照推荐性国家标准履行；没有推荐性国家标准的，按照行业标准履行；没有国家标准、行业标准的，按照通常标准或者符合合同目的的特定标准履行。(二)价款或者报酬不明确的，按照订立合同时履行地的市场价格履行；依法应当执行政府定价或者政府指导价的，依照规定履行。(三)履行地点不明确，给付货币的，在接受货币一方所在地履行；交付不动产的，在不动产所在地履行；其他标的，在履行义务一方所在地履行。(四)履行期限不明确的，债务人可以随时履行，债权人也可以随时请求履行，但应当给对方必要的准备时间。(五)履行方式不明确的，按照有利于实现合同目的的方式履行。(六)履行费用的负担不明确的，由履行义务一方负担。因债权人原因增加的履行费用，由债权人负担。”此即法定补充规则的法律依据。

(二)执行政府定价或指导价合同的履行规则

买卖标的的价格通常由当事人按照市场供需等情况的变化加以商定，但在执行政府定价或指导价的合同中，当事人必须按照政府定价或指导价确定价格，而不能另行约定价格。合同在履行过程中，如果遇到政府定价或指导价作调整，此时合同履行的基本规则为侧重于保护按约履行合同的一方当事人，而作出不利于违约方的处理。根据《民法典》第 513 条的规定，具体可以包括以下三个方面：

1. 双方当事人均如期履行合同的，在履行中遇到政府定价或指导价作调整时，应按交付时的政府定价或指导价计价，即按新价格执行，交付货物时，货物提价的，按已提高的价格执行；降价的，按已降低的价格执行。例如，甲公司与某石油公司签订购油合同，在签订合同时 90＃汽油的政府指导价是 1800 元/吨，但在履行合同给付义务时，汽油的价格发生了变动，如果此时汽油价格上涨到 2500 元/吨，那么当事人应按交付时的 2500 元/吨计价；如果此时汽油价格下降到 1500 元/吨，那么当事人应按交付时的 1500 元/吨计价。

2. 在当事人逾期交付标的物的情形下，标的物的政府定价或指导价提高的，按原定的价格执行；价格降低的，按已降低的价格即新价格执行。例如，甲公司向某石油公司签订购油合同，签订合同时 90＃汽油的价格是 2000 元/吨，但在履行合同给付义务时，石油公司因暂时缺货故推迟交货的时间，如果交货时汽油价格上涨到 2300 元/吨，那么当事人仍应按 2000 元/吨计价；如果交货时汽油价格下降到 1600 元/吨，那么当事人应按 1600 元/吨计价。这表明了法律对违约的一种否定评价，将违约者置于一种不利的地位。

3. 在当事人逾期受领标的物或逾期付款的情形下，标的物的政府定价或指导价提高的，按已提高的价格即新价格执行；价格降低的，按原定的价格执行。例如，甲公司向某石油公司签订购油合同，签订合同时 90＃汽油的价格是 2000 元/吨，但在履行合同给付义务时，甲公司因自身原因未能及时受领货物而导致逾期提货，如果此时汽油价格上涨到 2300 元/吨，那么当事人应按 2300 元/吨计价；如果此时汽油价格下降到 1600 元/吨，那么当事人仍应按 2000 元/吨计价。这同样体现了法律对违约行为的否定态度，违约者显然应承受市场风险所带来的损失。

（三）债务人提前履行债务或部分履行债务的处理规则

1. 债务人提前履行债务的处理规则

债务的提前履行必将涉及期限利益得失的问题。期限利益是指在履行期限届满以前，因债务人履行或者债权人要求履行而使相对人失去的利益。依据我国《民法典》第 530 条的规定，债权人可以拒绝债务人提前履行债务，因为在债权人享有期限利益的情形下，为了保护自己的期限利益不受损害，债权人有权拒绝债务人提前履行债务，以给自己受领标的物提供一个充分的准备时间。但如果债务人的提前履行不损害债权人利益，即债务人此等行为不会影响债权人的期限利益，则债权人不得拒绝债务人的履行。此外，若债务人提前履行债务给债权人增加了费用，增加的费用应当由债务人负担。如甲向乙购买 500 台机床，合同约定乙在 2007 年 1 月 11 日将机床送到甲租用的仓库内，乙却提前 3 天送货，导致甲多支付了仓库租金和其他相关费用，这部分多付的租金和费用就是增加的费用，应当由乙来承担。

2. 债务人部分履行债务的处理规则

债务人的部分履行将涉及债权人期待利益的实现，期待利益是指债权人所能期待的在债务人履行合同以后可以得到的积极利益。由于部分履行债务往往会使债权人的合同目的不能真正实现，所以债权人可以拒绝债务人部分履行债务，以使自己的期待利益得到完全的实现。这主要会在两个方面产生法律效果：(1)债务人不能通过部分履行的方式实现债务的部分消灭，也就是说，原则上只有完整的履行才能达成清偿的效果；(2)就债权人方面而言，其不因拒绝部分履行而陷入债权人迟延。①

但如果部分履行不损害债权人利益，则法律不允许债权人滥用拒绝权，债权人不得拒绝债务人的部分履行。因为增加费用的产生与债务人的部分履行行为之间具有因果关系，故由此增加的费用应由债务人承担。我国《民法典》第531条亦对此作出规定："债权人可以拒绝债务人部分履行债务，但部分履行不损害债权人利益的除外。债务人部分履行债务给债权人增加的费用，由债务人负担。"部分履行的构成要件是：(1)部分履行是在履行期限内的履行，如果在履行期限之前履行就是提前履行，在履行期限之后履行就是迟延履行。(2)部分履行的合同标的物是可分的，如买卖合同的标的物是500千克苹果，苹果的分次履行不影响其性质和作用，所以部分履行是可实施的；但如果买卖合同的标的物是整套设备，债务人就不得将整套设备拆开分次履行，因为这样会影响设备功能的实现。(3)部分履行有两种情况：一是债务人在履行期限内将应当一次履行的债务采用分批履行的办法全部履行，二是债务人虽然没有分批履行但履行标的物的数量不够。

(四)涉及第三人合同的履行规则

根据合同相对性原则，合同仅约束合同当事人，而对合同当事人之外的第三人并不产生约束力。但是随着社会经济关系的复杂化和多样化，合同相对性原则逐渐被突破。它表现为合同一般只能为合同当事人设立权利和义务，但在某些情况下，当债务由谁来履行对债权人的债权实现并无影响，而且债权人也不反对他人代为履行时，债务可以由第三人代为履行。② 这样的合同也被称为涉他合同，它包括为第三人设定权利的合同和为第三人设定义务的合同。在为第三人设定权利的合同中，第三人可以接受为其所设立的权利，也可以放弃该权利。第三人放弃权利的，该权利由合同当事人享有。在为第三人设立义务的合同中，合同当事人的约定不会对第三人产生约束力，第三人不履行该义务或履行的义务不符合要求的，由债务人向债权人承担违约责任。我国《民法典》第522条、第523条、第524条对此作了规定，当事人约定由债务人向第三人履行债务，债务人未向第三人履行债务或履行债务不符合约定的，视同债务人对债权人违约，由债务人向债权人承担违约责任。法律规定或者当事人约定第三人可以直接请求债务人向其履行债务，第三人未在合理期限内明确拒绝，债务人未向第三人履行债务或者履行债务不符合约定的，第三人可以请求债务人承担违约责任；债务人对债权人的抗辩，可以向第三人主张。当事人约定由第三人向债权人履行债务，第三人未向债权人履行债务或履行债务不符合约定的，视同债务人对债权人违约，应当由债务人向债权人承担违约责任。债务人不履行债务，第三人对履行该债务具有合法利益的，第三人有权向债权人代为履行；

① 李永军：《债权法》，北京大学出版社2019年版，第12页。

② 申卫星：《民法总论》，北京大学出版社2019年第2版，第107页。

但是,根据债务性质、按照当事人约定或者按照法律规定只能由债务人履行的除外。债权人接受第三人履行后,其对债务人的债权转让给第三人,但是债务人和第三人另有约定的除外。

第二节　合同履行的内容

一、履行给付义务

履行给付义务,是指债务人有义务严格依据债务的具体内容,在约定的履行期限到来时,确保以恰当、全面的方式履行,履行内容涉及债的履行主体、履行标的、履行期限、履行地点和履行方式等要素。唯有如此,方能构成有效且合法的给付行为。

(一)履行主体

1. 债务人履行

债是特定当事人之间的一种民事法律关系,在通常情况下,债应由债务人履行,债权人也只能向债务人请求履行债务。在大多数情况下,债务人亲自承担并完成债务清偿的责任。若甲乙双方签订买卖合同,甲方需将合同标的物交付乙方,此过程即为甲作为债务人主动履行的体现。然而,随着社会事务的复杂化,债务人直接执行所有债务显得不切实际,尤其是当债务主体为法人或非法人组织时,往往需要依赖个体来实际执行。"履行辅助人"的概念应运而生,履行辅助人是在债务人指示下,实际参与并完成债务履行的人。对于履行辅助人,债权人不得拒绝其给付,债务人要对其过失负责。[①] 例如,在甲与乙客运公司签订的运输合同中,丙作为乙公司的驾驶员,便是依据乙公司的意志并实际执行运输任务的履行辅助人。此外,债务还可能通过法定渠道被代理执行,如法定代理人、遗嘱执行官、破产管理人或其他依据法律规定负责执行特定法律行为的人员。

2. 第三人代为履行

如前所述,在特定情境下,债务可由除债务人之外的第三人来履行,同样,债权的实现也可能由第三人进行受领。根据《民法典》第 522 条、第 523 条、第 524 条的规定,第三人能否履行债务人的债务,债务人或债权人能否接受第三人的履行,应当依具体情形合理平衡三方的利益:(1)法律明确规定债务只能由债务人履行的情形,不得由第三人代为履行债务。如建设工程承包合同中承包人不得将其承包的全部建设工程转包给第三人或者将其承包的全部建设工程支解以后以分包的名义分别转包给第三人。在上述法律禁止的范围内,无论债权人与债务人是否同意,均不得由第三人履行债务。(2)根据债务性质或当事人约定债务只能由债务人履行时,非经债权人与债务人同意,第三人不得代

① 刘凯湘:《债法总论》,北京大学出版社 2019 年版,第 18 页。

为履行债务。例如，在明星提供演出服务等情形下，一般不得代为履行。但当合同双方明确指定债务人需向第三人完成债务履行时，该第三人作为接受履行的对象，若债务人未能如约向第三人履行债务，或履行不符合约定条件，其违约责任应直接面向债权人承担，而非第三人。这是因为第三人在此情境下并非合同的缔约方，仅作为债务履行的受益者，故无权直接向债务人追究违约责任。(3)在第三人对履行债务具有合法利益的情形下，第三人有权向债权人代为履行，债权人不得拒绝。依据《合同编通则解释》第 30 条第 1 款的规定，对履行债务具有合法利益的第三人包括：保证人或者提供物的担保的第三人；担保财产的受让人、用益物权人、合法占有人；担保财产上的后顺位担保权人；对债务人的财产享有合法权益且该权益将因财产被强制执行而丧失的第三人；债务人为法人或者非法人组织的，第三人为其出资人或者设立人；债务人为自然人的，第三人为其近亲属；其他对履行债务具有合法利益的第三人。①

(二)履行标的

债的履行标的是指债的给付的对象，即债务人向债权人履行给付义务时具体交付的对象，可能涉及物、完成某项工作或提供某项服务。债的实际履行原则要求当事人严格依照约定的对象履行，仅当法律或合同明文约定允许替代履行时，债务人方可采用其他对象进行履行。

1. 若债务人以实物形式清偿债务，则所交付物品的数量与质量必须严格遵循法律及合同的规定。至于实物的质量，首先依据合同约定条款确定质量标准；若合同未明确约定，则允许依次参照国家标准、行业标准衡量所交付的物质量；若无此类标准，则依据通常标准或符合合同目的的特殊标准执行。

2. 对于需通过完成特定工作或提供劳务来履行的债务，债务人必须严格遵守合同及法律规定的质量、数量要求，确保工作或劳务的完成达标。

3. 在以货币形式履行义务时，除非法律另有规定，否则应统一使用人民币进行计算与支付。对于法人之间的经济交易，除国家许可的现金交易外，一般需通过银行转账方式完成结算。

4. 关于价款或酬金的支付，当事人应依据合同中明确的标准和计算方法履行。若合同中未明确价款，则依据订立合同时履行地的市场价格执行。若依法应执行政府定价或指导价，则遵循相应规定。特别的，若合同约定的交付期内政府价格发生变动，则以交付时的价格为准。

5.《民法典》合同编通则部分增加了“选择之债”的规定。根据《民法典》第 515 条、第 516 条的规定，标的有多项而债务人只需履行其中一项的，债务人享有选择权；但是，法律另有规定、当事人另有约定或者另有交易习惯的除外。享有选择权的当事人在约定期限内或者履行期限届满未作选择，经催告后在合理期限内仍未选择的，选择权转移至对方。当事人行使选择权应当及时通知对方，通知到达对方时，标的确定。标的确定后不得变

① 王利明：《民法》，中国人民大学出版社 2023 年第 10 版，第 112 页。

更，但是经对方同意的除外。可选择的标的发生不能履行情形的，享有选择权的当事人不得选择不能履行的标的，但是该不能履行的情形是由对方造成的除外。

按照上述规定，在选择之债中，首先要进行有利于债务人的理解，即两种债务出现并存的情况后，首先赋予债务人选择履行新债还是旧债的选择权。据此，《合同编通则解释》第27条第2款规定，债务人或者第三人在约定期限届满前未履行以物抵债协议，经催告后在合理期限内仍未履行的，选择权转移至对方（债权人）。也就是说，只有新债履行期限届满，经过催告在合理期限内债务人仍不履行新债的，才会发生选择权的移转，即选择权就移转给债权人。实践中达成以物抵债协议之后，可能作为抵债物的房屋或者股权的价值变高或变低，此时选择权就非常重要。在选择权发生移转之前，债务人可以选择，但选择权移转至债权人后，债务人不再享有选择权。①

（三）履行期限

履行期限，是指债务人向债权人履行义务和债权人接受债务人履行的时间。履行期限的确定，遵循双方事先的明确约定；若无约定，法律、法规有规定的，依其规定。若合同文本中未明确标注履行期限，双方也可以在事后通过协议形式加以补充明确。如果合同约定的履行期限不明确，当事人又协商不成的，则债务人可以随时向债权人履行义务，债权人也可以随时要求债务人履行义务，但都应当给对方必要的准备时间。若债务人在约定的履行期限之后进行履行，此行为被视为债务的逾期或迟延履行。相反，若债务人在约定期限之前主动履行，则称为债务的提前履行。此种提前履行若经债权人认可，则视为双方对原履行期限的合法变更。反之，未经债权人同意，债务人通常不得擅自提前履行其义务。

（四）履行地点

履行地点，是指义务人履行义务和债权人接受履行的地点。对履行地点有约定的，依照约定履行。如果当事人在合同中未约定履行地点，可由当事人事后协议补充。如果合同约定的履行地点不明确，当事人又协商不成的，则按照合同有关条款或者交易习惯确定。例如，车站、码头物品寄存，一般应在该寄存场所履行债务。履行地点还可由债的性质确定，如不作为债务的履行地点应在债权人的所在地。若依据上述方式仍无法明确履行地，则根据具体情况进行区分：若合同涉及货币给付，则履行地为接收货币一方所在地；若涉及不动产交付，则履行地为不动产所在地；若交付的标的为其他种类，则履行地通常为负有履行义务一方的所在地。但标的物为工程项目和建筑物的，应在标的物所在地履行。法律有特别规定时，依其规定。

（五）履行方式

履行方式指的是合同双方当事人在履行合同义务时所采取的具体方法。履行方式与当事人的权益密切相关，履行方式不符合要求，有可能造成标的物缺陷、费用增加、迟

① 《〈民法典合同编通则解释〉司法适用若干问题探讨——〈法律适用〉专题学习交流会会议综述》，载《法律适用》2024年第3期。

延履行等后果。由于合同类型不同,其对应的履行方式也各不相同。例如,在买卖合同中,履行方式主要是标的物的交付;而在承揽合同中,则体现为工作成果的交付。此外,履行方式既可能是一次性的完成,也可能是在特定期限内分多次进行,如运输合同就依据运输途径的不同,细分为公路、铁路、海上、航空等多种履行模式。除了上述直接的履行行为外,履行方式还涵盖了价款或报酬的支付及结算细节,包括现金直接支付、银行转账、托收承付、支票结算、委托付款、信用证结算、汇兑结算以及委托收款等多种金融手段。合同对履行方式有约定的,按照约定履行;若合同文本中对履行方式未作明确约定或约定不清晰,双方可通过协商达成补充协议;若协商无果,则可根据合同相关条款或交易来确定履行方式。若依此仍无法明确,则应遵循最有利于实现合同目的的原则来确定履行方式。

二、履行附随义务

诚信原则在《民法典》合同编中体现最为典型的是附随义务。附随义务(Nebenpflicht)是大陆法系合同关系发展过程中有关义务的一个相当重要的理论。它是由德国学者在探讨合同给付义务及其履行时首先提出的,是指合同当事人依据诚实信用原则,根据合同性质、目的和交易习惯所应当承担的非由法律规定或合同约定的通知、协助、保密等义务,由于这种义务是附随于主给付义务的,因此称为附随义务。

《民法典》合同编规定的附随义务包括:(1)通知义务,如一方当事人由于客观情况发生根本变化而难以继续履行合同或因不可抗力不能履行合同时,应及时通知对方当事人,以便对方当事人可以及时采取措施从而避免损害或防止损害的扩大;(2)协助义务,是指当事人在履行合同过程中要互相配合、积极合作,一方当事人在全面履行自己的义务的同时,应根据实际情况合理地配合对方当事人的义务履行,使其义务能顺利履行,双方当事人的利益都可以得到充分的实现,如债务人履行合同时,债权人应创造必要的条件,为债务人履行义务提供便利;(3)保密义务,一方当事人无论是在缔约过程中还是在履约过程中获知对方当事人的商业秘密,他应负有保守此等秘密的义务,即使是在履约完成之后,如企业的员工不得任意使用或泄露或让他人使用其所掌握的与企业相关的秘密,即使是在离职之后,也应当在合理的时间内继续负有保守相关秘密的义务;(4)防止损失扩大,是指在合同履行过程中当事人遭受损失的,双方都应积极采取适当的措施防止损失的进一步扩大,即使这一损害后果不是自己造成的;(5)保护义务,一旦当事人进入磋商阶段,一方应对对方的人身或财产安全尽到合理的注意义务,防止对方遭受不应有的损害,若损害已发生应积极救护,阻止损害的扩大。

第三节　双务合同履行中的抗辩权

抗辩权是指双务合同的一方当事人在法定条件下对抗另一方当事人的请求权或否认对方权利主张,拒绝履行债务的权利。按照抗辩权功能的不同可将抗辩权分为消灭抗辩权和延缓抗辩权。前者行使的效果是使请求权归于消灭，使请求权永久地不能行使，所以它又可称为永久抗辩权，如时效届满的抗辩权。后者行使的效果是仅使请求权效力延期，使请求权在一段时间内不能行使，而不会使对方请求权归于消灭，所以又可称为一时抗辩权，如同时履行抗辩权。一时抗辩权是当事人在合同履行中行使的一项可有效保障当事人利益、预先防范损失的权利，它对于摆脱我国经济流转中不良债权的长期困扰，具有重要的现实意义。

《民法典》第 525 条、第 526 条、第 537 条对双务合同履行中的抗辩权作出了明确的规定，它包括同时履行抗辩权、先履行抗辩权和不安抗辩权。当事人可以根据对方违约的不同情形，选择适当的抗辩权，从而维护自身的合法权益，避免损失。

一、同时履行抗辩权

（一）同时履行抗辩权的概念和性质

同时履行抗辩权，又可称为不履行抗辩权，是指在双务合同中，双方当事人未约定哪一方先为履行的，一方当事人在对方未为对待给付时，可以拒绝履行自己的义务的权利。《民法典》第 525 条对此作出了规定："当事人互负债务，没有先后履行顺序的，应当同时履行。一方在对方履行之前有权拒绝其履行请求。一方在对方履行债务不符合约定时，有权拒绝其相应的履行请求。"这里的同时履行是指合同没有约定，法律也没有规定，根据交易习惯也不能确定双务合同的哪一方当事人应先履行义务时，双方当事人应当同时履行合同义务。

同时履行抗辩权在性质上属于延期抗辩权，而不是永久抗辩权；它的法理基础是诚实信用原则；其法律根据是双务合同的牵连性，即在双务合同中，给付与对待给付具有不可分离的关系，所以当一方不履行其合同义务时，另一方有权拒绝履行自己的义务。

同时履行抗辩权是大陆法系的概念，大陆法系国家往往在民法中规定这一制度，如《日本民法典》第 533 条的规定和《德国民法典》第 320 条的规定。英美法系中没有同时履行抗辩权的概念，但有相对应的制度即"对流条件"（concurrent conditions），它指合同中的条件，一方当事人对其允诺内容的履行是以对方当事人履行其允诺为条件的；换言之，它们是使合同得到同时履行（performed simultaneouly）的共同条件（mutual conditions），如果一方当事人已做好履行准备或提出履行，则另一方当事人亦须履行，否则构成违约。[①]《美国〈民法典〉合同编精义诠解》第 267 条规定将下列四种情形视为对流条件的前提：第一，为双方当事人规定了同一履行时间；第二，只为一方当事人规定了履行时间；第三，没有为任何一方当事人规定履行时间；第四，规定当事人应在一段时间内履行。如果合同中对履行时间作了上述规定，则任何一方当事人在对方履行其义务前，可以拒绝履行自己的义务。[②]

（二）同时履行抗辩权的构成要件

1. 必须发生在同一双务有偿合同中，双方互为给付义务。首先，双方当事人应当因

---

① 《元照英美法词典》，法律出版社 2003 年版，第 277 页。

② 陈安：《涉外经济合同的理论与实务》，中国政法大学出版社 1994 年版，第 191 页。

同一合同互负债务，在履行上存在关联性，像单务合同（如借用合同、赠与合同）双方当事人之间没有互为给付的关系，就不存在同时履行抗辩权的问题；其次，当事人互负的债务应基于同一双务合同，如甲向乙购买 5 吨钢铁，同时甲又卖给乙 10 台机床，那么甲就不能以乙未交钢铁为由拒交机床；再次，互负的两项债务间应有对价关系，所谓对价关系是指一方履行与他方对待履行互为条件，相互依存，具有牵连性。如当事人约定了定金条款，一方当事人未交付定金，由于对定金的约定是主合同的从债务，它与主债务间没有对价关系，所以一方当事人就不能以对方不支付定金作为抗辩理由不履行主债务。

2. 必须没有履行时间的先后顺序，当事人应为同时履行。在双务合同中，按法律的规定、当事人的约定或交易习惯，双方当事人的履行顺序，大多是有先后之别的。当法律对当事人的履行顺序没有规定，或当事人没有约定或者约定不明确，且依交易习惯也不能确定时，当事人应当同时履行合同。但这种同时履行也不意味着分秒不差地同时履行，如“一手交钱，一手交货”的交易是同时履行，但非当事人在履行时间上完全一模一样。

3. 双方债务必须均已届清偿期。履行期限到来之前，对方的请求权尚未成立，一方有权拒绝对方的履行请求，但这并非行使同时履行抗辩权的效果。

4. 对方当事人必须未履行债务或未提出履行债务。只有在对方当事人未履行或未提出履行债务时，一方当事人才可以行使同时履行抗辩权，拒绝履行己方债务。若对方当事人履行了自己的债务，同时履行抗辩权就消灭了。如果对方已作出履行但为部分履行，且数量严重不足或质量存在严重缺陷，被请求方有权拒绝受领并行使同时履行抗辩权以拒绝自己的履行；如果对方履行的数量仅有轻微不足或质量存在很小的偏差，被请求方不得以同时履行抗辩权来拒绝履行全部义务，而应为相应的履行。

5. 对方当事人的对待给付必须是可能履行的。如果对方当事人的债务已丧失了履行的可能性，如作为合同标的物的房屋已完全烧毁，那么双方通过行使同时履行抗辩权也就无法实现债务履行的目的，此时可能发生合同的解除，而不存在行使同时履行抗辩权的问题。

（三）举证责任和法律效力

一方当事人行使同时履行抗辩权时，无须证明对方当事人未履行或提出履行合同义务；而对方当事人如果主张自己已履行了合同义务，则应负举证责任。但如果行使同时履行抗辩权的一方当事人主张对方当事人仅进行了部分履行或履行不适当，则他应负举证责任。

行使同时履行抗辩权的效力表现为使一方当事人在对方当事人未及时履行义务时，可以暂时也不履行自己的义务，但这并不能消灭对方当事人的请求，也不能消灭自己所负的债务，只是暂时停止履行义务；当对方当事人提出履行时，同时履行抗辩权的效力终止，当事人必须履行自己的义务。

关于“同时履行抗辩权”的详细阐释，可扫码观看视频：

二、先履行抗辩权

（一）先履行抗辩权的概念和性质

先履行抗辩权，又可称为后履行抗辩权或先违约抗辩权，是指双务合同约定有履行的先后顺序的，负有先履行义务的一方当事人未依照合同约定履行债务，后履行义务的一方当事人可以因此拒绝对方当事人履行请求权的一种抗辩权。《民法典》第526条对此作出了规定："当事人互负债务，有先后履行顺序，应当先履行一方未履行的，后履行一方有权拒绝其履行请求。先履行一方履行债务不符合约定的，后履行一方有权拒绝其相应的履行请求。"先履行抗辩权在性质上也属于延期抗辩权，而非永久抗辩权。

（二）先履行抗辩权的适用条件

1. 当事人必须基于同一双务合同互负债务。关于这点的理解与同时履行抗辩权相同，在此不赘述。

2. 当事人义务的履行必须存在先后顺序。这种履行不是同时履行，而是一方履行在先，一方履行在后，这是它与同时履行抗辩权的最大区别。这一履行先后顺序可以是由法律规定的，或当事人约定的，或由交易习惯确定的。当先履行方不履行或不适当履行时，后履行方才可行使先履行抗辩权。可见，并非合同双方当事人都享有先履行抗辩权，先履行抗辩权仅赋予后履行义务的一方当事人。

3. 先履行一方必须不履行合同义务或者履行合同义务不适当。在异时履行合同中，先履行方应先履行其合同义务，若履行期限届至时，先履行方未履行则构成违约，后履行方有权拒绝先履行方的履行请求。若先履行方的履行不符合合同的约定，则后履行方仅可以拒绝相应的履行请求，即与先履行方履行债务不符合约定部分的相应部分。先履行抗辩权的行使实质上是对先履行方违约的抗辩，是在不终止合同效力的条件下，后履行方为保护自己的利益而采取的事前预防措施，既可以防止自己在履行义务后合法权益受到损害，又有利于降低成本。

4. 先履行方应先履行的债务必须是可能履行的。如果先履行方的债务已经无法被履行，这时可能发生合同的解除，则后履行一方行使先履行抗辩权就没有意义。

（三）先履行抗辩权的法律效力

先履行抗辩权的效力，在于阻止先履行方请求权的行使，它不能消灭先履行方的请求权；而当先履行方完全履行了己方的合同义务时，先履行抗辩权就消灭了，当事人必须履行自己的合同义务。后履行方因行使先履行抗辩权致使合同迟延履行的，先履行方自己承担由此所导致的损失。

三、不安抗辩权

（一）不安抗辩权的概念和性质

不安抗辩权，又可称为保证履行抗辩权，是指当事人互负债务，且履行有先后顺序的，先履行方有确切证据证明后履行方丧失履行债务能力时，有中止履行合同义务的权利。《民法典》第527条对此作出了规定："应当先履行债务的当事人，有确切证据证明对方有下列情形之一的，可以中止履行：(一)经营状况严重恶化；(二)转移财产、抽逃资金，以逃避债务；(三)丧失商业信誉；(四)有丧失或者可能丧失履行债务能力的其他情形。当事人没有确切证据中止履行的，应当承担违约责任。"不安抗辩权的性质与同时履行抗辩权、先履行抗辩权一样都属于延期抗辩权，而非永久抗辩权。

（二）不安抗辩权的适用条件

1. 必须基于同一双务合同而互负债务，这两个债务之间存在对价关系。对此理解与同时履行抗辩权、先履行抗辩权一样，在此不赘述。

2. 当事人义务的履行必须存在先后顺序。对这一点的理解与先履行抗辩权相似，但在不安抗辩权中，仅是先履行方才有权行使，这点恰好与先履行抗辩权相反。也就是说，负有先履行义务的一方当事人，在对方当事人有不能为对待给付的现实危险时，有权暂时中止履行己方给付的行为，以免因对方当事人之后不能为对待给付而遭受不合理的风险或损失。

3. 先履行义务的一方当事人必须有确切证据证明对方当事人丧失或可能丧失履行合同义务的能力。根据我国《民法典》的规定，后履行方丧失或可能丧失履行合同义务的能力的情形包括：

(1)后履行一方经营状况严重恶化。这种情况并不是当事人恶意造成的，而是在经营中力所不能及，或者经营不善而造成经营状况严重恶化的后果。此时后履行一方很有可能无力清偿债务，因此先履行一方可以行使不安抗辩权。

(2)后履行一方转移财产、抽逃资金，以逃避债务。这种行为的恶意是十分明显的。此时先履行一方如果仍按合同约定先履行给付义务，就有可能使自己的债权不能实现，造成自己的损失，因此先履行一方可以行使不安抗辩权。

(3)后履行一方严重丧失商业信誉。商业信誉是商家的生命，也是其经济能力的具体表现，是履约能力的具体体现。严重丧失商业信誉的商家，它的履约能力必然受到影响，构成先期履约危险，因此先履行一方可以行使不安抗辩权。

(4)后履行一方有丧失或者可能丧失履行债务能力的其他情形。即只要后履行一方表现出丧失或者可能丧失履行债务能力的情形，先履行一方就可以行使不安抗辩权。这是一条弹性规定，扩大了不安抗辩权的适用范围，以适应市场经济发展的需要。

（三）行使不安抗辩权当事人的附随义务

《民法典》合同编为了兼顾合同双方当事人利益，实现公平保护，在赋予先履行方不安抗辩权的同时，又要求其承担两项附随义务：

1. 通知义务。行使不安抗辩权的先履行方应当及时通知对方，因为不安抗辩权的行使只取决于权利人一方的意思，而无须征得对方的同意。为了避免对方因为不知道先履行一方中止履行的情形而遭受不必要的损失，法律要求先履行方在行使不安抗辩权时应及时通知对方当事人，这样也便于对方在获知后采取对应措施，或及时履行合同或提供充分担保,从而消灭不安抗辩权。

2. 举证义务。为了防止不安抗辩权的滥用,主张行使不安抗辩权的先履行方应当举出对方存在不能履行债务或者不能履行债务可能的情形之确切证据,这是行使权利方应当负有的义务。能否恰当地举证对先履行方至关重要,因为有确切证据证明的,不安抗辩权主张成立,先履行方有权中止履行合同义务;没有确切证据证明的,不安抗辩权主张不能成立,先履行方的行为构成违约。

(四)法律效力

《民法典》第 528 条规定:"当事人依据前条规定中止履行的,应当及时通知对方。对方提供适当担保的,应当恢复履行。中止履行后,对方在合理期限内未恢复履行能力并且未提供适当担保的,视为以自己的行为表明不履行主要债务,中止履行的一方可以解除合同并可以请求对方承担违约责任。"此条规定了行使不安抗辩权的法律效力。

1. 暂时中止履行合同债务。不安抗辩权在性质上也是一种延期抗辩权,所以它仅是使合同义务暂时中止履行或延期履行,而并非终止或消灭合同义务。如果后履行一方提供了适当担保或作了对待履行,不安抗辩权就消灭了,当事人就应当恢复履行自己的债务。

2. 解除合同。也就是终止或消灭合同关系或合同之债。在先履行方行使不安抗辩权后,对方仍未在合理期限内恢复履行能力且未提供适当担保的,先履行方有权解除合同,消灭对方的请求权。

案例分析:2021 年 1 月 10 日,A 公司与 B 公司签订棉纱买卖合同。合同约定:"A 公司供给 B 公司 21 支棉纱 100 吨,1.83 万元/吨,总计价款 183 万元,合同签订之日 B 公司预付货款 50 万元,A 公司应于同年 1 月 20 日送货至 B 公司,B 公司验货付款 100 万元,余款同年 3 月底前付清。"合同签订后,B 公司交付了 50 万元预付款,A 公司按约将货送至 B 公司指定地点。此时 B 公司没有筹集到足够的钱款,却要求卸车验货。A 公司拒绝卸货,等候 3 日,B 公司仍未筹到 100 万元,A 公司将货拉回。此后,B 公司诉至法院要求 A 公司返还 50 万元预付款,并偿付违约金 7.5 万元。A 公司辩称其不构成违约,并要求 B 公司赔偿运输费用等经济损失 2.6 万元。

解答:解决本案的关键在于判断 A 公司是否可以主张同时履行抗辩权,如果可以主张,则不构成违约。A 公司与 B 公司签订的棉纱买卖合同是一个双务合同,双方基于这一合同产生了具有相互依存关系的权利和义务。B 公司未按合同约定筹足货款,A 公司拒绝交付货物,是基于 B 公司未履行债务,A 公司有权根据《民法典》第 525 条的规定行使同时履行抗辩权,当事人行使同时履行抗辩权致使合同延迟履行的,由对方当事人承担延迟履行的责任。

本章小测

一、客观题

扫码测试

二、主观题

1. 在合同约定不明，又协议补充不成的情况下，合同应如何履行？
2. 同时履行抗辩权和不安履行抗辩权有何区别？

拓展案例

浙江宋都控股有限公司与百科投资管理有限公司、宋都基业投资股份有限公司股权转让纠纷二审案。

拓展案例

延伸阅读

1. 民法典履行抗辩权条款的体系解释。
2. 情势变更制度的体系性思考。

延伸阅读

本章参考文献

1. 刘凯湘：《债法总论》，北京大学出版社 2019 年版。
2. 邱聪智：《新订民法债编通则》（下），中国人民大学出版社 2004 年版。
3. 邱聪智：《新订民法债编通则》（下），中国人民大学出版社 2004 年版。
4. 李永军：《债权法》，北京大学出版社 2019 年版。
5. 申卫星：《民法总论》，北京大学出版社 2019 年第 2 版。
6. 刘凯湘：《债法总论》，北京大学出版社 2019 年版。
7. 王利明：《民法》，中国人民大学出版社 2023 年第 10 版。
8.《〈民法典合同编通则解释〉司法适用若干问题探讨——〈法律适用〉专题学习交流会会议综述》，载《法律适用》2024 年第 3 期。
9. 潘汉典等编：《元照英美法词典》，法律出版社 2003 年版。
10. 陈安：《涉外经济合同的理论与实务》，中国政法大学出版社 1994 年版。

第六章 合同的保全

思维导图

第一节　合同保全的概述

一、合同保全的概念和特点

合同保全，也称为债的保全或责任财产的保全，它是指债权人为了确保债权获得清偿而防止债务人的责任财产的不当减少或不增加给其债权造成损害的一种法律制度。

债的保全制度起源于罗马法上的撤销之诉。近现代民法上债的保全制度得到了比较普遍的确认，并发展为债权人代位权和债权人撤销权两种制度。在我国，自 1999 年《合同法》始就规定了债权人的代位权和撤销权两项制度，构成了债的保全体系。其中，代位权针对的是债务人不行使财产权利，消极不作为地任由财产减少的情况，此时债权人基于保护债权的需要代其行使权利。而撤销权则是针对债务人积极地减少其责任财产危害债权人的债权实现的情况，债权人得请求法院予以撤销。

合同保全的特点主要有：

第一，它体现了债的相对性的例外。依照债的一般原理，债权为相对权，债的关系具有相对性，仅在特定的债权人和债务人之间发生效力。但是合同保全制度却允许债权人享有代位权或撤销权，这两种权利都会对第三人产生效力，是典型的债的相对性的例外表现。

第二，它存在的目的是保护债务人的责任财产，进而保护债权人的债权。在履行债务的过程中，债务人在自己的全部财产范围内负责清偿其债务，从而保障债权的实现。换言之，债务人是以其全部财产作为全部债务履行的担保，债务人的所有财产则构成债务人的责任财产。债务人责任财产的变动与债权人债权的实现具有密切的关系，债务人责任财产发生减少或者该增加而不增加，则会影响到债权人债权的实现。因此，为了保障债权的顺利实现，法律赋予债权人保全债权的权利，维持债务人的责任财产，防止债务人减少责任财产而危害债权的正常实现。

案例分析：甲欠乙 20 万元债务到期无力偿还，其父病故后遗有价值 15 万元的住房 1 套，甲为唯一继承人。乙得知后与甲联系，希望以房抵债。甲便对好友丙说："反正这房子我继承了也要拿去抵债，不如送给你算了。"二人遂订立赠与协议。

解答：债务人甲在欠债无力偿还的情况下，仍将继承所得的房产赠与丙，该行为导致甲的责任财产的减少，从而影响到债权人乙的债权的实现，乙可以启动债权保全程序，通过行使撤销权的方式来维持债务人的责任财产，进而保护自身的债权。

二、合同保全在《民法典》中的地位及适用

我国《民法典》没有债法总则，因而“保全”这部分的内容只有规定在合同编中。虽然合同编将债权人代位权制度和债权人撤销权制度从原本合同法中“合同的履行”一章中独立出来作为一章“合同的保全”加以规定，但是该章所有条文都没有使用“合同”“当事人”等表述，而是使用“债权”“债权人”“债务人”“相对人”等表述。这就表明该章尽管标题是“合同的保全”，放在民法典合同编中，但实际上在体系上的定位是“债的保全”，是适用于一切债之关系的通用性制度。①

第二节　债权人的代位权

一、债权人代位权的概念和特点

债权人代位权是指当债务人怠于行使其债权或者与该债权有关的从权利，影响到债权人的到期债权的实现时，债权人得以自己的名义代位行使债务人对相对人的权利的权利。

代位权作为债的保全手段之一，具有如下特点：

第一，如上节所述，债权人的代位权是债的相对性的突破。

第二，代位权针对的是债务人怠于行使权利的行为，即债务人应当行使，且能够行使，但却不行使的行为。这是代位权与撤销权的重大不同之处。在债务人不积极行使权利而危及债权人权利时，才得行使代位权。债权人的代位权是为保全债权而设立的，当债务人怠于行使自己的权利而导致其本应增加的责任财产未能够增加时，债权人恐其行为会造成债务的无法清偿，才行使代位权以保障自身合法利益的实现。如果债务人已积极行使了自己的权利，债权人的债权不会受到不合理的威胁，则此时法律没有必要赋予债权人以代位权。

第三，代位权是债权人以自己的名义行使的权利。债权人的代位权是债权人代债务人的地位对债务人的相对人即次债务人行使权利，因而债权人的代位权是债权人以自己的名义行使这一权利的，而不是作为债务人的代理人来行使的。所以，债权人代位权不同于债务人的代理人的代理权，代位权的行使无须债务人的授权。

第四，代位权属于实体法上的权利。尽管传统代位权的行使必须向人民法院提出请求，通过诉讼的方式行使，然而代位权实际上并不是一种诉权，也不是程序法上的权利。它是由实体法所规定的，由债权人所享有的一种债权的权能，依附于债权人的债权，并与债权不可分割的权利。②

---

① 龙俊：《民法典中的债之保全体系》，载《比较法研究》2020 年第 4 期。

② 王利明、房绍坤、王轶：《合同法》，中国人民大学出版社 2009 年第 3 版，第 172 页。

二、债权人代位权成立的条件

根据我国《民法典》第 535 条、第 536 条之规定，以债权人的债权是否到期，将债权人的代位权分为两种类型，其成立条件也不尽相同。

（一）债权人的债权到期的代位权

此种代位权为传统代位权，一般情形下，没有特殊说明，代位权指的是传统代位权。其成立须符合下列条件：

1. 债权人对债务人的债权，债务人对相对人的权利均合法

在代位权成立中须有两重债的关系存在，债权人对债务人的债权合法，是债权人得以行使代位权的首要前提。有了该合法债权，才有所谓采取措施保全该债权，若该债权本身不合法，也就没有保全的必要性。提起代位权诉讼的债权如果已经判决书、裁定书、决定书、支付令、调解书、仲裁裁决、执行证书等生效法律文书确认，自属合法，在代位权诉讼中只需作形式审查。若债权人主张代位权的债权未经生效法律文书确认，则在认定代位权是否成立时首先要对其合法性作出判断。①

同时，只有当债务人对相对人也享有合法的债权或者与该债权有关的从权利时，债权人的代位才有标的。

2. 债务人怠于行使其债权或者与该债权有关的从权利

所谓"怠于行使"是指能行使而不行使。只有当债务人对相对人享有的权利到期了而不行使，才称得上怠于行使。关于怠于行使的判断，学说上有不同的看法。主流的观点有两种：一种认为，怠于行使是指应当行使且能够行使却不行使，其表现主要是根本不主张权利或迟延行使权利。另一种认为，怠于行使是指债务人能够通过诉讼或者仲裁的方式向其相对人主张权利，但却一直未主张权利。我们认为，后一种观点较为科学合理。理由有二：其一，债务人是否怠于行使权利，需要有一个客观明确的标准来判断。诉讼或仲裁具有客观性。反之，债务人是否通过诉讼或仲裁以外的方式主张了权利，往往仅凭债务人一家之言，债权人对此难以举证反驳。其二，代位权的成立，对债务人的相对人而言通常是不利益的，故而相对人也可能编造证据说明债务人曾向其主张权利，债权人同样难以举证反驳。基于上述两点，债务人是否行使了诉讼或仲裁的方式主张权利，作为判断是否"怠于"，更有利于债权人利益的保护；否则，债权人享有的代位权将会落空。

关于"债务人怠于"的认定补充，可扫码观看视频：

3. 影响债权人到期债权的实现

债务人虽然怠于行使权利，但是，如果其自身所拥有的责任财产仍足以清偿债务，债

---

① 最高人民法院民法典贯彻实施工作领导小组：《中华人民共和国民法典合同编理解与适用（一）》，人民法院出版社 2020 年版，第 500 页。

权人即可直接请求债务人为履行，并不需要突破债的相对性而代位行使债务人对第三人的权利。只有当债务人的怠于行使，使得债权人的到期债权发生不能实现的可能时，债权人才有保全债权的必要。台湾地区学者认为，保全债权之必要，对于一般债权，是以债务人已陷于无资力为判断要件。无资力，亦称欠缺支付能力，意指债务人负债超过资产（包括信用力），不能清偿其债务而言。对于特定物债权，若债权人行使损害赔偿请求权，其性质与一般债权无异，仍须以无资力为要件；若债权人请求给付特定物，则不以无资力为必要，只要特定物给付发生障碍，即认为有保全必要。①

4. 债务人的权利不是专属于债务人自身的权利

债权人可以代位行使的权利，必须是非专属于债务人的权利。对于专属于债务人的权利不得代位。何为“专属于债务人自身的权利”：一是抚养费、赡养费或者扶养费请求权；二是人身损害赔偿请求权；三是劳动报酬请求权，但是超过债务人及其所扶养家属的生活必需费用的部分除外；四是请求支付基本养老保险金、失业保险金、最低生活保障金等保障当事人基本生活的权利；五是其他专属于债务人自身的权利。很明显专属于债务人自身权利的排除范围认定问题，涉及债权人和债务人利益的平衡保护问题。② 更多体现对于基本生活的照顾和对于公序良俗的维护。

代位权的行使，目的在于保护一般债权，其标的必须是能够进行强制执行的权利，而专属于债务人的权利，不适于强制执行，不能作为代位权的标的。

（二）债权人债权到期前行使的代位权

此种为《民法典》新增设，称为紧急代位权，其成立须符合下列条件。

1. 紧急代位权须发生在债权人的债权到期前。如果债权人的债权已经到期，那就成为上述的传统代位权了。

2. 其行为是为了将来债权实现作准备，而不是债权本身马上得到实现。

3. 权利有受侵害之虞，有代位保全的必要。如果不进行保全，权利将失效或者消灭。比如，债务人的权利诉讼时效即将届满或者未及时申报破产债权等情形，影响债权人债权的实现。紧急代位权对债务人不仅没有不利益，还可以保全其利益进而有利于将来债权人债权的实现。

三、债权人代位权的行使

（一）代位权的行使主体

根据《民法典》第535条之规定，债权人以自己名义行使代位权。所以代位权行使的主体为债权人，若有多个债权人，多个债权人可以作为共同原告提起诉讼。同时，因为代位权是债权人以自己名义向债务人的相对人行使权利，而不是直接向债务人行使权利，

① 邱聪智：《新订民法债编通则》（下），承法数位文化有限公司2014年新订第2版，第94～95页。

② 最高人民法院民事审判第二庭、研究室：《最高人民法院民法典合同编通则司法解释理解与适用》，人民法院出版社2023年版，第387页。

所以代位权诉讼中应当以债务人的相对人为被告。债务人在代位权诉讼中以第三人的身份参与，这样既有利于查明事实，也有利于债务人合法利益的保护。

（二）代位权的行使客体

代位权行使的客体为债务人的"债权或者与该债权有关的从权利"。《民法典》第535条所称的"债权"，不限于"金钱债权"，特定物债权也可以作为代位权的客体。需要说明的是，该条用的是"与该债权有关的从权利"而非"债权的从权利"的表述，也就是说，客体范围包括但不限于"狭义之债的从权利"，"广义之债的从权利"也被囊括其中。不仅担保物权（狭义之债的从权利）可以作为代位权的客体，而且基于合同产生的解除权等形成权（广义之债的从权利）也可以作为代位权的客体。[①]

（三）代位权的行使方法

两类代位权在行使方法上略有不同：

传统代位权的行使，须以向法院提起诉讼的方式进行。我国《民法典》第535条明确提出，代位权的行使，应向人民法院提出请求，而不能通过诉讼外的方式进行。这一规定，有助于防止债权人借保全债权的名义，采用不正当的手段侵占债务人的财产。另外，从债的相对性角度考量，代位权毕竟突破了债的一般规则，涉及债务人的相对人的利益保护，理应更加慎重，采用诉讼方式，无疑是更好的选择。

紧急代位权的行使则不同，其可以根据保全的需要采取不同的方式，如向债务人的相对人请求其向债务人履行、向破产管理人申报或者作出其他必要的行为。后两种方法，超出了传统债权人代位权的范围，其目的仍然是保全债务人的财产以保护自己的债权，是针对实际情况所作的新规定，对于保全债权人的债权具有重要意义。

（四）代位权行使的效力

1. 对债权人的效力

代位权的行使主体是债权人，当债务人存在多个债权人时，原则上多个债权人在符合法律规定的条件下均可以行使代位权。但是，当多个债权人的代位权客体重合时，法院则应当将多个代位权诉讼合并审理。

债权人行使代位权之后，能否就行使代位权的结果直接获得清偿，学理上有争议。该争议归纳起来主要是两大规则：

第一，简易债权回收规则，也称优先受偿规则。即一旦人民法院认定代位权成立的，由债务人的相对人向债权人履行义务，债权人接受履行后，债权人与债务人、债务人与相对人之间相应的权利义务终止。简易债权回收规则，允许次债务人直接向债权人履行债务，有利于减少诉讼环节，实现诉讼经济，符合效率原则，而且有利于鼓励债权人提起代位权诉讼。[②]

第二，入库规则。"库"即是债务人的责任财产。入库规则认为，债权人行使代位权之后，效果直接归属于债务人，债权人并不能因此直接获得清偿。支持该规则的学者，多

① 龙俊：《民法典中的债之保全体系》，载《比较法研究》2020年第4期。

② 谢鸿飞：《合同法学的新发展》，中国社会科学出版社2014年版，第320页。

秉持维护债权平等性的原则。认为如果让债权人直接接受债务人的相对人的履行,会使得该债权人事实上拥有了一个优先效力,使得代位权行使后,债务人的其他债权人无法与行使代位权的债权人竞争,从而权利受损。

这两大观点的争议,实质上就是"平等性"和"效率性"之争。严格恪守债权简易回收规则,违反了债权平等性,而入库规则则在表面上维护了债权的平等性。但是,行使了代位权的债权人,好不容易把债务人的财产拿回来却要被其他债权人瓜分,辛苦一场却"为他人作嫁衣裳",使得"在权利上沉睡的人"搭了便车。这不利于鼓励债权人积极维护自己的权利,是缺乏效率的制度。

综合上述两大规则,我国《民法典》采用了简易债权回收规则与限定性入库规则相结合的立法模式。所谓的"限定性入库规则"是指特定情形下才承认的入库规则。《民法典》第 537 条规定:"人民法院认定代位权成立的,由债务人的相对人向债权人履行义务,债权人接受履行后,债权人与债务人、债务人与相对人之间相应的权利义务终止。债务人对相对人的债权或者与该债权有关的从权利被采取保全、执行措施,或者债务人破产的,依照相关法律的规定处理。"该条规定一定程度上平衡了效率和公平的关系。在债务人尚未进入破产、强制执行等程序时,赋予行使代位权的债权人简易回收债权的功能。当其他债权人也已经采取了相关的主张权利的措施,如已经查封扣押了债务人的财产,甚至已经起诉债务人获得胜诉判决,进入强制执行阶段了。在这种情形下,由于其他债权人已经采取了相关的措施,而未怠于行使其权利,甚至可能相较于代位权人更早地行使了权利,因此,在这些情况下,代位权人不应当享有优先受偿的权利。只有这样才能与强制执行法中的参与分配制度相衔接,避免出现效果上的矛盾。[①]《民法典》第 537 条后半段的规定,即采取了此种观点。当行使代位权的债权人和债务人的其他债权人真正形成生死相搏时,直接通过法定形式否定了在强制执行程序以及破产程序当中代位权行使后果的优先效力。这样既避免了无限度地搭便车,又在最重要的关头维护了债的平等原则。

另外,特别注意的是,债权人行使代位权之后未获得全部清偿的,仍有权向债务人主张债权。

2. 对债务人的效力

旦法院判决债权人的代位权成立,债务人就不能就其被债权人代位行使的权利作出处分,也不得妨碍债权人行使代位权。债务人的相对人向行使代位权的债权人为履行后,债务人与相对人之间相应的权利义务终止。

3. 对相对人的效力

对债务人的相对人而言,债权人行使代位权,与债务人行使权利具有相同的地位。因此相对人对债务人的所有抗辩权,都可以向债权人主张。我国《民法典》第 535 条第 3 款规定:"相对人对债务人的抗辩,可以向债权人主张。"

---

① 潘重阳:《论债权人代位权制度之存废——以实体与程序交叉为视角》,载《大连海事大学学报(社会科学版)》2015 年第 3 期。

（五）代位权行使的范围及费用负担

《民法典》第 535 条第 2 款规定："代位权的行使范围以债权人的到期债权为限。债权人行使代位权的必要费用，由债务人负担。"该款明确了两点：

第一，代位权的行使范围，仅以债权人的到期债权为限。此处的"债权人"应为"行使代位权的债权人"，而不应包括未行使代位权的债务人的其他债权人。在简易债权回收规则之下，由于行使代位权的债权人直接接受相对人的履行，故而其行使代位权时，应以其债权为限。如果有多个债权人同时对债务人的权利主张代位，在合并审理之下，应将参与分配的总债权额作为行使代位权的范围。

第二，代位权行使的必要费用，由债务人负担。行使代位权后，会涉及行使代位权的必要费用的承担问题。关于费用的负担，学者的看法不一：一种观点认为，债权人行使代位权只是债的保全的一种措施，债权人在行使代位权过程中产生的费用，可以视为是债务人清偿债务过程中的费用，此种费用本来就应当由债务人支出。① 另一种观点认为，从诉讼的角度出发，债务人不是作为代位权诉讼的被告出现的，所以由债务人承担费用存在不合理的地方。

笔者认为，代位权行使的必要费用，应该从实现的债权中优先支付，但最终应由债务人承担费用。从诉讼的角度出发，债权人代位权胜诉，表面上是由次债务人（相对人）来支付诉讼费用的，但是该笔费用是从实现的债权中优先支付的，由此，"债权人与债务人，债务人与相对人之间相应的权利义务终止"，其中并不包含该笔费用的扣除。代位权行使的原因是债务人怠于行使其债权或者与该债权有关的从权利，可以说次债务人不能向债务人及时作出清偿以及债务人不能及时清偿债权人的债务，主要的过错在于债务人而不在于次债务人。② 最终将诉讼费用确定由债务人承担，才是公平合理的。

案例分析：李某于 2019 年 10 月 5 日借款 35000 元给胡某，约定借款期限为一年，借款期限届满后，胡某未按约定还款。经了解，因胡某生意资金周转紧张，暂时无钱还款，但王某尚欠胡某到期货款 2.7 万元。2021 年 4 月李某向法院提起代位权之诉，要求王某向其履行偿付义务，法院应该支持吗？

解答：胡某未及时实现对王某的债权，导致其责任财产的减少，影响到胡某的债权人李某债权的实现，因此李某向法院提起代位权诉讼法院应该支持。

关于"代位权诉讼不受仲裁条款约束"的详细阐释，可扫码观看视频：

① 王利明：《债法总则研究》，中国人民大学出版社 2018 年第 2 版，第 709 页。

② 王利明、房绍坤、王轶：《合同法》，中国人民大学出版社 2009 年第 3 版，第 178 页。

第三节　债权人的撤销权

一、债权人撤销权的概念和特点

（一）债权人撤销权的概念及性质

债权人的撤销权是指在债务人实施不当处分其财产或者其他权利的行为，影响到债权人的债权实现时，债权人得请求人民法院撤销该行为的权利。撤销权与代位权共同构成了债权的保全制度，但是二者的保护倾向并不相同：代位权是对债务人消极地不行使权利而使责任财产减少，从而害及债权人债权的行为的救济；而撤销权则是对债务人的积极的不当处分财产或其他权利使其财产减少从而害及债权人债权的行为的救济。

在民事立法上，存在与债权人撤销权相似的制度：

第一，可撤销民事行为的撤销权。我国《民法典》总则编在“民事法律行为的效力”章节规定了可撤销民事行为的撤销权。该撤销权与债权人撤销权之间主要有以下几点区别：

(1)在发生原因上，可撤销民事行为的撤销权通常是因当事人意思表示的不真实而发生，具体包括欺诈、胁迫、乘人之危、重大误解和显失公平等；而债权人撤销权主要是基于债务人不当处分财产及其他权利从而害及债权的事实而发生。

(2)在行使方式上，可撤销民事行为的撤销权人须向法院或仲裁机构行使，债权人撤销权则只能以诉讼的方式行使。

(3)在行使时间上，可撤销民事行为的撤销权因撤销事由的不同，有不同的起算点，及“一年”“九十日”“五年”多种除斥期间；而债权人撤销权则有两个时间上的规定，“一年”(自知道或应当知道之日起算)和“五年”(自行为发生之日起算)。

(4)在行使效果上，可撤销民事行为的撤销权撤销的是当事人之间的民事行为，体现了相对性原则；而债权人的撤销权如果成立，撤销的则是债务人与其相对人的行为，体现了债的相对性的例外。

第二，效力待定民事行为之善意相对人的撤销权。我国《民法典》第 145 条、第 171 条分别规定了在行为能力瑕疵和代理权瑕疵情形下善意相对人的撤销权。该撤销权与债权人撤销权的区别主要在于：

(1)在性质上，善意相对人的撤销权为形成权，而债权人撤销权兼有形成权和请求权的双重属性。

(2)在行使方式上，善意相对人的撤销权以通知的方式作出即可，而债权人的撤销权需以诉讼方式行使。

关于债权人撤销权的性质，虽然行使撤销权必须由债权人向人民法院起诉，通过诉讼程序进行，但学者一致认为，撤销权属于实体上的权利而非诉讼上的权利。至于撤销权在实体上究竟属于何种权利，通说认为，撤销权不是单纯的请求权，而是兼有了请求权和形成权的双重性质：一方面，债权人撤销权是债权人依自己的意思表示使债务人和第三人的行为归于无效，故撤销权具有形成权的性质；另一方面，债务人与第三人的行为一旦撤销，第三人所取得的财产利益即应返还，因而，撤销权行使的效果具有给付内容，撤销权具有请求权的性质。①

（二）债权人撤销权的特点

撤销权作为债的保全手段之一，具有如下特点：

第一，债权人的撤销权与代位权一样，是债的相对性的突破。

第二，债权人撤销权针对的是债务人的积极的不当处分财产或者其他权利，影响债权人债权实现的行为。债权人通过行使撤销权旨在恢复债务人的财产。②

第三，债权人撤销权不是独立的民事权利，而是依附于债权的从权利。撤销权必须依附于债权而存在，不得与债权相分离而进行处分。当债权转让时，撤销权也随之发生转让；当债权消灭时，撤销权也随之消灭。

此外，债权人撤销权与代位权一样要通过诉讼的方式行使，是实体性的权利而非程序性的权利。

二、债权人撤销权成立的条件

债权人撤销权的行使，直接废止了债务人与相对人之间的法律行为，具有“侵略性”，足以引起现有秩序的不安。有鉴于此，法律必须严格其成立和行使的条件。③

《民法典》第 538 条规定：“债务人以放弃其债权、放弃债权担保、无偿转让财产等方式无偿处分财产权益，或者恶意延长其到期债权的履行期限，影响债权人的债权实现的，债权人可以请求人民法院撤销债务人的行为。”此条规范了债务人无偿处分其财产影响债权人的债权实现时，债权人可以撤销的问题。第 539 条规定：“债务人以明显不合理的低价转让财产、以明显不合理的高价受让他人财产或者为他人的债务提供担保，影响债权人的债权实现，债务人的相对人知道或者应当知道该情形的，债权人可以请求人民法院撤销债务人的行为。”该条则是调整债务人诈害的有偿处分其财产影响债权人的债权时，债权人有权撤销的事项。由此可见，在债权人撤销权的标的方面，《民法典》借鉴传统民法的思路，沿用了《合同法》无偿行为和有偿行为二分法的做法，并对无偿处分和有偿处分分别设立不同的成立要件。

（一）债务人无偿诈害行为成立债权人撤销权的条件

1. 债务人实施了无偿诈害行为

《民法典》第 538 条列举了债权人可以撤销的债务人无偿处分财产的行为类型，包括

① 房绍坤主编：《民法》，中国人民大学出版社 2020 年第 5 版，第 244 页。

② 我妻荣：《新订债权总论》，王燚译，中国法制出版社 2008 年版，第 154 页。

③ 崔建远：《论债权人撤销权的构成》，载《清华法学》2020 年第 3 期。

"放弃其债权、放弃债权担保、无偿转让财产"三大主要类型，同时恐挂一漏万，加上了"等"字。这就表明，列举是起到了指引方向的作用，但是未列举到的，与债务人"放弃其债权、放弃债权担保、无偿转让财产"类似的，会"影响到债权人债权实现的"行为，也应允许债权人撤销。

另外，值得一提的是，第538条还列举了一种情况，即债务人"恶意延长其到期债权的履行期限"。这类行为是对原合同约定事项的改变，是债务人与其相对人就原定履行期限的延长所达成的合意，属于合同变更的范畴。但是，单从法律条文看，这种情形不能仅作无偿之判断，故而应视具体情况而言：如果该延长没有相对人提供对价，则该延长行为为无偿行为；如果该延长已由相对人提供对价，则该延长行为属于有偿行为。属于后者的比较鲜见。[①] 如果属于有偿的情形，则适用第539条债务人有偿诈害行为成立债权人撤销权的情形。

2. 影响到债权人债权的实现

这是债权人行使撤销权的原因所在。债务人的行为导致其财产减少，会使债务人资力减弱而出现危及债权人债权实现的可能。即如果债务人在处分其财产后便不具有足够资产清偿债权人的债权，就认定该行为影响债权人的债权实现，债权人可行使撤销权。如果债务人在处分其财产后仍有清偿债权人债权的资产，就不能认为该行为有害债权。

另外，债务人还可能进行财产的变形，如买卖等，只要有相当的对价，就不一定导致债务人资力的减少，也就不属于影响债权人债权实现的行为。无论从合同的相对性出发，还是从维护市场交易安全考虑，债权人都无权撤销另外两方市场主体的正常交易行为。

债务人就现存债务为清偿，固然产生减少积极财产的结果，但同时也减少消极财产，对于债务人的资力并无影响，没有影响债权人的债权实现，因此不得将此认定为诈害行为，债权人不能行使撤销权。

（二）债务人有偿诈害行为成立债权人撤销权的条件

1. 债务人实施了有偿诈害行为

《民法典》第539条列举了三种债权人可以行使撤销权的情形"债务人以明显不合理的低价转让财产、以明显不合理的高价受让他人财产或者为他人的债务提供担保"。

债务人有偿处分自己财产的行为，原本与债权人的利益无关，但是债务人为逃避债务，恶意处分财产，就危及了债权人的债权。债务人以明显不合理的低价转让财产，即债务人以明显低于正常的合理价格转让自己的财产。债务人以明显不合理的高价受让他人财产，即债务人以明显高于正常的价格受让他人的财产，这就相当于债务人变相转移自己的资产。

那么"明显不合理的低价"和"明显不合理的高价"判断的标准是什么？在判断上有"客观等值原则"和"主观等值原则"之说。"客观等值原则"以客观的市场标准或理性之人的标准来判断当事人之间的给付与对待给付是否等值，也可以说对价合理与否；"主观

① 崔建远：《论债权人撤销权的构成》，载《清华法学》2020年第3期。

等值原则”系以当事人的主观意愿来判断，纵使以市场标准或自理性之人的角度衡量并非等值，但只要当事人具有真实的合意，在主观上愿意以自己的给付换取对方的给付，那么对双方而言就是公正的，也可以说对价合理。我们认为，在合同领域一般应采纳“主观等值原则”为宜，乃基于合同意思自治之考虑。然该对价涉及第三人的利益时，则应该适用“客观等值原则”方能体现公平。在上述两种情形下，也应该采用“客观等值原则”，不能允许债务人借口“我认为对价合理”来维持其诈害行为的效力，导致其责任财产的减少，影响到债权人债权的实现。转让价格达不到交易时交易地的指导价或市场交易价70％的，一般可以视为明显不合理的低价；转让价格高于当地指导价或市场交易价30％的，一般可以视为明显不合理的高价。如果债务人和相对人之间存在亲属关系、关联关系，则在判断明显不合理的低价或者高价的时候，应当严于一般市场交易的判断标准，只要交易价格异常且存在债务超过的情形，即应考虑存在诈害债权的高度盖然性而认定为明显不合理的低价或者高价，交易当事人对此可以举出相反的事实和证据予以推翻。①

债务人为他人的债务提供担保的情形，是《民法典》中新增加的类型，《合同法》以及相关的司法解释均没有规定这种情形。笔者认为，债务人为他人的债务提供担保，如果是债权性质的担保如设立定金、保证金的担保，债务人的责任财产不足以清偿债权人的债权的，可能成立债权人撤销权。如果是设立了担保物权，如抵押权、质权的，那么担保物权的效力优先于债权人的债权就极容易影响债权人债权的实现，亦可成立债权人撤销权。

关于“明显不合理”的低价或者高价的认定，可扫码观看视频：

2. 影响到债权人债权的实现

债务人在应当履行对债权人的债务情形下，实施了上述三种情形的任一种，都将减少自己承担债务的财产资力。当然，实际上是否影响债权人的债权实现，取决于债务人的责任财产是否足够清偿债权。

3. 债务人、债务人的相对人须有恶意

债权人撤销权是否要以主观过错为必要，因无偿诈害行为和有偿诈害行为而有区别。通说认为，如果债务人与其相对人的行为是无偿的，因为相对人取得债务人的财产利益是无偿的，撤销该行为，本质上不会对相对人有额外损害，所以只要该行为影响债权人债权的实现，债权人就可以行使撤销权。但是，如果债务人与相对人的行为是有偿的，相对人为取得债务人的财产是支付了对价的，那么，撤销权的行使就可能害及相对人过巨，所以在主观上有必要加以限定，即债务人与相对人均有主观恶意，方可主张撤销。

(1)债务人的恶意

债务人的恶意以其实施诈害行为时，预见其行为可能引起或增加其无资力状态为已足，不以有积极损害的期望为必要，仅消极的有此认识为已足。② 债务人的代理人在实施

---

① 最高人民法院民事审判第二庭、研究室：《最高人民法院民法典合同编通则司法解释理解与适用》，人民法院出版社2023年版，第468页。

② 孙森焱：《民法债编总论》(下册)，法律出版社2006年版，第544页。

行为时，其有无恶意，应以代理人的主观状态判断，对代理人的恶意视为债务人的恶意，同样具备主观要件。[①]

(2)债务人的相对人的恶意

《民法典》将债务人的相对人的恶意界定为其"知道或者应当知道"诈害行为影响债权人债权的实现。在"知道"的基础上增加了"应当知道"，这在实务操作上具有重要的意义。要求债权人举证证明相对人在取得一定的财产或者财产利益时，已经"知道"债务人所实施的处分财产的行为有害于债权人的债权，这对债权人来说，实在困难，几乎证明不了。因为债权本身具有非公示性，债权没有公示，就很难推定相对人完全知道债权人和债务人之间的债权债务的内容。而"应当知道"在举证证明上已经客观化，债权人举证证明相对容易。这样一来，债权人撤销权制度可以发挥实际功效，不再是束之高阁的欣赏品。[②]

案例分析：A拖欠B债务200万元到期无力归还，同时又为转移资产，A串通C以高出市场价3倍的高价从C处受让厂房一套，B能否向法院请求撤销A以高价受让厂房的行为？

解答：从撤销权的构成要件来分析案情，A以高出市场价3倍的价格从相对人C处受让厂房的行为属于《民法典》第539条规定的以明显不合理的高价受让他人财产影响债权人债权实现的情况，并且C对此等情形知晓，因此B能够请求法院撤销A高价受让厂房的行为。

三、债权人撤销权的行使

(一)撤销权的行使主体

债权人撤销权行使的主体是债权人，故债权人为撤销权之诉的原告。如果债权人为数人，则数个债权人可以分别行使撤销权也可以共同行使撤销权。但是撤销权的行使结果对全体债权人发生效力。

债权人撤销权之诉的被告为何人？学说上有不同见解，通说认为分为两种情况：如果处分行为只达成协议而未实际转移占有时，该诉的性质为形成之诉，被告系处分行为的债务人。如果处分行为已实际转移占有时，撤销权以返还原物的请求权性质为主，该诉的性质为给付之诉，以债务人及受益人为共同被告。

(二)撤销权的行使客体

撤销权行使的客体为行为，而非客观事实。并且只有法律行为才能成为债权人撤销权的行使客体。事实行为，无论是作为还是不作为，都无从撤销。具体而言，可以由债权人撤销的法律行为，既可以是合同(如无偿转让财产的赠与合同、明显不合理的低价转让财产的买卖合同等)，也可以是单方行为(如债务的免除、放弃债权担保等)。另外，无效

---

① 杨立新：《债法》，中国人民大学出版社2018年版，第110～111页。

② 崔建远：《论债权人撤销权的构成》，载《清华法学》2020年第3期。

的法律行为当然无效，无须撤销，是不能成为撤销权的客体的，债权人只需要主张无效就已经足够。

（三）撤销权的行使方法

债权人撤销权的行使对债务人的相对人产生重大影响，其是否成立，直接关乎相对人权益，故而《民法典》第539条规定，债权人撤销权应向法院为请求，即应该以诉讼的方式进行。

（四）撤销权行使的时间

《民法典》第541条规定："撤销权自债权人知道或者应当知道撤销事由之日起一年内行使。自债务人的行为发生之日起五年内没有行使撤销权的，该撤销权消灭。"由此可见，债权人撤销权的行使有时间的限制，超过规定的时间不行使，则权利消灭，因而不管是"1年"还是"5年"都是除斥期间，不同在于起算点不一样。

（五）撤销权行使的效力

依据《民法典》第542条的规定，债务人影响债权人债权实现的行为被撤销的，自始没有法律约束力。该条对于撤销权的效力范围没有明确表述，学说上有两种观点：一是相对无效说，认为撤销的效力虽然为自始无效，但效力范围，以保全债权人的权利范围为标准，超出其保全范围的部分仍然继续有效；二是绝对无效说，即债务人行为被撤销后，对于相对人的全部行为视为自始无效。从《民法典》第540条的规定"撤销权的行使范围以债权人的债权为限"看，采纳相对无效说更为合理。

1. 对债权人的效力

债权人撤销权的行使具有恢复债务人责任财产的效果，恢复的财产实行"入库规则"，用以清偿债务人的全部债务，行使撤销权的债权人并没有享有优先受偿的权利。

2. 对债务人的效力

撤销判决确定之后，债务人处分的财产应当返还给债务人；债务人因此而取得受益人的财产的，亦应予以返还。这就意味着，如果财产没有交付或者设立负担的，当然恢复原状。已经交付或者设立负担的，债务人负有恢复原状的义务。

3. 对债务人的相对人的效力

撤销判决确定之后，相对人因为债务人的行为取得的财产，应当返还给债务人；不能返还的，折价赔偿。相对人支付了对价的，对债务人享有不当得利返还请求权。

（六）撤销权行使的范围及费用负担

债权人撤销权的行使范围以债权人的债权为限。债权人行使撤销权的必要费用，由债务人负担。学说上也有主张，若相对人有过错的，应当适当分担必要费用。

本章小测

一、客观题

扫码测试

二、主观题

1. 简述债权人代位权的构成要件。
2. 简述债权人撤销权的行使及效力。

拓展案例

为逃债务净身出户，债权人行使撤销权。

拓展案例

延伸阅读

连带债务人追偿权与法定代位权的适用关系。

延伸阅读

本章参考文献

1. 王利明、房绍坤、王轶：《合同法》，中国人民大学出版社 2009 年第 3 版。

2. 邱聪智：《新订民法债编通则》（下），承法数位文化有限公司 2014 年版。

3. 谢鸿飞：《合同法学的新发展》，中国社会科学出版社 2014 年版。

4. 王利明：《债法总则研究》，中国人民大学出版社 2018 年第 2 版。

5. 房绍坤：《民法》，中国人民大学出版社 2020 年第 5 版。

6. 我妻荣：《新订债权总论》，王燚译，中国法制出版社 2008 年版。

7. 杨立新：《债法》，中国人民大学出版社 2018 年版。

8. 最高人民法院民法典贯彻实施工作领导小组：《中华人民共和国民法典合同编理解与适用（一）》，人民法院出版社 2020 年版。

9. 最高人民法院民事审判第二庭、研究室：《最高人民法院民法典合同编通则司法解释理解与适用》，人民法院出版社 2023 年版。

10. 龙俊：《民法典中的债之保全体系》，载《比较法研究》2020 年第 4 期。

11. 潘重阳：《论债权人代位权制度之存废——以实体与程序交叉为视角》，载《大连海事大学学报（社会科学版）》2015 年第 3 期。

12. 崔建远：《论债权人撤销权的构成》，载《清华法学》2020 年第 3 期。

第七章 合同的变更、转让及终止

思维导图

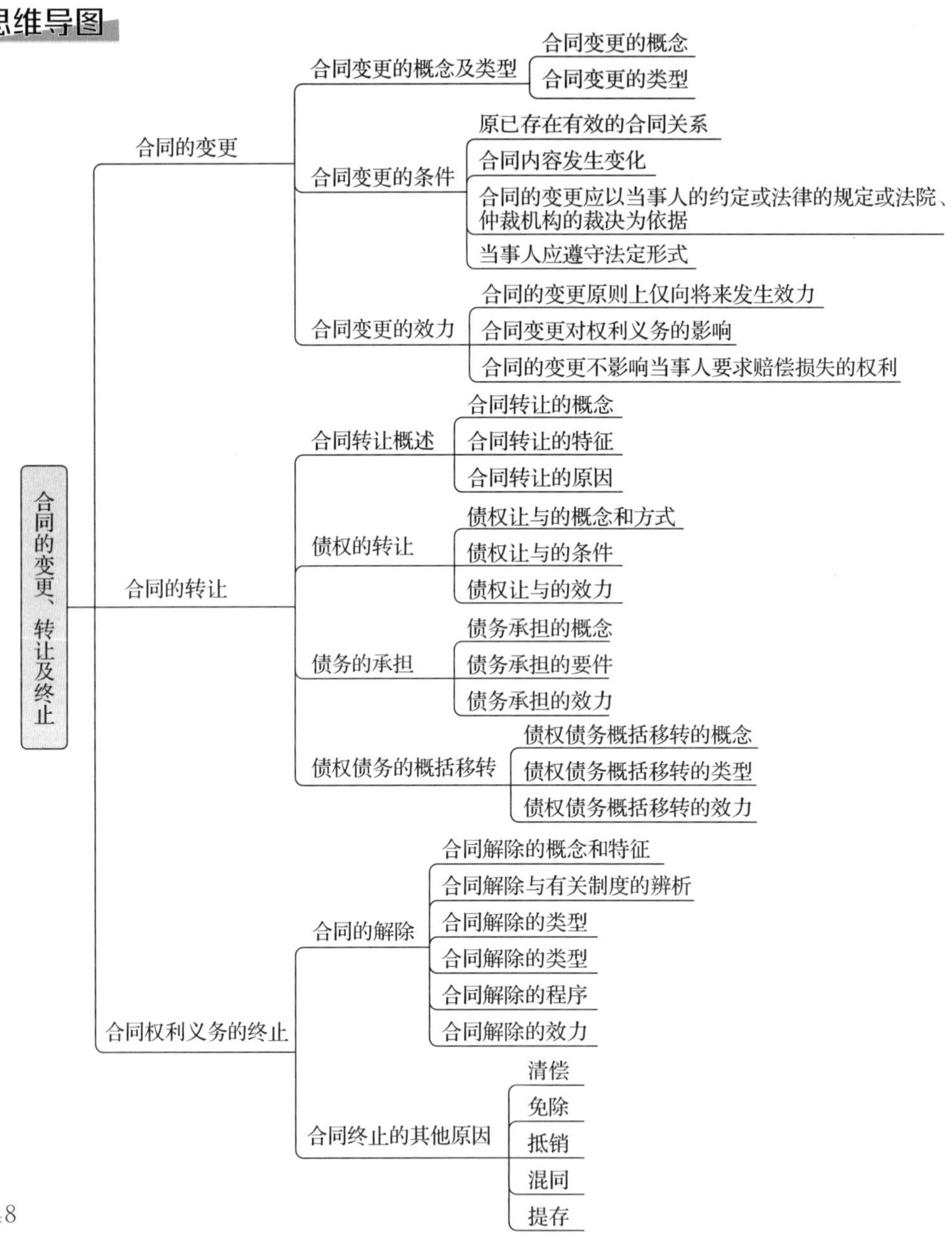

第一节 合同的变更

一、合同变更的概念及类型

(一)合同变更的概念

合同的变更有广义和狭义之分。广义的合同变更,包括合同的主体变更、合同的客体变更与合同的内容变更。因为合同的客体变更与合同的内容变更是联系在一起的,客体的变更必然发生内容的变更,而内容的变更也就引起客体的变更。如在交付标的物的合同中,应交付的标的物的数量的增减,也就是合同债务范围的变更,也引起了合同客体的变更。所以,合同的变更主要是指合同内容的变更与合同主体的变更。合同主体的变更即合同内容并不发生改变,仅是一方当事人将合同的全部或部分权利义务转让给第三人,又称合同的转让。合同内容的变更是指当事人不变,只合同的内容发生变化。有些学者认为,合同的更新、更替、更改也属于广义的合同变更。我国民法典合同编规定了合同的变更,但没有规定合同的更新、更替和更改,所以合同的更新、更替和更改一般也纳入广义的"合同变更"予以考量。[①] 狭义的合同变更仅指合同内容的变更。本节仅讨论合同内容的变更,即狭义的合同变更。

(二)合同变更的类型

合同的变更,从原因与程序上看,主要有以下几类:

1. 法定变更,即基于法律的直接规定变更合同。例如债务不能履行,而债务人又不具有免责事由,则履行合同的债务变为损害赔偿债务。

2. 裁判变更,即基于法院判决或仲裁机构的裁决使合同内容发生变更。例如,在情势变更使合同履行显失公平的情况下,当事人可以请求法院变更合同内容。

3. 依法律行为或其他行为变更,其可以分成依单方行为变更和依双方行为变更两种。前者如形成权人行使形成权,使合同变更,后者如当事人各方协商同意变更合同。

二、合同变更的条件

(一)原已存在有效的合同关系

合同的变更是改变原合同关系,没有原合同关系就没有变更的对象,因而合同变更

---

① 王利明和崔建远认为在《民法典》未区分合同变更与合同更改的情况下,合同更改也属于广义的合同变更。参见王利明:《论清偿型以物抵债协议产生的选择权——以〈合同编通则解释〉第 27 条为中心》,载《东方法学》2024 年第 2 期;崔建远:《情事变更原则探微》,载《当代法学》2021 年第 3 期。杨立新认为合同的更新、更改、更替都属于广义的合同变更。参见杨立新:《广义债的变更概念之重新界定与整合》,载《学术交流》2023 年第 9 期。

的前提条件是有既存的合同关系。同时这种合同关系必须是有效的,因为无效的合同自其成立时起就不具有法律效力,并不发生变更问题。

(二)合同内容发生变化

我国法律对合同变更采取狭义说,仅指合同内容的变更,不包括合同主体的变更,因此,合同内容发生变化是合同变更不可或缺的条件。合同内容的变更主要包括以下几种:

1. 标的物的变更,包括标的物数量的增减、标的物品质的改变等。

2. 价金的变更,即价款或酬金的增减、利息的变化等。

3. 履行条件的变更,包括履行期限的变更、履行地点的改变、履行方式的改变、结算方式的改变等。

4. 所附条件和期限的变更,如期限的延长或缩短、所附条件的增添或除去等。

5. 其他内容的变更,如担保的设定或撤销、违约金的变更、裁判机构的变更。

(三)合同的变更应以当事人的约定或法律的规定或法院、仲裁机构的裁决为依据

《民法典》第 543 条规定:"当事人协商一致,可以变更合同。"当事人协商一致变更合同是以新的合意来变更原来的合同,是合同自由原则的体现,这是合同变更的主要形式。这种变更协议由于是属于一个新的合同,应当符合有关合同成立和生效的规定,否则不能发生变更合同的效果。同时,《民法典》第 544 条规定,当事人对合同变更的内容约定不明确的,推定为未变更。因此,当事人协商变更合同的约定须具体明确。根据法律的直接规定而变更合同,法律效果可以直接发生,不以当事人协议或法院的裁决为必经程序。此外,我国法律对合同因适用情势变更而导致变更的,均需法院、仲裁机构的裁决。

(四)当事人应遵守法定形式

对合同的变更法律明确要求采取一定方式的,当事人须遵守此种要求。例如,我国《民法典》第 502 条第 2 款规定,依照法律、行政法规的规定,合同应当办理批准等手续的,依照其规定。第 3 款规定,依照法律、行政法规的规定,合同的变更、转让、解除等情形应当办理批准等手续的,适用前款规定。

三、合同变更的效力

(一)合同的变更原则上仅向将来发生效力

合同变更原则上仅对合同未履行的部分发生效力,对已履行的部分没有溯及力,已经履行的债务不因合同的变更而失去法律效力,但法律另有规定或当事人另有约定的除外。这样任何一方均不得因合同的变更而要求对方返还已经所为的给付。

(二)合同变更对权利义务的影响

合同的变更,以原合同关系的存在为前提,变更部分不超出原合同关系之外,原合同关系有对价关系的仍保有同时履行抗辩权。原合同债权所有的利益与瑕疵仍继续存在,然而在增加债务人负担的情况下,未经保证人书面同意,保证人对加重的部分不承担保

证责任；若未经物上保证人同意，物的担保不及于扩张的债权价值额。

（三）合同的变更不影响当事人要求赔偿损失的权利

《民法典》第 566 条第 1 款规定，合同解除后，尚未履行的，终止履行；已经履行的，根据履行情况和合同性质，当事人可以请求恢复原状或者采取其他补救措施，并有权请求赔偿损失。至于何种类型的合同变更与损害赔偿并存，应视具体情况而定。就法定变更而言，除非法律另有规定，否则原则上不产生损害赔偿。就裁判变更而言，法院或仲裁机构裁判变更合同，合同变更与损害赔偿存在并存的可能。例如，基于情势变更原则而变更合同，不存在损害赔偿；将重大误解而成立的合同予以撤销，在相对人遭受损失的情况下，误解人应赔偿相对人的损失。就依法律行为变更合同而言，若是依单方行为变更合同，如形成权人行使形成权变更合同，若法律无特别规定，则不发生损害赔偿；若是当事人各方协商同意变更合同，有约定赔偿责任则从其约定，没特别约定赔偿责任的，则原则上无赔偿责任。

第二节　合同的转让

一、合同转让概述

（一）合同转让的概念

合同转让，即合同的主体变更，是指在债的内容与客体保持不变的情形下，债的主体发生变更。它实际上是合同权利义务的转让，合同当事人一方依法将合同权利、义务全部或部分地转让给第三人，使第三人成为合同的新债权人、债务人。它包括债权的让与、债务的承担和债权债务的概括移转。

（二）合同转让的特征

1. 合同转让是以合同权利义务关系的存在为前提

合同转让是合同主体的变更，这就决定了它必然以合同权利义务的存在为前提，因而合同变更不同于合同的发生。合同发生是指原来不存在合同权利义务关系而新产生合同权利义务关系。合同转让就其受让人来说，因也是在自己原不享有合同权利或不负担合同义务的情况下而新取得合同权利或负担合同义务，所以可以说是产生了合同权利或合同义务，但该合同权利义务并非新发生的，而是原来就已存在的，只不过从一主体移转到另一主体。因此依合同转让而成为债权人或债务人的，可称为合同的继受主体，而非合同的原始主体。

2. 合同转让为合同主体的变更

合同主体包括债权人与债务人，不论是债权人一方发生变更还是债务人一方发生变更都为合同转让。债权人一方变更，债务人一方不变的，为债权让与；债务人一方变更而债权人一方不变的，为债务承担。若因债权人一方或债务人一方所参与的债都发生债权主体或债务主体变更而发生合同转让，则为债的概括移转。

3. 合同转让不改变合同的内容与客体

合同转让仅为广义的合同变更中的主体变更，因而合同转让并不改变当事人间的权利义务关系，合同权利义务并未发生改变，所以合同转让与合同变更（狭义的合同变更）不同。合同变更是债权人与债务人间的权利义务的内容与标的发生改变，但债权人与债务人并没有发生改变。

4. 合同转让前后权利义务保持同一性

合同转让并不引起新的债权债务关系的出现。合同转让后的债权债务与移转前的债权债务保持其同一性。因此，合同转让不同于合同的更改。合同的更改，又称为合同的更新或合同的更替，是指在原合同的基础上成立一个新合同以代替原合同。例如，将赠与关系更改为买卖关系。区分狭义的合同变更与合同更改的关键在于，主观上应判断合同当事人的意思表示以及订立、变更合同的目的，客观上应判断变更的内容是合同的要素变更还是非要素变更，如在无法判断当事人主观意思的前提下，若是合同的标的物发生重大变化或是合同的性质发生根本性改变即为合同更改，若仅仅是增减标的物的数量或延长履行期限等原则上为狭义的合同变更。

（三）合同转让的原因

合同转让的原因是指引起合同主体变更的法律事实。引起合同主体变更的具体原因是多种多样的，但从其性质来看，可分为三种：

1. 法律的直接规定

基于法律的直接规定而发生的合同转让，称为合同的法定转让。在这种情形下，一般多是合同权利义务的概括移转。例如，在法定继承中，被继承人的包括合同权利义务在内的遗产均由其法定继承人承受；企业法人发生分立或合并时，其属于原企业的合同权利义务由新的企业承担。

2. 法院的裁决

合同也可因法院的裁决而发生移转，基于此种原因发生的合同转让称为裁判上的移转。如《最高人民法院关于适用〈中华人民共和国民事诉讼法〉的解释》（2022 年）第 499 条第 1 款规定：“人民法院执行被执行人对他人的到期债权，可以作出冻结债权的裁定，并通知该他人向申请执行人履行。”

3. 法律行为

合同转让亦可因法律行为而发生。这是现实生活中最常出现的合同转让方式，它包括双方法律行为和单方法律行为。如果通过双方法律行为转让合同，合同转让须有让与人与受让人间的合意才能发生。如果通过单方法律行为转让合同，合同转让不需要双方的合意，只需一方的行为即可发生。例如，因遗赠发生的合同转让。依法律行为而发生的合同转让，既可以是仅将合同权利或合同义务的全部或一部分让与他人承受，也可以是将其全部合同权利义务一并让与他人概括承受，即概括移转。

二、债权的转让

（一）债权让与的概念和方式

债权让与即合同权利主体发生变更，是指在不改变合同内容的前提下，债权人通过与第三人的协议将其债权转让给第三人。债权人与第三人订立的关于转让债权的协议称为债权让与合同（或契约）。让与债权的一方当事人称为让与人，受让债权的一方当事人称为受让人。

债权让与可分为全部让与和部分让与。债权的全部让与是指债权人将其合同债权全部转让给第三人，转让生效后，受让人成为合同债权人。债权的部分让与是指债权人将债权的一部分转让给第三人，转让生效后，原债权人与受让第三人共同成为合同债权人。如果转让协议中约定了转让的合同债权份额，则原债权人与受让人按照约定的份额享有合同权利，成立按份债权；若协议中没有约定让与的合同债权份额，则原债权人与受让人连带享有债权，成立连带债权。

（二）债权让与的条件

这里主要讨论基于让与人与受让人之间的转让协议而发生的债权让与的情形，因为它是现实生活中最为普遍的情形。债权让与合同的发生须具备以下条件才能生效：

1. 存在有效的债权

债权让与合同的目的是转让债权，因而必须以有效债权的存在为基本前提。转让人不享有有效债权的，其让与合同当然无效。债权是否有效应以何时为准，应具体分析。例如，让与的债权为可撤销的债权的，在所让与的债权未被撤销前，该债权为有效，因此，在其未被撤销前让与的，该让与合同有效。让与的债权为将来发生的债权的，虽然在让与合同成立时该债权尚不存在，但这并不等于它将来不能有效成立，若当事人约定于债权人取得债权时债权移转于受让人，则该让与合同也应为有效。对于超过诉讼时效的债权，即自然债权是否可让与，理论界颇有争议，存在不同的观点。通说认为，自然债权也可以进行让与。

2. 当事人之间就债权让与达成合意

让与人与受让人应订立债权让与合同进行债权的转让。该债权让与合同应具备合同成立和生效的要件。如让与合同存在无效的因素，则让与合同自始无效。让与合同存在有可撤销或可变更的事由的，若当事人请求撤销该合同，则让与合同溯及成立时无效。值得注意的是，债权让与是权利的处分行为，要求让与人对该债权具有处分能力和处分权限。无处分权人让与他人债权的，除非经真实债权人追认，其行为无效。

3. 所让与的债权应具有可让与性

债权为一种资本化的财产权，一般有很强的可流通性，具有可让与性。债权人可以将其债权让与他人，但是并非所有的债权都具有可让与性。根据法律规定或当事人约定，某些债权虽具有可让与性，但债权人不得转让该债权。按照《民法典》第 545 条第 1 款的规定，下列情形下的债权不得让与：

(1)依债权性质不得让与的债权。这类债权主要包括:其一,以特定身份为基础的债权。例如,亲属间的扶养请求权、抚恤金请求权、受遗赠人的给付遗赠请求权等。其二,以与特定债权人相联系的债权。例如,以特定人为对象提供劳务的债权,不得转让,如对特定人提供家教服务的债权。其三,基于当事人间特别信赖关系的债权。例如,雇佣、委托、借用关系中的债权,原则上不得让与,因为这类债权具有强烈的人身信任关系。其四,属债权的从权利原则上不得单独让与。因为从权利随主权利的转移而转移,性质上不能与主权利分离而单独为让与。但当从权利可以与主权利分离而单独存在时,该从权利可以让与,如已产生的利息债权可以与本金债权相分离而单独让与。其五,不作为债权原则上不得让与。

(2)合同当事人约定不得转让的债权。在不违反法律的强行性规定的前提下,债权人与债务人可以约定任何一方不得转让其债权。当事人关于不得让与债权的意思表示,可以于债权成立时为之,也可以在债权成立后为之,但须在债权让与之前作出。在债权让与后才作出的禁止让与债权约定,此意思表示无效。当事人可以约定禁止向任何人转让债权,也可以约定禁止向特定人或特定范围的人转让债权。

在当事人禁止转让债权的约定发生何种效力问题上,有三种立法例。一为此种特殊约定在当事人之间有效,但对于第三人为无效,如德国法;二为此种特殊约定有效,但不得对抗善意第三人,如日本法;三为此种特殊约定无效,如法国法。《民法典》第545条第3款规定:“当事人约定非金钱债权不得转让的,不得对抗善意第三人。当事人约定金钱债权不得转让的,不得对抗第三人。”我国立法区分金钱债权与非金钱债权两种情况判断约定禁止转让债权的效力。该规定的目的是平衡债权流通性与债务人的利益保护。通过民事法律行为转让债权合同时,在转让的债权是非金钱债权的情况下,若受让人为善意,则债务人无权对善意受让人提出债权不可转让的抗辩,受让人可取得债权;若受让人为恶意,则债务人有权对受让人提出债权不可转让的抗辩使其无法取得债权,这既保护了债权的流通也保护了善意受让人的利益。在转让的债权是金钱债权的情况下,一方面考虑到金钱债权的融资属性,其流转在社会实践中较为普遍,应重视其流通性价值;另一方面也因为金钱债权的转让对债务人所造成的影响较小,因此《民法典》规定转让金钱债权,无论受让人善意或恶意,债务人都不能对受让人主张债权禁止转让的抗辩,受让人能够取得债权,在此情形下债务人若是遭受损失,其有权请求让与人承担违约损害赔偿责任。

(3)依照法律规定不得转让的债权。这里的“法律”应作广义的解释,它包括我国《民法典》和其他强制性法律规范的规定。例如,《信托法》第11条第4款规定,专以诉讼或者讨债为目的设立的信托无效。依此规定,不得专门以诉讼或者讨债为目的设立信托进行债权转让。对于依法律规定应由国家批准的合同债权,其让与仍应经原批准机关批准,否则不能发生让与的效力。

4. 当事人应通知债务人

债权让与合同为转让人与受让人间的意思表示一致的协议,因此,债务人不是债权让与合同的当事人,未经通知无从知晓债权让与的相关内容。从法律行为的一般原理上说,债务人的意思不能影响债权让与合同的效力。但因债权转让合同所转让的债权与债务人有一定关系，在转让生效后，债务人应向受让人履行债务，所以债权让与合同是涉及债务人的合同，因此为了保护债务人的利益，债权人应及时通知债务人。《民法典》第546条第1款规定，债权人转让债权，未通知债务人的，该转让对债务人不发生效力。依此规定，债权让与虽不以债务人的同意为生效要件，但以通知债务人作为对债务人发生效力的要件。换言之，若债权转让未事先通知债务人，即使受让人已经获得了债权，债务人也有权拒绝向受让人履行债务，而直接向让与人履行的行为将有效消灭原债权。反之，一旦债权转让事宜通知了债务人，该转让即对债务人产生法律效力，债务人需转而向受让人履行义务，并有权拒绝让与人的履行要求。此时，若债务人仍向让与人履行，则不产生债权消灭的法律后果。这样的规定旨在平衡债权人的权利行使与债权的流通性，同时确保债务人的利益不受到不当侵害。同时，债权人作出转让债权的通知到达债务人时已经实际生效，若允许转让人随意撤销转让，会使已经转让的权利处于不稳定的状态。因此《民法典》第546条第2款规定，债权转让的通知不得撤销，但是经受让人同意的除外。即除受让人同意转让人撤销转让的通知外，债权转让的通知原则上不得撤销。

关于“合同的转让”的详细阐释，可扫码观看视频

（三）债权让与的效力

债权让与的效力是指债权让与在让与人、受让人及债务人之间所发生的法律效果，可分为内部效力与对外效力两个方面。

1. 债权让与的内部效力

它是指债权让与在转让人与受让人间发生的法律效果。

（1）合同主权利及非专属于债权人的从权利转让于受让人。债权让与的基本效力是受让人取得受让的债权，即债权从转让人转移于受让人所有。除法律另有规定或者当事人另有约定外，自债权让与合同成立之时起债权转移于受让人，受让人即成为新的债权人。《民法典》第547条规定：“债权人转让债权的，受让人取得与债权有关的从权利，但是该从权利专属于债权人自身的除外。受让人取得从权利不因该从权利未办理转移登记手续或者未转移占有而受到影响。”依此规定，主债权发生转移时，从权利随之一并转移于受让人。例如，担保权、利息债权、违约金债权、损害赔偿请求权等随主债权转移于受让人。但专属于原债权人自身享有的从权利，如撤销权、解除权等形成权，不因债权的转移而当然地转移于受让人。此外，从权利的移转具有法定性。主债权转移后，从权利随之转移。若受让人取得了从权利，即便从权利未办理变更登记，也不影响从权利随主债权转移的效力。

（2）让与人应使受让人能够行使债权。债权的转让人负有使受让人能够行使债权的义务，因此，让与人应将所有足以证明债权合法有效的文件，如债权证书、票据、往来电报等交付受让人；让与人应向受让人告知主张债权所必要的资料，如债务人的住所、债务人的联系方式、债务人可能主张的抗辩、债务的履行方式等；有担保权的，让与人应将担保文书一并交付给受让人；占有担保物的，应将相关占有部分或全部移转给受让人。这些

义务的性质属于依诚信原则所产生的合同从给付义务或附随义务。

(3)让与人对让与的债权负瑕疵担保责任。让与人对其所让与的债权应负瑕疵担保责任,使受让人所受让的债权不被第三人追索。但是,除让与合同另有约定外,让与人不对债务人的履行能力负担保责任。在让与合同成立时,受让人知道债权有瑕疵而受让的,让与人不负瑕疵担保责任。

(4)因债权让与增加履行费用,由让与人负担。《民法典》第 550 条规定:"因债权转让增加的履行费用,由让与人负担。"债权转让的本质是债权人处分其权利,对债务人而言,债权人的变更与其并无多大的利益关系。因此,因债权转让而增加的履行费用,应当由债权让与人负担,但让与人仅需要负担因此增加的履行费用,而不需要负担所有的履行费用。

2. 债权让与的对外效力

债权让与的对外效力是指债权让与对债务人、第三人发生的法律效果。如上所述,债权让与自当事人双方的意思表示一致时起成立,只有在向债务人为债权让与的通知时,才能对债务人发生效力。债权让与的通知可以是口头、书面或其他方式。债务人收到债权让与的通知,有异议的,可以向对方提出,并要求向原债权人即让与人清偿债务;债务人未提出异议的,债权让与即对其发生效力。这一效力主要体现在以下几个方面:

(1)债务人应向受让人履行债务。债权让与对债务人生效后,如果是债权的全部让与,债务人应向受让人清偿债务,而不再向让与人清偿债务。债务人仍向让与人清偿的,除构成向第三人履行外,其清偿无效,不能对抗受让人,而只能依不当得利向受清偿的让与人要求返还。

(2)债务人对原债权人的抗辩权可以向受让人行使。受让人的地位不能优于让与人,其权利不能大于让与人原有的权利,因此,凡债务人可以对抗原债权人即让与人的抗辩权,同样也可以用来对抗受让人。《民法典》第 548 条明确规定:"债务人接到债权转让通知后,债务人对让与人的抗辩,可以向受让人主张。"这样的抗辩权包括基于被让与的债权而产生的实体法上的抗辩权,如合同未成立、无效的抗辩,同时履行的抗辩和不安抗辩,还包括基于被让与的债权而产生的程序法上的抗辩权,如债权已过诉讼时效的抗辩等。

(3)债务人可以主张以其债权与让与的债权抵销。《民法典》第 549 条规定:"有下列情形之一的,债务人可以向受让人主张抵销:(一)债务人接到债权转让通知时,债务人对让与人享有债权,且债务人的债权先于转让的债权到期或者同时到期;(二)债务人的债权与转让的债权是基于同一合同产生。"抵销是债的消灭的一种方式,债权人与债务人互负债务,各自以其债权清偿债务,可以主张抵销。在债权转让的情形下,债务人接到债权转让通知时,若债务人对原债权人的债权先于转让的债权到期或同时到期,则债务人已然有权向受让人主张抵销,实现双方债务同等数额的相互消灭。

三、债务的承担

(一)债务承担的概念

债务承担指的是债务主体的变更,即在不改变合同内容的前提下,原债务人的债务移转于新债务人承担。债务承担可因法律的直接规定而发生，也可因法律行为而发生。依当事人之间的合意而发生的债务承担最为常见。因此，一般所说的债务承担仅指依当事人间的合意，将债务人的债务移转于承担人即新债务人承担。当事人间关于移转债务的合意即为债务承担合同。

债务承担包括免责的债务承担与并存的债务承担。免责的债务承担是指由第三人即承担人代替债务人承担其全部债务，成为合同的新债务人，而原债务人脱离合同关系。并存的债务承担，是指第三人加入债的关系与债务人共同承担债务，原债务人并不脱离合同关系，仍为债务人。狭义的债务承担仅指免责的债务承担。

（二）债务承担的要件

《民法典》第551条规定："债务人将合同的义务全部或者部分转移给第三人的，应当经债权人同意。"依此，债务承担须具备以下要件：

1. 存在有效的债务。债务承担合同所转移的应是有效的债务，若债务并不存在或无效或已消灭，则债务承担合同不能有效。所移转的债务为将来发生的债务的，仅在该债务有效成立时，债务承担合同才能发生法律效力。处于诉讼中的债务也可以由第三人承担，这时，法院针对该债务的判决对承担人具有拘束力。

2. 存在以债务承担为目的的有效合同。例如，当事人间订立的合同不是以移转债务为目的或者虽以由第三人承担债务为目的，但合同存在无效的事由的，均不能发生债务承担的后果。债务承担合同可由债权人与第三人订立，也可由债务人与第三人订立。由债务人与第三人订立债务承担合同的，须经债权人同意方能有效。因为合同关系通常建立在债权人信任债务人的履行能力的基础上，如果未经债权人同意而将债务转移于第三人，债权人对第三人是否具有足够的履行能力并不了解，所以为了保护债权人的利益，各国民法均以债权人同意作为其债务承担合同的生效要件。同时《民法典》第551条第2款规定："债务人或者第三人可以催告债权人在合理期限内予以同意，债权人未作表示的，视为不同意。"因此在免责的债务承担的前提下，债权人应当采取明示或其他积极的行为表示同意，若债权人未采取积极的方式表示同意，则视为不同意。

3. 所移转的债务应具有可移转性。下列三种类型的债务不具有可移转性：(1)性质上不能移转的债务，如与债务人人身具有不可分割的关系；(2)债权人与债务人约定不得移转的债务；(3)法律直接规定不能移转的债务。有的债务从性质上虽然不能移转，但若经债权人同意也并非绝对不可以移转，如在特定人提供劳务的合同中，劳务提供的债务经债权人同意可以移转。

（三）债务承担的效力

1. 就免责的债务承担而言，债务全部移转的，承担人取代原债务人的地位而为新债务人。原债务人脱离债的关系不再负担债务。债务人的债务部分转移给第三人的，第三人加入合同关系，与原债务人按照各自份额承担债务。就并存的债务承担而言，新加入的债务人与原债务人共同对债权人承担连带责任。新加入的债务人与原债务人内部各自承担的债务份额依照其债务转让协议约定。

2. 新债务人可援用原债务人基于合同权利义务关系所享有的抗辩权。《民法典》第553条规定:“债务人转移债务的,新债务人可以主张原债务人对债权人的抗辩;原债务人对债权人享有债权的,新债务人不得向债权人主张抵销。”债务人在转移债务后,新债务人即取得了原债务人的法律地位,新债务人有权向债权人主张原债务人基于合同所享有的对债权人的抗辩和抗辩权。同时,新债务人不得向债权人主张原债务人所享有的对债权人的抵销权。债务转移中,债务人只转移了其对债权人应负的债务,并未转移其对债权人所享有的债权,二者属于不同的法律关系,新债务人只受让了特定的债务,因此新债务人不得主张原债务人对债权人的抵销权。此外,债务承担为无因行为,新债务人基于债务承担合同所取得的对于原债务人的抗辩事由,不得以之对抗债权人。

3. 非专属于原债务人的从债务一并移转于承担人承担。《民法典》第554条规定:“债务人转移债务的,新债务人应当承担与主债务有关的从债务,但是该从债务专属于原债务人自身的除外。”原则上,附随于主债务的从债务在债务移转后,即便在债务转让协议中未明确表示如何处理从债务,从债务也会自动转由新债务人承担。例如,附随于主债务的利息债务、违约金债务等除当事人另有约定外,也一并由新债务人承担。但在例外的情况下,如当第三人为原债务提供担保时,若该担保人在债务转让时未明确表示愿意继续承担担保责任,则担保义务将随着债务的转移而失效,不再对新债务人有效。

案例分析:甲向乙借款10万元,约定2023年1月1日还款。2022年12月1日,甲因故无法履行还款义务,遂与丙协商,由丙承担甲的债务,并通知了乙。及至还款日,乙要求丙还款,丙拒绝,称自己并未实际从甲处取得利益,不应承担还款责任。请问:丙是否需向乙还款?为什么?

解答:丙应当承担甲的债务并向乙还款。因为丙与甲之间达成了债务承担的协议,并通知了债权人乙,该协议合法有效。根据《民法典》规定,债务承担协议生效后,原债务人甲退出债的关系,丙成为新的债务人,应向乙履行还款义务。丙是否从甲处取得利益,不影响其承担债务的责任。

四、债权债务的概括移转

(一)债权债务概括移转的概念

债权债务的概括移转是指原合同当事人一方将其合同权利义务一并移转给第三人,由第三人概括地继受这些权利义务。

债权债务的概括移转,可以是基于当事人之间的法律行为而产生的,被称为意定概括移转,即《民法典》第555条规定:“当事人一方经对方同意,可以将自己在合同中的权利和义务一并转让给第三人。”也可以是基于法律的规定而产生的,被称为法定概括移转。

债权债务的概括移转,可以是合同权利义务全部由出让人移转至承受人,即全部移转;也可以是合同权利义务的一部分由出让人移转至承受人,即部分移转。一部分债权债务概括移转时,出让人和承受人有约定其各自享有的债权和承担的债务的份额的,双方按约定的比例享有权利和承担义务;双方没有约定或约定不明的,视为连带之债。

（二）债权债务概括移转的类型

1. 意定概括移转。(1)基于单方行为的意定概括移转。如合同当事人一方通过遗嘱将合同权利义务转让给第三人。(2)基于双方行为的意定概括移转。基于双方行为的意定概括移转也称为合同承受。它是指合同一方当事人将其合同上的权利和义务全部移转给第三人，由承受人在移转范围内享受合同权利并负担合同义务。合同承受须有合同一方当事人和第三人合意，并取得对方当事人的同意。

2. 法定概括移转。(1)企业的合并与分立。企业合并指两个或两个以上的企业合并为一个企业，包括吸收合并和新设合并两种。企业分立是指一个企业分立为两个以及两个以上的企业。《民法典》第 67 条规定："法人合并的，其权利和义务由合并后的法人享有和承担。法人分立的，其权利和义务由分立后的法人享有连带债权，承担连带债务，但是债权人和债务人另有约定的除外。"(2)其他的法定概括移转。如《城市房地产管理法》第 42 条规定，"房地产转让时，土地使用权出让合同载明的权利、义务随之转移"。在此情形下，土地使用权出让合同的权利和义务依照法律规定概括移转。

（三）债权债务概括移转的效力

根据《民法典》第 556 条的规定："合同的权利和义务一并转让的，适用债权转让、债务转移的有关规定。"债权让与和债务承担产生的法律效力，如从权利或从债务的一并移转、抗辩权的随之移转等，也同样适用于合同的概括移转。但债权债务的概括移转不等于债权让与和债务承担的简单相加。在债权让与和债务承担中，由于第三人并非原合同的当事人，因而与原债权人或原债务人利益不可分离的权利并不随之移转于受让人或承担人。但在债权债务概括移转的情形下，由于承受人完全取代了原当事人的法律地位，合同内容亦全部移转于新当事人，所以依附于原当事人的一切权利和义务，如解除权和撤销权等，都移转于承受人。

第三节　合同权利义务的终止

一、合同的解除

（一）合同解除的概念和特征

合同解除是指在合同有效成立以后，当具备解除条件时，因当事人一方或双方的意思表示，使合同自始或仅向将来消灭的行为。《民法典》第 557 条第 2 款规定："合同解除的，该合同的权利义务关系终止。"在我国现行的民事立法中，合同解除是导致合同关系终止的原因之一，它主要包括协议解除、约定解除、法定解除和司法实践中所认可的基于情势变更制度的裁决解除。

合同解除具有如下法律性质：

1. 合同解除以有效成立的合同为标的

合同有效成立之后，在履行过程中所遇到的情形是复杂多变的，由于某些主客观情况的变化使得合同履行成为不必要或者不可能，如果继续让合同发生法律效力，约束当事人双方，对其中一方甚至双方有害无益，甚至会妨碍市场经济的顺利发展；只有允许有关当事人解除合同，或者赋予法院适用情势变更原则的权力，才会使局面改观。这正是我国《民法典》设置合同解除制度的目的。由此可见，合同的解除制度是要解决有效成立的合同提前消灭的问题。

2. 合同解除必须具备解除的条件

合同一经有效成立，就具有法律效力，当事人双方都必须严格遵守，全面履行，不得任意变更或解除，这是我国《民法典》合同编的重要原则。当主客观情况发生变化使合同履行成为不必要或不可能时，合同继续存在已失去积极意义，将造成不利的后果，此时应允许解除合同。这不仅是解除制度存在的依据，而且表明合同解除必须具备一定的条件。否则，就会导致解除制度的滥用，不利于当事人订立合同目的的实现。合同解除条件可分为法定的解除条件和约定的解除条件。法定的解除条件即在法律规定的情形发生时，合同当事人可享有解除合同的权利。法定解除条件可分为一般法定解除条件和特别法定解除条件。一般法定解除条件即《民法典》第 563 条所规定的几类情形，特别法定解除条件即《民法典》第 610 条、第 731 条所规定的仅仅适用于特别合同（如买卖、租赁合同）的解除条件。约定解除条件，是指合同当事人在合同中约定，若某种情况发生则合同当事一方或双方可解除合同。

3. 合同解除原则上必须有解除行为

解除的条件只是合同解除的前提，由于我国法律并未采取当然解除主义，因此当解除的条件具备时，合同并不必然解除，欲使它解除，一般还需要解除行为。解除行为是当事人的行为，既可以是当事人双方协商同意，也可以是解除权人一方作出解除的意思表示。不过适用情势变更原则的解除则由法院根据具体情况而裁决，不需要解除行为。

4. 解除的效果是使合同关系消灭

合同解除的法律效果是使合同关系消灭，但其消灭是溯及既往，还是仅向将来发生，各国立法不尽相同。在我国，解除的效力如何，法律尚无直接规定，有人认为解除无溯及力。本书认为，不能一概而论，首先若合同当事人约定合同解除后的溯及力，且该约定有效，则应尊重其约定；其次若合同当事人没有约定合同解除后的溯及力，则应该根据具体情况来判断是否使合同解除具有溯及力，在某些情况下，合同解除具有溯及力；而在某些情况下，合同解除仅向将来发生法律效力。

关于“合同解除”的详细阐释，可扫码观看视频：

（二）合同解除与有关制度的辨析

1. 合同解除与合同终止

合同解除与合同终止之间的关系，不同国家和地区立法不同，其观点亦不同。德国立法曾把合同终止作为合同解除的一种类型，后来将二者区分开来。合同终止是由当事人一方为意思表示，使继续性合同关系向将来消灭的行为。合同终止的原因不限于违约，终止的效果是继续性合同自终止之日起向将来消灭，因此它不发生恢复原状的问题。而合同解除仅以违约为发生原因，在效力上溯及合同成立之时，它必然发生恢复原状的问题。因此，合同解除与合同终止是截然不同的制度。这一区分为其他大陆法系国家立法所仿效。

在我国，合同解除与合同终止的关系如何呢？合同终止概念的含义不尽一致：有时与合同消灭同义，这种意义上的合同终止便成为合同解除的上位概念；有时为合同解除的一种类型；有时则是与合同解除并列的概念。本书认为，根据《民法典》第557条第2款的规定："合同解除的，该合同的权利义务关系终止。"由此可见，合同终止是合同解除的上位概念，合同解除是导致合同权利义务关系终止的原因之一。

2. 合同解除与合同撤销

合同解除和合同撤销虽然都是合同权利义务关系消灭的制度，但两者并不相同。其一，从适用范围来看，合同撤销的适用范围比较广泛，不仅适用于欠缺有效要件的合同领域，而且适用于有瑕疵的意思表示及民事行为场合；而合同解除仅仅适用于有效成立的合同提前消灭的情况。其二，从引起两者的原因来看，撤销的原因是由法律直接规定的，而解除的原因可以是法律直接规定的（如不可抗力造成合同不能履行），也可以是当事人约定的。其三，从发生的效力看，合同撤销具有溯及力，《民法典》第155条规定，被撤销的合同自始没有法律约束力；而合同解除则可以有溯及力或没有溯及力，如当事人有特别约定或法律有特别规定及解除的对象是继续性合同时，合同解除无溯及力。

3. 合同解除与附解除条件

附解除条件是指解除条件成就时，民事权利义务关系终止。就此看来，合同解除与附解除条件有共性，也有差异：其一，附解除条件原则上可以附加于一切民事法律行为及意思表示，并不限于合同，但合同解除只适用于合同领域。其二，在民事法律行为中附解除条件，目的是限制民事法律行为的效力，满足当事人特定的需要，它相当于当事人对民事法律行为加一附款，合同解除不是合同的附款，它的发生可以基于当事人的约定，也可以基于法律的规定。其三，解除条件成就，附解除条件的民事法律行为当然且自动地消灭，无须当事人进行意思表示或采取某种行为；在合同解除的情况下仅仅具有解除的条件还不能使合同消灭，必须有解除行为才能使合同实际解除。其四，解除条件成就，附解除条件的民事法律行为一般是向将来失去效力；合同解除则既有向将来发生效力的，也有溯及合同成立之时的。

（三）合同解除的类型

1. 单方解除和协议解除

单方解除是指解除权人行使解除权将合同解除的行为。它不必经过对方当事人的同意，只要解除权人将解除合同的意思表示直接通知对方，或经过人民法院或仲裁机构向对方主张，即可发生合同解除的效果。在德国民法上，合同解除指的就是单方解除，解除权产生的原因即一方发生违约行为。在我国，合同解除不仅包括单方解除，还包括协议解除，并且单方解除的条件也不以一方违约为限。协议解除是指当事人双方通过协商合意解除合同的行为。其解除行为并不是对解除权的行使。理论认为协议解除具有与一般解除相同的属性，同时也有其特点，如解除的条件为双方当事人协商同意，解除行为是当事人的合意行为，但当事人的合意不得损害国家利益和社会公共利益。

2. 法定解除和约定解除

法定解除是指法律直接规定合同的解除条件，解除权人在条件具备时行使该权利解除合同的行为。有的法律规定可适用于所有合同的解除条件，称为一般法定解除，如《民法典》第 563 条所规定的 5 项解除条件；有的法律仅规定适用于特定合同的解除条件，称为特别法定解除，如《民法典》第 610 条规定，"因标的物不符合质量要求，致使不能实现合同目的的，买受人可以拒绝接受标的物或者解除合同"，即为特别适用于买卖合同的解除条件。约定解除是指当事人在合同中约定为一方或双方保留解除权的解除。保留解除权的合意即解约条款，它可以在当事人订立合同时约定，也可以在以后另订立保留解除权的合同时约定。合同当事人约定的解除权产生条件，遵循合同自由原则。只要其约定不违反法律或行政法规禁止性规定，不损害国家利益或社会公共利益，均可发生法律效力。我国《民法典》第 562 条第 2 款承认了约定解除，值得肯定。因为约定解除是根据当事人的意思表示产生的，其本身具有较大的灵活性，在复杂的事物面前，它可以更确切地适应当事人的需要。当事人采取约定解除的目的虽然有所不同，但主要是考虑到由于主客观上的各种障碍出现时，可以从合同的约束下解脱出来，给废除合同留有余地，以维护自己的合法权益。作为一个市场主体，为了适应复杂多变的市场情况，有必要把合同条款规定得更细致、更灵活、更有策略性，其中应包括保留解除权的条款，使自己处于主动而有利的地位。①

(四)合同解除的类型

因解除有法定解除与约定解除之分，所以合同解除的条件有法定解除的条件和约定解除的条件之别(约定解除及其条件在前面已述)。就法定解除而言，它有一般法定解除和特别法定解除的条件之分。诸如情势变更、不定期合同、任意解除权以及合同僵局等特别法定解除的条件因合同的种类和性质而千差万别，难以在此一一详述，本节仅讨论基于《民法典》第 563 条规定的合同一般法定解除的条件。民法典规定的一般法定解除条件大致有三大类型：一是不可抗力致使不能实现合同目的，二是实际违约行为，三是预期违约。

1. 不可抗力致使不能实现合同目的

不可抗力致使不能实现合同目的，该合同已无法履行，应予以消灭。但通过什么途径消灭，不同国家和地区其立法并不一致。德国法通常通过风险负担的方式来解决，当发生不可抗力使合同目的不能实现时，合同当然且自动消灭，由债务人承担风险。英美

① 崔建远：《合同法》，法律出版社 2024 年第 8 版，第 179 页。

法系通过合同落空原则(frustration)来解决,合同落空是合同解除的原因之一。当无法预计的事件使合同履行在物理上不可能、违法或根本上与双方的预期完全不同,从而导致合同自动终止时,合同落空原则即适用。[①] 根据我国《民法典》第563条第1款的规定,允许当事人通过行使解除权的方式解除合同。在发生不可抗力解除合同时,当事人双方应当互通情况,互相配合,采取积极的措施,尽量避免或减轻损失。

2. 实际违约行为

(1)迟延履行

迟延履行是指债务人能够履行,但在履行期限届满时却未履行债务的现象。当根据合同的性质和当事人意思表示,履行期限在合同的内容上并非十分重要时,即使债务人在履行期限届满后履行,也仍不致使合同目的不能实现。在这种情况下,原则上不允许债权人立即解除合同,但若债权人向债务人发出履行催告,并规定了一个宽限期,债务人在该宽限期届满时仍未履行的,债权人有权解除合同。根据合同的性质和当事人的意思表示,履行期限在合同的内容上特别重要,在这一期限内债务人未履行合同,就会使当事人无法实现其期待目的。在这种情况下,债务人未在履行期限内履行,债权人可以不经催告而径直解除合同。

(2)拒绝履行

拒绝履行是指债务人能够履行却无正当理由不履行合同义务。拒绝履行一般表现为债务人明确表示不履行其债务,有时也以其行为表示不履行债务的意思,如债务人将应交付的特定物又转让于他人。拒绝履行作为合同解除的条件,应具备三个要件:一是债务人存在过错,二是债务人无正当理由拒绝履行,三是债务人具备履行能力而不履行。当债务人拒绝履行时,债权人可否不经催告而径直解除合同,我国理论界与司法界意见不一致。本书认为,根据《民法典》第563条第2款的规定,债权人可径直解除合同。

(3)不完全履行

不完全履行是指债务人虽然以适当履行的意思进行了履行,但其履行不符合法律的规定或者合同的约定。不完全履行可分为量的不完全履行(标的物的数量有所短缺)和质的不完全履行(标的物存在质量方面的瑕疵)。在发生量的不完全履行时,一般情况下只能要求债务人补充履行,使之符合合同目的,但在某些情况下,如果债务人不进行补充履行,或者补充履行也不能达到合同目的,债权人就有权解除合同。当发生质的不完全履行时,通常应多给债务人一定的宽限期,使之消除缺陷或另行给付。如果在此期限内未能消除缺陷或另行给付,债权人可解除合同。《民法典》第563条第4款关于"其他违约行为致使不能实现合同目的"可以解除合同的规定,可以认为法律认可将不完全履行致使不能实现合同目的作为解除条件。

3. 预期违约

预期违约导致法定解除的发生,主要包括两种类型:

---

① André Naidoo, *Complete Contract Law: Text, Cases, and Materials*. Oxford University Press, 2021, p. 534.

(1)根据《民法典》第 563 条第 2 款的规定,在履行期限届满之前,当事人明确表示或以自己的行为表明不履行合同主要义务的,对方当事人可以解除合同。在履行期限届满之前是指合同当事人所约定的或法律所规定的履行期限尚未届至。当事人不履行合同主要义务可以采取明示的方式,即明确表达他将不履行合同主要义务,也可以采取默示的方式,即以行为表明他将不履行合同主要义务。

(2)根据《民法典》第 527 条、第 528 条的规定,先履行义务人有确切证据证明对方:经营状况严重恶化;转移财产、抽逃资金,以逃避债务;丧失商业信誉;有丧失或者可能丧失履行债务能力的其他情形的,可以中止履行,并及时通知对方。对方在合理期间内未恢复履行能力并且未提供适当担保的,中止履行的一方可以解除合同。

关于"合同解除的条件"的详细阐释,可扫码观看视频:

(五)合同解除的程序

合同解除的条件只是解除的前提,即使条件具备,合同也不当然且自动地解除,还必须经过一定的程序。解除的程序应有三种,即协议解除的程序、行使解除权的程序和法院裁决的程序。

1. 协议解除的程序

协议解除的程序,是当事人双方经过协商同意,将合同解除的程序。合同的解除取决于当事人双方意思表示一致,而不是基于当事人一方的意思表示,是以一个新的合同解除原合同,并不需要有解除权。由于协议解除程序是通过合同的方式,所以要使合同解除有效成立,必须有要约和承诺两个阶段,解除合同的要约的内容是要消灭既存的合同关系,解除合同的承诺是完全同意要约内容的意思表示。

协议解除是否必须经过法院或仲裁机构的裁判?法国民法规定,凡是解除都必须经过法院的裁判,这种程序比较复杂。我国法律未作这样的要求,允许当事人进行选择,当事人可以通过法院或仲裁机构作出裁判,也可以直接达成解除合同的协议。

采取协议解除程序,何时发生解除的效力?一般情况下,双方当事人达成解除合同的合意之时就是合同解除生效之时,或者以双方当事人约定的解除生效的日期为合同解除生效日期。若合同解除需经有关部门批准,有关部门批准该解除的日期即为合同解除的日期。

2. 行使解除权的程序

行使解除权的程序必须以当事人享有解除权为前提。解除权是一种形成权,它一经行使即发生解除合同的法律效果,它不需要经过对方当事人的同意,只需解除权人单方的意思表示,就可以解除合同。解除权人主张解除合同的,应当通知对方。合同自通知到达对方时解除。若债务人的通知载明,债务人在一定期限内不履行债务的,合同自动解除,并且债务人在该期限内未履行债务的,合同自通知载明的期限届满时解除。除此之外,若当事人一方未通知对方,直接以提起诉讼或者申请仲裁的方式依法主张解除合同,人民法院或者仲裁机构确认该主张的,合同自起诉状副本或者仲裁申请书副本送达对方时解除。对方有异议的,可请求人民法院或者仲裁机构确认解除合同的效力。法律、行政法规规定解除合同应当办理批准、登记等手续的，依照其规定。

解除权的行使存在一定的期间的限制。若法律规定了或者当事人约定了解除权行使期限，当事人在期限届满前不行使的，该权利消灭。若法律没有规定或者当事人没有约定解除权的行使期限，自解除权人知道或者应当知道解除事由之日起一年内不行使，或者经对方催告后权利人在合理期限内不行使的，该权利消灭。

3. 法院裁决的程序

这里所说的法院裁决的程序，不是指在协议解除的程序和行使解除权的程序中当事人诉请法院来解除合同，而是指在适用情势变更原则解除合同时，由法院裁决合同解除的程序。当发生情势变更时，当事人无解除行为，合同是否可以解除，是由法院根据案件的具体情况和情势变更原则的法律要件加以判断裁决的。因此，对这种类型的合同解除只能适用法院裁决的程序。

（六）合同解除的效力

1. 合同解除与溯及力

合同解除有溯及力是指解除使合同关系溯及既往地终止，合同如同自始未成立。合同解除无溯及力是指合同解除仅仅使合同关系向将来消灭，解除之前的合同关系仍然有效。在《合同法》颁布之前，合同解除是否具有溯及力存在很大的争议，《合同法》颁布之后对合同解除是否具有溯及力作了比较灵活的处理，应根据具体情况分析有无溯及力。《民法典》第 566 条保留完善了之前《合同法》第 97 条的规定，合同解除后，尚未履行的，终止履行；已经履行的，根据履行情况和合同性质，当事人可以要求恢复原状、采取其他补救措施，并有权要求赔偿损失。判断违约解除有无溯及力，至少应考虑三个方面：

其一，当事人是否请求恢复原状。合同解除后，当事人可以要求恢复原状，也可以不要求恢复原状，这取决于当事人自己的意志。

其二，通过合同的履行情况对合同解除的溯及力进行判断。

其三，根据合同的性质与种类判断合同解除是否具有溯及力。

(1)非继续性合同的解除原则上有溯及力

非继续性合同又称为一时性合同，是指履行为一次性行为的合同。就非继续性合同的性质而言，当它被解除时能够恢复原状，已完成的给付可以返还于给付人。恢复原状是解除有溯及力的效果及标志。非继续性合同作为解除的标的，为解除具有溯及力提供了一种可能性。这种可能性能否变成现实性，还要受其他因素制约，如溯及力的运用是否可以给予非违约方充分的救济。

(2)继续性合同的解除原则上无溯及力

继续性合同是不能通过一次给付完结履行，履行必须在一定继续的时间内完成的合同。如租赁合同、仓储合同、借用合同、保管合同等均属此类。继续性合同常以使用、收益标的物为目的，已经被受领方享用的标的物效益，不能返还的，也就无法恢复原状。在这种情形下，给付人只能请求对方返还相应的价金，在双方为相应的给付时，承认溯及力除了增加不必要的迂回曲折外，并没有给当事人带来实益，因此规定这些合同的解除无溯及力为宜，除非当事人有相反的约定。此外，委托合同的解除不能有溯及力，主要是因为委托合同解除溯及合同成立当初消灭，会使受托人进行的代理行为全部失去法律根据，从而变成无效。这样，就会损害到通过该代理人的行为而与委托人成立法律关系的第三人的合法利益，危害社会交易秩序的稳定性。所以为保护善意第三人的合法权益，稳定社会经济秩序，不宜主张委托合同的解除具有溯及力。

2. 合同解除与恢复原状

恢复原状是合同解除有溯及力所具有的直接效力，是双方当事人基于合同所产生的债务全部免除的必然结果。在合同尚未履行时，解除原则上具有溯及力，合同的债权债务关系全部溯及地消灭，当事人当然恢复原状，不存在适用恢复原状义务的必要。所以恢复原状义务只发生于合同部分或全部履行的情况。由于合同自始失去效力，所以当事人受领的全部给付丧失合法的依据，应返还于给付人。

除根据合同性质及履行情况不可适用恢复原状的情况外，合同解除后，当事人互负恢复原状的义务。所谓恢复原状，即当事人互相返还已受领的给付。其在适用中应注意把握三点：①返还的范围包括原物、同种类物，以及占有使用期间所获得的利益，如利息、孳息。②在所受领给付劳务或者消耗物时，则应负担折价返还义务。③当事人互负返还义务的应同时履行，并可准用同时履行抗辩权的规定。[①]

3. 尚未履行的债务免除与不当得利返还

合同解除无溯及力时，解除前的合同关系仍有效，因此解除前所为的给付是有法律根据的，只是自合同解除之时起尚未履行的债务被免除。这样，就产生了如下的问题：当事人一方已经部分或全部履行了债务，对方却未履行对待给付，或者虽然也履行了债务，但双方各自的履行在数量上不对等。对于这一问题，如果采用物上返还请求显然不妥，因为给付人在合同解除后仍未取得给付物的所有权。较为合理的做法是运用不当得利制度加以解决，即受领人将其多获得的利益按不当得利规则返还于对方当事人。不当得利返还在效力方面不属于物权的效力，而属于债的效力，其返还的范围与受领人主观为善意抑或恶意有关，受领人主观为善意时，其返还范围仅以现存的利益为限；而主观为恶意时，则不受此限。

4. 合同解除与赔偿损失

从法律修改的脉络上看，《民法通则》第 115 条曾规定，合同解除不影响当事人要求赔偿损失的权利。《合同法》第 97 条将其细化规定为，合同解除后，已经履行的，根据履行情况和合同性质，当事人可以要求恢复原状、采取其他补救措施，并有权要求赔偿损失。《民法典》第 566 条延续规定为，合同解除后，尚未履行的，终止履行；已经履行的，根据履行情况和合同性质，当事人可以请求恢复原状或者采取其他补救措施，并有权请求赔偿损失。合同因违约解除的，解除权人可以请求违约方承担违约责任，但是当事人另有约定的除外。主合同解除后，担保人对债务人应当承担的民事责任仍应当承担担保责任，但是担保合同另有约定的除外。据此，当事人在合同解除前已获得的损害赔偿请求

---

① 陈小君、高飞：《合同法学》，中国政法大学出版社 2022 年第 5 版，第 180 页。

权不因合同解除而丧失。

二、合同终止的其他原因

(一)清偿

1. 清偿的概念

清偿是指债务人按照合同约定向债权人履行义务,实现合同目的的行为。清偿与履行的意义相同,因为从债务人方面说,清偿也就是其按照合同约定的条件全面正确地履行自己的义务,而合同履行的结果就是清偿债务,实现债权。但二者的侧重点不同,履行是从合同的动态方面而言,而清偿是从合同的消灭方面而言。

清偿为实现债的目的的行为,是债消灭的最主要和最常见的原因。债务人履行债务的行为为清偿行为,第三人为满足债权人目的而为给付的行为,也属清偿。此外,依强制执行或实现担保权而使债权满足的,亦为清偿。

2. 清偿人

清偿人在一般情况下是债务人为之,但不以债务人为限,具体包括以下两类:

(1)债务人

债务人负有清偿义务,必须为清偿,否则债权人的利益难以得到满足。这里的债务人,包括连带债务人、保证债务人在内。如果债务履行行为为法律行为,则债务人应有完全民事行为能力;如果债务履行行为为事实行为,则债务人无行为能力的限制。

当然,债务人基于自身时间、精力等限制,可以委托其代理人为其进行清偿,除法律规定、当事人约定或者性质上须由债务人本人履行的债务除外。

(2)第三人

第三人清偿,是指第三人为消灭债务,以自己的名义向债权人为清偿。债务清偿无非在于满足债权人的利益,若第三人的给付能够使债权人利益得到满足,同时又对债务人并无不利的,原则上第三人的清偿应为有效。

第三人充当清偿人,与债务人的代理人清偿是不同的。第三人为清偿时,是第三人以自己的名义清偿;而债务人的代理人清偿时,则是以债务人的名义为清偿。因而第三人清偿时,应向债权人说明。如果第三人误认为他人债务为自己的债务而为清偿,则不属于债的清偿,可依不当得利的规定请求返还。

第三人为清偿人时,必须符合以下条件:其一,合同性质适宜第三人清偿。并非所有的债务均可以由第三人清偿。具体而言,下列两种债务不得由第三人清偿:一是债权人与债务人有特别约定,不得由第三人清偿的债务。二是依债的性质须由债务人亲自履行,不得由第三人清偿的,如以债务人本身的技能为标的的债以及基于债权人与债务人的特别信任而成立的债,原则上须由债务人履行,不得由第三人清偿。其二,第三人的给付行为必须达到债的清偿的效果。第三人代为清偿需要按法律规定或当事人约定的时间、地点、方式进行;一般而言,第三人代为清偿虽不以债务人或债权人的同意为前提,除非债权人拒绝其清偿,或因债务人异议而拒绝其清偿。但也存在债权人无权拒绝第三人代为清偿的情形。《民法典》第 524 条第 1 款新增了“有利害关系第三人代为清偿”的相关规定，即除特定不允许代为清偿的债务外，有利害关系的第三人有权代为清偿，且债权人无权拒绝。其原文为：“债务人不履行债务，第三人对履行该债务具有合法利益的，第三人有权向债权人代为履行；但是，根据债务性质、按照当事人约定或者依照法律规定只能由债务人履行的除外。”其三，第三人必须具有为债务人清偿的意思。这有别于债务承担，因为在债务承担中，承担人是为自己的债务清偿，缺乏为债务人清偿的意思，就不构成第三人清偿。

第三人清偿的法律效力在于：第三人清偿全部债务的，债务人免除其债务，债的关系消灭；第三人清偿部分债务的，债务部分消灭，未消灭的债务部分仍归债务人。此外，第三人清偿后，在第三人与债务人之间通常还会发生求偿的关系，但如果第三人以赠与为目的而代债务人清偿，则第三人对债务人无求偿权。

3. 清偿受领人

清偿受领人，即受领清偿利益的人。清偿须向有受领权的人为之，并在其受领后，债的关系消灭。清偿受领人包括：

(1)债权人以及债权人的代理人。债权人是当然的清偿受领人，债权人的代理人也可以基于代理关系受领清偿。

(2)破产财产的管理人。在我国，依照《破产法》及《民事诉讼法》的有关规定，在破产还债程序中，由清算组织受领清偿。

(3)收据的持有人。收据的持有人所持收据应为真实的，其持有原因在所不问。

(4)行使代位权的债权人。债权人在符合法律规定的条件时，得行使代位权。当债务人的债务人向债权人清偿债务时，债权人有权接受清偿。

(5)债权人与债务人约定受领清偿的第三人。

4. 清偿标的

(1)债务人依债的内容为给付行为。在债的关系成立后，债务人应依债的内容为给付行为。由于债的内容并不一致，有应交付财物的，有应移转权利的，有应提供劳务的，有应完成工作成果的，也有的以不作为为债的标的。无论债的内容如何，债务人均应依债的内容履行债务，以满足债权人的利益。

(2)代物清偿。代物清偿是指债务人以他种给付代替其所负担的给付，从而使合同关系消灭的现象。它必须符合以下条件：

一是必须有债务存在，而不论原合同标的如何。不仅如此，无因管理、不当得利和侵权行为所产生的债务也可为代物清偿。

二是必须以他种给付代替原定给付。给付的形态有支付金钱、交付财物、移转权利、提供劳务、提交成果、不作为等。以一种给付代替他种给付，才为代物清偿。即使在同一形态的给付中，也可成立代物清偿，如以大米代替玉米，以牛代替马等。

三是必须有当事人之间的合意。由于代物清偿改变了原债中的给付，因而须以债权人、债务人合意才能成立，否则不产生代物清偿的法律后果。

四是必须清偿受领人现实地受领他种给付。债权人与债务人所达成的代物清偿契约为要物契约，须清偿人现实地为给付行为并经清偿受领人受领的，才发生代物清偿的效力。

代物清偿的效力主要表现在三个方面：一是合同关系消灭，债权的从权利也随之消灭。二是当原债基于有偿契约而发生时，产生瑕疵担保责任，即如果代替给付具有权利上或者物的品质上的瑕疵时，适用瑕疵担保责任的有关规定。三是对代物清偿中差额部分的处理，即在代物清偿中，原定给付与他种给付的价值并不一定相等。如果原定给付的价值高于他种给付的价值，则债务人应一并履行他种给付少于原定给付的差额；如果原定给付的价值低于他种给付的价值，则债权人应补偿或者退回他种给付超出原定给付的差额。

5. 清偿地

清偿地，是清偿人履行债务的场所。在清偿地履行债务的，发生清偿的效果；在清偿地外履行债务的，因不符合债的履行要求，不发生清偿的效果。

清偿地依下列方法确定：

(1)依当事人的约定而确定。当事人可以在合同成立时进行约定，也可以在合同成立后、履行前进行约定。

(2)依法律规定而确定。当法律对于债的履行地点有规定时，应从其规定。根据我国《民法典》第511条的规定，履行地点不明确，给付货币的，在接受给付一方的所在地履行；交付不动产的，在不动产所在地履行；其他标的，在履行义务一方的所在地履行。

(3)依习惯而确定。清偿地还可以依习惯做法而确定。如在车站、码头寄存物品的，依习惯在寄存场所履行债务。

(4)依债务的性质而确定。如不动产权利转移的，应在不动产权利登记机关所在地办理登记手续，转移权利。

6. 清偿期限

清偿期限为债务人履行债务的期限。关于清偿期限的确定，若当事人有明确约定的，从其约定；若法律有明确规定的，从其规定。对于有确定的履行期限的债务，债务人应在期限到来之前履行。提前清偿的，债权人有权拒绝受领，但如果期前清偿对债权人并无不利、债务人放弃期前利益的，债权人依诚实信用原则也应受领。对于没有明确的履行期限的债务，债务人可以随时履行，债权人也可以随时要求债务人履行，但应当给对方必要的准备时间。

7. 清偿费用

清偿费用是指清偿所需的必要费用。如物品交付的费用、金钱邮汇的费用，通常清偿费用包括运送费、包装费、汇费、登记费、通知费用等。关于清偿费用的承担，若当事人有约定的，从其约定；若法律有规定的，从其规定。当关于清偿费用的负担不明确时，由履行义务的一方负担。但是在合同成立后，由于债权人一方变更住所或者其他行为导致履行费用增加时，增加的费用应由债权人一方负担。

8. 清偿抵充

清偿抵充是指债务人对同一债权人负担数宗同种类债务，而债务人的履行不足以清偿全部债务时，决定该履行抵充某宗或某几宗债务的现象。因为在数宗债务中，可能附利息，也可能不附利息；可能附担保，也可能不附担保；可能附期限，也可能不附期限。这时债务人的履行消灭哪一宗债务，对债权人和债务人以及担保人来说都会有不同的法律后果。《民法典》第560条对债的清偿抵充顺序进行了规定，债务人对同一债权人负担的数项债务种类相同，债务人的给付不足以清偿全部债务的，除当事人另有约定外，由债务人在清偿时指定其履行的债务。债务人未作指定的，应当优先履行已经到期的债务；数项债务均到期的，优先履行对债权人缺乏担保或者担保最少的债务；均无担保或者担保相等的，优先履行债务人负担较重的债务；负担相同的，按照债务到期的先后顺序履行；到期时间相同的，按照债务比例履行。此外，一次给付不能清偿同一笔债务全部本息的情况下，可以根据《民法典》第561条的规定，债务人在履行主债务外还应当支付利息和实现债权的有关费用，其给付不足以清偿全部债务的，除当事人另有约定外，应当按照下列顺序履行：①实现债权的有关费用；②利息；③主债务。

（二）免除

免除，又可称为债务免除，是指债权人抛弃债权，从而使债务全部或部分消灭的意思表示。至免除成立后，债务人自不再负担被免除的债务，债权人的债权也就不再存在，债即消灭，因此免除债务也为债消灭的原因之一。我国原《合同法》对免除采单方行为说，但《民法典》赋予了债务人拒绝权。根据《民法典》第575条的规定，“债权人免除债务人部分或者全部债务的，债权债务部分或者全部终止，但是债务人在合理期限内拒绝的除外”。由此，我国民法典之下的债的免除，不再是一个单纯的单方行为。如果债务人在合理期限内拒绝，债务就不能被免除；如果债务人未在合理期限内拒绝，则债务被免除。

免除债务的行为为无因行为，债权人或者其代理人免除债务的原因何在，在所不问。债务免除为无偿行为，其不以债权人取得相应的对价为条件。债务免除是不要式行为，即债务免除的意思表示无须特定形式，口头形式或书面形式均可。

债务免除的成立必须具备以下条件：一是免除的意思表示应向债务人作出，从该意思表示到达债务人时起生效，而债权人向第三人为免除债务的意思表示，不发生免除的法律效力，但向债务人的代理人所为的免除债务的意思表示发生免除的效力。二是债权人必须有处分能力，对于法律禁止抛弃的债权，债权人免除债务的意思表示无效，不发生债消灭的效果。三是不应损害第三人利益，免除债务会损害第三人利益的，债权人不能免除。四是债务人在合理期限内没有明确表示拒绝，虽然免除通常是对债务人的好处，无须债务人同意，但基于《民法典》当前的规定，好处无须同意，但可以拒绝。

免除的效力是使债消灭。债权人免除债务人的全部债务的，债务人的全部债务消灭，有债权证书的，债务人可以请求返还债权证书；债权人免除债务人的部分债务的，债务人的部分债务消灭。主债务因免除而消灭的，从债务也随之消灭。保证债务的免除不影响被担保债务的存在，被担保债务的免除则使保证债务消灭。债权人免除连带债务人中某一债务人的债务的，其他人的债务是否也免除呢？对此，《民法典》第520条第2款规定，部分连带债务人的债务被债权人免除的，在该连带债务人应当承担的份额范围内，其他债务人对债权人的债务消灭。

（三）抵销

1. 抵销的概念及其分类

抵销，是指当事人双方互负同种类的给付，将两项债务相互冲抵，使其债务在对等额内消灭。抵销债务，也就是抵销债权。用于抵销的债权，为主动债权或能动债权，亦即抵销权人的债权；被抵销的对方当事人的债权，为被动债权或反对债权，亦即被抵销人的债权。

用抵销方式消灭债，可方便当事人双方，节省交易成本。因为在当事人双方相互负有同种类给付的债务时，若各方均须履行自己的债务，双方就要相互交换给付，势必增加给付的费用。同时，抵销还具有公平的作用。因为双方互负同种类债务时，若其中一方的资力恶化，另一方向其履行，就有可能得不到相反的履行，这样就会损害另一方的利益，从而显得不公平。但若实行抵销，则另一方即使不能履行债务，他方的利益也可得到保障。正是由于抵销可以起到方便与公平的作用，所以成为法律所确认的独立的债权消灭原因之一，也是自罗马法以来一直为各国民法所承认的一项制度。

抵销可分为法定抵销与合意抵销。法定抵销，是指在具备法律所规定的条件时，依当事人一方的意思表示所为的抵销。我们通常所说的抵销即是指法定抵销。

《民法典》第 568 条规定，当事人互负债务，该债务的标的物种类、品质相同的，任何一方可以将自己的债务与对方的到期债务抵销；但是，根据债务性质、按照当事人约定或者依照法律规定不得抵销的除外。当事人主张抵销的，应当通知对方。通知自到达对方时生效。抵销不得附条件或者附期限。此即为我国法定抵销的明确规定。合意抵销是指根据当事人双方意思表示一致所为的抵销，又称为契约上的抵销。《民法典》第 569 条规定，“当事人互负债务，标的物种类、品质不相同的，经协商一致，也可以抵销”。此处规定的就是合意抵销。合意抵销对于标的物的种类、品质没有特别要求，对于双方所负债务是否届履行期限也无要求，只要不违背法律的强制性规定和禁止性规定，原则上都可以合意抵销。

2. 抵销的要件

一般而言，抵销应当具备以下要件：

(1)须双方互享债权、互负债务。由于抵销是通过冲抵债务，使双方的债权在同等数额内消灭，为此抵销必须以当事人双方相互享有对立的债权、负有对立的债务作为前提。若当事人一方对另一方仅有债权而不负债务，或者仅负债务而不享有债权，当然也就不可能发生抵销。抵销人用以抵销的债权应是自己所享有的债权，对于他人的债权，即使他债权人同意，也不得用以抵销。但此处有例外，即债权转让后债务人抵销权，根据《民法典》第 549 条的规定，债务人的债权先于转让的债权到期或者同时到期的，债务人可以向受让人主张抵销。此外，用以抵销的两个债务必须均具有合法性，如果一个是合法债务，另一个是不合法债务，则不得主张抵销，因为不合法的债务不受法律保护。

(2)须双方债务的给付为同一种类、同一品质。抵销的功能之一就在于节约交易费用，免去不必要的交易行为。如果双方互负债务的标的物种类、品质不同，双方各有其经济目的，即不得抵销，否则会导致一方当事人或双方当事人的交易目的难以实现。为此，只有给付的种类、品质相同时，当事人双方的经济目的才一致，通过抵销才可满足当事人双方的利益需要。在实践中，适于抵销的一般为金钱和种类物。

(3)须主动债权已届清偿期。通常情况下，我们将主张抵销一方的债权称为主动债权。只有在提出抵销的一方的债权已到清偿期时，才能主张抵销，这是为了防止强制债务人提前履行债务，避免损害债务人的期限利益。然而，在一些特殊情况下，如双方自愿放弃期限利益且不损害对方当事人利益时，法律上允许抵销。同样的，如果双方的债务没有明确的清偿期限，因为债权人可以随时要求对方履行债务，抵销也被允许。此外，在特殊法律规定下，如《企业破产法》第 46 条，当破产申请受理时，未到期的债权可视为到期债权，从而能够进行抵销。

(4)须双方的债务均为可抵销的债务。一般而言，多数债务都可以抵销，但有些债务或因双方约定或因性质使然或因法律规定而不能抵销。具体而言，不得抵销的债务包括以下几种：一是依双方约定不得抵销的债务不得抵销；二是依债的性质不得抵销的债务，如不作为的债务、提供劳务的债务、抚恤金债务、抚养费债务等，不得抵销；三是依法律规定不得抵销的债务，如禁止强制执行的债务、故意侵权而产生的债务、约定应向第三人给付的债务等。

3. 抵销的效力

抵销的效力主要表现在以下方面：

第一，双方当事人所负债务全部或者部分消灭。双方的债务数额相等的，双方的债权债务全部消灭；双方的债务数额不等的，数额少的一方的债务全部消灭，另一方的债务于与对方债务相等的数额内消灭，其余额部分仍然存在，债务人对此部分债务余额仍负有清偿责任。

第二，因抵销双方债务的消灭为绝对消灭，除法律另有规定外，任何人不得主张撤销抵销。若对已经抵销的债务再为清偿的，发生不当得利。

第三，抵销不具有溯及效力。抵销的溯及力指的是，债务自得为抵销时就消灭，不再发生利息债务；自得为抵销时起，不再发生迟延责任；在得抵销的情形发生后，就一方当事人所发生的损害赔偿及违约金责任，因抵销的溯及力而归于消灭。抵销是否具有溯及力过去存在争议。虽然《民法典》没有明确否定抵销之溯及力，但《合同编通则解释》第 55 条明确了抵销不具有溯及力，抵销效力自“通知到达对方时”发生效力，而非抵销条件达到时当然发生抵销之效力。其规定：“当事人一方依据民法典第五百六十八条的规定主张抵销，人民法院经审理认为抵销权成立的，应当认定通知到达对方时双方互负的主债务、利息、违约金或者损害赔偿金等债务在同等数额内消灭。”抵销不具溯及力更加符合权利行使的本质，有利于督促当事人及时行使权利，更加符合交易效率和司法效率，也更加契合我国民法典的立法本意和域外立法的发展趋势。①

---

① 蒋家棣：《抵销权行使规则的细化及其具体适用》，载《中国法律评论》2024 年第 1 期。

（四）混同

混同，是指债权与债务同归于一人，使债的关系消灭的事实。法律上的混同，有广义与狭义之分。广义上的混同，包括权利与权利的混同，义务与义务的混同，权利与义务的混同。这里所说的混同仅为狭义上的混同，即权利与义务的混同。

混同的原因大致可分为两种：一是概括承受，即债权债务概括转移于债权人或者债务人。例如，企业合并，合并的企业之间原互有债权债务的，合并后债权债务同归于一个企业，从而导致债的消灭。债权债务的概括承受是发生混同的最主要原因。二是特定承受，指因债权让与或债务承担而承受权利义务。例如，债务人从债权人处受让债权，债权债务就因同归于一人而发生混同。

《民法典》第 576 规定："债权和债务同归于一人的，债权债务终止，但是损害第三人利益的除外。"因此，混同的效力是导致债的关系绝对消灭，并且主债消灭，从债也随之消灭，如利息债权、违约金债权、担保债权等同归消灭。但在涉及第三人利益的情形下，虽发生混同，债也不消灭。例如，债权为他人质权的标的时，为保护质权人的利益，债权不因混同而消灭。

（五）提存

1. 提存的概念

提存，是指债务人于债务已届履行期时，将无法给付的标的物提交给提存机关，以消灭合同债务的制度。提存涉及提存人（通常是债务人）、提存机关和债权人三方当事人，涉及三方法律关系，即提存人与提存机关、提存机关与债权人、提存人与债权人之间的关系。其中提存人与债权人之间的法律关系为私法上的债权债务法律关系。而提存机关与提存人之间以及提存机关与债权人之间的关系，有不同的观点。一般认为，提存虽然发生在提存人与提存机关之间，但提存关系的建立是为债权人利益的，因此，提存人与提存机关之间的关系性质具有为第三人利益合同的性质；而由于提存后，提存标的物就归债权人所有，提存机关仅仅是为债权人保管标的物，因此债权人与提存机关之间的关系性质具有保管合同的性质。

2. 提存的条件

提存必须具备以下条件：

(1)提存人具有行为能力。提存人是债务人或债务人的代理人，由于提存是法律行为，因而他必须具备相应的行为能力。

(2)提存的合同之债合法有效且已届履行期。无效债权不能履行，当然也不能提存；而合同债务虽然有效，但未届履行期时，债务人也不能提存，否则就属于提前履行，构成违约。

(3)标的物适于提存。提存标的物是提存人交付提存机关保管的物，原则上债务人交付的物应适于提存。适于提存的标的物有：货币；有价证券、票据、提单、权利证书；贵重物品；担保物（金）或者其代替物以及其他适宜提存的物。此外，根据《民法典》第 570 条的规定，标的物不适于提存或者提存费用过高的，债务人依法可以拍卖或者变卖标的物，提存所得的价款。

（4）有法定的提存原因。提存的目的在于消灭合同权利义务关系，是以向提存机关交付标的物来代替向债权人的履行，因此，只有在法定情形下才可提存，而不能由债务人任意提存。根据《民法典》第570条的规定，有下列情形之一，难以履行债务的，债务人可以依法办理提存：

一是债权人无正当理由拒绝受领。在债务人现实地履行债务时，债权人无正当理由，以书面或者口头形式拒绝受领，债务人可以将标的物提存。如果债务人未现实地提出给付，则不构成提存原因。此外，在债务人履行不适当的情况下，债权人拒绝受领有正当理由，债务人也不能提存。

二是债权人下落不明。债权人下落不明，是指债权人离开住所没有音讯，包括债权人不清、债权人地址不详、债权人失踪又无财产代管人等情况，债务人通过正常途径无法得知，从而无法向债权人履行的情形。如果债权人虽然下落不明，但债务人仍可履行债务的，如债务人可向债权人的代理人或第三人履行，那么债务人就不能提存。

三是债权人死亡未确定继承人、遗产管理人或者丧失民事行为能力未确定监护人。

四是法律规定的其他情形。除以上原因外，凡法律规定其他可以提存的情形，当事人提存的，就是有合法的提存原因。这主要指债务人非因过失而无法确切地知道谁是债权人，也即债权人不明的其他情形。比如，债权人和债权人的受让人之间就债权转让发生争议，债务人无法确知谁是真正的债权人的，债务人就可以提存。《民法典》第529条也规定，债权人分立、合并或者变更住所没有通知债务人，致使履行债务发生困难的，债务人可以中止履行或者将标的物提存。第837条规定，收货人不明的，承运人依法可以提存标的物。债权人不在债务履行地，又不能到履行地受领的，也可以作为提存原因之一。①

3. 提存的程序

提存必须按法定程序进行：第一，先由提存人提出提存申请，并提交身份证明、据以履行义务的文书、存在提存原因的证明、提存受领人情况等相关材料。第二，提存机关在收到提存申请后，根据申请人的申请审查是否受理提存，经审查认为符合提存条件的，提存机关作出予以提存的决定，验收提存物并登记存档，指定提存人将提存物交有关的保管人保管，制作提存证书并交给提存人，若经过审查不符合提存条件，提存部门应当拒绝办理提存。第三，标的物提存后，提存机关应按规定将提存的事实通知提存受领人，通知无法送达的，应公告送达。

4. 提存的效力

因提存涉及三方当事人及三方面的法律关系，因而提存在不同的当事人之间产生不同的效力。

（1）在债务人与债权人之间。《民法典》之前，根据最高人民法院《关于适用〈中华人民共和国合同法〉若干问题的解释（二）》第25条之规定，债务人在将标的物提存后，无论

---

① 王利明：《民法（下册）》，中国人民大学出版社2023年第10版，第165页。

债权人受领与否，依法均发生债消灭的效力，债务人不再负清偿责任。《民法典》第571条第2款规定，提存成立的，视为债务人在其提存范围内已经交付标的物。《民法典》第557条第3项规定，债务人依法将标的物提存，债权债务终止。据此，一般情况下，提存人提存标的物后，直接消灭债权债务之效力。但若提存物具有瑕疵（或没有履行从给付义务或附随义务），此时仅视为债务人交付标的物，不消灭债务，债务人仍需承担履行相应的债务。提存物的所有权转归债权人，标的物毁损、灭失的风险由债权人承担；提存期间，标的物的孳息归债权人所有。

（2）在提存人与提存机关之间。提存机关有保管提存标的物的权利和义务。提存机关应采取适当的方法妥善保管提存标的物，对于不宜保存的、提存受领人到期不领取或者超过保管期限的提存物品，提存机关可以拍卖，保存其价款。提存人可以凭法院的判决、裁定或者提存之债已经清偿的公证证明，取回提存物。提存受领人以书面形式向提存机关表示抛弃提存物的，提存人可以取回提存物，但应负担提存费用，提存人未支付提存费用前，提存机关有权留置价值相当的提存标的。

（3）在提存机关与提存受领人之间。《民法典》第574条规定，债权人可以随时领取提存物。但是，债权人对债务人负有到期债务的，在债权人未履行债务或者提供担保之前，提存部门根据债务人的要求应当拒绝其领取提存物。债权人领取提存物的权利，自提存之日起五年内不行使而消灭，提存物扣除提存费用后归国家所有。但是，债权人未履行对债务人的到期债务，或者债权人向提存部门书面表示放弃领取提存物权利的，债务人负担提存费用后有权取回提存物。提存机关未按法定或者当事人约定条件给付提存标的物，给当事人造成损失的，提存机关应负赔偿责任。此外，标的物在提存后，其意外灭失的风险责任由债权人承担，因而在提存后因不可归责于提存机关的原因致使提存标的物毁损灭失的，提存机关不负责任，但如果由于提存机关的故意或者重大过失所致，债权人有权请求提存机关赔偿。

本章小测

一、客观题

扫码测试

二、主观题

1. 什么是债权债务的概括转移？
2. 简述合同解除的分类。

拓展案例

拓展案例

指导案例 189 号：上海熊猫互娱文化有限公司诉李岑、昆山播爱游信息技术有限公司合同纠纷案。

延伸阅读

延伸阅读

以物抵债协议在合同的变更与终止中的作用。

本章参考文献

1. 王利明：《论清偿型以物抵债协议产生的选择权——以〈合同编通则解释〉第 27 条为中心》，载《东方法学》2024 年第 2 期。

2. 崔建远：《情事变更原则探微》，载《当代法学》2021 年第 3 期。

3. 杨立新：《广义债的变更概念之重新界定与整合》，载《学术交流》2023 年第 9 期。

4. 崔建远：《合同法》，法律出版社 2024 年第 8 版。

5. André Naidoo, *Complete Contract Law: Text, Cases, and Materials*. Oxford University Press, 2021.

6. 陈小君、高飞：《合同法学》，中国政法大学出版社 2022 年第 5 版。

7. 蒋家棣：《抵销权行使规则的细化及其具体适用》，载《中国法律评论》2024 年第 1 期。

8. 王利明：《民法》(下册)，中国人民大学出版社 2023 年版。

第八章　违约责任

思维导图

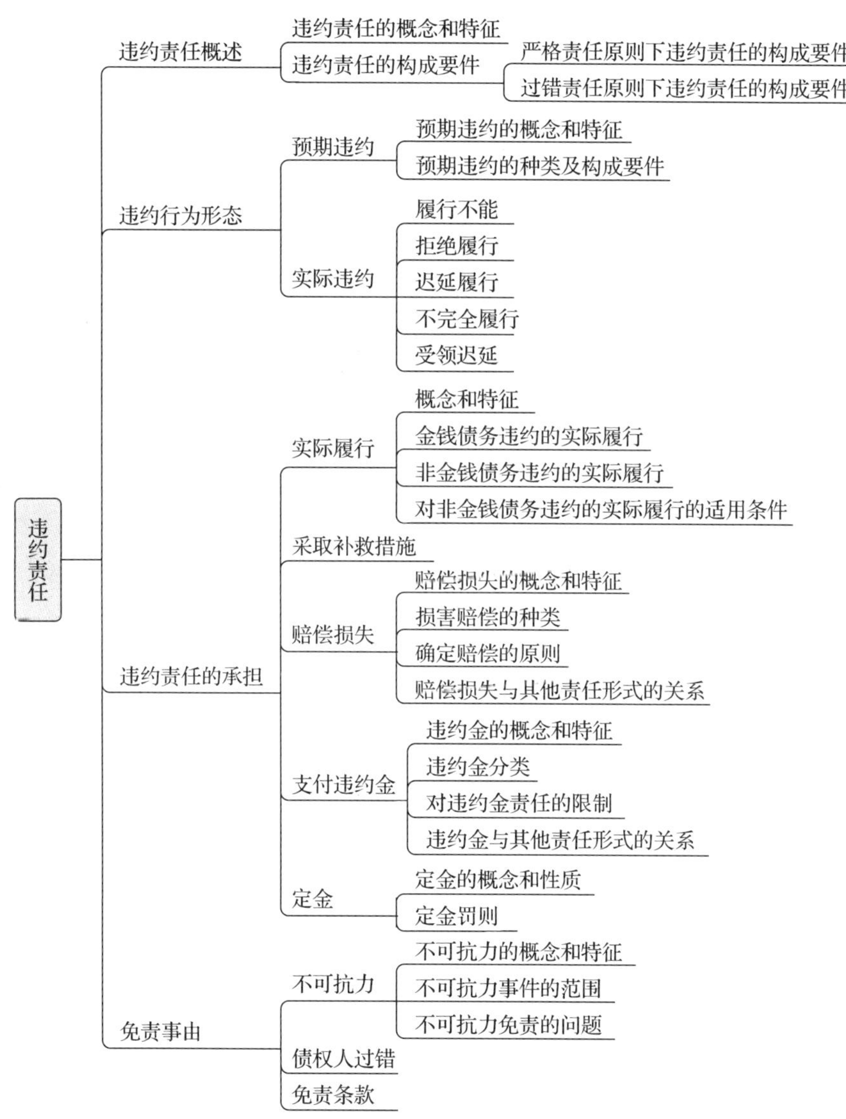

第一节　违约责任概述

一、违约责任的概念和特征

违约责任又称为违反合同的民事责任，是指合同当事人不履行合同义务或者履行合同义务不符合约定时所应承担的民事责任。违约责任在合同法中占有极其重要的地位，违约责任的约定可以对当事人形成一定的威慑力，促使当事人积极合理地履行合同义务，同时也为非违约方提供必要的救济，所以合同法对违约责任规定了相当多的条款。

违约责任具有以下法律特征：

1. 违约责任是一种财产责任，是民事责任的一种形式。违约责任具有经济内容，当合同一方当事人不履行或者不完全履行合同义务时，就应以经济利益为内容的违约责任加以补救。随着人类社会法律文明的演进，违约责任经历了一个从兼具人身性和财产性的双重属性到仅具财产性的发展过程，早期的债奴制度已被废除。在我国合同法上，违约责任包括支付违约金、损害赔偿、强制履行以及解除合同等形式，这些责任形式均属于财产责任范畴。我国通说亦认为违约责任不包括非财产的损害赔偿，但有学者主张在某些合同如提供服务的合同中，违约行为可能同时造成当事人精神上的损害，当事人可以就精神损害要求赔偿。

2. 违约责任是合同当事人不履行或不完全履行债务时产生的民事责任。违约责任虽是民事责任的一种形式，但它是以合同债权债务关系的存在为前提，这是它不同于其他民事责任如侵权责任的重要特征。合同责任的发生是以合同有效成立为条件，而侵权责任的发生不以加害人与受害人之间存在合同关系为条件。

3. 违约责任具有一定的任意性。合同当事人可以在法律允许的范围内，对一方的违约责任作出事先安排，如可事先约定违约金的数额或幅度，可事先确定损害赔偿的数额或计算方法。如我国《民法典》第 585 条第 1 款规定，当事人可以约定一方违约时应当根据违约情况向对方支付一定数额的违约金，也可以约定因违约产生的损失赔偿额的计算方法。而侵权责任则为一种法定责任，当事人无法事先约定。

4. 违约责任具有相对性。违约责任一般只能发生在特定的当事人之间，而不涉及合同关系以外的人。因为违约责任是合同一方当事人违反双方之间的合同约定而对另一方当事人所承担的民事责任，而不是向第三人承担的法律责任，第三人也不对合同当事人负违约责任。违约责任的相对性作为债的相对性的重要体现之一，构成了近代合同法的基石。但在社会发展的推动下，这一规则出现了例外。现代合同基于公平正义的考虑，承认在某些情形下对合同相对性的突破，如第三人利益的合同，附保护第三人利益的合同等。

5. 违约责任主要具有补偿性，同时也具有一定的制裁性。法律确定违约责任的重要目的之一是补偿非违约方因违约行为所遭受的损害,保护非违约方的合法权益的实现。因此违约责任具有补偿性,一般通过支付违约金、赔偿金和其他方式来体现,使受害人的实际损失得到合理的补偿。为了维护交易秩序,保障市场经济正常发展,违约责任还应具备制裁违约的功能,以促使债务人履行债务,保证债权实现。

二、违约责任的构成要件

不同的归责原则,其构成要件不同。归责原则是指确定当事人责任所依据的原则。对于我国合同法确立的归责原则,学术界存在着很大的争议,本书主张以严格责任为基础,以过错责任为补充的归责原则。

(一)严格责任原则下违约责任的构成要件

严格责任原则也被称为无过错责任原则。严格责任原则下,无论当事人是否存在过错,当事人一旦存在违约行为,即应承担违约责任,除非有免责的事由。据此,其构成要件主要有两个:其一为违约行为,其二为无免责事由。

1. 违约行为

《民法典》第 577 条规定,当事人一方不履行合同义务或者履行合同义务不符合约定的,应当承担实际履行、采取补救措施或者赔偿损失等违约责任。这里的"不履行合同义务或者履行合同义务不符合约定"就是违约行为,所以违约行为是违约责任的基本构成要件。

违约行为是指合同当事人不履行或者不适当履行合同义务的客观事实。这里的合同债务,既包括当事人在合同中约定的义务,又包括法律直接规定的义务,还包括根据法律原则和精神的要求,当事人所必须遵守的义务等。违约行为的发生以合同关系有效存在为前提。违约行为是构成违约责任最为重要的条件,无违约行为即无违约责任。违约行为主要具备两个特征:第一,违约行为的行为人是合同当事人,这是由合同相对性规则决定的。第二,违约行为违反了合同约定的义务或法律规定的义务。当事人一旦违反其在合同中明确约定的义务,则构成违约行为。当合同没有明确约定时,如果当事人违反了法律明文规定的义务或根据诚实信用原则产生的附随义务,也会构成违约行为。

就违约行为发生的时间而言,违约行为可以分为预期违约和实际违约。预期违约是指在合同有效成立之后至履行期限届满之前,当事人一方明确表示或者以自己的行为表明不履行合同的主要义务。实际违约是指合同履行期限届满后发生的违约。根据违约行为的性质和特点,可以将违约行为分为履行不能、迟延履行、不完全履行、拒绝履行和受领迟延。关于违约行为的形态将在本章第二节中详细介绍。

2. 不存在法定和约定的免责事由

仅有违约行为这一积极要件还不足以构成违约责任,违约责任的构成还需要具备另一消极要件,即不存在法定或约定的免责事由。《民法典》第 590 条规定:"当事人一方因不可抗力不能履行合同的,根据不可抗力的影响,部分或者全部免除责任,但是法律另有规定的除外。因不可抗力不能履行合同的,应当及时通知对方,以减轻可能给对方造成的损失，并应当在合理期限内提供证明。当事人迟延履行后发生不可抗力的，不免除其违约责任。”这里的“不可抗力”就是最主要的法定的免责事由。不可抗力是指当事人无法预见、无法避免和无法克服的客观事件，如风暴、强台风等。除法定的免责事由外，当事人还可以约定免责事由，当约定的免责事由发生时，相关当事人亦可以不承担违约责任，当然，这要求当事人所约定的免责事由是合法有效的。

案例分析：程某在某健身房办了一张健身年卡，服务期限为 2023 年 1 月 1 日至 12 月 31 日，其中有格式条款规定：“年卡服务期限不因任何事由而顺延。”4 月，因该健身房装修中断服务，健身房通知程某服务期限顺延 1 个月。6 月，程某出国学习，要求健身房将顺延服务期再顺延 1 个月，被健身房拒绝。程某可因何理由主张违约责任？

解答：程某可以就健身房因装修顺延服务期限一个月的行为主张违约责任，因为健身房因装修，一个月不能按约定提供服务，且无免责事由，构成违约。

（二）过错责任原则下违约责任的构成要件

在过错责任原则下，只有当事人存在过错时，其违约行为始引致违约责任。据此，其构成要件与严格责任原则下违约责任的构成要件相比，则多了过错这一要件。故下面主要阐述过错。

过错是指违约人有违约故意或者过失。我国《民法典》主要适用严格责任原则，但若《民法典》中有具体规定时，应适用过错责任原则。例如：

1.《民法典》第 660 条规定：“依据前款规定应当交付的赠与财产因赠与人故意或者重大过失致使毁损、灭失的，赠与人应当承担赔偿责任。”因为赠与是无偿付出，所以只有故意或者重大过失致使赠与财产灭失的，赠与人才承担责任。这种责任多为嗣后履行不能产生的违约责任。

2.《民法典》第 714 条规定：“承租人应当妥善保管租赁物，因保管不善造成租赁物毁损、灭失的，应当承担赔偿责任。”保管不善表明承租人存在过错，未尽必要的注意义务，所以承租人所承担的责任是过错责任。

3.《民法典》第 784 条规定：“承揽人应当妥善保管定作人提供的材料以及完成的工作成果，因保管不善造成毁损、灭失的，应当承担赔偿责任。”承揽人责任的承担是以其未尽妥善保管义务为前提，可见，承揽人所负的责任是以其存在过错为前提的。

4.《民法典》第 824 条第 1 款规定：“在运输过程中旅客随身携带物品毁损、灭失，承运人有过错的，应当承担赔偿责任。”在运输过程中，旅客随身携带的物品是由旅客自己保管的，毁损或者丢失让承运人承担责任显然不公平，所以此条明确规定承运人有过错的，才承担责任；无过错的，不承担责任。

5.《民法典》第 841 条规定：“因托运人托运货物时的过错造成多式联运经营人损失的，即使托运人已经转让多式联运单据，托运人仍然应当承担赔偿责任。”因托运人最了解其委托运输的货物的性质，所以因其过错而导致承运人损失的，应承担过错责任。

6.《民法典》第 897 规定：“保管期内，因保管人保管不善造成保管物毁损、灭失的，保管人应当承担赔偿责任。但是，无偿保管人证明自己没有故意或者重大过失的，不承担赔偿责任。”由于此类保管合同的无偿性，所以法律不会课加保管人过重的义务，保管人仅就其故意或重大过失所造成的损失承担违约责任。

7.《民法典》第 929 条第 1 款规定：“有偿的委托合同，因受托人的过错造成委托人损失的，委托人可以请求赔偿损失。无偿的委托合同，因受托人的故意或者重大过失造成委托人损失的，委托人可以请求赔偿损失。”在无偿的委托合同中，受托人仅就其故意或重大过失所导致的损失承担责任的分析，同《民法典》第 897 条的分析。

8.《民法典》第 962 条第 2 款规定：“中介人故意隐瞒与订立合同有关的重要事实或者提供虚假情况，损害委托人利益的，不得请求支付报酬并应当承担赔偿责任。”居间人仅提供媒介或报告服务，无法很深入地了解各方面的情况，所以法律规定居间人仅在其故意隐瞒与订立合同有关的重要事实或者提供虚假情况时，对委托人所遭受的损失承担赔偿责任。

关于“违约责任的构成要件”的详细阐述，可扫码观看视频：

第二节 违约行为形态

本节主要介绍根据违约行为发生时间的不同而划分的两类违约行为形态，即预期违约和实际违约。

一、预期违约

（一）预期违约的概念和特征

预期违约（anticipatory breach of contract）又可称为先期违约、事先违约、预期毁约，是指在合同规定的履行期到来之前，当事人一方以明示或者默示的方式表示其将不履行合同，由此在当事人之间发生一定的权利义务关系的一项合同法律制度。

预期违约制度是英美法系从判例中发展而来的制度。这项制度的确立有利于使非违约方在对方有违约的先兆时及时采取补救措施，或解除合同，另订其他补救合同，或直接要求赔偿损失，从而实现其所期望的经济利益。它可以使双方当事人的实际损失降到较低限度，符合法律的公平正义原则。所以，不仅美国的《统一商法典》明确规定了预期违约制度，而且 1980 年《联合国国际货物销售合同公约》也规定了预期违约制度。我国《民法典》亦吸收和借鉴了英美法中的预期违约制度，在第 578 条作出了规定：“当事人一方明确表示或者以自己的行为表明不履行合同义务的，对方可以在履行期届满前请求其承担违约责任。”

预期违约行为具有以下几个特征：(1)预期违约行为发生在合同有效成立之后，履行期限届至之前。(2)预期违约行为表现为未来不履行义务，而不表现为现实地违反义务。

(3)预期违约行为侵害的是期待债权,而不是现实的债权。因为合同当事人享有期限利益,在合同履行期到来前,债权人不能请求债务人提前履行债务,以提前实现自己的债权。(4)预期违约在救济方式上也有别于实际违约。在明示毁约中,即使对方已明确表示不履行合同义务,但由于合同履行期限尚未届满,所以债权人为了争取对方继续履行合同,可以对对方的毁约表示置之不顾,等待对方的履行,履行期限到来后对方仍不履行,那么预期违约转化为实际违约,此时债权人可主张采用实际违约的救济方式。

(二)预期违约的种类及构成要件

1. 明示毁约。它是指当事人一方明确表示他将不履行合同的主要义务。其构成要件包括:

第一,毁约方必须是在合同有效成立后且合同履行期到来以前,作出拒绝履行义务的表示。如果在履行期到来后才提出毁约,就构成实际违约。

第二,毁约方必须向对方作出不履行债务的明确表示。毁约方所作的意思表示必须明确包括不履行合同义务的清晰确定的意图,而不能仅仅是表示履行的困难和不太愿意履行,希望提高报酬。表示的方式既可以是口头的,也可以是书面的,在性质上是一种将不履行合同义务的意思通知。表示的内容既可以是直接拒绝履行合同义务,如通知其不打算履行,也可以是以其他借口拒绝履行合同义务,如以合同不成立、无效为借口不履行合同的义务。

第三,毁约方表示的内容必须是不履行合同的主要义务。由于毁约方不履行的是合同的主要义务,这会使另一方当事人订立合同所期望达到的目的无法实现,导致其合同目的落空,严重损害其期待利益,因此毁约方应当承担违约责任。如果仅仅是拒绝履行合同的部分内容,并且不妨碍债权人订立合同所追求的目的,就不能构成预期违约。

第四,明示毁约必须无正当理由。如果提出毁约有正当理由,就不能构成明示毁约。正当理由可以包括:合同关系根本未成立,合同本身具有无效因素,债务人享有法定的解除权,债务人因合同具有显失公平的原因而享有撤销权,因不可抗力致使合同不能履行等。

2. 默示毁约。它是指当事人一方有足够的证据表明对方将不履行或不能履行合同的主要义务,而对方当事人又未提供必要担保的。其构成要件包括:

第一,一方预见另一方在履行期到来时,将不履行或不能履行合同的主要义务。一方是根据另一方的行为或资产情况作出合理判断的,我国《民法典》在合同的履行有关条文中提供了几个考虑因素,如经营状况严重恶化,转移财产、抽逃资金以逃避债务,丧失商业信誉等。

第二,一方有确切的证据对自己的预见加以证明。一方预见另一方在履行期到来时不会或不能履约,毕竟只是一种主观臆断,为了防止滥用权利,主张对方毁约的一方当事人必须提供确切有效的证据来证明自己判断的恰当性。

第三,被认为存在预期违约可能的一方不能在合理期间内提供充分的担保。若一方认为另一方将不履行或不能履行合同的,在行使违约救济之前,必须通知对方并要求该方提供履行担保,并且只有在对方在合理期间内未提供担保的情况下,一方当事人才可要求对方承担默示毁约的责任。①

二、实际违约

实际违约包括以下几种违约行为形态：

（一）履行不能

履行不能是指债务人由于某种原因不能履行其债务。根据不同的标准，可将履行不能分为以下不同的类型。(1)根据履行不能发生时间的不同，履行不能可以分为自始不能和嗣后不能。前者是指债务成立时即不能履行，且这种履行不能是永久的；后者是指债务成立后才发生履行不能。(2)根据是否可归责于债务人的标准，履行不能可以分为主观不能和客观不能。前者是指因可归责于债务人的事由而引致的履行不能，后者则指因不可归责于债务人的事由而引致的履行不能。(3)根据导致履行不能的事实性质的不同，履行不能可以分为法律不能与事实不能。前者是指因法律上的原因而使债务人不能履行，后者是指债务在事实上发生履行不能。(4)根据履行不能持续时间的不同，履行不能可以分为一时不能和永久不能。前者是指合同履行期限届满时因暂时的阻碍而导致的履行不能，后者是指合同履行期限届满时而发生的永远都无法履行合同的履行不能。(5)根据履行不能的范围大小不同，履行不能可以分为全部不能和部分不能。前者是指合同债务全部不能履行，后者是指仅是合同部分债务无法履行。

（二）拒绝履行

拒绝履行亦可称为履行拒绝、给付拒绝，是指履行期届满时，债务人无正当理由表示不履行合同义务的行为。拒绝履行的构成须包括以下几个要件：第一，它以合法有效的债务存在为前提。如果是对方误认为有而实际并不存在的债务，或者合同被确认为无效或被撤销，债务人在对方提出履行请求时予以拒绝，属于正当行使权利，不构成拒绝履行。第二，必须有拒绝履行的意思表示。该意思表示可以采用明示或默示的方式。第三，债务人在履行期到来后才作出拒绝履行的意思表示。如果债务人拒绝履行的意思表示是在履行期到来前作出，则属于预期违约的范畴。第四，拒绝履行必须无正当理由。如果因债务履行期限尚未届至，或合同约定的条件尚未成就，或债务人行使同时履行抗辩权等而拒绝履行，则存在正当理由，并不能构成拒绝履行。

（三）迟延履行

迟延履行是指债务人无正当理由，在合同规定的履行期届满时，仍未履行合同债务；合同中未约定履行期限的，在债权人提出履行催告后仍未履行债务。其构成要件包括以下五点：第一，它以合法有效的债务存在为前提。第二，履行必须是可能的，否则就是履

① 当前有学者对于债务人是否需要提供担保提出了质疑，主要原因是当前司法实践中涌现出的“非必要财产保全”现象，这些现象对被保全人的合法权益乃至经济社会发展造成了一定的损害，且我国《民法典》第578条及第563条均未要求债务人提供担保。参见汪军、施啸波：《民事诉讼“非必要财产保全”问题研究》，载《法律适用》2023年第9期。

行不能，不会产生迟延履行的问题。第三，债务人违反了履行期限的规定。判断是否迟延的最重要的标准是看债务人履行债务是否超过了履行期限，超过履行期限的才构成迟延履行。第四，履行期届满，债务人没有履行债务。如果债务人仅履行了部分债务，可能构成部分履行、部分履行迟延。第五，债务人迟延履行必须无正当理由。

（四）不完全履行

不完全履行又可称为不完全给付或不适当履行，是指债务人虽然以完全给付的意思为给付，但给付不符合债务本旨。构成不完全履行应符合如下几个要件：第一，必须有给付行为。不完全履行是部分给付，否则，构成履行不能或履行迟延。第二，履行的内容不符合合同约定或法律规定。第三，不完全履行的原因可归责于债务人。

关于不完全履行的种类，学说分歧较大，本书归纳为以下几类：(1)数量瑕疵的不完全履行，如交付的标的物在数量上不足，还有部分未交付；(2)质量瑕疵的不完全履行，如债务人所作的履行不符合合同规定的质量标准，甚至因交付的产品有缺陷而造成他人人身、财产的损害；(3)履行地点不当的不完全履行，如债务人在合同履行中擅自变更其履行地点；(4)履行方法不当的不完全履行，如本应一次履行完却分期或分批履行。

（五）受领迟延[①]

受领迟延是指债权人对于债务人的履行应当受领而不为或不能受领。其构成要件如下：(1)须有合法有效的债权的存在。(2)债务人的履行需要债权人的协助。如果债务的履行不需要债权人的协助，则债务人完全可以自行履行义务而消灭债务，不发生受领迟延的问题。(3)债务已届履行期。在合同约定的履行期限届满前，债务人一般不得提前履行，若提前履行，债权人可以拒绝其履行，因而不发生受领迟延问题。若合同未约定履行期限，债务人提出履行应给对方一个合理的准期间，未提出一个合理的履行期限而径行向债权人履行的，债权人可以拒绝其履行，亦不发生受领迟延问题。(4)须债务人已经实际或提出履行。只有债务人已实际履行或提出履行时，标的物方处于可受领状态，债权人未及时受领的，则构成迟延受领。(5)债权人不为或不能受领。债权人不为受领表现为拒绝受领或债务人需要协助时未提供协助。债权人不能受领是指因可归责于债权人自身的原因而客观上无法受领。(6)债权人的迟延受领无正当理由。

案例分析：甲与乙订立买卖合同，双方在合同中约定2024年5月16日，甲向乙交付10吨苹果，乙当场支付10吨苹果的价金。到了约定交付时间，甲按约定交付10吨苹果，乙却违反约定只支付一半的价金，请问乙的违约行为属于何种类型？

---

① 我国学说大多不把提前履行作为违约的一种形态，但提前履行仍可构成违约责任，因为它剥夺了债权人的期限利益且可能导致额外费用或其他损失的发生。当然，如若债权人接受了提前履行，则可视为变更了合同的履行时间，不以违约处理。

解答：乙的违约行为属于实际违约中的不完全履行。甲与乙的买卖合同中约定交付当天乙一次性支付全部价金，乙在约定时间只支付了一半的价金。乙虽有给付行为，但未按照合同约定完全给付，构成不完全履行。

第三节 违约责任的承担

违约责任的形式是指违约方承担违约责任的具体方式。根据我国《民法典》的规定，它主要包括实际履行、采取补救措施、赔偿损失、支付违约金、定金罚则等形式。

一、实际履行

（一）概念和特征

实际履行又可称为继续履行、强制实际履行、特定履行，是指当事人一方不履行合同义务或者履行合同义务不符合约定时，另一方当事人可要求其在合同履行期届满后继续按照原合同的约定完成合同义务。它具有以下特征：

1. 实际履行是一种违约责任的形式。实际履行是在当事人未能按照合同约定履行义务时，由法律强制其实际履行义务，因此属于违约责任的范畴。但它是一种独立的违约责任形式，不需要以其他违约责任是否能够适用为前提条件。

2. 实际履行的内容是强制违约方按照合同的约定继续完成其合同义务。现实生活是复杂、多变的，不履行或不完全履行合同的现象在所难免，如果实现合同履行的目的对合同当事人来说是至关重要的，任何的金钱赔偿都无法加以弥补的，此时实际履行就不失为一项有效保障合同当事人利益的措施。

3. 实际履行可以与违约金、赔偿损失、定金罚则并用，但不能与解除合同并用。解除合同导致合同关系不复存在，债务人也不再负履行义务，因此解除合同与实际履行是完全对立的补救方法，两者不能并用。

（二）金钱债务违约的实际履行

金钱债务又叫货币债务。当事人未履行金钱债务的违约行为，即未支付价款或报酬的行为，包括完全未支付价款或报酬、不完全支付价款或报酬、迟延支付价款或报酬。《民法典》第579条规定：“当事人一方未支付价款、报酬、租金、利息，或者不履行其他金钱债务的，对方可以请求其支付。”由于金钱是具有可代替性的种类物，不存在履行不能的问题，无论当事人违约行为的形态如何，非违约方都有要求违约方支付相应价款或报酬的权利。

（三）非金钱债务违约的实际履行

非金钱债务如提供货物、提供劳务、完成工作，不同于金钱债务，其债务标的往往更具有特定性和不可替代性，所以非金钱债务的履行更加强调实际履行原则。当事人未履行非金钱债务的违约行为，包括拒绝履行、迟延履行和不完全履行非金钱债务，非违约方一般有权请求违约方实际履行。

（四）对非金钱债务违约的实际履行的适用条件

对于非金钱债务的违约，债权人向债务人提出实际履行的请求的，必须符合下列几种条件：

1. 实际履行必须客观可行。如果实际履行合同义务存在法律上或者事实上不能，如标的物是特定物，因债务人的过失导致标的物的灭失，那么在这种情况下，强制债务人履行义务是不可能的。

2. 实际履行不违反合同的性质及法律规定。一般而言，基于人身信赖关系而产生的合同、提供个人服务的合同都是不可强制履行的，否则将对他方人身权利构成侵害或妨害。对于此类合同，非违约方只能采用支付违约金或赔偿损失等救济方法。实际履行亦不得违反法律规定。如债务人已进入破产清算程序，如果强制其履行与某一债权人签订的合同，则相当于赋予这一债权人不同于其他债权人的特权，使其优先于其他债权人得以受偿，这显然有悖于破产法的规定。

3. 实际履行应具有经济上的合理性。也就是说，实际履行的费用不宜过高，不宜让债务人因此而遭受重大的损失。所谓经济上的不合理，一般指造成经济上的重大浪费和损失。如果采取实际履行的方式需要花费大量的人力、财力，而采取损害赔偿等方式可以充分弥补债权人的损失，如债权人可以用赔偿金从市场上购买与合同标的近似的替代物，这时没有必要采用实际履行的方式。

4. 债权人应在合理期限内请求实际履行。法律没有明文规定合理期限的，可根据标的物的性质和商业习惯而定。例如，如果标的物是季节性商品，债权人应在一个较短时间内及时提出请求；如果标的物是非季节性商品，债权人提出请求的时间要求应稍微宽松些。

二、采取补救措施

采取补救措施主要适用于质量不符合约定的情况。根据《民法典》第 582 条的规定，履行不符合约定的，应当按照当事人的约定承担违约责任。对违约责任没有约定或者约定不明确，依照本法第 510 条仍不能确定的，受损害方根据标的的性质以及损失的大小，可以合理选择要求对方承担修理、更换、重作、退货、减少价款或者报酬等违约责任，即可以合理选择法律推定的责任形式，具体包括：

1. 修理。它必须满足两个要件，其一有修理的可能性，其二债权人需要对方加以修理，它主要适用于买卖合同、承揽合同等。

2. 更换。适用更换的情形是：没有修理的可能性，或修理费用过高或耗时过长，它多适用于买卖合同。

3. 重作。当标的物具有不可更换性，当事人为获得令其满意的标的物时，他会要求对方重新制作标的物，如在建设工程承包合同、承揽合同中，工作成果不符合相关要求时，由债务人重作工作成果。

4. 退货。退货就意味着解除合同，只有在卖方提供的标的物存在较严重的瑕疵致使合同目的不能实现时，买方才可选择退货的救济方式。

5. 减少价款或者报酬。

三、赔偿损失

（一）赔偿损失的概念和特征

赔偿损失也称违约损害赔偿，是指合同当事人由于不履行合同义务或者履行合同义务不符合约定，给对方造成损失时，由违约方以支付一定金钱的方式弥补对方所遭受的损失的一种违约责任形式。这是世界各国所一致认可的也是最重要的一种违约救济方法，是违约责任中的一种重要形式。《民法典》第 583 条规定了赔偿损失适用的场合，即“当事人一方不履行合同义务或者履行合同义务不符合约定的，在履行义务或者采取补救措施后，对方还有其他损失的，应当赔偿损失”。第 584 条规定了赔偿损失的方法，此外，第 591 条、第 592 条和第 593 条也有相关规定。

一般而言，违约损害赔偿具有以下几个特征：

1. 它是违约方违反合同义务所产生的责任形式。违约赔偿损失的前提是当事人之间存在合法有效的合同关系，并且违约方违反了合同约定的义务或法律规定的义务。

2. 它原则上仅具有补偿性而不具有惩罚性。违约赔偿损失的目的主要是弥补债权人因违约方的行为而受到的损失，它具有补偿性。这一补偿性是符合等价交换的交易原则的，因为任何人造成他人财产损害，都必须以等额的财产予以补偿，损害与赔偿之间具有等价性。但在一定情形下，惩罚性赔偿亦会被适用。

3. 它具有一定的随意性。合同法允许合同当事人事先对违约赔偿损失的计算方法予以约定，或者直接约定违约方付给非违约方一定数额的金钱，体现了合同自由的原则。

4. 它以赔偿非违约方受到的实际全部损失为原则。这一原则即完全赔偿原则，非违约方因合同当事人一方的违约行为所遭受的直接财产损失和可得利益的损失，都应当得到赔偿。

（二）损害赔偿的种类

1. 约定损害赔偿和法定损害赔偿。约定损害赔偿是指在合同当事人订立合同时预先约定一方违约时损失赔偿额的计算方法。在这种情况下，合同当事人一方违约造成损失的，其赔偿数额的计算方法不是基于法律规定，而是按照合同当事人的约定。法定损害赔偿是指合同当事人一方违约时，对于因此给非违约方所造成的损失，直接根据法律的规定来确定赔偿损失数额的责任。

2. 信赖利益的赔偿与期待利益的赔偿。这是英美法系中常用的对损害赔偿的一种分类。期待利益，它是合同中估算损失的传统基础。期待利益的赔偿目的是在金钱可能补偿的前提下，使请求赔偿人处于与合同得以履行相同的地位。信赖利益，是指民事法律行为为无效或者可得撤销，相对人信赖较为有效，却因无效或者撤销的结果所蒙受的不利益，又称为消极利益或者消极合同利益。消极利益赔偿结果，即如同合同未曾发生一样。不过，德国法律规定，赔偿以履行利益为最高界限。[①]

3. 直接损失赔偿和间接损失赔偿。关于直接损失与间接损失的划分标准存在着分歧，一般采用的标准是根据损害与违约行为之间的直接和间接因果关系来区分。如果损害是由违约行为直接引起的，并没有介入其他因素，那么就是直接损失；如果损害并不是因为违约行为直接引起的，而是介入了其他因素，那么就是间接损失。

（三）确定赔偿的原则

1. 完全赔偿原则。它是指违约方应赔偿非违约方因其违约行为而遭受的全部损失。违约方赔偿的范围不仅包括对方因其违约而引起的现实财产的减少，而且包括对方因合同履行应当得到而未得到的利益。前者为积极损失，后者为消极损失。这是对受害人利益实行全面的、充分的保护的有效措施。从公平和等价交换原则看，非违约方因违约行为而遭受的损害，违约方应以自己的财产赔偿全部损害。当然，这种赔偿应限制在法律规定的合理范围内。

消极损失具有以下特点：(1)未来性。可得利益不是现实的利益，而是一种未来的利益，它必须是经过合同违约方履行后才能获得的利益，而在违约发生时当事人并未实际享有。(2)期待性。可得利益是当事人订立合同时可以预见的利益，可得利益的损失也是合同当事人能够预见到的损失。(3)一定的现实性。尽管可得利益并非订立合同时就可实际享有的利益，但这种利益并不是臆想的，它具备实现的条件，如果合同当事人并未违约，则非违约方可以得到此等利益。积极损失也即实际损失，是现存利益的损失，它与消极损失的区别在于：(1)前者是现实的利益损失，包括现有财产的减少、相关费用的支出。后者是非现实利益的损失，是未来期待的利益。(2)前者较后者更为确定。一般而言，违约方对全部的积极损失应予赔偿，法律没有作出明确的赔偿限制，而消极损失在一定程度上具有不确定性，法律规定了一些原则对此加以限制。(3)两者追求的目的不同。前者的赔偿目的是使受害人的状态似处于合同订立前的状态，违约使非违约方所处的现实状态与订约时其所处的状态之间的差距即为违约方应赔偿的积极损失的范围。后者是使受害人处于合同如同被履行后其应处的状态，违约使非违约方所处的现实状态与若合同被履行后其应处的状态之间的差距即为违约方应赔偿的消极损失的范围。

2. 合理预见原则。合理预见原则，又叫可预见性原则，是指违约方所承担的赔偿责任范围不得超过他在订立合同时应当预见的损失范围之原则。它是两大法系所共同认可的限制赔偿范围的原则，我国《民法典》亦作出规定，其第 584 条规定："当事人一方不履行合同义务或者履行合同义务不符合约定，造成对方损失的，损失赔偿额应当相当于因违约所造成的损失，包括合同履行后可以获得的利益；但是，不得超过违约一方订立合同时预见到或者应当预见到的因违约可能造成的损失。"这一原则主要包括以下内容：(1)预见的主体是违约方；(2)预见的时间是合同订立时；(3)预见的内容是违反合同可能

---

① 参见《德国民法典》第 122 条、第 179 条。

造成的财产损失的范围;(4)判断违约方能否预见的标准采用主观和客观相结合的标准,即通常以处于类似情形下的合理人的预见能力为标准,并结合合同相关当事人的具体情况作出综合性的判断。

3. 减轻损害原则(principle of mitigation)。它也可以表述为采取适当措施避免损失扩大原则,是指在一方违约行为发生并造成损害后,受害人必须采取合理措施以防止损害的扩大;否则,受害人应对扩大部分的损害承担责任,违约方亦有权请求从损害赔偿金额中扣除本可避免的损害部分。这一原则要求非违约方负有减轻损害的义务,并以此限制违约方的赔偿责任。《民法典》第591条对此作出了明确规定:"当事人一方违约后,对方应当采取适当措施防止损失的扩大;没有采取适当措施致使损失扩大的,不得就扩大的损失请求赔偿。当事人因防止损失扩大而支出的合理费用,由违约方承担。"减轻损害原则的构成要件是:(1)损害的发生由违约方所致,受害人对此没有过错;(2)受害人未采取合理措施防止损害扩大;(3)受害人的不当行为造成损害扩大。但是受害人不必采取超出合理范围以外的措施来减轻损失,如在 British Westinghouse v. Underground Electric Railway Co. (1912)一案中,法院认为原告没有必要采取危险的法律行为来减轻自己的损失,但他亦不得采取可能增加其损失的措施。①

案例分析:甲出租商铺给乙,租赁合同期限为3年,乙承租该商铺经营餐饮生意,因生意惨淡,乙于合同履行1年后提出终止履行,并搬出房屋。甲不予理睬,并于两年后起诉乙支付租金。问:本案中,谁来承担租金损失?

解答:本案中,当承租人乙提出终止履行并搬离租赁房屋时,出租人甲就应当积极采取解除合同以及将房屋另行出租等措施,以减少损失扩大。故对甲知道或应当知道乙搬离后合理期限之后的租金损失应由甲自行承担。

4. 损益相抵原则。它是指受害人基于损害发生的同一原因而减少支出或获得利益时,应从所受损害中扣除其减少的支出或所受的利益,从而确定损害赔偿范围。这是确定赔偿责任范围的重要规则。《德国民法典》第324条规定:"其因免除给付义务所节省的或由其劳力移作他用而取得的,或故意怠于取得的利益,应扣除之。"虽然我国《民法通则》、《合同法》以及《民法典》都没有明确规定损益相抵原则,但基于诚实信用原则和公平原则的考虑,有必要确立这一原则。主要理由有二:其一,可以防止受害人获得双重利益,也就是说,受害人因他人的违约行为而受有利益时,他不得就受益部分再请求赔偿;其二,违约损害赔偿的目的是补偿受害人所遭受的损失,并非使受害人反而因此而受益。由于同一违约行为既使受害人遭受损失,又使受害人获得利益,如不将利益予以扣除,就等于让受害人因违约行为而受益,这是违反违约损害赔偿的本意和目的的。所以根据这一规则,当违约既使受害人遭受了损害,又使受害人获得了利益时,法院应责令违约方赔偿受害人全部损害与受害人所得利益的差额,这才是净损失、真实损失。

损益相抵原则的构成要件包括:(1)违约损害赔偿之债已经成立。这是适用损益相

① Marnah Suff, *Essential Contract Law*, second edition, Wuhan University Press, 2004, p.122.

抵原则的前提条件。只有违约损害赔偿之债成立时，才有必要确定损害赔偿范围，而损益相抵恰恰是限制损害赔偿范围的考虑因素之一。(2)违约行为同时造成了损害和收益。损害和收益是同一违约行为的不同结果。

5. 过失相抵原则。它亦可称为与有过失原则，通常是指就损害的发生或者扩大，请求赔偿方有过失时，法院可以减轻赔偿数额或免除赔偿责任。它亦是诚实原则和公平原则在合同法中的体现。该原则可以适用于所有的损害赔偿请求权，包括违约损害赔偿、侵权损害赔偿、缔约过失损害赔偿。正如《民法典》第 592 条所规定的“当事人都违反合同的，应当各自承担相应的责任。当事人一方违约造成对方损失，对方对损失的发生有过错的，可以减少相应的损失赔偿额”。

过失相抵原则的构成要件：(1)请求赔偿方存在过失。如果请求赔偿方可以预见到其行为的危险性，且这种危险性是可以回避或缩减的，却未预见或没有采取措施避免这种危险性，则请求赔偿方存在过失。(2)请求赔偿方的行为促成了损害发生或扩大。请求赔偿方的行为和赔偿义务人的行为共同促成的损害的发生或扩大，但哪一原因在先，哪一原因在后，抑或同时存在，在所不问。

6. 经营欺诈惩罚性赔偿原则。损害赔偿的一般特征是补偿性，但在某些情形下法律会要求对恶意违约方进行一定的惩罚，如针对交易中的欺诈行为，特别是出售假冒伪劣商品产生的欺诈行为，《消费者权益保护法》第 55 条明确规定：“经营者提供商品或者服务有欺诈行为的，应当按照消费者的要求增加赔偿其受到的损失，增加赔偿的金额为消费者购买商品的价款或者接受服务的费用的三倍；增加赔偿的金额不足五百元的，为五百元。法律另有规定的，依照其规定。”这就在法律上确立了经营欺诈惩罚性损害赔偿制度。

经营欺诈惩罚性赔偿原则的构成要件：(1)经营者提供商品、服务有欺诈的行为。常见的欺诈行为有：出售假冒伪劣商品的行为；加工承揽过程中偷工减料、偷换原材料的行为；在修理服务中偷换零件、虚列修理项目、增报修理费的行为等。(2)消费者因欺诈行为受到损害。首先，受损害者只能是消费者；其次，存在消费者受到损害的事实。(3)消费者要求经营者承担惩罚性赔偿责任。

(四)赔偿损失与其他责任形式的关系

1. 与实际履行的关系。实际履行是实现合同目的的有效方式，即通过实际履行使一方订立合同的目的得以实现，而在此过程中非违约方可能早已受有损失，这是实际履行方式所难以救济的，这时损害赔偿则能为非违约方所遭受的损失提供补偿，所以实际履行与赔偿损失可以并用，以全面地保护非违约方的合法权益。

2. 与解除合同的关系。解除合同使双方之间的权利义务关系终止，但它并不影响当事人请求其因合同解除而受到的各种损失，如期待利益的损失、已支付相关费用的损失等，所以解除合同与赔偿损失可以并用。我国《民法典》第 566 条第 2 款作出规定：“合同因违约解除的，解除权人可以请求违约方承担违约责任，但是当事人另有约定的除外。”

3. 与修理、重作、更换的关系。修理、重作、更换实际上是对瑕疵给付的补正，修理、重作、更换后，非违约方仍有损失的，违约方还应承担损害赔偿责任。从引例来看，合同生效后，当事人应该依照约定的或法定的标的物质量标准及时履行合同义务，违反该义务，造成标的物价值减损的，构成不完全履行，它是实际违约行为的一种情形，应当承担违约责任。甲可以请求乙采取补救措施，交付符合样品质量要求的枕套，并承担因不完全履行给甲造成的损失。

四、支付违约金

（一）违约金的概念和特征

依据我国《民法典》的规定，违约金是指不履行或者不完全履行合同义务的违约方按照合同约定，支付给非违约方一定数量的金钱。它具有以下特征：

1. 违约金条款既具有从合同的性质又具有其独立性。违约金的存在以主合同存在为必要条件，当主合同不成立、无效或被撤销时，约定的违约金条款亦不发生法律效力。主合同消灭，约定的违约金责任也随之消灭。但约定违约金也具有相对独立性，如当合同因一方根本性违约而解除时，非违约方仍可请求违约方支付约定的违约金。

2. 约定违约金的主体只能是合同当事人。根据合同自由原则，合同当事人可以对违约发生时的赔偿问题进行协商，他们可以约定一方违约时应根据违约情况向对方支付一定数额的违约金。

3. 违约金的数额是由当事人预先确定的。违约金必须在签订合同时或在违约发生前先予确定，当出现拒绝履行、迟延履行或不完全履行等违约行为时，非违约方可以按照合同对违约金的约定得到补偿。

4. 违约金救济是一种违约后生效的责任承担方式。违约金条款是否适用，取决于合同当事人是否违约。当合同一方当事人违约时，违约金条款才能适用；合同当事人没有违约行为，违约金条款就不能适用。

（二）违约金分类

1. 约定违约金和法定违约金。合同双方当事人在合同中约定的违约金属于约定违约金。《民法典》第 585 条第 1 款明确规定，当事人可以约定 方违约时应当根据违约情况向对方支付一定数额的违约金，也可以约定因违约产生的损失赔偿额的计算方法。直接由法律规定的违约金，属于法定违约金。我国《合同法》仅承认约定违约金，而没有规定法定违约金。

2. 惩罚性违约金和赔偿性违约金。惩罚性违约金是由合同约定或法律规定由违约方支付一笔金钱，作为对违约行为的惩罚。而赔偿性违约金是合同双方预先估计的损害赔偿总额，违约方在承担违约金责任后，不再承担实际履行或损害赔偿等违约责任。对于我国合同法上的违约金究竟是何种性质，理论上一直存在着争议。本书认为，从《民法典》第 585 条的规定来看，违约金既有赔偿性违约金的性质，又有惩罚性违约金的性质，具体如何定性，要根据个案情况来分析：如果违约未给对方造成损害，那么此时违约金为惩罚性；如果违约给对方造成损害，那么此时违约金为赔偿性。在违约方迟延履行的情形下，若非违约方在寻求违约金的赔偿外还要求违约方实际履行合同义务的，则迟延履行违约金具有惩罚性。

（三）对违约金责任的限制

对违约金的约定是合同自由的体现，但合同自由并非绝对的、毫无限制的自由，为了维护双方利益的平衡，法律运用诚实信用原则和公平原则，对违约金责任作了必要的限制。《民法典》第 585 条第 2 款规定，“约定的违约金低于造成的损失的，人民法院或者仲裁机构可以根据当事人的请求予以增加；约定的违约金过分高于造成的损失的，人民法院或者仲裁机构可以根据当事人的请求予以适当减少”，但当事人不能主动调整违约金的数额。根据此款规定可以得出，法院依职权调整违约金，需要受到当事人主张调整违约金的限制，也需考虑非违约方所受的实际损失。

依据《民法典》第 585 条第 1 款的规定，约定的违约金过分高于造成的损失时，人民法院或者仲裁机构可以根据当事人的请求予以适当减少。一方面，法律没有提出违约金调整完全由法官酌定。另一方面，需要界定“过分高于造成的损失”。依据该条规定，必须以损失为基础来确定违约金的数额。判断过分高于造成的损失需要将违约金约定数额与损失相比较得出结论。依据《民法典合同编通则解释》第 65 条第 2 款的规定，约定的违约金超过造成损失的百分之三十的，人民法院一般可以认定为过分高于造成的损失。这就意味着法官必须完成两个步骤才能对此作出判断：一是应当判断违约造成的损失，包括实际损失和可得利益的损失。二是在损失数额的基础上，违约金相比该数额超出百分之三十。①

综合来看，根据民法典规定以及有关司法解释，法院并没有绝对的自由裁量权来调整违约金。法院应根据法律的规定对违约金进行严格的调整，以保证结果的公正合理。

（四）违约金与其他责任形式的关系

1. 与损害赔偿的关系。通常情况下，两者可以并用。违约金可视为约定的损害赔偿，如果违约金不足以弥补损害，那么当事人仍可以请求赔偿，这是完全赔偿原则所要求的。但违约金的适用不以损害发生为必要。

2. 与实际履行的关系。通常情况下，两者可以并用。《民法典》第 585 条规定，当事人就迟延履行约定违约金的，违约方支付违约金，还应当履行债务。实际履行原则旨在实现当事人订立合同的目的，当事人不可以承担违约金来拒绝实际履行。

3. 与解除合同的关系。解除合同与承担违约金责任不存在冲突，当一方已有违约行为时，即使合同被解除，也应承担违约金责任。

五、定金

（一）定金的概念和性质

定金：当事人约定的由一方在履行前预先向对方给付一定数量的货币或者其他代替

---

① 参见王利明：《司法调整民事违约金的法理与规则》，载《检察日报》（理论版）2024 年 7 月 17 日。

物，以保证债权实现的方式。

1. 定金认定：须使用“定金”字样，或明确适用定金罚则。当事人交付留置金、担保金、保证金、订约金、押金或订金等，但没有约定定金性质的，不能主张定金权利。

2. 定金合同的性质：《民法典》第 586 条规定：“当事人可以约定一方向对方给付定金作为债权的担保。定金合同自实际交付定金时成立。”故定金合同为实践合同，自实际交付定金时成立。当事人订立定金合同后，不履行交付定金的约定，不承担违约责任，因为此时合同还没成立。

3. 定金数额认定

(1)定金的数额由当事人约定，但不得超过主合同标的额的 20%。超过的部分不产生定金的效力，可以要求返还或者按照约定抵作价款。

(2)实际交付的定金数额多于或者少于约定数额的，视为变更约定的定金数额，以实际数额适用定金罚则。

(二)定金罚则

1. 定金罚则的定义

定金罚则，是定金的一个主要效力，是指当事人一方违约时，定金罚则发生效力，即给付定金的一方不履行约定的债务或者履行债务不符合约定致使不能实现合同目的的，无权要求返还定金；收受定金的一方不履行约定的债务或者履行债务不符合合同约定致使不能实现合同目的的，应当双倍返还定金。

2. 定金罚则的适用条件

(1)须有定金担保的存在。只有在当事人之间存在定金担保时，才会发生定金罚则的适用。而定金担保关系的存在应从以下方面认定：一是须主合同有效。定金合同要以主合同的有效为成立前提，定金是从合同，其效力依主合同的效力而转移。如果主合同无效或被撤销，定金当然也就无效，而不能适用定金罚则。但基于主合同无效产生的不同原因，定金的适用也不同。如果主合同的无效是因一般违法所致，没有达到需要追缴或没收当事人有关财产的严重程度，收受定金的一方应将定金及其利益全部返还给对方。如果造成合同的无效责任是给付方，且给收受方造成损失的，定金可以抵作赔偿金。如果主合同的无效是因违反国家利益或社会公共利益所致，且系双方或给付定金方故意的，若主合同标的价款或酬金未结算的，定金应从收受方予以追缴。因为定金在合同履行后可以抵作价款，故其属于故意方已经取得或约定取得的财产。如果是收受方故意所致，应将收受的定金及孳息一并返还给对方。二是定金合同以定金的交付为生效要件。定金合同是实践合同而非诺成合同。若当事人仅有设立定金担保的合意，没有实际交付定金的，不产生定金合同，定金之债不成立。定金的交付为定金合同的生效要件，即定金担保的效力自定金给付人向定金接受人实际交付约定的定金之日起生效。

(2)定金只适用于不履行合同的场合。定金罚则的适用不应要求以当事人严重违约行为为前提。一方面，定金具有双向担保作用，不仅保障合同债权人的利益，同时也保障合同债务人的利益，对合同当事人双方均提供履行保障。定金的根本目的并不在于惩罚违约行为，而在于担保或督促合同当事人依照诚实信用的原则履行合同义务。至于债权是否得到清偿并非适用定金担保时必须考虑的因素。

(3)须不履行合同的一方当事人有过错。适用定金罚则也是对不履行或不完全履行债务的一方当事人的制裁，因之丧失或双倍返还定金也是不履行债务人应承担的一种违约的民事责任。不履行或不完全履行合同的情况，只能是因合同一方当事人的过错所为，才能适用定金罚则。如果是由合同双方当事人的混合过错所致，则不应适用定金罚则。

第四节　免责事由

免责事由又称免责条件，是指法律规定或者合同中约定的当事人对其不履行或者不适当履行合同的行为免于承担违约责任的条件。它通常包括不可抗力、债权人过错和免责条款。

一、不可抗力

(一)不可抗力的概念和特征

不可抗力是当事人不能预见、不能避免并且不能克服的客观情况。可以说，不可抗力是当事人不可抗拒的外来力量，是不受当事人意志左右、支配的自然现象或社会现象。

不可抗力的特征有：

1. 不可抗力是当事人不能预见的事件

当事人订立合同时不能预见不可抗力事件将会发生。这是构成不可抗力的主观要件。能否为当事人所预见应以合理人的注意来衡量，即以一个处于合同当事人地位的普通的、通情达理人的预见程度来判断。只有尽到了合理的注意义务而仍不能预见，才能具备不可抗力的主观要件。如果某一客观事件的发生当事人能够预见，而由于疏忽大意或其他原因没有预见，则这一事件不能构成不可抗力。

2. 不可抗力是当事人不能控制的事件

不可抗力必须是合同当事人不能避免并且不能克服的阻碍合同履行的事件，也就是说，对于某一事件是否发生、何时发生和产生怎样的后果，当事人都无法进行人为的控制，它不为当事人的意志所左右。如果当事人对于某一事件的发生能够避免或者虽然不能避免但能克服，那么，就不存在履行合同的不可克服的障碍了。

3. 不可抗力具有客观性、外在性

当事人可以约定不可抗力的范围，但不可抗力本身是当事人意志和行为以外的客观事件，或者说，不可抗力是独立于当事人意志和行为以外的事件。不可抗力的范围较广，包括自然灾害和社会原因引起的事件。

4. 不可抗力是阻碍合同履行的客观事件

合同法理论中的不可抗力与合同履行具有密切的联系。不可抗力对合同履行的阻碍有三种情形：其一，导致合同全部不能履行；其二，导致合同部分不能履行；其三，导致合同不能如期履行。不可抗力作为一种外来事件，对合同的正常履行发生了直接的影响。

（二）不可抗力事件的范围

构成不可抗力的事件繁多，法律不可能对不可抗力的范围一一列举。当事人可以自由在合同中订立不可抗力条款，将法律对不可抗力的规定具体化。当事人在合同中没有约定不可抗力条款的，法院可以根据事实认定是否构成不可抗力。

一般而言，不可抗力事件的范围包括自然灾害和社会事件。自然灾害比较容易判断，如火灾、水灾、旱灾、风灾、地震、风暴、强台风等。而我国学说对于哪些社会事件可以构成不可抗力并没有定论。本书认为可以构成不可抗力的社会事件包括但不以下列列举为限，在判断时可以根据不可抗力的特征作出综合判断。

1. 法律的颁布和实施

通常来说，法律的制定和颁布需要经过一个相当严格的程序，无法受个别当事人的意志所支配，而且法律一旦生效，则具有普遍适用的效力，因此，对合同当事人来说，具有"不可克服性"和"不可避免性"。因法律的颁布和实施一般要经过较长时间的酝酿，如果当事人知道法律将颁布、实施而在合同中订立法律将要禁止的内容，有"预先规避法律"之嫌，此时对此不宜按不可抗力处理。

2. 政策的贯彻和实施

政策与法律不同，具有个案性、针对性，往往根据当时的政治、经济形势颁布，对合同当事人来讲，一般是不可预见的。当政策致使合同不能履行时，应视为因不可抗力致使合同履行效力消灭。

3. 罢工、骚乱的出现

罢工、骚乱属于偶发的阻碍合同履行的事项，罢工、骚乱是否能构成不可抗力，各国观点不同，大多数国家认为它们可以构成不可抗力。在法国，对此类情况的处理，大多数判例认定，当劳资争端由于政府的某个决定（如冻结工资调整的决定）而引起时，纠纷的解决显然取决于政府而非老板，因此这类罢工在合同订立时是不可预见的，在履行合同时是不可抵御的。[①] 在我国实践中很难找到罢工、骚乱构成不可抗力的情形，但理论界普遍认为它们可以构成不可抗力。

（三）不可抗力免责的问题

根据《民法典》第590条的规定，"当事人一方因不可抗力不能履行合同的，根据不可抗力的影响，部分或者全部免除责任，但是法律另有规定的除外。因不可抗力不能履行合同的，应当及时通知对方，以减轻可能给对方造成的损失，并应当在合理期限内提供证明。当事人迟延履行后发生不可抗力的，不免除其违约责任"。不可抗力导致合同全部不能履行的，当事人可以全部免责；导致合同部分不能履行的，当事人就该部分不能履行免责；导致合同不能如期履行的，当事人就迟延免责。

---

① 参见尹田：《法国现代合同法》，法律出版社1995年版，第316页。

主张不可抗力免责的一方当事人负有通知义务和举证责任。《民法典》第 590 条规定："因不可抗力不能履行合同的，应当及时通知对方，以减轻可能给对方造成的损失，并应当在合理期限内提供证明。"从而避免对方当事人因此遭受不必要的损失。对方当事人在接到通知后，应积极采取措施减少或避免损害。

案例分析：4 名行人正常经过北方牧场时跌入粪坑，1 人获救 3 人死亡。据查，当地牧民为养草放牧，储存牛羊粪便用于施肥，一家牧场往往挖有三四个粪坑，之前也发生过同类事故。问：本案情形是否构成不可抗力？

解答：不构成。不可抗力是指不能预见、不能避免且不能克服的客观情况，之前也"发生过"同类事故的表述即表明本案并非不能预见、不能避免且不能克服的客观情况。

二、债权人过错

债权人过错是指债务人不履行合同或不适当履行合同可归责于债权人的原因。将债权人的过错作为免责事由体现了法律对债权人过错的谴责和非难。违约责任虽然实行严格责任，但是债权人的过错可以成为违约方全部或者部分免除责任的依据。如在约定检验期间的买卖合同中，买受人就标的物数量或者质量不符合约定的情形怠于通知出卖人，出卖人不承担违约责任。如《民法典》第 823 条规定："承运人应当对运输过程中旅客的伤亡承担赔偿责任；但是，伤亡是旅客自身健康原因造成的或者承运人证明伤亡是旅客故意、重大过失造成的除外。"再如，《民法典》第 832 条规定："承运人对运输过程中货物的毁损、灭失承担赔偿责任。但是，承运人证明货物的毁损、灭失是因不可抗力、货物本身的自然性质或者合理损耗以及托运人、收货人的过错造成的，不承担赔偿责任。"该条规定列举了三种免责事由，其中包括了债权人过错这一免责事由。《民法典》第 893 条规定："寄存人交付的保管物有瑕疵或者根据保管物的性质需要采取特殊保管措施的，寄存人应当将有关情况告知保管人。寄存人未告知，致使保管物受损失的，保管人不承担赔偿责任；保管人因此受损失的，除保管人知道或者应当知道且未采取补救措施外，寄存人应当承担赔偿责任。"寄存人未告知的过错使保管人可以免除赔偿责任。

三、免责条款

免责条款是指合同当事人约定的排除或者限制其将来可能发生的违约责任的条款。一方当事人基于他方所应承担的民事责任而享有的权利属于民事权利，民法是私法，强调的是意思自治原则，民事主体可以依法放弃民事权利，免除他人的民事义务、民事责任。因此，当事人在订立合同时，可以通过协商约定具体的免责条款。当事人纵然有违约行为，但其行为属于免责条款约定的情形，则他无须承担违约责任。但是，并非任何任意约定的免责条款都受法律保护，法律亦有一定的限制性规定，如我国《民法典》规定合同中造成对方人身伤害、因故意或者重大过失造成对方财产损失的违约责任的免责条款无效，当事人对此类损害仍应当承担赔偿责任。这是法律人文主义的体现，它加强了对人身权的重视和保障，否定了恶意者对法律责任的逃脱。

关于“违约责任的免责事由”的详细阐释，可扫码观看视频：

本章小测

一、客观题

扫码测试

二、主观题

1. 民法中严格责任原则的构成要件是什么？

2. 违约责任承担的形式中，赔偿损失和其他责任形态的关系是什么？

拓展案例

顾某某诉王某房屋买卖合同纠纷案。

拓展案例

延伸阅读

违约金的双重属性。

延伸阅读

本章参考文献

1. 王利明：《民法》，中国人民大学出版社 2023 年版。

2. 韩世远：《合同法学》，高等教育出版社 2022 年版。

3. 崔建远：《合同法》，法律出版社 2024 年版。

第九章　转移财产类合同

思维导图

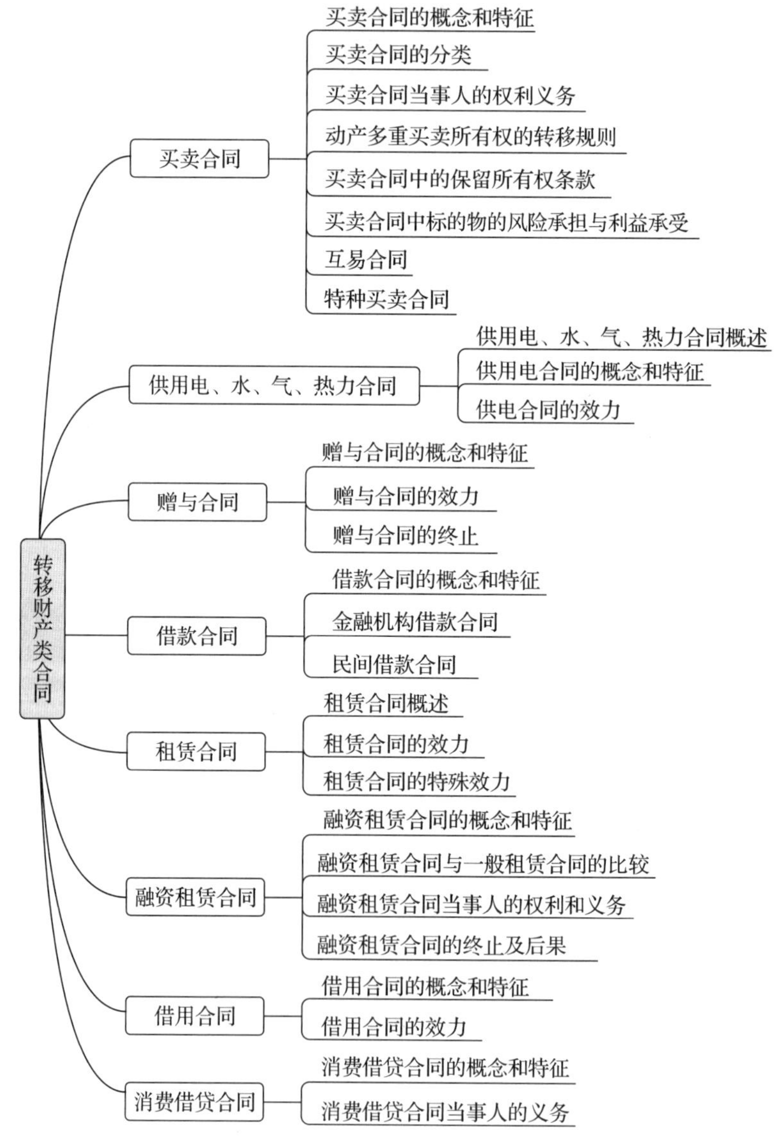

第一节 买卖合同

一、买卖合同的概念和特征

买卖合同是指出卖人转移标的物的所有权于买受人，买受人支付价款的合同。依约定应交付标的物并转移标的物所有权的一方称为出卖人或卖方，应支付价款的一方称为买受人或买方。在我国，可以成为财产出卖人的主要有财产所有权人、财产经营权人、抵押权人、质押权人、留置权人、人民法院、行纪人等。买卖的标的物应当是法律规定可以流通的物。

买卖合同具有以下法律特征：

1. 买卖合同是卖方转移标的物所有权、买方支付价款的合同。

买卖合同的出卖人负有交付标的物并转移其所有权于买受人的义务，买受人负有向出卖人支付价款的义务，这两项义务互为对价，构成买卖合同当事人所负担的主合同义务。这一特征使买卖合同区别于同属转移财产所有权但并不支付价款的赠与合同，以及转移财产使用权的合同，如租赁合同、借用合同。

2. 买卖合同是诺成合同。

除法律另有规定或当事人另有约定外，买卖合同自双方当事人意思表示一致之时起成立，即双方达成协议之日起成立，并无须以一方当事人交付标的物作为合同的成立要件，因此，买卖合同为诺成合同。

3. 买卖合同一般为不要式合同。

买卖合同可以采用口头形式、书面形式等多种形式，但其成立不以要式为要件。当然，在法律有明确规定或当事人明确约定的情况下，买卖合同应当采用法律规定或当事人约定的形式。

4. 买卖合同是有偿、双务合同。

买卖合同是典型的有偿合同，任何一方要从对方取得物质利益，均须向对方支付相应的物质利益。同时买卖合同又是典型的双务合同，卖方负有转移买卖标的物所有权的义务，买方则负有交付价款的义务。

关于“买卖合同”的详细阐释，可扫码观看视频：

二、买卖合同的分类

（一）一般买卖合同与特种买卖合同

依照《民法典》的规定，买卖合同可分为一般买卖合同与特种买卖合同。《民法典》第

595 条至第 633 条所规定的买卖合同即为一般买卖合同，是因当事人双方的意思表示一致而成立，出卖人负有转移标的物所有权的义务，买受人承担支付价款的义务，别无其他特殊情形。特种买卖合同是在一般买卖合同之外，在成立上，或内容上，或效力上，有其他特殊情形的买卖合同，如《民法典》第 634 条规定的分期付款买卖合同、第 635 条至第 636 条的凭样品买卖合同、第 637 条至第 640 条的试用买卖合同、第 644 条的招标投标买卖合同、第 645 条的拍卖合同以及第 647 条的互易合同。

（二）自由买卖合同与竞争买卖合同

自由买卖合同是指双方当事人依其意思且没有第三人竞争参与缔约过程的买卖合同。一般买卖合同大都属于自由买卖合同。竞争买卖合同指有多数主体竞争参与缔约过程的买卖合同。招标投标买卖合同和拍卖合同属于此类。

（三）即时清结买卖合同与非即时清结买卖合同

即时清结买卖合同也称即时买卖合同，是指当事人双方在买卖合同成立的同时，即履行了转移标的物所有权、支付价款等全部义务。现实买卖合同即属此类。非即时清结买卖合同也称非即时买卖合同，是指当事人双方或一方，在买卖合同成立的同时，没有即时履行其全部义务，而于日后履行的买卖合同。如期货交易合同、预约买卖合同、分期付款买卖合同等属于此类。

（四）特定物买卖合同与种类物买卖合同

特定物买卖合同，是指以具体指定标的物作为买卖物的买卖合同。在此类合同中，标的物灭失构成合同的不能履行，当事人可以解除合同，而不继续履行。种类物买卖合同，是指仅以种类、品质和数量指定标的物作为买卖物的买卖合同。在此类合同中，出卖人不得以不能履行为由主张解除合同，除非所有标的物、不特定物均已灭失。

三、买卖合同当事人的权利义务

由于买卖合同是典型的双务有偿合同，一方当事人所负担的合同义务是对方当事人享有的合同权利，所以在论及买卖合同当事人的权利义务时，仅从当事人所负担的合同义务阐述。

（一）出卖人的义务

依照《民法典》的规定，买卖合同可分为一般买卖合同与特种买卖合同。《民法典》第 595 条至第 633 条所规定的买卖合同即为一般买卖合同，是因当事人双方的意思表示一致而成立，出卖人负有转移标的物所有权的义务，买受人承担支付价款的义务，别无其他特殊情形。

1. 交付标的物的义务

在买卖合同中，出卖人应将买卖合同的标的物交付给买受人。出卖人交付标的物，在标的物有从物时，若当事人无另外的约定，应当随同交付从物。《民法典》第 595 条至第 633 条对买卖合同的卖方交付义务作了较为详细的规定。《买卖合同解释》第 2 条至

第5条对交付标的物的义务进行了补充。交付是指将标的物的占有转移，交付可分为现实交付和拟制交付。现实交付，是指出卖人将标的物置于买受人的实际控制之下，即转移标的物的直接占有。拟制交付又分为简易交付、占有改定、指示交付。简易交付是指买卖合同订立前，买受人已实际占有标的物的，自合同生效之时起即为交付。占有改定是指由双方当事人签订协议，使买受人取得标的物的间接占有，以代替标的物的直接占有的交付方式。指示交付是指在出卖物由第三人占有时，出卖人将对于第三人的返还请求权让与买受人，以代替标的物的实际交付。

出卖人应当按照合同约定的标的物的品名、数量、规格、质量、地点将标的物交付给买受人，其中交付期限、交付地点、交付方式尤为重要。(1)交付期限。出卖人应当按照约定的期限交付标的物。约定交付期间的，出卖人可以在该交付期间内的任何时间交付，但应当在交付前通知买受人。出卖人提前交付标的物的，应取得买受人的同意，否则买受人有权拒收，但出卖人的提前交付不损害买受人利益的除外，因出卖人提前交付给买受人增加的费用，则应由出卖人负担。出卖人在约定的时间内未交付标的物的，则构成迟延履行，应承担相应的违约责任。当事人未约定标的物的交付期限或者约定不明确的，可以协议补充；不能达成补充协议的，按照合同有关条款或者交易习惯确定；仍不能确定的，可以随时交付，但应当给买受人必要的准备时间。(2)交付地点。出卖人应当按照约定的地点交付标的物。当事人未约定交付地点或者约定不明确，可以协议补充；不能达成补充协议的，按照合同有关条款或者交易习惯确定；仍不能确定的，适用下列规定：标的物需要运输的，出卖人应当将标的物交付给第一承运人；标的物不需要运输的，出卖人和买受人订立合同时知道标的物在某一地点的，出卖人应当在该地点交付标的物；不知道标的物在某一地点的，出卖人应当在订立合同时营业地交付标的物。(3)交付方式。如出卖人代办托运的，出卖人应以约定的运输方式和运输路线进行交付；没有约定或约定不明确的，应以有利于实现合同目的的履行原则确定交付方式。如合同约定分期交付的，出卖人应按约定的批量分批按时交付。如合同约定包装方式的，出卖人应当按照约定的包装方式交付标的物。对包装方式没有约定或者约定不明确的，可以协议补充；不能达成补充协议的，按照合同有关条款或者交易习惯确定；仍不能确定的，应当按照通用的方式包装，没有通用方式的，应当采取足以保护标的物的合理包装方式。如标的物为无须以有形载体交付的电子信息产品，当事人对交付方式约定不明确，且依照《民法典》第510条的规定仍不能确定的，买受人收到约定的电子信息产品或者权利凭证即为交付。

2. 转移标的物所有权的义务

买受人进行交易的主要目的就是取得标的物的所有权，因此将标的物的所有权转移给买受人，是出卖人的另一项主要义务。标的物所有权的转移方法，依法律的规定而定。《民法典》第209条规定："不动产物权的设立、变更、转让和消灭，经依法登记，发生效力；未经登记，不发生效力，但是法律另有规定的除外。"《民法典》第224条规定："动产物权的设立和转让，自交付时发生效力，但是法律另有规定的除外。"法律规定标的物所有权的转移需办理登记、审批手续的，如船舶、航空器、车辆等特殊类型的动产以及不动产的买卖，当事人必须办理法律规定手续后才发生所有权的转移。

在当事人另有约定中，较为典型的是所有权保留制度，即当事人可以约定出卖人先行交付标的物，在买受人未履行支付价款或者其他义务之前，标的物的所有权仍归出卖人所有，以担保买受人合同义务的履行。

3. 物的瑕疵担保义务

物的瑕疵担保义务是指出卖人就出卖的标的物的价值、效用、品质所存在的瑕疵对买受人所承担的一种担保责任。依据《民法典》第 615 条的规定，出卖人应当按照约定的质量要求交付标的物。出卖人提供有关标的物质量说明的，交付的标的物应当符合该说明的质量要求。这一义务既被称为物的瑕疵担保义务，又称为质量担保义务。实践中，在出卖人应对标的物的瑕疵负担保责任时，买受人可以根据标的物的性质以及损失的大小，合理选择请求修理、更换、减少价款或者解除合同，并可以主张损害赔偿等。

4. 权利的瑕疵担保义务

权利瑕疵担保义务，是指出卖人必须承担将买卖标的物上的权利全部转移于买方的义务，即保证标的物上不存在任何第三人向买受人主张权利，《民法典》第 612 条对此作出了规定。如果在买卖合同订立时，买受人知道或者应当知道第三人对买卖的标的物享有权利的，则出卖人不负担该项义务。买受人有确切证据证明第三人对标的物享有权利的，可以在出卖人未提供适当担保时，行使合同履行的抗辩权，中止支付相应的价款。如果权利瑕疵业已存在且不能去除的，买受人可依债务不履行采取主张支付违约金、解除买卖合同或要求损害赔偿等救济措施。

5. 交付有关单证和资料的义务

在买卖合同的履行中，出卖人交付的单证一般有两类：一类是提取标的物的单证，另一类是标的物的辅助单证和资料。这里指交付提取标的物的单证以外的单证，辅助单证和资料虽不如提取标的物的单证那样重要，但对于买卖合同的顺利履行也是必不可少的，这类单证和资料对于买受人行使对标的物的占有、使用、处分的权利有着十分重要的意义。我国《民法典》第 599 条明确规定，出卖人应当按照约定或者交易习惯向买受人交付提取标的物单证以外的有关单证和资料。在交易实践中，与买卖合同标的物相关的其他单证和资料主要包括保险单、保修单、普通发票、增值税专用发票、产品合格证、质量保证书、质量鉴定书、品质检验证书、产品进出口检疫书、原产地证明书、使用说明书、装箱单等。

6. 特定标的物的回收义务

出卖人对特定标的物的回收义务是指，依照法律、行政法规的规定或者按照当事人的约定，标的物在有效使用年限届满后应予回收的，出卖人负有自行或者委托第三人对标的物予以回收的义务。此义务彰显了《民法典》的绿色原则，贯彻环保理念。

（二）买受人的义务

1. 支付价款的义务

按照约定的数额支付价款是买受人最重要的义务。出卖人的交货义务关系着买受人权利的实现，而买受人的付款义务则关系着出卖人权利的实现。买受人支付价款应按照合同约定的数额、时间、地点进行。

(1)价款数额的确定。价款数额一般由单价与总价构成,总价为单价乘以标的物的数量。买受人应当按照约定的数额支付价款。对价款没有约定或约定不明确的,可以协议补充;不能达成补充协议的,按照合同有关条款或者交易习惯确定。如仍不能确定,该标的物有国家规定价格的按规定价格执行;没有国家规定价格的,按照订立合同时履行地的市场价执行。若标的物的价款执行政府定价的,在合同约定的交付期限内政府价格调整时,按照交付时的价格计价。逾期交货的,遇价格上涨时,按照原价格执行;价格下降时,按照新价格执行。逾期提货的或者逾期付款的,遇价格上涨时,按照新价格执行;价格下降时,按照原价格执行。

(2)价款的支付时间。价款的支付时间,依双方当事人约定。买受人应当按照约定的时间支付价款。对支付时间没有约定或者约定不明确的,可以协议补充;不能达成补充协议的,按照合同有关条款或者交易习惯确定。若上述方法仍无法确定的,则依照同时履行的原则,买受人应当在收到标的物或者提取标的物单证的同时支付价款。价款支付迟延时,买受人除继续支付价款外,还须支付迟延的罚息。

(3)价款的支付地点。价款的支付地点由双方当事人约定。买受人应当按照约定的地点支付价款。对支付地点没有约定或者约定不明确的,可以协议补充;不能达成补充协议的,按照合同有关条款或者交易习惯确定;仍不能确定的,买受人应当在出卖人的营业地支付,但约定支付价款以交付提取标的物的单证为条件的,在交付标的物或者交付提取标的物单证的所在地支付。

2. 及时检验标的物并通知出卖人的义务

买受人对出卖人交付的标的物应当及时检验,并将发现的产品瑕疵及时告知出卖人。对于买受人的检验通知期间,需分情况区别对待。

如果当事人约定检验通知期间的,买受人应当在约定的检验期间内将标的物的数量或者质量不符合约定的情形通知出卖人。买受人怠于通知的,视为标的物的数量或者质量符合约定。但是依照《民法典》第 622 条的规定,如果约定的检验期限过短,根据标的物的性质和交易习惯,买受人在检验期限内难以完成全面检验的,该期限仅视为买受人对标的物外观瑕疵提出异议的期限。约定的检验期限或者质量保证期短于法律、行政法规规定的期限的,应当以法律、行政法规规定的期限为准。

如果当事人没有约定检验通知期间的,对于数量瑕疵和外观瑕疵,买受人应当在收货的同时检验并通知。[①] 对于隐蔽瑕疵,买受人应当在发现或者应当发现瑕疵之日起的合理期间内通知出卖人。“合理期限”由法院根据买卖合同的具体情况合理确定。[②] 同

① 《民法典》第 623 条规定:“当事人对检验期限未作约定,买受人签收的送货单、确认单等载明标的物数量、型号、规格的,推定买受人已经对数量和外观瑕疵进行检验,但是有相关证据足以推翻的除外。”

② 《买卖合同解释》第 12 条规定:“人民法院具体认定民法典第六百二十一条第二款规定的‘合理期限’时,应当综合当事人之间的交易性质、交易目的、交易方式、交易习惯、标的物的种类、数量、性质、安装和使用情况、瑕疵的性质、买受人应尽的合理注意义务、检验方法和难易程度、买受人或者检验人所处的具体环境、自身技能以及其他合理因素,依据诚实信用原则进行判断。民法典第六百二十一条第二款规定的‘二年’是最长的合理期限。该期限为不变期间,不适用诉讼时效中止、中断或者延长的规定。”

时，买受人还应当自收到标的物之日起二年内通知出卖人。但是，对标的物有质量保证期的，适用质量保证期，不适用该二年的规定。须注意的是，约定的质量保证期间短于法律、行政法规规定的质量保证期间的，以法律、行政法规规定的质量保证期间为准。

买受人违反及时检验通知义务的，如在前述检验期间、合理期间、二年期间经过后，买受人主张标的物的数量或者质量不符合约定的，人民法院不予支持，即买受人无权对出卖人主张违约责任。但是出卖人自愿承担违约责任后，不得以上述期间经过为由反悔。

3. 接受标的物的义务

《民法典》第 608 条规定："出卖人按照约定或者依据本法第六百零三条第二款第二项的规定将标的物置于交付地点，买受人违反约定没有收取的，标的物毁损、灭失的风险自违反约定时起由买受人承担。"可见，买受人负有接受交付的标的物的义务。若出卖人不按合同约定条件交付标的物，如多交付的，买受人在接受时可以接受多交的部分，也可以拒绝接受多交的部分。买受人接受多交部分的，按照合同的价格支付价款；买受人拒绝接受多交部分的，应当及时通知出卖人。如出卖人提前交付，交付的标的物有瑕疵的，买受人有权拒绝接受，并向出卖人作出拒绝接受的意思表示。买受人对于拒绝接受的标的物，负有暂时保管的义务。

四、动产多重买卖所有权的转移规则

若买卖合同的标的物为动产，理论上，可将动产区分为特殊动产和普通动产，所谓特殊动产是指船舶、航空器、机动车等动产，除船舶、航空器、机动车等之外的动产即属于普通动产。当出卖人就同一标的物(动产)进行多重买卖，各个买受人均要求转移标的物所有权时，究竟该如何处理？依照 2021 年 1 月 1 日实施的《买卖合同解释》第 6 条的规定，视动产的具体种类而定。

(一)普通动产多重买卖

若标的物是普通动产，依照《买卖合同解释》第 6 条的规定，若出卖人就同一普通动产订立多重买卖合同，在买卖合同均有效的情况下，买受人均要求实际履行合同的，应当按照以下情形分别处理：(1)先行受领交付的买受人请求确认所有权已经转移的，人民法院应予支持；(2)均未受领交付，先行支付价款的买受人请求出卖人履行交付标的物等合同义务的，人民法院应予支持；(3)均未受领交付，也未支付价款，依法成立在先合同的买受人请求出卖人履行交付标的物等合同义务的，人民法院应予支持。

案例分析：张某欲转让一件瓷器，先与王某签订合同，约定 15 日后交货付款；次日刘某见此瓷器，提出愿以更高价格购买。张某遂与刘某签订合同，刘某当即支付了 60%的价款，约定 3 天后交货；第三天张某又与丁某就该瓷器订立了买卖合同并当场将瓷器交付给丁某，但丁某仅支付了 30%的价款。后王某、刘某均要求张某履行合同，诉至法院。

解答：张某作为出卖人与王某、刘某、丁某订立的数份买卖合同，原则上均为有效。因张某已将瓷器交付给丁某，丁某取得瓷器所有权，优先于其他买受人。其他买受人有权解除合同，并要求张某承担违约责任。

（二）特殊动产多重买卖

若标的物是特殊动产，依照《买卖合同解释》第7条的规定，出卖人就同一船舶、航空器、机动车等特殊动产订立多重买卖合同，在买卖合同均有效的情况下，买受人均要求实际履行合同的，应当按照以下情形分别处理：(1)先行受领交付的买受人请求出卖人履行办理所有权转移登记手续等合同义务的，人民法院应予支持；(2)均未受领交付，先行办理所有权转移登记手续的买受人请求出卖人履行交付标的物等合同义务的，人民法院应予支持；(3)均未受领交付，也未办理所有权转移登记手续，依法成立在先合同的买受人请求出卖人履行交付标的物和办理所有权转移登记手续等合同义务的，人民法院应予支持；(4)出卖人将标的物交付给买受人之一，又为其他买受人办理所有权转移登记，已受领交付的买受人请求将标的物所有权登记在自己名下的，人民法院应予支持。

五、买卖合同中的保留所有权条款

（一）保留所有权买卖的概念

在买卖合同中，当事人可以约定出卖人先行交付标的物，在买受人未履行支付价款或者其他义务之前，标的物的所有权仍归出卖人所有，以担保买受人合同义务的履行，此种买卖属于保留所有权买卖。保留所有权买卖仅适用于动产买卖，不适用于不动产买卖，因为不动产买卖仍以过户登记为所有权移转的生效要件。需要注意的是，所有权保留条款并非买卖合同的生效条件，而是所有权变动的条件。在买受人履行约定的义务之前，即所附条件成就前，买卖标的物的所有权仍归出卖人，买受人只享有期待权。

（二）出卖人的取回权

根据《民法典》第642条的规定，当事人约定出卖人保留合同标的物的所有权，在标的物所有权转移前，买受人有下列情形之一，造成出卖人损害的，除当事人另有约定外，出卖人有权取回标的物：(1)未按照约定支付价款，经催告后在合理期限内仍未支付；(2)未按照约定完成特定条件；(3)将标的物出卖、出质或者作出其他不当处分。出卖人可以与买受人协商取回标的物；协商不成的，可以参照适用担保物权的实现程序。在下列两种情形下，出卖人不享有取回权：一是买受人已经支付标的物总价款的75%以上的；二是买受人实施无权处分后，受让人或第三人已经善意取得标的物所有权或者其他物权的。出卖人取回标的物的目的在于通过买受人回赎标的物，实现期待利益（如得到全部价款），因此，取回并不意味着出卖人解除了与买受人之间的买卖合同。当然，如果符合合同解除条件，出卖人享有解除权，又愿意解除合同，也可以解除该买卖合同。

（三）买受人的回赎权

出卖人行使取回权取回买卖标的物后，买受人在回赎期内享有回赎权。回赎期由买卖双方当事人约定，没有约定的，由出卖人指定一个合理的期间。回赎的内容是：买受人消除自己的违约行为，换言之，消除出卖人取回标的物的事由。如买受人依约支付了相应的价款、完成了特定的条件、将无权处分的财产追回的，出卖人的取回权消灭，应当将标的物返还买受人。

(四)出卖人的再次出卖权

根据《民法典》第 643 条的规定,买受人在回赎期限内没有回赎标的物的,出卖人可以以合理的价格将标的物出卖给第三人,出卖人出卖标的物的所得价款扣除买受人未支付的价款以及必要费用后仍有剩余的,应返还原买受人;依据《民法典》规定不足部分由买受人清偿。

六、买卖合同中标的物的风险承担与利益承受

(一)买卖合同中标的物的风险承担

1. 概念

标的物的风险负担,是指在买卖合同生效后,合同履行完毕前,标的物由于不可归责于双方当事人的事由毁损、灭失造成损失,该损失应由谁来负担的法律制度。如风险由出卖人负担,则出卖人失去了向买受人请求支付价款的权利;如风险由买受人负担,则买受人仍应向出卖人支付价款。“不可归责于”双方当事人的事由,主要指由于不可抗力、意外事件、第三人的原因毁损、灭失。如果合同当事人对标的物毁损、灭失具有过错,应按违约责任或侵权处理,不再属于买卖合同风险负担问题。原则上,只有特定物的买卖才存在风险负担移转的问题;种类物买卖虽有风险负担问题,但不存在风险负担移转的问题。因此《买卖合同解释》第 11 条规定:“当事人对风险负担没有约定,标的物为种类物,出卖人未以装运单据、加盖标记、通知买受人等可识别的方式清楚地将标的物特定于买卖合同,买受人主张不负担标的物毁损、灭失的风险的,人民法院应予支持。”

2. 风险负担及转移的原则规定

在标的物风险负担上大体有两种不同的观点。一种观点认为,风险随所有权的转移而转移,所有权归何方所有就由何方负担标的物灭失的风险,即所有人负担风险的原则。[①] 另一种观点主张,风险随标的物的交付而转移,交付前风险由出卖人负担,交付后风险由买受人负担,即交付转移风险的原则。[②] 我国有的学者认为,交付转移风险原则较为合理。因为标的物归谁占有,谁才有最大的便利去维护其安全和防止风险的发生。[③] 依我国《民法典》第 604 条的规定,买卖标的物的所有权一般自交付时起转移。标的物毁损、灭失的风险,在交付之前由出卖人负担,交付之后由买受人负担,但是,法律另有规定或者当事人另有约定的除外。

这里的另有规定或约定主要包括两种情况:一是在交付前标的物风险即由买受人负

---

① 《法国民法典》即采用所有人负担风险的原则。该法第 1138 条第 2 款规定:“自物件应交付之日起,即使尚未现实移交,债权人即成为所有人,并负担物件受损的风险,但如交付人迟延交付,物件受损的风险由交付人负担。”这种立法体例源于罗马法,依罗马法,自合同订立时,买受人负担风险。

② 《德国民法典》即采用交付转移风险的原则。该法第 446 条规定:“自交付买卖标的物之时起,意外灭失或意外毁损的危险责任转移于买受人。”

③ 崔建远:《合同法》,法律出版社 2021 年第 7 版,第 293 页。

担，二是交付后的一段时间内标的物的风险仍由出卖人负担。在具体应用风险负担原则时，应注意：

(1)当事人未约定交付地点或者约定不明确的，标的物需要运输的，出卖人将标的物交付给第一承运人后，标的物毁损、灭失的风险由买受人负担。“标的物需要运输的”，是指标的物由出卖人负责办理托运，承运人系独立于买卖合同当事人之外的运输业者的情形。

(2)出卖人根据合同约定将标的物运送至买受人指定地点并交付给承运人后，标的物毁损、灭失的风险由买受人负担，但当事人另有约定的除外。

(3)债务人依照法律规定提存标的物后，提存物毁损、灭失的风险由债权人承担。据此，出卖人依法提存后，风险移转由买受人承担。

(4)通过互联网等信息网络订立的电子合同的标的为交付商品并采用快递物流方式交付的，收货人的签收时间为交付时间。

3. 风险负担的例外规则

(1)在途货物买卖。出卖人出卖交由承运人运输的在途标的物，除当事人另有约定外，毁损、灭失的风险自合同成立时起由买受人负担。但是，在途货物买卖中，若出卖人在合同成立时知道或者应当知道标的物已经毁损、灭失却未告知买受人，合同成立时不发生风险移转的效果。(在途货物买卖的标的物系特定物自合同成立时起，风险移转)；在途货物买卖的标的物若为种类物，在特定化于该买卖合同中之前，即使合同已经成立，风险也不移转。

(2)合同一方违约。第一，买受人迟延受领。因买受人的原因致使标的物未按照约定的期限交付的，买受人应当自违反约定时起负担标的物毁损、灭失的风险。第二，买受人迟延提货。买卖双方当事人对交付地点没有约定或者约定不明确，标的物不需要运输的，出卖人和买受人订立合同时知道标的物在某一地点的，出卖人应当在该地点交付标的物；不知道标的物在某一地点的，应当在订立合同时出卖人的营业地交付标的物。因此，当出卖人在交付期限届至时将标的物置于该交付地点，买受人违反约定没有收取的，标的物毁损、灭失的风险自买受人违反约定之日起由买受人承担。第三，房屋买卖合同的买受人受领迟延。除非法律另有规定或者当事人另有约定，买受人接到出卖人的书面交房通知，无正当理由拒绝接收的，房屋毁损、灭失的风险自书面交房通知确定的交付使用之日起由买受人承担。第四，出卖人根本违约。出卖标的物的质量不符合要求，致使不能实现合同目的的，买受人有权拒绝接受标的物或者解除合同。如果买受人拒绝接受标的物或者解除合同的，标的物毁损、灭失的风险由出卖人承担。

(二)买卖合同中的利益承受

利益承受是指标的物于买卖合同订立后所生的孳息的归属。标的物于合同订立后所生孳息的归属与标的物的所有权转移以及风险承担是密切相连的，遵循同一原则。因此在利益承受上，也是以交付时间作为界限，即标的物在交付之前产生的孳息，归出卖人所有；交付之后产生的孳息，归买受人所有；但当事人合同另有约定的，依其约定。

七、互易合同

互易合同是指当事人约定易货交易，是财产所有权交换的合同，与买卖合同一样同属于有偿转移财产所有权类的合同。不同的是，互易合同中取得某一财产所有权的一方当事人以另一财产的所有权为对待给付，买卖合同中买方取得财产所有权是以支付金钱为代价的。所以，我国合同法规定互易合同参照买卖合同的有关规定。

八、特种买卖合同

（一）分期付款买卖合同

分期付款买卖合同是指标的物交付给买受人后，买受人将其应付的总价款按照一定期限分批向出卖人支付的买卖。其基本特征在于：买受人受领标的物后分期支付价款。依照《买卖合同解释》第27条的规定，所谓"分期付款"，是指买受人将应付的总价款在一定期限内至少分三次向出卖人支付。在分期付款买卖中，出卖人须先交付标的物，买受人于受领标的物后分若干次付款，出卖人有收不到价款的风险。为了保护出卖人的利益，当买受人未支付到期价款的金额达到全部价款的五分之一时，经催告后在合理期限内仍未支付到期价款的，出卖人可以请求买受人支付全部价款或者解除合同；损害买受人利益的，买受人也可以主张买卖合同无效。出卖人解除合同的，可以向买受人要求支付该标的物的使用费。使用费的支付，有约定的依约定，没有约定或约定不明确的，可以参照当地同类标的物租金标准。在交易实践中，当事人双方还常常出现以下特别约定：一是所有权保留条款，即在标的物分期付款买卖合同中，买受人虽先占有、使用标的物，但在双方当事人约定的特定条件成就之前，出卖人仍保留标的物所有权，待条件成就后，再将所有权转移给买受人。二是解除合同时扣留已受领价金条款。扣留已受领价金原则上不得超过标的物的使用费以及标的物的受损赔偿额。[①] 三是解除合同时损害赔偿金额条款。在解除合同时，当事人双方除了应将其从对方取得的财产返还给对方外，有过错的一方还应赔偿对方因解除合同所受的损失。

（二）样品买卖合同

样品买卖合同，又称货样买卖合同，是指当事人双方约定一定的样品，出卖人交付的标的物应与样品具有同一品质的买卖。其基本特征在于以样品来确定买卖的标的物，出卖人交付的货物必须与样品具有同一品质。其中，样品通常是由当事人选定的用以决定标的物品质的货物。

凭样品买卖的当事人应当封存样品，并可以对样品质量予以说明。出卖人交付的标的物应当与样品及其说明的质量相同。这是出卖人对标的物的质量所作的特别担保。

---

① 《买卖合同解释》第28条规定："分期付款买卖合同约定出卖人在解除合同时可以扣留已受领价金，出卖人扣留的金额超过标的物使用费以及标的物受损赔偿额，买受人请求返还超过部分的，人民法院应予支持。当事人对标的物的使用费没有约定的，人民法院可以参照当地同类标的物的租金标准确定。"

若合同约定的样品质量与文字说明不一致，双方当事人发生纠纷又不能达成合意的，根据《买卖合同解释》第 29 条的规定，样品封存后外观和内在品质没有发生变化的，人民法院应当以样品为准；外观和内在品质发生变化，或者当事人对是否发生变化有争议而又无法查明的，人民法院应当以文字说明为准。此外，《民法典》第 636 条规定："凭样品买卖的买受人不知道样品有隐蔽瑕疵的，即使交付的标的物与样品相同，出卖人交付的标的物的质量仍然应当符合同种物的通常标准。"可见现行法律除了"标的物与样品相同"这项特殊规则外，还确立了"通常标准"规则。因为在买卖合同中，出卖人的质量瑕疵担保责任是一项法定责任，当事人不能以约定来排除适用。

（三）试用买卖合同

1. 试用买卖合同的概念

试用买卖合同，是指当事人双方约定，于合同成立时，出卖人将标的物交付买受人试验或检验，并以买受人在约定期限内对标的物的认可为生效条件的买卖合同。试用买卖合同的基本特征在于：(1)试用买卖合同约定由买受人试验或检验标的物；(2)以买受人对标的物的认可为买卖合同生效的条件。在确认试用买卖合同时应特别注意双方约定的内容，若买卖合同中约定有以下情形之一的，则不应认定属于试用买卖合同：第一，约定标的物经过试用或者检验符合一定要求时，买受人应当购买标的物；第二，约定第三人经试验对标的物认可时，买受人应当购买标的物；第三，约定买受人在一定期间内可以调换标的物；第四，约定买受人在一定期间内可以退还标的物。

2. 对买受人认可的确定及其法律效力

因试用买卖合同的生效是以买受人对标的物的认可为条件，因此，确定买受人的认可有着重要意义。试用买卖的当事人可以约定标的物的试用期间。[①] 买受人应在试用期内作出是否认可的意思表示。认可的方式可以是口头的，也可以是书面的，甚至可以是默示的。从《民法典》第 638 条的规定看，在下列情形下，买受人虽然未明确认可的表示，也视为认可：(1)试用期间届满，买受人对是否购买标的物未作表示的；(2)在试用期内买受人已经支付一部分价款的(另有约定的除外)；(3)在试用期内，买受人对标的物实施了出卖、出租、设定担保物权等非试用行为的。试用期满，若买受人对标的物表示认可(包括推定认可)，买卖合同即生效，双方当事人应按约定履行合同义务；若买受人拒绝认可的，该买卖合同不发生效力，买受人应返还标的物，但无须支付使用费。

（四）招标投标买卖合同

招标投标买卖合同，是指由招标人向数人或公众发出招标通知或招标公告，在诸多投标中选择自己最满意的投标人并与之订立买卖合同的方式。招标投标买卖一般分为以下阶段：

1. 招标阶段。招标是指招标人采取招标通知或招标公告的形式，向不特定的数人或

---

① 对试用期间没有约定或约定不明确的，可以协议补充；不能达成补充协议的，按照合同有关条款或者交易习惯确定；如仍不能确定，由出卖人确定。

公众发出的投标邀请。招标的法律性质为要约邀请，邀请投标人投标即发出要约邀请。但是，如果招标人在招标公告中已明确表示将与报价最优者订立合同，这一招标行为则已具备要约性质。

2. 投标阶段。投标是指投标人按照招标文件的要求，在规定的期间内向招标人提出报价行为。投标的法律性质为要约。拟投标人必须在招标通知或招标公告规定的期限内，到指定地点索取招标文件，按该文件的规定和要求编制好有关文件、资料，做好参加投标的各项工作。

3. 开标、定标阶段。开标是指招标人在召开的投标人会议上，当众启封标书，公开标书内容的行为。定标是招标人对有效标书进行评审，选择自己满意的投标人，决定其中标。该定标的法律性质为承诺。中标人在接到中标通知后，在约定的期间与地点同招标人签订合同书。至此，合同即告有效成立。

（五）拍卖合同

拍卖是指以公开竞价的方法，将标的物的所有权转移给最高应价者的一种买卖。拍卖一般分为以下阶段：

1. 拍卖的表示。拍卖的表示是指拍卖人发出的对标的物进行拍卖的意思表示，它包括拍卖公告和拍卖师在拍卖开始时所作的拍卖表示。拍卖的表示在性质上属于要约邀请。

2. 应买的表示。应买的表示是指参加竞买的竞买人发出的购买的意思表示。在拍卖时，是由参加购买的应买人竞争，由出价最高者购买。竞买人的应价在性质上属于要约，竞买人一经应价，不得撤回，当其他人有更高应价时，其应价即丧失效力。只有在拍卖人声明拍卖标的物无保留价时，拍卖的表示属于要约，竞买人的应价为承诺。即在无更高应价时，竞买人一经应价，买卖合同即告成立。

3. 卖定的表示。《拍卖法》第 51 条规定："竞买人的最高应价经拍卖师落槌或者以其他公开表示卖定的方式确认后，拍卖成交。"因此，拍卖人关于卖定的表示应属于承诺，拍卖人作出卖定的表示，则买卖成交，竞争买卖结束。拍卖经拍板成交后，买受人和拍卖人应当签署成交确认书，签署成交确认书并不是订立合同，而是对经拍卖成立的买卖的一种确认。

第二节　供用电、水、气、热力合同

一、供用电、水、气、热力合同概述

供用电、水、气、热力合同，统称为供用合同，是指供方向用方提供电、水、气、热力，用方利用这些资源并支付报酬的合同。提供电、水、气、热力一方为供应人，利用电、水、气、

热力一方为利用人。这类合同也是由一方向另一方提供商品，另一方支付价款的合同，所以也可以将其视为一种特殊的买卖合同。《民法典》合同编之所以将其作为独立于买卖合同的一类合同加以规定，是由于这些合同具有与买卖合同不同的重要特征，表现在：

1. 公用性。供应人提供的电、水、气、热力的消费对象是一般的社会公众，而不是特殊的个人或群体。因此，供应人对于提出供应要求的利用人，负有强制缔约的义务，非有正当事由，一般不能拒绝利用人订立合同的要求。其目的在于使一切人均可以平等地享有与供应人订立合同，利用电、水、气、热力资源的权利。

2. 合同标的物的特殊性。供用电、水、气、热力合同的标的物为电、水、气、热力，这类商品不仅与人们生活息息相关，是人们日常生活和工作所必需的物质保障，还是国民经济中的重要能源。同时，这些商品是由相关单位垄断供用的，为此，为保障人们生产和生活的需要，必须对其予以特别规制。

3. 继续性。在供用电、水、气、热力合同中，由于能源的供应与使用是连续的，合同的履行方式始终处于一种持续状态，因此，这类合同为继续性合同。对供应人一方而言，为向利用人供应资源，需要花费相当的代价铺设管道或架设电线，这显然不能只是为了一时的利用。对利用人而言，一般也是为了长期生活的便利才利用这些管网设施提供的资源。

4. 合同终止的非溯及性。公共供用合同的标的物均为可消耗物，与其他买卖合同终止可将标的物返还不同，电、水、气、热力在一次利用之后，即不可能返还。所以，供用电、水、气、热力合同因各种原因终止之时，其效力仅能向将来发生，而无法溯及既往。

二、供用电合同的概念和特征

依据《民法典》第648条的规定，供用电合同是供电人向用电人供电，用电人支付电费的合同。同时第656条又规定，供用水、供用气、供用热力合同，参照适用供用电合同的有关规定。因此，下面仅对供用电合同进行阐述。

供用电合同具有以下法律特征：

1. 合同一方主体的特殊性。供电人作为供用电合同的一方主体，应当是供电企业或者依法取得供电营业资格的非法人单位；其他任何单位和个人都不得作为供电人。用电方未经供电方授权，不得向其他单位或个人转供电力。

2. 合同的标的物是一种无体物——电力。供用电合同实质上是一种买卖合同，它与一般买卖合同的主要区别在于：电力是一种特殊的、无形的物质，不是有形物，且具有危险性。

3. 供用电合同一般按照格式条款订立。电力事业是具有社会公益性的公用事业，关系到整个社会的公共安全、经济发展，电力这种特殊商品本身又具有网络性和自然垄断性，这就使得电力企业对电能质量及电网的管理具有一定的强制标准。为保证安全用电而按照技术标准和行业规程拟定的条款，用电人仅有同意或不同意的权利，而不能更改其内容。

4. 电力的价格实行统一定价原则。电力的价格一般是由电网经营企业提出方案，报国家有关物价行政主管部门核准，国家对电价实行统一政策、统一定价，并实行分级管理。供用电双方都应遵守国家的电价制度，不得擅自提高或降低电价。

5. 供用电合同为诺成、双务、有偿合同。供用电合同自双方达成协议时起生效，而不以电力的实际供应为合同的生效要件，同时按照约定和国家规定安全供电及交付电费是供用电各方的一项基本义务。

三、供电合同的效力

（一）供电人的主要义务

1. 按照国家规定的供电标准和合同约定安全供电的义务

依据《民法典》第 651 条的规定，供电人应当按照供电合同规定的供电电量、供电时间供电，并保证供电的质量符合国家规定的标准，安全供电是供电方的主要义务。供电人未按照国家规定的供电质量标准和约定安全供电，造成用电人损失的，应当承担损害赔偿责任。

2. 供电人负有因故限电、停电的事先通知义务

供电人应当连续供电，不得中断。有正当理由需对用电人限电、停电的，供电人应事先通知对方。计划检修停电应当在 7 日前通知用电人；遇有紧急检修停电时，供电人应在 6 小时前通知用电人；执行电力分配机关指令的限电、停电应在 24 小时前通知用电人。未事先通知中断供电的，给用电人造成损失的，应当承担损害赔偿责任。

3. 对事故断电的抢修义务

因不可抗力或意外事故造成供电设施毁坏，以致电力无法继续正常供应时，供电人应当按照国家有关规定及时抢修。未及时抢修，造成用电人损失的，应当承担损害赔偿责任。

4. 强制缔约义务

向社会公众供电的供电人不得拒绝用电人合理的订立合同要求，《民法典》对此进行了明确规定。供电人向社会供电具有公共服务性质，有强制缔约义务。

（二）用电人的主要义务

1. 用电人有按时交付电费的义务

供电合同是有偿合同，电费是用电人取得电力的对价，是供电人出卖电力应得到的价款，因此，用电人应当按照国家有关规定和当事人的约定及时交付电费。用电人逾期不交付电费的，应当按照约定支付违约金。经供电人催告，用电人在合理期限内仍不交付电费和违约金的，供电人可以按照国家规定的程序中止供电。在用电人补交电费及其迟延利息、支付违约金之后，供电人应恢复供电。

2. 用电人有安全用电的义务

用电人能否安全用电，关系着其他用电人能否正常用电，关系着整个社会的用电安全，所以，用电人应当按照国家有关规定和当事人的约定安全用电。因特殊原因需要超负荷用电时，用电人应事先通知供电人。用电人未按照国家有关规定和当事人的约定安

全用电，造成供电人损失的，应当承担损害赔偿责任。

3. 用电人有正确使用供电设施的义务

保持用电设施处于安全状态，是保证用电安全的前提条件。因此，对于已经安全装设的用电线路和保险装置，用电人不得随意拆换，也不得在已检修合格的用电设施中再随意拉线，连接用电设施。用电人擅自改变供电设施的，应当恢复原状，给供电人造成损失的，应当赔偿。

此外，《民法典》第655条还规定用电人负有节约和计划用电的义务。此义务乃《民法典》新增加的内容，是绿色原则在供电合同中的具体体现。

第三节　赠与合同

一、赠与合同的概念和特征

赠与合同是指当事人一方将自己所有的财产无偿转移给另一方所有，另一方表示接受的合同。其中转让财产的一方为赠与人，接受财产的一方为受赠人，此处的财产称作赠与物。

赠与合同具有以下法律特征：

（一）赠与合同为转移财产所有权的合同

赠与合同以赠与人将财产给予受赠人所有为内容，因此，赠与的结果发生财产所有权的转移。这是赠与合同与买卖合同、互易合同的相同之处，也是与租赁合同、借用合同的不同之处。同时，赠与是一种合同，要求双方当事人间存在合意，故赠与是双方法律行为，而非单方法律行为，在这一点上，赠与合同与遗赠显然不同，遗赠是被继承人在生前作出的将其财产在其死亡后赠与他人的单方意思表示。

（二）赠与合同为诺成合同

关于赠与合同是诺成合同还是实践合同，在各国立法上有不同规定，俄罗斯、东欧一些国家在民法典上一般将赠与规定为实践合同；《德国民法典》《日本民法典》则将赠与规定为诺成合同。我国学者也曾有不同的主张，但自《合同法》开始终将赠与合同规定为诺成合同，即自双方当事人意思表示一致时成立。同时，也规定赠与人在一定情形下享有撤销赠与的权利。

（三）赠与合同为单务、无偿和不要式合同

在赠与合同中，仅赠与人负有给付赠与财产的义务，受赠人并无对待给付义务，受赠人取得赠与的标的物无须付任何代价，故赠与合同为单务、无偿合同。这是赠与合同与买卖合同、互易合同等的根本区别。我国《民法典》合同编未对赠与合同的形式作特别规定，因此，赠与合同为不要式合同。

(四)赠与合同为经受赠人同意接受赠与而成立的合同

赠与属于一种施惠行为。不过,为了尊重他人的意愿,不得强制其接受施惠,所以,赠与合同必须经受赠人同意方能成立。倘若一方当事人施惠且未经他方同意,则不成立赠与合同。有观点认为,这时可能成立其他法律关系,如债务的免除。具体而言,若仅有债权人一方表示免除,而未经债务人同意的,则直接发生免除的法律效果,不构成赠与。但是,若经过债务人同意而发生免除债务,则可以成立赠与,此时免除可视为赠与合同的履行行为。①

二、赠与合同的效力

赠与合同为单务合同,故赠与合同的效力主要表现为赠与人所负担的合同义务。赠与人的义务主要有:

(一)依照约定交付赠与物的义务

赠与人的主要义务就是依照合同约定的期限、地点、方式和标准将标的物交付给受赠人,并将赠与物的权利转移于受赠人。这是因为赠与合同是以使赠与财产的所有权归于受赠人为直接目的。赠与物的所有权一般经交付即转移于受赠人,但赠与的财产需要办理登记手续的,赠与物的所有权经登记方转移。

赠与合同系无偿合同,赠与人只在因故意或重大过失致使赠与的财产毁损、灭失的情形中才承担损害赔偿责任。

(二)瑕疵担保义务

因赠与合同是无偿合同,原则上不要求赠与人承担赠与物的瑕疵担保义务。《民法典》第662条规定:“赠与的财产有瑕疵的,赠与人不承担责任。”但在附义务的赠与中,赠与的财产有瑕疵的,赠与人在附义务的限度内承担与出卖人相同的违约责任。此外,赠与人故意不告知赠与物瑕疵或保证其无瑕疵,因此给受赠人造成损失的,应当承担损害赔偿责任。

案例分析:某商场举行会员酬宾活动:一次性消费满2000元即免费赠送扫地机,甲遂消费2500元后免费领取了该扫地机。使用后发现质量较差,经鉴定发现该扫地机为假冒伪劣产品。请问:甲能否要求商场承担损害赔偿责任?

解答:在商场促销活动中,商场所提出的“赠品”实质上并非无偿取得,并不属于赠与合同的范畴,因此销售者应当对该“赠品”的瑕疵为甲带来的损失承担损害赔偿责任。

---

① 刘春堂:《民法债编各论》(上),台湾三民书局2008年版,第195页。

三、赠与合同的终止

（一）赠与合同的撤销

1. 赠与合同的任意撤销

赠与合同的任意撤销是指在赠与财产的权利转移之前，得由赠与人依其意思任意撤销赠与。赠与人行使撤销权的时间界限是赠与合同成立之后，赠与财产权利发生转移之前。但是经过公证的赠与合同或者依法不得撤销的具有救灾、扶贫、助残等公益、道德义务性质的赠与合同，赠与人不得任意撤销。赠与合同被撤销后，赠与人当然无须交付赠与物，受赠人也无权主张赠与人承担违约责任。

2. 赠与合同的法定撤销

赠与合同的法定撤销是指在具备法定事由时由享有撤销权的人撤销赠与。法定撤销与任意撤销的区别在于：法定撤销只要具备法定事由，不论何种赠与合同，也不论赠与财产的权利是否转移，撤销权人均可撤销；而任意撤销不需要有法定事由，但受到法律的限制。

根据《民法典》第 663 条的规定，赠与人可以撤销的法定事由主要有以下三种情形：

(1)受赠人严重侵害赠与人或者赠与人近亲属的合法权益；

(2)受赠人对赠与人有扶养义务而不履行；

(3)受赠人不履行赠与合同约定的义务。

赠与人的撤销权，自知道或者应当知道撤销事由之日起一年内行使。超过这一期间，赠与人不得再行使撤销权。因受赠人的违法行为致使赠与人死亡或者丧失民事行为能力的，其继承人或法定代理人可以撤销赠与。赠与人的继承人或者法定代理人的撤销权，自知道或者应当知道撤销事由之日起六个月内行使。

（二）赠与合同的法定解除

赠与人的经济状况显著恶化，严重影响其生产经营或者家庭生活的，可以解除赠与合同，不再履行赠与义务。赠与合同的解除，不发生溯及既往的效力，赠与人已履行的赠与，无权要求受赠人返还。

赠与人享有不再履行赠与义务的权利，学理上称为穷困抗辩权，或拒绝履行抗辩权。其构成要件有：(1)须赠与人的经济状况显著恶化。此时要求赠与人继续履行赠与义务，无疑是雪上加霜，有悖中国扶危济困的道德传统。(2)赠与人经济状况的恶化须已严重影响其生产经营或家庭生活。只有在赠与人经济状况恶化到严重影响其生产经营或家庭生活时，才可以拒绝履行赠与义务。(3)须在赠与物财产权转移之前，发生上述情形。抗辩权是在相对人请求履行时行使，若赠与物财产权已经转移至受赠与人，表明合同履行已经完毕，已无履行请求，自然谈不上拒绝履行抗辩权的行使。

关于“赠与合同”的详细阐释，可扫码观看视频：

第四节　借款合同

一、借款合同的概念和特征

借款合同，是指借款人向贷款人借款，到期返还借款并支付利息的合同。其中向对方借款的一方称为借款人，出借钱款的一方称为贷款人。借款合同的标的物是金钱。借款合同依据贷款人的不同可以区分为金融机构借款合同和民间借款合同。借款合同为实践合同，即借款合同自贷款人提供借款时成立，由借款人与贷款人双方约定还款时间及利息，借款人应在约定的还款时间内向贷款人履行偿还欠款以及支付利息的义务。

借款合同的法律特征主要有：

1. 借款合同的标的物是金钱。借款合同不同于传统民法中的借贷合同，借贷合同的标的为可消耗物，包括金钱和其他可消耗物。以金钱为标的的借贷合同称为借款合同，而以其他可消耗物为标的的借贷合同则称为消费借贷合同。

2. 借款合同是转移钱款所有权的合同。借款人取得钱款的占有后，并不仅仅限于拥有某一权能的行使，而是包括了占有、使用、收益和处分等权能。借款人既能使用该钱款，又可以处分该钱款。若借款合同未明确限制资金用途，借款人有权自由支配借款，包括转借或赠予第三人，在还款时，借款人只需归还同等数量的货币，而不必归还原货币。

借款合同与借用合同的主要区别表现在：(1)标的物不同。借款合同的标的物为金钱，而借用合同的标的物为不可消耗物。(2)所转移的权利不同。借款合同所转移的是金钱的占有、使用和处分权，而借用合同所转移的是标的物的占有和使用权。(3)是否有偿不同。借款合同通常是有偿的，自然人之间借款合同也可以无偿；而借用合同一般是无偿的。(4)返还责任不同。借款合同返还的是等值的货币，而借用合同则需要返还借用物本身。

二、金融机构借款合同

(一)金融机构借款合同的概念和特征

金融机构借款合同，又称为贷款合同或信贷合同，是指办理贷款业务的金融机构作为贷款人一方，向借款人提供贷款，借款人到期返还借款并支付利息的合同。作为借款合同的一种，金融机构借款合同当然具有借款合同的一般特征。但金融机构借款合同与民间借款合同相比，又具有如下法律特征：

1. 贷款人具有特定性

金融机构借款合同中的贷款人必须是经过中国人民银行及其分支机构批准，依法成立的政策性银行、商业银行、信用合作社或其他金融机构，其他单位和个人不得充当贷款人签订金融机构借款合同。民间借款合同的贷款人是非金融机构,可以是自然人、法人或其他组织。

2. 合同的有偿性

金融机构发放贷款,除法律规定外,都必须收取一定的利息。贷款的利息是借款人取得和使用借款的代价。而贷款的利率由国家规定,中国人民银行统一管理。所以,金融机构借款合同为有偿合同。民间借款合同既可以是有偿合同,也可以是无偿合同。《民法典》第680条规定:"借款合同对支付利息没有约定的,视为没有利息。"

3. 合同的要式性

依据合同法的相关规定,金融机构借款合同应当采用书面形式,当事人未采用书面形式订立借贷合同的,当事人双方就该合同关系的存在产生争议的,推定合同关系不成立。如果一方当事人已经履行主要义务,对方接受的,则合同成立。而民间借款合同则不同,根据《民法典》第668条的规定,自然人之间的借款合同,当事人可以采用口头形式。可见,自然人之间的借款合同是不要式合同。再如,依据2021年1月1日实施的《民间借贷司法解释》第2条的规定,出借人向法院起诉时,可以借据、收据、欠条等债权凭证以及其他能够证明借贷法律关系存在的证据,予以证明。可见,并未要求以书面形式订立民间借款合同。

4. 合同的诺成性

金融机构借款合同的成立,只要贷款人和借款人双方协商一致即可成立,无须交付标的物。贷款人交付贷款是这类合同生效之后,贷款人需要承担的合同义务,所以金融机构借款合同为诺成合同,而自然人之间的借款合同则是实践合同,该合同从贷款人提供借款时成立。

(二)金融机构借款合同的效力

金融机构借款合同的效力,是指生效的金融机构借款合同所具有的法律约束力,由于该合同是双务合同,一方当事人的权利即另一方当事人的义务,一方当事人的义务即另一方当事人的权利。

1. 贷款人的主要义务

(1)按照约定的日期、数额向借款人提供贷款。贷款人最主要的义务就是按照约定的时间和数量向借款人提供贷款,未履行此项义务,造成借款人损失的,应负赔偿损失的责任。贷款人在提供贷款时,不得预扣利息。《民法典》第670条规定:"借款的利息不得预先在本金中扣除。利息预先在本金中扣除的,应当按照实际借款数额返还借款并计算利息。"贷款人预扣利息的行为是违法行为,但法律对此处理的原则是让借款人按照实际得到的借款数额承担返还本金和计算利息的责任。

(2)检查、监督借款使用情况的义务。为了保证贷款的正常使用,促使借款人认真履行合同,贯彻国家信贷政策,维护贷款人的合法权益,金融机构应按照法律的规定通过信贷管理和结算管理,监督借款人是否按照合同约定的目的和用途使用贷款。

2. 借款人的主要义务

(1)按照约定的用途使用借款。是否按约定的用途使用借款与借款人能否按期偿还借款、依约支付利息有着很直接的关系，贷款人是根据借款用途来确定借款人的偿还能力而同意贷款的，如果借款人擅自改变借款用途，可能导致当事人预期的收益变得不确定，增加了贷款人的经营风险。尤其是有些借款还是依据国家的宏观经济政策、信贷政策和产业政策发放的，如果借款人不按照约定用途使用借款，就会造成国家的政策调控失灵。因此，我国法律规定借款人须按照借款用途使用借款，不得挪作他用。借款人未按照约定的借款用途使用借款的，贷款人可以停止发放借款、提前收回借款或者解除合同。

(2)按照合同约定的期限和方式返还借款。借款人应当按照合同约定的期限和方式偿还借款。借款人未按照约定的期限返还借款的，应当按照约定或者国家有关规定支付逾期利息。但是，借款人可以在还款期限届满之前向贷款人申请展期，贷款人同意并办理了相应手续的，则应依据新确定的期限返还借款。

借款人提前偿还借款的，除非当事人另有约定，借款人有权按照实际借款的期间计算利息。合同法既考虑到借款人的利益，也兼顾到贷款人的利益，规定若提前还款损害贷款人利益的，贷款人有权拒绝借款人提前还款的要求。

(3)按照合同约定的期限支付利息。利息是金融机构借款合同作为有偿合同的最直接的表现，因此，借款人有义务按照约定的期限支付利息。双方当事人对支付利息的期限没有约定或者约定不明确的，可以协议补充，不能达成补充协议的，按照合同有关条款或者交易习惯确定。若仍不能确定的，借款期间不满一年的，应当在返还借款时一并支付；借款期间在一年以上的，应当在每届满一年时支付，剩余期间不满一年的，应当在返还借款时一并支付。借款人不按规定期限支付利息的，应负违约责任。

(4)容忍义务。根据合同约定，借款人应就借款的使用情况接受贷款人的检查和监督。为了配合贷款人的检查、监督，借款人应当定期向贷款人提供有关财务会计报表等资料。

三、民间借款合同

(一)民间借贷的概念和特征

依据《民间借贷司法解释》第 1 条第 1 款的规定，民间借贷是指自然人、法人、非法人组织之间进行资金融通的行为。第 2 款规定："经金融监管部门批准设立的从事贷款业务的金融机构及其分支机构，因发放贷款等相关金融业务引发的纠纷，不适用本规定。"据此，民间借贷的法律特征表现为：

1. 民间借贷合同的主体是自然人、法人和非法人组织。凡是自然人、法人和非法人组织之间进行的借贷活动，都属于民间借贷。其中包括企业法人，以及不具有法人资格、作为其他组织出现的企业。不过，法人或非法人组织一定不属于金融机构。

2. 民间借贷的性质是资金融通。民间借贷是一种资金融通行为，而不是其他民事活动。特别需要强调的是,《民间借贷司法解释》从法律上确认法人之间、非法人组织之间以及它们相互之间为生产、经营需要订立的民间借贷合同的有效性,法人、非法人组织之间的借贷行为属于民间借贷的资金融通,具有合法性,受到法律保护。

3. 民间借贷的法律表现形式是民间借贷合同。民间借贷是资金融通的法律行为,其法律表现形式是民间借贷合同,民间借贷的内容是自然人与自然人、法人与法人、非法人组织与非法人组织之间,以及他们相互之间,在借贷活动中发生的权利义务关系,这是民间借贷合同的债权债务关系。

(二)民间借款合同的生效时间

1. 自然人之间借款合同的生效时间

自然人之间借款合同是实践性合同,自然人达成借款合同之时,合同尚未成立。根据《民法典》第 679 条的规定,自然人之间的借款合同,自贷款人提供借款时成立。为此结合《民间借贷司法解释》第 9 条作出了具体的解释,具言之,以现金支付的,自借款人收到借款时,借款合同成立;以银行转账、网上电子汇款等形式支付的,自资金到达借款人账户时,借款合同成立;以票据交付的,自借款人依法取得票据权利时,借款合同成立;出借人将特定资金账户支配权授权给借款人的,自借款人取得对该账户实际支配权时,借款合同成立;出借人以与借款人约定的其他方式提供借款并实际履行完成时,借款合同成立。

2. 其他民间借款合同的生效时间

首先,其他民间借款合同的效力。除自然人之间民间借款合同以外,法人之间、其他组织之间及其相互之间为生产、经营需要订立的民间借款合同,除存在《民法典》关于合同无效的相关规定,《民间借贷司法解释》第 13 条[①]规定的情形外,应当认定该民间借款合同为有效。法人或者非法人组织在本单位内部通过借款形式向职工筹集资金,用于本单位生产、经营,且不存在《民法典》合同无效的情形、《民间借贷司法解释》第 13 条规定的情形,应当认定该民间借款合同有效。可见,法律对法人、非法人组织之间的借贷仍然有所限制,主要体现在借款合同的有效要件上,既要求拆借资金的目的是生产、经营需要,而非其他目的;又要求拆借的是自有资金,以及向其他企业拆借的资金(不进行牟利)、向银行借贷的资金(不意图获取高利);还要求不得违反法律、司法解释的强制性规定。符合上述要件要求的,合同有效;不符合上述要件要求的,合同无效。

其次,其他民间借款合同的生效时间。除自然人之间的借款合同外,法人之间、非法人组织之间,以及自然人与法人、非法人组织相互之间发生的借款合同,依照《民间借贷司法解释》第 10 条的规定,除非法律、行政法规另有规定或者当事人另有约定的,为诺成性合同。即原则上除了自然人之间的借款合同之外,法人之间、其他组织之间,以及自然

---

① 《民间借贷司法解释》第 13 条规定:"具有下列情形之一,人民法院应当认定民间借贷合同无效:(一)套取金融机构贷款转贷的;(二)以向其他营利法人借贷、向本单位职工集资,或者以向公众非法吸收存款等方式取得的资金转贷的;(三)未依法取得放贷资格的出借人,以营利为目的向社会不特定对象提供借款的;(四)出借人事先知道或者应当知道借款人借款用于违法犯罪活动仍然提供借款的;(五)违反法律、行政法规强制性规定的;(六)违背公序良俗的。"

人与法人、其他组织相互之间的借款合同是诺成性合同。其中例外的情形主要有:(1)法律、行政法规规定为实践性合同的,应当认定为实践性合同,以贷款人提供借款的时间认定为借款合同生效时间。(2)当事人另有约定,即约定为实践性合同的,也应当认定为实践性合同;或者当事人约定的是附条件或者附期限的借款合同,则应当适用附条件或者附期限的法律行为规则,确定生效时间。

(三)民间借款合同的无效情形

1. 民间借款合同符合《民法典》关于无效规定的情形的,应认定民间借款合同无效。此外,依照《民间借贷司法解释》第 13 条的规定,具备以下情形之一的,民间借贷合同也应当认定无效。

2. 套取金融机构贷款转贷的。此类民间借款合同是以套取金融机构信贷资金转贷给借款人。与之前民间借贷司法解释规定不同,最新的解释不再强调是否高利转贷,以及借款人主观知情。

3. 以向其他营利法人借贷、向本单位职工集资,或者以向公众非法吸收存款等方式取得的资金转贷的。与之前民间借贷司法解释规定不同,最新的解释增加转贷资金的来源即"向公众非法吸收存款等方式取得的资金",同时降低条件的要求,既不要求转贷的牟利性,也不要求借款人事先知情,只要是将上述来源资金转贷的民间借款合同均认定无效。

4. 未依法取得放贷资格的出借人,以营利为目的向社会不特定对象提供借款的。相较于之前的民间借贷司法解释,这是新增的无效情形,该类无效民间借款合同强调主体的不合格性,强调以营利为目的。

5. 出借人事先知道或者应当知道借款人借款用于违法犯罪活动仍然提供借款的。若出借人事先知道或者应当知道借款人的借款用途是为了违法犯罪活动,却仍然为其借款,相当于为违法犯罪活动提供资金,该民间借款合同当然属于无效合同。

6. 违反法律、行政法规强制性规定的。《民间借贷司法解释》第 13 条第 5 款实际上是对《民法典》中关于违反法律、行政法规的强制性规定的合同无效的相关规定的进一步强调。

7. 违背公序良俗的。民间借款合同违背公共秩序或者善良风俗,当然属于无效的借款合同。例如,通奸双方就通奸报酬达成的"借款协议"或者出具的"借据""借条"等,属于违背公序良俗的民间借款合同,当然无效。

(四)对利率、利息等的特别规则

随着我国利率市场化改革进程的推进,以基准贷款利率的四倍作为利率保护上限的司法政策的变革势在必行。《民法典》第 688 条第 1 款规定,禁止高利放贷,借款的利率不得违反国家有关规定。民间借贷利率上限究竟如何进行调整,采纳何种模式,固定利率上限标准如何予以确定,这一系列审判实践中的问题亟待回答。对此,《民间借贷司法解释》作出如下规范:

1. 关于无利息约定与利息约定不明确

借贷双方没有约定利息,为无息借款,出借人无权主张借款人支付借期内利息。但是，利息约定不明的，须区分自然人之间的借款合同和其他民间借款合同之间的界限。自然人之间借贷对利息约定不明，出借人主张支付利息的，人民法院不予支持。除自然人之间借贷的外，其他民间借贷双方对借贷利息约定不明，出借人主张利息的，人民法院应当结合民间借贷合同的内容，并根据当地或者当事人的交易方式、交易习惯、市场利率等因素确定利息。

2. 关于最高利率限额

2015 年最高人民法院出台《关于审理民间借贷案件适用法律若干问题的规定》，对民间借贷利率作出规范，根据第 26 条的规定，借贷双方约定的利率未超过年利率 24%，出借人有权请求借款人按照约定的利率支付利息，但如果借贷双方约定的利率超过年利率 36%，则超过年利率 36%部分的利息应当被认定无效，借款人有权请求出借人返还已支付的超过年利率 36%部分的利息。理论上将上述规定形象地称为“两线三区”：两条线是 24%和 36%，三个利息债务区是合法利息之债区、自然利息之债区和违法利息之债区。即将我国民间借款合同的利息之债分为三种形态：(1)合法利息之债。最高利率限额为 24%，在该限额之下(包括本数)的，为合法利息之债，依法予以保护。(2)自然利息之债。超过 24%但未超过 36%利率之间的利息，为自然利息之债，债务人予以清偿的，法律不予制止；债权人请求强制履行的，法律不予支持。(3)违法利息之债。超过 36%的那部分利息，即为违法利息之债，不仅不予保护，而且债务人已经实际支付了违法利息的，亦有权请求返还。

但最高人民法院的这一规定遭到了许多人的批评，认为借贷利率定为 24%过高，不符合中国的现实情况。因此，2020 年 8 月 18 日最高人民法院第一次修正《民间借贷司法解释》，根据第 26 条的规定，出借人请求借款人按照合同约定利率支付利息的，人民法院应予支持，但是双方约定的利率超过合同成立时一年期贷款市场报价利率四倍的除外。所谓的“一年期贷款市场报价利率”，是指中国人民银行授权全国银行间同业拆借中心自 2019 年 8 月 20 日起每月发布的一年期贷款市场报价利率。自此，以全国银行间同业拆借中心每月发布的一年期贷款市场报价利率的 4 倍作为上限代替了 2015 年司法解释以年利率 24%和 36%作为标准的三段论。以 2020 年 10 月 20 日发布的一年期贷款市场报价利率 3.85%的 4 倍计算为例，民间借贷利率的司法保护上限为 15.4%。上述规定为 2020 年 12 月 29 日第二次修正的《民间借贷司法解释》第 25 条承继。

3. 关于本金与利息

本金的认定，应当以借条、借据、欠条等借贷凭证载明的借款金额为准，凡是借条、借据、欠条上载明的借款金额，一般应当认定为本金数额。预先在本金中扣除利息的，人民法院应当按照实际出借的金额认定本金。

除借贷双方另有约定的外，借款人可以提前偿还借款，并按照实际借款期间计算利息。

4. 关于复利

借贷双方对前期借款本息结算后将利息计入后期借款本金并重新出具债权凭证，如果前期利率没有超过合同成立时一年期贷款市场报价利率四倍，重新出具的债权凭证载明的金额可认定为后期借款本金，超过部分的利息不能计入后期借款本金。约定的利率超过一年期贷款市场报价利率四倍，当事人主张超过部分的利息不能计入后期借款本金的，人民法院应予支持。依此计算，借款人在借款期间届满后应当支付的本息之和，不能超过最初借款本金与以最初借款本金为基数，以一年期贷款市场报价利率四倍计算的整个借款期间的利息之和。出借人请求借款人支付超过部分的，人民法院不予支持。

5. 关于逾期利率

对于民间借款合同的逾期利率，《民间借贷司法解释》第 28 条规定的规则是，借贷双方对逾期利率有约定的，从其约定，但以不超过合同成立时一年期贷款市场报价利率四倍为限。对于当事人未约定逾期利率或者逾期利率约定不明的民间借贷合同，人民法院可以区分以下两种情况处理：

(1)既未约定借期内的利率，也未约定逾期利率，出借人主张借款人自逾期还款之日起参照当时一年期贷款市场报价利率标准计算的利息承担逾期还款违约责任的，人民法院应予支持。

(2)约定了借期内的利率但未约定逾期利率，出借人主张借款人自逾期还款之日起按照借期内的利率支付资金占用期间利息的，人民法院应予支持。

6. 关于逾期利率与违约金的竞合

依照《民间借贷司法解释》第 29 条的规定，借贷双方对逾期还款的责任，既约定了逾期利率，又约定了违约金或者其他费用，构成违约金与逾期利息的竞合，贷款人既可以选择主张逾期利息或者选择违约金或者其他费用，也可以一并主张逾期利息和违约金或者其他费用，但无论选择何种形式，均以最高利率为限，即总计不超过合同成立时一年期贷款市场报价利率四倍，超出的部分，法律不予保护。

第五节　租赁合同

一、租赁合同概述

(一)租赁合同的概念

租赁合同是出租人将租赁物交付承租人使用、收益，承租人支付租金并于期限届满时归还原物的合同。租赁合同中交付租赁物供对方使用、收益的一方为出租人，使用租赁物的一方为承租人。交付使用的物为租赁物，租金则为使用租赁物的代价。

(二)租赁合同的特征

租赁合同具有以下法律特征：

1. 租赁合同的标的物只能是依法可租赁的非消耗物

租赁合同终止后，承租人必须把租赁的财产返还给出租人，这一性质决定了该标的物只能是非消耗物。租赁物必须是特定化了的物，可以是动产，也可以是不动产。而且租赁合同的标的物应该是现行法律、行政法规规定的允许租赁的物。租赁合同的这一特征,使它与以消耗物为标的物的消费借贷合同区别开来。

2. 租赁合同是转移财产使用权的合同

这是租赁合同区别于买卖等转移财产所有权合同的最根本特征。租赁合同以承租人使用、收益为直接目的,承租人仅取得租赁物的使用收益权,并不享有对租赁物的处分权。租赁期限届满,承租人需将原物归还给出租人。

3. 租赁合同是诺成、双务、有偿合同

租赁合同的成立,只需出租人与承租人双方意思表示达成一致即可,不以租赁物的实际交付为合同的生效要件,故租赁合同为诺成合同。出租人承担交付租赁物供承租人使用、收益的义务,承租人取得租赁物的使用权须负担交付租金的义务,因此,租赁合同为双务、有偿合同。

4. 租赁合同具有临时性

租赁合同的临时性特征是针对租赁合同的期限而言的,出租人只是将其财产的使用权临时性转移给承租人,因此,租赁合同有一定期限的限制,具有临时性的特征,非永久性使用。各国和地区法律大都规定了租赁合同的最长存续期限。① 我国《民法典》第705条规定,租赁期限不得超过20年。超过20年的,超过部分无效。租赁合同租赁期限届满,当事人可以续订租赁合同,但是,约定的租赁期限自续订之日起不得超过20年。

(三)租赁合同的分类

租赁合同根据不同的标准,可以作不同的分类,常见的有:

1. 动产租赁合同与不动产租赁合同

以租赁合同的标的物为标准,可将租赁合同分为动产租赁合同和不动产租赁合同。以动产为标的物的租赁合同,为动产租赁合同;以不动产为标的物的租赁合同,为不动产租赁合同。动产租赁一般并无特别的程序上的要求,而不动产租赁法律上一般有特殊的要求,如登记备案等。

2. 定期租赁合同与不定期租赁合同

以租赁合同是否定有期限为标准,可将租赁合同分为定期租赁合同和不定期租赁合同。定期租赁合同指双方在合同中定有明确期限的租赁。不定期租赁合同则包括当事人在合同中未约定租赁期限的租赁、约定租赁期限为6个月以上却未采取书面形式的租赁以及默示更新后的租赁。② 不定期租赁除法律另有规定外,双方当事人均可随时终止合同。这是区分定期与不定期租赁合同的主要意义所在。

---

① 例如,《日本民法》规定,租赁契约的存续期间不得超过20年,如果所订租赁契约比这个期间长的,要缩短为20年。《意大利民法典》规定,租赁不得超过30年,如果约定期间超过30年或者永久的,则将被减至30年。德国也规定30年。我国台湾地区"民法"规定,租赁契约之期限不得逾20年,逾20年者,缩短为20年。

② 《民法典》第734条的规定:"租赁期限届满,承租人继续使用租赁物,出租人没有提出异议的,原租赁合同继续有效,但是租赁期限为不定期。租赁期限届满,房屋承租人享有以同等条件优先承租的权利。"

3. 一般租赁合同与特殊租赁合同

以法律对租赁合同有无特别规定为标准,可将租赁合同分为一般租赁合同与特殊租赁合同。一般租赁合同指合同法上所规定的财产租赁合同;特殊租赁合同指特别法上所规定的租赁合同,如城市房地产法、海商法、民用航空器法所规定的租赁合同,包括房屋租赁合同、船舶租赁合同、航空器租赁合同等。特殊租赁合同应依特别法优于普通法的原则适用特别法,特别法无规定时,则适用普通法。

(四)租赁合同订立的形式

租赁合同一般包括租赁合同的当事人、租赁物(名称、数量、用途等)、租赁期限、租金及其支付期限和方式、租赁物维修等条款。《民法典》第 707 条规定:"租赁期限六个月以上的,应当采用书面形式。当事人未采用书面形式,无法确定租赁期限的,视为不定期租赁。"可见,租赁合同是不要式合同,合同采用何种形式,可由当事人自由决定。但是,双方欲成立六个月以上的定期租赁合同,则必须采用书面形式加以订立。此外,对于特殊的租赁合同,法律规定应依法办理登记手续的,应当依法办理手续。

二、租赁合同的效力

(一)出租人的义务

1. 交付租赁物的义务

承租人承租租赁物的目的在于对租赁物的占有、使用和收益,而租赁合同是诺成合同,无须将标的物的交付作为合同的成立要件,因此为实现承租人的上述目的,出租人应按照合同约定的时间交付租赁物,此义务构成了出租人于租赁合同成立后的一项基本义务。依据《民法典》第 708 条的规定,出租人不仅应使租赁物在交付时符合约定的使用、收益状态,而且在租赁关系存续期间也应保持租赁物的这种符合约定的使用、收益的状态。

2. 瑕疵担保义务

租赁合同的出租人如同买卖合同的出卖人一样,负瑕疵担保责任。出租人的瑕疵担保责任包括物的瑕疵担保责任和权利的瑕疵担保责任。

(1)物的瑕疵担保义务

租赁物的瑕疵担保,是指出租人应担保所交付的租赁物能够为承租人依约正常使用、收益。如果出租人于交付租赁物前或交付时,使租赁物存在瑕疵的,承租人可以请求解除合同或者减少租金。如果租赁物可由出租人修理完善之后交付使用,或另换同类财产(符合租赁目的)交付使用,承租人可要求先行修理或更换租赁物。若承租人在订立合同时或租赁物交付时,明知租赁物存在瑕疵的,出租人可不负物的瑕疵担保责任。但是,若租赁物危及承租人的安全或者健康的,即使承租人订立合同时明知该租赁物质量不合格,仍然可以随时解除合同。

(2)权利的瑕疵担保义务

权利的瑕疵担保,是指出租人应担保不因第三人对承租人主张权利而使承租人不能依约定为使用、收益。如因第三人主张权利,致使承租人不能对租赁物使用、收益的,承租人可以要求减少租金或者不支付租金。因此给承租人造成损失的，出租人还应负赔偿责任。需要注意的是，第三人主张权利须发生在租赁物交付之前，若发生在交付之后，则承租人的权利本身具有对抗第三人的效力，第三人的权利对于承租人仍为使用、收益不发生影响，故不发生出租人的担保责任问题。

(3)维修租赁物的义务

《民法典》第 712 条规定："出租人应当履行租赁物的维修义务，但是当事人另有约定的除外。"修缮既是为了保持租赁物符合使用、收益状态，又是出租人的一项权利，在出租人对租赁物进行修缮时，承租人应积极配合，不得妨碍其修缮。要使出租人负担修缮租赁物的义务，须具备下述条件：

首先，租赁物有修缮的必要。所谓租赁物有修缮的必要，是指租赁物发生毁损等情势，如不修缮则不能继续对租赁物进行使用、收益。如出租之房屋因时日长久，遇雨渗漏，承租人无法继续居住，或者出租之汽车驻车制动器损坏等。若租赁物虽有损毁但并不妨碍承租人正常使用、收益的，则租赁物无修缮的必要。

其次，租赁物有修缮的可能。所谓有修缮的可能是指损坏的租赁物在事实上能够修复，修缮成本也合理。若租赁物已经没有修缮的可能，或修缮本身耗费过大，从经济上考虑并不合算的，则无修缮的必要。如租赁物为房屋，而房屋被大火烧塌，除非重建，否则不能够继续供人居住的，即为无修缮的可能。

再次，承租人已为修缮的通知。承租人对于租赁物损坏的情况，应当及时通知出租人。现实占有租赁物并对其使用、收益的承租人，对租赁物的状态应当是最为了解的。而出租人则可能对此一无所知。因此，如租赁物损坏需要修缮而出租人又不知情时，承租人应当发出修缮的通知。

最后，当事人无另外的约定。当事人对租赁物发生损坏时的修缮问题另有约定的，应当依其约定处理。由于承租人占有租赁物，双方当事人可以约定由承租人负责租赁物的修缮工作，如此既可省去通知手续，节省时间，也可免去互相推诿的麻烦。

出租人负有修缮租赁物的义务时，出租人应当及时履行修缮义务，出租人不履行这一义务的，承租人可以要求其在合理期限内维修。出租人仍不履行的，承租人可以自行维修，维修费用由出租人负担。因维修租赁物影响承租人使用的，应当相应减少租金或者延长租期。但是若因承租人的过错致使租赁物需要维修的，出租人不承担维修义务。

(二)承租人的义务

1. 支付租金的义务

租金是承租人取得租赁物的代价，收取租金是出租人将租赁物转移给承租人使用、收益的根本目的。支付租金也就成为承租人的一项主要义务。承租人应当依照约定的数额、期限和方式支付租金。当事人对支付期限没有约定或者约定不明确且事后又未能达成补充协议的，可依交易习惯支付；仍不能确定的，依我国《民法典》第 721 条的规定，租赁期限不满一年的，应当在租赁期间届满时支付；租赁期限在一年以上的，应当在每届满一年时支付，剩余期限不满一年的，应当在租赁期限届满时支付。如果承租人无正当理由未支付或者延迟支付租金的，出租人可以要求承租人在合理期限内支付。此期限为宽限期，承租人逾期不支付的，出租人可以解除合同。

2. 依约定方法或租赁物的性质使用租赁物的义务

《民法典》第 709 条规定，承租人在占有租赁物后，应当依照约定的方法使用租赁物。对使用租赁物的方法没有约定或者约定不明确的，当事人双方应就租赁物的使用方法进行协商，协商不成的，应当按照租赁物的性质使用。确定承租人是否依约定的方法使用租赁物，是确定租赁物的损耗是否正常的标准，而损耗正常与否又直接关系着承租人的责任。《民法典》第 710 条、第 711 条规定，承租人按照约定的方法或者租赁物的性质使用租赁物，致使租赁物受到损耗的，不承担赔偿责任。承租人未依照约定的方法或者租赁物的性质使用租赁物，致使租赁物受到损失的，出租人可以解除合同并要求赔偿损失。此外，根据《最高人民法院关于审理城镇房屋租赁合同纠纷案件具体应用法律若干问题的解释》第 6 条的规定，承租人擅自变动房屋建筑主体和承重结构或者扩建，在出租人要求的合理期限内仍不予恢复原状，出租人请求解除合同并要求赔偿损失的，人民法院依照《民法典》第 711 条的规定处理。

3. 妥善保管租赁物的义务

由于承租人在租赁期间虽对租赁物无所有权，但承租人实际占有租赁物，因此应由承租人对租赁物尽到妥善保管的义务。如果承租人保管不善，致使租赁物毁损、灭失的，应当承担损害赔偿责任。承租人经出租人同意，可以对租赁物进行改善或者增设他物。承租人未经出租人同意，不得擅自对租赁物进行改善或者增设他物；否则，出租人可以要求承租人恢复原状或赔偿损失。

4. 不得随意转租或转让租赁权

(1)转租。转租是指承租人不退出租赁合同关系，而将租赁物出租给次承租人使用、收益。在转租中，次承租人与承租人之间是一种租赁关系，而承租人与出租人间的租赁关系仍然存在。转租分为合法转租与不合法转租。承租人经出租人同意转租的，为合法转租。此时出租人和承租人的租赁关系继续有效，因次承租人的过错给租赁物造成损害的，承租人应向出租人赔偿损失。不合法转租，是指未经出租人同意所进行的转租。承租人未经出租人同意转租的，出租人有权解除合同，并得请求损害赔偿。当出租人解除租赁关系时，出租人可以直接向次承租人请求返还租赁物。若出租人不解除合同，次承租人的租赁权基于承租人的租赁权而发生和存在，在承租人有租赁权期间，次承租人对租赁物的占有和使用及收益并非不法，出租人不能依所有权直接向次承租人请求返还租赁物。《民法典》第 718 条规定“出租人知道或者应当知道承租人转租，但是在六个月内未提出异议的，视为出租人同意转租。”

(2)租赁权的转让。租赁权的转让是指承租人将租赁权转移给第三人，承租人退出租赁关系，而租赁关系存在于受让第三人与出租人之间。可见，转租与租赁权的转让是不同的。租赁权的转让并不是仅仅为权利的转让，而是包括义务在内的一种法律地位的转让。《民法典》第 555 条规定：“当事人一方经对方同意，可以将自己在合同中的权利和义务一并转让给第三人。”依此规定，租赁权的转让也须经出租人同意，只有经出租人同意，承租人才得以转让租赁权，此为合法转让，否则为不合法转让。在承租人不合法转让的情形下，出租人得解除合同，并得请求损害赔偿。

5. 返还租赁物的义务

租赁关系终止后，承租人应当返还租赁物。返还的租赁物应当符合按照约定或者租赁物性质使用后的状态。承租人在租赁期间未经出租人同意，对租赁物进行改建、改装或者增加附着物的，于返还租赁物时，出租人有权要求予以拆除，恢复租赁物的原状。承租人的上述行为经出租人同意的，可不恢复租赁物的原状，并得向出租人请求偿还用益费用。承租人不及时返还租赁物的，应当负违约责任。

三、租赁合同的特殊效力

1. 租赁权的物权化

随着社会经济的发展，民法学界逐渐地承认在房屋等财产的租赁关系中，租赁物所有权在租赁期间内的变动并不影响承租人的权利，原租赁合同对受让的第三人仍然有效，该第三人不得解除租赁合同。此即“买卖不破租赁”原则。这一原则突破了传统的合同相对性原则，使租赁权具有对抗第三人的效力。理论上称为“租赁权的物权化”。依照我国《民法典》第 725 条的规定，租赁物在承租人按照租赁合同占有期限内发生所有权变动的，承租人的租赁权可以对抗租赁物的新所有权人，承租人与出租人原来在租赁合同中所作的其他约定，租赁物的新所有权人也应一并遵循。如此规定对于保护承租人的利益，以及稳定社会关系都具有十分重要的意义。

案例分析：甲将其所有的房屋出租给乙，在租赁期尚未届满时，又将房屋出卖给丙并办理了过户登记手续。请问：丙能否要求乙不得继续使用该房屋？

解答：不能，虽然房屋的所有权人发生了改变，但乙有权按照其与甲签订的租赁合同继续使用该房屋，丙不得反对。

2. 房屋承租人的优先购买权

房屋承租人的优先购买权，是指当出租人出卖房屋时，承租人在同等条件下，依法享有优先于其他人购买房屋的权利。《民法典》第 726 条第 1 款规定，出租人出卖租赁房屋的，应当在出卖之前的合理期限内通知承租人，承租人享有以同等条件优先购买的权利；但是，房屋按份共有人行使优先购买权或者出租人将房屋出卖给近亲属的除外。第 2 款规定，出租人履行通知义务后，承租人在十五日内未明确表示购买的，视为承租人放弃优先购买权。根据《民法典》第 728 条的规定，若出租人在出卖之前不履行通知义务，致使承租人的优先购买权受到损害，承租人有权请求出租人承担赔偿责任。但是，出租人与第三人订立的房屋买卖合同的效力不受影响。《最高人民法院关于审理城镇房屋租赁合同纠纷案件具体应用法律若干问题的解释》第 15 条规定，出租人与抵押权人协议折价、变卖租赁房屋偿还债务，应当在合理期限内通知承租人。承租人请求以同等条件优先购买房屋的，人民法院应予支持。

在房屋租赁合同中，承租人在租赁期间死亡的，与其生前共同居住的人或者共同经营人可以按照原租赁合同租赁该房屋,共同居住的人或者共同经营人取得了租赁权后,同样享有对该房屋的优先购买权。

关于"租赁合同"的详细阐释,可扫码观看视频:

第六节　融资租赁合同

一、融资租赁合同的概念和特征

融资租赁是指出租人根据承租人提出的条件和要求,与供货商订立购买合同,买进承租人所需的设备,并与承租人订立租赁合同,在约定的期间内将租赁物交由承租人使用,出租人以收取租金的形式分期收回货款、利息和其他费用的合同。融资租赁与一般租赁不同,融资租赁具有融资、担保和使用功能,是一种贸易与信贷相结合、融资与融物相结合的综合性交易。《民法典》第735条规定,融资租赁合同是指出租人根据承租人对出卖人、租赁物的选择,向出卖人购买租赁物,提供给承租人使用,承租人支付租金的合同。融资租赁合同具有以下法律特征:

(一)由三方当事人和两个合同构成

融资租赁合同由买卖合同(出租人与供货商签订)和租赁合同(出租人与承租人签订)构成,这两个合同互相对应、互相衔接,并互为存在的条件,两个合同的标的物是同一的。在合同的履行中,出卖人从出租人处得到货款,却直接向承租人发货,而租赁物的设备、规格、型号及交付时间均由买卖合同确定,所以买卖合同履行与否,将对租赁合同的履行产生直接影响。故买卖合同的履行是租赁合同履行的前提。在理论与实践中,均将买卖合同作为租赁合同的附件,买卖合同成为租赁合同的组成部分。

(二)承租人对租赁物享有使用权

融资租赁合同中租赁物的所有权在租赁期间内属于出租人,承租人以支付租金的方式取得租赁物的使用权,承租人不得擅自处分、变卖租赁物,体现了租赁物的所有权与使用权相分离的特征。

(三)当事人的中途解除权受到严格限制

合同不得随意解除,是合同法的一般原则,但在融资租赁合同中,强调这一原则有其特殊意义。就出租人而言,其出租的租赁物是由承租人选定的,若允许承租人中途解约,出租人很难通过另行出卖或出租的方式来收回与残存资金的相当金额,必将给出租人带来损失。就承租人而言,其向出租人支付的租金远比一般租赁合同的租金高得多,若允许出租人中途解约,收回租赁物,承租人欲再次购进同种租赁物是相当困难的,这对承租人是不公平的。故禁止在租赁期间届满之前解除合同，除非法律另有规定或当事人另有约定。根据《最高人民法院关于审理融资租赁合同纠纷案件适用法律问题的解释》第5条的规定，有下列情形之一，出租人请求解除融资租赁合同的，人民法院应予支持：(1)承租人未按照合同约定的期限和数额支付租金，符合合同约定的解除条件，经出租人催告后在合理期限内仍不支付的；(2)合同对于欠付租金解除合同的情形没有明确约定，但承租人欠付租金达到两期以上，或者数额达到全部租金百分之十五以上，经出租人催告后在合理期限内仍不支付的；(3)承租人违反合同约定，致使合同目的不能实现的其他情形。

(四)融资租赁合同是诺成合同和要式合同

融资租赁合同的成立只需当事人达成一致的意思表示即可，交付标的物是当事人在合同成立生效后应履行的一项义务，故融资租赁合同是诺成合同。我国《民法典》第736条第2款规定："融资租赁合同应当采用书面形式。"融资租赁合同的内容一般包括租赁物的名称、数量、规格、技术、性能、检验方法、租赁期限、租金构成及其支付期限和方式、币种，租赁期间届满租赁物的归属等相关条款。因此，融资租赁合同是要式合同。

二、融资租赁合同与一般租赁合同的比较

融资租赁合同与一般租赁合同相比，二者有共同之处，如两者的标的物都是特定物；当事人之间转移的是财产的使用权，而不是所有权；转移财产使用权是有期限的；承租人均要支付租金等。但两者间的区别也是显著的，融资租赁合同不可能简单地划归为一般租赁合同，它应该是一种新型的、独立的合同形式。

第一，融资租赁合同是以融资为目的、融物为手段的合同，在承租人直接租入租赁物的同时，解决了购置租赁物所需的资金。一般租赁合同是以融物为目的，这是融资租赁合同与一般租赁合同的最本质区别。

第二，在融资租赁合同中，出租人是根据承租人的要求，从承租人选定的制造商或批发商购入承租人选择的租赁物，这一点与传统租赁合同是不同的。在一般租赁合同中，出租人出租的财产一般是根据自己的意愿拥有或购买的。

第三，在融资租赁合同中，承租人不得中途解约，租赁物因意外事故毁损、灭失的危险及维修义务由承租人承担，并且出租人享有瑕疵担保免责的权利。而一般租赁合同的情况则不同，出租人负有租赁物的瑕疵担保责任和维修义务，并负担租赁物因意外事故毁损、灭失的风险等，而承租人则在不继续使用租赁物时可以解除合同。

第四，融资租赁合同是要式合同，必须采用书面形式加以订立。而一般租赁合同是不要式合同，除非双方当事人欲订立6个月以上租期的定期租赁合同，法律要求须采用书面形式加以明确。

此外，融资租赁合同包含买卖合同和租赁合同，是卖方、出租人和承租人三方合同；一般租赁合同的当事人只有两个：承租人和出租人。融资租赁合同的租金是包含租金、融资费用以及其他费用的综合；一般租赁合同的租金是租赁物的使用费。融资租赁合同的租赁期限一般都是长期的，只稍低于设备的使用寿命(一般约占租赁物估计寿命的

75%以上),租赁期满后,承租人有廉价购买租赁物的选择权;一般租赁合同的租赁期限则相对较短,且承租人在租赁期间届满时应返还租赁物。

三、融资租赁合同当事人的权利和义务

(一)出租人的权利和义务

在融资租赁合同中,出租人的权利主要有:

1. 在租赁期间,享有租赁物的所有权。根据《民法典》的规定,出租人在融资租赁期间享有租赁物的所有权,承租人在租赁期间只享有使用权和收益权。故出租人有权要求承租人保持租赁物的完整性,有权在不损害承租人利益的前提下转让租赁物或就租赁物设定抵押等。但出租人对租赁物享有的所有权,未经登记,不得对抗善意第三人。

2. 收取租金的权利。按照合同的约定向承租人收取租金是出租人最主要的权利,也是出租人参与融资租赁关系收回融资成本和获取利润的唯一途径。融资租赁合同中的租金并非承租人使用租赁物的代价,而是融资的代价。因此,只要承租人接受了出卖人交付的标的物,不论其是否使用,出租人均有权要求承租人按照约定交付租金。

3. 免除相应责任的权利。出租人不应对承租人承担设备的任何责任,除非承租人由于依赖出租人的技能和判断以及出租人干预选择供应商或设备规格而受到损失。在通常情况下,作为出租人的租赁公司并不承担租赁物的瑕疵担保责任,不负担租赁物在租赁期间毁损、灭失的风险,免除其在租赁期间对租赁物的维修义务。这主要是由于租赁物是由承租人选择并由承租人直接从出卖人处取得,因选择错误而发生的责任如果由出租人来承担,未免有失公平。此外,根据《民法典》第749条的规定,承租人占有租赁物期间,租赁物造成第三人人身损害或者财产损失的,出租人不承担责任。

4. 收回租赁物的权利。在以下三种情况下,出租人有权收回租赁物:(1)在融资租赁合同期满后,如承租人没有选择留购或续租的,出租人有权收回租赁物;(2)对于融资租赁合同期满后,租赁物的归属,如果当事人没有约定或约定不明,又不能达成补充协议,也不能通过合同条款或交易习惯加以确定时,出租人可以依法收回租赁物;(3)合同因解除而终止时,出租人也有权收回租赁物。

出租人的义务主要有以下几项:

1. 购买租赁物的义务。出租人应当按照承租人对出卖人和租赁物的选择,以自己的名义与出卖人签订买卖合同而购买租赁物。这是出租人最基本的义务,也是融资租赁合同目的得以实现的前提。出租人不履行购买租赁物的义务,应当向承租人承担赔偿责任。另外,未经承租人同意,出租人不得变更与承租人有关的合同内容。

2. 交付租赁物的义务。融资租赁合同是移转标的物使用权的合同,因此,出租人在依约购得租赁物以后,必须将租赁物提供给承租人占有、使用和收益。但是,在融资租赁合同中出租人所负有的交付义务,并不是现实交付的方式,而是观念意义上的交付。因为在融资租赁中是由出卖人将租赁物现实交付给承租人,承租人只要于受领后向出租人发出已受领的通知,即视为出租人已履行其租赁物的交付义务。若出卖人交付的标的物

存在瑕疵，承租人可依约定直接向出卖人主张索赔，此时，出租人有协助承租人向出卖人索赔的义务。

3. 在租赁期间，确保承租人对租赁物的占有和使用的义务。承租人进行融资租赁交易的目的就在于获得租赁物的使用权，为此，出租人应当确保承租人对租赁物能够占有和使用，并排除出租人本人及他人对承租人租赁权的侵犯。无论出租人转让其合同中的权利、义务，还是将租赁物出售、抵押，都必须以保证承租人的租赁物使用权为前提。否则，给承租人的使用权造成侵害的，出租人应承担损害赔偿责任。

4. 索赔、协助索赔的义务。承租人行使索赔权利的，出租人应当协助。若承租人行使索赔权利时，未及时提供必要协助，承租人有权请求出租人承担相应的责任。出租人怠于行使只能由其对出卖人行使的索赔权利，造成承租人损失的，承租人有权请求出租人承担赔偿责任。

（二）承租人的权利和义务

在融资租赁合同中，承租人的权利主要有：

1. 对租赁物和出卖人的选择权。这是融资租赁合同中承租人特有的权利。租赁物的买卖合同虽然是由出租人和出卖人签订的，但承租人是租赁物的直接占有、使用和收益者，租赁物的情况和出卖人的信誉以及其所提供的服务，关系到承租人的切身利益。由承租人依靠自身的专业知识、技能和经验选择租赁物的名称、规格、型号、性能、数量以及出卖人，更有利于实现合同目的。

2. 在租赁期间，对租赁物享有占有、使用和收益权。承租人承租设备的目的即是通过使用租赁设备而取得一定收益。所以，承租人在租赁期间，对租赁设备享有占有、完全充分的使用权以及获得因使用而产生的收益权。

3. 享有对出卖人的请求权。这是融资租赁合同的又一个特征，也是承租人权利的体现。出租人通过合同，将出租人对出卖人的请求权让与承租人，承租人因此取得对出卖人的直接请求权。租赁设备如有瑕疵，或因出卖人原因迟延交付，承租人可行使买卖合同中买受人的一切权利，如对物的瑕疵担保请求权、损害赔偿请求权等。

4. 租赁期间届满时，对租赁物归属的选择权。[①] 出租人和承租人可以约定租赁期间届满租赁物的归属。对租赁物的归属没有约定或约定不明确的，租赁期间届满时，承租人享有三种选择权：退租、续租、留购，其中，留购情形较为常见。实践中，由于租赁物是基于承租人的选择而购买，对出租人或第三人的意义并不大，且由于融资租赁合同租金构成的特殊性，在融资租赁合同期间届满时，出租人的投资和利润的全部或大部分已收回，租赁物经折旧后其价值已所剩无几，故此时承租人只需支付较小的代价即可取得租赁物的所有权，这对于承租人和出租人双方均有利。

5. 向出卖人索赔的权利。《民法典》明确规定，出租人、出卖人、承租人可以约定，出

---

① 《国际融资租赁公约》第 9 条第 2 款规定："当租赁协议终止时，承租人除非行使购买权或行使凭另一租期的租赁协议而持有设备的权利，否则应以前款规定的状态把设备退还给出租人。"

卖人不履行买卖合同义务的，由承租人行使索赔的权利。如果出租人、出卖人、承租人三方未对索赔作出约定，结合《民法典》第 743 条的规定，出租人明知租赁物有质量瑕疵而不告知承租人，致使承租人对出卖人行使索赔权利失败的，承租人有权请求出租人承担相应的责任，可见在三方当事人未作特别约定的条件下，向出卖人索赔的权利应当归属承租人。

承租人的义务主要有：

1. 对租赁物按时接受和验收的义务。在融资租赁合同中，出卖人直接向承租人交付租赁物，承租人对出卖人交付的租赁物应当进行接受，承租人无正当理由不得拒绝接受租赁物。承租人对其无故迟延受领或拒收而给出卖人造成的损失必须承担责任。承租人在接受租赁物后，应当及时对租赁物进行验收，并将验收的结果通知出租人。

2. 支付租金的义务。支付租金是承租人最主要的义务，承租人应当按照合同约定的币种、数量、支付方式和时间向出租人支付租金。租金是出租人向承租人提供融资的对价，有其特殊的构成。在出租人依约购买了租赁物并交付承租人之后，承租人就应以租金的形式支付出租人因该项融资租赁交易所投入的成本和资金，而不得以未对租赁物进行使用、收益或不继续对租赁物进行使用、收益为由主张免除该项义务。若承租人不按照约定支付租金的，经催告后在合理期限内仍不支付租金的，出租人可以要求承租人支付全部租金；也可以解除合同，收回租赁物。

3. 妥善保管、使用和维修租赁物的义务。第一，承租人应妥善保管设备，负责租赁物的安全，防止租赁物毁损、灭失。因第三人的行为妨害租赁物时，得基于其占有权请求排除妨碍，或请求出租人基于其所有权排除妨碍。第二，承租人应当按照合同的约定或租赁说明书中规定的操作与使用的有关规程，以合理的方式使用设备并使之保持交付时的状态。未经出租人同意，不得移转租赁物的使用地点，不得改变租赁物的形状或装配其他附件，但合理损耗及各方商定的对设备的任何改装除外。第三，承租人还应当履行占有租赁物期间的维修义务，以维持租赁物的正常使用，维修的费用应由承租人负担。

4. 返还租赁物的义务。如果承租人选择退租而放弃留购或续租的权利，在融资租赁合同期间届满时，承租人有义务将租赁物返还出租人。

（三）出卖人的权利和义务

在融资租赁合同中，出卖人的权利主要就是向出租人收取价款。但与一般买卖合同不同，出卖人收取价款往往以履行交付出卖物的义务为前提。除当事人另有约定外，出卖人只有向承租人交付标的物并经其验收后方可向出租人主张价款。

出卖人的义务主要是按照约定及时向承租人交付标的物，并对标的物的瑕疵负担保责任。当出卖人不履行合同义务时，根据出租人、出卖人、承租人间的约定，由承租人直接向出卖人主张索赔。出卖人对交付的标的物负瑕疵担保责任。

四、融资租赁合同的终止及后果

（一）融资租赁合同解除的原因

融资租赁合同解除的原因包括一般原因和特殊原因。融资租赁合同可能因具备《民法典》第 562 条和第 563 条规定的一般合同解除的原因而解除。此外，“融资租赁合同”一章中也规定一般解除的原因，如第 753 条规定：“承租人未经出租人同意，将租赁物转让、抵押、质押、投资入股或者以其他方式处分的，出租人可以解除融资租赁合同。”如果按照这种原因解除合同的，适用《民法典》第 565 条至第 567 条规定的方式处理。此外，融资租赁合同也有其自身特殊的原因，根据《民法典》第 754 条的规定，融资租赁合同解除的原因主要有：

1. 出租人与出卖人订立的买卖合同解除、被确认无效或者被撤销，且双方未能重新订立买卖合同的。

2. 租赁物因不可归责于双方的原因意外毁损、灭失，且不能修复或者确定替代物的。

3. 因出卖人的原因致使融资租赁合同的目的不能实现的。

根据《最高人民法院关于审理融资租赁合同纠纷案件适用法律问题的解释》第 5 条的规定，有下列情形之一的，出租人请求解除融资租赁合同的，人民法院应予支持：

1. 承租人未按照合同约定的期限和数额支付租金，符合合同约定的解除条件，经出租人催告后在合理期限内仍不支付的。

2. 合同对于欠付租金解除合同的情形没有明确约定，但承租人欠付租金达到两期以上，或者数额达到全部租金百分之十五以上，经出租人催告后在合理期限内仍不支付的。

3. 承租人违反合同约定，致使合同目的不能实现的其他情形。

此外，该司法解释第 6 条规定，因出租人的原因致使承租人无法占有、使用租赁物，承租人请求解除融资租赁合同的，人民法院应予支持。

（二）融资租赁合同解除的法律后果

此处所指的法律后果，是指融资租赁合同以自身特殊的原因解除的法律后果。

1. 融资租赁合同因买卖合同解除、被确认无效或者被撤销而解除，出卖人、租赁物系由承租人选择的，出租人有权请求承租人赔偿相应损失；但是，因出租人原因致使买卖合同解除、被确认无效或者被撤销的除外。

出租人的损失已经在买卖合同解除、被确认无效或者被撤销时获得赔偿的，承租人不再承担相应的赔偿责任。

2. 融资租赁合同因租赁物交付承租人后意外毁损、灭失等不可归责于当事人的原因解除的，出租人可以请求承租人按照租赁物折旧情况给予补偿。

（三）融资租赁合同终止后租赁物的归属

通常情况下，出租人、出卖人和承租人各自履行完毕自己应该负担的义务，租赁物的所有权应当归属承租人。但是在特殊情况下，融资租赁合同因特殊原因终止的，租赁物的归属问题应作如下处理：

1. 出租人和承租人可以约定租赁期限届满租赁物的归属。对租赁物的归属没有约定或者约定不明确，依据《民法典》第 510 条的规定仍不能确定的，租赁物的所有权归出租人。

2. 当事人约定租赁期限届满租赁物归承租人所有，承租人已经支付大部分租金，但是无力支付剩余租金,出租人因此解除合同收回租赁物,收回的租赁物的价值超过承租人欠付的租金以及其他费用的,承租人可以请求相应返还。

当事人约定租赁期限届满租赁物归出租人所有,因租赁物毁损、灭失或者附合、混合于他物致使承租人不能返还的,出租人有权请求承租人给予合理补偿。

3. 当事人约定租赁期限届满,承租人仅需向出租人支付象征性价款的,视为约定的租金义务履行完毕后租赁物的所有权归承租人。

4. 融资租赁合同无效,当事人就该情形下租赁物的归属有约定的,按照其约定;没有约定或者约定不明确的,租赁物应当返还出租人。但是,因承租人原因致使合同无效,出租人不请求返还或者返还后会显著降低租赁物效用的,租赁物的所有权归承租人,由承租人给予出租人合理补偿。

5. 因前述依照《最高人民法院关于审理融资租赁合同纠纷案件适用法律问题的解释》第 5 条规定请求解除融资租赁合同,同时请求收回租赁物并赔偿损失的,人民法院予以支持。

第七节　借用合同

一、借用合同的概念和特征

(一)借用合同的概念

传统的借贷合同是指当事人双方约定一方将金钱或物品转移于他方,他方在约定的期限内将同等种类、数量、品质的物返还的合同。以金钱为标的的货币借贷合同称为借款合同;以实物为标的的实物借贷合同分为使用借贷合同和消费借贷合同,我国学者普遍将使用借贷合同称为借用合同,而仅将消费借贷合同称为借贷合同。目前我国《民法典》合同编未规定借用合同和借贷合同,仅规定了借款合同。借用合同是指出借人将某项财物无偿交给借用人使用,借用人在使用后按照约定将原财物返还给出借人的合同。借用合同的当事人是借用人和出借人,其中,交付财物由对方无偿使用的是出借人;取得借用标的物使用权的是借用人。借用合同的标的物即借用物。

(二)借用合同的特征

1. 借用合同是以使用他人财物为目的,转移的是标的物的使用权,且标的物是不可消耗的特定物。借用合同标的物的这一特性决定了借用物要被保持原状地使用,并在使用后归还。这一特征使得借用合同与消费借贷合同根本区别开来。

2. 借用合同是一类无名合同。虽然借用合同在现实生活中普遍存在,是民事主体之间相互提供帮助的重要形式,但由于我国《民法典》及其他法律均没有明确规定该合同,因此借用合同属于无名合同。

3. 借用合同是无偿、实践合同。借用人借用出借人的财物无论持续的时间多长，均不必支付代价。这与租赁合同的有偿性完全不同。通说认为，借用合同自出借人将财物交付借用人时成立，即借用合同表现出实践性的特征。

4. 借用合同是单务、不要式合同。借用合同自成立之后，出借人无须承担任何义务，借用人在合同成立之后，承担妥善使用和到期返还标的物等义务。故借用合同是单务合同。法律对借用合同的形式没有作强制性的形式规定，借用合同双方当事人可以采用口头形式，也可以采用书面形式订立合同。故借用合同是不要式合同。

二、借用合同的效力

（一）借用人的义务

借用合同生效之后，其效力主要体现为借用人的义务。

1. 正当使用借用物的义务。借用人应按借用合同约定的用途或依借用物的性质所许可的方法使用借用物，这是合同法上的诚实信用原则对借用人的基本要求。

2. 妥善保管和修缮借用物的义务。在借用人占有借用物的期间，借用人应像对待自己的物品一样妥善保管借用物，若因借用人保管不善导致借用物毁损、灭失的，借用人需承担损害赔偿责任。此外，借用人还负有维修借用物的义务，由于借用合同是无偿合同，因正常维护借用物所支出的费用，应由借用人承担。

3. 自己使用借用物的义务。借用人未经出借人的同意，不得将借用物出借或出租给第三人。这是基于出借人对借用人的相知与信任，借用人必须自己使用借用物。

4. 返还借用物的义务。借用合同到期或没有约定期限的，借用人使用完毕后，应及时将借用物返还出借人，借用人返还的借用物应符合合同约定的或达到正常能够使用的状态。

（二）出借人的义务

由于借用合同是单务合同，对出借人而言，借用合同的效力表现为：出借人于约定的使用期限届满时请求借用人归还借用物的权利。借用合同是无偿合同，故出借人对出借物一般不负瑕疵担保责任。但出借人因故意或重大过失未告知借用物的瑕疵，致使借用人因此而受损害的，出借人应承担赔偿责任。

第八节　消费借贷合同

一、消费借贷合同的概念和特征

消费借贷合同，是指出借人将一定量的可消耗物交给借用人使用、消费，借用人依约定期限还给出借人同数量、同品质的可消耗物的合同。消费借贷的当事人是贷与人和借用人，将可消耗物转移他方的是贷与人，取得标的物的处分权的是借用人。消费借贷与使用借贷的区别在于，前者的标的物为可消耗物，如食品等；后者的标的物为耐用品，即不可消耗物，如房屋、汽车、工具等。

消费借贷合同的法律特征可归纳为如下几个方面：

1. 消费借贷合同是以对标的物的消费为目的，转移的是可消耗物的所有权。消费借贷是将借用物为消费使用，因此原物即已消灭，故需要转移标的物的所有权。使用后到期返还时，只能返还种类、品质、数量相同的物，而非原物。

2. 消费借贷合同可以是有偿的，也可以是无偿的。合同双方当事人可以约定消费借贷的利息，也可以约定为无利息借贷，如果当事人对利息没有约定或约定不明确的，应视为无利息消费借贷。

3. 消费借贷合同是不要式合同。消费借贷合同的形式，法律并无强制性规定，当事人可以采用口头形式，也可以采用书面形式订立合同，但当事人另有约定的除外。

4. 消费借贷合同可以是诺成合同，也可以是实践合同；可以是单务合同，也可以是双务合同。若按约定须采用书面形式订立消费借贷合同，则该合同是诺成合同，从而表现出双务合同的特征；若采用口头形式订立消费借贷合同，则该合同是实践合同，从而表现出单务合同的特征。

二、消费借贷合同当事人的义务

（一）贷与人的义务

1. 有偿消费借贷合同。贷与人须承担标的物的瑕疵担保责任。因标的物有瑕疵，贷与人应负担保责任时，借用人可以终止合同或请求减少报酬。在诺成性消费借贷合同中，贷与人还须承担依约定的种类、数量、品质、期限、方式等交付标的物的义务。

2. 无偿消费借贷合同。无论是诺成还是实践的消费借贷合同，贷与人均不承担标的物的瑕疵担保责任，只需依诚实信用原则如实告知标的物的实际情况。在无偿、诺成性消费借贷合同中，贷与人须承担依约定的种类、数量、品质、期限、方式等交付标的物的义务。

（二）借用人的义务

不论消费借贷合同是有偿还是无偿合同，借用人均负返还与出借物种类、数量、品质相同之物的义务。借用人到期无法按照约定的要求返还的，经贷与人同意可以等值金钱或其他物品替代。若借用人不能依约返还出借物构成违约的，须承担违约责任。在有偿消费借贷合同中，借用人还承担支付约定利息的义务。

本章小测

一、客观题

扫码测试

二、主观题

1. 简述赠与合同任意撤销权的主要内容。
2. 简述融资租赁合同与买卖合同的基本区别。

拓展案例

拓展案例

吴海澜诉上海聚仁生物科技有限公司买卖合同纠纷案。

延伸阅读

延伸阅读

1. 论婚内父母赠与不动产的返还。
2. 论房屋租赁合同违约承租人的合同解除权。

本章参考文献

1. 杨立新:《〈合同编通则司法解释〉完善我国合同法规则的重大进展》,载《法律适用》2024 年第 1 期。

2. 崔建远:《对非典型担保司法解释的解读》,载《法治论坛》2021 年第 4 期。

3. 崔建远:《合同法》,法律出版社 2021 年第 7 版。

4. 杨利新、李怡雯:《中国民法典新规则要点》,法律出版社 2021 年版。

5. 王轶、高圣平、石佳友等:《中国民法典释评·合同编·典型合同》,朱虎执笔,中国人民大学出版社 2020 年版。

6. 崔建远:《合同解释论——规范、学说与案例的交互思考》,中国人民大学出版社 2020 年版。

7. 汉斯·布洛克斯、沃尔夫·迪特里希·瓦尔克:《德国民法总论》(原书第 33 版),张艳译,杨大可校,中国人民大学出版社 2014 年版。

8. 刘春堂:《民法债编各论》(上),台湾三民书局 2008 年版。

第十章　提供服务类合同

思维导图

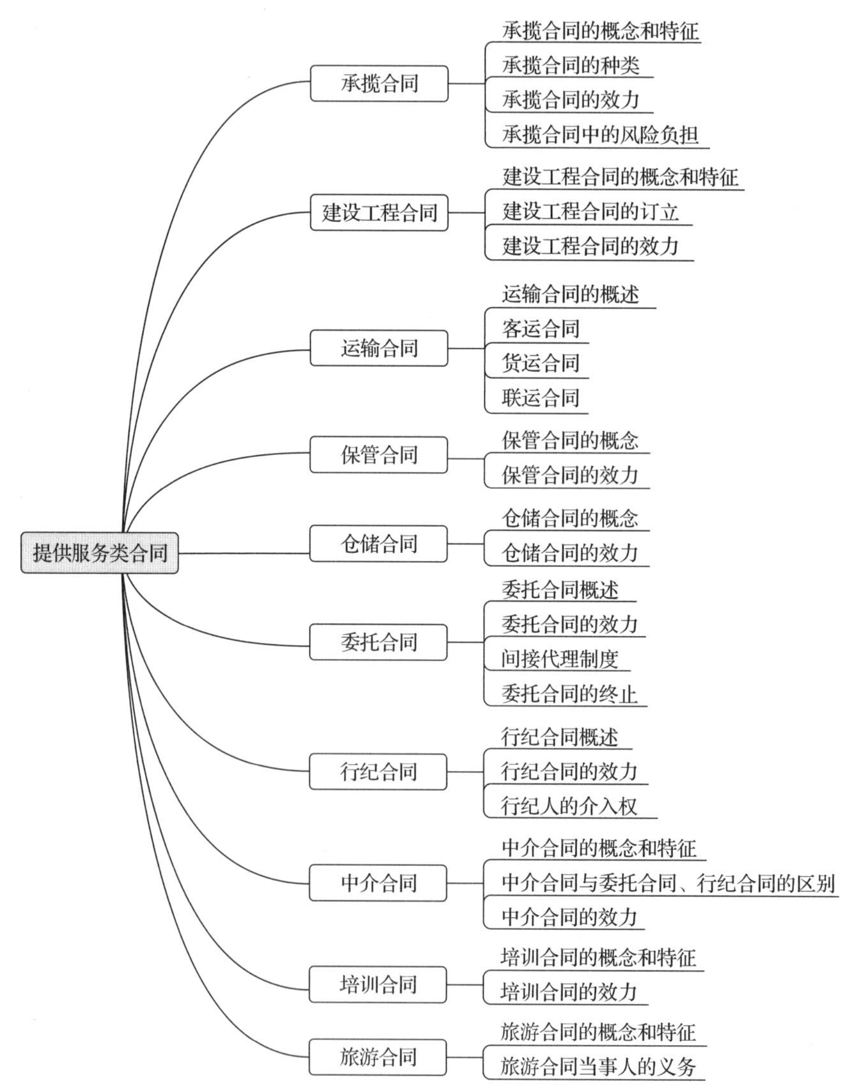

第一节　承揽合同

一、承揽合同的概念和特征

承揽合同是承揽人按照定作人的要求完成工作，交付工作成果，定作人支付报酬的合同。其中，完成工作成果的一方称为承揽人，接受工作成果并支付工作报酬的一方称为定作人。这里的工作成果既可以是体力劳动成果，又可以是脑力劳动成果；既可以是物，又可以是其他财产。

承揽合同是双务、有偿、诺成、不要式的合同，其具有以下法律特征：

1. 承揽合同的标的是完成工作并交付工作成果。承揽合同的标的具有特定性，它是定作人要求承揽人完成并交付工作成果，同时，该工作成果又由承揽人提供的特定具体劳动所决定。这种特定的劳动成果用来满足定作人的特殊需要，不能用其他一般财产代替。承揽合同具有完成工作的内容，但定作人的目的不是要工作过程，而是要工作的成果，这是与其他单纯提供劳务的合同的不同之处。只有在工作及其成果都符合合同的要求时，才能达到定作人的目的。

2. 承揽人独立完成工作。在承揽合同中，定作人之所以将某项工作任务交给承揽人承担，是与承揽人的技术水平、设备状况、信誉等因素分不开的；而承揽人的技术水平、设备状况、信誉等因素决定着工作成果的质量，最终决定着定作人的特殊物质利益能否得到保障的程度。因此，要求承揽人以自己的设备、技术和劳力独立地为定作人完成工作任务。承揽人不经定作人同意，不得将所接受的工作任务转移给第三人，只有在定作人同意的情况下，才可将部分工作移交第三人承担。因此，承揽合同的定作人一般与第三人没有关系。这一点与委托合同存在明显不同。委托合同中受托人为完成委托工作，往往需要与第三人发生联系，从而产生委托人与第三人的相关问题。《民法典》第772条规定："承揽人应当以自己的设备、技术和劳力，完成主要工作，但当事人另有约定的除外。"

3. 承揽人承担工作中的风险责任。承揽人在履行合同期间，对定作人的原材料及定作物负有管理、保护的责任，不仅要对完成工作的数量、质量、期限等负全部责任，而且要对因不可抗力或其他非因当事人双方的过错致使不能完成工作成果或工作物毁损灭失的风险承担责任。

4. 承揽人对定作物可行使留置权。依照《民法典》第783条之规定，在定作人没有按照约定支付工作报酬或者其他费用时，承揽人有权留置所完成的工作成果。留置权是指债权人合法占有债务人的动产时，债务人不履行到期债务，债权人依法享有的留置该财产，以该财产折价或者以拍卖、变卖该财产的价款优先受偿的权利。[①] 债务履行期限届

① 王利明、杨立新等：《民法学》，法律出版社2020年第6版，第516页。

满,义务人如不履行合同义务,权利人有权依法变卖扣留财产,并从价款中优先受偿。承揽人留置定作物的这一担保方式是承揽合同的一个重要特征。在转移财产所有权的买卖合同中,卖方在交付标的物之前买方未交货款的,只可能产生履行抗辩权,而不存在留置权问题。

5. 定作人的任意变更和解除权。因为承揽合同是为定作人的特殊需要而订立的,如果定作人于合同成立之后由于各种原因需要变更或不再需要承揽人完成工作,则允许定作人中途变更或解除合同,但因变更或解除合同给承揽人造成损失的,定作人应当负赔偿责任。

二、承揽合同的种类

依承揽具体内容的不同,承揽合同有以下几个主要类型:

1. 加工合同。加工合同是承揽人按照定作人的具体要求,使用定作人提供的原材料或半成品,加工制作出成品,定作人接受该成品并支付报酬的合同,如用定作人提供的衣料加工成服装,用定作人提供的木料加工成家具,为定作人装裱字画等。

2. 定作合同。定作合同是指承揽人按照定作人的具体要求,使用自己的原材料和技术制作出成品,定作人接受该成品并支付报酬的合同,如定作服装、定作家具等。定作合同与加工合同的区别在于:定作合同中原材料是由承揽人自备的,而不是由定作人提供的。

3. 修理合同。修理合同是指承揽人按照定作人的要求,以自己的技术、工作修复损坏的生产工具、生活用具和设备等,定作人为此支付报酬的合同,如修理汽车、电视机、手表等。

4. 复制合同。复制合同是指承揽人按照定作人的要求,制作与定作人提供的样品相同或类似的成品,定作人接受该复制成品并支付报酬的合同,如文件资料的复印,对画稿的临摹等。

5. 测试合同。测试合同是指承揽人按照定作人的要求,利用自己的设备、技术等条件,对定作人指定的项目进行测试,定作人接受测试结果并支付报酬的合同。

6. 检验合同。检验合同是指承揽人按照定作人的要求,利用自己的技术和仪器、设备等条件,对定作人指定的项目进行检验,定作人接受检验结果并支付报酬的合同。此外,还存在包装、出版、印刷、设计、翻译、鉴定、测绘、广告等其他承揽合同。

三、承揽合同的效力

(一)承揽人的义务

1. 完成承揽工作的义务

承揽人的主要义务是按照合同的约定,以自己的技术、设备和劳力完成所承揽的工作。当事人对于开始工作的期限有约定的按照约定,没有约定的,承揽合同成立后,承揽人一般即应着手工作,不得拖延。承揽人无正当理由未按时开始工作的,定作人可以请求其立即着手工作。

承揽合同的订立通常是建立在定作人对承揽人完成工作的条件和能力的信任基础之上的，因此，除当事人另有约定外，承揽人应当以自己的设备、技术和劳力，完成主要工作。这里的“主要工作”，是指对工作成果的质量起决定性作用的那部分工作，多数情况下是技术要求较高的部分。而“辅助工作”则是指主要工作以外的工作。在经过定作人许可的情况下，承揽人可以将其承揽的主要工作交由第三人完成；在未经定作人许可的情况下，也可以将辅助工作交由第三人完成。承揽人将其承揽的主要工作或辅助工作交由第三人完成的，都应当就该第三人完成的工作成果向定作人负责。

2. 接受定作人提供材料或依约提供材料的义务

承揽工作中所需要的材料可以由定作人提供，也可以由承揽人自己准备。依据当事人的约定由定作人提供材料的，承揽人应当及时接受定作人交付的材料，并及时对材料进行验收，如发现定作人提供的材料不符合约定的，应及时通知定作人更换或补齐或者采取其他补救措施。承揽人发现定作人提供的图纸或者技术要求不合理的，应当及时通知定作人。提供的材料符合约定的，承揽人应接受并开始工作，同时对定作人提供的材料负有妥善保管的义务。承揽人不得擅自更换定作人提供的材料，不得更换不需要修理的零部件。承揽人对定作人提供的材料必须合理使用。因承揽人的行为，导致定作人提供的材料浪费的，承揽人须负赔偿责任。

依据当事人的约定由承揽人自己提供材料的，材料要符合合同约定的质量标准。合同中对材料的质量标准没有约定的，可以按照《民法典》第 510 条以及第 511 条第 1 款的规定补充确定；仍无法确定的，可以按照定作物的性质及定作的目的来决定。定作人对承揽人选用的材料有权进行检验，如果依定作物的性质应当由定作人对材料进行检验，而定作人未在合理时期内对承揽人提供的材料进行检验的，则视为定作人对材料的质量没有异议。

3. 交付工作成果的义务

承揽合同签订的目的在于定作人取得定作物的相关权利，因此，承揽人应按期将所完成的工作成果交付给定作人，并转移定作物的权利。承揽人交付工作成果应当按照合同中约定的数量、时间、方式和地点为之。交付可以采取承揽人送货、定作人自提以及委托运输部门或邮政部门代为运送等方式。工作成果的交付地点可以参照适用《民法典》合同编关于买卖合同的相关规定。[①] 但按照合同约定承揽工作的性质不需要特别交付的，如维修房屋，则于承揽人完成工作之日即为交付之日。

定作人订立承揽合同的目的是取得工作成果的所有权，因此承揽人负有转移工作成果所有权的义务，但转移权利因材料的来源不同而不尽相同。由定作人提供材料的，材

---

① 《民法典》第 603 条规定：“出卖人应当按照约定的地点交付标的物。当事人没有约定交付地点或者约定不明确，依照本法第五百一十条的规定仍不能确定的，适用下列规定：(一)标的物需要运输的，出卖人应当将标的物交付给第一承运人以运交给买受人；(二)标的物不需要运输，出卖人和买受人订立合同时知道标的物在某一地点的，出卖人应当在该地点交付标的物；不知道标的物在某一地点的，应当在出卖人订立合同时的营业地交付标的物。”

料及工作成果的所有权自始归定作人，不存在所有权的转移问题，交付仅为了转移占有；由承揽人提供材料的，材料及工作成果的所有权归承揽人，则承揽人须经交付将工作成果所有权转移给定作人；由双方当事人提供材料的，则需要依据提供的材料是否构成工作成果的主要部分进行分析，一般认为，只有在承揽人提供的材料构成工作成果的主要部分时，当事人之间方须进行所有权的转移。

4. 工作成果的瑕疵担保义务

承揽人负有对工作成果的瑕疵担保义务。承揽人所完成的工作成果应符合合同中约定的质量标准和要求。若不符合标准和要求的，或使工作成果的价值减少或不符合通常效用的，承揽人应承担瑕疵担保责任，定作人可要求承揽人承担修理、重作、减少报酬、赔偿损失等违约责任。如工作成果依其性质在短期内难以发现瑕疵，或者是工作成果存在隐蔽瑕疵的，定作人可于验收受领后的相当期限内请求承揽人承担责任。

5. 接受检查监督的义务

承揽人在工作期间，定作人可以对承揽人的工作进行必要的检验和监督，承揽人不得拒绝其检验和监督。如果发现承揽人使用不合格的材料，承揽人有义务调换；如果发现定作物质量违反约定的，承揽人有义务依照定作人的要求采取补救措施。当然定作人不能因监督检查而妨碍承揽人的正常工作，若因此给承揽人造成损失的，应当承担赔偿损失的责任。

6. 保密义务

定作人对承揽的工作提出保密要求的，承揽人有义务为其保密，在工作完成后，承揽人应将涉密的图纸和技术资料等一并返还定作人，不得留存，不得以任何方式泄露秘密，否则应承担违约责任。因其违反此义务给定作人造成损失的，定作人还可以向其请求损害赔偿。

(二)定作人的义务

1. 支付报酬的义务

向承揽人支付报酬是定作人最基本的义务。这里的“报酬”包括承揽人的工作报酬、承揽人提供材料时的材料费、定作人提供材料时或其迟延接受时承揽人的保管费用等。定作人应当按照约定的期限支付报酬。对支付报酬的期限没有约定或者约定不明确，依照《民法典》第510条的规定仍不能确定的，定作人应当在承揽人交付工作成果时支付；工作成果部分交付的，定作人应当相应支付。定作人迟延交付报酬的，应向承揽人支付迟延期间的利息。定作人拒不支付报酬的，除当事人另有约定外，承揽人对定作人完成的工作成果可以依法留置，或者有权拒绝交付工作成果。

2. 协助义务

承揽工作需要定作人协助的，定作人有协助的义务。按照承揽合同的约定应由定作人提供材料、设计图纸、技术要求、样品、工作场所及承揽人完成工作所需的生活条件和工作环境的，定作人应当及时提供。如提供的材料有误、不符合要求，应及时更换、补齐。定作人不履行协助义务，构成违约行为的，承揽人可以确定合理期限催促其履行。如其逾期仍不履行的，承揽人有权解除合同。

3. 受领工作成果的义务

定作人在受领工作成果的同时，有义务对工作成果进行验收，并接受符合合同约定的工作成果。定作人不得无故迟延受领，定作人如无正当理由受领迟延的，承揽人可请求其受领并支付相应的报酬和费用，包括违约金、保管费用等，也可以向公证机关提存工作成果。因受领迟延而发生工作成果毁损灭失的风险，应由定作人承担。

四、承揽合同中的风险负担

（一）材料的风险负担

材料的风险负担是指在承揽合同中，定作人或者承揽人所提供的材料一旦由于不可归责于双方当事人的事由毁损、灭失所造成的损失由何方负担。承揽合同中，材料毁损、灭失的风险负担原则上由材料的所有人负担，当事人另有约定的除外。即材料系由定作人提供的，发生意外灭失风险的责任由定作人承担；材料系由承揽人提供的，发生意外灭失风险的责任由承揽人承担。这一点与各国民法典的规定相一致，承揽人不承担定作人提供材料的意外风险。①

（二）工作成果的风险负担

工作成果的风险负担，是指承揽人已完成的工作成果一旦由于不可归责于双方当事人的事由毁损、灭失，工作成果本身所遭受的损失由何方负担。工作成果的风险负担应视工作成果是否需要实际交付而定。若工作成果须实际交付的，工作成果的风险在交付以前由承揽人承担，在交付以后由定作人承担，但因定作人的受领迟延导致工作成果未交付的，则工作成果的风险应由定作人承担。若工作成果无须实际交付的，工作完成之前发生的风险由承揽人承担，工作完成后发生的风险由定作人负担。但不管何种交付方式，若当事人对风险的承担有特别约定的，则按照合同的约定来承担风险。

关于“承揽合同的效力”的详细阐释，可扫码观看视频：

第二节　建设工程合同

一、建设工程合同的概念和特征

建设工程合同，通常又称为基本建设工程合同，是指承包人进行工程建设，发包人支付价款的合同。建设工程合同依其内容的不同，又分为工程勘察、设计、施工、监理合同。

① 如《德国民法典》第644条第1款第3项规定：“承揽人对定作人所供给材料的意外灭失或意外毁损，不负其责任。”

建设工程合同是在承揽合同的基础上发展起来的，两者具有一定的相同特征，如两者均为诺成合同、双务合同及有偿合同；都是当事人一方按照另一方的要求完成一定工作成果，并由另一方支付报酬的合同。因此，我国《民法典》第 808 条对建设工程合同的法律适用问题作出了规定，建设工程合同没有规定的，适用承揽合同的有关规定。但作为一种独立的合同类型，建设工程合同与承揽合同相比较仍有其特殊之处，表现在：

1. 建设工程合同的标的是建设工程项目。建设工程合同的标的只能是基本建设工程而不能是其他的事物。通常是建筑物、地下设施、附属设施的建筑，以及对线路、管道、设备进行的安装建设等。正由于建设工程合同的标的是基本建设工程，而基本建设工程本身有着特殊的要求和意义，建设工程合同才成为与承揽合同不同的一类合同。

2. 建设工程合同的主体应具备相应的条件。建设项目往往投资多，具有工作量大、技术复杂、综合性强等特点，因此，建设工程合同的双方当事人的主体资格是有限制的，发包人只能是经过批准建设工程的法人，承包人也只能是具有从事勘察、设计、建筑、安装资格的法人。承包人未取得建筑施工企业资质或者超越资质等级的，没有资质的实际施工工人借用有资质的建筑施工企业名义的或发包人未取得建设工程规划许可证等规划审批手续的，其所订立的建设工程施工合同无效，2021 年 1 月 1 日起施行的《最高人民法院关于审理建设工程施工合同纠纷案件适用法律问题的解释（一）》（以下简称《建设工程施工合同解释》）[①]对此作出了明确规定。承揽合同的主体则没有限制，可以是自然人，也可以是法人。故个人为建设个人住房而与其他公民或建筑队签订的合同，不属于建设工程合同，而是承揽合同。

3. 建设工程合同具有较强的计划性和国家管理性。有的建设工程合同的标的物为国家的基本建设项目，由于基本建设项目本身的特殊性和在国民经济中的重要地位和作用，因此需要国家对建设项目实行计划控制。对于国家重大建设工程合同，应当按照国家规定的程序和国家批准的投资计划、可行性研究报告等文件订立。建设工程因涉及基本建设规划，承包人所完成的工作成果具有不可移动性（其标的物一般为不动产），且须长期存在并发挥效用，事关国计民生。因此，国家实行严格的监督和管理。而承揽合同国家一般不予特殊的监督和管理。

4. 建设工程合同的要式性和程序性。建设工程合同应当采用书面形式。这是国家对基本建设进行监督管理的需要，也是由建设工程合同履行的特点所决定的。因此，建设工程合同是要式性合同。建设工程合同应按照国家规定的程序进行，未经立项，没有计划任务书，则不能签订勘察设计合同；没有完成勘察设计工作也不能签订施工合同。总之，各阶段的工作之间有一定的严密程序。而承揽合同是不要式合同，且并未对其程

---

① 《建设工程施工合同解释》第 1 条规定："建设工程施工合同具有下列情形之一的，应当依据民法典第一百五十三条第一款的规定，认定无效：（一）承包人未取得建筑业企业资质或者超越资质等级的；（二）没有资质的实际施工人借用有资质的建筑施工企业名义的；（三）建设工程必须进行招标而未招标或者中标无效的。承包人因转包、违法分包建设工程与他人签订的建设工程施工合同，应当依据民法典第一百五十三条第一款及第七百九十一条第二款、第三款的规定，认定无效。"

序作出特别的要求。

二、建设工程合同的订立

(一)建设工程合同订立的方式

建设工程合同的订立,可以采取协议的方式,也可以采用招标投标方式。建设工程采用招标投标,有利于缩短工期,节省投资,有利于施工企业改进经营管理和确保工程质量,有利于建筑市场合理有序的竞争局面的形成和培育,有利于减少和防止国有资产的流失,故建设工程合同一般采用招标投标方式订立。[①] 法律规定必须采用招标投标方式订立建设工程合同的,任何单位和个人不得将此类项目化整为零或者以其他任何方式规避招标。建设工程必须进行招标而未招标或者中标无效的,建设工程施工合同无效。依据《民法典》合同编和《招标投标法》的规定,招标投标活动应当遵循公开、公平、公正和诚实信用的原则。

建设工程合同主要采取两种形式:(1)建设工程总承包合同。建设工程总承包合同是指发包方与承包方就整个建设工程从勘察、设计到施工签订总承包协议,由承包方对整个建设工程负责。(2)建设工程分别承包合同。建设工程分别承包合同是指由发包方分别与勘察人、设计人、施工人签订勘察、设计、施工合同,各承包方分别对建设工程的勘察、设计、建筑、安装阶段的质量、工期、工程造价等负责。发包人不得将应当由一个承包人完成的建设工程支解成若干部分发包给数个承包人,以保证工程的建设质量。

(二)建设工程合同的主要内容

1. 勘察、设计合同的主要内容

勘察、设计合同是勘察合同和设计合同的统称,系指工程的发包人或承包人与勘察人、设计人之间订立的,由勘察人、设计人完成一定的勘察、设计工作,发包人或承包人支付相应价款的合同。根据《民法典》第794条的规定,勘察、设计合同的内容大致包括:

(1)建设工程名称、规模、投资额、建设地点。

(2)勘察人的勘察范围、进度、质量,设计人的设计要求、进度、质量、设计文件份数。

(3)勘察费、设计费的支付。

(4)建设单位提供基础资料的内容、技术要求及期限。

(5)双方相互协作条款。

2. 建设施工合同的主要内容

建设施工合同是指发包人(建设单位)和承包人(施工单位)为完成商定的建筑施工

---

① 《招标投标法》第3条规定:"在中华人民共和国境内进行下列工程建设项目包括项目的勘察、设计、施工、监理以及与工程建设有关的重要设备、材料等的采购,必须进行招标:(一)大型基础设施、公用事业等关系社会公共利益、公众安全的项目;(二)全部或者部分使用国有资金投资或者国家融资的项目;(三)使用国际组织或者外国政府贷款、援助资金的项目。前款所列项目的具体范围和规模标准,由国务院发展计划部门会同国务院有关部门制订,报国务院批准。法律或者国务院对必须进行招标的其他项目的范围有规定的,依照其规定。"

工程，明确相互权利义务关系的协议。根据《民法典》第 795 条的规定，建设施工合同的内容大致包括：

(1)工程名称、地点。

(2)工程范围的内容。

(3)设计文件、技术资料等的提供。

(4)材料和设备的供应和进场期限。

(5)建设工期、中间交工工程的开工和竣工时间。

(6)工程造价、拨款和结算时间。

(7)工程质量要求及交工验收的办法。

(8)工程质量保修范围和质量保证期。

(9)双方相互协作条款。

3. 建设工程监理合同的主要内容

建设工程监理制度开始于 1988 年，是我国保证工程质量的一项重要制度。建设工程监理，有利于保证工程质量、工期和成本的控制，实现建设速度与效益并举。目前，我国的建设工程监理包括政府监理、社会监理和建设单位自行监理三类。政府监理是指政府建设主管部门对建设单位的建设行为实行的强制性监理和对社会监理单位实行的监督管理，政府机构的监理行为是其履行职责的表现。社会监理是指社会监理单位(如工程建设监理公司或工程建设监理事务所)接受建设单位的委托，对工程建设实施的监理，社会监理的运用最为普遍。建设单位自行监理是指建设单位委派本单位和工作人员对工程建设亲自监督检查，建设单位自行监理是尽自身管理义务的表现。政府监理和建设单位自行监理均无须进一步采用合同形式予以约定。故建设工程监理合同主要是针对社会监理而言的。

我国《民法典》第 796 条规定，建设工程实行监理的，发包人应当与监理人采用书面形式订立委托监理合同。发包人与监理人的权利和义务以及法律责任，应当依照本法委托合同以及其他有关法律、行政法规的规定。建设工程监理合同的内容大致包括：(1)工程名称，即发包人委托监理单位实施监理的工程的名称。(2)工程地点，即所监理的工程所在的具体位置、地点。(3)监理职责，即监理单位应对发包人承担的义务。(4)监理费用及其支付方式。监理合同双方应明确约定监理单位取得监理酬金的数额、时间、方式等。

(三)建设工程合同的分包

建设工程合同的分包是指总承包人或者勘察、设计、施工承包人经发包人同意，将自己承包的部分工作交由第三人完成的行为。在建设工程合同分包中，分包人就其完成的工作成果与总承包人或者勘察、设计、施工承包人向发包人承担连带责任。在分包过程中，还需注意：

(1)禁止承包人将工程分包给不具备相应资质条件的单位。

(2)禁止分包单位将其承包的工程再分包。

(3)禁止承包人将建设工程主体结构的施工任务分包。

转包与分包不同,转包是指承包人在承包工程后,又将其承包的工程建设任务转让给第三人,转让人退出承包关系,受让人成为承包合同的另一方当事人的行为。实践中,常见的转包行为有两种形式:一种是承包单位将其承包的全部建设工程转包给别人,另一种是承包单位将其承包的全部建设工程支解以后以分包的名义分别转包给他人即变相的转包。由于转包容易使不具有相应资质的承包者进行工程建设,以致造成工程质量低下、建设市场混乱,所以我国法律、行政法规均作了禁止转包的规定。不论何种形式,都是法律所不允许的,即承包人转包工程的行为无效。[①]

三、建设工程合同的效力

(一)工程勘察、设计合同的效力

1. 发包人的主要义务

(1)按照约定向承包人提供开展勘察、设计所需的基础资料、技术要求,并对提供的时间、进度和资料的可靠性负责。逾期不提供相关资料或提供的资料有误,致使勘察人、设计人不能按照约定完成工作的,勘察人、设计人不承担责任。

(2)按照约定和国家规定向勘察人、设计人支付勘察费、设计费。发包人未按合同约定的方式、标准、期限支付勘察费、设计费的,应当承担迟延付款的违约责任。

(3)按照约定提供必要的协作条件。勘察人和设计人进入现场作业或配合施工时,发包人应协助其工作并负责提供必要的工作条件和生活条件。

(4)维护勘察成果、设计文件。勘察成果和设计文件是工程项目建设的重要依据,发包人不得擅自修改。同时勘察成果和设计文件凝聚了勘察人和设计人的智慧创作,未经勘察人、设计人的同意不得擅自将勘察成果、设计文件转让给第三人使用;否则,构成对勘察人、设计人权利的侵犯。

2. 勘察人、设计人的主要义务

(1)按照约定按期完成勘察、设计工作并向发包人提交勘察成果、设计文件。勘察人应当按国家规定和合同约定的标准、规范和技术条例,进行工程测量、工程地质和水文地质等勘察工作,并按照约定的进度和质量提交勘察成果。设计人应当按照批准的设计任务书或上一阶段设计的批准文件、有关设计技术协议文件、设计标准、设计规范、规程、定额等进行设计工作,并按约定的进度和质量完成设计任务。

(2)保证勘察成果、设计文件的质量。勘察人、设计人对其完成和交付的勘察成果、设计文件应负瑕疵担保责任。勘察设计的质量不符合要求,包括勘察设计的质量没有达到合同的要求或者勘察设计的质量不符合法律、法规的强行性标准,给发包人造成损失的,由勘察人、设计人继续完善勘察、设计;减收或者免收应得的勘察、设计费并赔偿损失。

(3)按照约定提供协助的义务。设计人对其所承担设计任务的建设项目应配合施工

① 根据《建设工程施工合同解释》第1条第2款的规定,承包人因转包、违法分包建设工程与他人签订的建设工程施工合同,应当依据民法典第一百五十三条第一款及第七百九十一条第二款、第三款的规定,认定无效。

单位,进行设计交底,解决施工过程中有关设计的问题,负责设计变更和修改预算,参加试车考核及工程竣工验收等。

(二)工程施工合同的效力

1. 发包人的主要义务

(1)做好施工前的准备工作。施工前的准备工作是整个工程建设的重要组成部分,关系到工程建设能否顺利进行乃至工程质量的优劣。准备工作一般包括:办理正式工程和临时设施范围内的土地征用、租用;申请施工许可证执照和占道、爆破及临时铁道专用线接岔许可证;确定建筑物或构建物、道路、线路、上下水道的定位标桩、水准点和坐标控制点;接通现场水源、电源和运输道路,清理施工现场的障碍物;组织有关单位对施工图等技术资料进行审定,并将其提交给承包人等。发包人未按照约定做好施工前准备工作的,承包人可以顺延工程日期,并有权请求赔偿损失。

(2)做好施工中的协助工作。一方面,发包人按照约定的分工范围和时间向承包人提供材料和设备。发包人未按照约定的时间和要求提供原材料、设备,或提供的材料和设备存在瑕疵,致使承包人停工等料或者导致工程质量下降的,发包人应承担责任。另一方面,发包人应派驻地代表,对工程进度、工程质量进行必要的监督,检查隐蔽工程,办理中间交工工程验收手续,负责签证,解决应由发包人解决的问题及其他需要协助的事项。

(3)做好竣工后的验收工作。在工程完成时,发包人应当按照约定组织竣工验收,对验收合格的工程应及时接收。发包人对未经验收的工程提前使用和擅自动用的,发现质量问题的,由发包人自行负责。

(4)按照约定支付工程价款。发包人对竣工验收合格的工程,应当按照合同约定向承包人支付工程价款。发包人未按照约定支付价款的,承包人可以催告发包人在合理期限内支付价款。发包人逾期不支付的,除按照建设工程的性质不宜折价、拍卖的以外,承包人可以与发包人协议将该工程折价,也可以申请人民法院将该工程依法拍卖。该工程折价或者拍卖的价款应优先清偿建设工程的价款。其法律依据在于,《建设工程施工合同解释》第35条规定:“与发包人订立建设工程施工合同的承包人,依据民法典第八百零七条的规定请求其承建工程的价款就工程折价或者拍卖的价款优先受偿的,人民法院应予支持。”《民法典》第807条规定:“发包人未按照约定支付价款的,承包人可以催告发包人在合理期限内支付价款。发包人逾期不支付的,除根据建设工程的性质不宜折价、拍卖外,承包人可以与发包人协议将该工程折价,也可以请求人民法院将该工程依法拍卖。建设工程的价款就该工程折价或者拍卖的价款优先受偿。”承包人的该建设工程价款优先受偿权优于抵押权和其他债权。

2. 承包人的主要义务

(1)做好施工前的准备工作。承包人应按照约定做好开工前的准备工作,具体包括:施工场地的平整,施工界区内的用水、用电、道路以及临时设施的施工;编制施工组织设计(或施工方案);按照双方商定的分工范围,做好材料和设备的采购、供应和管理;向发包人提出应由发包人供应的材料、设备的计划。

(2)严格按照施工图与说明图进行施工,以确保工程质量。承包人应按照合同约定的开工时间开工。承包人应按照约定提出开工通知书、施工进度报告、施工平面布置图表等。在施工过程中承包人应提供月份作业计划、月份施工统计报表、工程事故报告等。在施工中,承包人须严格按照施工图及说明书进行施工,承包人对于发包人提供的施工图及其他技术资料,不得擅自修改。

(3)接受发包人的监督检查。工程的进度、质量对发包人的利益影响较大,故承包人有义务接受发包人对工程进度和工程质量的必要监督,在不妨碍正常作业的情况下,对发包人的监督检查应予以支持和协助,不得拒绝。在隐蔽工程隐蔽之前,承包人应当通知发包人检查。

(4)按期交工,并对建设工程质量承担瑕疵担保责任。承包人应当按照合同约定的时间如期完工并交付工程。承包人于竣工后、交工前应负责保管工程并清理施工现场,依照约定提交竣工验收技术资料,并通知发包人验收工程,办理工程竣工结算和参加竣工验收工作。承包人对承建的工程质量负有瑕疵担保责任。在工程质量保证期内,工程的所有权人或使用权人发现工程瑕疵的,有权请求施工人在合理的期限内修理或者返工、改建。

关于"发包人、承包人的责任"的详细阐释,可扫码观看视频:

第三节　运输合同

一、运输合同的概述

(一)运输合同的概念和法律特征

运输合同,又称运送合同,是指承运人将旅客或者货物从起运地点运输到约定地点,旅客、托运人或者收货人支付票款或者运输费用的合同。运输合同具有以下法律特征:

1. 运输合同的标的是运送行为。运输合同属于提供劳务类合同,以运输货物或者旅客为直接目的,其标的不是被运输的货物或者旅客,而是运送行为本身。与承揽合同不同,运输合同提供的是运输服务,而不是完成某项工作成果。

2. 运输合同通常是有偿合同。在运输合同中,承运人负有将旅客或货物运送到约定地点的义务,旅客或托运人负有按照规定支付票款或运费的义务,双方义务互为对价关系,故运输合同是有偿合同。但作为例外情形,运输合同也有无偿的情况,如允许未达到一定高度的小孩免费搭乘等。

3. 运输合同多为格式合同。运输合同的承运人为从事客货运输营业的人。合同的主要条款、当事人的权利义务及责任基本由专门法规调整。合同的格式、旅客的车票、行李单、包裹单、货运单、提单等是统一印制的,运费一般也是执行统一的规定,因而,运输合同多为格式合同。当然,这并不排除有的运输合同不采用格式合同的形式,而由双方协商订立。

4. 强制缔约性。根据《民法典》第 810 条的规定,从事公共运输的承运人不得拒绝旅客、托运人通常、合理的运输要求。法律这样规定的目的是衡平作为弱者的社会公众与往往处于垄断经营地位的运输单位之间的利益。这表明,对从事公共运输的承运人而言,运输合同的缔结过程具有强制性,法律限制了从事公共运输的承运人可以自由承诺或不承诺的选择权利,只要旅客或托运人决定签订运输合同,公共运输的承运人无正当理由不得拒绝签订合同和提供服务。

(二)运输合同的分类

运输合同范围广泛,种类繁多,采用不同的标准,可对运输合同作不同的分类。

1. 以运输的对象为标准,可将运输合同分为旅客运输合同和货物运输合同。

旅客运输合同也称客运合同,又可分为铁路客运、公路客运、水路客运和航空客运合同。货物运输合同又可分为普通货物运输,特种货物、危险货物运输合同。

2. 以运输工具为标准,运输合同可分为铁路运输合同、公路运输合同、航空运输合同、水上运输合同、海上运输合同及管道运输合同等。

3. 以运输方式为标准,运输合同可分为单一运输合同和联合运输合同。单一运输是以一种运输工具进行的运送。联合运输是以两种以上的运输工具进行的同一运送行为。

除上述分类外,还可按照运输的距离为标准,将运输合同分为短途运输合同、中途运输合同和长途运输合同等。

二、客运合同

(一)客运合同的概念和特征

客运合同,又称旅客运输合同,是承运人与旅客关于承运人将旅客及其行李安全运送到目的地,旅客为此支付票款及运费的协议。客运合同为运输合同的一种,当然具备运输合同的一般特征;同时,客运合同又具有如下法律特征:

1. 客运合同的标的为运输旅客的行为。旅客本身是运输合同的一方当事人。客运合同与旅游合同有许多相似之处,但其内容不尽相同。旅游合同的标的除了将旅游者运至一定地点的行为外,还包括向旅游者提供食宿、导游服务。

2. 客运合同通常采用票证形式。客运合同的订立,往往是通过旅客的购票行为和承运人的售票行为结合而成,各种车票、船票、机票即为客运合同的表现形式。此时,客运合同自承运人向旅客交付客票时成立。但有时,按照当事人的约定或者依照交易习惯旅客先上车、船后买票(或补票),于此情形下,客运合同是自旅客上车、船时成立。

(二)客运合同的效力

1. 旅客的主要义务

(1)支付票价和行李运费的义务。旅客的这一义务往往于合同订立时即已履行完毕,但旅客于检票时须向承运人提交有效客票才能乘坐。旅客无票乘坐、超程乘坐、越级乘坐或者持失效客票乘坐的，应当补交票款，承运人可以按照规定加收票款。旅客不交付票款的，承运人可以拒绝承运。

(2)按照客票的详细规定落座。旅客应当按照有效客票记载的时间、班次和座位号乘坐。

(3)按照规定携带行李的义务。携带行李是旅客的一项权利，但旅客在运输过程中应当按照旅客运输规则的规定限量携带行李，超过限量携带行李的，应当办理托运手续。旅客不得随身携带或者在行李中夹带易燃、易爆、有毒、有腐蚀性、有放射性以及有可能危及运输工具上人身和财产安全的危险物品或者其他违禁物品。旅客违反上述规定的，承运人可以将违禁物品卸下、销毁或者送交有关部门。旅客坚持携带或者夹带违禁物品的，承运人应当拒绝运输。①

(4)爱护运输工具和有关设施的义务。旅客应正确使用承运人提供的运输工具和相关设施，由于旅客的原因损坏运输设施的，旅客应承担赔偿责任。

2. 承运人的主要义务

(1)按约定运送的义务。承运人应当按照客票载明的时间和班次运输旅客。承运人迟延运输的，应当根据旅客的要求安排改乘其他班次或者退票。承运人擅自变更运输工具而降低服务标准的，应当根据旅客的要求退票或者减收票款；提高服务标准的，不应当加收票款。旅客因自己的原因不能按照客票记载的时间乘坐的，应当在约定的时间内办理退票或者变更手续。逾期办理的，承运人可以不退票款，并不再承担运输义务。

(2)安全运送的义务。承运人应免费运送旅客携带的一名儿童。承运人负有安全地将旅客(包括其携带的儿童、行李)送达目的地的义务。对旅客(包括正常购票的旅客，按照规定免票、持优待票或者经承运人许可搭乘的无票旅客)在运输过程中的伤亡，承运人应承担损害赔偿责任，但伤亡是旅客自身健康原因造成的或者承运人证明伤亡是旅客故意、重大过失造成的除外。承运人在运输过程中对旅客自带物品的毁损、灭失有过错的，应当承担损害赔偿责任。

(3)告知和提供方便条件的义务。在旅客运输合同履行过程中，旅客对于该合同有关的事项或疑问，承运人应如实予以告知。承运人应当向旅客及时告知有关不能正常运输的重要事由和安全运输应当注意的事项。在运输途中，承运人有义务为旅客提供必要的设施和生活服务，如供水、供餐、供电、供卫生间等。

(4)救助的义务。承运人在运输过程中，应当尽力救助患有急病、分娩、遇险的旅客。如果承运人对患有急病、分娩、遇险的旅客不予救助，应当承担相应的民事责任。

三、货运合同

(一)货运合同的概念和特征

货运合同，又称货物运输合同，是指承运人将托运人交付运输的货物运送到约定地

---

① 《民法典》第 817 条和第 818 条的规定。

点，托运人支付运费的合同。与客运合同相比，货运合同具有以下法律特征：

1. 货运合同往往涉及第三人。货运合同由托运人与承运人双方订立，托运人与承运人为合同的当事人，但托运人既可以为自己的利益托运货物，也可以为第三人的利益托运货物。实践中，收货人往往是托运人以外的第三人，此时的收货人虽不是合同的当事人，却是合同的利害关系人。而客运合同的当事人一般只有承运人和旅客双方。

2. 履行过程的特殊性。虽然货运合同与客运合同都是以承运人的运送行为为标的，但是，客运合同中承运人将旅客运输到目的地，义务即履行完毕；而货运合同中，承运人将货物运输到目的地，还须将货物交付给收货人，其义务方为履行完毕。

（二）货运合同的效力

1. 托运人的主要义务

(1)如实申报的义务。申报有关货物运输情况是承运人履行义务的前提。故托运人办理货物运输，应当向承运人准确表明收货人的名称或者姓名或者凭指示的收货人，货物的名称、性质、重量、数量，收货地点等有关货物运输的必要情况。因托运人申报不实或者遗漏重要情况，造成承运人损失的，托运人应当承担损害赔偿责任。

(2)支付运费和其他相关费用的义务。托运人或者收货人应当承担按照约定支付运费的义务，国家对运费本身在较长时期内均有稳定的规定，运输合同应当执行统一规定的运费。承运人不得违反国家规定收取运费。另外，对货物运输中的杂费，也属于托运人或收货人应交付款额范围之列。除当事人另有约定外，托运人或者收货人不支付运费或者其他费用，承运人对相应的运输货物享有留置权。货物在运输过程中因不可抗力灭失，未收取运费的，承运人不得请求支付运费；已收取运费的，托运人可以请求返还，但法律另有规定的除外。

(3)按照约定提供托运货物的义务。托运人应当按照合同约定的时间和标准提供托运的货物，货物运输需要办理审批、检验等手续的，托运人应当将办理完有关手续的文件提交承运人。

(4)包装的义务。对于一般货物，托运人可按照约定的方式包装货物。对包装方式没有约定或者约定不明确的，应当按照国家包装标准或者行业包装标准进行，没有国家或行业包装标准的，应当按照能够使货物安全运输的方法进行包装。对于危险物品，如易燃、易爆、有毒、有腐蚀性、有放射性等危险物品的托运，托运人应当按照国家有关危险物品运输的规定对危险物品妥善包装，作出危险品标志和标签，并将有关危险物品的名称、性质和防范措施的书面材料提交承运人。托运人违反上述义务的，承运人可以拒绝运输，也可以采取相应措施以避免损失的发生，因此产生的费用由托运人承担。

2. 承运人的主要义务

(1)将货物安全送达目的地的义务。承运人应按照约定的要求配发运输工具，将托运人的货物及时安全地运送到目的地并交付给收货人。承运人对运输过程中货物的毁损、灭失承担损害赔偿责任，但承运人证明货物的毁损、灭失是因不可抗力、货物本身的自然性质或者合理损耗以及托运人、收货人的过错造成的，不承担损害赔偿责任。至于货物的毁损、灭失的赔偿额，当事人有约定的，按照其约定；没有约定或者约定不明确的，当事人可以协议补充，不能达成补充协议的，按照合同有关条款或者交易习惯确定。仍不能确定的，按照交付或者应当交付时货物到达地的市场价格计算。法律、行政法规对赔偿额的计算方法和赔偿限额另有规定的，依照其规定。

(2)及时通知的义务。承运人将货物运输到目的地后，承运人知道收货人的，应当及时通知收货人，以便收货人提取货物。在收货人领取之前承运人负有妥善保管货物的义务。若因承运人通知迟延导致货物毁损的，承运人应承担赔偿责任。若因收货人不明或收货人拒绝受领货物的，承运人应当请求托运人在相当的期限内就运输货物的处分给予指示。托运人在相当的期限内未给予指示或者其指示事实上不能实行时，承运人可以对托运货物予以提存。

3. 收货人的主要义务

(1)及时提货的义务。收货人应当及时提货，提货时应当将提单或者其他提货凭证交还给承运人。收货人逾期提货的，应当向承运人支付保管费等费用。收货人无正当理由拒绝受领货物，承运人依法可以提存运输的货物，因提存所产生的权利义务及费用由收货人享有和承担。

(2)验货的义务。收货人提货时，有对货物及时进行验收的义务。收货人应当按照约定的期限检验货物。对检验货物的期限没有约定或者约定不明确的，当事人可以协议补充，不能达成协议的，按照合同有关条款或者交易习惯确定。仍不能确定的，应当在合理期限内检验货物。收货人在约定的期限或者合理期限内对货物的数量、毁损等未提出异议的，视为承运人已经按照合同约定履行了义务。

(3)按照约定支付运费的义务。运费通常是由托运人在发站向承运人支付，但若合同约定由收货人在到站支付或者托运人未支付的，则收货人应当支付。在运输中发生的其他费用，应由收货人支付的，收货人也必须支付。

四、联运合同

联运合同，又称联合运输合同，是指当事人约定由两个或两个以上的承运人通过衔接运送，用同一凭证将货物运送到指定地点，托运人支付运输费用而订立的协议。联运合同包括单式联运合同和多式联运合同。

(一)单式联运合同

单式联运合同，是指当事人约定由两个以上承运人以同一种运输方式将货物运至约定地点，托运人支付运费的货物运输合同，两个以上承运人以同一运输方式联运的，与托运人订立合同的承运人应当对全程运输承担责任。损失发生在某一运输区段的，与托运人订立合同的承运人和该区段的承运人承担连带责任。

(二)多式联运合同

多式联运合同是指多式联运经营人与托运人订立的，约定以两种或者两种以上的不同运输方式，采用同一运输凭证将货物运输至约定地点的货物运输合同。签订多式联运合同须注意以下问题：

1. 联运单据的签发和转让。多式联运单据是确认当事人权利、义务的重要依据，也是确定当事人联运合同关系的凭证。多式联运经营人收到托运人交付的货物时，应当签发多式联运单据。按照托运人的要求，多式联运单据可以是可转让单据，也可以是不可转让单据。因托运人托运货物时的过错造成多式联运经营人损失的，即使托运人已经转让多式联运单据，托运人仍然应当承担损害赔偿责任。

2. 联运合同承运人的责任承担。多式联运经营人负责履行或者组织履行多式联运合同，对全程运输享有承运人的权利，承担承运人的义务。多式联运经营人可以与参加多式联运的各区段承运人，就多式联运合同的各区段运输约定相互之间的责任，但该约定不影响多式联运经营人对全程运输承担的义务。货物的毁损、灭失发生于多式联运的某一运输区段的，多式联运的经营人的赔偿责任和责任限额，适用调整该区段运输方式的法律规定。

第四节　保管合同

一、保管合同的概念

保管合同，又称寄存合同，是指一方当事人保管另一方当事人交付的物品，并按约定的期限返还该物品的合同。其中委托保管的一方称为寄存人，为其提供保管劳务的一方称为保管人。理论上，将保管合同分为一般的保管合同和仓储保管合同，但《民法典》的保管合同单指一般的保管合同，不包括仓储保管合同。本节介绍内容专对一般保管合同而言。保管合同具有如下法律特征：

1. 保管合同是以对物品的保管为目的。保管合同订立的直接目的是由保管人保管物品，而非以保管人获得保管物品的所有权为目的。因此，保管合同只需转移保管物的占有由保管人实际控制，不转移保管物的所有权。保管合同的标的表现为保管人的保管行为，保管人只对保管物进行保护、看管以及维持保管物的现状。除当事人事先约定外，保管人不得对保管物进行利用和改造。保管合同的这一特征使得保管合同与买卖、租赁、借用、赠与等合同区别开来。

2. 保管合同是实践合同。保管合同的成立不仅需要当事人双方一致的意思表示，且还需寄存人实际交付保管的物品于保管人，可见，保管合同为实践合同，交付保管物是保管合同的成立要件。作为例外，当事人可以约定保管合同自双方意思表示一致时成立，此时保管合同为诺成合同。

3. 保管合同是不要式合同，可以是无偿合同也可以是有偿合同，是双务合同。法律和行政法规对保管合同的形式未作要求，故保管合同是不要式合同。在通常情形下，保管合同为无偿合同，但当事人可以对保管费用加以约定，在明确约定保管费的前提下，该保管合同即为有偿合同。不管保管合同是有偿合同还是无偿合同,保管合同的双方当事人均负一定的义务,即使在无偿保管合同中,保管人也仍须负担保管人因保管所支出的必要费用。故保管合同为双务合同。

二、保管合同的效力

(一)保管人的义务

1. 交付保管凭证的义务。根据《民法典》第891条的规定:“寄存人向保管人交付保管物的,保管人应当出具保管凭证,但另有交易习惯的除外。”保管凭证起到证明保管合同成立的作用,也是寄存人届时领取保管物的书面凭证。因此,除另有交易习惯外,寄存人在寄存保管物品后,保管人须开具交付凭证。

2. 保管保管物的义务。妥善保管是保管人承担的一项最基本的义务。法律规定保管人此项保管义务的含义主要表现在:(1)妥善保管保管物的义务。保管人应当妥善保管保管物,即对保管物应尽到相当的注意,应当与处理自己事务或保管自己物品的注意程度相同。若合同约定了保管场所或者方法的,除紧急情况或者为维护寄存人利益外,保管人不得擅自改变保管场所或者方法。保管期内,因保管人保管不善造成保管物毁损、灭失的,保管人应当承担赔偿责任,但如果保管是无偿的,保管人证明自己没有故意或重大过失的,不承担赔偿责任。(2)亲自保管的义务。保管合同的成立往往基于寄存人对保管人的信任,故保管人应当亲自为寄存人提供保管劳务,除当事人另有约定以外,保管人不得将保管物转交第三人保管。保管人将保管物品擅自转由第三人保管,造成保管物损失的,保管人应当承担赔偿责任。(3)不得使用或者许可第三人使用保管物的义务。保管合同只转移保管物的占有权能,而未转移使用权能,因此,保管人不得使用或者许可第三人使用保管物,但当事人另有约定保管人可以使用的情形除外。

3. 危险通知的义务。当保管物因第三人或自然原因面临可能会失去的危险时,保管人应当及时将危险通知寄存人。若第三人对保管物主张权利的,除依法对保管物采取保全或者执行措施外,保管人应当履行向寄存人返还保管物的义务;若第三人提起诉讼或者对保管物申请扣押时,保管人应当及时通知寄存人,以便寄存人能够及时参加诉讼或对扣押提出异议,或请求其他保护方法。

4. 及时返还保管物的义务。在保管合同期限届满或者终止时,保管人应及时将保管物归还寄存人。当事人对保管期间没有约定或者约定不明确的,保管人可以随时要求寄存人领取保管物;约定保管期间的,保管人无特别事由,不得要求寄存人提前领取保管物,但寄存人可以随时领取保管物,若因此给保管人造成损失的,寄存人应予以补偿。保管人在返还保管物时,应当将原物及其孳息一并归还寄存人。保管货币的,可以返还相同种类、数量的货币。保管其他可替代物的,可以按照约定返还相同种类、品质、数量的物品。

(二)寄存人的义务

1. 支付保管费和偿还必要费用的义务。在无偿保管合同中,寄存人不承担给付保管费的义务。在有偿保管合同中，寄存人应当按照约定的期限向保管人支付保管费。当事人对支付期限没有约定或者约定不明确的，可以协议补充，达不成补充协议的，可以按照合同的有关条款或交易习惯加以确定。若无法确定的，寄存人应当在领取保管物的同时支付保管费。不论是有偿保管还是无偿保管，寄存人均应支付在保管期间保管人为保管寄存物而支出的必要费用。寄存人未按照约定支付保管费以及其他费用的，除当事人另有约定外，保管人可以留置保管物，并在宽限期届满后行使留置权以实现自己的利益。

2. 告知和声明的义务。若寄存人交付的保管物有瑕疵或者根据保管物的性质需要采取特殊保管措施的，寄存人应当将有关情况告知保管人。保管物本身的性质是指保管物为易燃、易爆、有毒、放射性等危险物品或易腐烂物品的情形。寄存人未告知，致使保管物受损失的，保管人不承担赔偿责任。保管人因此受损失的，除保管人知道或者应当知道并且未采取补救措施的以外，寄存人应当承担赔偿责任。若寄存人寄存货币、有价证券或者其他贵重物品的，应当向保管人声明，由保管人验收或者封存。寄存人未声明的，该物品毁损、灭失后，保管人可以按照一般物品的价值予以赔偿。

第五节　仓储合同

一、仓储合同的概念

仓储合同，又称仓储保管合同，是指当事人双方约定由保管人储存存货人交付的仓储物，存货人为此支付仓储费的合同。其中，为他人储存货物收取仓储费的是保管人；货物被储存并支付仓储费的是存货人。仓储合同与保管合同具有相似性，如两者均是双务合同、不要式合同、只转移保管物的占有、保管人不得使用或许可第三人使用保管物、由保管人提供保管劳务等。与保管合同相比，仓储合同具有以下法律特征：

1. 仓储合同的保管人具有特定性。仓储合同的保管人可以是法人、个体工商户、合伙或其他组织，但必须是经国家核准专门设立从事保管业务活动的组织。保管人具有能够满足储藏和保管物品需要的设施。这是仓储合同主体上的重要特征，也是法律对仓储合同主体的限制。而法律对保管合同的主体一般没有限制。

2. 仓储合同是诺成合同。根据《民法典》第905条的规定，仓储合同自成立时生效，而仓储合同自双方意思表示一致时即成立，可见仓储合同不以交付保管的货物为成立要件，是诺成合同。而保管合同在没有特别约定的前提下为实践合同，交付保管物是保管合同的成立要件。

3. 仓储合同是有偿合同。仓储保管人为存货人提供保管劳务，存货人则应向保管人支付保管报酬，故仓储合同为有偿合同。而保管合同一般为无偿合同，在当事人对保管合同没有约定有偿保管的情形下，均视为无偿保管，无偿是原则，有偿只是例外。

二、仓储合同的效力

(一)保管人的义务

1. 给付仓单的义务。仓单是表示一定数量的货物已交付的法律文书,是提取仓储物的凭证,属于有价证券的一种。存货人交付仓储物的,保管人应当给付仓单。仓单应记载下列事项:(1)存货人的名称或者姓名和住所;(2)仓储物的品种、数量、质量、包装及其件数和标记;(3)仓储物的损耗标准;(4)储存场所;(5)储存期限;(6)仓储费;(7)仓储物已经办理保险的,应记载其保险金额、期间以及保险人的名称;(8)仓单的填发人、填发地和填发日期。保管人应当在仓单上签字或者盖章,仓单方有效。仓单的效力表现在:(1)受领保管物的效力。在合同约定的领取期限内,提货人出示仓单,保管人应向其返还货物。(2)转移保管物的效力。仓单的性质为记名式的物权证券,可以通过背书转让。我国《民法典》第910条规定"存货人或者仓单持有人在仓单上背书并经保管人签字或者盖章的,可以转让提取仓储物的权利"。

2. 验收入库的义务。保管人应当按照约定的时间和仓储量,向存货人提供仓位,接受存货人交付储存的货物。在接收仓储物时,应当按照约定的项目、方法、期限对入库仓储物进行验收。保管人验收时发现入库仓储物与约定不符合的,应当及时通知存货人,要求寄存人予以改正,寄存人在合理期限内不予以改正的,保管人可以拒收仓储物并可以解除合同,并要求赔偿因此造成的损失。保管人验收后,如果出现仓储物的品种、数量、质量不符合约定,保管人应当向存货人或仓单持有人承担赔偿责任。

3. 保管仓储物的义务。保管仓储物是保管人的主要义务,此义务的含义主要表现在:(1)亲自保管的义务。保管人应将仓储物置于自己的控制之下,利用自己的场所,通过自己的工作,直接完成保管任务,除非遇到特殊情况,并经存货人的同意,才能将仓储物转交第三人保管。(2)妥善保管的义务。保管人应当按照合同约定的储存条件和保管要求,妥善保管仓储物。保管期内,因保管人保管不善造成仓储物毁损、灭失的,保管人应当承担赔偿责任。但因仓储物本身的自然性质、包装不符合约定或者超过有效储存期造成仓储物变质、损坏的,保管人不承担赔偿责任。

4. 危险通知义务。保管人对入库的仓储物,一旦发现有变质或者其他损坏,危及其他仓储物的安全和造成正常保管的危险时,应当催告存货人或者仓单持有人作出必要的处置。保管人没有及时履行通知义务的,保管人应对仓储物损失的扩大承担赔偿责任。如果危险情况紧急的,保管人可以作出必要的处置,并在事后将该情况及时通知存货人或者仓单持有人。

5. 返还仓储物的义务。在仓储合同的保管期限届满或因其他原因合同终止的,保管人应将仓储物返还给存货人或仓单持有人。但在仓储期间届至之前,保管人不得要求返还。仓储合同当事人对储存期间没有约定或者约定不明确的,存货人或者仓单持有人可以随时提取仓储物,保管人也可以随时要求存货人或者仓单持有人提取仓储物,但应当给对方必要的准备时间。

（二）存货人的义务

1. 说明的义务。存货人储存的是易燃、易爆、有毒、有腐蚀性、有放射性等危险物品或者易变质物品的，应当向仓储保管人说明该物品的性质，并提供有关资料。存货人未尽说明等义务的，保管人可以拒收仓储物，也可以采取相应措施以避免损失的发生，因此产生的费用由存货人负担。因此，造成保管人或他人物品毁损、人身伤亡的，存货人应承担赔偿责任。

2. 交付仓储费和偿还必要费用的义务。仓储合同是有偿合同，支付仓储费是存货人或仓单持有人的主要义务。保管人为寄存人提供了保管劳务，存货人或仓单持有人须按照仓储合同约定的数额、时间、方式、地点等向保管人支付仓储费。保管人在保管期间为保管仓储物所支出的必要费用，存货人或仓单持有人也应偿还，但如果当事人在合同中明确约定仓储费包括了必要费用的，存货人或仓单持有人不再另行承担。这一必要费用一般包括搬运费、修缮费、保险费、转仓费等。存货人或仓单持有人不按照约定支付上述费用的，保管人可以留置相应价值的仓储物。

3. 领取仓储物的义务。仓储合同对储存期间有明确约定的，储存期间届满，存货人或者仓单持有人应当凭仓单提取仓储物。存货人或者仓单持有人逾期提取的，应当加收仓储费。存货人或者仓单持有人也可以提前领取仓储物，但仓储费和必要费用仍应照合同约定承担。仓储合同当事人对储存期间没有约定或者约定不明确的，存货人或者仓单持有人在通知并给对方必要准备时间的前提下，可以随时提取仓储物。存货人或者仓单持有人不提取仓储物的，保管人可以催告其在合理的期限内提取，超过合理期限仍未提取的，保管人可以向提存机关提存。因此，产生的费用和风险由存货人或者仓单持有人承担。

第六节　委托合同

一、委托合同概述

（一）委托合同的概念和特征

委托合同，又称委任合同，是指一方委托他方处理事务，他方允诺处理事务的合同。委托他方处理事务的人为委托人，允诺为他方处理事务的人为受托人。委托合同具有以下法律特征：

1. 委托合同是以处理他人事务为宗旨的合同。委托合同的宗旨在于通过受托人处理委托人事务来实现委托人追求的结果。因此，委托合同的标的是受托人处理委托事务的行为。委托合同成立后，受托人在委托的权限内以委托人的名义处理委托的事务，与相对人发生民事法律关系，其法律后果直接由委托人承担。受托人处理委托事务的费用也应由委托人负担。

2. 委托合同的订立以委托人和受托人之间的相互信任为前提。委托人之所以选定特定的受托人为其处理事务，是基于其对受托人办事能力和信誉的了解，相信受托人能够处理好委托的事务。而受托人之所以接受委托，也是基于其对委托人的了解和信任，愿意为委托人服务，能够完成受托事务的自信。因此，委托合同强调当事人之间的信任关系。法律要求受托人应当亲自处理委托事务。除经委托人同意或在紧急情况下受托人为维护委托人的利益需要外，受托人不得转委托。

3. 委托合同既可以是有偿合同，也可以是无偿合同。当事人可以对委托事务的报酬予以约定，当事人对受托人处理委托事务的报酬没有约定或没有特殊的交易习惯时，除个别事项由法律特别规定为商事委托是有偿外，委托人无支付报酬的义务。但不论是有偿还是无偿的委托合同，对于受托人处理委托事务的费用，委托人都应当预付或事后予以补偿。

4. 委托合同是诺成合同及不要式合同。委托合同的成立无须以交付标的物为要件，只要双方意思表示一致时，合同即告成立，因此，委托合同为诺成合同。委托合同原则上是不要式合同，当事人可以根据实际情况选择适当的形式，但法律规定或依委托事项的性质应采用书面形式的，当事人应采用书面形式，如委托不动产买卖等。

（二）委托合同与代理的区别

我国合同法长期以来没有建立独立的委托合同制度，导致理论上常常将委托和代理混为一谈，认为委托是代理产生的前提，代理是委托的必然结果。应当看到，委托和代理有着紧密的联系，有时，委托合同本身就含有代理权的授予，委托合同成为代理权产生的根据。而当事人签订委托合同的目的，通常也在于授予受托人以代理权。但二者的区别是明显的，主要表现在：

1. 委托合同是委托人和受托人之间的协议，属于对内关系；而代理属于对外关系，代理人要与相对人（第三人）进行民事活动，不对外也就无所谓代理。

2. 委托合同的成立是委托人和受托人双方意思表示一致的结果，需受托人作出承诺的意思表示；而代理除法定代理、指定代理的代理权产生于法律规定或指定外，委托代理的代理权产生则是被代理人有单方授权行为，代理人不必为承诺的意思表示。

3. 委托合同中受托人受托处理或管理的行为可以是法律行为，也可以是事实行为；而代理人的代理行为限于法律行为，不包括事实行为。

4. 受托人在处理委托人的事务时，既可以以委托人的名义也可以以自己的名义；而代理人在对外进行代理行为时必须以被代理人的名义进行。

二、委托合同的效力

（一）受托人的义务

1. 依照委托人的指示处理委托事务的义务。这是受托人的基本义务。《民法典》第922条规定：“受托人应当按照委托人的指示处理委托事务。需要变更委托人指示的，应当经委托人同意;因情况紧急,难以和委托人取得联系的,受托人应当妥善处理委托事务,但事后应当将该情况及时报告委托人。"可见,委托人有指示时,受托人应尽可能地遵守其指示处理委托事务。[①] 在情势紧急时,受托人无法与委托人取得联系的,应于变更后及时报告委托人。如果因受托人怠于报告而给委托人造成损失的,受托人应负赔偿责任。

2. 亲自处理委托事务的义务。委托合同的订立以委托人和受托人之间的相互信任为前提,因此,受托人应亲自处理受托事务。除非委托人同意,受托人不得将受托事务转托由第三人处理。受托人擅自转委托的,除在紧急情况下,为了维护委托人的利益需要转委托以外,受托人应当对转委托的第三人的行为承担责任。转委托经委托人同意的,若由委托人就委托事务直接指示次受托人,由次受托人直接就委托事务向委托人负责。若由受托人向次受托人发布指示的,受托人仅对次受托人的选任及其对次受托人的指示承担责任。

3. 报告义务。受托人应当按照委托人的要求,报告受托事务的处理情况。受托事务终了或者委托合同终止时,受托人应当报告受托事务的结果。受托人此项义务的具体内容由当事人根据实际需要约定。如果没有约定,报告的内容大致包括处理事务的过程、进展、方法、费用、损益和结果等。受托人作事务结果的报告时,不以有委托人的请求为前提,并应提交相关的证明文件。

4. 财产移交的义务。受托人因处理委托事务所取得的财产,应当转交给委托人。这些财产,包括物品、金钱、孳息及其权利等,不论是以委托人名义还是以受托人自己名义取得的,也不论是由次受托人还是由受托人自己在处理事务时直接取得的,受托人均应将其交付予委托人。

5. 损失赔偿的义务。受托人在处理受托事务时,应尽到必要的注意义务。如因受托人未尽合理的注意义务(主观上存在过错)致委托人损害的,应承担赔偿责任。受托人过错的构成与受托人是否尽到注意义务、委托合同有偿与否有关。有偿的委托合同,因受托人的过错给委托人造成损失的,委托人可以请求赔偿损失。无偿的委托合同,因受托人的故意或者重大过失造成委托人损失的,委托人可以请求赔偿损失。此外,受托人超越权限给委托人造成损失的,也应承担赔偿损失的责任。

(二)委托人的义务

1. 支付费用的义务。这里的"费用"是指受托人处理委托事务所支出的合理费用,并非受托人从事委托事务的报酬。不论是有偿的委托合同还是无偿的委托合同,委托人都负有支付此项费用的义务。委托人履行此项义务可以采用预付费用的方式,也可以采用

① 委托人的指示分为命令性指示、指导性指示和任意性指示三种。对于命令性指示,受托人有绝对遵守的义务,不得依其判断和决定加以变更;对于指导性指示,受托人原则上亦应遵守,但在关系变化或发出指示时真相未明而俟后需要对指示加以变更的,受托人得酌情予以变更;对于任意性指示,受托人享有独立裁量的权利,对受托的事务处理得因势而定。参见崔建远:《合同法》,法律出版社 2021 年第7版,第 451 页。

偿还费用的方式。委托人是否预付费用,应依据委托事务的性质以及受托人是否要求预付来决定。若受托人为处理委托事务垫付了必要费用,委托人应当偿还该费用并支付利息。

2. 支付报酬的义务。无偿的委托合同,委托人无支付报酬的义务。有偿的委托合同,受托人完成委托事务的,委托人应当向受托人支付报酬。因不可归责于受托人的事由,委托合同解除或者委托事务不能完成的,委托人仍应当向受托人支付相应的报酬。对于因可归责于受托人的事由而致委托合同解除或委托事务不能完成的,受托人无权请求支付报酬。

3. 赔偿受托人损失的义务。委托人应对自己的委托负责,如因其指示不当或其他过错致使受托人蒙受损失的,委托人应予以赔偿。若受托人在处理委托事务时,由于不可归责于自己的事由受到损害时,即使委托人没有过错,受托人也得请求委托人赔偿其所受的损失。如果委托人经受托人同意或者追认的,将委托事务委托给受托人之外的第三人处理,因此给受托人造成损失的,受托人可以向委托人请求赔偿损失。

三、间接代理制度

(一)隐名代理

依据《民法典》第925条的规定,受托人以自己的名义,在委托人的授权范围内与第三人订立的合同,此时,虽然未表明被代理人的身份,但若第三人在订立合同时知道受托人与委托人之间有代理关系的,受托人的行为构成隐名代理,该合同直接约束委托人和第三人。委托人因此自动介入受托人与第三人所订立的合同中,取代了受托人的合同地位。但在有确切证据证明该合同只约束受托人和第三人的,则不适用隐名代理的规则。

(二)委托人的介入权和第三人的选择权

1. 委托人的介入权。受托人以自己的名义与第三人订立合同时,第三人不知道受托人与委托人之间存在代理关系的,受托人因第三人的原因对委托人不履行义务的,受托人应当向委托人披露第三人,委托人因此可以行使受托人对第三人的权利。因为此时第三人不履行合同,将影响委托人利益的实现。但第三人与受托人订立合同时如果知道该委托人就不会订立合同的除外,因为在这种情况下,意味着第三人不愿与委托人发生债权债务关系,若让委托人主张权利有违第三人订立合同的本意。

2. 第三人的选择权。受托人因委托人的原因对第三人不履行义务,受托人应当向第三人披露委托人,第三人因此可以选择受托人或者委托人作为相对人主张其权利,但第三人不得变更选定的相对人,即如果选择受托人,在权利不能实现时,不能再向委托人主张权利;如果选择委托人,在权利不能实现时,不能再向受托人主张权利。第三人选定委托人作为其相对人的,委托人可以向第三人主张其对受托人的抗辩以及受托人对第三人的抗辩。

四、委托合同的终止

委托合同终止的原因包括一般原因和特殊原因。委托合同终止的一般原因,主要有委托事务处理完毕、委托合同履行已不可能、委托合同中约定的合同存续期限届满、委托合同约定的解除条件成就等。委托合同终止的特殊原因主要表现在:(1)因合同解除而终止。在委托合同中,合同的当事人双方均享有任意解除权。一方因解除合同给对方造成损失的,除不可归责于该当事人的事由外,应当赔偿对方的损失。(2)因委托人或者受托人死亡、丧失民事行为能力或破产而终止。委托人或者受托人死亡、丧失民事行为能力或破产时,委托合同当然终止。但双方当事人另有约定或者根据委托事务的性质不宜终止的除外。因委托人死亡、丧失民事行为能力或者破产,致使委托合同终止将损害委托人利益的,在委托人的继承人、法定代理人或者清算组织承受委托事务之前,受托人应当继续处理委托事务。因受托人死亡、丧失民事行为能力或者破产,致使委托合同终止的,受托人的继承人、法定代理人或者清算组织应当及时通知委托人。因委托合同终止将损害委托人利益的,在委托人作出善后处理之前,受托人的继承人、法定代理人或者清算组织应当采取必要措施。

关于"间接代理制度"的详细阐释,可扫码观看视频:

第七节　行纪合同

一、行纪合同概述

(一)行纪合同的概念和特征

行纪合同是指行纪人以自己的名义为委托人从事贸易活动,委托人支付报酬的合同。行纪合同具有如下法律特征:

1. 行纪人具有主体限定性。行纪合同中的行纪人只能是经批准经营行纪业务的自然人、法人或其他组织,未经法定手续批准或核准经营行纪业务的其他组织或个人不得经营行纪业务,不能成为行纪合同的行纪人。

2. 行纪人以自己的名义为委托人的利益办理委托事务。行纪合同是由行纪人为委托人服务的,行纪人是为了委托人的利益而不是为自己的利益进行活动。行纪人所提供的服务不是一般的劳务,应是与第三人为一定的法律行为。行纪人在与第三人进行民事法律行为时,是以自己的名义而非以委托人的名义,由此产生的权利义务由行纪人承受。

3. 行纪合同是双务合同、有偿合同、诺成合同和不要式合同。行纪人负有为委托人办理受托事务,而委托人负有给付报酬的义务,二者互为对价,故行纪合同为双务、有偿合同。行纪合同的成立无须交付标的物,也无须采用特定的形式,故行纪合同是诺成合同、不要式合同。

(二)行纪合同与委托合同的区别

行纪合同和委托合同,都是以接受委托并为委托人提供服务的合同,二者类似,因此,我国《民法典》第960条规定:“本章没有规定的,参照适用委托合同的有关规定。”但行纪合同和委托合同毕竟是两种有名合同,其区别主要在于:(1)行纪合同所谓的委托事务是特定的,仅限于买卖、寄售等贸易活动,且一般为法律行为;而委托合同中的委托事务除了贸易活动外,还可以是其他法律行为,也可以是事实行为。(2)行纪合同中的行纪人只能以自己的名义进行活动,行纪人与第三人之间所为的法律行为并不能直接对委托人发生效力;委托合同的受托人处理委托事务,可以以自己名义,也可以以委托人名义,所以受托人与第三人间订立的合同有时可对委托人直接发生效力。(3)行纪合同为有偿合同,委托合同可以是有偿合同也可以是无偿合同。

二、行纪合同的效力

(一)行纪人的义务

1. 负担行纪费用的义务。我国《民法典》第952条明确规定:“行纪人处理委托事务支出的费用,由行纪人负担,但是当事人另有约定的除外。”行纪费用是指行纪人在处理委托事务时所支出的费用。我国行纪费用是以行纪人负担为原则,但当事人另有约定的除外。因为行纪人是以营利为目的进行行纪活动的,行纪人处理委托事务支出的费用,相当于为获取利润而支出的成本,行纪人通过向委托人收取报酬来弥补。

2. 承担与第三人订立的合同中约定的义务。由于行纪人是以自己的名义代委托人进行交易,与第三人签订合同的,该合同的一方当事人为行纪人而非委托人,因此我国《民法典》第958条明确规定行纪人对该合同直接享有权利、承担义务。第三人履行义务时,应当向行纪人直接给付,行纪人再将所取得的利益转交委托人。因第三人不履行义务致委托人受到损害的,除双方另有约定以外,行纪人应当承担损害赔偿责任。

3. 妥善保管和合理处置委托物的义务。《民法典》第953条规定:“行纪人占有委托物的,应当妥善保管委托物。”这是由于行纪合同为有偿合同,因此行纪人在实施行纪行为的过程中,对其占有的买进或者卖出的委托物,负有妥善保管的义务。如因行纪人保管不善,造成物品的灭失、毁损等,行纪人应当承担赔偿责任。

委托人委托出卖的物品,在交付给行纪人时存在瑕疵或者容易腐烂、变质的,行纪人应及时通知委托人,经委托人同意,行纪人可以处分该物品。若无法与委托人及时取得联系的,行纪人可以自行合理处分该物品。

4. 按照委托人的买卖价格指示处理事务的义务。根据我国《民法典》的规定,对于委托人所指定的卖出委托物的价格或买入价格,行纪人有遵从指示的义务。(1)行纪人以低于指定价格卖出或者高于指定价格买入的,依据《民法典》第955条第1款的规定,此时应当经委托人同意。未经委托人同意,行纪人补偿其差额的,该买卖对委托人发生效力。(2)行纪人以高于指定价格卖出或低于指定价格买进委托物的,依据《民法典》第955条第2款的规定,行纪人可以要求增加报酬。增加报酬有约定的,依其约定;没有约定或者约定不明确，依《民法典》第 510 条的规定仍不能确定的，该利益属于委托人。

（二）委托人的义务

1. 支付报酬的义务。行纪人按照合同约定完成或部分完成委托事务的，委托人应当按照约定向其支付相应的报酬。这是委托人的一项基本义务。报酬的数额应由双方当事人约定，没有约定的，应按照《民法典》第 510 条的规定来确定。行纪人全部完成或部分完成委托事务，委托人应当支付报酬却逾期不支付的，行纪人享有留置委托物，并依照法律的规定对委托物折价或从拍卖、变卖该财产所得的价款中优先受偿的权利。

2. 受领或取回标的物的义务。根据《民法典》第 957 条的规定，行纪人按照行纪合同的约定买入委托物的，委托人应当及时受领。经行纪人催告，委托人无正当理由拒绝受领的，行纪人可以提存委托物。委托物不能卖出或者委托人撤回出卖，委托人应该将委托物取回或处分。若经行纪人催告后仍不取回或处分的，行纪人有权就该委托出卖物提存。

三、行纪人的介入权

行纪人的介入权，是指行纪人根据委托人的指示，实施行纪行为时，有权以自己作为相对人，即自己可以作为买受人或者出卖人进行交易活动。行纪人介入合同，无须委托人的承诺，仅依行纪人的意思表示即发生效力，故行纪人的介入权为形成权。

根据《民法典》第 956 条的规定，行纪人行使介入权的要件包括：(1)所受委托的物品须为有市场定价的有价证券或其他商品；(2)委托人未作出反对行纪人介入的意思表示；(3)行纪人尚未对委托事务作出处理，即行纪人尚未对第三人卖出或向第三人买进。

因为行纪人的介入，一方面，在委托人和行纪人之间产生了买卖合同，法律关于买卖合同的规定，均可适用。另一方面，行纪人的介入同时也是行纪人对行纪合同的履行，因此，行纪人仍有报酬请求权。

案例分析：甲委托乙公司贸易公司购买某型号设备一部，而乙公司刚好有同型号同质量设备一部，因此便按照甲指定的价格将设备出卖给甲。此时乙公司能否请求甲支付价款？

解答：乙公司作为行纪人在该种情形下享有介入权，不仅可以请求委托人甲支付价款，同时也有权按照行纪合同的约定请求甲支付报酬。

第八节　中介合同

一、中介合同的概念和特征

中介合同，又称居间合同或中介服务合同，是指双方约定一方为他人报告订立合同的机会或者提供订立合同的媒介服务，另一方支付报酬的合同。其中，报告订约机会或提供交易媒介的一方为中介人，给付报酬的一方为委托人。中介合同具有以下法律特征：

1. 中介合同的标的是中介人为委托人报告订约机会或为订约媒介。在中介合同中，中介人接受委托人的委托，寻找和介绍第三人与委托人订立合同，中介人并不以任何一方的名义或者以自己的名义订立合同，中介人不是委托人订立合同的代理人，也不是为委托人的利益而充当与第三人订立合同的当事人。中介合同的这一特征是其与委托合同、行纪合同的重要区别所在。

2. 中介合同为双务、有偿、诺成、不要式合同。中介合同中的中介人为委托人提供中介服务，委托人向中介人支付报酬或佣金，两者互为对价，故中介合同是双务、有偿合同。中介合同只须双方当事人意思表示一致即成立，无须中介人现实提供中介服务为成立要件。且其订立也无须采用特定的形式，故中介合同为诺成、不要式合同。

3. 报酬义务的给付具有不确定性。在中介合同中只有中介人的中介活动达到目的，委托人才负有给付报酬的义务。中介人若未促成合同成立的，不得要求委托人支付报酬，而中介人的中介活动能否达到目的，委托人与第三人之间的交易能否成功并不确定，故报酬义务的给付具有不确定性。中介合同因此被视为一种委托人的给付义务附延缓条件的合同。

二、中介合同与委托合同、行纪合同的区别

中介合同与委托合同、行纪合同十分相似，均为一方当事人接受另一方当事人的委托，提供一定服务的合同，但三者都是独立的有名合同，存在明显的区别：

1. 受托一方的法律地位不同。中介合同中的中介人只是介绍人，向委托人报告订约机会，或为订约媒介，中介人本人不参与委托人与第三人订立合同的过程，因此，中介人不以委托人的名义也不以自己的名义与第三人订立合同。委托合同的受托人办理委托事务时，原则上是以委托人的名义进行活动，受托人通常处于代理人的地位，委托人是合同的一方当事人，直接承受合同的权利和义务。行纪合同中的行纪人只能以自己的名义进行活动，行纪人与第三人之间所为的法律行为并不能直接而只是间接地对委托人发生效力。

2. 受托人处理事务的内容不同。中介合同中的中介人是为委托人报告订约机会或为订约媒介，中介人本身的行为不产生法律后果。委托合同中的受托人按照委托人的要求实施具有法律意义的行为，委托事务除了贸易活动外，还可以是其他法律行为，也可以是事实行为。行纪合同中行纪人的委托事务是特定的法律行为，仅限于买卖、寄售等贸易活动，且一般为法律行为。

3. 有偿与否不同。中介合同虽为有偿合同，但中介人取得报酬的权利具有不确定性，中介人只有在促成合同成立时才得以请求报酬，并且可以从委托人和其相对人双方处取得报酬。委托合同可以是有偿合同，也可以是无偿合同。行纪合同为有偿合同，行纪合同中的行纪人和有偿的委托合同中的受托人只能从委托人处取得报酬。

三、中介合同的效力

（一）中介人的义务

1. 报告订立合同机会或提供合同媒介服务的义务。这是中介人在中介合同中承担的主要义务，由于中介合同的订立，是通过中介人向委托人报告订立合同的机会或提供订立合同的媒介服务，以实现与第三人缔结合同，因此中介人应当就有关订立合同的事项向委托人如实报告。我国《民法典》第 962 条第 1 款明确规定了中介人的此项义务。若中介人违背如实报告义务，故意隐瞒与订立合同有关的重要事实或者提供虚假情况，损害委托人利益的，依据《民法典》第 962 条第 2 款的规定，中介人不得要求委托人支付报酬，并应当承担造成委托人损害的赔偿责任。

在报告订约机会的中介服务中，中介人不负有向相对人报告委托人有关情况的义务，但在媒介订约的中介服务中，中介人则负有将委托人有关情况向相对人报告的义务。中介人违反此义务，给相对人造成损害的，相对人有权拒绝支付约定的报酬，并要求中介人承担赔偿责任。

同时，中介人对在为委托人提供中介服务时所知悉的委托人的有关商业秘密以及其他信息，成交机会以及后来的订约情况等，负有依照合同约定保密的义务。

2. 负担中介活动费用的义务。中介活动的费用主要是指中介人报告订约机会或提供媒介服务所支出的通信、交通、调查等费用。当中介活动不成功，未促成委托人与第三人订立合同时，中介人无权要求支付报酬，但委托人应支付中介活动支出的必要费用。在中介人促成合同成立的情形下，从事中介活动支出的费用，应由中介人自行负担，因为中介活动的费用已通过收取报酬来获得补偿。

（二）委托人的义务

1. 支付报酬的义务。在中介人报告订约机会的中介合同中，如中介人促成委托人与第三人订立合同的，应当由委托人向中介人按照合同约定支付报酬。对中介人的报酬没有约定或者约定不明确，依照《民法典》第 510 条的规定仍不能确定的，根据中介人的劳务合理确定。在中介人提供媒介服务的中介合同中，中介人在委托人与第三人之间传达双方的意思，为合同的成立而付出了劳动、时间、物力等，这对委托人和第三人而言是平等的，故中介人促成合同成立的，由该合同的双方当事人平均负担报酬。当然，并不因此否认委托人与第三人就中介人的报酬负担依然作出约定的效力。

2. 负担中介活动费用的义务。中介人的报酬请求权以取得中介结果为前提，若中介人未促成委托人与第三人订立合同，自然无法要求支付报酬，但中介人在履行其中介服务时，往往已经支出必要费用，此时，中介人可以请求委托人支付其为从事中介活动支出的必要费用。我国《民法典》第 964 条规定，在中介人未促成合同成立的，可以请求委托人支付从事中介活动支出的必要费用。

第九节　培训合同

一、培训合同的概念和特征

培训是为提高人们的知识、技能、技术水平，以适应经济和社会发展的需要而开展的各种有组织、有计划的教育与训练活动。培训合同是指接受培训的一方为适应经济和社会发展需要而与培训机构在平等、自愿的基础上约定，对受培训者进行专门职业能力和智力开发的明确双方权利义务的协议。培训合同作为提供服务的一类合同，具有以下法律特征：

1. 培训合同主体的特殊性。培训合同的一方主体是依法从事培训业经营的培训机构，主要包括各类社会组织和个人单独或联合举办的实施技能开发的组织实体。培训实体应当是经过一定法律的批准程序或者办理了工商登记手续或其他法定的登记手续，从事培训或附带从事培训的经营主体。[①] 培训实体可以是政府，如市、县劳动和社会保障部门等，也可以是如就业训练中心、职业学校、技工学校等各类社会组织和个人单独或联合举办的实施培训的组织实体。

2. 培训合同形式的附和性。培训往往以"培训班"的形式出现，因此，培训机构为了重复使用而经常预先拟定好格式条款，格式条款具有要约的广泛性、持久性和细节性，条款的单方事先决定性和不变性，因此，接受培训的一方只能概括地表示接受或不接受，而无对合同条款进行协议的自由。当然，具有附和特性的培训合同，并不排斥非格式条款的存在，如当事人可以另行约定违约责任或解决争议的办法等。

3. 培训合同的双务、有偿、诺成、无名及不要式性。培训合同的培训方的主要义务是依照约定提供培训服务，而接受培训方则应依约定支付报酬，因此培训合同是双务和有偿合同。同时培训合同的成立，并不要求交付标的物或者完成其他给付，只需经双方当事人意思表示一致即告成立，故培训合同为诺成合同。此外，培训合同又为无名和不要式合同，因为法律和行政法规并未对培训合同作出规定，故对培训合同的形式也不存在法律的要求。

4. 培训合同标的的智能性和履行标准的复杂性。培训合同是为了实现一定培训目的而签订的有关实施培训行为的协议，其标的是提供一定的培训服务的特定行为，这是一种传授知识、技术或技能的行为而非一般劳务。培训合同履行标准的复杂性是由培训

---

① 如职业培训机构必须根据劳动部于 1994 年 12 月发布的《职业培训实体的管理规定》第 8 条的要求成立，应具备稳定的经营来源；与办学规模相适应的办学场所；与专业(工种)设置相适应的培训设备和实习场所；与办学任务相适应的师资和管理人员；必要的教学文件、教材、教具、教学仪器、图书资料和管理制度等，职业培训机构的开办在程序上还应征得有关部门同意。

服务本身的非标准性和无形性以及培训对象的非标准性决定的。衡量培训机构履行合同是否全面适当,除了考察其是否设置了应有的科目课程,是否完成预定的教学任务等硬指标外,还要对培训师的培训能力、受培训者培训前后的发展状况等进行考察。

二、培训合同的效力

(一)培训方的义务

1. 培训机构在招生宣传时的诚信义务。培训作为一种服务,与旅游、零售等其他服务一样,给予顾客一定的承诺并切实履行,既是优质服务的一种标志,也是塑造培训品牌的必要手段。因此,培训机构在招生时应如实地向社会及学员介绍办学条件、培训性质、培训内容以及培训期限、费用等。发布招生广告时,应由有关部门出具刊播广告的证明。

2. 配备合格的培训教员。培训的质量,在很大程度上取决于教员的素质和能力,即取决于教员在实施培训活动中对自己所承担的各项培训工作的适应范围和承受水平。这就要求培训方所配备的教员应具备扎实的专业知识和熟练的规范的实际操作技能,有从事培训工作和教学工作的经验和能力。如培训教员不符合合同约定条件,影响培训质量的,培训方应当减收或者免收培训费。

3. 依约组织培训活动并按期完成培训任务。该项义务要求培训方在合同约定的期限内完成培训任务,保证学员能够从事合同约定的专业技术工作或者掌握合同约定的专业技能。

(二)受培训者的主要义务

1. 缴纳费用的义务。这是受培训者的主要义务,受培训者应当按照约定的时间和数额缴纳培训费用。

2. 按时参加培训和遵守纪律的义务。受培训者参加培训的目的在于掌握培训任务所要求的知识和技能,因此,培训合同成立后,受培训者应当按照约定的时间、地点等参加培训活动。同时,在培训过程中,受培训者必须遵守培训机构合理的规章制度,爱护工具、仪器、机器及其他教学设施。

3. 保密义务。受培训者在受培训过程中如知悉培训机构的商业秘密的,负有保守该商业秘密的义务。

第十节　旅游合同

一、旅游合同的概念和特征

旅游合同是旅行社提供旅游服务,旅游者支付旅游费用的合同。旅游合同具有以下法律特征:

1. 旅游合同的主体的特定性。旅游合同的主体一方只能是旅游经营者——旅行社。旅行社是以营利为目的，从事招徕、组织、接待旅游者，为其提供旅游服务的企业。根据《旅游法》[①]第 28 条的规定，设立旅行社应当具备的条件为：有固定的经营场所，有必要的营业设施，有符合规定的注册资本，有必要的经营管理人员和导游，法律、行政法规规定的其他条件。在我国，旅游业为特许经营行业，旅行社从事旅游业务须经过旅游行业政府主管部门的许可，并经过工商行政管理部门注册登记。旅行社若从事出境或边境旅游业务，应当取得相应的经营许可，且须经过政府主管部门的特别批准。

2. 旅游合同的标的是提供旅游服务。旅游合同的标的是旅行社提供旅游服务，旅行社所经营的旅游业务，包括为旅游者代办出境、入境手续，招徕、接待旅游者，为旅游者安排食宿等有偿服务的经营活动。可见，旅游合同的标的是提供一揽子有偿服务的组合。

3. 旅游合同是不要式合同，旅行社组织和安排旅游活动，应当与旅游者订立合同。当事人可以采用书面形式，也可采用口头形式订立合同，但是，包价旅游合同是要式合同。对此，《旅游法》作了特别规定，要求采用书面形式订立包价旅游合同。所谓包价旅游合同是指旅游者在旅游活动开始前即将全部或部分旅游费用预付给旅行社，由旅行社相应地为旅游者安排旅游途中的吃、住、行、游、娱等活动的合同。

4. 旅游合同是双务、有偿、诺成、不要式和继续性合同。旅游合同双方当事人都负担合同义务，旅行社要向旅游者提供合同约定的旅游服务行为，旅游者要向旅行社支付合同约定的旅游服务费用，任何一方从另一方取得利益，都必须向对方付出一定代价，所以旅游合同是双务、有偿合同。旅游合同一经当事人意思表示一致即告成立，故为诺成合同，同时又是不要式合同，当事人可以采用书面形式，也可以采用口头形式。另外，旅游服务并非一次给付即可完成，故旅游合同为继续性合同。

二、旅游合同当事人的义务

（一）旅行社的义务

1. 按照约定的标准向旅游者提供旅游服务的义务。[②] 这是旅行社最主要的义务。旅行社应当按照合同约定的内容全面履行其合同义务，不得擅自变更旅游合同的内容。旅行社组织、接待旅游者，不得指定具体购物场所，不得安排另行付费旅游项目。但是，经双方协商一致或者旅游者要求，且不影响其他旅游者行程安排的除外。旅行社招徕旅

---

① 2013 年 4 月 25 日第十二届全国人民代表大会常务委员会第二次会议通过《中华人民共和国旅游法》，2013 年 10 月 11 日正式实施。

② 参照大陆和台湾地区的旅游合同范本，这些旅游服务通常包括以下几个方面：代办出国或出游手续、安排提供交通工具、提供旅程中之餐膳、安排住宿、安排游览项目、指派导游随团服务、举办说明会等。“旅游服务合同的附随义务是指当事人在合同中没有约定或者约定不明确，但根据《旅游法》等相关法律、法规的直接规定及其原则性的规定或者根据诚实信用的原则及交易习惯，为完成和实现旅游目的，当事人应当履行的合同义务。”（付建国、王希慧：《旅游服务合同中旅游经营者的附随义务初探》，载《法律适用》2015 年第 5 期）。

游者组团旅游，因未达到约定人数不能出团的，组团社可以解除合同。但是，境内旅游应当至少提前 7 日通知旅游者，出境旅游应当至少提前 30 日通知旅游者。因未达到约定人数不能出团的，组团社经征得旅游者书面同意，方可委托其他旅行社履行合同。组团社对旅游者承担责任，受委托的旅行社对组团社承担责任。若旅游者不同意的，可以解除合同。因未达到约定的成团人数解除合同的，组团社应当向旅游者退还已收取的全部费用。

2. 依照合同的约定委派正规的随团人员的义务。旅行社组织团队出境旅游或者组织、接待团队入境旅游，应当按照规定安排领队或者导游全程陪同。根据《旅游法》的要求，旅游团的随团人员——导游人员和领队人员必须取得相应的执业资格，方能从事导游和领队工作。导游必须是参加导游资格考试成绩合格，与旅行社订立劳动合同或者在相关旅游行业组织注册，并经过申请取得导游证的人员。领队则是取得导游证，具有相应的学历、语言能力和旅游从业经历，与旅行社订立劳动合同，并经过申请取得领队证的人员。导游和领队应当严格执行旅游行程安排，不得擅自变更旅游行程或者中止服务活动，不得向旅游者索取小费，不得诱导、欺骗、强迫或者变相强迫旅游者购物或者参加另行付费旅游项目。

3. 保证旅游者的人身和财产安全的义务。旅行社除了完成约定的旅游服务外，基于诚实信用原则，对于游客还产生保护、照顾、忠实告知以及协助等附随义务。旅行社应对可能危及旅游者人身、财产安全的事项和须注意的问题，向旅游者作出真实的说明和明确的警示，并采取合理必要措施防止危害发生，旅游者人身、财产权益受到损害时，应当采取合理必要的保护和救助措施，避免旅游者人身、财产权益损失扩大。旅游经营者、旅游辅助服务者未尽到安全保障义务，造成旅游者人身损害、财产损失，旅游者请求旅游经营者、旅游辅助服务者承担责任的，人民法院应予支持。若由于可归责于旅行社的事由导致旅游者人身或财产损害，旅行社应负损害赔偿责任。游客在旅游途中发生疾病，旅行社有照顾的义务。如果旅游者在行程单安排的购物场所所购物品系假冒伪劣商品时，旅游者提出索赔的，旅行社应当积极协助旅游者进行索赔，自索赔之日起超过 60 日，旅游者无法从购物点获得赔偿的，旅行社应当先行赔付。

（二）旅游者的义务

1. 交纳旅游费用的义务。游客的主要义务是根据合同约定的时间、数额及方式向旅行社支付旅游费用，这里的费用包括劳务报酬和服务费用等。除约定的免费服务项目外，旅行社增加的其他旅游项目，旅游者接受的，还应另外支付服务费用。

2. 文明旅游的义务。旅游者在旅游过程中，应遵守国家和地方的法律法规和有关规定，不在旅游行程中从事违法活动，不参与色情、赌博和涉毒活动；遵守公共秩序和社会公德，尊重当地的民族风俗习惯；尊重旅游服务人员的人格，举止文明，不在景观、建筑上乱刻乱画，不随地吐痰、乱扔垃圾。

3. 附随义务。游客的附随义务主要是依据诚实信用原则和团体旅游的特点而产生的。为了保障旅游的顺利进行，旅游者在旅游过程中应当服从旅行社作出的合理旅程安排，应当遵守法律规定和团队纪律，不得擅自活动，不得影响随团其他成员的安全及干扰他人的休息和安宁。旅游者不遵守规定的行为给旅行社造成损失的，旅游者应对旅行社承担赔偿责任。

本章小测

一、客观题

扫码测试

二、主观题

简述保管合同的特征。

拓展案例

李某、景某诉某影楼承揽合同纠纷案。

拓展案例

延伸阅读

论承揽合同的风险负担。

延伸阅读

本章参考文献

1. 王利明、杨立新等:《民法学》，法律出版社 2020 年第 6 版。
2. 崔建远:《合同法》，法律出版社 2021 年第 7 版。
3. 付建国、王希慧:《旅游服务合同中旅游经营者的附随义务初探》，载《法律适用》2015 年第 5 期。

第十一章　其他有名合同

思维导图

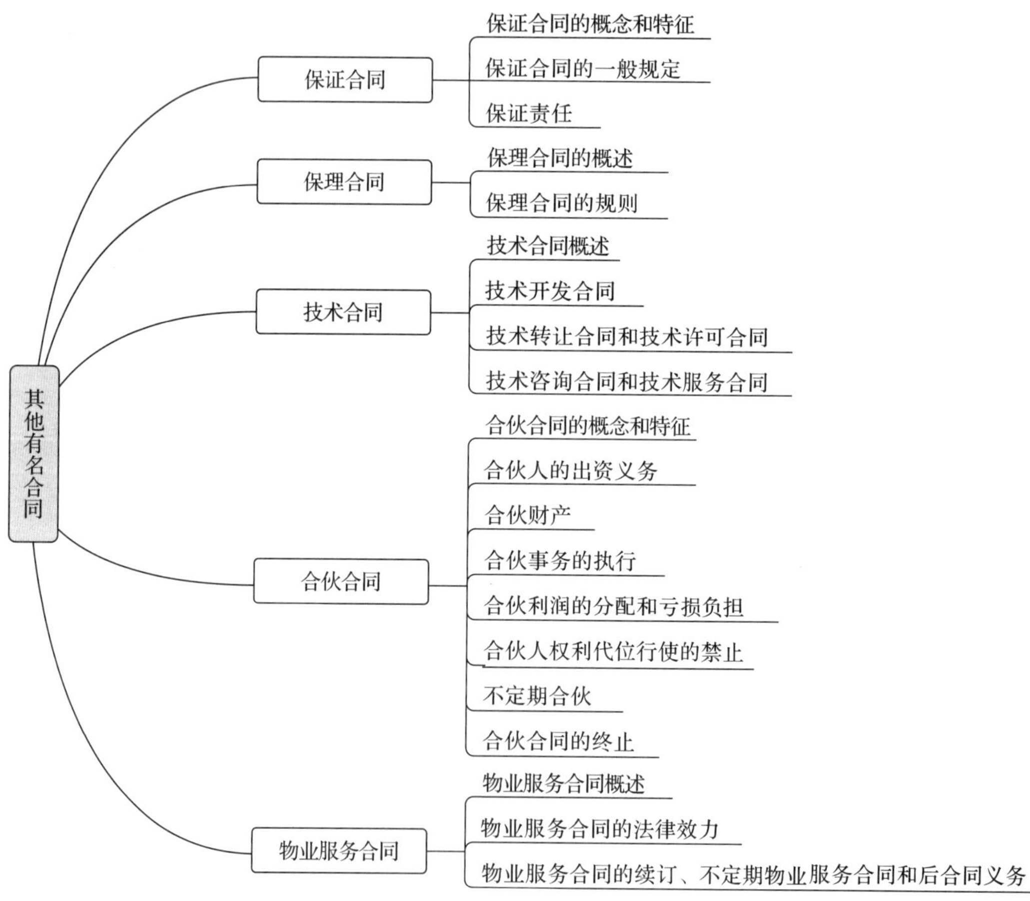

第一节　保证合同

一、保证合同的概念和特征

保证合同是由债务人以外的第三人作为保证人，与债权人订立的合同，旨在确保债务人能够履行其债务。在债务人未履行债务的情况下，保证人将承担相应责任，从而保护债权人的权益不受损失。

保证合同具有以下特点：

一是保证合同是从合同。保证合同依附于债务人和债权人之间的主合同，并保障主合同中的债权实现，只有主债务存在时，保证合同的存在才有意义。

二是保证合同是单务合同。保证合同成立后，在保证人与债权人之间的债权债务关系上，仅保证人对债权人负担保证责任，债权人对保证人并不负对价给付义务。

三是保证合同是无偿合同。保证合同成立后，保证人和债权人之间无互为报酬的对价给付，因此保证合同具有无偿性。

四是保证合同是要式合同。保证合同应当采用书面形式订立，以口头形式订立保证合同的，保证合同不成立。如果保证人自愿履行口头保证合同所约定的保证义务，应当认定口头保证合同成立。

五是保证合同具有独立性。虽然保证合同具有从属性，但是保证债务是独立于主债务之外的另一债务，因此具有独立性。

二、保证合同的一般规定

（一）保证合同的内容

《民法典》第 684 条规定："保证合同的内容一般包括被保证的主债权的种类、数额，债务人履行债务的期限，保证的方式、范围和期间等条款。"该条款只是一般性规定，保证合同中没有完备上述内容的，并不影响保证合同的效力。保证合同订立后，保证人和债权人可以根据具体情况协议增加有关内容。

（二）保证方式

保证方式是指在债务人不履行债务时，保证人对债权承担保证责任的方式。保证方式包括一般保证和连带责任保证。

一般保证是指，在债务人未能履行其债务时，保证人仅对该债务承担补充责任。这种补充责任保证意味着，只有当债务人和债权人之间的主合同纠纷经过法律审判或仲裁，并且已经依法强制执行了债务人的财产后，若债务人仍然不能履行其债务，保证人才需要对债务人未能履行的部分承担保证责任。

连带责任保证是指，一旦债务人未能履行其到期债务，保证人将与债务人共同承担连带保证责任。这意味着，当债务人履行期届满而未能履行债务时，债权人可以直接要求保证人在其保证范围内承担相应责任，而无须先通过审判、仲裁或强制执行等程序。在此情况下，保证人无权行使先诉抗辩权。《民法典》第 688 条第 2 款规定："连带责任保证的债务人不履行到期债务或者发生当事人约定的情形时，债权人可以请求债务人履行债务，也可以请求保证人在其保证范围内承担保证责任。"

保证通常以一般保证为原则，连带责任保证为例外。在一般情况下，保证人和债权人应当在保证合同中明确约定保证方式。只有当保证合同中有明确的约定时，保证人才会承担连带责任。如果保证合同的双方当事人对保证方式没有约定或者约定不明确，那么将推定保证人的保证方式为一般保证。同样的，如果保证合同双方当事人约定，保证人仅在债务人不能履行债务时承担保证责任，这也将推定保证方式为一般保证。《民法典》第 686 条第 2 款规定："当事人在保证合同中对保证方式没有约定或者约定不明确的，按照一般保证承担保证责任。"

案例分析：甲对乙负有债务 100 万元，约定于 2023 年 1 月 1 日偿还，由丙提供保证责任，未约定保证方式与保证期间。丙以何种方式承担保证责任？

解答：因未约定保证方式，丙承担一般保证责任。

（三）保证合同的类型

1. 最高额保证合同

根据《民法典》第 690 条的规定，保证人与债权人可以协商订立最高额保证的合同，约定在最高债权额限度内就一定期间连续发生的债权提供保证。最高额保证合同，是指保证人在最高债权额限度内，为一定期间连续发生的债权提供保证担保的合同。其具有以下特点：一是最高额保证的生效与被保证的债务是否实际发生无关；二是所担保的债务为一定期间内连续发生的债务；三是最高额保证约定了保证人承担保证责任的最高限额；四是最高额保证所担保的是债务整体，各笔债务的清偿期仅对债务人有意义，并不影响保证人承担保证责任。

最高额保证与最高额抵押权之间有较多共同之处，《民法典》物权编中对最高额抵押权作了较为详细的规定。因此，《民法典》第 690 条第 2 款规定："最高额保证除适用本章规定外，参照适用本法第二编最高额抵押权的有关规定。"

2. 共同保证合同

共同保证涉及多个保证人对同一债务人的同一债务进行担保。在这些保证人之间，应当明确约定各自的保证份额。一旦这些共同保证人明确了各自的承担份额，那么每位保证人都只对债务的特定部分承担保证责任。在这种情况下，债权人只能要求每个保证人按照约定的份额来履行保证义务，不能要求其中任何一个保证人独自承担全部责任。然而，如果共同保证人之间未能明确约定保证份额，那么债权人将有权要求其中任何一个保证人在其保证范围内承担相应责任。

三、保证责任

(一)保证的范围和期间

保证范围,是指保证人在主债务人不履行债务时,向债权人承担的代为履行义务的限度。双方当事人在设立保证合同时,应当明确保证人的保证责任范围。《民法典》第691条规定:"保证的范围包括主债权及其利息、违约金、损害赔偿金和实现债权的费用。当事人另有约定的,按照其约定。"保证债务独立于主债务,因此保证责任的范围得由当事人自由约定。此时,保证责任的范围不必与主债务的范围相一致,但不得超过或强于主债务。当事人对保证责任的范围有明确约定的,保证人仅在约定的限度内负保证责任,对超出约定范围的债务,保证人不负保证责任。若当事人未作出约定,则应按照保证责任的法定范围来确定。法定范围不仅涵盖了主债权,还包括了与主债权相关的利息、违约金、损害赔偿金和实现债权的必要费用。

保证人和主债权人如在保证合同中对保证责任范围作了明确约定,即使其约定与法定的保证责任范围不一致,亦应优先适用约定的保证责任范围,而排除法定保证责任范围的适用。

保证期间,是指依据法律规定或者当事人的约定,保证人承担保证责任的期间。根据《民法典》第692条的规定,保证期间不发生中止、中断和延长。债权人与保证人可以约定保证期间,但是约定的保证期间早于主债务履行期限或者与主债务履行期限同时届满的,视为没有约定;没有约定或者约定不明确的,保证期间为主债务履行期限届满之日起六个月。债权人与债务人对主债务履行期限没有约定或者约定不明确的,保证期间自债权人请求债务人履行债务的宽限期届满之日起计算。

案例分析:2019年2月1日,甲向乙借款30万元。由丙提供连带责任保证,还款日期为2019年7月1日。乙丙未约定保证期间。借款期限届满后,甲未向乙清偿,乙遂于2019年10月1日向法院起诉要求丙承担保证责任。该保证期间从哪一日开始计算?

解答:根据《民法典》第692条第2款的规定,债权人与保证人可以约定保证期间,没有约定或者约定不明确的,保证期间为主债务履行期限届满之日起六个月。故保证期间自2019年7月1日起计算。

(二)保证人的权利

1. 先诉抗辩权

《民法典》第687条规定了保证人具有先诉抗辩权及其例外情形。保证人的先诉抗辩权,是指债权人在主合同纠纷未经审判或者仲裁,并就债务人的财产依法强制执行前,不得对保证人提出履行保证责任,清偿债务人所负债务的请求。但是,为了均衡当事人之间的利益,保证债权人的债权能够得到充分保障,法律特别规定行使先诉抗辩权的例外情形。有下列情形之一的除外:(1)债务人下落不明,且无财产可供执行;(2)人民法院已经受理债务人破产案件;(3)债权人有证据证明债务人的财产不足以履行全部债务或者丧失履行债务能力;(4)保证人书面表示放弃本款规定的权利。在上述情形中,债权人要求保证人承担保证责任的,保证人不得以享有先诉抗辩权为由拒绝履行保证责任。

2. 要求债务人提供反担保的权利

《民法典》第689条规定:“保证人可以要求债务人提供反担保。”反担保,也被称为求偿担保,其目的在于确保当除债务人以外的担保人承担了担保责任后,其对债务人的追偿权能够得到实现。反担保人可以是债务人,也可以是债务人之外的其他人。反担保方式可以是债务人提供的抵押或者质押,也可以是其他人提供的保证、抵押或者质押。反担保与担保的区别在于,担保所担保的是主债权,而反担保所担保的是担保人的追偿权,即附条件的未来债权。

3. 追偿权

《民法典》第700条规定:“保证人承担保证责任后,除当事人另有约定外,有权在其承担保证责任的范围内向债务人追偿,享有债权人对债务人的权利,但是不得损害债权人的利益。”保证人的追偿权,是指保证人在履行保证债务而对债权人进行清偿之后,可向债务人请求偿还的权利。保证人有权在其承担保证责任的范围内向债务人追偿,也可以向债务人主张债权人对其享有的权利,但保证人不得以此损害债权人的利益。如果当事人双方约定保证人承担保证责任后不享有追偿权的,应从其约定。

4. 一般抗辩权

《民法典》第701规定:“保证人可以主张债务人对债权人的抗辩。债务人放弃抗辩的,保证人仍有权向债权人主张抗辩。”保证人的一般抗辩权,指的是保证人拥有债务人对于债权人的所有抗辩权及其他相关权利。由于保证债务是依附于主债务的,因此,当主债务人对债权人享有任何抗辩权或其他权利时,保证人也有权以此对抗债权人的请求。当主债务人实际行使这些抗辩权时,这些抗辩权的效力同样适用于保证人。此外,如果主债务人未能积极行使对债权人的抗辩权,保证人有权代替主债务人行使这些抗辩权,从而充分保障保证人的合法权益。

值得注意的是,保证人所享有的一般抗辩权,是其依法独立拥有的权利,其效力并不依赖于主债务人的抗辩权。在行使抗辩权时,保证人是以自己的名义进行,而非作为主债务人的代理人。无论保证人的保证责任是一般保证责任还是连带保证责任,他均享有一般抗辩权。然而,存在一些专属于债务人自身的抗辩权,这些权利保证人则不得享有。

(三)保证责任的免除

1. 因保证期间届满的免除

债权人对保证人的请求权仅存在于保证期间。如果在保证期间届满前,债权人不依法定方式向保证人主张权利,保证人因此免除保证责任。《民法典》第693条规定:“一般保证的债权人未在保证期间对债务人提起诉讼或者申请仲裁的,保证人不再承担保证责任。连带责任保证的债权人未在保证期间请求保证人承担保证责任的,保证人不再承担保证责任。”可见,判断债权人是否行使权利的标准因保证方式的不同而有所不同。在一般保证中,债权人行使权利的标准为债权人是否在保证期间届满前以仲裁或者诉讼的方式向债务人请求履行债务；而在连带责任保证中，债权人行使权利的标准为债权人是否在保证期间届满前向保证人主张保证债权。

2. 因债权人消极行使权利的免除

《民法典》第 698 条规定："一般保证的保证人在主债务履行期限届满后，向债权人提供债务人可供执行财产的真实情况，债权人放弃或者怠于行使权利致使该财产不能被执行的，保证人在其提供可供执行财产的价值范围内不再承担保证责任。"由此可知，保证责任因债权人消极行使权利的免除情形仅在一般保证责任中发生。一般保证责任是一种补充责任，仅在主合同纠纷经审判或者仲裁，并依法被强制执行债务人财产后，债权人仍不能得到清偿时，保证人才对债务人所不能履行的部分承担保证责任。在债务人具备可供执行的财产的情况下，若债权人因自身原因放弃或者怠于行使权利，导致错失执行时机，使得债权无法得到实现，要求保证人承担此等后果并继续履行其保证债务将显失公平，这必然会损害保证人的合法权益。

3. 基于抵销权和撤销权的保证责任的减免

《民法典》第 702 条规定："债务人对债权人享有抵销权或者撤销权的，保证人可以在相应范围内拒绝承担保证责任。"撤销权指的是，当债权人实施的行为对债权的实现构成危害时，债务人可以请求人民法院撤销这些行为。而抵销权是指，当双方当事人互负债务时，各自可以将其债权用于抵偿对方的债务，从而使对等范围内的双方债务相互消灭。无论是行使抵销权还是撤销权，一旦债务人有效运用这些权利，都将导致债务范围的缩减，进而减轻保证人的保证责任。因此，保证人有权在相应范围内拒绝承担保证责任。

（四）债的变动对保证责任的影响

1. 主合同变更对保证责任的影响

《民法典》第 695 条规定："债权人和债务人未经保证人书面同意，协商变更主债权债务合同内容，减轻债务的，保证人仍对变更后的债务承担保证责任；加重债务的，保证人对加重的部分不承担保证责任。""债权人和债务人变更主债权债务合同的履行期限，未经保证人书面同意的，保证期间不受影响。"这条规定的是，主合同的债权人和债务人不得私自变更主合同内容。

当主合同发生变更，尤其是涉及主债务数额或强度的增加时，如果未经保证人同意，对于超出原债额或强度的部分，直接要求保证人承担保证责任是不公平的。这样的变更不仅可能让债权人获得超出保证人允诺的利益，还会给保证人带来额外的不可预测的损失。因此，当主合同的变更导致保证人债务加重时，保证人不应对加重的部分承担责任。相反，如果主合同的变更减轻了保证人的债务，并且这种变更没有超出保证人原先允诺的利益范围，那么保证人仍应对变更后的债务承担保证责任。这是因为这种变更并没有损害保证人的任何利益。至于主债权债务合同的履行期限，无论债权人和债务人选择缩短还是延长，只要未经保证人书面同意，这种变更对保证人的责任不应产生影响。保证人仍然按照变更前的主合同来确定保证期间的起算点，并依照法律规定或双方当事人的约定来确定保证期限。

2. 债权让与对保证责任的影响

《民法典》第 696 条规定："债权人转让全部或者部分债权，未通知保证人的，该转让对保证人不发生效力。""保证人与债权人约定禁止债权转让，债权人未经保证人书面同意转让债权的，保证人对受让人不再承担保证责任。"

保证合同是从属于主债务合同的从合同。根据从属性原则，主债权人转让主债权时，从债权一同转让，即债权人将全部或者部分债权转让给第三人后，保证人对受让人继续承担相应的保证责任。但在保证合同中，保证人继续承担保证责任的前提是债权人履行了告知义务，如果债权人未将债权让与的事实告知保证人，该转让对保证人不发生效力，但不影响债权人和受让人之间的关系。

保证合同的当事人也可以约定债权人禁止转让债权。不过，禁止债权转让的约定仅对保证人是否承担保证责任产生影响，对债权人转让债权的效力不发生影响。即在此约定下，债权人仍可以转让债权，但保证人不再承担保证责任。

3. 债务承担对保证责任的影响

《民法典》第 697 条规定："债权人未经保证人书面同意，允许债务人转移全部或者部分债务，保证人对未经其同意转移的债务不再承担保证责任，但是债权人和保证人另有约定的除外。""第三人加入债务的，保证人的保证责任不受影响。"

在保证合同中，未经保证人同意转移的债务可能会影响到保证人追偿权的实现，故债权人未经保证人书面同意，允许债务人转移全部债务的，保证人对全部债务不再承担保证责任；如果债务人是部分转让债务的，保证人仍应当对未转让部分的债务承担保证责任，但是债权人和保证人另有约定的除外。第三人作为债务人加入主债务之中的，其加入并未加重保证人的担保责任，因此保证人的保证责任不受影响。

4. 保证债务诉讼时效

《民法典》第 694 条第 1 款规定："一般保证的债权人在保证期间届满前对债务人提起诉讼或者申请仲裁的，从保证人拒绝承担保证责任的权利消灭之日起，开始计算保证债务的诉讼时效。"《民法典》第 694 条第 2 款规定："连带责任保证的债权人在保证期间届满前请求保证人承担保证责任的，从债权人请求保证人承担保证责任之日起，开始计算保证债务的诉讼时效。"本条是关于保证期间与保证债务诉讼时效关系的规定。通常情况下，一般保证债务的诉讼时效起算点是从债权人知道或者应当知道自己权利受到侵犯时开始计算。在保证合同中，当保证债权得以行使时，如果债权人在向保证人主张保证债权时遭遇阻碍，即知道或应当知道其权利受到侵害，此时保证债务的诉讼时效期间便开始计算。对一般保证而言，由于保证人享有先诉抗辩权，债权人只能在主债务人确实无法履行债务或赔偿损失时，才能向保证人提出代为履行或赔偿损失的请求。这意味着，只有在满足这些条件时，债权人的保证债权才得以实际行使。在连带责任保证中，保证人与主债务人对于债务清偿处于相同地位，保证人也无抗辩权之说。

关于"保证合同"的详细阐释，可扫码观看视频：

第二节　保理合同

一、保理合同概述

(一)保理合同的概念和特征

1. 保理合同的概念

保理,也被称为保付代理,是一种由具备资质的保理商(如银行、保险公司等)提供的综合性服务。它以卖方的应收账款为基础,涵盖了应收账款的催收、管理、坏账担保以及融资等一体化服务。保理合同是保理人为应收账款债权人提供保理服务时所订立的合同。其服务内容主要包括以下几个方面:一是资金融通。这是基于应收账款的合法、有效转让而提供的融资服务。需要明确的是,如果仅仅以应收账款为质押来订立合同,那么这不属于保理合同的范畴。二是应收账款管理。保理人会根据债权人的需求,定期或不定期提供关于应收账款的回收情况、逾期账款信息、对账单等财务和统计报表,协助债权人进行有效的应收账款管理。三是应收账款催收。保理人会基于应收账款的账期,主动或根据债权人的要求进行债务催收工作。四是担保应收账款债务人付款。在保理人与债权人签订保理协议后,保理人会为债务人核定信用额度,并在该额度内,对债权人无商业纠纷的应收账款提供约定的付款担保。

2. 保理合同的特征

实践中,保理合同具备以下特征:一是涉及债权的让与,即应收账款的债权人将其现有的或将来的应收账款转让给保理人。二是保理人必须至少提供资金融通、应收账款管理或催收,以及应收账款债务人付款担保等服务中的一项。如果仅有债权让与,则不构成保理;同样,若无债权让与,则可能属于借款、委托(如收取债权、管理债权)或担保等其他法律关系,亦非保理。三是保理合同的主体具有法定性,保理商必须是依照国家规定,经过相关主管部门批准,具备开展保理业务资质的金融机构或商业保理公司。四是保理合同是一种要式合同,《民法典》第 762 条第 2 款明确规定:“保理合同应当采用书面形式。”

(二)保理合同的内容和类型

1. 保理合同的内容

《民法典》第 762 条第 1 款规定:“保理合同的内容一般包括业务类型、服务范围、服务期限、基础交易合同情况、应收账款信息、保理融资款或者服务报酬及其支付方式等条款。”本条所列举的保理合同内容与《民法典》第 761 条保理合同的定义相呼应,既包括保理融资相关信息,又包括应收账款信息,体现了保理合同的融资合同和债权转让合同的混合合同属性。需要注意的是,此条对保理合同内容的规定不是效力性规范,而是针对保理合同内容的建议,只要合同内容可以构成保理关系,保理合同就是成立的,缺失的内容可以用合同解释的原则来处理,该条是法律对保理合同内容所进行的指导性规范。

2. 保理合同的类型

根据保理人在债务人破产、无理拖欠或无法偿付应收账款时,是否拥有向债权人反转让应收账款、要求债权人回购应收账款或归还融资的权利,可以将保理分为有追索权保理和无追索权保理。从保理业务的实际操作角度看,有追索权保理与无追索权保理的分类尤为重要。尽管在国际上,无追索权保理业务占据主导地位,但在我国,有追索权保理业务却占据保理业务结构的主导地位。《民法典》以专门条款对这两种类型的保理业务中保理人的权利进行了提示性的规定,以确保各方权益的明确和平衡。

有追索权保理,亦被称为回购型保理,指的是在这种模式下,保理商并不承担为债务人核定信用额度以及提供坏账担保的义务。相反,保理商主要提供包括融资在内的其他金融服务。无论应收账款因何种原因无法收回,保理商都有权向债权人追索已支付的融资款项,并有权拒付尚未收回的差额款项,或者要求债权人回购未收回的应收账款。这种保理模式允许保理商在面临风险时,向债权人进行追偿,从而保护自身的利益。《民法典》第 766 条规定:"当事人约定有追索权保理的,保理人可以向应收账款债权人主张返还保理融资款本息或者回购应收账款债权,也可以向应收账款债务人主张应收账款债权。保理人向应收账款债务人主张应收账款债权,在扣除保理融资款本息和相关费用后有剩余的,剩余部分应当返还给应收账款债权人。"

有追索权的保理合同中的应收账款转让,实质上是一种债权让与担保。在外部关系上,应收账款的债权已经被转让给了保理人。从内部关系来看,保理人实际上是代为管理该应收账款,并将收回的款项优先用于清偿卖方所欠付的保理融资款。这使得保理人与债权人之间建立了一种类似于信托的关系。从清算程序的角度来看,如果保理人收取的应收账款超过了保理融资款,那么应当将余款退还给卖方,以避免银行不当获利而损害债务人或第三方的利益。

无追索权保理又称买断型保理,指保理商根据债权人提供的债务人核准信用额度,在信用额度内承购债权人对债务人的应收账款并提供坏账担保责任。债务人因发生信用风险未按基础合同约定按时足额支付应收账款时,保理商不能向债权人追索。无追索权保理的性质属于债权买卖,保理人承担债务人的信用风险,并不及于债务人主张基础交易所生的抗辩、抵销权、解除权等风险。遇此情形,保理人仍有权请求应收账款让与人回购债权或承担其他违约责任。《民法典》第 767 条规定:"当事人约定无追索权保理的,保理人应当向应收账款债务人主张应收账款债权,保理人取得超过保理融资款本息和相关费用的部分,无需向应收账款债权人返还。"

案例分析:甲公司与乙公司签订了货物供应合同。合同约定甲公司每月供应货物,乙公司年底付当年的全部账款。之后,甲公司为了融资需要,将其对乙公司的应收账款与丙银行签定了一份有追索权的保理合同。丙银行可向谁主张应收账款债权?

解答:可向应收账款债权人(甲)主张返还保理融资款本息或者回购应收账款债权,也可向应收账款债务人(乙)主张应收账款债权。

二、保理合同的规则

(一)虚构应收账款的法律后果

《民法典》第763条规定:“应收账款债权人与债务人虚构应收账款作为转让标的,与保理人订立保理合同的,应收账款债务人不得以应收账款不存在为由对抗保理人,但是保理人明知虚构的除外。”

本条是关于应收账款债权人与债务人之间通谋虚伪表示不得对抗保理人的规定。根据本条规定:第一,保理中出现虚构应收账款时,债务人应向受让人(保理人)承担责任,即应收账款债权人与债务人虚构应收账款作为转让标的,与保理人订立保理合同的,应收账款债务人不得以应收账款不存在为由对抗保理人。也就是说,保理人有权请求债务人履行如同债权存在时相对应的债务,债务人不得以应收账款实际上不存在为由对保理人提出抗辩。第二,保理人明知保理中虚构应收账款时不能适用本条予以保护,即应收账款债权人与债务人虚构应收账款作为转让标的,与保理人订立保理合同的,应收账款债务人不得以应收账款不存在为由对抗保理人,但是保理人明知虚构的除外。

(二)保理人的通知义务

《民法典》第764条规定:“保理人向应收账款债务人发出应收账款转让通知的,应当表明保理人身份并附有必要凭证。”

本条是关于保理人向应收账款债务人发出通知的规定。在债权转让中,通知债务人债权转让的义务人为债权人。但在保理合同中,保理人和债权人都能及时了解债权转让情况,债权转让通知是否通知到位,直接关系到保理合同中的债权转让对债务人的效力,也关系到保理人是否有可能获取应收账款。同时,保理人也能通过应收账款转让通知向债务人核实应收账款的真实性,避免债权人虚构应收账款的情形。将债权转让的事实通知债务人,既是对债务人的约束,也是对债务人的保护,防止其因错误清偿而蒙受不利的后果。这一通知义务,既可以由转让人履行,也可以由保理人履行,但由保理人履行的,必须表明身份并提供相关的凭证,简单地通知并不符合法律规定,也不宜认定产生约束债务人的效果。

(三)基础交易合同变更或者终止对保理人的影响

《民法典》第765条规定:“应收账款债务人接到应收账款转让通知后,应收账款债权人与债务人无正当理由协商变更或者终止基础交易合同,对保理人产生不利影响的,对保理人不发生效力。”根据本条规定,应收账款债务人接到应收账款转让通知后,应收账款债权人与债务人无正当理由协商变更或者终止基础交易合同,对保理人产生不利影响的,对保理人不发生效力。即保理人仍然可以根据该民事法律行为成立之前的债权情况请求债务人履行支付应收账款的债务。

(四)同一应收账款订立多个保理合同的受偿顺序

《民法典》第768条规定了同一应收账款订立多个保理合同的受偿顺序。根据该条规定,应收账款债权人就同一应收账款订立多个保理合同,致使多个保理人主张权利的,确定多个保理人的优先顺序的规则为：第一，登记的先于未登记的，即已经登记的先于未登记的取得应收账款。第二，按照登记时间的先后顺序取得，即均已经登记的，按照登记时间的先后顺序取得应收账款。第三，最先到达的转让通知中载明的保理人取得，即均未登记的，由最先到达应收账款债务人的转让通知中载明的保理人取得应收账款。第四，按比例取得，即既未登记也未通知的，按照保理融资款或者服务报酬的比例取得应收账款。

案例分析：A公司作为应收账款债权人，与保理人B、C、D分别签订了保理合同，涉及同一笔应收账款。B先于C进行了登记，D没有登记。该合同的受偿顺序是什么？

解答：B>C>D。B和C都有权利主张权利，但因为B先于C进行登记，所以B优先于C受偿。

第三节　技术合同

一、技术合同概述

（一）技术合同的概念和特征

技术合同是当事人就技术开发、转让、许可、咨询或者服务订立的确立相互之间权利和义务的合同。技术合同是以技术为标的的合同的总称，具体包括技术开发合同、技术转让合同、技术许可合同、技术咨询合同和技术服务合同等。技术合同具有以下法律特征：

1. 技术合同的标的是提供技术行为。提供技术行为包括提供现存的技术成果、对尚未开发的技术进行开发、提供与技术有关的辅助性帮助等行为，即技术开发、技术转让、技术咨询或技术服务行为。因此，技术合同实质上属于特种买卖合同，其标的所涉及的对象不是一般商品，而是技术。

2. 技术合同是要式和诺成合同。由于技术合同的内容非常复杂，所涉及的内容方方面面且较为重大，故技术合同应采用书面形式。技术合同的成立，除法律规定必须经有关主管部门批准外，一律自双方当事人达成合意时起即告成立，因此技术合同为诺成合同。

3. 技术合同的履行具有特殊性。技术合同的履行常因涉及与技术有关的其他权利归属，如发明权、科技成果权、专利权等，故技术合同既受合同法约束，又受知识产权制度的规范。技术合同表现出法律调整的多样性。合同法中实际履行制度有时无法适用，如技术开发难度较大，开发失败，则合同义务无法履行，若强求履行，对双方当事人均不利。

（二）技术合同的订立

1. 订立技术合同的基本原则

技术合同除应遵循合同的一般原则外，还应遵循有利于科学技术进步等特殊原则，即《民法典》第844条的规定：“订立技术合同，应当有利于知识产权的保护和科学技术的进步，加速科学技术成果的研发、转化、应用和推广。”当事人通过技术合同明确相互之间的权利、义务和责任，应当鼓励科技人员加大科研力度，多出科研成果，并尽可能地将科学技术成果运用于生产实践，转化为现实的生产力，提高质量、降低成本、改善经营管理、提高经济效益和社会效益，使先进的科学技术成果能够在工农业生产、国防以及其他各行业应用和推广。

2. 技术合同的内容

技术合同的条款由当事人约定。一般应当包括：项目名称；标的内容、范围和要求；履行的计划、进度、期限、地点和方式；技术信息和资料的保密；风险责任的承担；技术成果的归属和收益的分配办法；验收标准和方法；价款或者报酬及其支付方式；违约金或者损失赔偿额的计算方法；争议的解决办法；名词和术语的解释；与履行合同有关的技术背景资料、可行性论证和技术评价报告、项目任务书和计划书、技术标准、技术规范、原始设计和工艺文件，以及图纸、表格、数据和照片等，可以根据当事人的协议作为合同的组成部分。此外，技术合同涉及专利的，应当注明发明创造的名称、专利申请人和专利权人、申请日期、申请号、专利号以及专利权的有效期限。

（三）技术合同的价款、报酬和使用费的支付

技术合同的价款、报酬和使用费如何支付，可由当事人在合同中约定。技术合同价款的支付有如下方式：(1)一次总算，一次总付。当事人将合同价款一次算清并全部一次性支付。这种支付方式的价款等费用是固定的数额，支付的期限也是明确的。(2)一次总算，分期支付。当事人将合同价款一次算清但分期分批支付。(3)提成支付方式。当事人约定提成支付的，可以按照产品价格、实施专利和使用技术秘密后新增的产值、利润或者产品销售额的一定比例提成，也可以按照约定的其他方式计算。提成支付的比例可以采取固定比例、逐年递增比例或者逐年递减比例。当事人约定采用提成支付方式的，还应当在合同中约定查阅有关会计账目的办法。(4)提成支付附加预付“入门费”方式。指受让方首先在一定期限内向转让方另外支付一部分固定的费用作为该项技术的入门费，其余价款则采用提成方式分期支付。

（四）技术合同的无效

技术合同的无效是指因合同欠缺技术合同生效要件，而不产生法律效力。《民法典》①规定的合同无效的一般情形适用于技术合同。除此之外，《民法典》第 850 条还特别规定：“非法垄断技术或者侵害他人技术成果的技术合同无效。”非法垄断技术主要是指一方当事人利用合同条款限制另一方在合同技术的基础上进行新的研究开发，限制另一方从其他渠道吸收技术，或者阻碍另一方根据市场的需要，按照合同的方式充分实施专利和非专利技术等情形。② 由于其不利于技术进步、技术成果的转化应用和推广，违背技

① 《合同法》第 52 条关于合同无效的规定，被《民法典》第 144 条、第 146 条、第 148 条至第 150 条、第 153 条、第 154 条所取代，并细化了司法解释情形。

② 《最高人民法院关于审理技术合同纠纷案件适用法律若干问题的解释》(2020 年修正)第 10 条。

术合同应遵循的原则，应当受到法律的禁止，合同当然无效。侵害他人技术成果的技术合同主要是指当事人一方侵害另一方或者第三方的专利权、专利申请权、专利实施权、非专利技术使用权和转让权或者发明权、发现权以及其他科技成果权而订立的技术合同，应认定合同无效。无效的合同，从订立时起就没有法律约束力。合同部分无效，不影响其余部分的效力的，其余部分仍然有效。在处理无效技术合同时，应着重贯彻赔偿损失的原则和保护技术权益的原则。

二、技术开发合同

（一）技术开发合同的概念和特征

1. 技术开发合同的概念

技术开发合同是指当事人之间就新技术、新产品、新工艺、新品种或者新材料及其系统的研究开发所订立的合同，包括委托开发合同和合作开发合同。委托开发合同是指当事人一方委托另一方进行研究开发所订立的合同。合作开发合同是指当事人各方就共同进行研究开发所订立的合同。

这里所指的新技术、新产品、新工艺、新品种、新材料及其系统，是指当事人在订立技术合同时尚未掌握的产品、工艺、材料及其系统等技术方案，但在技术上没有创新的现有产品改型、工艺变更、材料配方调整以及技术成果的检验、测试和使用除外。

2. 技术开发合同的特征

(1)技术开发合同的标的是具有创造性的技术成果。技术开发合同的标的是一种创造性技术成果，即新技术、新产品、新工艺、新材料及其系统。这种新技术成果是当事人在订立合同时尚未掌握的，是不存在的，只有经过研究开发者的创造性科技活动才能取得。

(2)技术开发合同具有高风险。新技术成果的研究开发属于探索性的技术生产活动，本身存在失败的风险。因此，《民法典》合同编规定，在技术开发合同履行过程中，因出现无法克服的技术困难，导致研究开发失败或者部分失败的，该风险责任的承担由当事人约定。没有约定或者约定不明确的，风险责任由当事人合理分担。

(3)技术开发合同是要式、双务、有偿、诺成合同。技术开发合同的履行期限较长且存在一定的风险，为了明确当事人之间的权利和义务，《民法典》合同编规定技术开发合同应当采用书面形式，故技术开发合同为要式合同。技术开发合同的履行具有协作性。技术开发合同的双方当事人都互相负有一定的义务，每一方从他方取得利益都需支付一定代价，因此技术开发合同为双务、有偿合同。技术开发合同自双方当事人意思表示一致时起即可成立，并不以交付实物为合同成立的生效要件，故为诺成合同。

（二）技术开发合同的效力

1. 委托开发合同的效力

(1)委托方的主要权利和义务

委托方的主要权利有：第一，在委托开发合同中，委托方有检查研究开发方履行合同和研究开发经费使用情况的权利，但不得妨碍研究开发方的正常工作。第二，委托方接受研究开发成果的权利,有免费实施该项专利的权利。第三,研究开发方就其发明创造转让专利申请权的,委托方有优先受让专利申请权的权利。第四,如果研究开发方不能按计划实施研究开发工作,委托方有要求其实施研究开发计划并采取补救措施的权利,如果研究开发方逾期两个月不实施研究开发计划,委托方有权解除合同。第五,如果研究开发方将委托方支付的研究开发经费用于履行合同以外的目的时,委托方有权制止并要求其退还相应的经费用于研究开发工作,如果研究开发方逾期两个月仍不退还经费用于研究开发工作,委托方有权解除合同。

委托方的主要义务有:第一,按约定支付研究开发经费和报酬。第二,按约定提供技术资料、原始数据,并按约定完成协作事项。第三,按期接受研究开发成果。

(2)研究开发方的主要权利和义务

研究开发方的主要权利有:第一,研究开发方有接受委托方支付的研究开发经费和享受科研补贴的权利。第二,研究开发方有要求委托方补充必要的背景资料和原始数据(但不得超过履行合同所需要的范围)的权利。第三,委托方逾期两个月不支付研究开发经费或者报酬时,研究开发方有解除合同的权利。第四,委托方逾期两个月不提供技术资料、原始数据和完成协作事项时,研究开发方也有权解除合同。第五,委托方逾期六个月不接受研究开发成果时,研究开发方有处分研究开发成果和请求委托方赔偿损失的权利。第六,委托开发所完成的发明创造,除合同另有约定的以外,研究开发方享有申请专利的权利。

研究开发方的主要义务有:第一,按照约定制订和实施研究开发计划。第二,合理使用研究开发经费,专款专用,不得浪费。第三,按期完成研究开发工作,交付研究开发成果,提供有关的技术资料和必要的技术指导,帮助委托方掌握研究开发成果。第四,受托人不得对第三人泄露技术开发成果的内容,也不得向第三人提供该项技术成果。

2. 合作开发合同的效力

合作开发合同当事人的权利主要有:(1)合作开发合同当事人有权成立由双方代表组成的指导机构,有权对研究开发工作中的重大问题进行决策、协调和组织研究开发活动。(2)当事人一方逾期两个月不进行投资或者不履行其他约定义务的,另一方或者其他各方有权解除合同。(3)合作开发所完成的发明创造,在其申请专利的权利属于合作各方共有的条件下,如果一方转让其共有专利申请权,另一方或者其他各方有优先受让其共有的专利申请权的权利。(4)合作开发各方中一方声明放弃其共有的专利申请权的,在发明创造被授予专利权后,放弃专利申请权的一方可以免费实施该项专利。(5)合作开发各方中一方声明放弃其共有的专利申请权的时候,另一方或者其他各方均有单独申请或者共同申请的权利。(6)合作开发所完成的非专利技术成果的使用权、转让权以及利益的分配办法,在合同没有约定的情况下,当事人均有使用和转让的权利。

合作开发合同各方当事人的义务主要有:(1)按照合同约定进行投资,包括以技术进行投资。投资是指合作开发当事人以资金、设备、材料、场地、试验条件、技术情报资料、专利权、非专利技术成果等方式对研究开发项目所作的投入。采取资金以外的形式进行投资的,应当折算成相应的金额。(2)按照合同约定分工参与研究开发工作。参与研究开发工作，包括按照约定的计划和分工共同进行或者分别承担设计、工艺、试验、试制等研究开发工作，直至完成研究开发项目。在合作开发过程中，每一方所负责完成的每一部分工作对另一方或者其他各方来说，都是非常重要的，直接关系到整个研究开发项目的成功与失败。因此，任何一方当事人，对合同中约定的应尽义务，必须认真履行，以切实保证合作开发项目的完成。(3)与其他各方协作配合。合作开发合同各方必须在约定分工的基础上与其他各方协作配合，共同完成研究开发项目。因为合作开发各方的协作配合是完成该项研究开发任务的重要保证，所以我国法律明确规定，合作开发各方必须互相协作配合，这是合作开发各方的主要义务之一。(4)合作开发合同的当事人各方应保守技术情报、资料和技术成果的秘密。

(三)技术开发合同中技术成果的分配

1. 委托开发合同技术成果的分配

委托开发合同技术成果分配按如下规则进行：

(1)发明创造权的分配。委托开发完成的发明创造，除当事人另有约定的以外，申请专利的权利属于研究开发人。研究开发人取得专利权的，委托人可以免费实施该专利；研究开发人转让专利申请权的，委托人享有以同等条件优先受让的权利。

(2)技术秘密成果的分配。委托开发完成的技术秘密成果的使用权、转让权以及利益的分配办法，由当事人约定。没有约定或者约定不明确，双方当事人可以协议补充，不能达成补充协议的，按照合同的有关条款或者交易习惯确定，仍不能确定的，当事人均有使用和转让的权利，但委托开发的研究开发人不得在向委托人交付研究开发成果之前，将研究开发成果转让给第三人。

2. 合作开发合同技术成果的分配

合作开发合同技术成果的分配按如下规则进行：

(1)发明创造权的分配。合作开发完成的发明创造，除当事人另有约定的以外，申请专利的权利属于合作开发的当事人共有。当事人一方转让其共有的专利申请权的，其他各方享有以同等条件优先受让的权利；合作开发的当事人一方声明放弃其共有的专利申请权的，可以由另一方单独申请或者由其他各方共同申请。申请人取得专利权的，放弃专利申请权的一方可以免费实施该专利；合作开发的当事人一方不同意申请专利的，另一方或者其他各方不得申请专利。

(2)技术秘密成果的分配。合作开发完成的技术秘密成果的使用权、转让权以及利益的分配办法，由当事人约定。没有约定或者约定不明确，双方当事人可以协议补充，不能达成补充协议的，按照合同的有关条款或者交易习惯确定，仍不能确定的，当事人均有使用和转让的权利。

(四)委托开发合同与合作开发合同的区别

合作开发合同与委托开发合同都是当事人之间就新技术、新产品、新工艺和新材料及其系统的研究开发所订立的合同，但二者有以下明显的区别：

1. 当事人之间权利义务的关系不同。合作开发合同的双方当事人享有和承担着类似的权利和义务；委托开发合同的双方当事人权利和义务是相对的，委托人的主要义务也就是开发人所享有的权利，而开发人的主要义务即委托人所享有的权利。

2. 当事人进行研究开发工作的方式不同。合作开发合同的当事人共同参加研究开发工作，当然各方可以共同进行全部的研究开发工作，也可以约定进行分工，分别承担不同阶段或不同部分的研究开发工作；委托开发合同的当事人一方进行物质投资和经费投入，只有一方从事研究开发工作。

3. 研究开发成果归属不同。合作开发合同的当事人订立合同的目的是相同的，即取得研究开发成果，因而研究开发取得的成果是共有的；而委托开发合同研究开发的成果归委托人所有。

三、技术转让合同和技术许可合同

（一）技术转让合同和技术许可合同的概念和特征

技术转让合同是指合法拥有技术的当事人就专利权、专利申请权、技术秘密的相关权利转让给他人所订立的合同。技术许可合同是指合法拥有技术的权利人，将现有特定的专利、技术秘密的相关权利许可他人实施、使用所订立的合同。

技术转让合同和技术许可合同具有以下特征：

1. 双务合同、有偿合同、诺成合同、要式合同。在技术转让合同和技术许可合同中，让与人或许可人须转让或许可其技术成果的所有权、使用权或专利申请权，受让人须向让与人支付价金或使用费，故其为双务合同。合同当事人任何一方取得利益均须支付代价，故为有偿合同。技术转让合同并不以技术成果的实际交付为成立生效要件，而自当事人意思表示一致时起即成立生效，所以技术转让合同和技术许可合同为诺成合同。技术转让合同和技术许可合同须以书面形式订立，有的还要求特定手续，因此，为要式合同。

2. 技术合同标的应当是现有的、特定的技术使用权或转让权。技术转让合同是以转让特定和现有的专利权、专利申请权、专利实施权、技术秘密使用权和转让权为内容，不包括转让尚待研究开发的技术成果或传授不涉及专利或技术秘密成果权属的知识、技术、经验和信息订立的合同。

3. 技术转让合同和技术许可合同的双方当事人可以在合同中对实施专利的期限、实施专利或者使用技术秘密的地区和方式作出约定式的限制，但是，不得以合同条款限制技术竞争和技术发展。

4. 合同内容可以合法地确定当事人实施专利或者使用技术秘密的范围。

5. 技术转让合同和技术许可合同的时效具有长期性。技术转让合同和技术许可合同的有效期一般较长。如果当事人双方在订立合同时，约定的期限过短，一方面会使让与人觉得无利可图，不愿转让技术；另一方面受让人怕影响其吸收、消化和掌握该技术，达不到受让技术的目的。

（二）技术转让合同和技术许可合同的类型

1. 技术转让合同的类型

技术转让合同包括专利权转让合同、技术秘密转让合同及专利申请权转让合同等三种类型。

专利权转让合同，是指专利权人作为让与人将其发明创造专利的所有权或持有权移交受让人，受让人支付约定价款的合同。

技术秘密转让合同，是指受让人在合同成立以后，可以在约定的地区内，以约定的方式使用技术秘密，但双方必须严格遵守约定的保密义务的合同。

专利申请权转让合同，是指让与人将其就特定的发明创造申请专利的权利移交受让人，受让人支付约定价款的合同。

2. 技术许可合同的类型

技术许可合同包括专利实施许可合同和技术秘密使用许可合同。

专利实施许可合同是指专利权人或者其授权的人作为让与人许可受让人在约定的范围内实施专利，受让人支付约定使用费用所订立的合同。

技术秘密使用许可合同是指让与人将拥有的技术秘密成果提供给受让人，明确相互之间的技术秘密成果使用权、转让权，受让人支付约定使用费所订立的合同。

（三）技术转让合同和技术许可合同当事人的义务

1. 技术转让合同当事人的义务

（1）让与人的义务

让与人应保证其专利权是通过合法的转让合同获得或者是自己提出专利申请，经专利机关审查已授予了专利权。技术秘密转让合同中，让与人要证明自己不但是该专有技术的合法所有者，而且在合同订立时尚未被他人申请专利权。专利申请权转让合同中，让与人应保证其提供的技术成果是自己或与他人合作通过创造性劳动获得或者是通过合法的委托开发合同获得。技术转让合同中，让与人应当保证自己所提供的技术完整、无误、有效，并能够达到约定的目标。

（2）受让人的义务

受让人应当按照约定使用技术，支付使用费。技术转让合同中，受让人还应当按照约定的范围和期限，对让与人提供的技术中尚未公开的秘密部分，承担保密义务。

2. 技术许可合同当事人的义务

（1）许可人的义务

专利实施许可合同的许可人应当按照约定许可被许可人实施专利，交付实施专利有关的技术资料，提供必要的技术指导。技术秘密许可合同的许可人应当按照约定提供技术资料，进行技术指导；保证技术的实用性、可靠性，承担保密义务。

（2）被许可人的义务

专利实施许可合同的被许可人应当按照约定实施专利，不得许可约定以外第三人实施该专利，并按照约定支付使用费。技术许可合同中，被许可人还应当按照约定的范围和期限，对许可人提供的技术中尚未公开的秘密部分，承担保密义务。

(四)技术转让合同和技术许可合同的违约责任

让与人未按照约定转让技术的，应当返还部分或者全部使用费，并应当承担违约责任；实施专利或者使用技术秘密超过约定的范围的，违反约定擅自许可第三人实施该项专利或者使用该项技术秘密的，应当停止违约行为，承担违约责任；违反约定的保密义务的，应当承担违约责任。受让人按照约定实施专利、使用技术秘密侵害他人合法权益的，由让与人承担责任，但当事人另有约定的除外。许可人承担违约责任的，参照让与人的相关内容。

受让人未按照约定支付使用费的，应当补交使用费并按照约定支付违约金；不补交使用费或者支付违约金的，应当停止实施专利或者使用技术秘密，交还技术资料，承担违约责任；实施专利或者使用技术秘密超过约定的范围的，未经让与人同意，擅自许可第三人实施该专利或者使用该技术秘密的，应当停止违约行为，承担违约责任；违反约定的保密义务的，应当承担违约责任。被许可人承担违约责任的，参照受让人的相关内容。

(五)后续改进技术成果的权益分配

后续改进是指在技术转让合同的有效期内，一方或双方对作为合同标的的专利或技术秘密所作的革新和改良。在技术转让合同中，当事人可以按照合理的原则，约定实施专利、使用技术秘密的后续改进技术成果的分享办法。在合同没有约定或者约定不明的情况下，当事人可以协议补充；不能达成补充协议的，按照合同中有关条款或交易习惯确定；依照合同有关条款或交易习惯仍不能确定的，一方后续改进的技术成果，其他各方无权分享，而由后续改进方享有。

四、技术咨询合同和技术服务合同

(一)技术咨询合同和技术服务合同概述

1. 技术咨询合同概述

技术咨询合同是指就特定技术项目提供可行性论证、技术预测、专题技术调查、分析评价报告等所订立的技术合同。提供咨询的一方是受托人，接受咨询报告并支付报酬的一方是委托人。技术咨询合同的法律特征主要表现在：

(1)技术咨询合同是受托人向委托人提供技术项目决策参考的软科学技术的合同。技术咨询合同是受托人向委托人提供咨询报告或者问题解答方案的合同，其技术问题解答或咨询报告是一种技术方案。

(2)技术咨询合同有其特殊的风险责任承担原则。技术咨询合同中的咨询报告实施风险，除当事人另有约定外，由委托人承担，受托人可免于承担责任。咨询报告实施风险是指委托人按照受托人符合约定要求的咨询报告和意见作出决策所造成的损失。

(3)技术咨询合同的目的在于：受托人为委托人进行科学研究、技术开发、成果推广、技术改造、工程建设、科技管理等项目提出建议、意见和方案，供委托人在决策时参考，从而使科学技术的决策和选择真正建立在民主化和科学化的基础之上。因此，技术咨询合同的履行结果并不是某些立竿见影的科技成果,而是供委托人选择的咨询报告。

2. 技术服务合同概述

技术服务合同是指当事人一方以技术知识为另一方解决特定技术问题所订立的技术合同,不包括建设工程合同和承揽合同。可见,技术服务不是一方只向对方提出决策建议,而是由服务方实际、直接、具体地处理特定技术问题。技术服务合同当事人不只是提供技术,还运用技术知识解决具体技术问题。

技术服务合同在实践中包括技术辅助服务合同、技术中介合同和技术培训合同。其中技术辅助服务合同是指当事人一方利用科技知识为另一方解决特定专业技术问题所订立的合同。技术中介合同是指双方当事人约定中介人依据委托人的要求,为委托人与第三人订立技术合同提供机会或促成技术合同订立,由委托人向中介人支付约定报酬的合同。可见,技术中介合同是技术居间合同。技术培训合同是指双方当事人约定,受托人为委托人的指定人员进行特定技术培养和训练的合同。技术培训合同是国际上公认的技术服务合同形式。就技术中介合同、技术培训合同,其他法律、行政法规另有规定的,依照其规定。

(二)技术咨询合同和技术服务合同的效力

1. 技术咨询合同的效力

(1)委托人的义务

委托人的义务主要有:其一,阐明咨询的问题,并按照合同的约定向受托人提供有关技术背景资料及有关材料、数据。必要时还应当依合同约定为受托人作现场调查、测试、分析等工作提供方便。其二,按时接受咨询顾问的工作成果并按约定支付报酬。委托人迟延支付报酬的,应当承担迟延履行的违约责任;不支付报酬的,应当退还咨询报告和意见,补交报酬,赔偿损失。

(2)受托人的义务

受托人的义务主要有:按期提出咨询报告或者解答委托人提出的问题,受托人提出的咨询报告应达到约定的要求。

2. 技术服务合同的效力

(1)委托人的义务

委托人的义务主要有:其一,技术服务合同的委托人应当按照约定提供工作条件,完成配合事项。其二,在技术辅助服务合同中,委托人应当按照合同约定的期限接受受托人的工作成果。其三,委托人应按照合同的约定支付报酬。

(2)受托人的义务

受托人的义务主要有:受托人应当按照约定完成服务项目,解决技术问题,保证工作质量,并传授解决技术问题的知识。

(三)技术咨询合同和技术服务合同的违约责任

1. 技术咨询合同的违约责任

委托人的违约责任:技术咨询合同的委托人未按照约定提供必要的资料和数据,影响工作进度和质量，支付的报酬不得追回，未支付的报酬应当支付。委托人不接受或者逾期接受工作成果的，支付的报酬不得追回，未支付的报酬应当支付；还应支付违约金或赔偿损失。

受托人的违约责任：技术咨询合同的受托人未按期提出咨询报告或者提出的咨询报告不符合约定的，应当承担减收或者免收报酬等违约责任。

2. 技术服务合同的违约责任

委托人的违约责任：技术服务合同的委托人不履行合同义务或者履行合同义务不符合约定，影响工作进度和质量，应当承担违约责任。委托人不接受或者逾期接受工作成果的，支付的报酬不得追回，未支付的报酬应当支付，还应支付违约金，也可以要求委托人支付保管费。

受托人的违约责任：技术服务合同的受托人未按照合同约定完成服务工作的，应当承担减收或者免收报酬等违约责任。

(四)新技术成果的权属

技术咨询合同、技术服务合同的履行过程，事实上也是当事人之间互通技术信息、交流工作成果的过程，这一过程为双方当事人创造出更新的技术成果提供了条件和机会。[①] 因此，在技术咨询合同、技术服务合同履行过程中，当事人可以约定新技术成果的归属。如当事人没有约定的，受托人利用委托人提供的技术资料和工作条件完成的新的技术成果，属于受托人。委托人利用受托人的工作成果完成的新的技术成果，属于委托人。

第四节 合伙合同

一、合伙合同的概念和特征

合伙合同是两个或两个以上的主体为实现共同的事业目的约定共同出资，共同经营，共分利润，共担风险的协议。合伙合同是认定合伙关系的基础，是确定合伙人之间权利义务的重要准则，是调整合伙人内部之间的行为规范。合伙合同具有以下特征：

1. 合伙合同是当事人之间的协同行为。合伙合同基于各方当事人所作同一内容的意思表示一致而成立，即各方为了某项共同的事业目的达成协议。此点与基于各方对立意思表示而成立的合同(如买卖合同、承揽合同)相区别。

2. 合伙合同是非典型双务合同。合伙合同当事人既享有权利又负担义务，因此属于双务合同。但是，合伙合同当事人之间的权利义务并非典型的对待给付关系，因此合伙合同不能简单适用双务合同履行抗辩权规则。

---

① 崔建远：《合同法》，法律出版社2003年版，第440页。

3. 合伙合同是诺成合同、不要式合同。当事人意思表示一致，合伙合同即告成立，无须合伙人实际履行出资义务。合伙合同可以采取书面形式，也可以采取口头形式。

二、合伙人的出资义务

合伙人负有履行出资的义务。其中合伙人的出资方式、数额和缴付期限等由合伙人通过合同自行约定。按约定履行出资义务是指合伙人按照合伙协议约定的出资方式、数额与缴付期限向合伙投入资产的行为。

1. 合伙人的出资方式

合伙人的出资方式由合伙人协商一致确定，合伙人的出资可以包括资金、实物、技术等。以资金出资，可以是现金，也可以是其他有价证券；以实物出资，可以是动产和不动产的所有权，也可以是其他用益物权，如将建设用地使用权、土地经营权等投资入股；以技术出资，可以是知识产权，也可以是技术性劳务。

2. 合伙人的出资数额

合伙人的出资数额是指合伙人所占出资的合伙财产的比例或者份额。出资数额由全体合伙人在合伙合同中约定；如果合伙合同中没有约定，由合伙人补充约定；协商不成，合伙人承担数量相等的出资。

3. 合伙人出资的缴付期限

合伙人出资的缴付必须有一定的期限，合伙人自行约定出资的期限，可以一次性履行出资或者分批次履行出资。如果出资的缴付期限没有约定或者约定不明，自合伙合同成立之日，合伙人负有出资义务。

三、合伙财产

（一）合伙财产及其分割

合伙人的出资、因合伙事务依法取得的收益和其他财产，属于合伙财产。合伙财产在分割之前是以合伙人全体共有的形式存在。一般情况下，在合伙合同存续期间，合伙人不得请求分割合伙财产。当合伙合同终止后，合伙人可以请求分割合伙财产。

（二）合伙财产份额的转让

合伙财产份额的转让分为两种情形：一是合伙人之间财产份额的转让；二是合伙人向合伙人以外的人转让财产份额。合伙人向其他合伙人转让财产份额，不涉及第三人入伙的问题，不影响合伙的稳定性和人合性，无须其他合伙人一致同意。合伙人对合伙人以外的人转让其全部或部分财产份额，需要经过其他合伙人一致同意。由于合伙人向合伙人以外的人转让其财产份额时，表面上是合伙人处分其合伙份额的行为，实质上会引起合伙人的变更，直接影响合伙合同的存续。合伙人的变更，可能影响合伙人之间的信赖关系以及合伙事务的进行，属于影响合伙稳定的重大事项，因此法律对这类转让作出了严格的限制，规定该转让须经其他合伙人一致同意方能生效。《民法典》第 974 条规定："除合伙合同另有约定外，合伙人向合伙人以外的人转让其全部或者部分财产份额的，须经其他合伙人一致同意。”

四、合伙事务的执行

（一）合伙事务的作出

《民法典》第970条第1款规定：“合伙人就合伙事务作出决定的，除合伙合同另有约定外，应当经全体合伙人一致同意。”在执行合伙事务之前，需要作出执行合伙事务的决定，合伙事务的决定应当经全体合伙人一致同意。当然，合伙人可以自行在合伙合同中约定合伙事务的表决规则，可以采用过半数表决、少数服从多数等表决规则。如果没有约定或者约定不明确且无法达成补充协议的，作出合伙事务的决定应当经过全体合伙人一致同意。

（二）合伙事务的执行

《民法典》第970条第2款规定：“合伙事务由全体合伙人共同执行。按照合伙合同的约定或者全体合伙人的决定，可以委托一个或者数个合伙人执行合伙事务；其他合伙人不再执行合伙事务，但是有权监督执行情况。”《民法典》第970条第3款规定：“合伙人分别执行合伙事务的，执行事务合伙人可以对其他合伙人执行的事务提出异议；提出异议后，其他合伙人应当暂停该项事务的执行。”合伙事务执行的方式包括三种类型：一是共同执行，即全体合伙人一同执行合伙事务；二是代表执行，即按照合伙合同的约定或者全体合伙人的决定，可以委托一个或者数个合伙人执行合伙事务。三是分别执行，即合伙人分别执行合伙事务。

（三）合伙人的监督权

当合伙人委托一个或者数个合伙人执行合伙事务，其他合伙人有权监督执行情况。合伙人分别执行合伙事务的，执行事务合伙人可以对其他合伙人执行的事务提出异议。合伙人提出异议后，其他合伙人应当暂停该项事务的执行。

（四）执行合伙事务的报酬

《民法典》第971条规定：“合伙人不得因执行合伙事务而请求支付报酬，但是合伙合同另有约定的除外。”合伙人执行合伙事务是作为合伙人的权利也是义务，不得因此请求支付报酬。合伙人是合伙组织的成员，其经济利益通常是通过合伙获得的整体利益分红来实现，而非直接来源于执行合伙事务的报酬。但是合伙合同中有约定合伙人可以请求支付报酬的除外。

五、合伙的利润分配和亏损负担

（一）合伙的利润分配和亏损承担的顺序

《民法典》第972条规定：“合伙的利润分配和亏损分担，按照合伙合同的约定办理；合伙合同没有约定或者约定不明确的，由合伙人协商决定；协商不成的，由合伙人按照实缴出资比例分配、分担；无法确定出资比例的，由合伙人平均分配、分担。”合伙的利润分配和亏损承担的顺序如下：第一，约定优先。合伙的利润分配和亏损分担有约定的按照合伙合同的约定办理。第二,协商决定。合伙合同没有约定或者约定不明确的,由合伙人协商决定。第三,按实缴出资比例分配、分担。协商不成的,由合伙人按照实缴出资比例分配、分担。第四,平均分配、分担。若合伙人仍然无法确定出资比例的,由合伙人平均分配、分担。

合伙合同将全部利润分配给部分合伙人或者由部分合伙人分担全部亏损,该约定无效。由于合伙合同要求要共享利益、共担风险,合伙人均有权进行利润分配,都有义务承担亏损。合伙人不能在合伙合同中约定将全部利润或者全部亏损归于某一个合伙人或者数个合伙人,否则就剥夺了合伙人利润分配的权利和免除了合伙人承担亏损的责任。

(二)合伙债务的承担

《民法典》第 973 条规定:"合伙人对合伙债务承担连带责任。清偿合伙债务超过自己应当承担份额的合伙人,有权向其他合伙人追偿。"合伙人对合伙债务承担连带责任。合伙合同中即使有约定各个合伙人的责任份额,但是这一约定是合伙人之间的内部约定,不能排除合伙人对外承担连带责任。在合伙关系内部,各个合伙人应当严格依据合伙合同的规定承担相应份额的责任。如果清偿合伙债务超过自己应当承担份额的合伙人,有权向其他合伙人追偿。

案例分析:甲乙成立一民事合伙,2023 年该合伙欠丙货款 20 万元,2024 年 3 月 1 日到期,乙单独向丙表示企业经营困难,希望延期 3 个月还款,丙同意,但甲不知情。乙单独与丙达成的延期还款协议对甲是否有拘束力?

解答:甲乙是合伙关系,对外连带地共享债权和共担债务。乙执行合伙事务的效力及于全体合伙人,乙的合同变更协议对甲有拘束力。

六、合伙人权利代位行使的禁止

《民法典》第 975 条规定:"合伙人的债权人不得代位行使合伙人依照本章规定和合伙合同享有的权利,但是合伙人享有的利益分配请求权除外。"对合伙人的债权人代位权予以禁止,即在合伙存续期间,合伙人的债权人不得代位行使合伙人基于合伙关系或者合伙合同取得的具有专属权性质的权利。这是因为,合伙人对合伙的权利有专属权性质,无法与合伙人的地位相分离,如果合伙人的债权人代位行使合伙人在合伙关系中的权利,不利于合伙事业目的的实现,会对合伙关系产生不利后果。但合伙人的债权人可以通过与合伙人签订合同以及诉讼等方式,获得合伙人享有的利益分配请求权。合伙人享有的利益分配请求权,因其已成为合伙人自己独立享有的权利,并无专属性,所以合伙人的债权人可以对其行使债权人代位权。

七、不定期合伙

(一)不定期合伙的认定

依据合伙的存续期限,合伙可分为定期合伙和不定期合伙。定期合伙在合伙合同中有明确的合伙期限约定,或者根据合同性质、合同目的以及交易习惯等因素能够合理推断出合伙期限。不定期合伙则没有明确固定的合伙期限。《民法典》第 976 条规定:“合伙人对合伙期限没有约定或者约定不明确,依据本法第五百一十条的规定仍不能确定的,视为不定期合伙。合伙期限届满,合伙人继续执行合伙事务,其他合伙人没有提出异议的,原合伙合同继续有效,但是合伙期限为不定期。”不定期合伙的认定包括以下两种情况:

一是合伙人对合伙期限没有约定或者约定不明确,可以协议补充。不能达成补充协议的,按照合同有关条款、合同性质、合同目的或者交易习惯确定。仍不能确定的,视为不定期合伙。

二是合伙期限届满,合伙人继续执行合伙事务,其他合伙人没有提出异议的,该合伙视为不定期合伙。

(二)不定期合伙合同的解除

《民法典》第 976 条第 3 款规定:“合伙人可以随时解除不定期合伙合同,但是应当在合理期限之前通知其他合伙人。”不定期合伙的合同属于不定期合同,因此合伙人享有解除权。对于不定期合伙,合伙人均可以随时解除不定期合伙合同,但是应当在合理期限之前通知其他合伙人。

合伙期限届满,合伙人继续执行合伙事务的,此时合伙财产、合伙债务等事项的处理,应当按照合伙合同最终解除时的情况确定,不能按照合伙期限届满时的情况确定。

八、合伙合同的终止

(一)合伙人死亡

《民法典》第 977 条规定:“合伙人死亡、丧失民事行为能力或者终止的,合伙合同终止;但是,合伙合同另有约定或者根据合伙事务的性质不宜终止的除外。”合伙作为一种人合性的组织形式,其成立的基础在于合伙人之间的信任和协作。当合伙人死亡时,这种基础便不复存在。由于自然人的权利能力随其死亡而终止,死者无法再具备执行合伙事务所需的民事行为能力。因此,合伙的目的在合伙人死亡后将无法实现,导致合伙合同自然终止。这是民事法律关系中,由自然人死亡这一法律事实所引发的必然结果。

(二)合伙人丧失民事行为能力或者终止

合伙人丧失民事行为能力是指合伙人被宣告为无民事行为能力人或者限制民事行为能力人。合伙人的终止是指合伙人为法人时,因其依法被撤销、解散、宣告破产或者其他原因被终止,法人终止后民事主体资格不复存在,其民事权利能力和民事行为能力同时消灭。合伙人丧失民事行为能力或者终止时,合伙人失去履行合伙合同义务的能力,无法再行使合伙合同约定的权利,合伙合同实际履行不能。且合伙人终止时,不再具有法律人格,当然也就丧失了合伙人资格,合伙合同因此终止。

(三)合伙合同终止的例外情况

合伙人可以在合伙合同中特别约定,即便有合伙人死亡、丧失民事行为能力或合同终止的情况，合伙合同也不一定终止。特别是在合伙事务的性质决定其不宜终止的情况下，合伙合同可以继续有效。然而，若涉及无民事行为能力人或限制民事行为能力人，因其无法独立进行民事活动，需由其法定代理人代为行使相关权利。在这种情况下，合伙合同能否继续执行需要得到这些无民事行为能力人或限制民事行为能力人的法定代理人的明确同意，否则合伙合同将终止。

（四）剩余财产的分配

《民法典》第978条规定："合伙合同终止后，合伙财产在支付因终止而产生的费用以及清偿合伙债务后有剩余的，依据本法第九百七十二条的规定进行分配。"当合伙合同终止时，必须对合伙财产进行清算，以确定剩余财产的分配。清算的依据是合伙合同终止时合伙企业的财产状况。首先，需要清理所有的债权债务，并支付因合同终止而产生的各项费用。在扣除这些费用后，若有剩余财产需要分配，应遵循合伙合同中约定的利润分配和亏损分担规则。若合同中没有明确约定或约定不清，合伙人应首先通过协商来决定分配方式。如果协商无果，合伙人应按照各自的实缴出资比例来分配或分担剩余财产。在无法确定出资比例的情况下，剩余财产应由合伙人平均分配。

第五节　物业服务合同

一、物业服务合同概述

（一）物业服务合同的概念

物业服务合同，是物业服务人（包括物业服务企业和其他管理人）在特定的物业服务区域内，为业主提供的关于建筑物及其附属设施的维修与养护、环境卫生维护以及相关秩序管理的综合服务，而业主则需支付相应物业费用的合同。

物业服务合同通常包含以下主要条款：服务事项、服务质量标准、服务费用的计算及收取方式、维修资金的使用规定、服务用房的管理和使用办法、服务期限、服务交接等内容。

服务事项条款，是双方约定的物业服务的具体事项，包括区分所有建筑物的维护、管理、修缮等内容。

服务质量条款，是双方约定的物业服务事项应当达到的质量标准和要求。

服务费用的标准和收取办法条款，约定按照何种标准收费，如每平方米收费的标准、费用缴纳的时间等。

维修资金的使用条款，约定在何种项目、何种情况下使用维修基金。

服务用房的管理和使用条款，约定对属于业主共有的服务用房，物业公司如何进行管理、如何使用等。

服务期限，约定合同的起始和终止时间。

服务交接条款，约定物业服务人在物业服务合同终止时，如何向下一任物业服务人移交管理业务。

除了上述主要条款外，按照我国《民法典》第470条的规定，物业服务合同还应当包括当事人的姓名或者名称和住所，履行期限、地点和方式，违约责任和解决争议的方法等条款。

另外，物业服务人公开作出的、有利于业主的服务承诺，视为物业服务合同的组成部分，这是物业服务合同的一项特别规定。无论是通过宣传、广告还是其他形式，物业服务人对业主作出的承诺是否具有合同效力，应根据其具体内容来确定。物业服务人公开作出的、有利于业主的服务承诺，构成物业服务合同的组成部分，对物业服务人具有法律约束力。反之，那些不利于业主的承诺则不具有合同约束力，不属于物业服务合同的内容。

（二）物业服务合同的特征

1. 物业服务合同为要式合同，应当采用书面形式订立

从我国《民法典》第938条第3款的规定看，物业服务合同应当采用书面形式。要式的目的在于通过书面形式明确并固定双方当事人的权利与义务关系，避免发生争议，或者在争议发生时，便于确认双方权利义务。

2. 物业服务合同为双务、有偿、诺成合同

从我国《民法典》第937条的规定看，物业服务合同是由物业服务人提供物业服务，业主支付物业费的合同。业主和物业服务人在物业服务合同中，双方之间互负对待给付义务，是为双务合同。物业服务人提供物业服务是一种经营活动，应当获得报酬，而业主负有支付物业费的义务，物业服务合同乃有偿合同。另外，物业服务合同也是诺成性合同，双方一旦达成合意，合同即产生效力，对双方当事人产生拘束力。

3. 物业服务合同是涉他合同

物业服务合同的签订方通常为物业服务人和建筑物的建设单位或业主委员会、业主大会。尽管业主并非直接签订者，他们却是合同中实际权利义务的主要享有者和承担者。根据我国《民法典》第939条的规定，建设单位依法与物业服务人订立的前期物业服务合同，以及业主委员会与业主大会依法选聘的物业服务人订立的物业服务合同，对业主具有法律约束力。该条文明确了物业服务合同的涉他效力。

4. 物业服务合同是继续性合同

物业服务并不是一次性履行即可完成，而是需要持续一定时间的不间断服务过程。由于物业服务合同具有继续性特征，即使在合同终止时，其效力仍对将来产生作用。因此，对于已经提供的服务，物业服务企业仍有权依据合同条款要求支付相应的报酬。

（三）前期物业服务合同与普通物业服务合同

1. 根据合同主体的不同，物业服务合同可分为两种类型

一是前期物业服务合同。前期物业服务合同是由建筑物的建设单位依法与物业服务人签订的，此时尚未有业主直接参与。但业主依法享有合同中所规定的相关权利并承担相应义务。在建设过程中，建设单位出售了商品房，即便业主尚未全部入住，物业管理

仍是必需的。因此,建设单位需先行聘请物业服务企业对物业进行管理。随着业主入住数量的增加,当业主大会成立并选举产生业主委员会后,如果业主对前期物业服务合同所聘任的物业服务企业不满意,业主有权行使解除权,终止前期物业服务合同,并重新选聘物业服务企业。

二是普通物业服务合同。普通物业服务合同是由业主委员会或业主大会依法选聘物业服务人签订的物业服务合同。其主体是业主委员会或业主大会与物业服务人。

前期物业服务合同与普通物业服务合同共同构成了物业服务合同的范畴。在一般情况下,提及物业服务合同即涵盖了这两种类型的合同。在签订形式上,两者有所不同:前期物业服务合同主要由建设单位与物业服务企业签订,尚未涉及业主作为合同主体;而普通物业服务合同则通常由业主委员会或业主大会与物业服务企业签订,更能体现业主的意愿和选择。然而,无论是前期物业服务合同还是普通物业服务合同,只要它们是合法且有效签订的,对业主和物业服务企业都具有法律约束力。这意味着,无论是哪种类型的物业服务合同,业主和物业服务企业都需要遵守合同条款,并承担相应的法律责任。

2. 前期物业服务合同与普通物业服务合同的衔接

我国《民法典》第 940 条规定:"建设单位依法与物业服务人订立的前期物业服务合同约定的服务期限届满前,业主委员会或者业主与新物业服务人订立的物业服务合同生效的,前期物业服务合同终止。"该条规定了前期物业服务合同终止的两种法定情形:一种是合同约定的服务期限届满,依合同而终止。另一种则是由业主委员会或业主与新物业服务人订立的普通物业服务合同生效,取代前期物业服务合同,前期物业服务合同终止。

在前期物业服务合同与普通物业服务合同的交替过程中,关于前期物业服务合同是否在业主决定更换物业服务人时立即终止的问题,涉及了业主的核心利益。鉴于对区分所有建筑物的日常管理和维护是一个持续不断的过程,无论是前期物业服务合同还是普通物业服务合同,物业服务企业都必须对所承担的管理职责保持认真负责的态度。在物业服务合同交替过程中,尤其是在物业服务人的更换衔接上,必须确保业主的利益不受损害。

3. 普通物业服务合同效力优先

普通物业服务合同,是由业主委员会或业主直接签订的,因而较之前期物业服务合同更能体现业主的意志。故而一旦普通物业合同生效,普通物业服务合同的效力当然优先于前期物业服务合同。在普通物业服务合同生效时,若前期物业服务合同约定的服务期限尚未届满,普通物业服务合同的效力将优先于前期物业服务合同。一旦普通物业服务合同生效,前期物业服务合同即告终止。普通物业服务合同的物业服务人将即时取得物业管理权,并开始履行物业管理职责。同时,为了确保物业管理的顺畅过渡,前期物业服务合同的物业服务人应当在合同终止后的规定时间内,按照约定的方式和内容,将管理的物业移交给普通物业服务合同的物业服务人，不得以任何理由拒绝或延迟移交。①

二、物业服务合同的法律效力

物业服务合同的法律效力即物业服务合同对合同双方当事人产生的拘束力，具体体现在合同中规定的双方的权利和义务上。

（一）物业服务人的义务

1. 物业服务人的一般义务

物业服务人履行物业管理职责的依据是物业服务合同的约定和物业本身的使用性质。关于物业服务人的物业服务的职责范围，我国《民法典》第942条作了明确的规定："物业服务人应当按照约定和物业的使用性质，妥善维修、养护、清洁、绿化和经营管理物业服务区域内的业主共有部分，维护物业服务区域内的基本秩序，采取合理措施保护业主的人身、财产安全。""对物业服务区域内违反有关治安、环保、消防等法律法规的行为，物业服务人应当及时采取合理措施制止、向有关行政主管部门报告并协助处理。"其主要职责有：

一是妥善维修、养护、清洁、绿化和经营管理物业服务区域内的业主共有部分。维修、养护是针对建筑物及其附属设施的本身功能和寿命；清洁、绿化是对物业区划内环境的美化和保持，使业主的生活环境能够保持适宜；经营管理是对业主共有部分的利用并获得收益。

二是维护物业服务区域内的基本秩序，包括公共生活秩序、道路交通秩序、环境管理秩序等。

三是采取合理措施保护业主的人身、财产安全。物业服务人负有安全保障义务，防止建筑物对业主的危害，防范违法犯罪人员实施侵害业主人身和财产的行为，对于业主之外接近或者进入物业管理区域的人员的人身安全，也应负有职责，防止建筑物的脱落物致害他人等。另外，防范业主高空抛物、高空坠物致人损害，也是物业服务人的职责之一。

四是物业服务人负有纠正违法、违规行为的职责。对物业服务区域内违反有关治安、环保、消防等法律法规的行为，只要是在物业管理区域之内的人员实施上述行为，物业服务人都有权及时采取合理措施予以制止，防止损害全体业主的利益。在对上述违法、违规行为进行制止的同时，物业服务人应当及时向相关行政管理部门报告并协助处理。

五是业主违反物业服务合同或者法律、法规、管理规约，实施妨碍物业服务与管理的行为，物业服务人得请求业主承担停止侵害、排除妨碍、恢复原状等相应民事责任。

---

① 司法实践中，前期物业服务人为了使约定期限届满前的前期物业服务合同的效力不终止，通常在诉讼中提出业主委员会与新的物业服务人签订的普通物业服务合同未生效的抗辩，其主要理由具体包括：一是业主大会和业主委员会的成立不符合法定条件和程序，如业主委员会的成立未备案或者备案被撤销；二是业主大会或业主委员会解聘前期物业服务合同的程序不合法；三是选聘普通物业服务人不符合《民法典》第278条关于"业主共同决定"的具体条件和程序；四是普通物业服务合同的签订程序不合法，如业主大会未授予业主委员会缔约权。除此之外，前期物业服务人还会提出业主委员会没有诉讼主体资格，或者业主委员会的起诉未经业主大会授权因而其诉讼主体不适格等抗辩理由。

2. 亲自提供物业服务义务

物业服务人应当亲自履行提供物业服务的义务。根据我国《民法典》第 941 条的规定，物业服务人将物业服务区域内的部分专项服务事项委托给专业性服务组织或者其他第三人的，应当就该部分专项服务事项向业主负责。物业服务人不得将其应当提供的全部物业服务转委托给第三人，或者将全部物业服务支解后分别委托给第三人。该条规定至少包含了两个方面的内容：

一是物业服务人可以将部分服务项目进行转委托。由于物业服务的内容广泛，其中涉及许多专业性较强的服务项目，仅凭物业服务人自身的员工难以全面覆盖。因此，为了保障服务质量，允许物业服务人将部分服务事项转委托给具备相关专业知识和经验的人员或专业机构来执行。物业服务人有权将部分服务事项转委托给具有专业资质的人员或机构，而无须事先征得业主委员会或业主的同意。然而，若物业服务合同中明确规定了关于某些服务项目的转委托限制或要求，物业服务人应严格遵循合同条款的约定进行操作。对于转委托部分的服务项目，依照转委托的性质处理，如果该部分的服务不符合物业服务合同的约定，业主有权要求物业服务人承担违约责任。

二是物业服务人不能将全部服务项目转委托。物业服务合同具有委托合同的特性，建立在双方当事人之间的相互信任之上。在选聘物业服务人的过程中，业主委员会或业主最为关注的是物业服务人的信誉和服务质量。因此，若允许物业服务人将全部服务项目进行转委托或分解后转委托，可能会破坏这种建立在信任基础上的关系，影响服务的质量和效果。

3. 物业服务人的信息公开与报告义务

物业服务人是受业主委托的受托管理人，应当按照业主的意志和利益管理物业，并对业主负责。在履行其管理职责时，物业服务人应充分保护业主的知情权，并负有向业主报告的义务。这意味着物业服务人需要及时公开其管理职责的履行情况，确保全体业主了解物业管理的实际情况。物业服务人的这一信息公开与报告义务，不仅体现了其对业主的责任，也符合我国《民法典》第 285 条的规定，即“接受业主的监督，并及时答复业主对物业服务情况提出的询问”。

物业服务人需要定期公开和报告的事项有：服务的事项、负责人员、质量要求、收费项目、收费标准、履行情况，以及维修资金使用情况、业主共有部分的经营与收益情况等。对于上述物业管理事项的具体情况，物业服务人以合理方式向业主公开并向业主大会、业主委员会报告，接受业主的监督，以便改进工作。

4. 物业服务人的移交义务

我国《民法典》第 949 条规定了物业服务人的移交义务。即物业服务合同终止的，原物业服务人应当在约定期限或者合理期限内退出物业服务区域，将物业服务用房、相关设施、物业服务所必需的相关资料等交还给业主委员会、决定自行管理的业主或者其指定的人，配合新物业服务人做好交接工作，并如实告知物业的使用和管理状况。

根据该条规定，物业服务人在合同终止时有义务进行资料和相关设施的移交，以解决实践中常见的因欠费或质疑业主大会、业主委员会决议而导致的交接难问题。若物业服务人拒不履行交接义务，业主委员会有权向人民法院提起诉讼，请求解除物业服务合同，并要求物业服务人退出物业服务区域、移交物业服务用房、相关设施，以及物业服务所必需的所有资料和由其代管的专项维修资金。在此情况下，若物业服务人仍拒绝退出、移交，并试图以存在事实上的物业服务关系为由向业主追索合同终止后的物业服务费，人民法院将不予支持。此外，若物业服务人不配合交接工作，给业主造成损失的，应依法承担赔偿责任。

（二）业主的权利及义务

1. 业主应当按照约定向物业服务人支付物业费

物业服务合同是一种有偿合同，意味着物业服务人在为业主提供物业服务的同时，业主有义务支付相应的物业费，作为对物业服务人提供服务的报酬。我国《民法典》第944条规定："业主应当按照约定向物业服务人支付物业费。物业服务人已经按照约定和有关规定提供服务的，业主不得以未接受或者无需接受相关物业服务为由拒绝支付物业费。""业主违反约定逾期不支付物业费的，物业服务人可以催告其在合理期限内支付；合理期限届满仍不支付的，物业服务人可以提起诉讼或者申请仲裁。""物业服务人不得采取停止供电、供水、供热、供燃气等方式催交物业费。"

业主违反支付物业费的义务的，可强制其履行。对支付物业费义务的强制性包括以下两个方面：

一是业主不得无理拒绝支付物业费。物业服务人进行物业管理，是按照合同的约定和有关规定进行的，只要提供了约定的服务的，就是对全体业主提供的服务。如果业主以自己未接受或者无须接受相关物业服务为由，拒绝支付物业费，就是无理拒绝支付物业费，构成违约行为。

案例分析：某小区业主张某与甲物业公司订立了物业服务合同。之后，张某因车位长期无故被人占用，不满甲公司服务。张某是否可以此为由拒付物业费，并主张物业服务合同无效？

解答：不可以。业主应当按照约定向物业服务人支付物业费。物业公司存在没有制止他人擅自占用张某停车位等维护物业服务区域内的基本秩序的违约行为，张某有权依照有效物业服务合同对甲物业公司主张违约责任，但不得否认物业服务合同对自己具有法律约束力。

二是业主逾期支付物业费的责任。业主违反约定，逾期不支付物业费的，物业服务人可以对业主进行催告，并且确定宽限期，要求其在合理宽限期限内支付物业费。业主超过宽限期仍不支付物业费的，物业服务人可以提起诉讼或者申请仲裁，由人民法院或者仲裁机构进行裁决，对支付物业费的义务赋予强制执行力。当业主拒不履行裁决确定的支付物业费义务时，可以申请人民法院强制执行。需要注意的是，物业服务人不得采取停止供电、供水、供热、供燃气等方式催交物业费。

物业服务合同作为一种双务合同，意味着合同双方当事人在合同履行过程中均享有权利和承担义务。因此，在物业服务合同的履行中，同样存在一方当事人基于对方未履行合同义务或履行合同义务不符合约定，而依法行使抗辩权的情况。也就是说，一方当事人可以针对另一方的请求权提出一定的事实和理由，以阻止对方请求权的实现。由于物业服务合同具有履约期限长、履约行为持续的特点，物业服务企业提供服务、业主支付物业服务费的行为通常是没有先后顺序的。

在许多物业服务纠纷中，业主常采取的自我救济手段是行使同时履行抗辩权，通过拒交物业费来表达对物业服务的不满。通常，业主的抗辩理由集中在物业服务企业“未能按照约定和有关规定提供服务”。然而，这一理由是否足以构成抗辩事由，关键在于如何认定“未按照约定和有关规定提供服务”。我们认为，只有当物业服务人存在未履行合同主要义务的情况，即出现根本性违约时，业主拒交物业费的做法才有可能得到法院的支持，成为有效的抗辩事由。在实际操作中，业主提出的抗辩理由往往涉及物业服务在保安、泊车、保洁等方面的服务瑕疵。这些情形通常被视为一般性违约或未能全面履行合同义务，不应直接作为拒交物业费的依据。对于这类一般性违约或未能全面履行合同义务的情况，更合适的做法是通过当事人之间的协商，寻求变更物业费标准、要求继续全面履行合同、采取补救措施或赔偿损失等解决方案。这样既保障了业主的权益，也促进了物业服务质量的提升，同时避免了因简单拒交物业费而可能引发的法律纠纷。

此外，物业服务人虽然有收取物业费的权利，但是物业服务人违反物业服务合同的约定或者法律、法规、部门规章规定，擅自扩大收费范围、提高收费标准或者重复收费，业主是可以以违规收费为由提出抗辩的。业主得请求物业服务人退还其已经收取的违规费用。在物业服务合同的权利义务终止后，业主也有权要求物业服务人退还已经预收但尚未提供物业服务期间的物业费。这些措施旨在确保物业服务的公平性和透明度，保障业主的合法权益。

2. 业主对专有部分装饰装修、转让、出租等负有事先告知义务

我国《民法典》第945条规定：“业主装饰装修房屋的，应当事先告知物业服务人，遵守物业服务人提示的合理注意事项，并配合其进行必要的现场检查。”“业主转让、出租物业专有部分、设立居住权或者依法改变共有部分用途的，应当及时将相关情况告知物业服务人。”该条规定了业主对专有部分装饰装修、转让、出租等负有事先告知义务，具体可分为三个方面：

第一，业主装饰装修房屋的，应当事先告知物业服务人。业主在装饰装修房屋时，虽然是在自己专有部分所有权的范围内行使权利，但由于区分所有建筑物的特殊性，一家业主的装修行为可能会对其他业主的生活安宁造成影响，而装修不当更可能影响建筑物的整体安全和使用寿命，因此装修行为涉及全体业主的共同利益。基于此，业主在装修前负有事先告知物业服务人的义务，以便物业服务人能向其提供合理的注意事项提示。业主在装修过程中应遵守这些提示，不得违反相关规定。同时，物业服务人有权进行必要的现场检查，以确保装修行为符合规定，不会对建筑物和其他业主造成不利影响。

第二，业主转让、出租物业专有部分、设立居住权或者依法改变共有部分用途的，应当及时将相关情况告知物业服务人。业主在转让、出租物业专有部分或设立居住权时，确实是在行使自己的支配权，这些行为原则上不受他人干涉。然而，考虑到物业管理的需要和其他业主的权益，业主在进行这些操作时，应当告知物业服务人。这样做不仅有

助于物业服务人更好地进行管理和服务，也能确保相关交易的透明性和合法性。通过及时告知，物业服务人可以更新相关记录，提供必要的协助，并在必要时与业主沟通，确保物业管理的顺利进行。因此，业主在行使这些权利时，有义务告知物业服务人，以便于他们的管理和服务。

第三，依法改变共有部分用途的，应当及时将相关情况告知物业服务人。业主依法改变共有部分用途而不违反物业管理公约的，也应当及时将相关情况告知物业服务人，使物业服务人掌握具体情况，便于行使管理职责，对全体业主的利益负责。

3. 业主任意解除物业服务合同的权利及其限制

我国《民法典》第 946 条规定："业主依照法定程序共同决定解聘物业服务人的，可以解除物业服务合同。决定解聘的，应当提前六十日书面通知物业服务人，但是合同对通知期限另有约定的除外。""依据前款规定解除合同造成物业服务人损失的，除不可归责于业主的事由外，业主应当赔偿损失。"根据该条规定，业主有权依照自己的意志选聘物业服务人订立物业服务合同，也有权解除物业服务合同，解聘物业服务人。业主在物业服务合同中享有的解除权是任意解除权，其目的就是为了维护业主权益。

由于物业服务合同的特殊性，业主对物业服务人行使任意解除权应当有所限制：

第一，应按照法定程序进行。业主行使任意解除权，须依照法定程序共同决定。依照我国《民法典》第 278 条的规定，选聘和解聘物业服务企业或者其他管理人，是应当由全体业主共同决定的事项。应当由专有部分面积占比三分之二以上的业主且人数占比三分之二以上的业主参与表决。应当经参与表决专有部分面积过半数的业主且参与表决人数过半数的业主同意。按照上述程序作出行使解除权的决定后，通知物业服务人解除合同，解聘物业服务人。

第二，行使任意解除权的通知义务。决定对物业服务合同行使解除权的，应当提前 60 日书面通知物业服务人，给物业服务人必要的准备时间。如果物业服务合同对通知期限另有约定的，按照其约定，不适用 60 日的规定。

第三，行使任意解除权给物业服务人造成损害的赔偿责任。解聘物业服务人是单方解除合同，因解除物业服务合同造成物业服务人的损失，是否承担赔偿责任，关键在于解除合同是否具有可归责于业主的事由。如果解除合同不可归责于业主，而是物业服务人的责任，业主不承担赔偿责任；否则，业主应当赔偿损失。

三、物业服务合同的续订、不定期物业服务合同和后合同义务

（一）物业服务合同的续订

我国《民法典》第 947 条规定："物业服务期限届满前，业主依法共同决定续聘的，应当与原物业服务人在合同期限届满前续订物业服务合同。""物业服务期限届满前，物业服务人不同意续聘的，应当在合同期限届满前九十日书面通知业主或者业主委员会，但是合同对通知期限另有约定的除外。"依照这一规定，续聘与否是物业服务合同双方当事人的合意，物业服务合同期限届满，业主享有续聘权，物业服务人相应地享有拒绝续

聘权。

业主在物业服务期限届满前,有权向物业服务人提出续聘的要约,若物业服务人同意,双方达成合意的,物业服务合同续订。

续订的程序上须注意:

第一,时间要求。续订合同应该在物业服务期限届满前进行续订。这主要是考虑到物业服务的延续性,实现原物业服务合同与续订合同的衔接。

第二,程序要求。物业服务合同的续订程序属于《民法典》第 278 条规定的业主共同决定的事项。作出续聘决定,也须由专有部分面积占比三分之二以上的业主且人数占比三分之二以上的业主参与表决。应当经参与表决专有部分面积过半数的业主且参与表决人数过半数的业主同意。

第三,续订的物业服务合同由代表业主的业主委员会或者业主大会,与原物业服务人续订物业服务合同,原合同期限届满即开始履行新合同。

物业服务人享有拒绝续聘权,是其不同意业主提出的续聘请求的权利。物业服务人在合同到期不同意续聘的,原物业服务合同消灭,双方当事人的权利义务终止,双方不再受该合同的约束。

当物业服务合同即将到期,涉及新旧物业服务人的交接问题时,为确保物业服务的连续性和稳定性,物业服务人如果打算不再续订合同或行使拒绝续聘权,应当在物业服务期限届满前的 90 日内,通过书面形式向业主或业主委员会发出通知。这样做是为了让业主和业主委员会有足够的时间准备与新的物业服务人进行协商和交接。如果物业服务合同中对通知期限有特定的约定,那么双方应遵循该约定。如果物业服务人最终决定不同意续聘,那么当物业服务期限届满时,原合同即告终止,双方将不再受该合同的约束。这意味着原物业服务人将不再承担管理职责,而业主或业主委员会则需要与新的物业服务人协商并签署新的服务合同。为了保持物业服务的连贯性,业主或业主委员会应提前与新的物业服务人接洽,确保在合同到期前完成平稳的交接过渡。

(二)不定期物业服务合同

实践中大量存在的前期物业服务合同、物业服务合同到期后,未能及时成立业主大会以重新续聘或选聘物业服务人的情况。在这种情况下,如果物业服务人继续提供服务,而业主没有明确表示拒绝,那么原物业服务合同将继续存在,但会由原本的有期限合同转变为不定期物业服务合同。这意味着,双方都需要履行原合同中的义务,但合同的有效期将不再受原定期限的限制,直到双方达成新的协议或经法定程序终止合同。我国《民法典》第 948 条规定:"物业服务期限届满后,业主没有依法作出续聘或者另聘物业服务人的决定,物业服务人继续提供物业服务的,原物业服务合同继续有效,但是服务期限为不定期。""当事人可以随时解除不定期物业服务合同,但是应当提前六十日书面通知对方。"

物业服务合同从定期合同转变为不定期合同,需满足以下条件:一是原物业服务合同期限届满;二是业主在合同到期后未能依法作出续聘或另聘物业服务人的决定;三是物业服务人继续按原合同约定提供服务，且业主未对此表示拒绝。满足上述条件时，原物业服务合同即转变为不定期合同，继续有效，对双方当事人仍具有法律约束力。不定期物业服务合同适用相关法律规定中关于不定期合同的规则。任何一方当事人均有权在遵守法定程序的前提下，提前60日以书面形式通知对方解除合同。

（三）后合同义务

我国《民法典》第558条规定了债权债务终止后，当事人应承担后合同义务，对物业服务领域而言，物业服务合同终止后的后合同义务更为重要。其义务内容主要有：

1. 退出与交接义务。我国《民法典》第949条规定："物业服务合同终止的，原物业服务人应当在约定期限或者合理期限内退出物业服务区域，将物业服务用房、相关设施、物业服务所必需的相关资料等交还给业主委员会、决定自行管理的业主或者其指定的人，配合新物业服务人做好交接工作，并如实告知物业的使用和管理状况。""原物业服务人违反前款规定的，不得请求业主支付物业服务合同终止后的物业费；造成业主损失的，应当赔偿损失。"根据上述条文规定，物业服务合同终止后，物业服务人须承担后合同义务，主要涵盖两个方面。首先是退出义务，物业服务人需在约定或合理期限内退出物业服务区域，确保不再占用相关区域，为新任物业服务人接管和履行职责提供便利。在此过程中，原物业服务人必须向业主委员会、决定自行管理的业主或其指定的人（如新的物业服务人）移交物业服务用房、相关设施及必要的物业服务资料。其次是配合义务，原物业服务人需协助新任物业服务人进行交接工作，确保物业管理的顺利过渡。这包括如实向新任物业服务人提供物业使用和管理状况的信息，以便业主了解物业情况，同时也有助于新任物业服务人更好地履行其职责。通过履行这些后合同义务，物业服务人能够促进物业管理的连续性和稳定性。

原物业服务人违反上述规定的后合同义务的，不得请求业主支付物业服务合同终止后的物业费。即使物业服务合同已经终止，原物业服务人继续提供了物业服务，也不能要求支付该期间的物业费。此外，如果原物业服务人的不履行行为给业主造成了损失，他们还应当对业主的损失承担赔偿责任。

2. 原物业服务人于交接前负有继续服务的义务及报酬请求权。我国《民法典》第950条规定："物业服务合同终止后，在业主或者业主大会选聘的新物业服务人或者决定自行管理的业主接管之前，原物业服务人应当继续处理物业服务事项，并可以请求业主支付该期间的物业费。"之所以在物业服务合同中特别强调后合同义务，是因为物业服务属于连续性的专业服务，其服务行为应当保持连贯，不得中断。物业服务一旦中断，将会严重侵害业主的合法权益，甚至可能给业主带来危害。因此，明确后合同义务，确保物业服务的平稳过渡和连续提供，是保护业主利益和维护物业服务行业健康发展的重要保障。

物业服务合同终止后，在原物业服务人正式退出、业主或业主大会选聘的新物业服务人接管或业主决定自行管理之前，原物业服务人应当继续负责处理物业服务事项，不得推诿或拒绝提供服务。根据权利义务相一致的原则，继续处理物业服务事项的原物业服务人，有权请求业主支付该期间的物业费，费用标准应与之前已终止的物业服务合同中的约定保持一致。若原物业服务人拒不履行这一义务，业主有权拒绝支付该期间的物业费，并且，如果因此给业主造成损害，业主可以要求原物业服务人承担相应的赔偿责任。

关于“物业服务合同”的详细阐释，可扫码观看视频：

本章小测

拓展案例

(2018)最高法民申170号案。

拓展案例

延伸阅读

论合伙财产的物权归属。

延伸阅读

本章参考文献

1. 王泽鉴：《债法原理》，北京大学出版社2013年版。
2. 黄茂荣：《债法通则》，厦门大学出版社2014年版。
3. 史尚宽：《债法总论》，中国政法大学出版社2000年版。
4. 史尚宽：《债法各论》，中国政法大学出版社2000年版。

第十二章　无因管理

思维导图

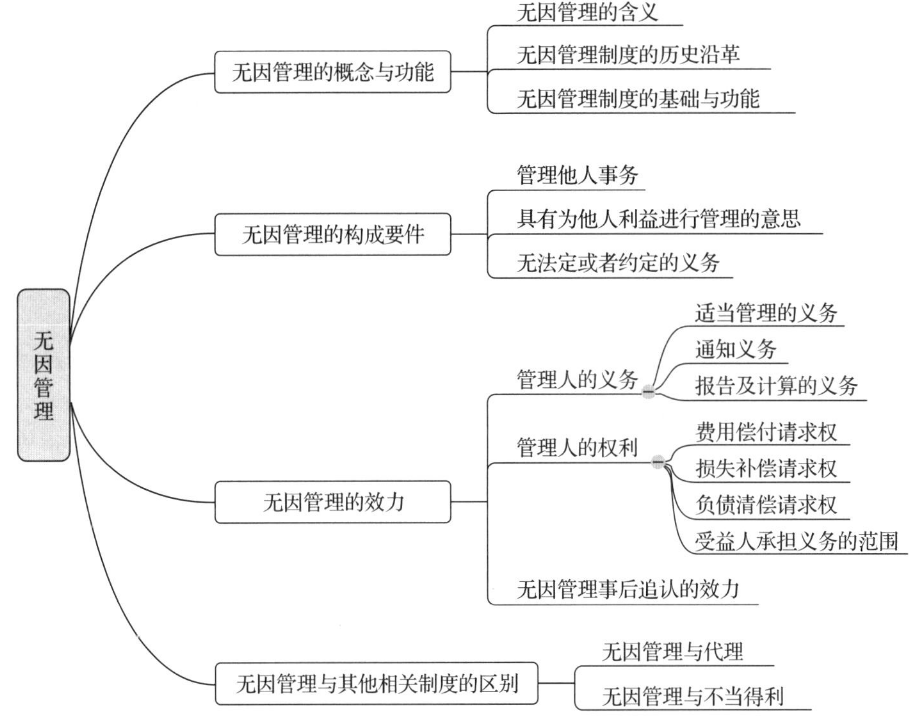

第一节　无因管理的概念与功能

一、无因管理的含义

没有法定的或者约定的义务，为他人利益而管理他人事务或提供服务，即称无因管理。其中，进行管理或者服务的当事人称为管理人，其事务受管理或服务的一方称为受益人或者本人。

案例分析：张某与李某是邻居，一日张某外出，张某的快递包裹堆放在其门口。眼看天要下雨，李某便将张某的快递包裹放在其自己屋内。大雨过后，张某回家，李某将快递包裹送还张某。

解答：本案中，李某没有与张某约定保管其快递包裹，也没有法定义务保管快递包裹，但是，为了不让张某的快递包裹不受雨淋湿而受损，即为了张某的利益而行事，即构成无因管理。

关于无因管理的详细阐述，请扫码阅读：

作为一项法律事实，无因管理是指社会生活中管理人在没有法定或者约定义务的情况下基于为受益人利益的管理意思而进行的管理或服务活动。无因管理不是指管理人的管理意思本身，管理或服务发生的法律效果也不是由法律基于管理意思而赋予的，而是由法律根据管理或服务的事实而直接赋予的，因此，无因管理属于事实行为，而非法律行为。值得注意的是，由于无因管理要求管理人必须有为了他人利益的管理意思，因此属于事实行为中的混合事实行为，即以人的精神作用为必要的事实行为，与不以人的精神作用为必要因素的一般事实行为存在区别。无因管理既然属于事实行为，则其成立不以管理人和受益人有行为能力为要件。但是，在管理人方面，由于需要有为他人利益的管理意思，因此管理人应当具有相应的意思能力。

无因管理是债的发生原因之一，当事人因无因管理的存在而发生债权债务关系。根据《民法典》第 979 条的规定，管理人没有法定的或者约定的义务，为避免他人利益受损失而管理他人事务的，可以请求受益人偿还因管理事务而支出的必要费用。据此规定，如果存在无因管理的情形，管理人有权要求受益人偿付由此而支付的必要费用，相应的，受益人负有偿还管理人为管理其事务或提供服务所支付的必要费用的义务。

二、无因管理制度的历史沿革

无因管理制度起源于罗马法。在罗马法上，无因管理被认为属于准契约之一，由市民法调整的无因管理产生两种诉权。其中，受益人针对管理人的诉讼称为“无因管理直接诉讼”，而管理人针对受益人的诉讼称为“无因管理反对诉讼”。

《法国民法典》继承了罗马法上的准契约概念，将无因管理也规定为准契约之一。此种立法例为《德国民法典》、《瑞士债务法》及《日本民法典》所摈弃，在这些法典中，无因管理被作为独立的债的发生原因而作规定。在我国，国民政府时期颁布实施的“民法”也对无因管理制度作出了独立的规定。新中国成立后，国民政府时期施行的“民法”在台湾地区仍然沿用，而在大陆地区，1986 年颁布的《民法通则》第 93 条将无因管理制度规定在“债权”一节中，作为债的发生根据之一。然而，在《民法典》颁行后，《民法典》沿用了上述准契约概念，将无因管理作为一种准合同，规定在合同编的第三分编“准合同”第二十八章中。

三、无因管理制度的基础与功能

在罗马法中，存在着“干涉他人事务违法”的原则，即个人事务应由个人自行处理，他人不得干涉，否则构成侵权行为，应当负有损害赔偿的责任。尽管在他人未经请求的情况下协助他人也符合当时的社会伦理，并不构成侵权行为，但是，由于受“干涉他人事务违法”原则的影响，为了防止他人借协助之名而侵犯本人利益，罗马法设立无因管理制度，以严格限制管理他人事务的范围，以保护本人利益。[①]

随着近代法律发展过程中对于人类团结互助美德的倚重，各国民法重视社会利益的维护，鼓励人们实施团结互助行为。相应地，民法上的无因管理制度的功能也发生变化，不再仅仅以保护受益人利益为主要目的，而同时以保护管理人的利益为目的，以实现人们团结互助的美好社会秩序。

第二节　无因管理的构成要件

根据《民法典》第 979 条的规定，无因管理的构成要件，共有如下三个方面：(1)管理他人事务；(2)具有为他人利益进行管理的意思；(3)无法定或约定的义务。现分述如下：

一、管理他人事务

所谓管理，是指诸如维护行为、利用行为、改良行为以及处分行为等处理事务的各种行为，包括管理人自己实施的行为和提供的服务。从法律上看，此类行为既可以是事实行为，如他人物品的修理，也可以是法律行为，如将他人不易保存的鲜活物品出卖。

所谓事务，是指有关人们生活利益的一切事项，包括经济性质的事项和非经济性质的事项。从法律上看，此事务可以是事实行为，也可以是法律行为；可以是一次性行为，

① 参见郑玉波著，陈荣隆修订：《民法债篇总论》，中国政法大学出版社 2004 年版，第 72 页。

也可以是持续性的行为;可以管理人自己名义实施,也可以本人名义实施。由于无因管理以在当事人之间发生法律所承认的债权债务关系为目的,因此,如下事务不属于无因管理中的事务:(1)违法事项;(2)损害社会公共利益和违背社会公德的事项;(3)纯粹宗教、道德、习俗、公益范围的事项;(4)依法必须由本人亲自实施或者授权才能管理的事项;(5)单纯的不作为。

以上事务必须是他人事务,通常而言,如该事务在法律上的权利归属他人,即属于他人事务。此所谓客观上的他人事务。实践中往往存在无法根据法律上的权利归属判断是否属于他人事务的情形,如同宿舍甲同学购买乙同学准备购买的上衣。在此情形下,需要根据管理人的主观意思来确定管理人是否有为他人利益进行管理的意思,如果管理人有为他人利益进行管理的意思,则此项事务为他人事务,反之则属于自己事务。此所谓主观上的他人事务。对于主观上的他人事务,由管理人负举证责任,如果管理人不能证明属于他人事务,就推定该事务属于自己的事务,不成立无因管理。此外,如果此项事务属于管理人与他人共同事务时,也可以就属于他人的部分构成他人事务。例如,修缮他人和自己共同使用的围墙,可以就属于他人的部分成立无因管理。[①]

二、具有为他人利益进行管理的意思

如前所述,管理人应当具有管理意思,即管理人在管理他人事务时有为了他人利益的认识。管理人有将管理他人事务所产生的利益归属于他人的"利他"意识,属于管理人的主观心理状态。此项管理意思与法律行为中的行为人意思不同。后者是指行为人企图在法律上发生一定法律效果的内心意思,并通过行为人的对外表示而客观化。法律行为的法律后果是法律根据行为人的效果意思而赋予的。而管理意思并非此类效果意思,无因管理的法律效果也不是根据该管理意思而产生,该管理意思也不需要对外表示。

对于该他人,管理人即使不知道其具体为谁,也不影响为他人利益进行管理的意思的成立。如果出现为兼为他人利益和自己利益为管理的意思,也可以成立无因管理。例如,甲房屋着火,邻居乙既为甲的利益又为自己房屋免遭殃及而奋力灭火以致自己受伤,也可以成立无因管理。

值得注意的是,《民法典》第 979 条将为他人利益进行管理的意思内容限于为避免他人利益受损失,即消极增加他人利益,而不包括积极增加他人利益。对此,本书认为,为他人利益进行管理的意思内容不应当有此限制,解释上应当包括为他人利益的各种情形。《民法典》第 980 条也规定,即使管理人管理事务不具备第 979 条所规定的情形,但受益人享有管理利益的,受益人也应当负有如下义务,即在其获得的利益范围内向管理人偿还管理人管理事务而支出的必要费用,或者适当补偿管理人因管理事务受到的损失。此所谓"受益人享有管理利益",解释上应当包括管理人管理事务而积极增加受益人利益的情形。

在实践中,往往出现管理人因误信他人事务为自己事务而管理(误信管理),或者误

---

① 参见王家福:《民法债权》,法律出版社 1991 年版,第 588 页。

信自己事务为他人事务而管理(幻想管理),或者明知是他人事务而仍然作为自己事务而管理(不法管理)等情形。在此类情形中,由于管理人主观上并不具备为他人利益进行管理的意思,因此,此类管理行为都不能构成无因管理,有的学者称之为“不真正无因管理”。在此类情形中,当事人可以根据侵权行为或不当得利的规定,请求损害赔偿或者返还不当利益。但是,在不法管理的情形下,由于当事人根据侵权行为或不当得利的规定向管理人请求损害赔偿或返还不当利益时,其请求范围可能会小于管理人因不法管理获得利益的范围,因此,为纠正此种法律规定的缺漏,实现社会正义,有的国家和地区的民法规定,管理人因不法管理他人事务而获取的全部利益,均应全额返还给他人。①

三、无法定或者约定的义务

无法定或约定的义务,是指管理人为受益人利益进行管理或提供服务,并非出于管理人所负有的法定义务或者管理人与他人之间的约定而产生的约定义务。因此,无因管理中的“无因”,就是指没有法定或约定的义务。

依法负有管理受益人事务的义务时,管理人对受益人事务的管理就不属于无因管理,不论此项义务属于私法上的义务,还是公法上的义务。例如,私法上,父母对于未成年人事务的管理,监护人对于被监护人事务的管理,皆属于法律所规定的义务,不能成立无因管理。而在公法上,消防队员实施灭火行为,警察维护治安的行为,亦属于公法上所规定的义务,不能成立无因管理。

依照约定负有管理他人事务的约定义务时,管理人根据此项义务对该他人事务进行的管理也不属于无因管理,不论此项约定义务是基于管理人与受益人的约定而产生,还是基于管理人与受益人以外的其他人的约定而产生。因此,如果管理他人事务是基于委托、承揽、保管、运输、合伙、雇佣等合同而实施的,则属于履行合同义务,并不构成无因管理。

值得注意的是,首先,虽然管理人对受益人负有法定或约定的管理事务的义务,但是,在其管理他人事务时如果超过了自己的义务范围,那么就此超过义务范围的部分事务,仍然可以成立无因管理。其次,在时间上,如果管理人在管理之初有义务,但在中途该义务消失,则自此时起成立无因管理。相反,如果管理人在管理之初无义务,但嗣后有义务,则自此时起不再成立无因管理。

第三节　无因管理的效力

如前所述,无因管理是债的发生原因之一,因此,根据前述的要件成立无因管理后,当事人因无因管理行为的存在而产生债权债务关系,管理人与受益人相互向对方承担相

① 此方面立法例,参见《德国民法典》第 684 条,我国台湾地区“民法”第 177 条。

应的义务，享有相应的权利。管理人的义务，也就是受益人应享有的权利；管理人的权利，也就是受益人应承担的义务。因此，从管理人的角度而言，无因管理的效力，可体现在如下方面：

一、管理人的义务

如前所述，无因管理本属于干涉他人事务的行为，但基于无因管理符合社会伦理，有助于维护社会公益，法律承认无因管理的正当性而认定其为合法行为，使之区别于侵权行为。据此，管理人于无因管理成立后，并不承担侵权责任，但基于无因管理事实仍然应当承担一定的义务。现分述如下：

（一）适当管理的义务

所谓适当管理的义务，是指管理人在管理受益人事务时，应当不违背受益人的真实意思并以有利于受益人利益的方法进行管理。因此，适当管理义务实际上包括了不违背受益人真实意思和采用有利于受益人利益的管理方法两个方面。

1. 不违背受益人的真实意思

所谓不违背受益人的真实意思，是指管理人在管理受益人事务时与受益人明示的或者可推知的意思相一致。可推知的受益人意思是指受益人虽然没有明示但根据某种情形可推测出受益人通常在此情形下有某种意思。例如，乙外出未归时，甲于暴雨来临之前收存邻居乙晒于晒谷场上的谷物于自家仓库中。此情形下可推知乙具有收存谷物的真实意思。

如果管理人违背受益人的真实意思进行事务管理，则属于不当干涉他人的事务，侵害他人权益。管理人由此给受益人利益造成损害，则应当依照侵权责任的规定，负损害赔偿责任。然而，如果受益人的真实意思明显违反法律或者违背公序良俗，尽管管理人对于受益人事务的管理不符合受益人的真实意思，仍可成立无因管理。例如，救助自杀者，即属其例。①

2. 采取有利于受益人利益的管理方法

《民法典》第 981 条规定，管理人管理他人事务，应当采取有利于受益人的方法。采取有利于受益人利益的管理方法，是指管理人管理受益人事务应当符合受益人的利益。对此，《民法典》第 981 条还明确了一种特定的情形，即管理人管理他人事务后，如果中断管理对受益人不利，则管理人无正当理由不得中断其管理活动。显然，这就要求管理人在管理受益人事务时应当尽到必要的注意义务。有学者认为，通常情况下，这种注意义务应当达到善良管理人之注意义务标准。②

---

① 有鉴于此，《民法典》第 979 条第 2 款规定，管理事务不符合受益人真实意思的，就其因管理事务而支出的必要费用或者受到的损失，管理人不享有向受益人请求偿还或者给予适当补偿的权利，但是，受益人的真实意思违反法律或者违背公序良俗的除外。

② 参见郑玉波著，陈荣隆修订：《民法债篇总论》，中国政法大学出版社 2004 年版，第 80 页；史尚宽：《债法总论》，中国政法大学出版社 2000 年版，第 63 页。

如果管理人未尽善良管理人之注意，给受益人造成损害，应当负损害赔偿责任。然而，在管理人为避免受益人所面临的紧迫危险而管理事务时，很多国家民法规定，管理人仅在有故意或重大过失情况下给受益人造成的损害负损害赔偿责任。[1]

（二）通知义务

《民法典》第 982 条规定，管理人管理他人事务，能够通知受益人的，应当及时通知受益人。管理的事务不需要紧急处理的，应当等待受益人的指示。因此，管理人开始管理他人事务时，应当及时向受益人发出通知，除非此项通知义务因不知受益人为谁、不知受益人下落，或者交通通信中断等客观原因无法完成。此项通知不仅表明管理人有管理受益人事务的管理意思，还表明管理人对于受益人意思的充分尊重。除非事务的性质紧迫，等待受益人的回复指示的通知影响事务的处理进而不利于维护受益人利益；否则，上述通知发出后，管理人应当等待受益人的回复和指示。

如果受益人回复同意由管理人继续管理事务，则自受益人回复同意时起管理人与受益人之间的法律关系转变为委托关系。反之，如果受益人可以作出回复而没有回复或者回复拒绝管理人管理其事务，管理人应当停止事务管理。否则，管理人的管理行为将构成违背受益人意思的管理，属于不当干涉他人的事务。

（三）报告及计算的义务

《民法典》第 983 条规定，管理结束后，管理人应当向受益人报告管理事务的情况。管理人管理事务取得的财产，应当及时转交给受益人。其实，管理人开始管理受益人事务后，应当在可能的情况下及时地将管理事务的有关情况报告给受益人；管理事务结束后，应当将整个事务管理的情况报告受益人。同时，管理人应当将管理事务所取得的财产，如取得的钱物及其孳息、财产权利等，交付于受益人。如果取得财产权利是以管理人自己的名义取得的，则应当依照相应的财产权利转移方式将财产权利转移给受益人。

如果管理人自己使用本应交付于受益人的财产，则应当自使用之日起支付相应的利息或费用。如果管理人对应交付于受益人的财产造成损害，还应当负赔偿责任。

二、管理人的权利

（一）费用偿付请求权

根据《民法典》第 979 条第 1 款的规定，管理人在无因管理中享有的权利之一是费用偿还请求权，即“可以请求受益人偿还因管理事务而支出的必要费用”。此所谓“必要费用”，解释上应当是在管理或服务活动中直接支出的、必需的、不可或缺的费用，也是管理事务所应支出的最低限度的费用。费用支出是否必要，应当以该费用支出时的客观情况加以判断。所谓“直接支出的费用”，似乎是指管理人在管理活动中直接花费的钱物，而

---

① 例如，《日本民法典》第 698 条、《德国民法典》第 680 条、《瑞士债务法典》第 420 条。

不包括管理人自身为管理事务所付出的劳动报酬。[①]

值得注意的是，有些国家和地区的民法规定，管理人还可以根据费用偿还请求权要求受益人偿还其管理事务所支出的有益费用，即增加受益人利益的费用。[②] 在此方面，由于《民法典》将无因管理的范围仅限于“避免他人利益受损失”的情形，因此没有规定管理他人事务所支出的有益费用。但在解释上，如果我们将无因管理的范围适用于管理他人事务的各种情形，那么受益人偿还的费用范围应当包括有益费用。此外，《民法典》没有规定管理人可以请求偿还所支出费用的利息，解释上应当理解为请求偿还的费用包括自支付费用时起计算的利息。

（二）损失补偿请求权

根据《民法典》第 979 条第 1 款的规定，管理人在无因管理中还享有损失补偿请求权，即“管理人因管理事务受到损失的，可以请求受益人给予适当补偿”。解释上，此项损失与管理人的管理事务之间须有因果关系。此外，虽然管理人享有的补偿请求权乃是无因管理效力的体现，但是，受益人对管理人此项损失仅负有适当补偿的义务。这意味着，管理人遭受的此项损失并不必然从受益人处得到全部补偿。此所谓“适当补偿”，在解释上，首先，如果管理人遭受的损失大于受益人获得的利益，则受益人负担补偿义务的范围应当仅以其获得利益范围为最大限度；其次，如果管理人对此项损失有过错，那么，即使此项损失没有超过受益人的受益范围，受益人也只需给予部分补偿。

（三）负债清偿请求权

所谓负债清偿请求权，是指管理人在管理事务过程中以自己名义所负担的必要或有益的债务，可以请求受益人清偿其所负担的此项债务。在此情形下，受益人并不直接与此项债务的债权人发生债权债务关系，而是基于管理人的负债清偿请求权而为管理人代偿债务。受益人在为清偿时，债权人不得拒绝。[③] 如果受益人不予代偿，管理人可以在自己清偿债务后向受益人请求补偿。《民法典》没有规定管理人可以享有负债清偿请求权。在解释上，此项负债清偿请求权可以通过费用偿付请求权去解决。

（四）受益人承担义务的范围

在无因管理中，当管理人已尽适当管理义务时，管理人根据以上三项请求权，可以请求受益人承担相应义务。但是，如果管理人在管理事务时违背受益人意思，而管理事务的结果有利于受益人，或者管理事务属于受益人应尽的公益上的义务或者法定扶养义务等法定义务时，受益人是否仍然承担相应义务，不无疑问。对此，有些国家和地区的民法规定，如果管理人在管理事务时违背受益人意思，而管理事务的结果有利于受益人，则受

---

① 对此，德国通说认为，如果管理事务属于管理人的职业范围，则管理人可以请求报酬。参见王泽鉴：《债法原理》（第 1 册），中国政法大学出版社 2001 年版，第 347 页。

② 例如，《法国民法典》第 1375 条、《德国民法典》第 683 条、《日本民法典》第 702 条、《瑞士债务法》第 422 条、我国台湾地区“民法”第 176 条。

③ 参见郑玉波著，陈荣隆修订：《民法债篇总论》，中国政法大学出版社 2004 年版，第 84 页。

益人以其所得利益为限，向管理人负担义务。[①]《民法典》第 980 条也规定，即使管理人管理事务不具备第 979 条所规定的情形，但受益人享有管理利益的，受益人也应当负有如下义务，即在其获得的利益范围内向管理人偿还管理人管理事务而支出的必要费用，或者适当补偿管理人因管理事务受到的损失。而如果管理人在管理事务时违背受益人意思，而管理事务属于受益人应尽的公益上的义务或者法定扶养义务等法定义务时，则受益人也应当向管理人承担相应义务。[②] 对此，根据《民法典》第 979 条第 2 款的规定，如果受益人的真实意思明显违反法律或者违背公序良俗，即不履行应尽的公益上的义务或者法定扶养义务等法定义务，那么，即使管理人对于受益人事务的管理不符合受益人的真实意思，仍可成立无因管理，受益人仍然承担相应义务。

三、无因管理事后追认的效力

根据《民法典》第 984 条的规定，管理人管理事务经受益人事后追认的，从管理事务开始时起，适用委托合同的有关规定，但是管理人另有意思表示的除外。此所谓“无因管理之承认”。[③] 据此，无因管理虽属事实行为（准合同），但其完成后，依照受益人的事后追认，可以在法律效果上拟制适用委托合同行为（双方法律行为）的法律规定。受益人的追认属于其单独行为，具有形成权的性质。[④]《民法典》未对其形式作出规定，因此，此追认行为属于不要式行为，可采取书面方式，也可采取其他方式。

值得注意的是，既然对管理人管理事务的事后追认属于受益人的单独行为，并因此而适用委托合同的有关规定，那么，从规范功能角度看，《民法典》规定此种追认的目的，就应当不在于让管理人处于较无因管理更为不利的法律后果，[⑤]相反，应当在于让管理人处于较无因管理更加有利的地位。[⑥] 当然，如果管理人不同意管理事务适用委托合同的有关规定，则上述的法律效果拟制适用就不能发生。

---

① 例如，《德国民法典》第 684 条、第 687 条，《日本民法典》第 702 条，《瑞士债务法》第 423 条，我国台湾地区“民法”第 177 条。

② 例如，我国台湾地区“民法”第 176 条。

③ 参见王泽鉴：《债法原理》（第 1 册），中国政法大学出版社 2001 年版，第 358 页。

④ 参见王泽鉴：《债法原理》（第 1 册），中国政法大学出版社 2001 年版，第 359 页。

⑤ 例如，《民法典》第 923 条规定了委托合同的受托人负有亲自处理委托事务的义务，相较于《民法典》第 981 条规定无因管理的管理人应当采取有利于受益人的方法管理事务而未要求管理人应当亲自管理事务，管理人如适用第 923 条的规定似乎处于更为不利的地位。

⑥ 例如，《民法典》第 930 条规定，委托合同的受托人处理委托事务时，因不可归责于自己的事由受到损失的，可以向委托人请求赔偿损失。此所谓“赔偿损失”应当是损失的全额赔偿，相较于《民法典》第 979 条关于无因管理中管理人因管理事务受到损失时管理人仅可以请求受益人给予适当补偿的规定，管理人似乎可以获得更为有利的地位。

第四节　无因管理与其他相关制度的区别

一、无因管理与代理

就管理他人事务方面而言，无因管理与代理具有相似性，但是两者在如下方面存在差异：(1)两者的成立基础不同。无因管理是管理人在没有法定义务或约定义务情况下实施行为，而代理是在有法定义务(法定代理)或者约定义务(委托代理)的情况下实施行为。(2)两者包含的意思要素不同。无因管理中管理人具有的是为了他人利益的管理意思，而代理中代理人具有的是将代理活动产生的法律后果归属于被代理人的效果意思。(3)事务的范围不同。无因管理中的管理人管理的事务既可以是事实行为，也可以是向他人作出的法律行为，而代理人管理的事务是法律行为，而且是以被代理人的名义实施的法律行为。(4)法律效果不同。无因管理中管理人的管理行为使得管理人与受益人之间产生债权债务关系，而代理中代理人的行为使得被代理人与代理行为的相对人之间产生债权债务关系。

二、无因管理与不当得利

就受益人基于管理人的管理行为而获利方面而言，无因管理与不当得利具有相似之处，但是两者在如下方面存在不同：(1)当事人获利的法律基础不同。无因管理中受益人基于管理人的管理行为获利属于有法律根据的获利，而不当得利中得利人的获利没有法律根据。(2)两者的性质不同。无因管理属于混合事实行为，其中包含了管理人的主观心理状态，而不当得利属于事件，与当事人的主观心理状态无关。(3)法律效果不同。基于无因管理而产生的债权债务关系中包含管理人适当管理义务、通知义务、报告及计算义务，以及受益人的费用偿还义务、损失补偿义务、负债清偿义务等多方面内容，而基于不当得利产生的债权债务关系中仅包含得利人向受损失的人返还不当利益的义务。(4)限制义务履行范围的事由不同。在无因管理中，受益人向管理人承担义务以其所获利益为限，是基于管理人未尽适当管理义务而违背受益人意思的情形，而不当得利中，得利人承担返还义务以其保有的现存利益为限，是基于得利人为善意的情形。

本章小测

一、客观题

扫码测试

二、主观题

汝南县罗店乡村民刘某、赵某和王某等三人经培训取得建造沼气资格证后，合伙为村民建造沼气池。2007 年 7 月 17 日，刘某、赵某和王某等三人为本村朱某建造沼气池，王某在沼气池拆壳子时晕倒在池中，在旁围观的村民李某抢先下去救人，也晕倒在池中，随后李某和王某虽被在场的其他村民从池中救出，但经抢救无效二人死亡。李某的亲属向法院提起诉讼，要求刘某、赵某及朱某承担赔偿责任。问：原告主张是否成立？被告责任如何分配？

拓展案例

拓展案例

王小飞诉吴小云等无因管理纠纷案。

延伸阅读

延伸阅读

论我国民法典无因管理的规范模式。

本章参考文献

1. 郑玉波著，陈荣隆修订：《民法债篇总论》，中国政法大学出版社 2004 年版。
2. 王家福：《民法债权》，法律出版社 1991 年版。
3. 史尚宽：《债法总论》，中国政法大学出版社 2000 年版。
4. 王泽鉴：《债法原理》(第 1 册)，中国政法大学出版社 2001 年版。

第十三章　不当得利

思维导图

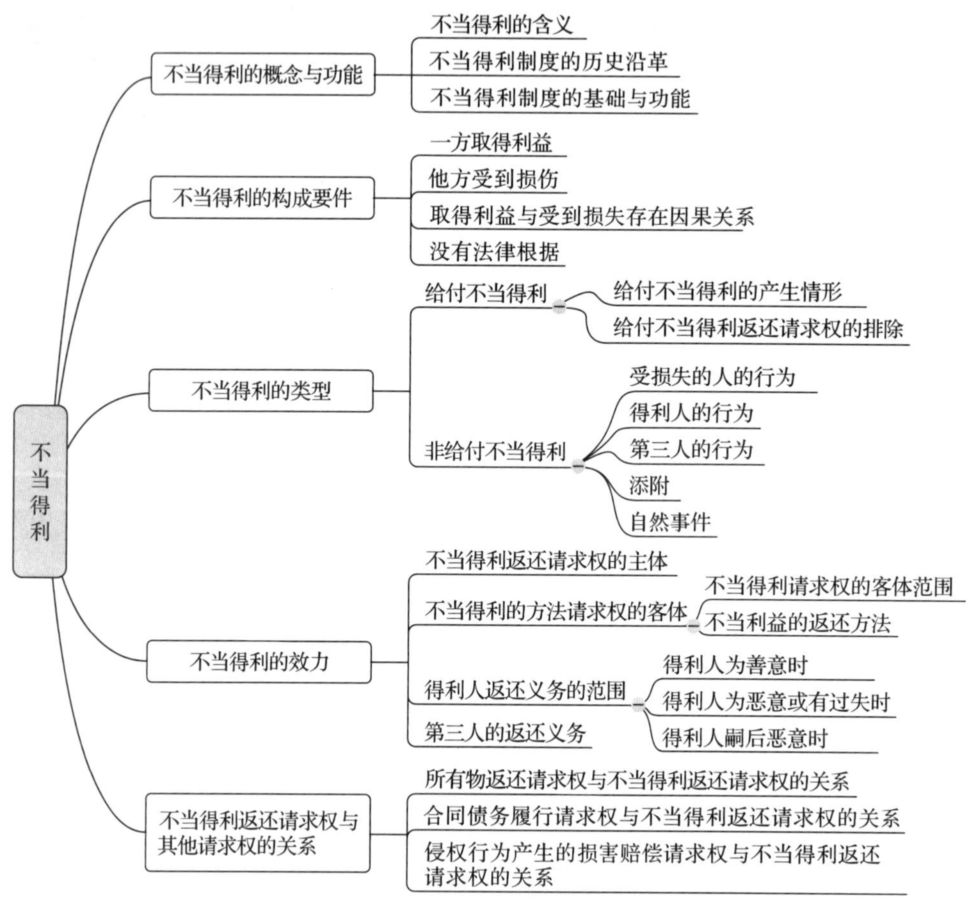

第一节 不当得利的概念与功能

一、不当得利的含义

当事人没有法律根据，取得不当利益，由此造成他人损失的，即构成不当得利。

案例分析：王同学与林同学同住一间宿舍，一日王同学外出，林同学看到寄送至其宿舍的快递包裹后，误以为是自己的快递包裹，便按快递包裹寄送的到付邮费要求向快递员支付了邮费。事后王同学回宿舍，两人才发觉此快递包裹是王同学的。

解答：在此案中，林同学没有与王同学约定由其代为向快递员支付邮费，也没有法定义务如此行事。王同学因林同学向快递员支付邮费而取得利益，林同学也因此而受到损失，两者存在因果关系，构成不当得利。因此，王同学应将林同学支付的邮费返还。

关于不当得利的详细阐述，可扫码阅读：

作为一项法律事实，不当得利指的是社会生活中一方没有合法根据而取得利益致使他方受有损失的事实状态，而不是指形成这种事实状态的原因事实。造成不当得利事件的原因事实多种多样，既可以是人的有意识的行为，也可以是人的行为以外的某种自然事实。由此可见，不当得利属于事件，而非法律行为。

不当得利是债的发生原因之一，当事人因不当得利事件的存在而产生债权债务关系。根据《民法典》第 985 条的规定，如果存在不当得利的情形，受损失的人可以请求取得不当利益的人返还取得的利益。取得不当得利的人，《民法典》称其为得利人，其负有向受损失的人返还不当利益的义务。

二、不当得利制度的历史沿革

不当得利制度起源于罗马法。在罗马法上，不当得利被认为属于准契约之一，根据发生的原因不同，不当得利分为很多种类。例如，基于非债清偿的不当得利、基于目的不能达成的不当得利、基于目的消灭的不当得利、基于盗窃的不当得利、基于不道德行为的不当得利以及基于不法原因的不当得利等。在罗马法上，不当得利并非一种独立的、统一的制度，而是依不当得利的各种发生原因而承认个别的诉权。

18 世纪自然法学派将罗马法上的不当得利诉权扩展适用于无原因给付以外的事由引起的不当得利，并基于任何人不得损人利己的公平观念，谋求在法律上建立统一的、独立的不当得利制度。受自然法学派的影响，在西方国家进入法典化时代以后，不当得利制度开始成为一项统一的、独立的法律制度。虽然统一、独立的不当得利的建立发生于西方国家的法典化时代，但由于受罗马法影响，1804 年的《法国民法典》尚未对不当得利设立概括规定，仅就因非债清偿而生的不当得利作出规定，并将之视为准契约的一种。然而，在学说和判例上，法国都承认存在一般意义上的不当得利返还请求权。正式将不当得利制度作为一项统一的、独立的制度加以规定的是 1881 年的《瑞士债务法》。此种立法例为 1898 年《德国民法典》以及 1911 年新颁行的《瑞士债务法》所沿袭。其后，受《德国民法典》以及《瑞士债务法》的影响，《日本民法典》、《土耳其民法典》以及《苏俄民法典》均对不当得利制度作出了统一的规定。在我国，《大清民律草案》及国民政府时期颁布实施的“民法”都对不当得利制度作出了统一规定。新中国成立后，国民政府时期施行的“民法”在台湾地区仍然沿用，而在大陆地区，1986 年颁布的《民法通则》第 92 条将不当得利制度统一规定在“债权”一节中，作为债的发生根据之一。然而，在《民法典》颁行后，《民法典》沿用了上述准契约概念，将不当得利作为一种准合同，规定在合同编的第三分编“准合同”第二十九章中。

三、不当得利制度的基础与功能

在罗马法上，由于物权行为与其原因债权各自独立地发生效力，因此，一项给付行为虽然没有给付原因，但是，只要其本身没有缺陷，就产生给付标的物所有权转移的效力，从而使得给付人不能基于所有权而行使所有权返还请求权。然而，给付的相对人在没有给付原因的情况下保持其所受给付而享有利益，实属损人利己，有悖于公平原则。为实现社会公平理念，法律承认给付人享有向给付的相对人请求返还不当利益的权利。由此，在罗马法上，不当得利制度是公平原则在法律上实体化而生的一项具体法律制度。后世的不当得利制度也莫不以公平原则为基础，不仅如此，还将不当得利制度的适用范围扩及基于给付以外的其他事由而生的不当利益的返还。

基于不得损人利己的公平理念，当今各国民法上的不当得利制度的主要功能，并不在于赔偿受损失的人的损失，而在于明确得利人持有不当利益的非正当性，并去除得利人所持有的不当利益而将之返还给受损失的人，以此来恢复受损失的人与得利人之间不合社会公平理念的利益分配关系，确定利益的正当归属，保护财产静态的安全，维护正常的社会经济秩序。

第二节　不当得利的构成要件

不当得利的构成要件可分为一般构成要件和特别构成要件。一般构成要件是指各种不当得利的共同要件，而特别构成要件是指特定场合下的不当得利的构成要件。不当得利的一般构成要件，根据《民法典》第 985 条的规定，共有四个方面：(1)一方取得利益；(2)他方受到损失；(3)取得利益与受到损失存在因果关系；(4)没有法律根据。现分述如下：

一、一方取得利益

此所谓“利益”，是指财产上的利益，而非精神利益。一方取得利益指的是因一定的事实而改良其财产状况，既包括财产的积极增加，也包括财产的消极增加。财产积极的增加，是指财产的范围因为权利的增强或义务的消灭而扩大。其主要表现如：(1)财产权利的取得。例如，所有权、他物权、知识产权、债权或期待权的取得。(2)财产利益的取得。例如，占有的取得、劳务的接受。(3)财产权的扩张和效力的增强。例如，因添附而扩张所有权或取得所有权，因第一顺序抵押权消灭而使得第二顺序抵押权上升为第一顺序抵押权。(4)权利限制的消灭。例如，因抵押权的消灭而使得所有权受到的限制解除。(5)债务的消灭。例如，已负担的债务的免除。财产的消极增加，是指财产本应减少但因为一定事实而未减少。主要表现如：(1)本应承担的债务不需再全部承担；(2)本应支出的费用不需再支付；(3)本应设定的权利限制不再设定。

二、他方受到损失

此所谓“损失”，也是指财产上的损失，而非精神损失。他方受到损失是指他方现有的财产减少或可得利益的丧失。财产减少的表现形式可以是：所有权、他物权等财产权利的丧失，占有等财产利益的丧失，权利受到限制。可得利益的丧失，是指财产有可能增加而未增加，而非必然增加而未增加。例如，甲无合法根据耕种乙的土地而获益，即使乙在甲不耕种的情况下也会将土地抛荒，甲耕种乙的土地而获益也属于乙的可得利益的丧失。

三、取得利益与受到损失存在因果关系

根据《民法典》第985条的规定，一方取得不当利益，他方受到损失。此情形下一方取得利益与他方受到损失之间存在着一定的关联关系。一般认为，这种关联关系为因果关系。然而，这种因果关系并非属于发生时序上的前因后果关系，而是指基于原因事实而发生的两个结果事实之间的关系。详言之，一方取得利益来自他方受到损失，而他方受到损失来自一方取得利益。如果不存在一方取得利益的情形，也就不存在他方受到损失的情形；而不存在他方受到损失的情形，也就不存在一方取得利益的情形。

虽然就取得利益与受到损失两者间存在因果关系没有争议，但是就该因果关系的性质，存在直接因果关系说与非直接因果关系说两种观点。直接因果关系说主张取得利益与受到损失必须是基于同一原因事实而发生的，或者受益人取得利益直接来自受害人的财产而非经由第三人的财产而间接来自受害人的财产。例如，在甲不知对乙的债务已经清偿而再为支付的情形下，乙取得利益与甲受到损失乃基于甲的给付行为（同一原因事实）而发生，因此两者存在因果关系。在甲误取乙的肥料施于丙的土地的情形下，虽然丙取得利益与乙受到损失由第三人甲的行为介入，但是丙取得肥料所有权直接来自乙的财产，而非直接来自甲的财产（此时甲没有取得肥料所有权），因此两者亦存在因果关系。而非直接因果关系说主张取得利益与受到损失不限于仅基于同一原因事实而发生，当两

者是基于两个原因事实造成时，如果社会一般观念认为两者具有关联关系，在此情形下就可以认为两者之间存在因果关系。

由于存在以上认识的不同，对于因第三人行为介入而发生的一方取得利益与他方受到损失之间是否存在因果关系，以上两种学说的态度不同。例如，在前例所述甲误取乙的肥料施于丙的土地的情形下，虽然丙取得利益与乙受到损失因第三人甲的行为介入而发生，但是丙取得肥料所有权直接来自乙的财产，而非直接来自甲的财产。此时，依据直接因果关系说与非直接因果关系说，均可认定存在因果关系。但是，如果第三人行为介入而发生一方取得利益与他方受到损失，一方取得利益并非直接来自他方财产，则一方取得利益与他方受到损失之间是否存在因果关系，两说存在分歧。例如，在甲向乙骗取金钱而向丙作非债清偿的情形下，直接因果关系说主张，乙受到损失乃基于甲之骗取事实，而丙取得利益乃基于甲之清偿事实，两者分别基于不同事实而产生，且丙取得利益并非直接来自乙的财产（金钱所有权），因此，两者之间不存在因果关系。而非直接因果关系说主张，依社会一般观念，上述情形下乙受到损失与丙取得利益之间存在因果关系。

显然，与采取直接因果关系说相比，采取非直接因果关系说来说明一方取得利益与他方受到损失之间的关联关系，可以在社会一般观念所接受的范围内将该关联关系扩大适用，可以将不当得利制度直接适用于更多的场合，从而可以充分保护当事人的合法权益。此外，非直接因果关系说的主张也与《民法典》第 985 条规定的文义能够保持一致，因为该条仅规定一方取得不当利益而他方受到损失的情形，并没有提及一方取得不当利益与他方受到损失这两个结果事实仅限基于同一原因事实。因此，非直接因果关系说颇值得赞同。然而，值得注意的是，非直接因果关系说根据社会一般观念来判断受到损失与取得利益之间是否存在因果关系，使得法律的适用具有相当大的弹性，法官由此享有较大的自由裁量权，从而一定程度上可能影响法律适用的稳定。

四、没有法律根据

没有法律根据，罗马法称之为无原因，《瑞士债务法》称之为无适法原因，《德国民法典》称之为无法律上原因，是指一方取得利益所根据的原因事实在法律上不成立或不被承认。因此，没有法律根据并不是指一方的利益获取行为本身没有法律根据。实际上，一方的利益获取行为本身有无法律根据，不是不当得利的构成要件。例如，将他人所有的玉石误以为己有而雕刻成价值连城的玉石工艺品，虽然加工人可以因为添附（单纯的加工行为）而取得他人玉石的所有权，但是加工人取得此项利益的原因事实，即未得他人同意而加工他人玉石，却不能被法律所承认，因此，属于没有法律根据。

对于没有法律根据的解释，人们的认识也不相同，存在着统一说与非统一说的分歧。统一说主张不当得利具有统一的基础，相应的，没有法律根据也应当有统一的解释。然而，主张统一说的学者对于没有法律根据的解释也存在不同的意见。公平正义说认为，不当得利制度的基础在于公平正义原则，因此所谓没有法律根据，就是指取得利益违反公平正义。正法说认为，法存在着正法与成法的区别，其中正法是形成共同生活之法律基本观念，而成法是依一定法技术制定的法律，当成法与正法冲突时，即产生不当得利。

债权说主张，没有法律根据指受益人取得利益没有债权基础。相对关系说主张，没有法律根据指的是得利人与受损失的人之间不存在赋予经济价值转移以正当性的相对关系。权利说主张，没有法律根据，指的是受益人就其取得的利益不具有保有该项利益的权利。

上述统一说中的各种学说对于没有法律根据的解释，都存在着这样或那样的不足之处。公平正义说和正法说对于没有法律根据的解释，是基于不得损人利己的公平观念进行理论上的抽象解释，由于这种解释没有具体内容因此在实践中对其不易把握。而债权说和相对关系说虽然可以解释基于给付而产生的不当得利，却可能将诸如因取得时效而取得物权、遗失物因无人认领而归属于拾得人或国家的情形与不当得利情形混为一谈。权利说虽然可以解释因取得时效而取得物权、遗失物因无人认领而归属于拾得人或国家的情形与不当得利情形之间的区别，却无法解释基于添附而取得所有权的情形中存在的不当得利情形。

非统一说主张不当得利可以基于各种不同的事由而发生，因此，没有法律根据不可能采用某个统一的概念作出解释，而应当承认产生不当得利的原因事实包括多种类型。支持非统一说的学者据此将不当得利依照一定的标准划分为不同的基本类型，并主张以此为基础建立有关不当得利的完整体系。非统一说具有一定的优点，首先，通过对不当得利的类型化，非统一说可以克服自身可能趋于分散化的倾向；其次，通过类型化方法，非统一说可以明确不当得利制度的不同规范目的和构成要件，有助于实践中对不当得利法律制度的适用。

第三节 不当得利的类型

根据不当得利产生的基础事实不同，可将不当得利分为给付不当得利和非给付不当得利两种基本类型。给付不当得利是基于给付行为而发生的不当得利，非给付不当得利是基于给付行为以外的其他事实而发生的不当得利。

一、给付不当得利

（一）给付不当得利的产生情形

此所谓给付，是指基于给付人的意思而增加他人财产，即一种财产给予行为。[①] 这种财产给予行为既可以是提供劳务、交付某项动产等事实行为，也可以是免除债务等法律行为。“基于给付人的意思”一语，是指给付人有意识地以某种给付完成某个特定的目的，如清偿债务、创设债权债务关系（如定金合同中的定金支付）等。由此可见，此种意义

---

① 史尚宽：《债法总论》，中国政法大学出版社 2000 年版，第 78、第 87 页；王泽鉴：《债法原理（二）·不当得利》，中国政法大学出版社 2002 年版，第 37 页。

上的给付行为不同于作为债的标的意义上的给付，后者仅与债的清偿相关联，可以包括有财产意义的给付和无财产意义的给付。

给付不当得利基于上述给付而产生，主要发生在给付原因欠缺的情形，也就是说，虽然给付人有意识地以某项给付完成特定的目的，但是该给付原因在法律上并不存在，给付人无须给付。给付原因欠缺的具体情形，可分为以下几种：

1. 给付原因自始不存在

给付原因自始不存在而发生的不当得利，主要包括以下情形：(1)民事行为不成立而发生的不当得利。民事行为不成立，意味着在法律上该民事行为不存在，相应的，以该项没有成立的民事行为作为原因而完成的给付行为也就失去了给付目的，产生不当得利。(2)民事行为无效或被撤销而发生的不当得利。民事行为一旦被宣告无效或被撤销，意味着在法律上该民事行为虽然成立但自始不发生法律效力。相应的，以该民事行为作为原因而发生的给付行为也就失去了法律上的原因，即失去了合法根据。(3)履行不存在的债务而发生的不当得利。这就是所谓的“非债清偿”。其包括：履行假想存在的债务，如甲根本就不欠乙金钱却误认为存在欠款而向乙支付款项，另如误以为有替他人清偿债务的义务而为给付；将他人误认为债权人而清偿债务，如甲将应向丙归还的借款误还给乙；债务履行数额超过应付债务数额，如甲误将 10 元纸币当作 5 元支付给领款人乙；履行业已履行完的债务，如甲不知对乙的欠款已还而仍然向乙清偿；错误地履行债务，如出售 A 物却误交付 B 物。

2. 给付原因嗣后不存在

给付原因嗣后不存在而发生的不当得利，是指当事人一方向另一方为给付行为时存在给付原因，但嗣后该给付原因不存在，由此产生不当得利。给付原因嗣后不存在而发生的不当得利，主要包括以下情形：(1)附解除条件或解除期限的民事法律行为，其条件成就或期限到来而产生的不当得利。例如，甲出国前将其房屋交由乙使用并约定在其回国后收回，甲回国后其给付原因即失去存在，乙应当交还房屋退出对房屋的使用。(2)当事人解除合同而产生的不当得利。关于合同解除有无溯及力，法律尚无明确规定，学界有人认为存在有溯及力和无溯及力两种类型。[①] 就不当得利而言，合同解除无论有无溯及力，均可发生不当得利。如果合同解除有溯及力，合同关系溯及既往地消灭，则当事人一方基于合同而完成的给付自始无给付原因，从而构成上述的给付原因自始不存在。如果合同解除无溯及力，合同关系仅向将来消灭，解除之前已进行的合同关系仍然有效，但合同解除前一方当事人为履行将要进行的合同关系而完成的给付失去给付原因，产生不当得利。如甲租赁乙房屋而预付半年房租，但租赁房屋合同进行了 3 个月后解除，甲可依不当得利规定向乙主张返还剩余房屋租金。

3. 给付目的不能实现

给付目的不能实现，是指给付原因虽然有效存在，但因存在障碍而无法实现。例如，以受清偿为目的而出具收据但债务并未清偿，预期条件成就而履行附停止条件的债务但

---

① 王利明主编：《民法》，中国人民大学出版社 2006 年第 2 版，第 446～449 页。

条件并未成就。在此情况下均可产生不当得利。

(二)给付不当得利返还请求权的排除

虽然在以上几种给付原因欠缺的情况下可以产生给付不当得利,受损失的人享有不当得利返还请求权,但是,当存在以下几种情形时,一般认为,受损失的人不能主张不当得利返还请求权:

1. 履行道德义务的给付

所谓道德义务,指虽然在法律上无义务但根据道德或礼节规范而产生义务。例如,侄子女对于伯叔姑舅在法律上无赡养义务,但在道德上有此项义务;养子女因收养关系而对生父母无法律上的赡养义务,但在道德上有此项义务。为维护社会公德,对于给付人基于此道德义务而发生的给付,虽无法律上的给付原因,给付人不得请求返还。①

2. 清偿期到来前履行债务

债务清偿期尚未到来,债务并非不存在,只是不能请求债务人履行而已。如债务人进行期前清偿而债权人受领,不能认为债权人受领欠缺给付原因,而且债务人的债务也因清偿而消灭,债权人并不由此享有不当利益,因此不产生不当得利的返还问题。然而值得注意的是,债务人进行期前清偿,可能是因为错误以为清偿期已届至而为之,也可能是主动放弃其可享有的期限利益而为之。对此,存在着不同的立法例。例如,《日本民法》第706条规定,债务人于清偿期前因清偿而为给付者,不得请求返还其给付物,但债务人因错误而为给付时,债权人应返还因此所得之利益。而《德国民法》第813条第2款规定,附期限的债务,于期限前履行者,不得请求返还,并不得请求中间利息返还。② 对此,我国民法采取了类似德国民法的处理,根据《民法典》第985条的规定,虽然受损失的人可以向没有法律根据取得不当利益的得利人请求返还其取得的利益,但是"债务到期之前清偿"的情形除外。

3. 明知无债务的清偿

此所谓明知无债务的清偿,是指在进行给付时明知没有法律上的债务,也无前述的道德义务,但仍然基于清偿债务目的而为给付,且债务人的此项给付属于任意给付,无他人强制或其他不得已事由的存在。例如,给付人知道自己享有拒绝给付的抗辩权,但误以为不能证明或者嫌证明过程繁杂不愿证明而为给付,即属于明知无债务的清偿。明知无债务的清偿与前述的非债清偿比较相近,但是两者存在区别。前者实际上是给付人为给付时明确无误地知道不存在给付义务,而后者实际上是给付人消极地不知给付义务的存在或者对于给付义务是否存在抱有怀疑,基于错误而为给付行为。如果发生明知无债

---

① 《民法典》第985条虽然规定了受损失的人可以向没有法律根据取得不当利益的得利人请求返还其取得的利益,但是排除了的情形之一就是"为履行道德义务进行的给付"。

② 所谓中间利息,是指债权人自受清偿时起至清偿期届至时止,对于债务人的给付事实上所受有的利益。

务的清偿，如何处理，有的学者认为可以视为赠与。[①] 对此，《民法典》第 985 条直接作出规定，虽然受损失的人可以向没有法律根据取得不当利益的得利人请求返还其取得的利益，但是“明知无给付义务而进行债务清偿”的情形除外。

4. 不法原因的给付

一些国家的民法规定了给付人不得请求他人返还基于不法原因的给付。所谓不法原因，是指违反法律法规的强制性规定、违反公序良俗，以及违背社会公德的情形。上述情形下当事人的法律行为在法律上属于无效民事行为，因而基于不法原因而进行的给付属于没有法律根据，构成非债清偿，应当成立不当得利。但是，承认此项不当得利返还请求权有违维护社会公益的精神，因为“任何人不得以自己之不法行为为理由，而主张自己损失之回复”。[②] 例如，当事人双方从事毒品交易而向对方支付的价金或交付的毒品，各方不享有返还请求权。尽管如此，一些国家的民法在此情形下排除适用不当得利返还请求权，往往针对的是当事人均具有或者仅给付人一方具有不法原因的情形，当不法原因仅存在于给付受领人一方时，给付人方可享有不当得利返还请求权。例如，《日本民法》第 708 条规定，“因不法原因而为给付者，不得请求返还其给付，但不法原因仅存于受益人者，不在此限”[③]。德国的民法也作了类似规定。[④] 然而，值得注意的是，有人认为给付人不得请求他人返还基于不法原因的给付，往往会导致他人存在不法却保有利益的不公平情形，从而造成“不法即合法”的后果，因此主张应当对不法原因给付不得请求返还的规定作出必要的限制。[⑤] 而在此方面，有些国家民法规定，如不法原因存在于给付人与受领人双方的情形，给付人所为给付，给付人不得请求返还，受领人也不得受领，而应将其收缴于国库。例如，1959 年《匈牙利民法典》第 361 条第 3 款规定，即基于法律禁止或不道德行为所为给付的给付人不得请求他人返还，法院有权应检察官的请求作出将其收归国有的裁决。

5. 债务人放弃时效利益的给付

根据《民法典》第 192 条第 2 款的规定，诉讼时效期间届满后，义务人同意履行的，不得以超过诉讼时效为由抗辩；义务人已经自愿履行的，不得请求返还。有学者认为，债务人放弃时效利益的给付不得请求返还，是对不当得利返还请求权的排除。[⑥] 然而，值得注意的是，由于诉讼时效期间经过并未消灭债权人的实体债权，仅使债权人丧失胜诉权，在此情形下，不能认为诉讼时效期间经过后债务人履行债务无法律根据，因此，应当无不当得利规定适用的余地。

---

① 参见魏振瀛主编：《民法》，北京大学出版社 2000 年版，第 576 页；郭明瑞主编：《民法》，高等教育出版社 2003 年版，第 561 页。也有学者持此观点，参见郑玉波著，陈荣隆修订：《民法债篇总论》，中国政法大学出版社 2004 年版，第 104 页。

② 参见郑玉波著，陈荣隆修订：《民法债篇总论》，中国政法大学出版社 2004 年版，第 105 页。

③ 参见渠涛编译：《最新日本民法》，法律出版社 2006 年版，第 151 页。

④ 参见《德国民法典》第 817 条的规定。

⑤ 参见王泽鉴：《债法原理（二）·不当得利》，中国政法大学出版社 2002 年版，第 133 页。

⑥ 参见郭明瑞主编：《民法》，高等教育出版社 2003 年版，第 561 页。

二、非给付不当得利

如前所述，非给付不当得利是基于给付行为以外的其他事实而发生的不当得利。这些给付行为以外的其他事实，可分为行为和事件两类。行为又可分为受损失的人的行为、得利人的行为以及第三人的行为。由此可见，非给付不当得利产生的情形主要包括以下情形：

（一）受损失的人的行为

此所谓受损失的人的行为，是指受损失的人给付行为以外的其他行为。受损失的人给付行为的含义已如上述，是指受损失的人有意识地增加他人财产的行为，而受损失的人给付行为以外的其他行为，不存在财产给予的意思，不是有意识地增加他人财产，相应地，也就谈不上给付原因的有无问题。受损失的人给付行为以外的其他行为而产生的不当得利，其例甚多。例如，受损失的人将他人之牲畜误认为自己的牲畜而喂养，将他人事务误认为自己的事务而管理等。

（二）得利人的行为

得利人的行为产生的不当得利，通常发生在得利人以其行为侵害他人权益的情形。[①]得利人的侵害行为主要包括以下几种：(1)得利人的事实行为。例如，得利人擅自消费他人之物而受益，擅自使用他人的专利而受益。(2)得利人的无权处分行为。例如，甲擅自将乙存放于甲处的货物出卖于善意的丙而取得价金。(3)得利人的执行行为。例如，法院应甲的请求强制执行其对乙的生效判决后，该判决后因再审而撤销，乙可以根据不当得利的规定请求甲返还其所受利益。

从受损失的人所遭受侵害的权益角度看，该权益可能是受损失的人的所有权（如擅自消费他人之物而取得利益）、债权（如转让债权后仍自债务人处受领给付致债权消灭）、知识产权（如擅自使用他人专利取得利益）、占有（如擅自在他人承租的停车场停车）等财产权益，还可能是受损失的人的人身权益，如擅自使用他人照片作广告而获益。

（三）第三人的行为

因得利人与受损失的人以外的第三人行为而产生的不当得利，通常也发生在第三人行为侵害他人权益的情形。例如，甲擅自利用乙的汽车为丙搬运货物，甲擅自以乙的饲料喂养丙的牲畜。此等情形中，丙所获利益属于不当得利，乙可依照不当得利的规定请求丙返还。

---

① 关于侵害他人权益产生不当得利的理论基础，存在着违法性说与权益归属说的不同。违法性说重视产生不当得利的过程，认为不当得利的基础在于侵害而获利的行为的违法性。而权益归属说重视因侵害而获利的保有的正当性，认为不当得利的基础在于侵害人欠缺因其侵害行为而获利的保有的正当性。违法性说的缺陷在于难以说明侵害人不能保有侵害而获利的正当性，权益归属说的不足在于难以界定权益归属内容的范围。参见王泽鉴：《债法原理（二）·不当得利》，中国政法大学出版社2002年版，第140～141页。

(四)添附

在发生添附的情形下,出于维持财产现状、免于社会经济上的不利,法律往往从技术上规定物的所有权归属于当事人一方(不动产或动产的所有人、加工人),但并不意味着在此情形下物或劳务的财产价值也转移至当事人一方,即否认其保有利益的正当性,从而规定失去物之所有权或提供劳务者的当事人一方可以根据不当得利的规定,请求取得物之所有权或劳务的一方当事人返还相应的财产价值。①

(五)自然事件

产生不当得利的自然事件,如因暴雨致使甲承包的鱼塘水位上涨,甲饲养的鱼虾自然流入乙承包的鱼塘中。在此情形下,甲可根据不当得利的规定请求乙返还因出现上述情形而增加的利益。但法律上也有例外的规定。例如,台湾地区"民法"第798条规定:"果实落于邻地者,视为属于邻地。"在此情形下,不发生不当得利请求权。

第四节　不当得利的效力

如前所述,不当得利是债的发生原因之一,因此,根据前述的要件成立不当得利后,当事人因不当得利事件的存在而产生请求返还不当得利的债权债务关系。从权利角度而言,即产生不当得利返还请求权。不当得利的效力,体现在如下方面:

一、不当得利返还请求权的主体

不当得利返还请求权的权利人,为不当得利事件中受损失的人,其义务人为不当得利事件中的得利人。当基于共同给付或共有财产权益受侵害而致受损失的人为多人时,得利人返还不当利益形成不可分债务,各受损失的人只能为全体受损失的人请求得利人返还不当利益,得利人也只能向全体受损失的人返还其所获的不当利益。当得利人为多人时,根据《民法典》第518条第2款的规定,除非各个得利人约定或法律规定连带负返还所获不当利益的义务,否则应按照各自所获不当利益负返还义务而无连带责任。②

---

① 根据《民法典》第322条的规定,因加工、附合、混合而产生的物的归属,有约定的,按照约定;没有约定或者约定不明确的,依照法律规定;法律没有规定的,按照充分发挥物的效用以及保护无过错当事人的原则确定。因一方当事人的过错或者确定物的归属造成另一方当事人损害的,应当给予赔偿或者补偿。其中有关给予赔偿或补偿的处理规定,即有添附而产生不当得利的规范意图。

② 关于对不当得利负连带返还义务的法律规定,如《合伙企业法》第39条规定,合伙企业不能清偿到期债务的,合伙人承担无限连带责任。据此,如果合伙企业的到期债务是返还其所受不当利益的义务,则合伙人应当承担连带责任。

二、不当得利返还请求权的客体

(一)不当得利请求权的客体范围

在司法实践中,得利人应当返还其所受的不当利益,一般包括原物和原物所产生的孳息。据此,不当得利请求权的客体包括如下两个方面:

1. 原物

此所谓原物,应当不限于作为物权客体的物,还应当包括物以外的其他财产权利和利益,如得利人取得的债权、用益物权、担保物权、知识产权或对物的占有,或者受领的劳务等。

2. 孳息

此所谓孳息,是指由上述原物所产生的天然孳息和法定孳息。天然孳息,包括果实、动物的产物,以及其他依物的用法所收获的出产物。法定孳息,包括利息、股息、租金以及其他因法律关系所得的收益。

值得注意的是,此所谓孳息,并不包括利用不当得利所取得的其他利益。例如,在侵害他人专利权的情形下,如果得利人利用他人专利生产产品销售后牟取暴利,那么该项暴利不属于孳息,而属于以不当利益为手段而取得的其他利益。在解释上,对于以不当利益为手段所取得的其他利益,不属于不当得利返还请求权的客体范围,应当根据其他法律规定或公平原则加以处理。

(二)不当利益的返还方法

1. 原物返还

原物的返还,就是返还作为物权客体的物或者原权利。相应地,当原物仍然存在于得利人时,对于物,应当转移物的占有于受损失的人,对于权利,应当依照其转移方法将其转移于受损失的人。不当利益如果是在受损失的人所有的物上设定的负担,应将之废除;如果属于成立的债权,应当予以免除;如果属于在自己所有的物上负担的免除,应当恢复此项负担。当孳息仍然存在于得利人时,受益人应当将该原物所生的孳息返还给受损失的人。

2. 价额返还

得利人虽然以返还原物及其孳息为原则,但是当原物和孳息依其性质无法返还(如得利人受领的是劳务)或者因某种原因原物和孳息(原物已被转让他人或者消费、原物被征用、毁损或灭失等))无法返还时,受益人应当向受损失的人返还相当于原物和孳息的价额。此价额的确定,应当以原物和孳息无法返还的原因发生时为准,其后价格虽发生变动,不应有所增减。

三、得利人返还义务的范围

根据《民法典》的规定,如果得利人不知道且不应当知道取得的利益没有法律根据,取得的利益已经不存在的,则不承担返还该利益的义务;相反,如果得利人知道或者应当知道取得的利益没有法律根据的，受损失的人可以请求得利人返还其取得的利益并依法赔偿损失。① 据此，得利人返还其受领的不当利益，其返还义务的范围应当区分得利人的主观心态为善意、恶意或有过失而存在其返还义务范围的不同。现分述如下：

（一）得利人为善意时

当得利人为善意时，即不知道且不应当知道没有法律根据而受领不当利益时，其返还义务以现存利益为限，对已不存在的利益不负返还责任。对于所受利益不存在的事实，由得利人负举证责任。所谓现存利益，普遍认为不以原物和孳息的固有形态存在为限，可以是原物和孳息固有形态的变形物、代偿物或其价额。但是，在现存利益的确定时间上，存在着以提起返还请求之诉时为准和以受返还请求时为准的争议，而通说认为应当以受返还请求时为准。通常情况下，受损失的人提起返还之诉是在向得利人为返还请求未果的情形，因此得利人受返还请求时间通常较早于受损失的人提起返还之诉的时间，自返还请求时开始，得利人已知其受领不当利益无法律根据，不应当再受仅返还现存利益规定之保护。故本书也认为以受返还请求时为准确定现存利益为妥。

值得注意的是，得利人属善意的，在返还现存利益时，还可以扣除与该现存利益有因果关系的费用。主要包括：取得不当利益而支出的费用，取得不当利益而完成的对待给付，为不当利益支出的必要费用和有益费用。②

（二）得利人为恶意或有过失时

当得利人为恶意或有过失时，即知道或者应当知道受领不当利益没有法律根据时，其返还义务应当是其取得的全部不当利益并附加利息，无论该不当利益是否存在。对于得利人受有利益及其恶意或有过失受领的事实，由受损失的人负举证责任。如果得利人返还其受领的不当利益及附加利息后受损失的人仍有损失的，或者得利人已经不再保有不当利益的，则应当赔偿损失。有学者认为，此项赔偿义务以受损失的人有损失为要件，无须以权利侵害事实为要件，故不同于侵权损害赔偿，属于特别赔偿义务。③ 例如，甲向乙购买图书两册而乙交付三册图书于甲，甲知其多得一册图书无法律根据仍将该册图书低价卖与他人获利。在此情形下，甲不仅应当将转卖所获价金返还于乙，还应当向乙赔偿差价损失。值得注意的是，解释上应当于何时确定受损失的人遭受的损失，不无疑问。如前例中，究竟以甲取走图书时的市价，转卖图书时的市价，还是以乙请求返还不当利益时的市价定乙的差价损失？本书认为，从填补受损失的人的损失目的出发，应当以市价高者为准。有学者认为，得利人属恶意或有过失的，在返还所受不当利益时，可以扣除其支付的必要费用，但不包括有益费用。该有益费用只能在返还不当利益时现存的增加价

① 参见《民法典》第 986 条和第 987 条。

② 参见史尚宽：《债法总论》，中国政法大学出版社 2000 年版，第 95 页；郑玉波著，陈荣隆修订：《民法债篇总论》，中国政法大学出版社 2004 年版，第 109～110 页。

③ 参见史尚宽：《债法总论》，中国政法大学出版社 2000 年版，第 95 页；郑玉波著，陈荣隆修订：《民法债篇总论》，中国政法大学出版社 2004 年版，第 111 页。

额内予以扣除。[①]

(三)得利人嗣后恶意时

如果得利人在取得不当利益时为善意,嗣后知道取得利益没有法律根据而转为恶意时,其返还义务应当是其转为恶意时一切尚存的不当利益。换言之,如果得利人知道取得不当利益没有法律根据之时,该不当利益已不存在的部分,得利人不负返还责任,但是,得利人应当返还在其知道取得不当利益没有法律根据之后尚存有的不当利益,并据此支付相应的利息。如果得利人返还此部分尚存的不当利益及附加利息后受损失的人仍有相应损失的,还应当赔偿损失。

四、第三人的返还义务

根据《民法典》第988条的规定,如果得利人已经将其取得的不当利益无偿转让给第三人的,则受损失的人可以请求第三人在相应范围内承担返还义务。在得利人将其取得的不当利益无偿转让给第三人时,该第三人取得利益的原因事实与得利人取得不当利益的原因事实之间并不存在牵连关系,因此,得利人与受损失的人之间发生的不当得利法律关系原则上并不涉及该第三人。然而,根据《民法典》第986条的规定,如果得利人善意取得不当利益并已经将其基于赠与或遗赠等原因无偿转让给第三人,即得利人已经不再保有该不当利益时,得利人将不负返还义务。此时,如果该第三人无偿取得且仍保有得利人本应返还的不当利益而无须返还,则不符合公平原则。有鉴于此,根据《民法典》第988条的规定,不当得利的效力将扩及上述情形下的第三人,要求该第三人"在相应范围内"承担返还义务,即该第三人的返还义务仅限于其无偿取得且仍保有的全部或部分不当利益。有学者认为,如果该第三人再次无偿转让其受领的利益于他人,则该他人也应当比照该第三人负有返还义务。[②]

第五节　不当得利返还请求权与其他请求权的关系

受损失的人的不当得利请求权基于得利人取得不当利益的事实而产生,而与此同时,受损失的人可能在法律上另外取得其他请求权,由此产生不当得利请求权与其他请求权的关系如何处理的问题。对此,存在着并存说与辅助说的区别。并存说认为不当得利请求权可以与其他请求权并存,德国通说和判例从之。辅助说认为不当得利请求权具有辅助性,权利人利益在行使其他请求权仍不能满足时才能主张,法国、瑞士通说和判例

① 参见史尚宽:《债法总论》,中国政法大学出版社2000年版,第95页;郑玉波著,陈荣隆修订:《民法债篇总论》,中国政法大学出版社2004年版,第111页。

② 参见郑玉波主编:《民法债编论文选集》(上),台湾五南图书出版公司1984年版,第483页。

从之。[1] 解释上，我国学界多以采并存说，但是，由于我国民法不承认物权行为理论，故不当得利请求权与其他请求权的关系，有进一步说明的必要。

一、所有物返还请求权与不当得利返还请求权的关系

我国民法不承认物权行为理论，因此，民事行为不成立、无效、被撤销后，给付人基于该民事行为交付的财产并未发生财产权属的转移，受领人也未取得财产的权属，但受领人占有该财产。在此情形下，如果财产原有形态仍然存在，则发生请求受领人返还占有的不当得利返还请求权与所有物返还请求权的并存。如果财产原形态消灭或由他人善意取得，受领人无法返还所有物，则不产生所有物返还请求权，但可产生不当得利返还请求权。在合同关系解除的情况下，如果解除产生溯及效力导致合同关系自始无效，则其情形与上述情况相同。如果解除不产生溯及力，合同关系向将来消灭，则解除之前一方为取得他方给付目的而已为的给付，在他方未为对待给付时，由于此项给付的原因事实不存在，将产生不当得利返还请求权。

二、合同债务履行请求权与不当得利返还请求权的关系

合同合法成立后，当合同一方当事人未履行其基于合同而产生的债务时，如果合同另一方当事人已为给付，由于未履行义务一方当事人受领给付并非没有合法根据，且其合同债务并未消灭，完成给付的当事人可行使债务履行请求权，因此，在此情形下，并不发生不当得利返还请求权，完成给付的当事人并不能根据不当得利的规定请求返还其给付。

但是，在租赁合同等合同关系中，合同约定的租赁期届满后承租方应当按照合同规定将租赁物返还出租方，如果承租人逾期不还租赁物，则不仅发生合同债务履行请求权，还因承租人占有或继续使用租赁物而发生不当得利返还请求权，从而出现了两者并存的情形。[2]

三、侵权行为产生的损害赔偿请求权与不当得利返还请求权的关系

当侵权人因侵权行为而受有利益时，受害人可据此而享有损害赔偿请求权和不当得利返还请求权，从而出现两种请求权并存的情形。此时，损害赔偿请求权以存在侵权行为为成立要件，以填补损害目的，而不当得利返还请求权以无合法根据而受有利益为成立要件，以去除侵害人受有的利益返还受害人为目的，因此两者并不排斥，当事人可以选择行使之。

---

① 参见王泽鉴:《债法原理(二)·不当得利》,中国政法大学出版社 2002 年版,第 255～256 页。

② 值得注意的是,此时不仅发生债务履行请求权和不当得利返还请求权,出租方基于对租赁物的所有权还享有所有物返还请求权,从而出现三种请求权并存的情况。

本章小测

一、客观题

扫码测试

二、主观题

甲地原告某制药厂与乙地某新特药站签订了一份购销药品的合同，根据合同的规定，原告用“火车快件”的运输方式给新特药站发运药品 10 件，共计款 21600 元。此货到达乙地后负责送货的某运输公司工人张某，将该批货物从火车站快件房取出，误送到被告某新特药批发部处，被告职工刘某未加核实即将该药品收下，后来原告在想向某特药站索要药款时才发现药被误送，遂向被告索要药品。被告也承认收到了该批药品，声称收到药品后其中 5 件遭雨水浸泡已失效，另 5 件已卖完，因此提出可用其他药品顶账。原告不同意遂起诉要求被告返还货款 21600 元及银行利息。试分析本案中的法律关系。

拓展案例

拓展案例

刘某某诉曾某某不当得利纠纷案。

延伸阅读

延伸阅读

《民法典》不当得利制度的返还规则续造。

本章参考文献

1. 郑玉波著，陈荣隆修订：《民法债篇总论》，中国政法大学出版社 2004 年版。
2. 史尚宽：《债法总论》，中国政法大学出版社 2000 年版。
3. 王泽鉴：《债法原理(二)·不当得利》，中国政法大学出版社 2002 年版。
4. 王利明：《民法》，中国人民大学出版社 2006 年第 2 版。
5. 魏振瀛：《民法》，北京大学出版社 2000 年版
6. 郭明瑞：《民法》，高等教育出版社 2003 年版。
7. 渠涛：《最新日本民法》，法律出版社 2006 年版。
8. 郑玉波：《民法债编论文选集》(上)，台湾五南图书出版公司 1984 年版。

第十四章　侵权行为概述

思维导图

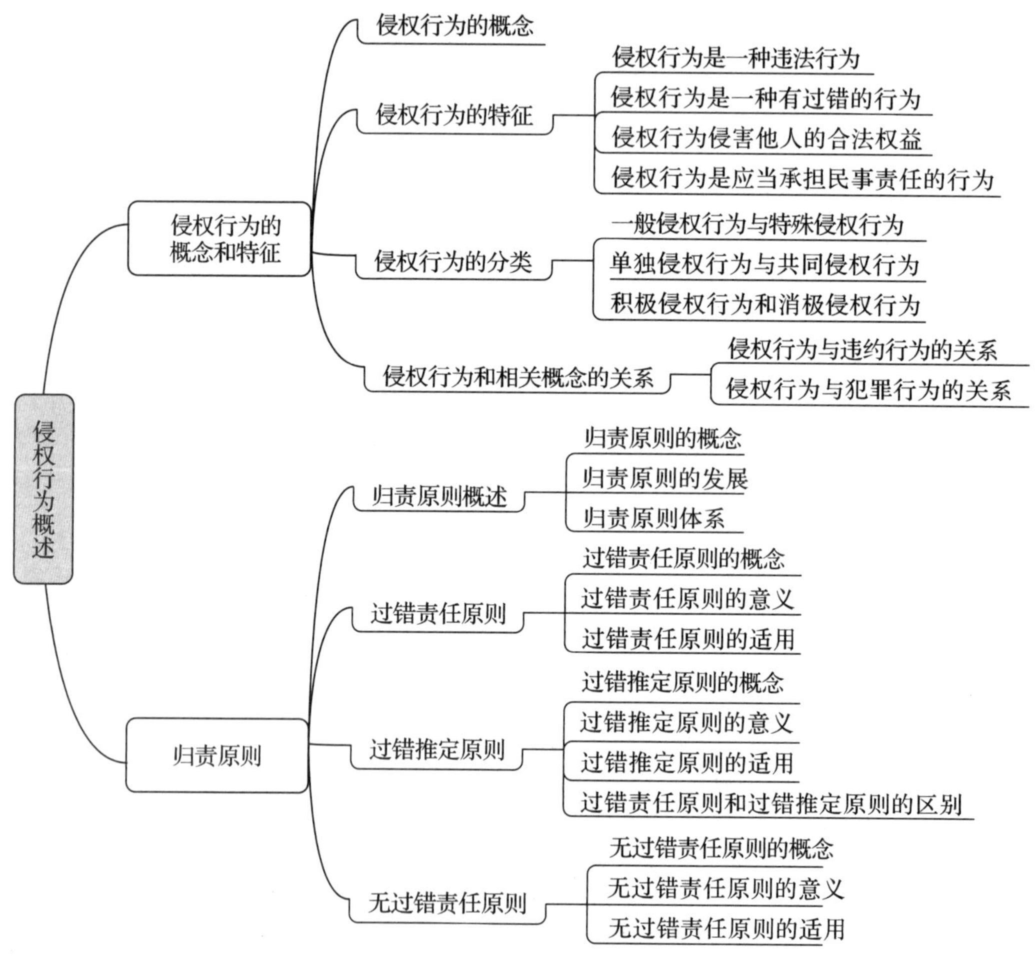

第一节 侵权行为的概念和特征

一、侵权行为的概念

在深入探讨古罗马法的法律架构时，我们不可避免地触及“公犯”(crimina publica)与“私犯”(delicti privata)这一对核心范畴，其中“私犯”概念作为法律史上一个重要的里程碑，其内涵逐渐演化为后世法律体系中的“侵权行为”(torts)。在英美法系中，此类行为被精确界定为“tort”，源自普通法传统，强调对非法行为所致损害的救济；而在大陆法系国家，法文以“delict”称之，德语则表达为“unerlaubte Handung”，两者均追溯至拉丁语“delictum”，意指“过错”“不法行为”，共同揭示了侵权行为背后的不正当性与可归责性特征。日本法律体系则直接采纳了“不法行为”这一表述，体现了对侵权行为本质的直接认知。

具体而言，“侵权行为”指行为人因故意或过失(或在法律规定的无过错责任情形下)，违背法律设定的义务，通过积极行为(作为)或消极不作为，侵害了他人受法律保护的人身权、财产权及其相关利益，依法须承担包括损害赔偿在内的法律责任的行为模式。我国《民法典》第1165条明确指出，行为人因过错侵害他人民事权益造成损害的，应当承担侵权责任。同时，《民法典》第1166条扩展了侵权责任的适用范围，确立了无过错责任原则，即行为人造成他人民事权益损害，不论行为人有无过错，法律规定应当承担侵权责任的，依照其规定。

历史上，侵权法曾长期作为债法体系的一部分被探讨，传统理论认为侵权行为是债的发生原因之一，侵权责任被视为债的一种形态。然而，这一视角易导致逻辑上的循环困境：违反债务产生责任，而责任又转化为新的债务，形成了“债务 责任”之间的理论闭环，这在逻辑上构成了挑战。因此，现代法学理论逐渐倾向于将侵权行为视为独立的法律现象，其虽在教材编纂中常因内容完整性考量而置于债法框架内讨论，但本质上已超越了单一债法范畴，成为横跨民法多个领域的综合性法律制度。

二、侵权行为的特征

(一)侵权行为是一种违法行为

侵权行为，作为法律规制下的重要概念，其本质特性在于其违法性，这一性质构成了侵权行为理论体系的基石。具体而言，侵权行为之违法性可从以下几个方面进行层次分明的阐述：

其一，侵权行为之非法性本质。侵权行为，顾名思义，是指那些违反了国家法律规范的行为，其根本属性在于其非法性。这种非法性不仅在于对既有法律秩序的破坏，更在于其直接触犯了国家为保护民事主体民事权利而设立的法律规范。这些法律规范，既包括了积极的保护性法律规范，旨在明确界定并保障民事主体的各项权利；也涵盖了消极的禁止性法律规范，直接禁止任何侵害民事主体权利的行为。

其二，侵权行为所违反的具体法律规范。侵权行为所触及的法律领域广泛而深远，其核心在于对两类法律规范的违反：一是国家为保护民事主体民事权利而制定的保护性法律规范，这类规范通过赋予权利人以特定的法律地位与权利内容，构建起民事权利的保障体系；二是禁止侵害民事主体民事权利的禁止性法律规范，它们以明确的禁止性条款形式，划定了行为自由的边界，防止民事权利遭受不当侵害。

其三，侵权行为违法性的具体表现形式。侵权行为之所以构成违法，关键在于其违反了法律事先规定的义务。这些义务，既可以是要求行为人积极实施特定行为的作为义务，如履行合同义务、救助危难等；也可以是要求行为人不得实施某种行为的不作为义务，如保守秘密、避免侵害等。无论是作为还是不作为，只要行为人违反了法律所设定的这些义务，并因此侵害了他人的合法权益，其行为便构成了侵权行为，需承担相应的法律责任。

（二）侵权行为是一种有过错的行为

在通常情况下，侵权行为的构成要件以行为人主观上存在过错为核心要素。过错作为法律对不当行为的一种负面评价，不仅体现了法律对侵权行为的道德谴责与责任追究，更深刻反映了法律规范对特定行为模式或事件后果的价值判断与取向。简而言之，过错是连接法律规范与具体行为之间，评判其合法与否的桥梁。在侵权行为法领域内，过错责任原则占据了主导地位，它确立了“无过错即无责任”的基本原则。这意味着，除非法律另有特别规定，否则侵权行为的成立必须以行为人主观上存在故意或过失为前提。换言之，过错是判定行为人是否需承担侵权责任的关键性因素。

然而，值得注意的是，法律亦在特定情境下，基于公平、正义或社会政策的考量，设定了例外规则。这些例外主要体现在高度危险作业、产品责任、环境污染、动物致害等特殊领域，其中侵权责任的承担并不以行为人主观上存在过错为必要条件。此等规定，旨在合理分配风险与损失，保护受害人的合法权益，同时促进社会的和谐与发展。需要强调的是，侵权行为首先必须是一种客观的行为，而不能是思想活动。这种客观的行为，可以是作为的方式，也可以是不作为的方式，其具体方式的形成根源，在于法律赋予行为人法定义务的形式。除了作为和不作为的方式之外，侵权行为没有其他表现方式。

（三）侵权行为侵害他人的合法权益

侵权行为表现为侵害他人的合法权益。首先，这种合法权益表现为民事主体依法享有的人身权、物权、知识产权、继承权等。这些权利都被称为绝对权，权利主体是特定的，而义务主体是不特定的，权利人无须义务人实施一定行为即可实现。其次，这种合法权益表现为相对权。相对权曾常被认为仅仅是违约行为所侵害的对象，因为相对权的当事人是特定的，权利人的权利必须通过义务人实施一定的行为才能得以实现。但相对权同样体现当事人的利益，事实上也可以成为侵权行为的侵害对象。这种合法权益除表现为民事权利之外，还表现为法益。在我国法律中，消除危险、排除妨碍等所谓的民事责任方式，正是针对这种未造成实际损害的侵权行为所设立的责任方式。

（四）侵权行为是应当承担民事责任的行为

侵权行为造成损害，必然引起损害赔偿法律关系，行为人承担的主要法律后果，就是损害赔偿。侵权行为与民事责任是紧密联系在一起的。侵权行为是民事违法行为，是依民法的规定应负侵权民事责任的行为。民事责任是法律责任的一种，其主要目的是弥补受害人因侵权行为所致的损失。为了制裁侵权行为并补偿受害人的损失，法律要求侵权者承担相应的民事责任。侵权行为是一种能引起侵害人承担民事法律责任的法律事实，因此，是承担侵权民事责任的根据。侵权行为造成损害，必然引起损害赔偿法律关系，行为人承担的主要法律后果就是损害赔偿。侵权责任以损害赔偿为主要形式，同时也包括其他形式的民事责任。侵权行为的行为人一般以承担民事责任为责任形式，但侵犯他人权益触犯其他法律或情节严重构成犯罪的，则应依法承担行政责任甚至刑事责任。

三、侵权行为的分类

侵权行为形态，指侵权行为的不同表现形式，是对各类具体侵权行为的抽象和概括。区分各类侵权行为形态，无论是在理论上还是在实践上，对于确定各种侵权行为所应适用的归责原则、责任构成要件、赔偿形式、赔偿范围和免责条件等都具有重要的意义。

（一）一般侵权行为与特殊侵权行为

根据侵权行为的责任构成要件、归责原则等综合因素的不同，可将侵权行为分为一般侵权行为与特殊侵权行为。

一般侵权行为，作为侵权行为法中的基础形态，系指行为人因自身过错导致他人遭受损害，并依法独立承担相应民事责任的行为模式。此类侵权行为遵循统一的责任构成框架，即要求同时满足违法行为、损害事实、因果关系及主观过错四项基本要件。其中，过错不仅是责任构成的必要条件，更是责任归咎的最终依据，体现了过错责任原则的核心要义。在责任承担方式上，一般侵权行为实行直接责任原则，即行为人直接对其自身行为所致的损害后果负责。在法律适用层面，一般侵权行为统一遵循既定的法律规范，采用统一的赔偿标准，并在抗辩事由上遵循法律的普遍规定，确保法律适用的统一性与公正性。

特殊侵权行为则构成了侵权行为法中的特殊形态，它指的是行为人虽无主观过错，但基于法律的特别规定，仍需对他人损害承担民事责任的情形。特殊侵权行为的成立，并不严格遵循一般侵权行为所要求的全部构成要件，其构成要件往往由法律根据具体案件类型而特别设定，缺乏普遍适用性。在归责原则上，特殊侵权行为突破了传统的过错责任原则，转而采用过错推定原则或无过错责任原则，体现了法律对特定社会关系或利益群体的特殊保护。在责任承担方式上，特殊侵权行为多采用替代责任形式，即行为人可能因特定行为或自身行为以外的事实而对他人的损害负责，这种责任形式体现了责任承担的非直接性与特殊性。

一般侵权行为与特殊侵权行为共同构成了侵权行为法的完整体系。前者作为常态，体现了侵权行为法的一般原则与普遍规律；后者作为例外，则彰显了法律对特殊情况的灵活应对与特殊保护。两者相互补充，共同确保了侵权行为法在面对复杂多变的现实情况时，能够保持其应有的公正性、合理性与有效性。

（二）单独侵权行为与共同侵权行为

根据侵权行为的行为主体数量的不同，可将侵权行为分为单独侵权行为与共同侵权行为。

单独侵权行为（又称单一侵权行为）指的是侵权行为之主体仅为一人的情形，即由该单一行为人独自实施并承担相应法律责任的侵权行为。此类侵权行为广泛涵盖了个体公民或法人单独实施的侵害他人合法权益的行为，其法律后果直接归属于该行为人，责任承担方式相对直接明了。

共同侵权行为指两个或两个以上的行为人，基于共同的过错（无论是共同的故意还是过失），共同实施侵害他人合法权益的行为。共同侵权行为的核心特征在于其主体的复合性、行为的共同性以及结果的单一性。具体而言，主体的复合性意味着侵权行为人至少为两人，且这些主体可以是自然人也可以是法人，体现了主体的多元性；行为的共同性则强调了行为人之间在主观上存在共同的过错，这种过错成为他们共同实施侵权行为的内在驱动力，无论是基于共同的故意策划还是共同的过失疏忽，均构成行为共同性的基础；而结果的单一性则是指，尽管共同侵权行为人可能有所分工，但他们的行为共同导致了同一的、不可分割的损害结果，这一损害结果是统一的，无法简单区分为各个行为人单独造成的部分。

从民事责任承担的角度来看，单独侵权行为因其主体的单一性，在责任划分上相对简单直接。而共同侵权行为则因其主体的多元性和行为的共同性，在确定共同侵权责任的同时，还需进一步细化共同加害人之间的内部责任分担问题。通常情况下，为充分保障受害人的合法权益，共同加害人需对受害人承担连带责任，即受害人有权向任一共同加害人主张全部赔偿，该加害人承担赔偿责任后，有权依据内部责任划分向其他共同加害人追偿。这一制度设计体现了对受害人利益的优先保护以及对共同侵权行为人之间责任分担的公正考量。

（三）积极侵权行为和消极侵权行为

根据侵权行为行为方式的不同，可将侵权行为分为积极侵权行为与消极侵权行为。

积极侵权行为，作为一种典型的侵权形态，是指行为人采取积极的作为方式，违反了法律明确设定的不作为义务，进而造成他人合法权益受损的行为。此类行为广泛涵盖了对他人财产的非法侵害、名誉的恶意诽谤、知识产权的假冒（如假冒商标）等。在法律体系中，每位公民与法人不仅是自身权利的享有者，同时也是他人权利的尊重者与保护者。他们享有自由行使与处分自身权利的自由，但同时亦承担着不得侵犯他人权利的法定义务。这些义务，本质上是法律强加的不作为要求，其目的在于维护社会秩序与保护个体权益。当行为人违反此类不作为义务，以积极行为侵害他人时，即构成了作为形式的积极侵权行为，须依法承担相应的法律责任。

消极侵权行为，则是指行为人未能履行法律所规定的积极作为义务，以不作为的方式导致了他人合法权益的损害。此类侵权行为的典型案例包括施工人员因疏忽未采取必要安全措施而致人伤害、母亲拒绝履行法定哺乳义务导致子女受害等。值得注意的是，此处的作为义务并非泛泛的道德约束，而是法律明确规定的具体责任。特定作为义务的来源多元，可能源自法律的直接规定、职业或职务上的特殊要求，抑或是行为人先前的行为所引发的后续责任。在判定消极侵权行为时，需严格依据法律规定，确认行为人是否负有特定的作为义务，以及是否因未履行该义务而导致了损害结果的发生。

在司法实践中，积极侵权行为因其直观性与易发性，往往占据侵权案件的多数。而消极侵权行为则相对较为隐蔽，其构成多依赖于特定情境下行为人是否负有明确的作为义务。因此，在认定消极侵权行为时，需更加审慎地分析案件事实，准确界定行为人的法律责任。

四、侵权行为和相关概念的关系

（一）侵权行为与违约行为的关系

违约行为，作为民法领域中的一个核心概念，指的是合同之债的当事人在合同关系有效存续期间，未能按照合同约定全面、适当地履行其应尽的义务，进而构成的一种民事违法行为。这种行为不仅违背了合同法的基本原则，也损害了合同相对方的合法权益。与违约行为紧密相关的是侵权行为，两者虽同属民法调整范畴，均涉及对民事法律规范的违反，但在本质上却存在显著差异。违约行为的核心在于对合同约定义务的违反，其侵害的对象直接指向合同债权这一相对权，而侵权行为则侧重于对法定义务的违背，其侵害客体广泛覆盖民事主体的财产权、人身权等绝对权。在某些复杂情况下，一个行为可能同时符合违约与侵权的构成要件，从而引发民事责任竞合的问题，体现了两者在构成上的部分重叠。

进一步探讨，违约行为与侵权行为在多个维度上展现出鲜明的区别。首先，在义务来源上，违约行为所违背的是合同双方基于意思自治达成的协议内容，具有明确的约定性；而侵权行为则是对法律直接规定的义务或普遍认可的社会规范的违反，其义务具有法定性或普遍认可性。其次，从侵害对象来看，违约行为的直接后果是合同债权的受损，其影响范围局限于合同双方之间；而侵权行为则可能广泛波及受害人的财产、人身等合法权益，其影响具有不特定性和广泛性。[①] 再次，就行为主体而言，违约行为的主体必须是具备相应行为能力的合同当事人，而侵权行为的主体则无此限制，任何民事主体均有可能成为侵权行为人。此外，在归责原则上，违约行为多采用无过错责任或严格责任原则，即不论违约方是否存在过错，均需承担违约责任；而侵权行为则主要适用过错责任原则，要求侵权人主观上存在过错方可构成侵权责任。最后，在责任承担方式上，两者虽均涉及损害赔偿，但违约责任的损害赔偿范围通常限于财产损失，而侵权责任则可能包括

① 王利民、郭明龙：《民事责任归责原则新论——过错推定规则的演进：现代归责原则的发展》，载《法学论坛》2006 年第 6 期。

财产损害、人身损害及精神损害赔偿等多重形式，且可能涉及赔礼道歉、恢复名誉等非财产性责任方式。

（二）侵权行为与犯罪行为的关系

侵权行为与犯罪行为，虽同属违法行为的范畴，且均面临法律制裁的后果，但二者在性质、调整法律、构成要件及法律后果上存在着根本性的差异与微妙的联系。首先，从性质上论，侵权行为是违反民事法律规范，侵害他人民事权益的不法行为，其法律后果主要为民事责任，由民法（特别是《民法典》）加以规制；而犯罪行为，则是违反刑事法律规范，具有严重的社会危害性，应受刑罚处罚的行为，其法律后果为刑事责任，由刑法专门调整。

在某些情境下，同一行为可能同时触犯民法与刑法，即构成侵权与犯罪的竞合。例如，杀人、伤人、盗窃等行为，在侵害他人生命权、健康权或财产权的同时，不仅违反了民事法律规范，构成民法上的侵权行为，还可能因其严重的社会危害性而触犯刑法，成为刑法上的犯罪行为。此时，行为人需同时承担侵权责任与刑事责任，体现了法律对不同法益保护的全面性与层次性。

然而，侵权行为与犯罪行为在目的、功能上的趋同，并不掩盖其本质区别。二者均旨在通过法律制裁来惩戒不法行为、预防犯罪或侵权行为的发生，以及维护社会秩序与安定。但侵权行为法侧重于对受害人民事权益的救济与补偿，而刑法则更强调对严重社会危害行为的惩罚与预防。

其一，从责任构成要件来看，侵权责任的成立以损害事实的发生为必要，且在某些情况下不以行为人的主观过错为要件；而刑事责任的成立，则不仅要求有危害行为及危害结果，还需行为人具有主观上的可归责性，即故意或过失。此外，侵权行为主要侵害的是人身权、财产权等民事权利，而犯罪行为则可能侵害更为广泛的社会关系，包括国家安全、公共安全、经济秩序等。

其二，从主观恶意程度来看，犯罪行为要求行为人的主观恶意达到一定程度，多为故意犯罪；而侵权行为虽亦可由故意或过失构成，但过失侵权行为更为常见。在责任形式上，侵权责任主要为财产责任，如损害赔偿；而刑事责任则包括自由刑、生命刑及财产刑等多种形式，具有更为严厉的惩罚性。

有关侵权行为的概念性阐释，可扫码收听音频：

第二节　归责原则

一、归责原则概述

（一）归责原则的概念

在法律语境下，“归责”一词精要地指涉了责任归属的判定过程，而“原则”则作为此判定所依循的基准与准则。将二者结合,“归责原则”便构成了确定法律责任归属所必须遵循的法律标准与规则,是追究行为人法律责任的基石与依据。具体到侵权行为领域,侵权行为归责原则不仅是判定侵权行为人是否应承担民事责任的法律依据,更是衡量其行为正当性、界定责任边界的法律标尺。

侵权行为归责原则经历了从结果责任原则向过错责任原则,进而向无过错责任原则(英美法系中常称之为危险责任原则)的演进。这一发展脉络深刻反映了法律对公平正义价值追求的动态调整与深化。结果责任原则秉持“有损害即有责任”的逻辑,侧重于损害结果的客观存在;过错责任原则则强调“有过错方有责任”,将行为人的主观过错作为责任认定的核心要素;而危险责任原则(危险责任理论),则进一步聚焦于行为的客观危险性,主张“存在异常危险即应担责”,体现了法律对高度危险行为更为严格的规制态度。

上述三种归责原则,分别基于损害结果、过错性及异常危险性三个维度,构建了追究行为人法律责任的逻辑框架。其中,损害结果是侵权行为造成的客观后果,过错性是行为人主观心理状态的反映,而异常危险性则揭示了行为本身所蕴含的不合理风险。这三者共同构成了侵权行为归责的核心要素,决定了责任归属的判定逻辑。

在侵权责任法体系中,归责原则占据着举足轻重的地位。它不仅指引着侵权责任构成要件的设定与举证责任的分配,还深刻影响着侵权行为的类型划分、免责事由的认定、损害赔偿原则与方法的确定,以及责任减轻条件的构建。因此,侵权行为归责原则不仅是侵权责任法理论体系的基石,更是其价值取向与立法精神的集中体现,对于确保侵权责任法的公正、有效实施具有至关重要的意义。

(二)归责原则的发展

侵权行为归责原则的发展历史与侵权责任法的发展历史紧密相关,侵权责任法的历史发展经历了一个从严到宽、从单一化到多元化、从不合理到合理的发展过程。在侵权责任法的发展史上,归责原则不断发展、演进。

最早的侵权行为归责原则是加害责任原则,也称作客观归责原则或结果责任原则。该原则是以损害的客观后果作为归责标准,即只要行为人致他人财产或人身损害,不管其主观上是否有过错,都要承担损害赔偿责任。也就是说,一个人只要被确认是造成损害发生的人,加害事实本身就足以构成使他承担责任的充分理由。该原则是早期人类社会的归责观念,是早期社会惩罚侵权行为的原始方式。这一原则,在大陆法系和英美法系有着共同的反映。现代的过错责任原则在《法国民法典》中的确立,实现了侵权责任法立法史上革命性的变革。

以法国为代表的国家曾经采纳的单一过错责任原则的模式(包括一般的过错责任原则和推定的过错责任原则)风靡一时。但是,随着科学技术的巨大进步、生产力水平的迅速提高、社会结构的日益复杂化,单一的归责原则已不能解决日益复杂的侵权责任问题,在现代世界各国,由于侵权责任法所规范的对象的复杂性和多层次性,逐渐出现了无过错责任原则或者称之为严格责任的归责原则。如德国民法坚持过错责任原则,但是同时承认危险责任(无过失责任)。各国也均颁布了许多特别法,在特别法上采取不问过错责任原则，如医疗事故赔偿法、产品责任法、航空法等，在这些领域内实行无过错责任原则，扩大了侵权责任法的适用范围，使归责原则本身也呈现出由过去单一的过错责任原则转变为以过错责任原则为主，而以不问过错责任原则为辅的归责体系。在英美侵权责任法中，通行的也是过错责任和严格责任。也就是说，除了产品侵权责任、危险活动责任和动物致害责任之外的其他侵权行为类型，基本上都适用过错责任原则。

为适应实际需要，侵权行为归责原则的多元化趋势日益明显，如在传统的过错责任原则依然发挥作用的同时，使用过错推定原则以减轻受害人的举证责任。类似的是英美法系国家普遍采用“事实本身证明”的规则，既保护了受害人的利益，同时也维护了过错责任原则体系内部的和谐。一些国家的法律和理论以及我国的侵权法理论，还认为公平责任原则也是侵权责任法的归责原则。当然，以往《侵权责任法》第 24 条规定受害人和行为人对损害的发生都没有过错的，可以根据实际情况，由双方分担损失。但《民法典》第 1186 条修改为受害人和行为人对损害的发生都没有过错的，依照法律的规定由双方分担损失，将“可以根据实际情况”修改为“依照法律的规定”。侵权责任法的单一原则向多元化发展，逐渐形成了侵权责任法的完整的归责原则体系。值得注意的是，在英美法国家，采取具体案件具体处理的方法，规定了庞大的侵权行为类型，诸如对人身或财产的故意侵害，对人身或财产的非故意侵害，对人身、财产侵害的严格责任，毁损名誉，破坏家庭关系，侵害合同关系或商务关系，滥用法律程序，等等，从而可以更灵活地适用各归责原则解决各种现实问题。归责原则是侵权责任法的核心问题，必须适应社会发展，就各个意外事故斟酌其危害性，及其他相关因素加以调整，使其更能公平、有效率地发挥其预防危害、填补损害的机能。

（三）归责原则体系

我国侵权责任归责原则体系是由过错责任原则、过错推定原则和无过错责任原则三个归责原则构成的。

1. 过错责任原则

过错责任原则是我国侵权责任法的基本归责原则，适用于一般侵权行为，调整一般侵权行为的责任归属问题。过错责任原则的性质是主观归责原则，即以行为人的主观过错作为确定其责任的必要条件，有过错即有责任，无过错即无责任。需要特别注意的是，《民法典》第 1165 条第 1 款对《侵权责任法》第 6 条第 1 款的修改，使法律规定更加精确，明确了过错责任原则仅适用于造成损害的情形，从而区分了侵害与损害的概念，并强调了损害赔偿的归责原则。所谓过错责任是指“因为有过错所以承担赔偿责任”。过错责任原则从民事责任的归责原则回归为赔偿责任的归责原则，体现了法律对行为人主观态度的评价和对公平正义的追求。这一原则鼓励人们在日常行为中尽到合理的注意义务，避免给他人造成不必要的损害。

2. 过错推定原则

《民法典》第 1165 条第 2 款是过错责任的特殊形式，即过错推定责任。过错推定原则从本质上说也是过错责任原则，过错推定责任是过错责任的一种特殊形态。过错推定仍然以过错作为归责的最终要件，其价值判断标准和责任构成要件都与一般的过错责任原则的要求相一致，过错推定原则所具有的制裁、教育、预防、确定行为标准等功能方面，也与过错责任基本相同。过错推定原则是为弥补传统的过错责任原则不足而产生的一项原则。因此，过错责任原则表现为两种形式：一是一般过错原则，二是过错推定原则。这个主张目前还是通说，而且在全国法院中也是采用这样的主张。在我国侵权责任法中，过错推定已广泛适用于一些特殊的侵权行为，而且随着社会经济的发展，过错推定的适用范围也不断扩大。

3. 无过错责任原则

《民法典》第 1166 条精准地界定了民事赔偿责任领域中的无过错责任原则，作为侵权责任法体系内一个独立且不可或缺的归责原则，其地位虽时有争议，但通说已普遍认可其独立性，凸显了其在特定侵权情境下的独特价值。

无过错责任原则，本质上属于客观归责范畴，其核心在于将损害事实与加害行为之间的因果关系作为责任构成的决定性要素，而相对弱化甚至排除对行为人主观过错的考量。因此，该原则亦常被称作“严格责任原则”，强调责任承担的严格性与无过错性。其适用范围严格限定于法律明文规定的特殊侵权类型之中，如产品责任、高度危险作业等，旨在应对现代社会中日益复杂且高风险的侵权行为，确保受害方能够及时获得有效救济。

在此原则下，责任的判定不再聚焦于行为人的主观状态，而是基于损害结果的客观存在及其与加害行为之间的直接联系。加害人不得以其主观上无过错为由进行抗辩，从而确保了受害人的权益能够得到更为周全的保护。需要明确的是，无过错责任原则并非意味着“绝对责任”，即无论何种情况均须承担赔偿责任；相反，它要求侵权人的行为需具备高度的危险性，且该危险性实际导致了损害结果的发生，方构成责任承担的前提。

二、过错责任原则

(一)过错责任原则的概念

过错责任原则，学界又常称之为过失责任原则，是以行为人主观上的过错作为确定和追究行为人民事责任依据的归责原则。过错责任原则是一般情形下适用的归责原则，系因“故意或过失”不法侵害他人权利时，应就所产生的损害负赔偿责任。过错责任原则的性质是主观归责原则，过错责任要求在确定侵权行为人的责任时，必须以行为人主观上有无过错作为归责的依据，而不是依行为的客观方面来确定。过错责任原则以行为人的主观过错作为价值判断标准，判断行为人对其造成的损害是否应该承担赔偿责任，即过错责任原则以行为人的过错作为归责的根据和责任的最终构成要件。也就是说，该原则要求将行为人的过错作为归责的最终的决定性要件，将行为人的过错作为最后的或最基本的因素来加以考虑，坚决贯彻“无过错即无责任”的精神。

因此，在适用过错责任原则的场合，加害行为人仅在有过错的情况下对自己的致害行为负责，行为人主观上没有过错，就不承担赔偿责任。在确定赔偿责任的构成要件时，相对于损害事实及其因果关系等构成要件而言，行为人主观上的过错是损害赔偿责任构成的必要条件之一，缺少这一条件，即使加害人的行为造成了损害，也不承担民事赔偿责任。

（二）过错责任原则的意义

首先，过错责任原则是平衡个体行动自由价值与社会安全价值的有力工具。结果责任原则限制了人们的行动自由，是过错责任原则得以产生与发展的原因。从经济学角度考虑，“有损害结果即有责任”，行为人就不得不时时谨小慎微。时时谨小慎微就扼杀了行为人的主动性，极大地限制了私权主体的行动自由。这对行为人而言十分不公，对社会的发展也十分不利。没有过错思想支配下的行为造成了损害，行为人不负责任。在这种情况下，过错责任原则用过错这个价值判断标准作为侵权责任构成的必要条件，只要行为人尽到一定的注意义务，即使是对他人造成损害也可以不必承担责任，因而该原则鼓励资产阶级大胆地放开手脚改革创新，在客观上推动了生产力的发展和社会的进步。

其次，实行过错责任原则有利于社会道德观念的树立和个人尊严的维护。依据过错责任原则，一个人因其行为给他人造成损害，只有当他对于这一行为有过错时才承担责任，也就是说，行为人负担赔偿责任是基于其行为在道德上存在的可受非难性，即如果他的行为是因其过错所致，则其行为在道德上存在可受非难性，因此必须赔偿；如果他的行为不是因其过错所致，则其行为在道德上不存在可受非难性，也就无须赔偿。这一方面体现了社会正义的要求，另一方面也为民事主体的行为确定了标准，它要求行为人尽到对他人的谨慎和注意义务，努力避免损害的发生，也要求每个人充分尊重他人的权益，尽量做到正当作为和不作为，从而为行为人确定了自由行为的范围，并体现了对个人尊严的尊重。

最后，实行过错责任原则有利于侵权责任法各规范功能的有效发挥，过错责任原则在惩罚、补偿和预防等方面均有较好的作用。由于过错责任原则以过错作为归责的必备要件，因此，适用过错责任原则的过程，就是对行为人的行为进行法律评价和道德评价的过程，法律通过过错责任原则惩罚具有主观过错的行为人，补偿受害人的损失，保护受害者利益。不仅如此，过错责任原则还具有极强的教育和行为指导功能，通过赋予过错行为人以侵权责任，教育行为人行为时应该谨慎、小心，尽到必要的注意义务，努力避免损害的发生，从而达到预防损害发生的目的。

（三）过错责任原则的适用

《民法典》第1165条明确了过错责任原则及其适用的特殊情形（过错推定）。过错责任原则适用于一般的侵权责任，调整一般侵权行为，特殊侵权行为不适用一般的过错责任原则。也就是说，只有在法律有特别规定的情况下才不适用过错责任原则。在适用过错责任原则确定行为人责任时应该注意以下几个问题：

1. 过错程度与责任范围的关系

过错责任原则是将过错作为确定行为人承担民事赔偿责任的根据，而不是将其作为确定赔偿范围的根据。在一般情况下，赔偿责任的大小取决于损害的大小，过错程度对于赔偿责任的范围一般并不发生绝对的或者很大的影响。但在某些情况下，行为人的过错程度也可以作为确定责任范围的依据，如在混合过错的情况下，通常会考虑加害人和受害人之间的过错程度并对其进行比较，通过适用过错相抵规则确定加害人的责任范围；在共同侵权的情况下，数人的过错程度成为决定他们所应承担的责任范围的依据，各共同侵权人承担与各自的过错程度相适应的民事责任；在无意思联络的共同致害行为中，也需要考虑各侵害人的过错程度，依据每个行为人的过错程度确定各自的责任范围；在确定精神损害赔偿责任的时候，过错的轻重也会影响损害赔偿责任的范围，故意侵权的通常承担较重的赔偿责任，而过失侵权的则一般承担较轻的赔偿责任。

2. 过错程度与责任构成的关系

《民法典》第 1165 条和第 1166 条规定侵权赔偿责任，在此两条款之后的第 1167 条再次规定了绝对权请求权的侵权责任。第 1167 条是对《民法典》其他编、章内容的强调。第 1167 条规定的停止侵害、排除妨碍、消除危险等请求权属于绝对权请求权。绝对权请求权如人格权请求权、物上请求权等。物上请求权包括《民法典》第 235 条的返还原物请求权、《民法典》第 236 条的排除妨害请求权和消除危险请求权。《民法典》第 995 条的停止侵害、排除妨碍、消除危险等人格权请求权。这些是绝对权请求权的侵权责任方式。第 1167 条更是对侵权损害赔偿请求权和绝对权请求权的区分。绝对权请求权的行使与归责原则无关。因为绝对权请求权行使的根据是绝对权本身，因而不再需要归责理由和根据。绝对权本身就是绝对权请求权的根据。因此，导致损害后果的损害赔偿责任构成要件是侵权作为、损害结果、主观过错和因果关系。而侵害绝对权的其他非赔偿责任的责任构成要件是侵权作为、非损害的权利侵害后果、因果关系。

3. 举证责任问题

在法学理论及司法实践中，过错责任原则作为侵权责任法的基本归责原则之一，其核心在于贯彻“谁主张，谁举证”的举证责任分配原则。此原则系民事诉讼法的基本原则之一，要求在侵权诉讼中，主张赔偿的受害人必须承担证明侵权责任各构成要件的举证责任，而加害人则无须主动证明自身无过错。具体而言，受害人需举证证明加害人的行为、损害结果以及二者之间存在的因果关系，并进一步证明加害人对损害的发生存在主观上的过错。若受害人未能充分举证证明加害人的过错，则其赔偿主张将难以获得法律支持，进而可能导致败诉。值得注意的是，尽管过错责任原则普遍遵循“谁主张，谁举证”的举证规则，但在特定法律情境下，为平衡双方当事人的诉讼能力与利益，法律亦允许采取“举证责任倒置”的特殊处理方式。此即过错推定原则的适用场景，作为过错责任原则的一种特殊形态，过错推定原则要求在特定类型的侵权案件中，将原本应由受害人承担的、关于加害人过错的举证责任转移至加害人一方。

4. 侵权责任状态

在探讨过错责任原则的适用范畴时，侵权责任的基本架构植根于“自己责任”这一核心原则之上。该原则强调，侵权行为人应直接且独立地对其自身行为所引发的损害后果承担法律责任，构成了侵权责任体系的基石，体现了法律对个体行为自由与责任自负之间的平衡考量。然而，在特定法律情境下，为应对复杂多变的社会关系与责任分配需求，亦存在“替代责任”这一例外情形。替代责任，顾名思义，是指责任主体并非直接实施侵权行为之人，而是基于特定法律关系或法律规定，为另一人的侵权行为承担责任的制度设计。在过错责任原则的框架内，替代责任的适用需严格遵循法律明文规定，以确保其适用范围的明确性与合理性。以《民法典》第 1218 条所规定的医疗损害责任为例，该条款即体现了过错责任原则下替代责任的一种典型适用。在此情境中，医疗机构作为责任主体，需对其医务人员在诊疗活动中因过错造成的患者损害承担赔偿责任。此处的医疗机构，虽非直接实施侵权行为的医务人员，但基于其与医务人员之间的雇佣或管理关系，以及法律规定所赋予的特定责任，需对医务人员的过错行为承担替代责任。

三、过错推定原则

（一）过错推定原则的概念

推定是指根据已知的事实推出未知事实的一种判断方法或判断过程。过错推定原则是指在加害行为发生后，为了保护相对人或受害人的合法权益，法律规定加害人如果不能证明其没有过错，则推定其有过错，加害行为人只有在证明自己没有过错的情况下才可以不承担责任，只要不能证明自己没有过错，就应当承担赔偿责任的原则。我国《民法典》第 1165 条第 2 款规定了过错推定原则的适用。过错推定是实行过错责任原则的一种特殊情况，是在实行过错责任原则时，对法律有规定的场合，对行为人的过错实行推定的方式来确定。过错推定没有脱离过错责任原则的轨道，而只是适用过错责任原则的一种方法。[①] 从本质上说，过错推定原则仍然是过错责任原则，过错推定原则的基础仍然是过错，其特殊性就在于举证责任的不同。一般的过错责任的举证责任在受害人，过错推定责任则免除了受害人对加害人的过错所承担的举证责任，实行举证责任倒置，即将举证的责任由受害人转移给了加害人，由加害人就自己没有过错承担举证责任。加害人必须证明自己没有过错，如果加害人证明不了自己没有过错，则推定其有过错，因而要承担侵权赔偿责任。尽管过错推定原则在这些方面与一般的过错责任原则有所区别，但其本质并没有改变，过错推定原则除了在某些方面与一般的过错责任原则有所不同以外，其性质还是过错责任原则。

（二）过错推定原则的意义

适用过错推定原则的意义在于有效地保护受害人的合法权益。一方面，随着政治、经济、科学技术与人们知识水平的不断发展，过错概念本身也随之不断变化发展着。而在许多情况下，由于科技和知识水平的限制，受害人很难确定致害行为人是否具有过错，因此，借助过错推定原则认定行为人具有过错可以更好地保护受害人的合法权益。另一方面，在适用过错责任原则时，在某些特殊情况下，受害人难以举出证据来证明加害人有过错，但是，这时如果因为受害人证明不了加害人有过错而不判令加害人承担责任显然是不公正的，而从加害人的角度来看，加害人更了解损害发生的原因，让其承担举证责任更有利于查清事实，从而决定责任的归属，因此，此时适用过错推定原则也可以有效地保护受害人权益。适用过错推定原则，从损害事实中推定行为人有过错，就可以使受害人

---

① 王利明：《侵权行为法归责原则研究》，中国政法大学出版社 1991 年版，第 30、69 页。

免除举证责任而处于有利的地位，而行为人则因负举证责任而加重了责任，因而有利于保护受害人的合法权益。

有关过错推定原则的起源的详细阐释，可扫码收听音频：

（三）过错推定原则的适用

1. 适用范围

过错推定原则调整部分特殊侵权行为，只能适用于法律有特别规定的情况，在法律无特别规定时，仍然适用一般过错责任原则。过错推定原则作为一项归责原则主要适用于《民法典》侵权责任编规定的几种特殊侵权行为，具体如表 14-1 所示：

表 14-1　过错推定原则相关规定

具体责任	适用范围
监护人责任	第 1188 条
委托监护责任	第 1198 条
暂时丧失心智损害责任	第 1190 条
用人者责任	第 1192 条
定作人指示过失责任	第 1193 条
无民事行为能力学生在教育机构受到损害的学校责任	第 1199 条
机动车与非机动车驾驶人或者行人发生交通事故的赔偿责任	第 1208 条
医疗伦理损害责任	第 1219 条
动物园的动物损害责任	第 1248 条
除了高空抛物以外的建筑物和物件损害责任	第十章（第 1252 条至第 1258 条）

2. 侵权责任构成要件

在适用过错推定原则确定侵权责任时，其侵权责任的构成与适用过错责任原则没有原则的变化，仍须具备损害事实、违法行为、因果关系和过错要件。

3. 过错要件的举证责任倒置

在过错推定原则适用的场合，举证责任有特殊规则：第一，原告起诉应当举证证明三个要件，一是违法行为，二是损害事实，三是因果关系。原告承担这三个要件的证明责任。第二，这三个要件的举证责任完成之后，法官直接推定被告具有主观过错，不要求原告负责行为人在主观上存在过错的证明责任，不必举证，而是从损害事实的客观要件以及它与违法行为之间的因果关系中，推定行为人在主观上有过错。第三，实行举证责任倒置。如果被告认为自己在主观上没有过错，则须自己举证，证明自己没有过错；证明成立者，推翻过错推定，否认行为人的侵权责任。第四，被告如果证明不足或者不能证明者，推定过错成立，行为人应当承担侵权民事责任。

4. 侵权责任形态基本为替代责任

在适用过错推定原则的侵权行为中，行为人承担的责任形态基本上是替代责任，包括对人的替代责任和对物的替代责任，较少适用自己责任的侵权责任形态。

(四)过错责任原则和过错推定原则的区别

过错责任原则和过错推定原则都是以加害人有过错作为承担民事责任的根据，过错推定原则是过错责任原则的一种特殊形式，其仍然以过错责任原则为基础，其本质还是过错责任原则的性质，只是在某些方面与一般的过错责任原则有所不同而已，具体来说两者的不同之处有：

1. 举证责任不同

一般的过错责任原则贯彻“谁主张，谁举证”原则，举证责任由原告承担，而过错推定原则在证明主观过错要件上实行举证责任倒置，原告不承担举证责任，由被告承担举证责任。过错推定原则的本质是诉讼中举证责任的倒置，旨在重点保护受害人的合法权益，只有当加害人能证明自己无过错时，才无须负侵权责任。

2. 调整范围不同

两原则调整的范围完全不同。一般的过错责任原则调整侵权行为的范围是一般侵权行为，而过错推定原则调整的范围是法律有特别规定的部分特殊侵权行为。

3. 过错程度对责任的影响不同

适用过错责任原则时，在某些情况下需要考虑加害人的过错程度，根据加害人的过错程度确定其责任的承担与轻重，如在混合过错中严格区分受害人的过错与加害人的过错，根据双方当事人的过错程度确定双方各自应承担的责任。而在过错推定责任中，过错程度对责任的承担及轻重没有影响。因为在过错推定的情况下，加害人的过错是被推定的，过错本身具有一定的或然性，难以确定加害人的过错程度，所以也就无法对加害人与受害人双方的过错程度进行比较。在适用过错推定原则的特殊侵权行为中，即使能够证明受害人对于损害的发生也有过错，也不能因此而免除加害人的责任，除非损害完全是由受害人故意引起的。

四、无过错责任原则

(一)无过错责任原则的概念

我国民事立法对无过错责任原则的规定在《民法典》第 1166 条。基于该条文，若将无过错责任原则理解为“按照法律规定，没有过错也要承担责任的原则”是没有问题的。很多学者也是这样给无过错责任原则下定义的，如“无过错责任，是指基于法律的特别规定，加害人对其行为造成的损害没有过错也应当承担民事责任”。其实从无过错责任原则的字面出发强调“没有过错”并不能准确地反映无过错责任原则的真实含义。正如学者所指出的“无过失责任的用语消极地指明‘无过失亦应负责’的原则，危险责任的概念较能积极地凸显无过失责任的归责原因”。

实际上，无过错责任仅仅是不考虑加害人的过错因素，是不考虑过错的责任，而不是没有过错的责任，至于加害人是不是有过错，是不一定的。无过错责任原则指的是以损害事实、加害行为以及二者之间的因果关系为根据确定加害人责任的归责原则，也就是说，加害人有无过错对确定民事责任没有影响。无过错责任原则的基本内涵，就是以加害行为的损害结果来确定责任，它是一种不以加害人的主观过错为责任构成要件的归责标准。无过错责任原则也常常被称为严格责任原则或者风险责任原则，在此，我们可以将其定义为，在法律有特别规定的情况下，以已经发生的损害结果为价值判断标准，不问行为人主观上是否有过错，只要其行为与损害后果间存在因果关系，就应承担侵权责任的归责原则。

（二）无过错责任原则的意义

过错责任原则的基本思想是对过错行为进行制裁。依据过错责任原则，加害人之所以要对其行为所产生的损害负赔偿责任，是因为其主观上具有可受非难性。无过错责任原则的基本思想不是对不法行为进行制裁，企业的经营、汽车的使用、商品的生产销售、原子能设备的持有等虽然具有危险性，却是现代社会所必需的经济活动，为法律所允许，不能作为违法性判断的客体。无过错责任原则的基本思想是基于分配正义对不幸损害进行合理分担，即在发生损害的情况下，根据公共利益权衡冲突双方的利益，公平地分配损失。从这一意义上，无过错责任原则的称谓并不科学，与其称为无过错责任原则，不如称为危险责任原则。

根据无过错责任原则将意外灾害的损害由受害人转向特定企业、设备的所有人、持有人的合理性理由主要有四：理由一，特定企业、物品和设施的所有人、持有人是这些危险源的制造者，企业在生产中为了自己的利益而制造了危险，应当承担因风险导致损害而产生的责任；理由二，在一定程度上也只有该所有人或持有人能够防止或者控制这些危险；理由三，获得利益者承担风险是公平正义的要求，管理者因支配其物而获得利益，理应赔偿因此而给他人造成的损失；理由四，企业具有分散负担的能力，企业虽然承担危险责任，但是，由于法律常常事先规定了其损害赔偿的最高限额，损害赔偿责任的范围是可以预计的，企业可以通过商品服务的价格体系和保险制度对其予以分散。

无过错责任原则强调对个体公民生命财产的保护，对生产经营者提出了更高的要求。确立无过错责任原则，让事故原因的控制者承担责任，可以促使从事高度危险业务者及危险行为人、产品制造销售人员、环境污染制造者和动物饲养人等行为人，提高工作质量，高度负责，谨慎小心，不断改进生产技术及安全措施，尽力保障周围人员、环境的安全，以有效地防止事故的发生，从而切实保护人民群众人身、财产安全，更好地保护民事主体的合法权益。适用无过错责任原则的意义还在于通过加重行为人的责任，可以在造成损害的情况下，迅速查清事实，赔偿受害人的人身、财产损失，使受到损害的权利及时得到救济。无过错责任旨在使处于优势地位的一方承担更多的责任，以保护处于弱势地位的不特定的民事主体的利益。适用无过错责任原则，使无辜的损害由国家和社会合理负担，切实保护了受害人的利益。

(三)无过错责任原则的适用

1. 适用范围

无过错责任原则仅适用于法律有特别规定的情形,其适用范围法定化的原因在于,此种责任在性质上与一般的法律责任不同,无过错责任以损害事实为根据,在法无明文规定的情况下,给加害人施加此种责任,是苛刻且不公平的,也会妨害整个侵权法规范的职能的发挥。因此,无过错责任原则必须在有法律明确规定的情形下才能采用,其责任的承担必须完全基于法律的特别规定,不得由法官或当事人任意扩大其适用范围。具体如表 14-2 所示:

表 14-2 无过错责任相关法律规定

具体责任	适用范围
产品责任	第 1202 条至第 1207 条
医疗产品损害责任	第 1223 条
环境污染与生态破坏责任	第 1229 条至第 1235 条
高度危险责任	第 1236 条至第 1244 条
饲养动物损害者责任	第 1245 条至第 1247 条、第 1249 条至第 1250 条
工伤事故责任	除第 1192 条规定外

2. 构成要件

适用无过错责任原则,其责任构成只需具备三个要件:一是违法行为;二是损害事实;三是违法行为与损害事实具有因果关系。在适用无过错责任原则的情况下,只要具备以上三个要件,行为人就应当承担赔偿责任,而不要求具备主观过错的要件。

案例分析:王某在经营一家大型超市时,因超市内货架摆放不当,导致顾客李某在购物过程中不慎被掉落的商品砸伤头部。李某随即就医,并产生了一系列医疗费用及误工损失。李某随后将王某的超市告上法庭,要求赔偿相关损失。在此案中,分析无过错责任原则的适用。

解答:本案中,李某在王某经营的超市内购物时,因超市内货架商品摆放不当而受伤,属于典型的因经营场所管理瑕疵引发的侵权纠纷。在此类纠纷中,根据《民法典》的相关规定,宾馆、商场、银行、车站、机场、体育场馆、娱乐场所等经营场所、公共场所的经营者、管理者或者群众性活动的组织者,未尽到安全保障义务,造成他人损害的,应当承担侵权责任。这里的"未尽到安全保障义务"并不以经营者或管理者存在过错为构成要件,而是采用了无过错责任原则。

无过错责任原则,是指依照法律规定不以当事人的主观过错为构成侵权行为的必备要件的归责原则,即不论当事人在主观上有没有过错,都应当承担民事责任。在本案中,即便超市方面能够证明自己在日常管理中已经尽到了合理的注意义务,不存在主观上的过错,但只要其未能确保顾客在购物过程中的安全,导致顾客受到损害,就应当承担相应的侵权责任。

因此，法院在审理此案时，应适用无过错责任原则，判决超市方即王某对李某的损害承担赔偿责任，包括但不限于医疗费用、误工损失等合理费用。这样的判决体现了法律对消费者权益的保护，以及对经营者安全保障义务的严格要求。

3. 举证责任

适用无过错责任原则的举证责任也存在举证责任倒置的规则。具体规则是：第一，受害人即原告应当举证证明违法行为、损害事实和因果关系三个要件。对此，加害人不承担举证责任。第二，在受害人完成上述证明责任以后，无过错责任就已经构成。如果加害人主张受害人的故意是致害的原因，应当承担证明责任，能够证明的，免除赔偿责任；举证不足或者举证不能，侵权责任即告成立。

4. 侵权责任形态

适用无过错责任原则的侵权行为，其责任形态一般是替代责任，包括对人的替代责任和对物的替代责任。

5. 受害人有过错的问题

在适用无过错责任原则的场合，受害人对于损害的发生与扩大也有过错的，是否实行过失相抵，有以下情况：第一，受害人故意造成损害的，应当依照《民法典》第 1174 条的规定，免除行为人的责任。第二，受害人对于损害的发生或者扩大具有重大过失的，原则上实行过失相抵，减轻行为人的责任，但是法律有特别规定的除外。第三，受害人对于损害的发生有过失的，如果法律规定可以减轻责任的，依照其规定，如《民法典》第 1240 条规定从事高空、高压、地下挖掘活动或者使用高速轨道运输工具造成他人损害的，受害人对损害的发生有过失的，实行过失相抵，减轻责任；法律没有特别规定的，受害人过失不构成过失相抵。第四，受害人有轻微过失的，不实行过失相抵。

本章小测

客观题

扫码测试

拓展案例

"施耐德"仿冒混淆纠纷案。

拓展案例

延伸阅读

关于违约精神损害赔偿。

延伸阅读

本章参考文献

1. 程啸:《侵权责任法》,法律出版社 2021 年第 3 版。
2. 陈龙业:《民法典侵权责任编的创新发展与规则适用》,人民法院出版社 2023 年版。
3. 王泽鉴:《侵权行为》,北京大学出版社 2016 年版。
4. 熊进光:《无人驾驶汽车侵权法律问题研究》,法律出版社 2023 年版。
5. 北京互联网法院:《网络侵权纠纷典型案例解析》,中国法制出版社 2022 年版。
6. 李红玲:《普通法系侵权法抗辩事由研究》,法律出版社 2024 年版。

第十五章　侵权责任的构成要件

思维导图

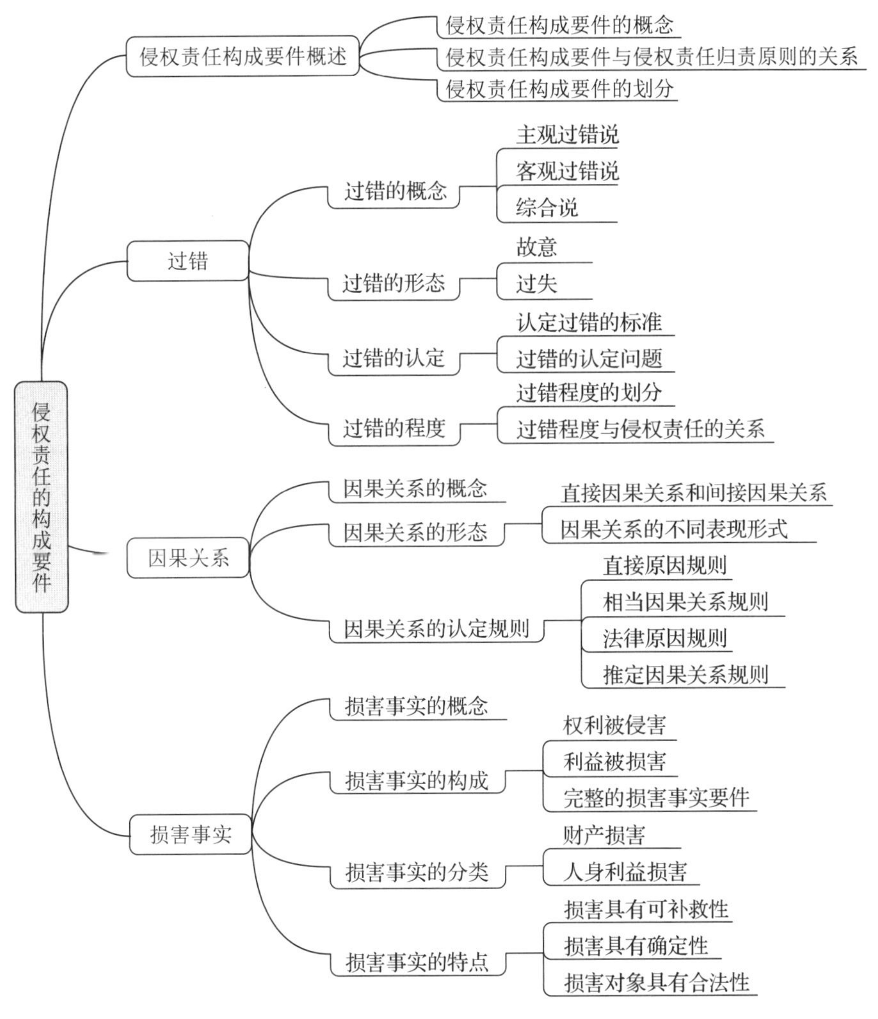

第一节　侵权责任构成要件概述

一、侵权责任构成要件的概念

侵权责任的构成要件，是指侵权行为人承担侵权民事责任所应当具备的条件。侵权责任的基本责任方式是损害赔偿，除此之外，侵权责任还包括其他民事责任方式，如停止侵害、排除妨害、消除危险等。在侵权责任中，损害赔偿责任是其中最为重要的责任方式，而其他侵权责任方式并不需要与侵权损害赔偿责任适用同等要求。例如，以停止侵害、排除妨害、消除危险等责任方式承担侵权责任时，一般来说，只要具备了权利侵害的事实，就可以请求权利侵害人停止侵害、排除妨害、消除危险，并非一定要到造成损害才可以请求。

侵权责任构成要件，顾名思义，应当是指所有侵权责任形式的构成要件。然而，我们通常所说的侵权责任构成要件实际上往往指代的是侵权损害赔偿责任的构成要件，而不是其他方式的侵权责任构成要件。

二、侵权责任构成要件与侵权责任归责原则的关系

在民法中，侵权责任的构成要件是指行为人承担侵权责任的条件，是判断行为人是否应该承担责任的根据。侵权责任构成要件与侵权责任归责原则是两个密切相关的概念。侵权责任归责原则是侵权责任构成要件的前提和基础，侵权责任构成要件则是侵权责任归责原则的具体体现。侵权责任构成要件是由侵权责任归责原则所决定的，其目的在于实现归责原则的功能和价值。

侵权责任构成要件与侵权责任归责原则间的密切联系具体表现为两个方面：一方面，侵权责任归责原则是认定侵权责任的一般原则，要具体认定某一行为是否构成侵权责任，需要司法审判人员在归责原则的指导下，结合侵权责任构成要件对行为人的行为和损害结果作综合、全面的评价；另一方面，侵权责任归责原则决定了侵权责任构成要件的内容。在传统的侵权责任法中，奉行单一的过错责任原则，各种侵权行为的构成要件都是一样的。

在当代的侵权责任法中，过错责任原则之外的特殊情形越来越多，所以，各种侵权责任的构成要件就不尽相同了。例如，当适用过错责任原则时，侵权民事责任构成必须具备行为人的主观过错要件，而且不仅以过错为构成要件，还以过错为归责的最终构成要件；当适用无过错责任原则和公平责任原则时，侵权责任构成就不需具备行为人主观过错这一要件，而是以因果关系和公平考虑的各种因素为归责的最终要件，如因高度危险作业而致受害人健康权、生命权的损害或丧失，依据《民法典》第 1166 条的规定，行为人不具备主观上的过错亦构成侵权民事责任。由于归责原则不是单一的，因此，侵权法中

不存在适用于所有案件的统一的责任构成要件，而且，在运用不同的责任构成要件时，要正确认识不同的构成要件所赖以依据的归责原则，以及这些归责原则所要实现的功能。

三、侵权责任构成要件的划分

大陆法系国家有两种不同的关于侵权责任构成要件的学说和立法，即三要件说和四要件说。前者以《法国民法典》及其法学理论为典范，主张侵权责任的成立需满足三项核心要件：过错、损害事实以及因果关系。此说强调过错作为责任归属的核心依据，同时要求损害事实的客观存在以及该损害与过错行为之间的直接因果联系。后者以《德国民法典》及其学术体系为代表，它认为一般侵权责任的构成应包含四个基本要素：过错、行为的不法性、损害事实以及因果关系。在此框架下，行为的不法性被视为独立于过错之外的构成要件，要求侵权行为不仅需具备主观上的可归责性，还需在客观上违反法律规定或社会公认的行为准则。

转观我国民法学界，对于侵权责任构成要件的讨论同样呈现出三要件说与四要件说并存的局面。持三要件说的学者主张，违法行为不应作为独立要件纳入侵权责任构成的考量之中，而是应将重点放在过错、损害事实及因果关系三项要素上。他们认为，过错已隐含了对行为违法性的评价，无须另行强调行为的不法性。而主张四要件说的学者则坚持认为，侵权责任的完整构成必须包含行为的违法性这一要件。他们认为，过错与行为的不法性虽有关联，但二者各有侧重，前者侧重于主观状态的评估，后者则侧重于对行为客观违法性的判断。因此，在侵权责任认定时，应同时考察行为人的过错、行为的违法性、损害事实的存在以及行为与损害之间的因果关系，四者缺一不可。

学者对侵权责任构成要件的主要分歧在于违法行为或者违法性是否为侵权责任构成的必备要件。对此，三要件说否定之，四要件说肯定之。究其原因，“三要件说和四要件说的不同，在于对过错这一概念的理解不同。三要件说认为不法融于过错之中，过错涵盖不法；而四要件说认为，主观不法与客观不法是两个不同的概念，故在侵权责任的构成中，为两个不同的构成要件”。

四要件说曾在我国理论研究中占据主流地位。然而，解释“违法”一词的最终结果是，要么与侵权责任构成的“过错”或者“损害”要件同质，要么用“违反法律”来解释“违法”。违法性要件虽曾在司法解释中采用，但“违法性”在审判实践中几乎被忽略，因为难以对“违法性”要件作出实务判断。采取三要件说，不仅可以避免“违法性”在理论上的困境，也符合审判实践。构成侵权责任必须具备以上三个要件，缺一不可。《民法典》第1165条规定：“行为人因过错侵害他人民事权益造成损害的，应当承担侵权责任。”从该条规定来看，侵权责任应当具备三个要件：一要有过错；二要有因果关系；三要有侵害他人民事权益的后果，并不包括所谓违法性要件。因此，我国侵权责任的一般构成要件并不包括违法性要件。特别是某些无过错责任（如高度危险作业和环境侵权）中，行为人的行为往往具有合法性。公平责任也不要求分担损害者的行为具有违法性。

有关侵权责任构成要件的概念性阐释，可扫码收听音频：

第二节　过错

一、过错的概念

在一般侵权责任的构成要件中，过错要件具有重要的地位。然而，“何为错”在理论界经历了漫长的发展过程。罗马法中过错分为两种形态：故意和过失。故意(Dolus)是对善意的违反，指处心积虑地损人利己的意图。过失(Culpa)是对勤谨注意义务的违反。根据优士丁尼法的规定，过失又分为重过失(Culpalata)、轻过失和最轻过失(Culpalevissima)三个等级。“故意(Vorsatz)或过失(Fahrlas-sigkeit)在德国民法上合称为过咎(Verschuldensprinzip)，在我国台湾地区多译为过失责任原则，解释上当然包括故意在内。在英美法上，侵权行为(Torts)有须以故意为要件的，亦有须以过失为要件的，我国台湾地区不作此区别。”王泽鉴教授认为，学者往往是在讨论过错责任原则的前提下才讨论过错概念的。归纳起来，过错学说经历了以下三个阶段：

(一)主观过错说

首先出现的关于过错的学说判断标准是主观标准。所谓过失是指行为人对于特定(或可以特定)损害结果的发生，应当预见且可能预见但未为预见的心理态度。预见可能性的判断标准建立在行为人主观心理状态上。由于这一理论侧重的是行为人对损害的发生是否有预见的可能，因此被称为“预见可能性说”，又因该理论所强调的是行为人心理状态的非难性，根据行为人的个人的主观能力而判断，因此又被称为“主观过错说”。主观过错说是19世纪大陆法系国家民法的主导观点，以德国立法和学理为代表，我国学理在过错的概念上也多采此说。该说把行为人行为的违法从主观和客观两方面加以区分，创造了“主观的不法”和“客观的不法”的概念。认为过错和不法行为是两个不同的问题，主观的不法即为过错，包括故意、过失；客观的不法是对行为的描述和评价。过错不包括行为人的外部行为，与行为人的外部行为有严格的区别，因而过错和违法行为是两个不同的归责要件。该说认为过错作为主观概念，本质上是一种应受谴责的心理状态，“其基本思想是：每个具有意志能力和责任能力的人均具有意志自由，故应该对自己所选择的行为的后果负责”。主观过错说强调过错来源于行为人应受非难的主观状态，从而奠定了责任自负的基础，突出了侵权法的教育和预防职能。这种学说得到广泛的赞同，成为很多国家民法学的理论基础。

(二)客观过错说

采用主观标准难以对每个行为人的预见能力作准确的判断，给民事归责带来了相当困难。主观标准没有真正解决行为准则问题。为此，对过错的判断标准，学术界提出了客观化的要求。所谓过错客观化是指以善良管理人在社会生活中所应注意的义务作为判断过错的根据。根据这一理论，过错的判断是：除有法律规定的无责任能力情况外，凡行为人的损害行为违反了善良管理人所应注意的义务，即认定为过错成立。客观过错说在法国法系中有广泛的影响，以法国学者安德烈蒂克为典型代表，在他看来，“过错是指任何与善良公民行为相偏离的行为”。对此持相似观点的还有法国学者普兰尼奥尔，他认为过错是对事先存在的义务的违反。英美法的过错概念也接近于这种学说，认为过错主要是指行为人违反了法定的注意义务。该说认为，过错与违法行为属于一个归责要件，过错作为客观概念，并不是指行为人的主观心理态度具有应受非难性，而在于反映其意志的外部行为具有应受非难性，应该从某种客观的行为标准来判定行为人有无过错，如果行为人的行为不符合某种行为标准（如不符合一个合理的人或善良家父的行为标准），即为有过错。自 21 世纪以来，为适应归责客观化的需要，客观过错说得到了较大的发展，并成为西方国家侵权法中的主导学说。最近我国也有主张这种理论的学者，认为我国对过错的判断标准应当客观化，应摒弃现行的主观过错说，采用客观过错说，主张过错是指行为人未尽到一般人所能尽到的注意义务，也即违背了社会秩序要求的注意。

（三）综合说

该说主张过错是综合概念，认为过错既是一种心理状态又是一种行为活动。过错首先是行为人进行某种行为时的心理状态，但是这种心理状态必须要通过行为人的具体行为体现出来，因此，判断行为人有无过错，需要和其行为联系在一起，以其行为为判断的前提和基础。如果没有具体的行为，不管人们持怎样的心理状态，都不存在法律上的过错。综合说认为过错是行为人通过违背法律和道德的行为表现出来的主观心理状态，是对行为人在进行某种行为时所具有的心理状态以及行为本身的一种法律评价和道德谴责。在我国民法学界主观过错说占主导地位，除了少数学者坚持过错是一种行为，是客观概念外，绝大多数学者认为过错就其本质属性而言是人的主观心理状态，因而是主观概念。实质上，客观过错说和综合说也并不是说过错的本质是客观的，不是主观的，而是主张在判断过错的标准或方式方面，应当以一种客观的衡量标准，通过人的外部行为来判断行为人主观上的心理状态，并不是说这种过错已经离开了行为人的主观世界，而成为客观上的形态。究其实质，过错永远不能离开行为人的主观世界而成为客观的实在形态，过错的有无始终是说行为人在主观上是否有一种可归责的应受非难的心理状态，过错的本质就是行为人决定其行为时所持的主观心理状态。根据此种观点，过错是指违法行为人对自己的行为及其后果所具有的一种应受非难的主观心理状态，包括故意和过失。行为人的过错是构成一般侵权责任的主观要件，也是一般侵权行为与特殊侵权行为相区别的重要标志。

二、过错的形态

（一）故意

在法学理论中，故意作为一种典型的可归责心理状态，其核心在于行为人对其行为后果的明确认知与积极或消极的态度取向。具体而言，故意之构成涵盖两大核心要素：

首先，行为人需具备对行为后果的预见性。此预见性不仅要求行为人认识到其行为的本质属性，更需深刻理解该行为所潜藏的对他人权益造成损害的风险。换言之，行为人应能够预见到，其实施的特定行为将直接导致对他人利益的侵害。例如，在明知将石块投向人群可能致人受伤的情况下仍执意为之，或在明知破坏他人车辆将造成财产损失的情形下仍实施破坏行为，均体现了行为人对行为后果的预见性。值得注意的是，对于行为后果的具体细节，如损害的程度与范围，虽非故意成立的必要条件，但可能影响后续责任程度的判定。

其次，故意还涉及行为人对损害后果的主观态度，具体表现为希望或放任两种形态。希望，即行为人积极追求并努力促成损害后果的发生，其心态中蕴含着对损害结果的明确期待与积极追求。而放任，则表现为行为人虽不直接追求损害后果，但在明知其行为可能引发损害的情况下，却故意不采取任何防范措施，任由损害结果自然发生，体现了行为人对损害后果的漠视与放任态度。

（二）过失

过失作为侵权责任构成中的主观要素之一，指的是行为人对其行为可能引发的损害结果，在应当预见或具备预见能力的情况下，因疏忽或懈怠而未予预见，或虽已预见却轻率地相信能够避免，最终导致损害结果发生的一种心理状态。过失可细分为疏忽与懈怠两种表现形式。

其一，疏忽。指行为人在实施行为时，未能尽到应有的注意义务，对可能产生的损害后果应当预见或能够预见而实际未予预见。例如，在明知将玻璃酒瓶随意丢弃可能危及他人安全的情境下，因一时疏忽或忽视，仍将酒瓶扔出窗外，最终导致行人受伤，此即构成疏忽的过失。

其二，懈怠。指行为人在已经预见到其行为可能带来的损害后果时，却基于自信或侥幸心理，轻信能够避免损害的发生，而未采取必要的预防措施。例如，汽车驾驶员在明知车辆刹车系统存在故障的情况下，仅凭个人驾驶技术自信而继续上路，最终因刹车失灵导致交通事故，此即表现为懈怠的过失。

无论是疏忽还是懈怠，均体现了行为人未能充分履行其对他人的注意义务，进而导致了损害结果的发生。客观过失学说，在借鉴英美法系相关理论的基础上，进一步强调民法上的过失实质上是加害人对注意义务的违反。这种注意义务，既包含了一般性的、基于法律规定不得侵犯他人财产与人身的普遍注意义务，也涵盖了特定情境下行为人应尽的特定注意义务。当行为人未能履行这些注意义务，使自身行为处于可能危害他人安全的危险状态时，即应视为对注意义务的违反，从而成为承担过失责任的基础。因此，过失责任的认定，核心在于考察行为人是否违反了其对他人的注意义务，并因此造成了实际损害。而注意义务的履行，则要求行为人在意识到或应当意识到潜在危险时，采取合理且必要的措施，以排除或减轻该危险对他人造成的损害。

三、过错的认定

认定过错的标准是指应用何种尺度和方法来判定行为人是否具有过错。对行为人过错的判断主要有两种标准：主观标准和客观标准。

（一）认定过错的标准

1. 主观标准说

主观标准说认为，对过错的认定主要是通过分析判断行为人的主观心理状态来确定其有无过错，即如果行为人在主观上无法预见自己行为引起的后果，他对此结果则不负任何责任；如果能够预见或应当预见而没有预见此种结果，则应该承担责任。这一认定标准在适用中可以具体分为三个步骤：一是判断行为人对其行为的损害结果的发生有无预见或认识；二是如果有预见或认识，则进一步确定行为人对此种结果所持的态度，是希望其发生、放任其发生，还是轻信能够避免；三是如果没有预见或认识，则需要进一步确定行为人是否应当预见或认识，如果应当预见、认识而未预见、认识，则构成疏忽大意的过失，如果不能要求其应当预见、认识，则无过失。

2. 客观标准说

客观标准说认为，应该通过某种客观的外部行为标准来衡量行为人的行为，进而确定行为人是否有过错。就过失而言，该说认为过失是一种不注意的心理状态，是行为人对自己注意义务的违反。因此，该说主张以注意义务作为衡量行为人是否有过失的客观标准。综观各国民法，对于注意义务通常确立三种不同的标准。

一是普通人的注意，也就是抽象第三人的标准，即用一个正常的、一般的第三人的标准来衡量行为人的行为。这种注意义务是按照一般人在通常情况下只用轻微的注意即能够注意到作为标准，如果在通常情况下一般人也难以注意到，那么，行为人尽管没有注意到也不能认为行为人有过失。相反，如果一般人在一般情况下能够注意到但行为人却没有注意到则为有过失。抽象第三人的标准一般适用于对一般注意义务的认定。在我国司法实践中，一般情况下是以一个合理的、谨慎的人的标准来衡量行为人的行为。如果行为人是按照一个合理的、谨慎的人那样行为或不行为时，那么他就没有过错；反之，则是有过错的。合理的、谨慎的人的行为标准，是行为人能够达到而且应该达到的行为标准，确立这一标准对于督促人们合理行为，努力避免损害的发生有积极的意义。

二是应与处理自己事务为同一注意。所谓自己事务，包括法律上、经济上、身份上一切属于自己利益范围内的事务。与处理自己事务为同一注意是指以行为人平日处理自己事务所用的注意为标准。如果行为人能证明自己像平日处理自己事务一样行为，应该认定其已经尽到了注意义务，因而没有过失；反之，则应该认定其有过失。“应与处理自己事务为同一注意”标准，要求对每个行为人的预见能力作准确的判断。人们的认识能力受每个人的智力程度、受教育程度、业务技术、专业知识、身体状况、客观环境等多方面因素的影响，因而对行为后果的认识和预见能力各不相同。采用该标准，应当充分考虑到行为人的具体特点。行为人的特点包括两方面：从主观方面看，应该具体分析行为人的生理状况、身体状况、智力程度、业务技术水平、受教育程度、专业知识、生活习惯等，以确定他在当时条件下，是否应该或能够选择合理的行为。从客观方面来看，应该分析行为人在特定的环境下所从事的行为的性质和特点、行为是否具有致他人损害的危险性和危险发生的概率、行为所危及的利益范围等,以决定行为人是否具有过错。

三是善良管理人的注意。这种注意义务与罗马法上的“善良家父之注意”和德国法上的“交易上必要之注意”相当,是以交易上的一般观念,认为具有相当知识经验的人,对于一定事件所用的注意作为标准。其具体做法是将一个合理人或“善良家父”的行为与行为人的行为进行比较,若一个合理人或“善良家父”在行为人造成损害时的客观环境中不会像该行为人那样作为或不作为,那么应该认定行为人有过错。该标准不问行为人有无尽此注意的知识和经验,以及他向来对于事物所用的注意程度,仅仅依据行为人的职业来确定其应该有的注意程度。因此,依据该标准所用的注意程度比普通人的注意和与处理自己事务为同一注意要求更高。“善良管理人的注意”标准主要适用于对特殊注意义务的认定。衡量行为人是否有过失,应该以行为人是否应注意、能注意而未注意为依据。而应注意和能注意的标准,则应该根据具体的时间、地点和条件来决定,不能作主观抽象的理解。例如,在医疗事故中,对医生、见习医生和护士的应注意和能注意的要求,就应该有所不同,不能一概而论。在确定行为人的特殊注意义务时,要求区分行为人所从事的不同职业活动,对于从事较高专业性、技术性活动的行为,必须按照专业技术人员通常应该有的注意标准提出要求;如果行为人从事的活动属于危险性活动,极易造成危害他人的后果,行为人应该保持更高的注意义务,保持高度谨慎的态度以避免造成对他人的损害。

上述三种注意义务,从程度上分为三个层次,以普通人的注意为最低,以与处理自己事务为同一注意为较高,以善良管理人的注意为最高。

有关“主客观混合说”的详细阐释,可扫码收听音频:

(二)过错的认定问题

对行为人主观过错的认定,主观标准说和客观标准说各有其合理性。在实践中可以综合运用这两种标准,准确判断行为人的主观心理状态。

行为人的过错只有通过违法行为表现出来才对民事责任的认定与追究有实际意义。过错体现了行为人主观上的应受非难性,但这并不意味着将行为人的主观状态孤立化,行为人的过错总是会通过某一违法行为反映出来。实际上,在考察行为人的主观心理状态时,我们也只有通过行为人的行为才能了解与判断,若不借助外部的参照,是不能达到目的的。但是,借助行为人的外部行为并不是不考察行为人的主观心理状态,实际上,在判断过错时考察行为人的外部行为是以分析判断行为人的主观心理状态为目的的。由于过错本质上是一种主观心理状态,判断行为人是否有过错实质上就是分析行为人的主观心理状态,尤其在通过区分故意与过失、直接故意和间接故意、疏忽和懈怠来认定过错时,几乎都是基于对行为人的主观心理状态的直接考察来确定。在某些情况下,行为人的行为就足以表明行为人具有明显的故意,如甲挥拳击伤乙,无须任何证明就可以认定行为人具有致他人损害的故意。然而,主观标准说在认定过错的第三步上,即判断“行为人是否应当预见”时,实际上也需要利用客观标准来判断。

实际上，在对过失的认定上，客观标准说更具有优势。过失作为一种不注意的心理状态，是行为人对自己注意义务的违反。行为人尽到注意义务，说明行为人按照法律和道德所要求的注意付出了一定的意志努力，尽到了对他人合理的注意。而行为人对注意义务的违反，则说明行为人应该注意到或已经注意到自己的行为会损及他人利益，却因为注意力不集中、注意的对象不全面等原因没有注意到，或是没有引起足够重视，或应尽特别注意而只尽到一般注意，并由此给他人造成损害。

另外，在确定行为人应具何种注意程度时，学者还提出了三个标准：其一，危险或侵害的严重性。此标准强调，行为所蕴含的危险程度及其可能引发的侵害后果的严重性，是评估行为人注意义务高低的关键因素。当行为本身具备高度的危险性，且其潜在侵害后果愈发严重时，法律对行为人的注意程度要求亦应相应提升。换言之，面对更为严峻的风险情境，行为人需展现出更高水平的预见性与谨慎态度。其二，行为的效益考量。此标准涉及对行为目的及其社会效用的综合评价。在评估行为人的注意义务时，必须兼顾其行为所追求的正当目的及其对社会整体的贡献程度。若某一行为旨在实现重大社会利益或公共利益，且其效益显著，那么在一定程度上，法律可适度减轻行为人的注意义务，以平衡个人利益与社会利益之间的关系。其三，防范避免的负担。这一标准聚焦于为消除或减轻潜在危险而采取预防措施及替代方案所需承担的经济成本与非经济负担。法律在设定行为人的注意义务时，亦需考量实施预防措施的实际可行性与成本效益比。若要求行为人采取过于严苛或成本高昂的预防措施，可能不仅无助于危险的有效控制，反而阻碍社会活动的正常进行。因此，合理的注意义务应当是在考虑防范避免负担的基础上设定的，以确保其既不过于严苛也不过于宽松。

四、过错的程度

（一）过错程度的划分

主观过错的程度呈现出鲜明的层次性，其深浅程度直接由行为人的内在心理状态所决定。这一心理状态的不同面向，不仅影响着过错本身的性质与量级，也决定着法律对其谴责力度的差异化安排。

故意作为过错形态中的极端表现，被视为最为严重的过错类型。它体现了行为人对损害后果的明知与积极追求或放任态度，因此，在法律评价上，故意行为往往受到更为严厉的谴责与制裁。

过失则是一个更为宽泛且复杂的过错范畴，其内部可依据注意义务的不同要求进一步细化为重大过失、轻过失（包括具体轻过失与抽象轻过失）及一般过失等层次。重大过失，一方面表现为行为人未能履行一般人对他人人身、财产安全所应尽的注意义务，即违背了社会普遍认可的谨慎标准；另一方面，则体现于法律对特定主体设定了高于常人的注意义务时，该主体非但未达到此高标准，甚至连基本的注意要求都未能满足，从而构成重大过失。此类过失行为，因其显著偏离了社会期待的行为准则，故在法律上亦受到较重的否定性评价。轻过失则进一步细化为具体轻过失与抽象轻过失两种形态。具体轻过失侧重于考察行为人是否尽到了与处理自己事务相同的注意义务，采用主观化的判断标准，需结合行为人的个性特征、行为习惯等因素进行综合评估。而抽象轻过失则着眼于行为人是否违背了善良管理人的注意义务，这一标准更为客观且严格，不以行为人的主观认知为转移，而是基于社会普遍认可的、更高层次的注意要求进行判断。至于一般过失，则是指行为人在行为过程中表现出的一般性的疏忽与懈怠，其心理状态属于较为轻微的不注意范畴。然而，值得注意的是，尽管轻过失（包括具体轻过失与抽象轻过失）在程度上轻于重大过失，但它们仍属于应担责的过失类型，即法律上认为此类过失足以导致行为人承担相应的法律责任。同时，与轻微过失（若此概念在本语境中特指更为轻微的疏忽状态）相比，轻过失的过错程度显然更为严重。

（二）过错程度与侵权责任的关系

在我国当前的法律体系中，主观过错的轻重与侵权责任之间的关联，深刻体现了法律对行为评价的精细化与公正性，具体体现在以下两个维度：

其一，在法律明文规定的特定情境下，主观过错的性质与程度直接决定了侵权责任的承担与否及其形态。具体而言，针对如非法侵扰他人婚姻自主权、姓名权或名称权等人格权利的行为，法律仅要求行为人具备故意心态方承担侵权责任，体现了对主观恶意的高度规制。而在建筑物悬挂物、搁置物致人损害的案例中，其所有人则可能因具体轻过失而负责，此等规定平衡了风险分配与公平责任。至于对身体权、健康权、生命权、名誉权、隐私权等核心权利的侵害，法律往往要求行为人对其抽象轻过失负责，彰显了法律对基本人权保护的严格性。

其二，主观过错的轻重亦是界定侵权责任范围的关键因素之一，尽管在多数情况下，侵权责任的范围主要取决于损害事实的存在与否及其严重程度，与行为人的过错形态无直接关联。然而，在特定法律构造下，如混合过错、共同过错或涉及第三人过错的复杂侵权情境中，行为人的过错程度成为划分责任比例、适用过失相抵原则及确定各当事人责任分担的核心依据。此外，在精神损害赔偿领域，尤其是针对一般人格权、名誉权等精神性权益的侵害，赔偿数额的确定亦需考量行为人的过错等级，以体现法律对精神损害抚慰的适度性与合理性。至于惩罚性赔偿责任的适用，则更是严格限定于故意且造成受害人严重人身损害的产品侵权案件，此举旨在通过加重经济惩罚，遏制恶意侵权行为，维护市场秩序与公共安全。

除前述情形，我国主流理论中是否认“过错程度影响责任大小”的。其理由有四：一是认为侵权责任的根本目的在于补偿受害人的损失，“过错程度影响责任大小”造成了对加害人过于宽大而对被害人过于冷漠的结果；二是混淆了民事责任与刑事责任的界限；三是“过错程度影响责任大小”造成法官可任意根据过错确定赔偿范围，妄开法官肆意之端；四是侵权责任既然是财产责任，那么责任的大小不取决于过错程度而以损害大小为依据，从而认为“过错程度影响责任大小”与全部赔偿原则相矛盾。然而，不区分“故意”与“过失”而产生的责任，过错责任就失去了区分善恶之能力。不区分“故意”与“过失”而产生的责任，就难以实现制裁故意侵权行为的目的，难以实现侵权法的预防功能。

在特殊情况下,如果加害人过失程度较轻而其造成的损失重大,可以从案件的具体情况出发,考虑这样的实际情况,从公平的角度出发,适当减轻加害人的责任。同时,对于当事人预先作出的免除加害人的故意或重大过失责任应确认为无效。

随着现代社会中侵权责任的发展,在责任范围方面完全不考虑加害人的过错程度,难以适应其发展。第一,在传统上,侵权责任是财产责任,是针对财产损害的补救。而现代侵权法越来越重视对人身损害的救济,依过错程度归责是由侵权行为的复杂性、损害的多样性决定的。在人身权侵害领域,常常并不具有实际的财产损失。所以,依据过错程度来确定行为人应负的责任形式,是十分必要的。第二,完全赔偿原则与考虑过错程度并不矛盾。即使在财产损害赔偿领域,完全赔偿是一般的原则,但也存在例外情况。例如,侵权责任法规定的相应的责任,就是根据受害人的过错程度确定其应当承担的责任。更何况在精神损害赔偿、惩罚性赔偿中,很大程度上就是要考虑行为人的过错程度来确定其应当承担相应的责任。第三,根据过错程度考虑责任范围也授予了法官以一定的自由裁量权,允许法官根据侵权责任的复杂性公平合理地确定责任。依过错原则确定责任,虽给予了法官一定的自由裁量权,但这对于公平合理地确定责任是必要的。社会生活是复杂的,侵权案件也是不断变化和发展的。只有充分发挥法官的司法创造性和一定的自主性,使法官能够依据具体情况处理纠纷、确定责任,才能使过错责任原则得到准确的适用。

第三节 因果关系

一、因果关系的概念

因果关系,作为法学领域中的一项核心概念,指的是存在于社会现象之间的一种内在且客观的关联机制,即当某一现象在特定条件下直接导致另一现象发生时,前者即为原因,后者则为结果,此二者间所构成的必然联系即为因果关系。在侵权责任法的语境下,因果关系的界定尤为关键,它构成了侵权责任构成要件的核心要素之一。

关于侵权责任中因果关系的“原因”界定,学界存在多元视角与争鸣,主要可归纳为三大流派:其一,行为原因说,主张民法上的因果关系聚焦于行为人的行为及其所控制的物件与损害后果之间的直接联系;其二,过错原因说,强调我国民法语境下的因果关系实为过错与损害之间的关联性,仅有过错方能构成侵权法上的原因;其三,违法行为原因说,则认为侵权责任构成要件中的因果关系特指违法行为与损害事实之间的必然联系。此外,尚有以侵权行为、被控行为或加害行为等作为原因的不同主张。然而,通说普遍认为,侵权责任构成中的因果关系应聚焦于侵权行为与损害事实之间的直接且必然的关联,即侵权行为作为原因,损害事实作为结果,二者间形成的因果关系是侵权责任成立的必要条件。

侵权责任法框架下的因果关系，特指侵权人实施的违法行为与由此产生的损害后果之间存在的因果链条，其本质在于揭示违法行为作为原因如何引发损害事实作为结果的客观过程。以实例言之，若甲故意毁损乙之汽车，导致乙遭受经济损失，则甲的侵权行为与乙的经济损失之间即构成了明确的因果关系，前者为因，后者为果，后者直接由前者所致。在此逻辑下，民事侵权责任的成立，必须建立在侵权行为与损害结果之间存在明确的因果关系之上，即损害结果必须能够归因于某人的具体行为或由其负责之物件的行为。反之，若损害结果与侵权行为无直接关联，则无法追究侵权人的赔偿责任。

值得注意的是，因果关系具备时间性与客观性两大显著特征。时间性要求因果关系遵循严格的时间顺序，即原因（侵权行为）必须先于结果（损害事实）发生；而客观性则强调因果关系的存在不依赖于人的主观判断，它是一种客观存在的、不以人的意志为转移的事实联系。尽管因果关系可以通过人的认知活动被揭示，但判断其是否存在时，必须依据客观事实，而非主观臆断或一般人的认知标准。因此，在司法实践中，审判人员需基于案件的具体事实，综合考虑侵权行为、损害结果、环境因素等多方面因素，运用科学方法，严谨分析，以准确判定因果关系是否存在及其范围。

二、因果关系的形态

在侵权责任法中，违法行为和损害后果之间的因果关系十分复杂，既有直接因果关系和间接因果关系之分，又有一因一果、一因多果、多因一果、多因多果等多种表现形式。

（一）直接因果关系和间接因果关系

直接因果关系是指某一违法行为直接引起某一损害结果，其间无其他原因介入时，该违法行为和损害结果之间的因果关系。在直接因果关系中，该违法行为即是导致该损害结果的直接原因。直接原因一般直接作用于损害结果，是必然引起某种损害后果发生的原因，它在损害的产生、发展过程中，表现出某种必然的、一定的趋向。如甲持刀杀伤乙，甲持刀伤人的行为直接导致乙受伤，是乙受伤的直接原因，两者之间存在直接因果关系。

间接因果关系是指某一违法行为不是直接和损害结果相联系，而是通过一定的中介条件，间接地对损害结果产生影响时，该违法行为和损害结果之间的因果关系。间接因果关系中的中介条件包括自然因素、第三人的行为、受害人自身因素等。在间接因果关系中，该违法行为即是导致该损害结果的间接原因，间接原因一般对损害的发生不起直接作用，通常不会引起某种损害后果发生，但因为偶然介入了其他原因，并与这些原因相结合，而造成该种损害结果。如甲当众羞辱乙，乙受辱后服毒自杀，甲当众羞辱乙是乙死亡的间接原因，两者之间存在间接因果关系；又如丙以刀刺入丁的身体，丁受感染后未能及时治疗而死亡，丙以刀刺入丁的身体是丁死亡的间接原因，两者之间也存在间接因果关系。

认定因果关系时常常需要区分直接因果关系和间接因果关系，但是不能简单地认为行为人对间接因果关系概负全责或者概不负责。间接因果关系的情况十分复杂，应该根据具体情况实事求是地分析。如在行为人实施某种行为并造成了某种损害结果以后，第三人以故意或过失的状态进一步实施了某种行为并进一步造成了损害结果的情况下，从公平正义的观念考虑，先前的行为人不应该对以后的行为人所实施的行为负责，以后的行为人也不应该对先前行为人的行为负责，因此，即使先前的行为与最终的损害结果之间有间接因果联系，先前行为人也不应该承担责任。又如，在行为人实施某种行为并造成了某种损害结果以后，偶然地介入了受害人患有某种疾病等自身的因素或者某种非人力的自然因素，从而造成了某种损害结果的情况下，因为行为人的行为与最终的损害结果之间有间接因果联系，行为人应该承担相应责任。

（二）因果关系的不同表现形式

违法行为与损害结果之间的因果关系主要有以下几种表现形式：

1. 一因一果

一因一果是指一个原因直接导致一个结果发生，其因果关系清晰明了。

2. 一因多果

一因多果是指原因为一个，而结果为两个或两个以上的情况，即一个原因导致多个结果发生，每个结果与原因之间都存在因果关系。

3. 多因一果

多因一果指原因有两个或两个以上，但结果只有一个，即两个以上的违法行为引起一个损害结果，如医生开错药方，护士发现后未要求医生改正而照方用药，致病人死亡。多因一果还可以具体分为三种情况：一是聚合因果关系，它指每个原因都足以导致损害结果发生并共同作用使损害结果发生的情况；二是共同的因果关系，它指几个原因事实结合起来共同导致损害结果发生的情况；三是择一的因果关系，主要指共同危险行为的情况，每一个原因事实都足以导致损害结果发生，但不知是哪一个实际导致的，这实际上是个证明问题。因此，在多因一果的情况下，需要具体区分各种原因作用力的大小来确定行为人的民事责任。

4. 多因多果

多因多果指原因和结果均为复数的情况。这种情况十分复杂，常常需要根据实际情况具体分析。一般要分清导致各个结果的主要原因和次要原因，确定各个原因分别导致的结果，作为某个结果的主要原因的行为人要承担主要责任，反之则承担次要责任。在无必要作此区分时，各行为人平均分担民事责任。

三、因果关系的认定规则

在我国侵权法理论中，确定行为与结果之间的因果关系，既应当参考国外的因果关系理论的精华之处，又要根据我国的具体情况，确立我国的因果关系规则。应当区别情况，分别遵循以下四个规则进行。

（一）直接原因规则

直接原因规则，就是“原因说”，也叫作“限制条件说”“必然因果关系说”，主张对原因和条件应加严格区别，仅承认原因与结果之间存在因果关系，而条件与结果之间则没有因果关系，因而法律上的原因与事实上的原因不同。原因说的主要之点在于：原因是对结果的发生有重要贡献的条件，而其他条件则对结果的发生只起到背景的作用，无直接的贡献，其仅仅为条件，不具有对结果发生的原因力。这种理论着眼于已发现的外部的现实的各个违法行为及其结果，重视研究行为对于结果发生的作用，主张把行为与结果之间的因果关系定型化，以限定追究行为的责任范围。其中以必然因果说对责任范围的限制最为严格。

最常见的直接原因，就是一因一果的因果关系类型。一个原因行为出现，引起了一个损害结果的发生，这种因果关系极为简单，容易判断。

对于虽然有其他条件介入，但是原因行为与损害结果之间自然连续、没有被外来事件打断，尽管也有其他条件的介入，但是可以确定这些条件并不影响原因行为作为直接原因的，应当认定其与损害事实之间具有因果关系。

（二）相当因果关系规则

在行为与结果之间有其他介入的条件使因果关系判断较为困难，无法确定直接原因的，应当适用相当因果关系理论判断。确认行为是损害结果发生的适当条件的，认定行为与结果之间具有相当因果关系，否则为没有因果关系。

相当因果关系说也称为适当条件说，其是19世纪末由德国学者巴尔首先提出，由克利斯发表的《论客观可能性的概念》一文确定了它的基础，成为多数国家民法采用的理论。这种学说认为，某一事实仅于现实情形发生某种结果，尚不能认为有因果关系，必须在一般情形，依社会的一般观察，亦认为能发生同一结果的时候，才能认为有因果关系。例如，伤害他人之后，送受害人去医院治疗，不幸医院失火，致受害人烧死。这里的伤害与烧死就现实情形而言，固然不能说没有关系，但医院失火属于意外，依一般情况，不具有相当因果关系。如果伤害后患破伤风以致死亡，则在一般情形下依通常经验观察，能致死亡，故其伤害行为与死亡结果之间为有因果关系。

相当因果关系学说分为三种不同的观点：第一，主观的相当因果关系说。此说认为，确定相当条件应当以行为人行为时所知或者应当知道的事实，作为判断的基础。至于该情事是否为普通人所能认知，则在所不问。因而，将普通人所能认知，而行为人并未认知或不能认知的情形除外，不认为该行为与结果之间有因果关系。第二，客观的相当因果关系说。此说认为，确定适当条件是基于法官的立场，法官依社会一般人对行为及结果能否预见为标准，以行为发生时在客观上所表现的情事，及行为所发生的结果，为观察对象，决定相当条件，而不是以行为人的主观作为主要判断依据来确定因果关系。第三，折中的相当因果关系说。这种相当因果关系学说综合了主观说和客观说的立场，认为应当以一般人能够认知和预见的情形以及行为人的特别认知、预见的情形为判断基础，也就是以行为时一般人所预见或可能预见以及虽然一般人不能预见而为行为人所认识或能认识的特别情势为基础，判断因果关系的有无。凡是一般人所能预见到的行为与结果之间在伦理上的条件关系，无论行为人是否能预见，都认为存在因果关系。凡是为一般人不能预见但是行为人能预见的，亦认为存在因果关系。

适用相当因果关系学说，关键在于掌握违法行为是发生损害事实的适当条件。适当条件是发生该种损害结果的不可缺条件，它不仅是在特定情形下偶然的引起损害，而且是一般发生同种结果的有利条件。如何判断相当因果关系，史尚宽先生曾经概括了一个公式："以行为时存在而可为条件之通常情事或特别情事中，于行为时吾人智识经验一般可得而知及为行为人所知情事为基础，而且其情事对于其结果为不可缺之条件，一般的有发生同种结果之可能者，其条件与其结果为有相当因果关系。"换言之，确定行为与结果之间有无因果关系，要以行为时的一般社会经验和智识水平作为判断标准，认为该行为有引起该损害结果的可能性，而实际上该行为又确实引起了该损害结果，则该行为与该结果之间为有因果关系。

判断违法行为与损害结果之间具有相当因果关系，可以适用以下公式：

大前提：依据一般的社会智识经验，该种行为能够引起该种损害结果。

小前提：在现实中，该种行为确实引起了该种损害结果。

结论：该种行为是该种损害事实发生的适当条件，二者之间具有相当因果关系。

（三）法律原因规则

在特定复杂情境下，面对因果关系的认定难题，法学实践往往借鉴英美侵权法体系中的"事实原因与法律原因"二元分析框架。此框架旨在系统且严谨地剖析行为与损害之间的深层联系，确保责任归咎的公正性与合理性。

首先，需明确事实原因之界定，即探究何种具体行为或事件构成了损害结果发生的实质性贡献因子。事实原因的判定遵循一系列精细规则：其一，采用"若非测试"(But-For Test)，其核心在于评估若非被告行为，损害结果是否仍会发生，以此作为判断被告行为是否构成损害事实原因的基础标准；其二，实质要件规则强调被告行为作为损害发生的必要或重要条件，若其行为构成损害发生的实质部分，则视为事实原因；其三，面对复合原因情形，即多个因素共同作用导致损害时，需依据一定标准划分各因素的责任比例，若难以区分，则适用连带责任原则；其四，当传统与实质要件规则均显不足时，可采用"轮流举证"等特殊方法，通过原被告间的举证责任分配，最终确定事实原因。

继而转向法律原因的探讨，亦即近因原则的应用。近因，作为法律上责任归属的直接依据，指的是未被外来因素不合理打断的、自然且持续的导致损害发生的原因。近因的判定不单纯依赖时间或空间上的接近性，而是强调因果关系链中的主导性与决定性。在具体分析中，需着重考察三方面：一是直接原因的存在，即被告行为与损害后果间保持未被外力阻断的自然联系；二是预见性考量，被告仅对其行为时可合理预见的后果承担责任；三是介入因素的分析，当第三方行为或事件介入原因果关系链时，需评估该介入因素是否足以改变原事件的发展轨迹及责任归属，若介入因素成为新的主导原因，则可能减轻或免除原被告的责任。

（四）推定因果关系规则

推定因果关系规则即盖然性因果关系说，是在原告和被告之间分配举证责任的理论。即由原告证明公害案件中的侵权行为与损害后果之间存在某种程度的因果关联的可能性，原告就尽到了举证责任，然后由被告举反证，以证明其行为与原告损害之间无因果关系，不能反证或者反证不成立，即可判断因果关系成立。日本学者将这种学说称为"优势证据"，在民事案件中心证的判断只要达到因果关系存在盖然性大于因果关系不存在的盖然性这一程度，便可认定因果关系的存在。

因果关系推定的适用方法如下：

第一，分清违法行为与损害事实的时间顺序。作为原因的违法行为必定在前，作为结果的损害事实必须在后。违背这一时间顺序性特征的，为无因果关系。

第二，区分违法行为与损害事实之间是否存在客观的、合乎规律的联系。确定其间的因果联系，即在案件中，如果在违法行为与损害结果之间存在盖然性联系，则应解释在法律上存在因果关系。盖然性因果联系的证明责任还应当是由受害人举证。法官根据所积累的情况证明，如果可以作出与有关科学无矛盾的说明，即应当解释为法律上的因果关系得到了证明。其推定形式是：

大前提：在一般情况下，这类行为能够造成这类损害。

小前提：这一结论与有关科学原理无矛盾。

结论：这种损害事实是由这种行为造成的。

第三，由于这种因果关系是推定的，因而，还应当在损害事实与违法行为之间排除其他可能性。当确定这种损害事实没有任何其他原因所致可能时，即可断定该种行为是损害事实的原因，即推定因果关系成立。

实行因果关系推定，就意味着受害人在因果关系的要件上，不必举证证明，而是由法官实行推定。

因果关系推定适用的范围是：第一，环境污染和生态破坏案件。环境污染、生态破坏致人身伤害案件，即公害案件。对此，《民法典》第 1230 条已有明确规定。在环境污染和生态破坏责任确定中，只要证明企业已经排放了可能危及人身健康的有害物质，而公众的人身健康在排污后受到或正在受到危害，就可以推定这种危害是由该排污行为所致。第二，其他有必要适用推定因果关系的案件。因果关系推定原则适用于公害案件，在某些特定的场合，也可以有条件地适用。

第四节　损害事实

一、损害事实的概念

损害事实是指一定的行为致使权利主体的人身权利、财产权利以及其他利益受到侵害，并造成财产利益和非财产利益的减少或灭失的客观事实。

从质的维度审视，损害事实要求所涉损害必须触及民事权益的核心，即构成对《民法典》第 116 条所保护之民事权益的侵害。此条款明确了侵权责任法调整的范围，即因民事权益受侵害而产生的法律关系，从而奠定了损害事实质上要求的法律基础。

至于量的维度，损害事实之成立还需满足一定的程度标准，即损害需达到足以引起法律救济的显著性水平。侵权责任之构成，以损害事实的实际存在为不可或缺之要件。在侵权责任法的语境下，若某行为未造成可归责的损害，则行为人无须承担侵权责任；反之，唯有当损害事实确凿无疑时，受害方才得依法请求损害赔偿，此即“无损害即无责任”原则之体现。

损害事实之所以成为侵权民事责任的核心构成要件，根源在于民事责任制度设计之根本目的——补偿受害人所蒙受之损失，力求恢复其利益至未受侵害前的状态。这一功能定位，将民事责任与旨在惩罚犯罪的刑事责任显著区分开来。在侵权责任法领域，损害赔偿作为主要的责任形式，其实质为一种财产性责任，通过经济手段对加害人进行制裁，并实现对受害人的有效救济。因此，损害的准确界定，不仅是侵权责任成立的先决条件，也是确定赔偿范围、实现公平补偿的关键所在。

二、损害事实的构成

损害事实由两个要素构成：一是权利被侵害；二是权利被侵害造成利益受到损害的客观结果。一个损害事实必须完整地具备侵害客体和利益损害这两个要素，缺少其中任何一个要素，都不是侵权法意义上的损害事实，都不符合侵权责任构成要件的要求。侵害人身权民事责任的损害事实，必须具备人身权受到侵害和导致人格利益、身份利益损害这两个要素。侵害财产权民事责任的损害事实，也必须具备财产权受到损害和导致财产利益受到损失这两个要素。

（一）权利被侵害

权利被侵害这一要素的确定，意义之一就在于确定侵权行为的范围，分清侵权行为的不同性质。被侵害的权利是侵权行为的侵害客体。侵权行为的范围究竟有多宽，应当以能够成为侵权行为客体的民事权利的范围为限。行为造成了权利主体的权利损害，该权利属于侵权行为的客体范围，即可构成侵权行为；反之，则不能构成侵权行为。当侵害的权利属于侵害客体范围时，再根据具体权利的种类，可以确定该侵权行为是侵害财产权，还是侵害人身权；在侵害人身权中，是侵害身体权，还是侵害名誉权，以及侵害其他人身权。确定了这种性质，即可据此决定适用哪一法律条文，如何进行处理。

（二）利益被损害

利益损害这一要素的确定，意义在于是否成立侵权损害赔偿责任，以及如何确定赔偿范围。《民法典》第 1165 条、第 1166 条增加规定“损害”要件，体现的正是这个意思。在侵害财产权的场合中，利益的损害包括直接损害和间接损害，一般的侵害财产权，没有造成财产的直接损失或者间接损失，不构成侵权责任。在侵害人身权的场合中，利益损害包括人格利益损害和身份利益损害。当违法行为作用于人身时，如果情节轻微，没有造成利益的损害，也不构成侵权责任。只有违法行为作用于权利主体的财产权利或者人身权利，并且造成了财产利益以及人格利益和身份利益损害时，才能成立侵权责任，并且依该损害的实际范围，确定赔偿责任的大小。

(三)完整的损害事实要件

权利侵害和利益损失结合在一起，构成侵权责任的损害事实要件。这一客观要件的存在，是侵权法律关系赖以产生的根据。侵权责任只有在违法行为侵害了权利并且造成相应利益损害的条件下，才能发生。如果仅有违法行为而无权利侵害和利益损失的损害事实，就不能发生侵权民事责任。

三、损害事实的分类

损害事实是侵权行为的结果，各种损害因行为人所侵害的对象不同而有所区别。以损害的内容为划分标准，违法行为造成的损害可以分为两大类，即财产损害和人身利益损害。

(一)财产损害

财产损害表现为财产损失，是指因侵害权利人的财产或人身权利而造成的受害人经济上的损失。凡是权利人遭受的一切物质上的具有财产价值的损失，均可称为财产损害。财产损害通常可用金钱确定。

当然，财产损害还包括所有权以外的其他财产利益的丧失或破坏。根据侵权行为侵害对象的不同，财产损害可以分为三类：一是侵害财产权利造成的财产损失，即对财产权益本身造成的损害。该损害一般是由于行为人对受害人的物质财富实施违法行为所引起，如毁坏他人房屋、偷盗他人车辆等。二是侵害他人生命健康权所造成的财产损失。该损害一般是由于行为人对受害人的人身实施违法行为所致，如致人伤残后受害者因此而支付医疗费、受害人丧失劳动力而造成工资收入的减少等。三是因侵害他人的姓名、肖像等人格权而造成的财产损失。如因毁损他人名誉，致使他人丧失受聘做某项工作的机会，致受害人经济上蒙受损失，或因侵害某法人的名称权，使其遭受财产利益损失。

财产损害根据损失的形态还可以分为直接损失和间接损失。直接损失又称积极损失、实际损失，是受害人现有财产的减损和既得利益的丧失，也就是加害人的不法行为侵害受害人的财产权利，致使受害人现有财产直接受到的损失，如财物毁损、被侵占而使受害人财富减少，或致受害人医疗费、修理费等费用支出。间接损失又称消极损失，是受害人可得利益的丧失，即应当得到的利益因不法行为的侵害而没有得到，如利润损失、孳息损失等。此种损失虽不是现实利益的损失，却是对未来财产的减损，其损失的利益是可以得到的，而不是虚构的、臆想的。也就是说，如果没有侵权行为的发生，受害人是可以获得该利益的。间接损失有三个特征：首先，损失的是一种未来的可得利益，而不是既得利益。在侵害行为实施时，它只具有财产取得的可能性，还不是现实的财产利益。其次，这种丧失的未来利益是具有实际意义的，是必得利益而不是假设利益。最后，这种可得利益必须是在一定的范围之内，即侵权行为的直接影响所及的范围，超出该范围，不认为是间接损失。

(二)人身利益损害

人身利益损害即对受害人的人身权利和利益所造成的损害,人身利益损害包括人格利益损害和身份利益损害。

1. 人格利益损害

基于对物质性人格权和精神性人格权的划分,人格利益损害也分为侵害物质性人格权造成的对人格利益的有形损害和侵害精神性人格权造成的对人格利益的无形损害。

(1)对人格利益的有形损害

对人格利益的有形损害即人身伤害,是指加害人的不法行为侵害他人的身体权、健康权、生命权等物质性人格权,致受害人伤残或死亡。此种损害的主要表现形态是受害人的身体、健康损伤和生命的丧失。人身伤害这种对人格利益的有形损害虽然是一种非财产损害,却常常直接引起财产利益的损失,如受害人为医治伤害、丧葬死者所支出的费用,伤残误工的工资损失,护理伤残的误工损失,丧失劳动能力或死亡所造成的其扶养人的扶养费损失等。这种财产利益上的损失,是通过人体伤害、生命丧失等非财产损害引起的,而不是由行为直接造成的财产利益损失。人身伤害本身是指自然人的生命健康权受到侵害,因此不同于财产损害。人格利益的有形的损害一般是可以用金钱估算并准确赔偿的。但是,人身伤害有时亦可导致受害人的精神损害,此时的损害则不能直接用金钱计算。

(2)对人格利益的无形损害

对人格利益的无形损害是侵害精神性人格权所造成的人格利益的损害。人格利益的无形损害与人格利益的有形损害相比,除了有形、无形的区别以外,在主体上也有区别。人格利益有形损害的主体只能是自然人,法人不会产生这种损害;人格利益无形损害的主体,既包括自然人,也包括法人,当法人的名称权、名誉权、信用权等受到侵害,均可造成人格利益的无形损害。

人格利益的无形损害可以表现为纯粹的对人格利益的损害。如自然人因其名誉权受到侵害而使其社会评价降低,自然人的隐私被他人非法披露,自然人的肖像或名称被他人非法使用等。人格利益的无形损害也可以表现为受害人的财产损失和精神损害,因为自然人精神性人格权遭受侵害常常引起财产损失和精神损害的后果。

财产利益的损失是有形的,包括人格权本身包含的财产利益的损失和为恢复受到侵害的人格权而支出的必要费用。精神损害是无形的,包括受害人的精神创伤和精神痛苦。精神损害是指行为人侵害公民的姓名权、肖像权、名誉权、荣誉权、隐私权等使公民产生恐惧、悲伤、怨恨、绝望、羞辱等精神痛苦,以及使公民神经受到损伤等。精神损害具有无形性,不能够直接以金钱来计算和衡量。因此,人格利益的无形损害既有可计算的一面,也有不可计算的一面。需要特别指出的是,对人格利益损害的有形、无形之分,主要是基于受侵害的人格权是物质性人格权还是精神性人格权,而不是说其损害的具体表现形态是有形还是无形的。侵害物质性人格权引起的人格利益有形损害,可能造成精神痛苦、感情创伤等无形的损害后果。侵害精神性人格权造成人格利益的无形损害,也会产生财产利益损失等有形损害后果。

案例分析：赵某是一位知名作家，其最新小说《时光之钥》在市场上大获成功，深受读者喜爱。随后，某出版社未经赵某同意，擅自在其出版的畅销书籍封面上使用了赵某的照片作为宣传图片，并配以“畅销书作家赵某力荐”的字样。赵某发现后，认为出版社的行为侵犯了其人格利益，遂向法院提起诉讼。在诉讼过程中，出版社辩称其使用赵某照片是出于善意宣传目的，且未对赵某造成实际损害。分析此案中涉及的人格利益及其保护。

解答：本案中，赵某作为知名作家，其肖像权、名誉权等人格利益受到了出版社行为的直接影响。肖像权是自然人享有的对自己的肖像上所体现的人格利益为内容的一种人格权，包括制作权、使用权和转让权等。出版社未经赵某同意，擅自在其出版物上使用赵某的照片，显然侵犯了赵某的肖像使用权。

同时，出版社在封面上使用“畅销书作家赵某力荐”的字样，也涉及对赵某名誉权的保护。名誉权是自然人和法人就其自身属性和价值所获得的社会评价，享有的保有和维护的具体人格权。出版社的行为可能误导消费者认为赵某确实为该书籍作了推荐，从而影响了赵某的社会评价，构成对赵某名誉权的潜在或实际损害。

在此案中，赵某作为原告，其诉讼目的是维护自身的人格利益不受侵犯，要求出版社停止侵权、消除影响、赔礼道歉并赔偿损失。而出版社的行为是否构成侵权，以及侵权责任的承担方式，将是法院审理此案的重点。

综上所述，此案中涉及的人格利益主要包括肖像权和名誉权，赵某作为权利受损方，有权依法提起诉讼，要求法院保护其合法的人格利益不受侵犯。

2. 身份利益损害

身份利益是身份权人对于特定身份关系的支配性利益，包括作为配偶、父母或亲属的利益。具体的身份利益的损害常表现为以下三种形态：一是亲情关系的损害。例如，侵害配偶权使夫妻间相互依赖共同生活的亲情受到破坏以致最终丧失，侵害亲权使父母与未成年子女之间的亲情受到损害。二是财产利益的损害。身份权的客体大多包含财产利益，如夫妻相互扶养义务，父母对未成年子女的抚育义务，亲属之间的赡养、扶养义务，监护权中的财产管理、用益的权利义务。身份利益的损害，包括扶养权利的减损或丧失，获得物质利益的权利的减损或丧失等。三是精神痛苦和感情创伤。

无论是何种类型的损害，均可适用损害赔偿责任。当然，对财产损失作出赔偿，旨在恢复财产关系的原状，而对人身伤亡和侵害其他人格权以及精神损害作出赔偿，主要是对加害人予以制裁，同时对受害人予以抚慰。精神损害虽不能以金钱来衡量，但损害事实是可以确定的，抚慰受害人的精神痛苦的物质条件是可以以金钱来衡量和支付的。

四、损害事实的特点

一般说来，作为侵权行为构成要件的损害事实必须具有以下特点。

（一）损害具有可补救性

损害的可补救性是指对损害有进行法律救济的可能，任何人身或财产上的不利益，只有在法律上被认为具有补救的可能性和必要性时，才能产生民事责任。损害的可补救性包括量和质两方面的内容。从量上来看，损害虽已经产生，但必须达到一定数量，在法律上才是可补救的。对于微量损害，法律即认为没有补救的必要。也就是说，只有在量上达到一定程度的损害才可以在法律上视为可以补救的损害。这是因为人们在社会共同体中生活，彼此之间不可避免地要产生各种摩擦和纠纷，损害的产生在所难免。为了维持社会生活的安定，法律常常要求人们容忍由他人行为造成的轻微损害，即行为人不必对轻微损害后果承担责任。例如，对于邻人因正当施工所产生的正常噪声，应适当容忍。从质上来看，损害应当属于法律认可的补救范围。损害在本质上是对权利和利益的侵害所产生的后果。损害的可补救性，并不是说损害必须是能够计量的。而且，既然损害是指对权利和利益的侵害，那么，应予补救的损害也就不限于能够计量的损害。

（二）损害具有确定性

损害的确定性是指损害后果和范围在客观上是可以认定的，难以确定和主观臆测的损害不能作为认定侵权责任的损害事实要件。损害的确定性具体来说包括三项内容：一是损害是已经发生的事实。尚未发生的损害不具有确定性。但行为人的行为妨碍他人行使权利时，虽还未造成实际的财产损失，也可构成损害。二是损害是真实存在的，而不是当事人主观臆想出来的。如果仅仅怀疑他人揭露了自己的隐私而感到精神痛苦，此种损害便不具有确定性。三是损害是对权利和利益的侵害。此种侵害能够依据社会一般观念或认识予以认定与衡量。例如，某商店遭受火灾，房屋和其他财物的损害是一个确定的侵害事实，但某人因商店被烧，不能正常地购买生活必需品而影响了正常的工作生活，此种损害就是一个难以确定的事实。

（三）损害对象具有合法性

损害对象的合法性是指损害的对象是他人的合法权益，即损害是侵害合法权益的结果，针对非法权益的损害不属此列。受害人所受的损害能够获得法律上的补救，根据在于其合法权益受到不法侵害。

合法权益也就是法律所保护的权益，既包括法定权利，还包括法定权利之外的合法利益。《民法典》第3条、第1167条规定当中的“财产”和“人身”并非仅仅限于财产权和人身权，还包括了财产利益和人身利益。

值得注意的是，保护合法权益，并不是说任何人均可随意侵害非法利益而不承担法律责任。非法利益虽然不受法律的保护，但侵害非法利益的行为同样构成违法。例如，某人无合法授权而拆毁他人的违章建筑，未经许可擅自没收他人非法钱财等，都构成对不法利益的侵害。非法利益不受法律保护，因此，当非法利益受到侵害以后，当事人不得请求赔偿损害，也不能恢复其对不法利益的占有。但是，对不法利益的剥夺与限制必须由国家有关机关依据法定权限进行，任何人未经授权实施这种行为，都将构成对社会秩序和公共利益的侵害，行为人应当承担相应的刑事或行政责任。

本章小测

客观题

扫码测试

拓展案例

孙某诉张某健康权纠纷案(《最高人民法院关于审理人身损害赔偿案件适用法律若干问题的解释》指导性案例)。

拓展案例

延伸阅读

归责原则与责任形式。

延伸阅读

本章参考文献

1. 程啸:《侵权责任法》,法律出版社 2021 年第 3 版。
2. 陈龙业:《民法典侵权责任编的创新发展与规则适用》,人民法院出版社 2023 年版。
3. 王泽鉴:《侵权行为》,北京大学出版社 2016 年版。
4. 熊进光:《无人驾驶汽车侵权法律问题研究》,法律出版社 2023 年版。
5. 北京互联网法院:《网络侵权纠纷典型案例解析》,中国法制出版社 2022 年版。
6. 李红玲:《普通法系侵权法抗辩事由研究》,法律出版社 2024 年版。

第十六章　抗辩事由

思维导图

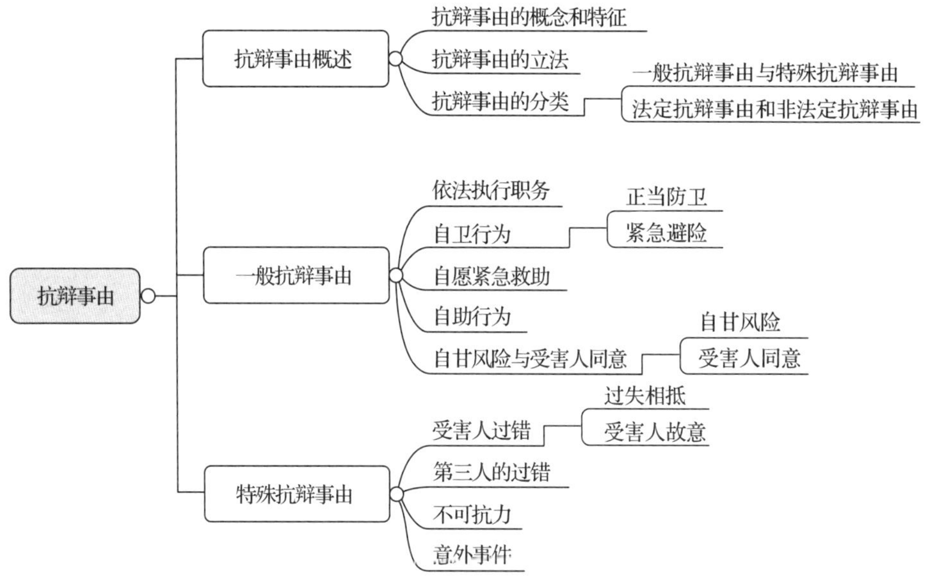

第一节　抗辩事由概述

一、抗辩事由的概念和特征

侵权责任的抗辩事由，是指行为人针对受害人主张承担侵权责任的请求，提出免除或者减轻责任的法定理由。抗辩事由具有以下特征：

第一，抗辩事由必须是已经发生的客观事实。未发生的事实或者是行为人主观臆断的情况均不能构成抗辩事由。第二，抗辩事由具有对抗性。抗辩事由能够对抗受害人一方的请求，达到免除或者减轻侵权人的侵权责任的目的。如果当事人所主张的理由不足以对抗对方当事人的请求，则不能成立抗辩事由。第三，抗辩事由是否行使由当事人自由决定。当事人有权决定是否主张抗辩事由，法院不能主动审查和适用抗辩事由。当事人对自己主张的抗辩事由，有义务提供证据加以证明。第四，抗辩事由由法律直接规定。法律没有规定的，不能成为当事人免除责任或者减轻责任的理由。

在我国侵权法理论中，与抗辩事由相似的概念有"免责事由"和"违法性阻却事由"。但实际上三者概念之间存在明显的区别。"违法性阻却事由"的概念主要出现在以德国为代表的大陆法系国家和地区的侵权法中，旨在阻却侵权行为的违法性。适用这个概念的前提是承认过错与违法性的区分，即承认违法性是侵权责任的构成要件之一。而我国法律不承认过错与违法性的区分，违法阻却事由通常为免责事由所包含。抗辩事由与免责事由也有所不同，抗辩事由的范围比免责事由更广。免责事由是指因其存在而使侵权责任不成立的事实。我国侵权法上的抗辩事由不是对侵权行为构成要件的抗辩，而是对侵权责任承担的抗辩。[①] 换言之，就是在承认侵权行为存在的前提下，通过抗辩事由影响侵权责任的承担。因此，我国将侵权法上的抗辩事由也称为"免责事由"与"减责事由"。即我国侵权责任的抗辩事由包含免责事由和减责事由两个方面的内容。

二、抗辩事由的立法

抗辩事由与侵权责任的归责原则、构成要件一起承担着保护受害人权益以及保障行为人行为自由的重任。抗辩事由能够吞并或者减少受害人一方的损害赔偿请求权的实现程度，直接影响在诉讼中侵权行为人与受害人之间利益的博弈，因此抗辩事由一般应当由法律明确规定。

对于侵权责任的抗辩事由，我国《民法典》承袭《侵权责任法》的做法，从传统立法和具体社会情势出发，采用"一般立法＋特别规定"的立法模式。

"一般立法"是关于抗辩事由的一般规定，其规则普遍适用于一般侵权行为。总则编

① 管洪彦、周玉辉：《侵权责任法理论与实务研究》，中国政法大学出版社 2020 年版，第 132 页。

第八章“民事责任”和侵权责任编第一章“一般规定”，明确规定了九种侵权责任的一般抗辩事由，包括不可抗力（第 180 条）、正当防卫（第 181 条）、紧急避险（第 182 条）、自愿实施紧急救助行为（第 184 条）、与有过错（第 1173 条）、受害人故意（第 1174 条）、第三人过错（第 1175 条）、自甘风险（第 1176 条）和自助行为（第 1177 条）。

“特别规定”涉及民法典关于抗辩事由的特殊规定，主要适用于特殊的侵权行为。《民法典》侵权责任编第三章至第十章中专门规定了特殊主体的责任、产品责任、机动车交通事故责任、医疗损害责任、环境污染和生态环境破坏责任、高度危险责任、饲养动物损害责任，以及建筑物和物件损害责任等特殊侵权责任的抗辩事由。对于抗辩事由的法律适用，如果法律有特别规定，应当优先适用抗辩事由的特别规定；无特别规定的，再适用一般规定。当然，如果特别规定中已排除一般规定的适用，则不能再适用一般规定中的抗辩事由。例如，依据《民法典》第 1214 条的规定，以买卖或者其他方式转让拼装或者已经达到报废标准的机动车，发生交通事故造成损害的，由转让人和受让人承担连带责任。因此，即便是因第三人的过错导致机动车交通事故致人损害的，转让人和受让人也不能以此主张抗辩，要求免于承担侵权责任。

三、抗辩事由的分类

（一）一般抗辩事由与特殊抗辩事由

根据发生原因的不同，抗辩事由可分为一般抗辩事由和特殊抗辩事由两类。

一般抗辩事由，亦称为正当理由，是指损害确系行为人的行为所导致，但因其行为是正当的、合法的而免除或者减轻责任。例如，正当防卫、紧急避险、自愿实施救助行为、受害人同意等。一般抗辩事由之所以具有责任免除和责任减轻的功能，原因在于侵权人的行为具有正当性或合法性，排除了其行为的违法性，表明侵权人不存在过错，从而免除或者减轻其侵权责任。

特殊抗辩事由，亦称“外来原因”，是指损害不是行为人的行为造成的，而是因行为人之外的原因所造成的，行为人据此可以免除或减轻侵权责任。例如，不可抗力、意外事件、受害人故意、第三人过错等。特殊抗辩事由与一般抗辩事由最明显的区别在于，特殊抗辩事由是从因果关系上进行抗辩，强调外部因素或非人为可控的原因作为抗辩的理由，而一般抗辩事由则从行为的根据上进行抗辩，主要关注被侵权人行为本身的合法性、正当性或免责情况。

（二）法定抗辩事由和非法定抗辩事由

《民法典》侵权责任编中仅仅规定了部分抗辩事由，如与有过错、受害人故意、第三人错过、自甘风险、自助行为等，一些侵权责任的抗辩事由在《民法典》未作明确规定，如依法执行职务、受害人同意等。据此可以将抗辩事由分为法定抗辩事由和非法定抗辩事由。

第二节　一般抗辩事由

在我国的侵权责任法理论中，一般抗辩事由主要包括依法执行职务、自卫行为、自愿实施紧急救助行为、自甘风险、自助行为、受害人同意。下面将进行具体的阐述。

一、依法执行职务

依法执行职务，也称职务授权行为，是指行为人依照法律的规定或者授权，行使职权或履行法定职责而损害他人的人身或财产的行为。例如，消防队为了制止火灾的蔓延而将邻近火源的房子拆除、外科医生对患者做截肢手术等。依法执行职务从表现上看虽然具有侵权行为的特征，但是由于这种行为存在合法的根据，所以阻却了行为的违法性。

依法执行职务作为抗辩事由，应当满足以下条件：(1)执行职务的行为须依法律规定或有合法的授权。(2)行为人执行职务的程序和方式必须合法。行为人执行职务的程序和方式违反法律的规定而造成他人损害的，即构成侵权行为，应当向受害人承担侵权责任。(3)执行职务的行为是必要的。所谓“必要”，是指不采取损害他人的人身和财产的行为，就不能执行职务。如果造成的损害可以避免或者减少的，这种行为就不被认为是必要的，就不能成立或者不完全成立抗辩事由。

二、自卫行为

所谓自卫行为是指为了防卫或者避免自己所面临的侵害，不得已而侵害他人的行为。自卫行为包括正当防卫和紧急避险。

(一)正当防卫

正当防卫是指行为人为了避免公共利益、本人或他人的人身、财产或者其他合法权益遭受现实的不法侵害，而对不法侵害人所实施的防卫措施。正当防卫是法律赋予公民排除他人违法行为的一种自卫权利，旨在保护公共利益和其他合法权益，具有正当性、合法性。我国《民法典》第 181 条第 1 款规定，因正当防卫造成损害的，不承担民事责任。

正当防卫的成立必须具备以下条件：(1)必须是为了保护公共利益、本人或他人的人身、财产或其他合法权益免受不法侵害而实施的防卫。如果行为人不是为了保护合法权益，而是出于对不法侵害人实施不正当的惩罚或者是为了保护非法利益而实施防卫行为，都不构成正当防卫。(2)必须是针对现实的不法侵害行为而实施的防卫。首先，防卫必须是针对不法侵害。所谓不法侵害，是指法律所不允许的行为，但不以侵害行为构成犯罪为必要。其次，如果不法侵害行为尚未发生或者已经结束，或者根本不存在侵害行为的，就不能实施防卫行为。(3)必须是针对不法侵害行为人本人实施防卫，而不能针对不法侵害行为人以外的人实施。防卫的目的在于防止侵害的发生，因此防卫只能针对不法侵害人本人实施。(4)防卫不得超过必要的限度。所谓“必要的限度”，是指为了制止不法侵害所必须具有的，足以有效制止侵害行为的强度。在有多种防御方法时，应选择反击较轻而相当的方法为之，否则应承担赔偿责任。例如，他人擅自在自己屋前摆设摊位，可将之拆除搬离，无须加以毁损。正当防卫是否过当，应根据具体客观的情况，以及各方当事人的主观情况来加以确定，不能仅凭侵害人一方的受害情况来判断。[①] 总之，只要是为了制止侵害所必需的，就不能认为是超过正当防卫的必要限度。

构成正当防卫的，防卫人不承担侵权责任。正当范围超过必要限度，造成不应有的损害的，防卫人应承担适当的民事责任(《民法典》第181条第2款)。这种适当的民事责任，包括三层意思：(1)防卫过当不能免除防卫人的侵权责任。(2)对于防卫过当造成的损害，一般可以根据实际情况，减轻防卫人的民事责任。(3)在防卫人已经明知会超出必要限度而故意对不法侵害人实施加害行为的，防卫人应当对超出必要限度的损害承担全部赔偿责任。

(二)紧急避险

紧急避险是指为了使公共利益、本人或他人的合法权益免受正在发生的紧迫的危险的侵害，不得已采取的损害另一较小利益而保护较大合法权益的行为。紧急避险从整体上说是有益的，只要紧急避险的行为符合法律的规定，即使给他人造成了损害，紧急避险人也不必承担侵权责任。

根据《民法典》第182条的规定，紧急避险的成立应当具备以下条件：(1)必须是为了使公共利益、本人或者他人的合法权益免受危险的损害。(2)必须是针对正在发生的紧迫的危险而实施的避险行为。紧迫的危险是指危险正在发生，公共利益、本人或者他人的人身、财产或其他合法权益正在遭受危险。如果危险并非实际存在或者已经结束，就不能实施紧急避险行为。(3)必须是在不得已的情况下采取紧急避险行为。所谓“不得已”是指如果不采取紧急避险措施，就不足以保全更大的利益，防止较大的损失。换言之，除了采取该损害某种利益的行为以外，再也没有其他措施可以避免危险。(4)避险措施应得当或者不能超过必要的限度。所谓避险措施得当，是指避险措施是当时所能够采取的造成损害最小的措施或者是排除险情所必须。所谓必要的限度，是指因紧急避险行为造成的损害应小于危险可能造成的损害。如果避险行为所造成的损害大于危险可能造成的损害，则应认定为超过必要的限度。例如，为了保全财产而损害他人人身的，即为超过必要的限度，因为人身价值应当大于财产价值。

紧急避险的法律效果依据不同的情形而定：(1)因紧急避险造成损害的，由引起险情发生的人承担责任，紧急避险人无须承担责任。但是，如果行为人(紧急避险人)对险情的发生有责任时，则其也应当承担赔偿责任。如果险情的发生是由避险行为的受害人或者第三人所引起的，则避险受害人或者第三人应对自己的过错负责。当事人对自己过错负责的范围，应以紧急避险必要限度内所造成的损失为限。(2)如果险情是由自然原因

---

① 王泽鉴：《侵权行为》，北京大学出版社2009年版，第222页。

引起的，则一般情况下紧急避险人不承担民事责任，对造成的损失也不必赔偿。但是在某些情况下，出于公平的考量，紧急避险人也可以承担适当的民事责任。(3)如果紧急避险人采取措施不当或者超过必要的限度，造成受害人不应有的损害的，那么紧急避险人应当承担适当的民事责任。在引起险情的行为人与受害人是同一人时，应当减轻避险过当人的责任；避险的受害人无过错而遭受损害的，应由避险行为人承担全部责任，对避险必要限度以内的损害，由引起险情的行为人承担赔偿责任。(4)如果既没有第三人的过错，也没有实施紧急避险行为人的过错，而遭受损害的人与受益人又非同一个人的，受益人应当适当补偿受害人的损失。

三、自愿紧急救助

自愿紧急救助是指救助人在紧急情况下自愿对他人实施救助行为。《民法典》第184条规定，“因自愿实施紧急救助行为造成受助人损害的，救助人不承担民事责任”。据此，救助人在紧急情况下自愿对他人实施救助行为，即便造成他人损害的，救助人也无须承担责任。法律将自愿紧急救助规定为法定的免责事由，有助于鼓励人们互帮互助，匡正社会风气，弘扬社会主义核心价值观。[①]

自愿紧急救助的成立，应当具备以下构成要件：(1)救助人是在受助人处于紧急状态下实施救助行为的。受助人面临着救助的急迫性，如果救助人不立即实施救助行为，受助人就会面临生命安全危险。例如，救助溺水的儿童、对因病晕厥的人实施救助等。(2)救助人自愿实施救助行为。紧急救助行为应是救助人出于自愿实施的，而不是因为救助人本身负有法定义务或约定义务。如果救助人本身负有救助义务，如消防员救助被困在火场的居民、医生救助昏厥的病人等，则救助行为属于履行职责，在此过程中造成受助人不应有损害的，应当依法承担民事责任，而不能以自愿紧急救助为由主张免责。救助人的救助行为应当具有持续性。如果救助人已着手实施了救助行为，在救助过程中除了发生不能克服的原因以外，救助人不应该中途放弃，否则不能认定为自愿紧急救助行为。(3)救助人实施紧急救助行为的目的是救助受助人。这是救助人在实施紧急救助行为的心理活动，也是豁免救助人的民事责任的主观条件。(4)救助人因自愿实施紧急救助行为造成了受助人损害。救助人不是受过专业训练的人员，由于不具备相应的专业救助知识和技能，或者缺乏必要的救助经验，救助措施不当会给受助人造成损害。但是，为了鼓励社会成员间的相互扶助，法律规定自愿实施救助行为造成受助人损害，不承担民事责任，而不论救助人有无过错。当然，如果有证据证明损害是由于受助人故意或者第三人的行为所导致的，则不能构成自愿紧急救助的免责事由。

案例分析：侯某在回乡行程中，路过一条小河，碰巧遇见一名小孩溺水，便毫不犹豫地跳入水中进行施救，但在救助过程中不慎导致被救小孩腿部局部挫伤，侯某是否需要赔偿？

---

① 王利明：《民法学精论》(上)，中国检察出版社2022年版，第309页。

解答:侯某不需要赔偿。侯某对溺水儿童的施救行为,属于自愿实施紧急救助行为。根据《民法典》第 184 条的规定:"因自愿实施紧急救助行为造成受助人损害的,救助人不承担民事责任。"

四、自助行为

自助行为是指权利人为保护自身的权利,在情况紧急而又不能及时请求国家机关救助的情况下,依靠自身力量对他人的财产或人身施加扣押、拘束或者其他措施,而为法律或社会公德所认可的行为。例如,饭店针对吃霸王餐的顾客,有权扣留其随身携带的财物,以请求支付餐费。我国《民法典》第 1177 条首次确立自助行为的免责事由,为受害人依靠自身的力量及时有效地保障自身的合法权益提供了法律依据。

自助行为的成立,应具备以下条件:(1)必须是为了保护自己的合法权益。若保护的权益是非合法的,就不构成自助行为。例如,甲在乙开设的赌场赌博,输钱以后无力支付欠款时,乙扣留了甲的手机和身份证。这时甲的行为就不是自助行为。此外,自助行为旨在保护自己的权利,而非他人权利,这是自助行为和正当防卫、紧急避险的不同之处。(2)须情况紧迫且来不及请求国家机关的救助。这种紧迫性主要表现为如果受害人不立即采取措施将使自己的合法权益受到难以弥补的损害。如果情况并不紧迫,则受害人不能实施自助行为,应当依法寻求国家机关的保护。(3)必须不得超过必要限度。受害人应当在保护自己合法权益的必要范围内采取合理的措施,且原则上应当限定在对侵权人财物予以扣留等范畴。受害人通过自助行为扣留的财物应当与所保护的利益在价值上大体相当,不得超出所保护利益的价值扣留更多的财物。受害人采取的措施不当,造成他人损害的,应当承担侵权责任。(4)必须为法律或公序良俗所认可。自助行为应当具备合法性,不得违反法律的强制性规定和社会公序良俗。

自助行为的控制措施只是临时的,当"情况紧迫"的事由消失以后,受害人应当立即向有关国家机关报告自己实施了自力救济的事实,由公权力及时介入处理。

五、自甘风险与受害人同意

(一)自甘风险

自甘风险,又称"自甘冒险",是指受害人原本可以预见损害的发生但是又自愿承受损害发生的危险,而损害结果真的不幸发生。[①] 在这种情况下,除了加害人对损害的发生有故意或重大过失以外,受害人应当自行承担相应的损害后果,而不得请求加害人承担侵权责任。我国《民法典》第 1176 条的自甘风险仅适用于具有一定危险性的文体活动。自甘风险明确了受害人、参加者与活动组织者三方之间的责任分担问题,既保障了人们的行为自由,也体现了合理分配风险责任的理念。

---

① 曾世雄:《损害赔偿法原理》,中国政法大学出版社 2001 年版,第 261 页。

依据《民法典》第1176条的规定，自甘风险的成立，应当具备以下条件：(1)受害人参加的是具有一定风险的文体活动。文体活动是指文化活动和体育活动两类活动。所谓风险，是指从事某类活动发生意外人身伤害等事故的危险性。(2)受害人必须明知自己参加的文体活动存在风险且自愿参加该活动。即受害人主观上明知自己参加的文体活动具有一定风险，可能导致特定的危害后果，但是受害人仍然通过明示或默示的方式作出自愿承担风险的意思表示。如果受害人不知道或者不可能知道风险的存在，就无法构成自甘风险。判断受害人是否"明知风险"，应当依照抽象理性人的标准，同时兼顾受害人本人的具体情况，包括其年龄、精神状况、经验和知识等因素进行考察，而不能机械地要求达到一般人的认知。此外，还可以从文体活动的组织者是否对风险进行明确和充分的提示、告知等方面进行判断。(3)受害人在文体活动中因其他参加者的行为而遭受到损害。这可以从两个方面理解：一是受害人的损害须是来源于参加同一文体活动的其他参加者的行为。如果受害人的损害并非参加同一文体活动的其他参加者造成的，或者损害是由文体活动的组织者造成的，则都不构成自甘风险。二是其他参加者对受害人造成的损害是由于文体活动所固有的风险导致的，并且这种固有风险是法律、法规和社会公序良俗所允许的。例如，足球运动的固有风险包括身体碰撞、被飞来的足球砸伤、扭伤等，只有当受害人确实是因为这些原因受伤时，其他参加者才能主张自甘风险这个抗辩事由。(4)其他参加者对损害的发生没有故意或重大过失。如果其他参加者恶意实施人身攻击造成受害人损害的，则不能援引自甘风险的抗辩。对于行为人的故意或重大过失的判断，并非仅基于一般理性人的标准，而应当以行为人的具体行为为核心，综合考量行为人是否尽到注意义务，从本身的专业技能、对活动通常规则的掌握情况和违反情况、活动开展的目的等方面加以确定。

案例分析：张三是某职业足球队的职业运动员，在参加职业联赛的一场比赛时，为了阻挡对方球员李四的进攻，奋起铲球，铲断球的同时导致李四左腿骨折，通过观看比赛录像判断，张三并非故意将李四铲伤。张三是否应当对李四的伤承担责任？①

解答：张三不需要承担侵权责任。李四作为一名职业足球运动员，应当清楚运动具有群体性、对抗性和人身危险性，出现人身损害事件属于正常现象，每个参与人都是危险的潜在制造者，也处于危险当中。行为人张三不违反运动规则，不存在过失，根据《民法典》第1176条的规定不属于侵权行为，不需要承担侵权责任。

(二)受害人同意

所谓"受害人同意"，又称"受害人承诺"，是指受害人事先明确表示自愿承担某种损害后果，加害人在其所表示的自愿承担损害后果的范围内对其实施侵害，不承担民事责任。受害人同意承担某种损害后果，表明受害人放弃了对加害人的损害赔偿请求权，免除了加害人的民事责任，因此在比较法上受害人同意也是一项抗辩事由。在英美侵权法

① 盛舒弘：《民法原理与实务：侵权责任编》，中国政法大学出版社2021年版，第5页。

和以德国为代表的大陆法系民法中,"受害人同意"与受害人自甘风险是两个并列的责任抗辩事由。[①] 我国《民法典》侵权责任编中只规定了自甘风险,没有明确将受害人同意作为抗辩事由单独加以规定,但这并不意味着在实践中受害人的选择或决定不应被法律考虑。

受害人同意的成立,应具备以下条件:(1)受害人同意的意思表示必须是在损害前作出。如果意思表示是在加害行为实施之后才表示出来,就不是受害人同意。(2)受害人同意的意思表示必须是真实与自愿的。受害人在作出同意时应具有同意能力,否则其作出的同意无效。同时,他人不得通过暴力威胁等手段迫使受害人作出同意的意思表示,否则不能成立受害人同意的抗辩事由。(3)受害人同意的内容必须是愿意承担某种损害后果,且不违反法律与社会公序良俗。受害人同意的对象应是其有权处分和抛弃的权利,一般限于财产权、知识产权。人身权利与权利主体密不可分,一般不允许转让或抛弃。根据《民法典》合同编第506条的规定,"合同中的下列免责条款无效:(一)造成对方人身损害的;(二)因故意或者重大过失造成对方财产损失的"。尽管如此,我们认为,在特殊情况下,为了公共利益或他人利益而自愿捐献血液或身体器官等,不违反法律与社会公序良俗,可以成立受害人同意。(4)行为人对受害人实施加害行为,不超过受害人同意的范围和限度。如果行为人对受害人的加害行为超出了受害人同意的范围和限度,则应当对超出限度和范围的损害承担侵权责任。

受害人同意与自甘风险的区别主要体现在:(1)受害人同意中,受害人明确知道他人的行为将给自己的权益造成损害而同意。但在自甘风险中,受害人并没有明确同意加害人对其权益进行侵害。(2)受害人同意本质上是受害人对自身权益的处分,是自我决定权的体现,但自甘风险中受害人并没有直接追求对自己利益的损害,自甘风险主要体现的是对风险责任的合理分配。(3)受害人同意产生的法律效果,是使加害人的行为不构成侵权行为,从而免除加害人的侵权责任。而在受害人自甘风险时,通常不必定免除加害人的侵权责任,而是要通过过失相抵或比较过失等制度进行相应的减轻甚至免除。[②]

第三节　特殊抗辩事由

特殊抗辩事由主要包括受害人过错、第三人过错、不可抗力和意外事件,下面将具体阐述。

---

① 张新宝:《中华人民共和国民法典侵权责任编理解与适用》,中国法制出版社2020年版,第52页。

② 程啸:《侵权责任法》,法律出版社2015年第2版,第303页。

一、受害人过错

受害人过错是指受害人对损害的发生或者扩大具有过错。根据自己责任原则，受害人应当承担因其过错造成的损害，加害人可以在受害人过错的范围内减轻或者免除责任。例如，住宾馆的旅客的伤亡是由其故意或重大过失造成的，宾馆经营者不承担责任。

在我国侵权法上，受害人过错主要包括两种情况：第一，作为减轻责任事由的受害人过错。学理上称为“与有过错”或“过失相抵”。第二，作为免责事由的受害人过错，即受害人故意。

（一）过失相抵

过失相抵是指在行为人侵权责任成立的情况下，由于被侵权人对同一损害的发生或者扩大有过失，而减轻侵权人的民事责任。各国的侵权法均确认过失相抵为一项抗辩事由。[①]《民法典》第 1173 条规定，“被侵权人对同一损害的发生或者扩大有过错的，可以减轻侵权人的责任”。

过失相抵的构成，应具备以下条件：(1)侵权人的行为与被侵权人的行为是导致损害发生或扩大的共同原因。即损害仍然是由侵权人的行为所导致，但是被侵权人的行为也是损害发生或扩大的原因之一。正是被侵权人的行为与侵权人的行为的结合，共同产生了一个损害后果或者扩大了损害后果。(2)被侵权人具有过错。这种过错是被侵权人疏于对自己的民事权益进行保护的过错。具言之，受害人未能采取合理的措施或者未能尽到合理的注意义务来保护自身的人身财产权益，使得在出现了侵权人的行为之时，两者行为的结合共同造成了损害，或者导致损害的扩大。在过失相抵中，被侵权人的过错虽然常常表现为被侵权人疏于保护自己的过失，但是也应当包括故意的情形。[②] (3)被侵权人的过错与损害之间具有同一性。即被侵权人的过错行为所造成的损害，和侵权人对被侵权人造成的损害，是同一损害。

过失相抵的效力仅限于减轻侵权人的侵权责任，而不是完全免除。侵权人得以减轻的部分责任，转为由被侵权人对自己承担。被侵权人承担的责任比例的确定，应当从被侵权人的过错行为与侵权人的侵权行为对于损害后果的原因力比例大小来判断。在侵权人因故意或重大过失致人损害，被侵权人仅存在一般过失的情况，基于法益的衡量，也不宜减轻侵权人的侵权责任。

（二）受害人故意

受害人故意是指受害人明知自己的行为会发生损害自己的后果，而希望或者放任此种结果的发生。无论是大陆法系还是英美法系，受害人故意均被确立为一种免责事由。我国《民法典》第 1174 条规定，“损害是因受害人故意造成的，行为人不承担责任”。

---

① U.马格努斯、M.马丁-卡萨尔斯：《侵权法的统一：共同过失》，叶名怡、陈鑫译，法律出版社 2009 年版。

② 孟强：《民法典侵权责任编释论：条文缕析、法条关联与案例评议》，中国法制出版社 2020 年版，第 67 页。

受害人故意的成立，应具备以下构成要件：(1)受害人存在故意。受害人故意分为直接故意和间接故意。直接故意是指受害人主观上积极追求损害自己权益的结果发生，如卧轨自杀。间接故意是指受害人已经预见到自己的行为可能会发生损害自己权益的结果，但是放任损害结果的发生，如受害人盗割高压线导致自己伤亡。[①] 当然，如果法律对特定案件中受害人故意的内容作出了规定，则应该依照其规定判断受害人是否存在故意。[②] (2)受害人的自身权益受到损害。(3)受害人故意的行为是其损害发生的唯一原因。受害人的损害完全是由于受害人的故意造成的，在这种情况下，侵权人的行为与受害人的损害之间的因果关系被切断，侵权人的赔偿责任得以免除。如果侵权人的行为是受害人遭受损害的唯一原因，则应当由侵权人承担全部的责任；如果该损害的发生，受害人也有过错的，则应当依据《民法典》第 1173 条规定的过失相抵，减轻侵权人的责任。

受害人故意作为抗辩事由，适用的结果就是完全免除侵权人的责任。例如，张三明知用电捕鱼对自己的生命健康具有危险性，仍然偷偷到李四的鱼塘偷鱼，结果被电死，此时李四无须承担赔偿责任。然而，如果侵权人故意引诱、诱惑受害人故意从事某种行为，造成对受害人自己权益损害的，则应当认为损害是由侵权人的过错而不是受害人故意造成的，侵权人不得援引受害人故意作为抗辩事由。

二、第三人过错

第三人过错是指除加害人和受害人之外的第三人，对受害人损害的发生或扩大具有过错，包括故意和过失两种。例如，甲故意将乙从人行道上推到车行道，致乙被丙车撞伤，甲应当承担侵权责任。《民法典》第 1175 条规定，“损害是因第三人造成的，第三人应当承担侵权责任”。

第三人过错的成立应具备以下条件：(1)责任主体是侵权人和被侵权人之外的第三人。也就是说，第三人既不是加害人，也不是受害人。(2)第三人和侵权人之间没有共同故意或共同过失。如果第三人的行为与侵权人的侵权行为之间存在共同过错的，则他们的行为构成共同侵权，应当依法承担连带责任。如果第三人和侵权人之间没有共同过错，但是他们对损害的发生都起到一定的作用，则应当分别对损害后果承担责任。(3)第三人的过错导致被侵权人的损害发生或者扩大。由于第三人的行为介入侵权人的行为与被侵权人的损害之因果关系环节，使得原有的因果关系中断，新的因果关系产生，即第三人的过错与被侵权人损害之发生或扩大的因果关系。

第三人过错的法律效果是减轻或免除侵权人的责任，其举证责任由侵权人承担。第三人过错主要包括两个方面：(1)第三人对损害的发生具有过错，是损害发生的唯一原

---

① 黄薇：《中华人民共和国民法典释义》，法律出版社 2020 年版，第 2257 页。

② 例如，《道路交通法》第 76 条第 2 款规定，“交通事故的损失是由非机动车驾驶人、行为人故意碰撞机动车造成的，机动车一方不承担赔偿责任”。此处的“故意”内容不是追求死亡或者伤残等交通事故的后果，而是“故意碰撞机动车”。即“碰瓷”的人无须有追求人身伤亡等损害后果的故意，只需要存在碰撞机动车的故意即可。参见张新宝：《中华人民共和国民法典侵权责任编理解与适用》，中国法制出版社 2020 年版，第 45 页。

因。此时可以排除侵权人与被侵权人损害之间的因果关系，侵权人不必承担责任，而由第三人承担侵权责任。例如，公交车司机在驾驶公交车时，乘客甲突然上前抢夺方向盘，致使车辆坠入河中，导致车上的其他乘客受伤，此时应当由甲承担责任，而公交车公司免于责任。(2)第三人对损害的扩大具有过错，由第三人就其过错承担责任，从而减轻侵权人的责任。例如，甲被乙打伤以后，医院怠于救治致使甲的伤情加重，此时医院应就其过错承担相应的责任。

三、不可抗力

不可抗力是指不能预见、不能避免且不能克服的客观情况，包括自然现象和社会现象，如地震、台风、洪水、瘟疫、战争、军事行动等。不可抗力是独立于人的行为之外，并且不受当事人意志所支配的现象，各国立法普遍承认其为抗辩事由。我国《民法典》第180条规定，“因不可抗力不能履行民事义务的，不承担民事责任。法律另有规定的，依照其规定”。因此，在一般情况下，不可抗力可以作为抗辩事由，只有在法律有特别规定的情况下，才不作为抗辩事由。

不可抗力的成立，应具备以下条件：(1)不可抗力必须是不可预见的现象。即根据现有的技术水平，一般人对某种事件的发生无法预料。因此，对于不可预见之判断，不是以特定的当事人的预见能力而是以一般人的预见能力为标准，来判断对某种现象是否可以预见。(2)不可抗力必须是不能避免并且不能克服的现象。这是指行为人已经尽到高度注意义务和采取合理的措施，仍然无法避免某种现象的发生并造成了损害后果。(3)不可抗力必须是客观的、外在的自然现象和某些社会现象，而不是由人的意志决定的。例如，第三人的行为对行为人来说是不可预见与不可避免的，但它并不是外在于人的行为的事件，不具有客观性，因此第三人的行为不能作为不可抗力。(4)不可抗力造成了他人损害。

因不可抗力造成损害，当事人一般无须承担民事责任。但是，不可抗力作为免责事由，必须是不可抗力是造成他人损害的唯一原因才可主张。如果当事人对损害的发生或扩大有过错，则不能依不可抗力而免除责任。因此，在发生不可抗力致人损害之后，不仅要查清不可抗力与损害后果之间的因果关系，还要确定当事人的行为对损害后果的发生或扩大是否存在原因力。

四、意外事件

意外事件是指非因当事人的故意或过失，而是由于当事人意志以外的偶然发生的事故。罗马法的古谚认为，“不幸事件只能由被击中者承担”，行为人无须承担侵权责任。意外事件在我国《民法典》中没有明确规定，但是在学理上和司法实践中普遍承认意外事件是一项抗辩事由。例如，在对病危的患者进行抢救时，突然停电导致患者死亡，医院无须承担民事责任。

意外事件的成立应具备以下条件：(1)意外事件是不可预见的。意外事件的不可预见性是特指当事人即使尽到通常的注意义务也不可预见。意外事件的不可预见性之确定，一般应采用主观标准，即应当以特定的当事人为标准：当事人在当时的环境下通过合理的注意也不能够预见。(2)意外事件是偶然发生的事件，与行为人自身及第三人的行为均无关。行为人已经尽到了他在当时能否尽到的注意，或者采取了合理措施仍不能避免事故的发生。

意外事件与不可抗力的区别在于：(1)意外事件的不可预见性特指当事人虽尽合理的注意义务仍不可预见，而不可抗力的不可预见则是指即使尽了高度的注意和谨慎义务也无法预见。(2)意外事件只适用于过错责任，对法律明确规定了抗辩事由的责任来说，不能成为抗辩事由。而不可抗力除法律另有规定外，应当作为抗辩事由。[①]

本章小测

一、客观题

扫码测试

二、主观题

1. 简述侵权责任抗辩事由的概念和特征。
2. 简述正当防卫的构成要件。
3. 简述自甘风险的构成要件。
4. 简述过失相抵的构成要件。
5. 简述自助行为的构成要件。

拓展案例

1. 蒋某燕、曾某诉覃某邱、苏某弟生命权纠纷案。

2. 吃"霸王餐"逃跑摔伤反向餐馆索赔案——马某诉佘某某、李某某侵权责任纠纷案。

拓展案例

延伸阅读

1. 关于"紧急避险与正当防卫的区别"的详细阐释，可扫码收听音频：

① 管洪彦、周玉辉：《侵权责任法理论与实务研究》，中国政法大学出版社2020年版，第143页。

2. 关于“受害人同意在我国法上的适用情况”的详细阐释，可扫码收听音频：

本章参考文献

1. 管洪彦、周玉辉：《侵权责任法理论与实务研究》，中国政法大学出版社 2020 年版。
2. 王泽鉴：《侵权行为》，北京大学出版社 2009 年版。
3. 王利明：《民法学精论》(上)，中国检察出版社 2022 年版。
4. 盛舒弘：《民法原理与实务：侵权责任编》，中国政法大学出版社 2021 年版。
5. 张新宝：《中华人民共和国民法典侵权责任编理解与适用》，中国法制出版社 2020 年版。
6. 程啸：《侵权责任法》，法律出版社 2015 年第 2 版。
7. 曾世雄：《损害赔偿法原理》，中国政法大学出版社 2001 年版。
8. U.马格努斯、M.马丁-卡萨尔斯：《侵权法的统一：共同过失》，叶名怡、陈鑫译，法律出版社 2009 年版。
9. 孟强：《民法典侵权责任编释论：条文缕析、法条关联与案例评议》，中国法制出版社 2020 年版。
10. 黄薇：《中华人民共和国民法典释义》，法律出版社 2020 年版。

第十七章　侵权损害赔偿

思维导图

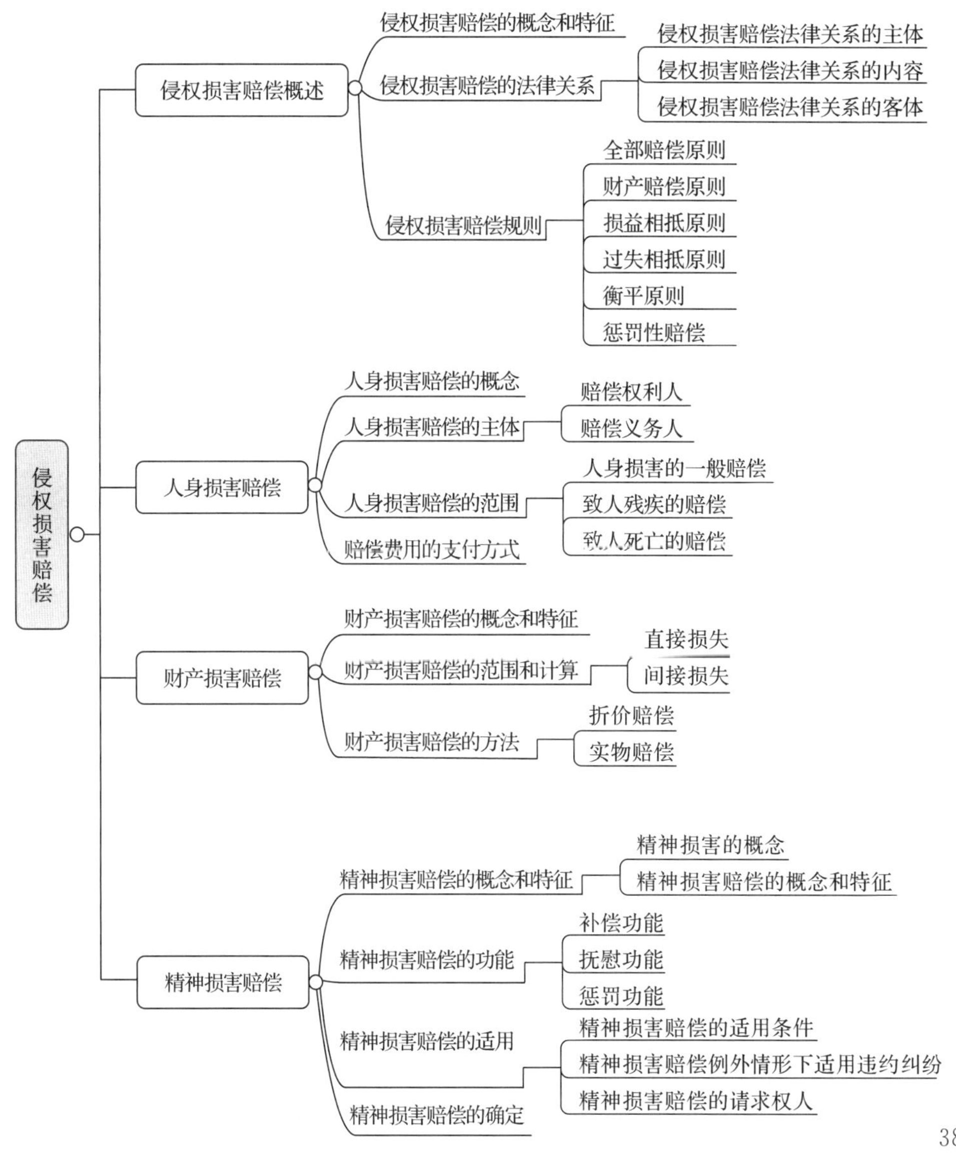

第一节　侵权损害赔偿概述

一、侵权损害赔偿的概念与特征

侵权损害赔偿，是指行为人因侵权行为而造成他人财产、人身和精神损害时，依法应当承担给付金钱或实物补偿受害人所受损害的民事责任。

侵权损害赔偿的法律特征在于：(1)侵权损害赔偿以造成他人损害为前提。只有在他人的人身、财产或其他权益遭受到侵害、面临危险或受到妨碍，才会存在侵权损害赔偿的问题。(2)侵权损害赔偿的根本目的是救济损害。侵权损害赔偿虽然也有抚慰受害人、制裁民事违法的作用，但其最根本的目的是补偿损失，使回到“倘若损害事件没有发生时”应处的状态。[①] (3)侵权损害赔偿具有财产性。侵权损害赔偿以给付或实物财产为内容，无论是财产损害、人身损害还是精神损害，均是以财产的方式救济受害人。(4)侵权损害赔偿具有相对性。侵权损害赔偿是一种债，是基于侵权行为而产生的在加害人和受害人之间的债权债务关系。在这种法律关系中，赔偿权利主体和赔偿义务主体都是特定的。受害人只能向特定的赔偿义务主体请求赔偿，而赔偿义务主体也只能向特定的受害人履行赔偿义务。

二、侵权损害赔偿的法律关系

侵权损害赔偿是基于侵权行为而产生的损害赔偿法律关系。该法律关系中包括主体、内容和客体三个要素。

(一)侵权损害赔偿法律关系的主体

损害赔偿法律关系的主体是享有和承担赔偿损害法律关系的权利和义务的人，包括赔偿权利人和赔偿义务人。赔偿权利人一般是指受害人，也包括受害人的利害关系人、死者的近亲属等。例如，在受害人无民事行为能力或民事行为能力受限制时，自己不能行使赔偿请求权，应当由其法定代理人代为行使。赔偿义务人通常是加害人，但是在某些情况下加害人以外的其他民事主体也可作为赔偿义务人，如在物件损害责任中，物的所有人、占有人或使用人为赔偿义务主体。

(二)侵权损害赔偿法律关系的内容

损害赔偿法律关系的内容，就是受害人请求加害人赔偿损失的权利，以及加害人承担赔偿损失的义务。受害人的权利在性质上是请求权，受害人请求加害人履行赔偿义务的权利之实现，必须依靠加害人的给付来实现，而不是仅凭自己的行为就能实现权利。

① 曾世雄：《损害赔偿法原理》，中国政法大学出版社 2001 年版，第 14～17 页。

加害人作为赔偿义务主体，则应当满足受害人的补偿损害的赔偿请求权，履行赔偿给付义务。

（三）侵权损害赔偿法律关系的客体

侵权损害赔偿法律关系的客体是赔偿。赔偿的性质是行为，即在加害人对他人造成损害时，给付赔偿金或实物给受害人的行为。

三、侵权损害赔偿规则

（一）全部赔偿原则

全部赔偿原则，是指加害人因其侵权行为所承担的赔偿责任应以其给受害人造成的实际损失为依据，全部予以赔偿。全部赔偿原则既是侵权法救济功能的体现，也是由赔偿责任本身所具有的补偿性所决定的。依据全部赔偿原则，受害人所受的全部损失均应得到补偿。

在适用全部赔偿原则时应注意以下几个问题：

第一，全部赔偿与全额赔偿是不同的概念。全部赔偿是以加害人对受害人造成的损失予以全部赔偿，包括人身损害、财产损失和精神损害的赔偿范围。全额赔偿仅是针对财产损害而言的，是加害人对受害人的财产损失予以全部赔偿。因此，全部赔偿的概念范围大于全额赔偿。

第二，在确定加害人的损害赔偿数额时，通常不考虑其主观过错，以受害人的实际损失为标准，全部予以赔偿。但是在精神损害赔偿和惩罚性赔偿中，加害人主观过错程度则很重要，会影响二者的赔偿数额。在加害人和受害人均无过错的情况下，赔偿数额依照公平原则，在双方之间进行分配，这是完全赔偿原则的例外情形。

第三，全额赔偿的范围包括直接损失和间接损失。在财产损害中，直接损失是指现实财产的减少，间接损失是指可得利益的丧失；在人身损害中，直接损失是指因治疗身体的损伤所支出的医疗费等费用，间接损失是指受害人因误工而减少的损失。此外，受害人为恢复权利、减少损害而支出的必要费用也应得到赔偿。

第四，实行完全赔偿原则并不排除在特殊情况下，为了社会公共利益的需要，法律对侵权责任主体的赔偿数额进行限制，此时全部赔偿原则应在法律限制的数额内适用。例如，《民法典》明确了高度危险责任实行限额赔偿。同时，一些单行法和规定对民用核设施致人损害、民用航空器致人损害和铁路运输等领域实行限额赔偿。

（二）财产赔偿原则

财产赔偿原则，是指加害人因侵权行为造成受害人损害的，无论是财产损害、人身损害还是精神损害，都适用财产赔偿的方法，不能使用其他方法。之所以确立财产赔偿原则，主要原因在于：

第一，在财产损害中只能以财产的方式填补受害人的财产损失。以劳务、人身拘禁等具有人身制裁性质的方式偿付财产损失，是为法律所不许的。

第二，在人身损害中只能以财产的方式予以赔偿，而不能用其他方式赔偿。因为受害人的身体受伤既无法用金钱计算，也无法用金钱补偿。然而，受害人为医治身体伤害而支出的治疗费用，以及为了治疗而产生的误工费等是受害人的财产损失，以财产的方式予以补偿，损失多少财产就赔偿多少财产，既符合公平正义的理念，又容易量化便于计算。

第三，在精神损害中除了财产的赔偿方法以外，没有其他更适合的救济方式。精神损害是一种无形损害，难以用金钱来衡量其价值。尽管如此，财产赔偿在一定程度上有助于抚慰受害人、填补精神利益的损失，并且通过这种方式有助于教育和惩罚侵权人，减少侵权行为的发生。

总而言之，确认财产赔偿原则，就是强调在因加害人的侵权行为造成的一切损害，都必须以财产的方式予以赔偿。

（三）损益相抵原则

损益相抵原则又称"损益同销"，是指受害人基于发生损害的同一原因受有利益时，应当在损害赔偿金额中予以扣除。在这里，受害人得到的利益只能是经济利益或者可以用金钱衡量的财产利益。

损益相抵原则的理论基础，在于禁止得利的法理。损害赔偿的目的在于填补损害，使其恢复到受害前的情况，因此就损害赔偿的结果而言，受害人不得较无损害事故发生时更为优越。据此，凡因同一损害原因受有损害并受有利益者，该损害仅存在于损害与利益二者间的差额。

损益相抵原则的适用，必须具备以下几个条件：

第一，必须有侵权损害赔偿之债的成立。如果在侵权法律关系中加害人和受害人之间不存在侵权损害赔偿之债，则不能适用损益相抵。

第二，必须受害人受有利益。如果受害人没有因受损害而受有利益，则不能适用损益相抵。受害人所受利益，包括积极利益和消极利益。前者表现为受害人现有财产的增加，后者表现为受害人应减少的财产而未减少。

第三，必须是受害人受有利益与损害事实之间存在因果关系。通说认为，应当采取相当因果关系说，即所受利益与损害须是基于同一之相当原因而发生，以排除偶然发生的利益。例如，甲受伤住院获得他人赠与，虽然甲所受利益与损害出于同一原因，但是不具有相当因果关系，不发生损益相抵的问题。[①] 在以下两种情况下，可以认为利益与损害之间具有相当因果关系：(1)基于同一赔偿原因所产生直接结果的损害与利益，成为不可分离或合一关系的。(2)基于同一赔偿原因所产生间接结果的损害与利益，彼此之间为不可分离或合一关系。

受害人基于同一原因事实获得了可予以相抵的利益，应当由加害人承担举证责任。如果受害人不同意加害人所举证据的，则应举出相反的证据。

（四）过失相抵原则

过失相抵是指在行为人侵权责任成立的情况下，由于被侵权人对同一损害的发生或

---

① 崔建远：《论损益相抵规则》，载《法学杂志》2022 年第 6 期。

者扩大有过失，而减轻侵权人的民事责任。过失相抵并不是指赔偿权利人与赔偿义务人之间的过失抵消，而是指在侵权责任成立以后，在确定侵权人的赔偿范围时将被侵权人的过错抵除部分损害赔偿，从而公平合理地分配损害。

《民法典》第 1173 条规定，“被侵权人对同一损害的发生或者扩大有过错的，可以减轻侵权人的责任”。过失相抵的构成，应具备以下条件：

第一，侵权人的行为与被侵权人的行为是导致损害发生或扩大的共同原因。即损害仍然是由侵权人的行为所导致，但是被侵权人的行为也是损害的发生或扩大的原因之一。正是被侵权人的行为与侵权人的行为的结合，共同产生了一个损害后果或者扩大了损害后果。

第二，被侵权人具有过错。这种过错是被侵权人疏于对自己的民事权益进行保护的过错。具言之，受害人未能采取合理的措施或者未能尽到合理的注意义务来保护自身的人身财产权益，使得在出现了侵权人的行为之时，两者行为的结合共同造成了损害，或者导致损害的扩大。在过失相抵中，被侵权人的过错虽然常常表现为被侵权人疏于保护自己的过失，但是也应当包括故意的情形。①

第三，被侵权人的过错与损害之间具有同一性。即被侵权人的过错行为所造成的损害，和侵权人对被侵权人造成的损害，是同一损害。

适用过失相抵的目的在于明确侵权人的赔偿范围，其法律效果是可以减轻侵权人的责任，而不是免除侵权人的责任。因此一旦具备过失相抵的构成要件，人民法院应当依职权对侵权人的责任进行减轻，以谋求侵权人和被侵权人之间损害的公平分配。

（五）衡平原则

衡平原则，也称权衡利益原则，是指在确定加害人承担的侵权损害赔偿的范围时，应当考虑当事人的经济状况等因素，使赔偿责任的确定更为合理公正。例如，加害人的经济状况不好，全部赔偿以后会使其本人及其家属的生活陷入极度贫困时，法官可视情况适当减少加害人的赔偿数额。

衡平原则与公平责任是两个不同的概念，区别主要在于：

第一，适用的前提不同。公平责任是确定侵权责任归属的依据，因此公平责任的适用前提是赔偿责任的归属尚未确定。衡平责任的前提则是赔偿责任已经确定，只是还需要考虑具体责任的大小。

第二，过错状况不同。公平责任是在加害人和受害人都没有过错的情况下适用的，而衡平原则是在加害人和受害人一方或者双方都存在过错的情况下适用。

第三，性质不同。公平责任是分担损失，而衡平原则是赔偿原则。

在司法实践中，为了谋求损害的公平分配，衡平原则的适用很广泛。在适用衡平原则时应该注意以下几个问题：

---

① 孟强：《民法典侵权责任编释论：条文缕析、法条关联与案例评议》，中国法制出版社 2020 年版，第 67 页。

第一，衡平原则的适用，应当在适用全部赔偿、财产赔偿、损益相抵和过失相抵等损害赔偿规则之后。

第二，适用衡平原则应当考虑当事人的经济状况、身份、社会风俗、习惯、舆论、特殊需求等其他因素，从而公平、公正、合理地确定加害人承担损害赔偿责任的范围大小。

第三，适用衡平原则确定赔偿责任范围时要为加害人及其家属保留必要的生活费用。必要生活费用的标准应当根据其住所地或者经常居住地的实际情况而定，原则上是在加害人承担赔偿责任后不影响其正常生活。

案例分析：孙某经营一家小型养鹅场。某日，他向朱某购买 10 袋鹅饲料，投给鹅食用，但随后鹅出现大规模死亡。经鉴定，鹅饲料为不合格产品。这期间，孙某为治鹅病，花去医药费以及车费等杂费 53000 元。待鹅病死后，孙某将死鹅出售获利 1000 元。孙某向法院起诉要求朱某承担损害赔偿。问：孙某可以获得哪些方面的赔偿？

解答：本案中，朱某向孙某销售不合格的饲料，导致孙某饲养的鹅大量死亡而遭受经济损失。根据全部赔偿原则与财产赔偿原则，朱某应一次性支付一笔金钱给孙某以补偿包含医药费、车费等杂费，鹅本身的损失等在内的全部经济损失。根据损益相抵原则，孙某卖死鹅获得的 1000 元收入应从赔偿数额内扣除。

（六）惩罚性赔偿

1. 惩罚性赔偿的概念与特征

惩罚性赔偿是指侵权人所要承担的损害赔偿数额超过其造成被侵权人实际损害数额，在损失填补后，再加罚一定数额或者一定倍数的赔偿金。惩罚性赔偿是一种特殊的加重的民事责任，在弥补受害人的实际损失之外，对侵权人进行惩戒，同时也达到遏制不法行为的发生、预防同类损害的发生的目的。

在侵权损害赔偿责任中，惩罚性赔偿和补偿性赔偿具有相同之处，也有不同之处。两相比较，惩罚性赔偿具有以下法律特征：第一，法定性。惩罚性赔偿的数额都是远远超过受害人的损害的，不能任意适用。惩罚性赔偿是民事责任的例外情形，只有在法律明确规定的情况下才能适用。法律没有规定的情形，不能适用惩罚性赔偿。第二，惩罚性。补偿性赔偿的目的是对受害人遭受的实际损失进行填补，因此受害人损失多少就赔偿多少。但是惩罚性赔偿的目的不仅在于填补损害，还包括惩罚、遏制这类侵权行为。第三，附加性。惩罚性赔偿作为例外的民事责任形式，是对补偿性赔偿的补充，只有当适用了补偿性赔偿以后仍不能显示出法律对某种侵权行为的不赞成态度或者不能公平、合理地对恶意的侵权人进行严厉惩罚时，才能适用惩罚性赔偿。因此，相对于补偿性赔偿而言，惩罚性赔偿具有明显的附加性。

2. 惩罚性赔偿适用的情形

《民法典》第 179 条第 2 款规定，“法律规定惩罚性赔偿的，依照其规定”。也就是说，惩罚性赔偿是一种特殊的民事责任形式，只有在法律有特别规定的情况下才能适用。

在我国，惩罚性赔偿制度最初出现在消费者权益保护领域。例如，1993 年《消费者权益保护法》第 49 条（2013 年《消费者权益保护法》第 55 条）、《食品安全法》第 148 条第

2 款和原《侵权责任法》第 47 条都对惩罚性赔偿作了相应规定。在民法典起草过程中，惩罚性赔偿被规定于民法典中。根据《民法典》的规定，惩罚性赔偿主要适用于如下三种情形：

第一，侵犯知识产权的惩罚性赔偿。《民法典》第 1185 条对侵犯知识产权行为处以惩罚性赔偿。这个条文实际上统一了我国所有知识产权立法中有关惩罚性规则。根据该条规定，“故意侵犯他人知识产权，情节严重的，被侵权人有权请求相应的惩罚性赔偿”。

第二，产品责任的惩罚性赔偿。《民法典》第 1207 条规定，“明知产品存在缺陷仍然生产、销售，或者没有依据前条规定采取有效补救措施，造成他人死亡或者健康严重损害的，被侵权人有权请求相应的惩罚性赔偿”。在产品责任中适用惩罚性赔偿，加重了产品质量方面的“违法成本”，对规范社会主义市场经济的生产者和销售者的竞争行为更加有效。[①]

第三，环境污染和生态破坏的惩罚性赔偿。《民法典》第 1232 条规定，“侵权人违反法律规定故意污染环境、破坏生态造成严重后果的，被侵权人有权请求相应的惩罚性赔偿”。生态环境保护关乎社会公共利益，不仅要采用传统民事侵权中的损害赔偿的填平原则，还需要对加害行为进行惩戒、制裁，防止类型的环境污染和生态破坏行为再次发生。

3. 惩罚性赔偿的确定

根据最高人民法院的观点，惩罚性赔偿的功能在于惩罚有主观故意的侵权行为，并遏制该侵权行为的发生，因此该类赔偿数额不宜使用一个固定的数额来确定，而应当由法院对具体案件自由裁量。通常可以考虑以下因素：(1)侵权人实施侵权行为的动机；(2)侵权行为持续期间以及侵权人是否意图隐匿不法行为；(3)侵权人的财务状况；(4)是否已经受到行政、刑事处罚；(5)侵权人获得的利益；(6)产品缺陷造成的实际损害的概率；(7)受害人遭受的实际损失；(8)案件的社会影响等，可以是实际损失的倍数，也可以是侵权人违法利益的一定比例或者倍数，但是不宜根据产品价格的倍数确定。

第二节　人身损害赔偿

一、人身损害赔偿的概念

人身损害赔偿，是指加害人不法侵害他人的生命权、健康权、身体权并造成了伤害、残疾甚至死亡以及精神损害时，要求加害人或者赔偿义务人以财产赔偿的方法进行救济和保护的侵权法律制度。

---

① 刘慧兰：《中国民法基本问题研究》，光明日报出版社 2021 年版，第 227～228 页。

在我国侵权法上，人身损害赔偿制度所保护的权利范围包括了生命权、健康权和身体权这三个人格权，[①]以下简要阐述。

第一，生命权。生命权是指不受他人妨害，而对于生命安全享受利益的权利。侵害生命权的后果，就是侵权行为作用于自然人的身体，使自然人的生命活动能力丧失，以及民事主体资格消灭。生命权丧失所造成的损失包括：(1)为救治受害人所支出的常规费用，如医疗费、护理费、交通费等为治疗和康复的合理费用，以及因误工减少的收入。(2)丧葬费的损失。(3)死者生前扶养的人扶养来源丧失而造成的损失。(4)死亡赔偿金。(5)受害人近亲属的精神痛苦。

第二，健康权是指维持人体生命活动的生理机能的正常运作和功能的完善发挥。侵害健康权，就是破坏人体生理机能的正常运作和身体功能的完善发挥，主要表现为身体受到一般伤害、造成残疾或者其他疾病。健康权受侵害所造成的损失可以包括：医疗费损失、误工费损失、住院伙食费和营养费损失、护理费损失、交通费损失、住宿费损失、残疾人赔偿金损失、残疾用具费损失、被扶养人扶养来源丧失的损失、精神痛苦等。

第三，身体权指自然人维护其身体组成部分完整、完全并支配其肢体、器官和其他组织的人格权。侵害身体权，就是侵害身体组成部分的完整性，如擅自抽取他人血液、擅自搜查身体等。身体权受到侵害造成的损失通常包括：(1)财产利益的损失，如医疗费、护理费、误工费等。(2)财产利益的其他损失，如强行抽取他人血液，为恢复体力造成的财产利益损失。(3)精神痛苦。

二、人身损害赔偿的主体

自然人的人身权遭受侵害，造成人身致伤、致残甚至死亡和其他损害的，受害人要求加害人以财产赔偿的方法进行救济和保护所形成的法律关系，为人身损害赔偿法律关系。在这种法律关系中，有权请求损害赔偿的主体为赔偿权利人，有义务作出赔偿的主体为赔偿义务人。

(一)赔偿权利人

赔偿权利人，是指因侵权行为或者其他致害原因直接遭受人身损害的受害人以及死亡受害人的近亲属。[②] 在人身损害赔偿中，赔偿权利人包括直接受害人和间接受害人。原则上应由直接受害人为赔偿权利人，但是在某些情况下由间接受害人作为赔偿权利人。例如，在生命权遭受侵害的场合，由于受害人的生命已经丧失，其民事主体资格已经消灭，因此不能就其生命权受到侵害请求损害赔偿。根据《民法典》第 1181 条的规定，在被侵权人死亡的情况下，赔偿权利人包括：(1)被侵权人的近亲属；(2)若被侵权人为组织，该组织分立、合并的，则承继权利的组织可作为赔偿权利人；(3)在侵权人未赔偿医药费、丧葬费等合理费用的情况下，支付被侵权人医药费、丧葬费等合理费用的人可作为赔

---

① 《最高人民法院关于审理人身损害赔偿案件适用法律若干问题的解释》(2022 年修正，以下简称《人身损害赔偿案件适用法律若干问题的解释》)第 1 条。

② 《人身损害赔偿案件适用法律若干问题的解释》(2022 年修正)第 1 条。

偿权利人。

（二）赔偿义务人

赔偿义务人，是指因自己或者他人的侵权行为以及其他致害原因依法应当承担民事责任的自然人、法人或者非法人组织。[①] 赔偿义务人主要分为直接加害人、替代责任人和补充责任人。

1. 直接加害人

直接加害人是指直接实施侵权行为或违约行为造成受害人损害的人。当直接加害人为一人时，为单独的加害人，由其单独承担损害赔偿责任。当加害人为两人以上时，可分为两种情况：第一，构成共同侵权行为的，则由共同加害人承担连带责任；第二，构成共同危险行为的，则由共同危险行为人承担连带责任。

2. 替代责任人

在某些情况下，直接加害人没有赔偿责任能力，其赔偿责任只能由与之有特殊关系的替代责任人来承担。例如，无民事行为能力人或者限制民事行为能力人致人损害的，其法定代理人承担赔偿责任；在法人工作人员执行职务过程中致人损害的，由法人承担赔偿责任。

3. 补充责任人

对他人负有安全保障义务的主体，因未尽到安全保障义务而致人损害的，在直接加害人不能赔偿或者赔偿数额不足时，应当承担补充的赔偿责任。此时，违反安全保障义务之人就是补充责任人。

三、人身损害赔偿的范围

根据《民法典》第 1179 条的规定，“侵害他人造成人身损害的，应当赔偿医疗费、护理费、交通费、营养费、住院伙食补助费等为治疗和康复支出的合理费用，以及因误工减少的收入。造成残疾的，还应当赔偿辅助器具费和残疾赔偿金；造成死亡的，还应当赔偿丧葬费和死亡赔偿金”。根据人身损害内容的不同，人身损害赔偿的范围可以分为以下几种情况：

（一）人身损害的一般赔偿

人身损害的一般赔偿，也称人身损害的常规赔偿，是指侵害他人身体权、健康权、生命权造成人身损害之后，一般应当进行赔偿的项目。不论损害后果是一般性损伤、造成残疾还是造成死亡，只要有一般赔偿所列项目的费用支出的，加害人均应当予以赔偿。

1. 医疗费

医疗费是受害人人身遭受损害后接受医疗检查、治疗与康复等所必须支出的费用。具体包括挂号费、医药费、治疗费、检查费、住院费和其他医疗费用。医疗费赔偿的目的，在于对侵害人身造成伤害所致财产损失的补偿。医疗费金额的确定，应当根据医疗机构

---

① 《人身损害赔偿案件适用法律若干问题的解释》（2022 年修正）第 1 条。

出具的医药费、住院费等收款凭证，结合病历和诊断证明等相关证据确定。赔偿义务人对治疗的必要性和合理性有异议的，应当承担相应的举证责任。①

2. 护理费

护理费是指受害人因遭受侵害而导致生活不能自理或需要特殊照顾，需要他人进行护理而支出的费用。此处的护理，是指护士进行护理以外的生活上的护理。受害人在住院治疗期间，医院统一安排的护士护理的费用，已经纳入医疗费之中，不能列入此处的护理费用。②

护理费根据护理人员的收入状况和护理人数、护理期限确定。具体包括：(1)护理人员有收入的，参照误工费的规定计算护理费；护理人员没有收入或者雇佣护工的，参照当地护工从事同等级别护理的劳务报酬标准计算。(2)护理人员原则上为一人，但医疗机构或者鉴定机构有明确意见的，可以参照确定护理人员人数。(3)护理期限应自受害人损害至恢复生活自理能力时止。(4)受害人因残疾不能恢复生活自理能力的，可以根据其年龄、健康等因素确定合理的护理期限，但最长不能超过二十年。(5)受害人定残后的护理，应当根据其护理依赖程度并结合配制残疾辅助器具的情况确定护理级别。③

3. 交通费

交通费是指受害人在接受治疗和进行康复护理期间用于交通运输所支出的必要费用。交通费根据受害人及其必要的陪护人员因就医或者转院治疗实际发生的费用计算。交通费应当以正式票据为凭，有关凭据应当与就医地点、时间、人数、次数相符合。④

4. 误工费

误工费是指受害人由于遭受人身伤害而导致无法从事正常工作或者劳动，因而失去或者减少的工作或劳动收入。误工费应根据受害人的误工时间和收入状况确定。具体包括：(1)误工时间根据受害人接受治疗的医疗机构出具的证明确定。(2)受害人因伤致残持续误工的，误工时间可以计算至定残日前一天。(3)受害人有固定收入的，误工费按照实际减少的收入计算。受害人无固定收入的，按照其最近三年的平均收入计算；受害人不能举证证明其最近三年的平均收入状况的，可以参照受诉法院所在地相同或者相近行业上一年度职工的平均工资计算。⑤

5. 其他合理费用

除了上述赔偿项目以外，《民法典》还规定了营养费、住院伙食补助费等为治疗和康复支出的合理费用。所谓营养费是指补充受害人营养而支出的费用。营养费应根据受害人伤残情况参照医疗机构的意见确定。住院伙食补助费可以参照当地国家机关一般工作人员的出差伙食补助标准予以确定。受害人确有必要到外地治疗，因客观原因不能

---

① 《人身损害赔偿案件适用法律若干问题的解释》(2022 年修正)第 6 条第 1 款。

② 孟强：《民法典侵权责任编释论：条文缕析、法条关联与案例评议》，中国法制出版社 2020 年版，第 131 页。

③ 《人身损害赔偿案件适用法律若干问题的解释》(2022 年修正)第 8 条。

④ 《人身损害赔偿案件适用法律若干问题的解释》(2022 年修正)第 9 条。

⑤ 《人身损害赔偿案件适用法律若干问题的解释》(2022 年修正)第 7 条。

住院，受害人本人及其陪护人员实际发生的住宿费和伙食费，其合理部分应予赔偿。[①] 需要注意的是，《民法典》所列举的赔偿项目，只是几种比较典型的费用支出，实践中发生的一些因为治疗和康复所支出的合理费用也应当纳入人身损害的一般赔偿范围之内，而不应遗漏并导致受害人自担损失。

（二）致人残疾的赔偿

残疾是指受害人身体遭受严重伤害，经过治疗仍不能再恢复原态，致使部分或者全部丧失劳动能力。侵权行为造成他人残疾的，赔偿义务人除了需要赔偿上述一般项目以外，还需要特别赔偿。根据《民法典》第1179条的规定，"造成残疾的，还应当赔偿辅助器具费和残疾赔偿金"。

1. 辅助器具费

辅助器具费是指受害人因残疾而造成身体功能全部或者部分丧失后需要配制补偿功能的残疾辅助器具的费用。例如，截肢后购买的假肢、失明后安装的义眼等。残疾辅助器具费按照普通适用器具的合理费用标准计算。伤情有特殊需要的，可以参照辅助器具配制机构的意见确定相应的合理费用标准。辅助器具的更换周期和赔偿期限参照配制机构的意见确定。[②]

2. 残疾赔偿金

残疾赔偿金是对受害人因侵权行为而致残所获得的赔偿金。受害人遭受人身损害导致其部分丧失或者全部丧失劳动能力的，会使受害人减少或者丧失未来的收入。这种损失是人身损害造成的直接后果，应当由赔偿义务人予以赔偿。

在我国，残疾赔偿金的性质采用"劳动能力丧失说"。即认为残疾赔偿金是对受害人丧失劳动能力这个损害的填补。也就是说，残疾赔偿金赔偿的主要是受害人劳动能力丧失所带来的损失。[③]

对于残疾赔偿金额的确定，《人身损害赔偿案件适用法律若干问题的解释》（2022年修正）第12条和第18条规定，残疾赔偿金根据受害人丧失劳动能力程度或者伤残等级，按照受诉法院所在地上一年度城镇居民人均可支配收入标准，自定残之日起按二十年计算。但六十岁以上的，年龄每增加一岁减少一年；七十五周岁以上的，按五年计算。受害人因伤致残但实际收入没有减少，或者伤残等级较轻但造成职业妨害严重影响其劳动就业的，可以对残疾赔偿金作相应调整。但是，如果赔偿权利人能够证明其住所地或者经常居住地城镇居民人均可支配收入高于受诉法院所在地标准的，残疾赔偿金可以按照其住所地或者经常居住地的相关标准计算。

需要指出的是，在我国侵权法上，残疾赔偿金涵盖了被扶养人生活费项目，因为被扶养人生活费的丧失也是由于加害人的侵权行为所导致的后果，所以在上述计算残疾赔偿

---

① 《人身损害赔偿案件适用法律若干问题的解释》（2022年修正）第10条至第11条。

② 《人身损害赔偿案件适用法律若干问题的解释》（2022年修正）第13条。

③ 孟强：《民法典侵权责任编释论：条文缕析、法条关联与案例评议》，中国法制出版社2020年版，第140页。

金的标准之外，法院还会单独对被扶养人的生活费进行计算，合并要求加害人赔偿。这一项目的费用在立法上仍然归入残疾赔偿金项下。①

被扶养人是指受害人依法应当承担扶养义务的未成年或者丧失劳动能力又无其他生活来源的成年近亲属。被扶养人生活费的确定，应当根据扶养人丧失劳动能力程度，按照受诉法院上一年度城镇居民人均消费支出标准计算。被扶养人为未成年的，计算至十八周岁；被扶养人无劳动能力又无其他生活来源的，计算二十年。但六十周岁以上的，年龄每增加一岁减少一年；七十五周岁以上的，按五年计算。②

（三）致人死亡的赔偿

加害人实施侵权行为致人死亡的，除了赔偿人身伤害的一般项目以外，还应当赔偿其他的项目。根据《民法典》第 1179 条的规定，行为人侵害他人的人身，造成他人死亡的，还应当赔偿丧葬费和死亡赔偿金。

1. 丧葬费

丧葬费是指安葬死者所必须支出的费用。例如，死者服饰、遗体存放、运送、火化等费用开支。丧葬费作为致人死亡所特有的赔偿项目，体现了对死者的人道关怀和对中华传统风俗习惯的尊重。但是丧葬费的赔偿数额应当严格控制，防止人们铺张浪费、盲目攀比，不利于丧葬礼俗的移风易俗。对此，《人身损害赔偿案件适用法律若干问题的解释》（2022 年修正）第 14 条规定了丧葬费的赔偿标准，即丧葬费按照受诉法院所在地上一年度职工月平均工资标准，以六个月总额计算。

2. 死亡赔偿金

死亡赔偿金是指加害人实施侵权行为导致受害人死亡的，应当向受害人的近亲属赔偿的金额。死亡赔偿金是一种财产性质的赔偿，理论上采“继承丧失说”，认为死亡赔偿金是对受害人之法定继承人由于受害人死亡而遭受的未来可以继承或可共享的受害人收入损害的赔偿责任。由于受害人已经死亡，所以有权主张死亡赔偿金的主体只能是死者的近亲属。根据《民法典》的规定，配偶、父母、子女、兄弟姐妹、祖父母、外祖父母、孙子女、外孙子女为近亲属。因此，死亡赔偿金请求权只能由前述人员行使。

死亡赔偿金的确定，应当按照受诉法院所在地上一年度城镇居民人均可支配收入标准，按二十年计算。但是六十周岁以上的，年龄每增加一岁减少一年；七十五周岁以上的，按五年计算。但是，如果赔偿权利人能够证明其住所地或者经常居住地城镇居民人均可支配收入高于受诉法院所在地标准的，死亡赔偿金可以按照其住所地或者经常居住地的相关标准计算。需要指出的是，在因同一行为造成多人死亡的情况下，根据《民法典》第 1180 条的规定，可以以相同数额确定死亡赔偿金。

受害人被侵害致死的，其生前负有法定扶养义务的人也因此而失去了扶养来源，遭受了财产损失。虽然《民法典》及《人身损害赔偿案件适用法律若干问题的解释》（2022 年修

---

① 《人身损害赔偿案件适用法律若干问题的解释》（2022 年修正）第 16 条。

② 《人身损害赔偿案件适用法律若干问题的解释》（2022 年修正）第 17 条。

正)将侵权致人死亡的赔偿项目归纳为丧葬费和死亡赔偿金,但是一般认为,死亡赔偿金实际上也分为被扶养人生活费和死亡赔偿金两项来分别计算再进行合并。被扶养人生活费计入死亡赔偿金,其支付标准与残疾赔偿金中的被扶养人生活费之计算规则相同。

案例分析:小王某日在路上行走,被肇事司机驾驶的车撞伤,在送到医院后不治身亡。两个多月后,小王的妻子为他生下一对双胞胎,而小王的父母也年事已高,身患绝症无人照顾。5名原告起诉要求肇事司机赔偿丧葬费、死亡赔偿金、家人处理事故造成的损失以及父母与孩子的生活费等,共计100万余元。那么5名原告提出的赔偿要求是否合理?

解答:本案中,肇事司机的侵权行为造成小王死亡,被告应当依法承担侵权责任。原告所要求的丧葬费、死亡赔偿金、家人处理事故造成的损失以及小王孩子与父母的生活费的赔偿,是合理的。

四、赔偿费用的支付方式

赔偿费用的支付,是指在损害赔偿责任成立、赔偿数额确定的情况下,侵权责任人以什么方式、在什么时间向被侵权人支付赔偿费用的问题。[①]

人身损害赔偿金的支付方式有两种:一次性支付与分期支付。一次性支付是指在确定损害赔偿费用的总额后,赔偿义务人一次性将全部的赔偿费用支付给赔偿权利人。分期支付是指在确定损害赔偿费用的总额之后,赔偿义务人将赔偿费用按照固定的期限分批、分次支付给赔偿权利人。

关于人身损害赔偿金的支付原则,《民法典》第1187条规定,“损害发生后,当事人可以协商赔偿费用的支付方式。协商不一致的,赔偿费用应当一次性支付;一次性支付确有困难的,可以分期支付,但是被侵权人有权请求提供相应的担保”。可见,赔偿金的支付首先尊重当事人的意思自治,由被侵权人和侵权人对赔偿金的支付时间和支付方式进行协商。协商不成的,应当一次性支付;但侵权人一次性支付确有困难,且被侵权人有权请求提供相应的担保的,可以适用分期支付。

《人身损害赔偿案件适用法律若干问题的解释》(2022年修正)第20条和第21条对损害赔偿项目的支付方式作了进一步规定:(1)一审法庭辩论终结前已经发生的费用、死亡赔偿金以及精神损害抚慰金,应当一次性给付。(2)残疾赔偿金和辅助器具费适用分期支付时,赔偿义务人应当提供担保。人民法院可以根据赔偿义务人的给付能力和提供担保的情况,确定以定期金方式给付相关费用。在司法实践中,法院是否支持赔偿义务人以定期金方式给付残疾赔偿金和辅助器具费,关键在于赔偿义务人是否缺乏一次性给付能力,而不是赔偿义务人是否提供了担保。如果赔偿义务人具备一次性支付的能力,

① 张新宝:《中华人民共和国民法典侵权责任编理解与适用》,中国法制出版社2020年版,第97页。

尽管其提供了担保，仍不能适用定期金支付。① (3)人民法院应当在法律文书中明确定期金的给付时间、方式以及每期给付标准。执行期间有关统计数据发生变化的，给付金额应当适时进行相应调整。

第三节 财产损害赔偿

一、财产损害赔偿的概念和特征

财产损害是指加害人实施侵权行为造成他人财产利益或者经济上的损失。这包括已有财产的减少和未来可得财产利益的丧失。这里的“财产”采用广义的概念，包括物权、知识产权、继承权、股权和其他投资性权利，以及数据和网络虚拟财产等的财产权益。

财产损害赔偿是加害人侵害他人财产权造成对方财产利益或者经济上的损失时，应当以财产赔偿的方法对受害人所受损害进行救济的法律制度。财产损害赔偿具有以下法律特征：(1)财产损害赔偿的根本目的是补偿受害人的损失。侵权法具有补偿功能，其核心在于通过填补受害人的损失保护其合法权益，损害赔偿是最直接弥补受害人损害的方法。(2)财产损害赔偿是一种债权债务关系。损害赔偿是一种债的关系。对权利人而言，其有权请求赔偿义务人履行财产赔偿义务；对义务人而言，其有义务根据权利人的请求履行财产赔偿义务。(3)财产损害赔偿以给付金钱或者实物补偿为主要方式。受害人的财产无法恢复原状、返还原物或者采用其他方式弥补财产损失，是适用损害赔偿方法的前提，因此可以说损害赔偿是弥补受害人利益的最后手段。

二、财产损害赔偿的范围和计算

《民法典》第 1184 条规定，“侵害他人财产的，财产损失按照损失发生时的市场价格或者其他合理方式计算”。根据该规定，计算财产损失时，通常可采用损失发生时的市场价格来计算，但是受侵害的财产没有市场价格的，可以按照有关部门的评估价格计算。

---

① 例如，在“再审申请人灵璧县天虹广告有限责任公司因与被申请人灵璧县四方置业有限公司、国网安徽省电力公司灵璧县供电公司、周安久侵权责任纠纷一案”中，安徽省高级人民法院认为：“关于原审未支持天虹广告公司主张以定期金形式支付周安久的残疾赔偿金和护理依赖费的诉讼请求是否不当的问题。……上述规定主要是从赔偿义务人一次性给付受偿人相关费用能力不足角度规定的，且赔偿义务人请求定期金方式给付相关费用，还应提供符合规定的担保，人民法院可以根据赔偿义务人的给付能力和提供担保的情况，确定以定期金方式给付相关费用。由此可见，即使赔偿义务人提供了相应的担保，人民法院也并非应当确定赔偿义务人以定期金方式给付相关费用。本案中，原审根据天虹广告公司履行能力及提供的担保，并综合受害人周安久年龄、伤情及其生活完全依赖护理等情况，判令天虹广告公司一次性支付相关费用，适用法律并无不当。”后驳回了再审申请。参见安徽省高级人民法院(2020)皖民申 284 号民事裁定书。

基于损害赔偿的补偿性，财产损害赔偿的范围应当以财产的实际损失为标准，损失多少就赔偿多少。在全部赔偿原则的指导下，财产损害赔偿的范围既包括直接损失，也包括间接损失。

（一）直接损失

财产的直接损失，是指加害人的侵权行为致使受害人现有财产价值量的实际减少，即积极损失。例如，甲工厂排放废水污染了河流，造成乙养殖的所有鱼类死亡，即为直接损失。造成直接损失的侵权行为主要表现为侵占财产和毁坏财产。

计算直接损失时，首先应当明确原物的价值。而原物的价值应当综合考量原物的价格、可以使用时间、已经使用时间等因素加以确定。[①] 第一，在原物全部毁损的情况下，直接损失就等于原物价值本身。例如，踢足球不慎打碎邻居家的玻璃窗，此时被打碎的玻璃毫无残存价值，玻璃的价值就是直接损失。第二，在原物部分毁损的情况下，直接损失就等于原物价值与残存价值之间的差额。例如牲畜被打死，其骨、肉、皮等残存物还具有价值，直接损失就是牲畜的价值减去残存价值。

（二）间接损失

间接损失是指加害人的侵权行为所造成的可得利益的损失，即消极损失。例如，甲因过失致使乙运输货物的卡车毁坏，车被送到修理厂修理 7 天，在此期间内乙的经营损失即为间接损失。间接损失有三个特征：(1)间接损失是一种未来的可得利益，在侵害行为实施时，它只具有财产取得的可能性，还不是一种现实的利益。(2)这种丧失的未来利益是客观的、实际的损失，而不是抽象或假设的。(3)这种可得利益必须是一定范围的，即损害该财产的直接影响所及的范围，超出这个范围，不能认定为是间接损失。

对财产损害的间接损失的赔偿，不是对财产价值损失本身的赔偿，而是对该财产的所有者利用该财产在经营中应创造出因遭受损害而未创造出的新价值这种损失的赔偿。只要受害人能提出充分证据证明其确实存在可得利益的损失，那么该间接损失也必须予以全部赔偿，否则受害人之损害就不能得到完全补偿。

在计算直接损失和间接损失时，给予赔偿的损失必须是合理的。不合理的损失不应赔偿。对于受害人故意或者过失扩大的财产，不能予以赔偿，而应当由受害人自己承担损失。

三、财产损害赔偿的方法

财产损害赔偿包括折价赔偿和实物赔偿两种形式。对于直接损失，既可以折价赔偿也可以实物赔偿。但对于间接损失，只能用折价赔偿方式进行。

（一）折价赔偿

折价赔偿，即金钱赔偿，一般是在财产损害不能恢复原状、返还原物的情况下，将财物所遭受的损失折合成现金，以金钱予以赔偿。例如，甲的牲畜因交通事故受伤而失去使用价值或者死亡时，司机只能折价赔偿以弥补甲的损失。折价赔偿不仅包括对实物损

---

① 一般来说，公式为：原物价值＝原物价格－(原物价格/可用时间)×已用时间。

害的金钱赔偿,如砸碎他人的手机,还包括对各种财产利益损失的金钱赔偿,如甲建筑严重影响了乙建筑的采光,侵害了乙的相邻权。

折价赔偿的关键是对损失的计算。折价时,一般以损害发生时、发生地的通常价格为准,依照财产实际价值的损失来确定赔偿额。具体来说:(1)对于财产损害的直接损失和间接损失,均以财产的实际损失数额为限,由赔偿义务人以金钱进行全部赔偿。(2)对于其他财产利益的损失,则需要根据财产利益损失的具体情况和性质,确定其是直接损失还是间接损失,然后分别按照直接损失和间接损失的计算方法计算出损失数额,予以金钱赔偿。

(二)实物赔偿

实物赔偿的方法简便易行,只要用同类、同等质量的实物进行赔偿,就可达到全部赔偿的目的。但是如果被侵害的财产是已经使用的,而赔偿的种类物是新购置的,那么赔偿的时候就会出现赔偿范围大于受害人之财产实际损失的情况。因此,这时应当按照受损害的财产的实际折旧,计算出其中的差价,由受害人按照差价退回多赔偿的部分给赔偿义务人。

第四节　精神损害赔偿

一、精神损害赔偿的概念和特征

(一)精神损害的概念

精神损害是指对民事主体精神活动的损害。加害人实施侵权行为侵害自然人的人身权益以及具有人身意义的特定物,造成自然人精神痛苦和精神利益丧失或减损。精神损害的最终表现形式,就是精神痛苦和精神利益的损害。

自然人精神痛苦的产生有两个来源:一是侵害自然人人体的生理损害。行为人侵害权利人的生命、健康和身体各部分,造成权利人生理上的损害,使其产生精神上的痛苦。二是侵害自然人心理的心理损害。行为人侵害权利人的人身权益时,侵害了其情绪、感情、思维、意识等活动,导致其精神活动的障碍,在心理上产生恐惧、不安、愤怒、焦虑、悲伤等不良情感,造成精神痛苦。

精神利益的损害,是指自然人、法人维护其人格利益、身份利益的活动被破坏,因而导致其人格利益、身份利益造成损害。这种损害的对象并不限于自然人,法人也可能遭受精神利益的损害。精神利益的损害,主要表现为人格利益和身份利益的丧失或减损。

(二)精神损害赔偿的概念和特征

精神损害赔偿,是指因侵害自然人的人身权益或具有人身意义的特定物造成严重精神损害时,侵权人应当承担的支付精神损害抚慰金的责任。

在我国精神损害赔偿具有以下法律特征：

第一，精神损害赔偿是一种特殊的补偿方式，仅适用于自然人的人身权益受侵害以及对自然人具有人身意义的特定物遭受侵害的情形，因此它针对的是受害人的精神痛苦和伤害，而非物质损失。

第二，必须造成受害人严重精神损害，才能适用精神损害赔偿。如果只是一般的精神损害，则可以通过赔礼道歉、消除影响、恢复名誉等加以填补和抚慰，而不适用精神损害赔偿。

第三，精神损害赔偿请求权具有专属性。精神损害赔偿的权利常常是依附于特定受害人的特定权利，一般只能由受害人来行使，而不得转让或继承。受害人可以自由决定行使或者不行使精神损害赔偿请求权，法院无权主动适用精神损害赔偿。

二、精神损害赔偿的功能

（一）补偿功能

精神损害赔偿的首要功能，就是补偿损害。尽管精神损害是无形的、不可衡量的，给付金钱并不能真正的补偿受害人遭受的身体残疾、失去亲人等原因带来的痛苦，但是通过责令加害人支付相当数量的金钱，受害人或者其近亲属可借此取得替代性的欢娱，尽快从损害事故中走出来。[①] 因此，精神损害赔偿通过物质赔偿，可以在一定程度上填补受害人或者其近亲属所遭受的精神损害，恢复其受到损害的利益。

（二）抚慰功能

除了补偿功能以外，精神损害赔偿还具有抚慰功能。“金钱给付可使受害人满足，被害人知悉从加害人处取得金钱，其内心之怨懑将获平衡，其报复之感情可因此而得到慰藉。”[②]金钱作为价值和权利的一般尺度，可以成为满足受害人人身及精神需要的物质手段，使受害人得到精神享受，缓解精神痛苦，慰藉心理上的损害。

（三）惩罚功能

精神损害赔偿兼具惩罚的功能。侵权人承担损害赔偿责任，不仅不能使其因侵权行为获得任何经济上的利益，还会带来更大的经济损害。通过这种惩罚功能威慑和教育侵权人，以达到防止侵权行为再次发生，稳定社会秩序的目的。需要注意的是，精神损害赔偿的惩罚功能并非最基本的功能，而是其补偿功能附带的、兼具的另一种功能。

三、精神损害赔偿的适用

《民法典》第 1183 条规定，“侵害自然人人身权益造成严重精神损害的，被侵权人有权请求精神损害赔偿。因故意或者重大过失侵害自然人具有人身意义的特定物造成严重精神损害的，被侵权人有权请求精神损害赔偿”。同时，根据《最高人民法院关于确定民事侵权精神损害赔偿责任若干问题的解释》（2020 年修正）第 1 条至第 5 条的规定，精

---

① 程啸：《侵权责任法》，法律出版社 2015 年第 2 版，第 708 页。

② 王泽鉴：《民法学说与判例研究》（第 2 册），中国政法大学出版社 1998 年版，第 257～258 页。

神损害赔偿主要适用于侵权纠纷。

(一)精神损害赔偿的适用条件

根据前述法律及司法解释,精神损害赔偿的适用应当满足以下条件:

1. 侵害的是自然人的人身权益或者具有人身意义的特定物

精神损害赔偿仅适用于自然人的人身权益受到侵害或者其具有人身意义的特定物受到侵害的情形。对此,有以下几点需要注意:

首先,自然人的人身权益包括人身权利和人身利益。这主要包括:(1)自然人的人格权和人格利益。包括生命权、身体权、健康权、姓名权、名称权、肖像权、名誉权、荣誉权、隐私权、人身自由、人格尊严。(2)自然人的身份权。这里主要指监护权。(3)死者的人格利益。包括死者的姓名、肖像、名誉、荣誉、隐私、遗体、遗骨等。

其次,具有人身意义的特定物是指对个人具有特殊精神价值或情感意义的物品。这类物品通常与个人的身份、经历或情感紧密相关,具有超越物质价值的重要性。例如,定情信物、族谱、祖坟、老照片等。当具有人身意义的特定物因侵权行为造成毁损或永久灭失时,受害人可以向侵权人请求精神损害赔偿。但是,如果只是单纯的财产权被侵害,则受害人不能请求精神损害赔偿。

最后,法人和非法人组织的名称权、名誉权、荣誉权、商誉和信用等人格权益受到他人侵害而导致财产损失的,可以请求侵权人承担财产上的损害赔偿,而不能请求精神损害赔偿。

2. 受害人遭受了严重精神损害

受害人须遭受了严重精神损害,才能适用精神损害赔偿。如果受害人只是一般程度的精神损害或者轻微的精神损害,就无法获得精神损害赔偿金。对于"严重精神损害"的判断,既要考虑"一般社会人"的承受标准,也要考虑受害人的实际情况,二者缺一不可。[①]在司法实践中,可以认定为"严重精神损害"的情形有以下两种:(1)侵犯他人的人身权益造成受害人死亡或者残疾。(2)当加害人侵害了他人的人身权益,虽然未造成他人死亡或残疾的后果,但是受害人能提出证据证明自己因加害人的侵权行为而遭受医学上可以证明的生理或精神损失。

3. 加害人主观上必须具有过错

精神损害赔偿通常适用于过错责任案件,它以加害人的故意或者重大过失为构成要件。如果加害人仅具有一般过失,则不能适用精神损害赔偿。然而,如果受害人在无过错责任案件中主张精神损害赔偿,则需要对加害人的故意或者重大过失进行举证和证明。

4. 加害人的侵权行为与受害人的精神损害之间具有因果关系

加害人侵犯自然人的人身权益或者具有人身意义的特定物,是造成受害人或者其近亲属精神痛苦和精神利益损害的原因,加害人的侵权行为与受害人所受精神损害之间是

---

① 石冠彬:《民法典精神损害赔偿制度的规范构造与价值定位》,载《学术月刊》2022年第4期。

引起与被引起的关系。在判断因果关系时，可以采取相当因果关系说，确定行为和精神损害之间是否存在相当因果关系。

（二）精神损害赔偿例外情形下适用违约纠纷

《民法典》第996条规定："因当事人的违约行为，损害对方人格权并造成严重精神损害，受损害方选择请求其承担违约责任的，不影响受损害方请求精神损害赔偿。"因此，在违约责任与侵权责任竞合的情况下，非违约方有权请求精神损害赔偿。

《民法典》第996条的适用必须满足以下条件：

第一，侵犯了他人的人格权。精神损害赔偿中的"精神"，是相对于"物质利益"而言的精神利益。这种精神利益的损害若要得到赔偿，通常必须按照我国法律的规定，限制在人身权益受到损害所引起的范围。《民法典》第996条作为精神损害赔偿的特别规定，将违约精神损害赔偿限制在人格权受到损害的范围。进言之，对于财产权和合同权利的侵害，通常不会导致对个人人格利益的直接侵害，由此引发的精神损害通常也不会得到赔偿，除非此种损害严重侵害了人的尊严或人的身体完整性。①

第二，存在违约责任与侵权责任的竞合。所谓违约责任和侵权责任的竞合，是指一种行为侵害了受害人的人格权和财产权，既符合违约责任的构成要件，也符合侵权责任的构成要件，受害人有权从中选择主张违约责任还是侵权责任。只有在责任竞合的情况下，非违约方才能在违约责任中主张精神损害赔偿责任。

第三，非违约方因对方的违约行为遭受严重精神损害。非违约方遭受严重精神损害，是在违约责任中适用精神损害赔偿的一个前提条件。如果非违约方没有遭受严重的精神损害，则其不享有精神损害赔偿请求权。

（三）精神损害赔偿的请求权人

根据《民法典》第1183条和《最高人民法院关于确定民事侵权精神损害赔偿责任若干问题的解释》（2020年修正）的规定，精神损害赔偿请求权只能适用于自然人。精神损害赔偿的请求权人主要包括两类：

第一，受害人。（1）自然人因人身权益遭受损害的，受害人可以主张精神损害赔偿。例如，非法使被监护人脱离监护，导致亲子关系或者近亲属间的亲属关系遭受严重损害，监护人可以向人民法院起诉请求赔偿精神损害。（2）自然人的具有人身意义的特定物因侵权行为毁损或灭失的，物品所有人可以主张精神损害赔偿。

第二，受害人的近亲属。（1）自然人因人身权益遭受侵害而死亡的，受害人的近亲属有权主张精神损害赔偿。（2）死者人格利益遭受非法侵害，其近亲属因侵权行为遭受痛苦的，可以主张精神损害赔偿。即死者的姓名、肖像、名誉、荣誉、隐私、遗体、遗骨等受到侵害的，其近亲属可以向人民法院提起诉讼请求赔偿精神损害。

---

① 王利明：《民法学精论》（上），中国检察出版社2022年版，第1426～1427页。

案例分析：小张开车外出游玩，由于道路不熟悉，将小董养了3年的宠物小狗给撞死了。养了3年的小狗忽然死了，小董精神上接受不了，向法院起诉，不仅请求小张赔偿财产损失，并且要求小张赔偿自己的精神损失。那么小董的诉讼请求能否得到法院的支持？

解答：本案中，小张虽然撞死了小狗，但是没有侵害小董的人身权益，因此小董无权要求精神损害赔偿。法院只会支持小张赔偿财产损失的诉讼请求。

四、精神损害赔偿金的确定

根据《最高人民法院关于确定民事侵权精神损害赔偿责任若干问题的解释》(2020年修正)第5条的规定，精神损害的赔偿数额应根据以下因素确定：

第一，侵权人的过错程度，法律另有规定的除外。在精神损害赔偿责任中，首先区分侵权人主观上是故意还是过失。如果侵权人是故意甚至是恶意造成他人损害的，则应当提高损害赔偿的数额，既惩罚侵权人，又抚慰受害人。如果侵权行为是过失导致的，还要进一步考察侵权人主观上是重大过失、一般过失还是轻微过失，过失程度越高，侵权人承担的精神损害的赔偿数额就会越高。

第二，侵权行为的目的、方式、场合等具体情节。这些具体情节的不同，不仅反映了侵权人主观过错的高低，还会影响受害人精神损害的严重程度。

第三，侵权行为所造成的后果。精神损害赔偿具有补偿功能，以财产方法弥补受害人的精神痛苦和精神利益损失。侵权人给受害人造成的精神损害后果越严重，其应承担的精神损害赔偿责任越重，精神损害的赔偿数额也越高。

第四，侵权人的获利情况。侵权人不得因其侵权行为而获得不当利益，是民法的基本规则之一。侵权人通过侵权行为获得高额的经济利益，属于不当利益，因此将侵权人的获利情况作为确定精神损害赔偿数额的考量因素，有助于恰当地确定侵权人应承担的赔偿责任，实现公平正义。

第五，侵权人承担责任的经济能力。侵权人的经济能力较强，意味着其承担损害赔偿责任的能力越强，则其可能需要支付的赔偿数额也会相应增加。相反，如果侵权人的经济能力较弱，法院可能会酌情减少赔偿数额。

第六，受理诉讼法院所在地的平均生活水平。我国不同地区和城乡之间的经济发展水平存在差异，法院在确定精神损害赔偿数额时，会考虑受诉法院所在地的平均生活水平这个因素。这实质上就是要考虑我国各地区之间以及城乡之间的经济发展和人民生活水平的差异。

本章小测

一、客观题

扫码测试

二、主观题

1. 简述侵权损害赔偿规则的体系。
2. 简述人身损害的一般赔偿有哪些项目？赔偿方法是什么？
3. 简述财产损害赔偿的范围。
4. 简述精神损害赔偿的适用条件。
5. 简述人身损害的一般赔偿有哪些项目？赔偿方法是什么？
6. 简述财产损害赔偿的范围。
7. 简述精神损害赔偿的适用条件。

拓展案例

丁某章诉江苏京沪高速公路有限公司等人身损害赔偿纠纷案。

拓展案例

延伸阅读

1. 关于“损害赔偿的性质”的详细阐释，可扫码收听音频：

2. 关于“残疾赔偿金的性质”的详细阐释，可扫码收听音频：

本章参考文献

1. 曾世雄：《损害赔偿法原理》，中国政法大学出版社 2001 年版。
2. 崔建远：《论损益相抵规则》，载《法学杂志》2022 年第 6 期。
3. 孟强：《民法典侵权责任编释论：条文缕析、法条关联与案例评议》，中国法制出版社 2020 年版。
4. 张新宝：《中华人民共和国民法典侵权责任编理解与适用》，中国法制出版社 2020 年版。
5. 石冠彬：《民法典精神损害赔偿制度的规范构造与价值定位》，载《学术月刊》2022 年第 4 期。
6. 程啸：《侵权责任法》，法律出版社 2015 年第 2 版。
7. 王泽鉴：《民法学说与判例研究》（第 2 册），中国政法大学出版社 1998 年版。
8. 王利明：《民法学精论》（下），中国检察出版社 2022 年版。
9. 刘慧兰：《中国民法基本问题研究》，光明日报出版社 2021 年版。

第十八章　特殊侵权责任

思维导图

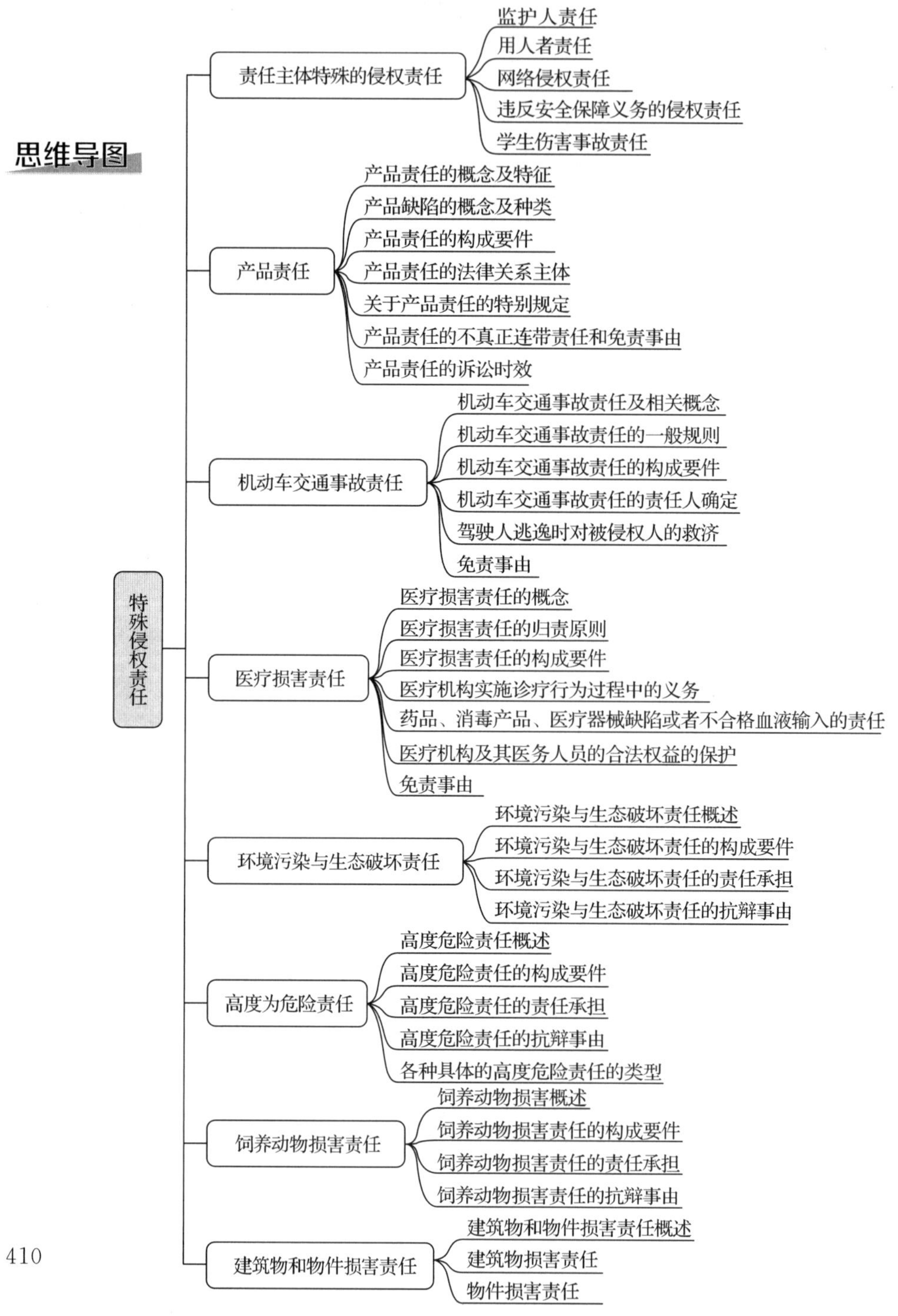

第一节　责任主体特殊的侵权责任

《民法典》侵权责任编规定了"监护人责任""用人者责任""网络服务提供者责任""经营场所的经营者、公共场所的管理者或者群众性活动组织者责任""教育机构责任"等五种责任主体特殊的侵权责任。

一、监护人责任

（一）监护人责任概述

1. 监护人责任的概念

监护人责任是指无民事行为能力人或限制民事行为能力人造成他人损害，由其监护人所承担的损害赔偿责任。由于无民事行为能力人或限制民事行为能力人不能认识或不能完全认识自己的行为并加以控制，为了保护其利益，在法律上设置了监护人制度。在监护人管教不严的情况下，被监护人实施了不法侵害他人行为并造成损害的，依法应由监护人承担民事赔偿责任。

2. 监护人责任的性质

监护人承担的责任是替代责任还是补充责任，学者对此多有争议。从法律条文看，既有替代责任的性质（《民法典》第1188条第1款规定，无民事行为能力人、限制民事行为能力人造成他人损害的，由监护人承担侵权责任。监护人尽到监护责任的，可以减轻其侵权责任），又有补充责任的性质（《民法典》第1188条第2款规定，有财产的无民事行为能力人、限制民事行为能力人造成他人损害的，从本人财产中支付赔偿费用；不足部分，由监护人赔偿）。监护人承担侵权责任的应当依下列顺序进行：首先，法院应当审理被监护人的行为是否构成侵权责任；其次，在被监护人行为构成侵权责任的前提下，查明被监护人是否有财产；如果有财产，则从被监护人的财产中支付赔偿费用，不足部分由监护人承担；如果被监护人没有财产，全部赔偿责任由监护人承担。因此，从操作程序上看，监护人责任是补充性的替代责任。

3. 监护人责任的特点

（1）监护人责任是对人的替代责任。监护人责任是替代责任，无民事行为能力人或者限制民事行为能力人实施具体的侵害行为，造成了被侵权人的人身损害或者财产损害，侵害了被侵权人的权利，但是，承担侵权责任的不是造成损害的行为人，而是行为人的监护人，是监护人替代实施加害行为的行为人承担侵权责任，是典型的替代责任。

（2）监护人责任是过错推定责任。监护人责任是过错责任，这种过错并没有体现在具体的加害人身上，而是体现在行为人的监护人身上。监护人的过错表现在监护人对无民事行为能力人或者限制民事行为能力人没有尽到监护责任的过错，并由此作为这种侵权责任构成的过错要件。由于实行过错推定责任原则，因此，监护人的过错并不需要原告证明，而是由具体的加害行为人的侵害行为而推定其监护人未尽监护职责的过错。

(3)监护人责任的执行受行为人财产状况的制约。在各国的侵权法中，对于监护人责任的确定都是依据行为人的责任能力而确定，即没有民事责任能力的未成年人或者心智丧失之人，不承担侵权责任，而由他们的监护人承担责任。我国立法没有采纳这种规则，而是确定监护人责任的承担，受无行为能力或限制行为能力的行为人有无财产的制约。行为人自己有财产的，应当先从他自己的财产中支付赔偿金，赔偿不足部分，则由其监护人承担补偿性的连带责任。

至于行为人的财产，可以是受赠的财产、继承的财产，以及其他合法所得财产。行为人没有财产的，则由其监护人承担赔偿责任。

(4)监护人责任以公平分担责任为补充。我国的监护人责任实行过错推定原则，但是，在监护人能够证明自己对于实施加害行为的未成年人或者精神病人已经善尽监护职责，即监护人自己无过错的时候，并不免除监护人的侵权责任，而是“可以减轻其侵权责任”。这是公平分担责任的适用，是考虑平衡双方当事人的经济利益而采取的措施。

(二)监护人责任的归责原则

确认我国监护人责任的归责原则是过错推定原则，并以公平分担损失责任作补充。

确定监护人责任，适用过错推定责任原则归责，即从加害行为人致人损害的事实中，推定其监护人有疏于监护的过失。监护人认为自己无过错，实行举证责任倒置，即监护人可以举证证明自己无过错。不能证明自己无过错的，监护人应当承担侵权替代责任。如果对监护人责任适用过错责任原则，被侵权人将因不能举证证明监护人的过错而无法得到赔偿。

确定监护人责任，在适用过错推定原则的基础上，如果证明监护人确已尽监督责任，即监护人无过错，本应免除监护人的侵权责任，但是为了平衡当事人之间的利益关系，则按照法律的规定，适用公平分担责任进行调整，合理确定赔偿责任归属。在根据公平分担责任原则确定当事人的责任时，应注重考虑当事人的财产状况、经济收入、必要的经济支出和负担、造成损害的程度等因素，公平合理地分担损失。

(三)法律适用的基本规则

1. 监护人承担责任。无民事行为能力人、限制民事行为能力人造成他人损害的，由监护人承担侵权责任。这里实行的是过错推定原则，即从无民事行为能力人或者限制民事行为能力人致人损害的事实中，推定监护人有过错，推定成立的，就应当由监护人承担赔偿责任。

2. 适用公平分担责任。监护人尽到监护责任的，可以减轻其侵权责任。监护人证明自己没有过失，也就是能够证明自己已经尽到监护责任的，适用公平分担责任规则，减轻其责任，由双方当事人分担损失。

3. 被监护人自己有财产的自己支付。有财产的无民事行为能力人、限制民事行为能力人造成他人损害的，从本人财产中支付赔偿费用。无论是未成年人还是精神病人，以及丧失或者部分丧失民事行为能力的老年人、植物人等，自己有财产的，就不必由监护人承担赔偿责任，在行为人的财产中直接支付赔偿金。

4. 监护人补充责任。如果行为人的财产不足以支付全部赔偿责任，则由监护人承担补充责任。这一规定，是完全的补充责任，只要是行为人不能承担的部分，全部由监护人补充承担。这一规定，与《民法典》侵权责任编第 1198 条规定违反安全保障义务人等承担的“相应的补充责任”完全不同。

（四）委托监护人的责任

委托监护损害责任，是指无民事行为能力人或者限制民事行为能力人造成他人损害，监护人将监护职责委托给他人，监护人与委托监护人分担责任的特殊侵权责任。委托监护损害责任的构成条件是：第一，委托监护，是监护人对自己负有的对无民事行为能力人或者限制民事行为能力人的监护职责，委托给他人承担；第二，无民事行为能力人或者限制民事行为能力人是在受托监护人的监护下，而不是在监护人的监护下；第三，被监护的无民事行为能力人或者限制民事行为能力人实施的行为，造成了被侵权人的损害；第四，对监护人推定其存在未尽监护职责的过失，对委托监护人的过失，应当由被侵权人举证证明，或者由主张分担责任的监护人承担举证证明。

委托监护责任的责任分担规则是：

1. 委托监护损害责任的主体有两个：一是监护人；二是受托监护人，监护人并未因其将委托监护职责委托给受托监护人而免除自己的责任，仍然是侵权责任人。

2. 两种责任主体承担的责任是单向连带责任，即混合责任：监护人承担的是对全部损害的赔偿责任，并且是连带责任；只要被侵权人主张监护人承担全部责任，监护人就须承担全部赔偿责任。

3. 能够证明受托监护人也存在未尽监护职责的过失的，受托监护人应当就其因过失造成损失的范围内，承担相应的赔偿责任，其责任性质不是连带责任，而是按份责任，被侵权人不能向其主张承担全部赔偿责任。之所以将这种单向连带责任称为混合责任，因为与美国侵权法上的混合责任是一样的，都是数人中，有的承担连带责任，有的承担按份责任。

【案例分析】王某是一名 10 岁的儿童，在小区内骑自行车玩耍时，不慎将路过的赵某撞倒，导致赵某腿部受伤。赵某随即被送往医院治疗，并产生了一系列医疗费用。赵某认为王某的监护人应承担相应的赔偿责任，遂将王某的父母告上法庭。在诉讼过程中，王某的父母辩称已尽到监护职责，但法院认为仍有疏忽之处。分析此案中监护人责任的适用。

解答：本案中，王某作为一名限制民事行为能力人（根据多数国家的法律规定，10 岁儿童通常被视为限制民事行为能力人），在小区内骑自行车时因过失导致赵某受伤，其行为直接造成了赵某的损害。然而，由于王某尚未达到完全民事行为能力，根据《民法典》等相关法律的规定，无民事行为能力人、限制民事行为能力人造成他人损害的，由监护人承担侵权责任。监护人尽到监护职责的，可以减轻其侵权责任。

王某的父母作为王某的法定监护人，依法负有保护被监护人的人身、财产及其他合法权益的义务。尽管王某的父母辩称已尽到监护职责，但法院在审查后认为其监护过程中仍存在疏忽，未能有效防止损害结果的发生。因此，王某的父母应当对其子王某的侵权行为承担监护人责任，赔偿赵某因此遭受的医疗费用等合理损失。

此案中，监护人责任的适用体现了法律对未成年人行为后果的特别规制，即未成年人的侵权行为由其监护人承担相应责任，以保障受害人的合法权益得到及时有效的救济。同时，也提醒监护人在日常生活中应更加谨慎地履行监护职责，防止类似事故的发生。

二、用人者责任

（一）用人者责任概述

劳动者在劳动过程中可能涉及的损害赔偿关系分为四种情况，其中用人者责任特指劳动者在执行工作任务时造成他人损害，由用人者承担民事赔偿责任的情况。《民法典》明确了用人者责任的具体规定，包括无过错责任和替代责任两个核心性质。无过错责任意味着无论用人单位是否有过错，均需对劳动者执行职务时造成的损害负责；替代责任则指实际侵权人为劳动者，但责任由用人单位承担，且用人单位在承担责任后可向有故意或重大过失的劳动者追偿。用人者责任涉及劳动法律关系和侵权法律关系，主要法律关系主体包括用人单位、劳动者和受害人，其中侵权损害赔偿请求权通常由受害人向用人单位提出。

（二）用人者责任的特征

用人者责任，是一种特殊侵权责任类型，它所概括的是用人单位的工作人员或者劳务派遣人员以及个人劳务关系中提供劳务一方因执行工作任务或者在提供劳务过程中造成他人损害，用人单位或者劳务派遣单位以及接受劳务一方应当承担赔偿责任的特殊侵权责任。

用人者责任是替代责任，具有以下法律特征：

1. 是因执行工作任务致人损害的侵权行为

用人者责任都是因执行工作任务的侵权行为。无论是用人单位责任、劳务派遣责任还是个人劳务责任，都是工作人员因执行工作任务发生的侵权行为，其基本特点是，因执行工作任务，一方支配另一方的劳动。不是因执行工作任务发生的这种支配他人劳动的行为，不能构成用人者责任。

2. 行为人与责任人相脱离

这种侵权责任类型是最典型的替代责任，因此，其典型表现是行为人与责任人相脱离。在造成损害的过程中，直接行为人是用人单位的工作人员；承担侵权责任的不是行为人，而是对他们有支配关系的用人者。

3. 行为人造成损害的行为与责任人监督、管理不力的行为相区别

在用人者责任中，实际上存在两个行为：一个是造成损害的工作人员的行为，这是造

成损害的具体行为;而另一个则是用人单位、劳务派遣单位或者雇主的监督不力、管理不当行为。仅仅研究一个行为,或仅仅研究单位或者工作人员、雇员的行为,是不够的,必须研究用人单位、派遣单位以及接受劳务一方的行为。他们的行为作用在工作人员或者工作人员的身上,才造成了工作人员具体行为的发生。因此,在用人者责任的责任构成中,因果关系存在造成损害的直接原因和间接原因,两种原因行为相结合才能构成侵权责任。

4. 责任人的过错与行为人的过错作用不同

在用人者责任中,对过错的直接要求,是用人者的过错。没有用人者的过错,就不可能构成用人者责任。但是,在处理这种侵权责任的时候,也要考察工作人员、雇员的过错。这些过错尽管对侵权责任构成不起重要作用,但是在确定追偿关系上是重要的。因此,这两种过错的作用并不相同。

(三)用人者责任的类型

《民法典》将用人者责任规定为四种类型,即用人单位责任、劳务派遣责任、个人劳务责任和定作人指示过失责任。

1. 用人单位责任

用人单位责任,是指用人单位的工作人员因执行工作任务造成他人损害,由用人单位作为赔偿责任主体,为其工作人员致害的行为承担损害赔偿责任的特殊侵权责任。《民法典》第 1191 条第 1 款规定用人单位责任应当适用过错推定责任。过错推定原则的适用,能够从工作人员致被侵权人损害的事实中,推定用人单位疏于选任、监督之责的过错,实行举证责任倒置,由用人单位举证证明自己已尽相当的注意,无须被侵权人举证证明而直接推定法人的过失,就使被侵权人处于有利地位,使其合法权益能够得到更好的保护。

用人单位责任是替代责任,其赔偿法律关系与其他替代责任一样,具有赔偿主体与直接行为人相脱离的特点。在该种赔偿责任关系中,直接侵权人是用人单位的法定代表人、负责人和其他工作人员。而赔偿责任主体为用人单位,即致害他人的法定代表人或者其他工作人员所属的用人单位。在用人单位责任中,用人单位作为赔偿义务人,直接对被侵权人承担责任,而不是由直接行为人承担责任。用人单位在承担了赔偿责任之后,对于有过错的直接行为人,可以依法追偿。

2. 劳务派遣责任

劳务派遣,又称为劳动派遣,也被称为人力派遣或人才租赁,是指劳务派遣单位与用工单位签订派遣协议,将工作人员派遣至用工单位,在用工单位指挥、监督下提供劳动的劳务关系。

劳务派遣责任,是指在劳务派遣期间,被派遣的工作人员因执行工作任务造成他人损害的,由接受劳务派遣的用工单位承担责任,劳务派遣单位承担补充责任的特殊侵权责任。

劳务派遣责任的承担分为两种,《民法典》第 1191 条第 2 款分别作了规定:

(1)接受派遣用工单位的责任。具备前述劳务派遣责任构成要件的,成立接受派遣用工单位的责任,接受派遣用工单位应当承担赔偿责任。之所以在劳动派遣责任中不由劳务派遣单位承担责任,而由用人单位承担责任,原因在于用工单位在支配工作人员的劳动,工作人员是在用工单位的指挥、监督下,直接为用工单位进行劳动。如果工作人员在执行派遣劳务的工作过程中致人损害有过错的,则在用工单位承担了赔偿责任之后,有权向有过错的工作人员追偿。

(2)劳务派遣单位的责任。在派遣的工作人员因执行工作任务造成他人损害,派遣单位也有过错的,由于派遣单位与被派遣的工作人员之间有劳动关系,劳务派遣单位应当承担相应的补充责任。

3. 个人劳务责任

(1)个人劳务责任是一种特殊的用人者责任,属于特殊侵权责任,是指在个人之间形成的劳务关系中,提供劳务一方因劳务造成他人损害,接受劳务一方应当承担替代赔偿责任的特殊侵权责任。个人劳务责任与其他侵权责任相比较,具有以下法律特征:第一,接受劳务一方与提供劳务一方之间具有个人劳务关系。第二,提供劳务一方执行劳务活动所造成的损害等于是接受劳务一方的行为造成的损害。第三,个人劳务责任的侵权责任形态是替代责任。个人劳务责任适用何种归责原则,《民法典》第 1192 条第 1 款前段没有明确规定。个人劳务责任应当与其他用人者责任一样,适用过错推定原则。

(2)个人劳务工伤事故责任,即提供劳务一方因劳务自己受到损害的,根据双方各自的过错承担相应的责任。在提供劳务期间,因第三人的行为造成提供劳务一方损害的,提供劳务的一方有权请求第三人承担侵权责任,也有权请求接受劳务的一方给予补偿。接受劳务的一方补偿后,可以向第三人追偿。

4. 定作人指示过失责任

《民法典》第 1193 条规定的是定作人指示过失责任。这一条文实际上规定了两种责任:一是定作人指示过失责任中造成他人损害的责任,这是典型的定作人指示过失责任。二是造成承揽人自己损害的责任,这种损害责任的性质,其实是承揽人员工的工伤事故责任。

加工、定作和承揽统称为定作,是从定作人角度的界定,法律关系主体主要是定作人和承揽人,定作人委托承揽人进行加工、定作,承揽人依照定作人的指示进行加工、定作。由于承揽人在接受定作之后是独立进行定作、加工,尽管是按照定作人的指示进行,但是,应当由承揽人独立负责,承揽人在完成承揽任务过程中造成第三人损害或者自己损害,定作人不承担赔偿责任,而由承揽人承担责任或者负担自己的损失。这是一般性规则。如果定作人对于定作、指示有过失,或者对定作人的选任有过失的,则定作人承担相应的赔偿责任。

定作过失,是定作人确定的定作任务本身就存在过失,这种定作有可能造成他人损害或者定作人的损害。指示过失,是定作人下达的定作任务没有问题,是指示承揽人的定作方法存在过失,如不应该采用危险方法进行加工却作出这样的指示。这两种过失,都构成定作人指示过失责任中所要求的过失。选任过失,则是定作人选任承揽人有过失,如没有符合承担特种加工活动的资质的人而予以选任。

三、网络侵权责任

（一）网络侵权行为的概念和保护范围

网络侵权行为是指在互联网上，网络用户、网络服务提供者以及他人故意或者过失借助电脑网络和电信网络侵害他人民事权益的特殊侵权行为。其特征为：第一，网络侵权行为主体多样化。《民法典》第1194条至第1197条规定的侵权责任主体，一是网络服务提供者，二是网络用户。网络侵权行为主体并非只有这两种，还有其他侵权主体。第二，网络侵权行为智能化。第三，网络侵权行为的隐蔽性。第四，网络侵权行为实施的时间短促且损害范围广大。第五，主观状态多为故意，过失有可能构成侵权责任，如过失传播病毒等。

按照《民法典》第1164条的规定，侵权责任保护范围是民事权益。在《民法典》第1194条有关网络侵权责任的规定中，也使用了"民事权益"的概念。对于"民事权益"的理解，为凡是在网络上实施侵权行为所能够侵害的一切民事权益，特别包括人格权益以及知识产权特别是著作权。

（二）网络侵权责任的基本规则

《民法典》规定了两种网络侵权责任：一是规定了网络用户和网络服务提供者对自己在网站上实施的侵权行为承担责任；二是规定了网络服务提供者在什么情况下对网络用户在自己的网站上实施的侵权行为承担连带责任。

1. 网络用户和网络服务提供者自己实施侵权行为的责任

《民法典》第1194条规定，网络用户、网络服务提供者利用网络侵害他人民事权益的，应当承担侵权责任。网络用户在网站上实施侵权行为，侵害他人民事权益，应当自己承担侵权责任，是一般侵权行为，适用过错责任原则。网络服务提供者在自己的网站上实施侵权行为，侵害他人民事权益，网络服务提供者自己要承担侵权责任。例如，网络服务提供者在自己的网站诽谤他人，网络服务提供者当然要自己承担责任。不仅如此，其他人在网络上实施侵权行为，包括黑客侵害网络，也都是侵权行为，都要自己承担侵权责任。

2. 网络服务提供者对网络用户实施侵权行为承担责任

（1）网络侵权责任避风港原则中的通知规则

《民法典》第1195条规定："网络用户利用网络服务实施侵权行为的，权利人有权通知网络服务提供者采取删除、屏蔽、断开链接等必要措施。通知应当包括构成侵权的初步证据及权利人的真实身份信息。""网络服务提供者接到通知后，应当及时将该通知转送相关网络用户，并根据构成侵权的初步证据和服务类型采取必要措施；未及时采取必要措施的，对损害的扩大部分与该网络用户承担连带责任。""权利人因错误通知造成网络用户或者网络服务提供者损害的，应当承担侵权责任。法律另有规定的，依照其规定。"这里规定的网络侵权责任避风港原则的通知规则比较复杂，概括起来是：

第一，权利人的通知权。网络用户利用他人的网络服务实施侵权行为的，网络服务提供者在原则上不承担责任，解决这种侵权纠纷的方法是避风港原则的通知规则：认为自己权益受到损害的权利人，有权通知网络服务提供者，对网络用户在该网站上发布的信息采取删除、屏蔽、断开链接等必要措施，消除侵权信息及其影响。行使通知权的通知，应当包括构成侵权的初步证据及权利人的真实身份信息。

第二，网络服务提供者的义务。网络服务提供者接到权利人的通知后，应当实施两个行为：一是及时将该通知转送相关网络用户，二是对侵权信息根据实际情况需要，及时采取删除、屏蔽或者断开链接等必要措施。网络服务提供者履行了上述两项义务的，就进入避风港，不承担侵权责任。

第三，网络服务提供者未及时采取必要措施的，构成侵权责任，要对损害的扩大部分与该网络用户承担部分连带责任，即网络服务提供者只对扩大的损害部分承担连带责任。

第四，对错误行使通知权的所谓权利人进行惩罚的措施。即因权利人错误行使通知权进行通知，依照该通知采取的必要措施造成了网络用户或者网络服务提供者损害的，错误通知的行为人应当对网络用户和网络服务提供者的损害承担侵权赔偿责任。不过，法律另有规定的，依照其规定。例如，《电子商务法》第 42 条规定在电子商务知识产权侵权领域，权利人恶意通知需要承担惩罚性赔偿责任。

(2)网络侵权责任避风港原则中的反通知规则

《民法典》第 1196 条作出了网络侵权责任避风港原则反通知规则的规定。

网络用户行使反通知规则的规则是：

第一，网络用户享有反通知权。当权利人行使对网络用户发布的信息采取必要措施的通知权，网络服务提供者将该通知转送网络用户，网络用户接到该通知后，即产生反通知权。第二，行使反通知权的方式，是网络用户向网络服务提供者提交自己不存在侵权行为的声明及网络用户的真实身份信息。网络用户提交该声明，就是行使反通知权的行为。提交的反通知声明，也应当包括不存在侵权行为的初步证据，不符合这样的要求的反通知声明，不发生反通知的效果。

第三，网络用户行使反通知权发送声明。网络服务提供者在接到该反通知声明后，产生负有的义务：一是应当将该声明转送给发出通知的权利人，二是告知权利人可以向有关部门投诉或者向人民法院提起诉讼，而不是一接到反通知声明就立即终止所采取的必要措施。

第四，网络服务提供者在转送的反通知声明到达权利人后的合理期限内，未收到关于权利人已经投诉或者提起诉讼的通知的，应当及时对网络用户发布的信息终止所采取的删除、屏蔽或者断开链接等必要措施，保护网络用户即反通知权利人的表达自由。

第五，无论是权利人的通知权还是网络用户的反通知权，其义务主体都是网络服务提供者，负有满足通知权人或者反通知权人权利要求的义务。

(3)红旗原则的主观要件是网络服务提供者知道或者应当知道

《民法典》第 1197 条规定了红旗原则，即网络用户在网络服务提供者提供的网络上实施侵权行为，侵害他人的民事权益，非常明确，网络服务提供者知道或者应当知道而不采取必要措施，即应承担侵权责任的规则。

适用红旗原则的要件是：第一，网络用户在他人的网站上实施侵权行为；第二，该侵权行为的侵权性质明显，不必证明即可确认；第三，网络服务提供者知道或者应当知道网络用户在自己的网站上实施了这种侵权行为；第四，对这样的侵权信息没有采取删除、屏蔽或者断开链接的必要措施。

适用红旗原则的后果是，明知或者应知网络用户在自己的网站上实施侵权行为的网络服务提供者，对该侵权信息没有采取必要措施，须与实施侵权行为的网络用户一起，对被侵权人造成的损害承担连带赔偿责任。

四、违反安全保障义务的侵权责任

（一）安全保障义务的概念

安全保障义务是指宾馆、商场、银行、车站、机场、体育场馆、娱乐场所等经营场所、公共场所的经营者、管理者或者群众性活动的组织者，所负担的在合理限度范围内的保护他人人身和财产安全的注意义务。理解安全保障义务概念时，需要注意以下几个问题：

1. 承担安全保障义务的主体范围

《最高人民法院关于审理人身损害赔偿案件适用法律若干问题的解释》第 6 条规定，承担安全保障义务的主体范围是“从事住宿、餐饮、娱乐等经营活动或者其他社会活动的自然人、法人和其他组织”。《侵权责任法》以人为本，对社会生活中可能发生危险的场所或活动，要求行为人履行必要的防范损害发生义务，以充分保护广大人民群众的人身和财产安全，又考虑我国国情，从促进社会和谐稳定的目的出发，避免盲目地扩大安全保障义务人的范围，通过第 37 条对安全保障义务主体范围作了规定，“宾馆、商场、银行、车站、娱乐场所等公共场所的管理人”和“群众性活动的组织者”。公共场所是指供不特定人出入、通行、活动的场所，既包括以公众为对象进行商业性经营的场所，也包括对公众提供服务的场所，如机场、码头、公园、餐厅等地。群众性活动是指法人或者非法人组织面向社会公众举办的参加人数较多的活动，如体育比赛、演唱会、音乐会、展览会、展销会、游园、灯会、庙会、花会、焰火晚会、人才招聘、现场开奖的彩票销售等活动。公共场所管理人，是指对公共场所具有事实上的管理与控制能力的自然人、法人与非法人组织。群众性活动组织者是指负责具体组织实施群众性活动的单位或个人。《民法典》第 1198 条相对于《侵权责任法》第 37 条，增加了机场和体育场馆的经营者或管理者作为安全保障义务主体。

2. 安全保障义务保护的对象

安全保障义务所保护的对象，《民法典》第 1198 条并没有明确规定，只是说安全保障义务主体未尽到安全保障义务，造成“他人”损害的，应当承担侵权责任。实践中哪些人属于民法典规定的“他人”范围，应当根据具体情况来加以判断。而学说上认为，安全保障义务的保护对象，应当与安全保障义务主体之间存在某种关系，并非毫无关联的人。

3. 安全保障义务的内容和判断标准

由于安全保障义务人的范围很广，保护对象又不特定，不同安全保障义务人对于不同保护对象所负的安全保障义务也不完全相同，因此，《民法典》对安全保障义务的内容和判断标准均未规定。实践中在确定安全保障义务的内容和义务人是否尽到义务的判断标准时，应考虑以下因素：所在行业的普遍情况或者举行此类活动通常采取的安全保障措施；所在地区的具体条件；所组织活动的规模；侵权行为的性质和实施强度；义务人的安保能力，发生侵权行为前后所采取的具体防范措施；制止侵权行为的状况；等等，根据实际情况综合进行判断。

（二）违反安全保障义务侵权责任的类型

1. 设施、设备违反安全保障义务

经营场所、公共场所或者社会活动场所设施、设备不符合国家的强制标准要求，没有国家的强制标准时，不符合行业标准或者未达到进行此等经营活动所需要达到的安全标准，存在缺陷或者瑕疵，造成了他人的损害，构成设施设备未尽安全保障义务的侵权责任。

2. 服务管理违反安全保障义务

经营场所、公共场所的经营者、管理者或者群众性活动的组织者在服务管理方面违反安全保障义务，造成他人损害，构成服务管理违反安全保障义务的侵权责任。

3. 对儿童违反安全保障义务

对儿童的保护适用特别标准，经营场所、公共场所的经营者、管理者或者群众性活动的组织者必须竭力做到保护儿童的安全。经营场所、公共场所的经营者、管理者或者群众性活动的组织者对儿童违反安全保障义务造成儿童的损害，应当承担赔偿责任。

4. 防范、制止侵权行为违反安全保障义务

对于他人负有安全保障义务的经营场所、公共场所的经营者、管理者或者群众性活动的组织者，在防范、制止他人侵害方面未尽义务，造成受保护人损害的，也构成违反安全保障义务的侵权责任，是一种特定的类型。

（三）违反安全保障义务的赔偿责任的承担

1. 自己责任

经营场所、公共场所的经营者、管理者或者群众性活动的组织者违反安全保障义务造成受保护人的人身损害，自己承担责任，就是自己责任。在设施设备违反安全保障义务的侵权行为、服务管理违反安全保障义务和对儿童违反安全保障义务的侵权行为中，违反安全保障义务的行为人如果是单一的主体，要承担自己责任。《民法典》第 1198 条第 1 款规定的责任就是违反安全保障义务侵权责任的自己责任。

2. 替代责任

如果经营场所、公共场所的经营者、管理者或者群众性活动的组织者是用人单位，违反安全保障义务的具体行为人是公共场所的管理人或者群众性活动组织者的工作人员，而且符合用人单位责任的要求，设施设备违反安全保障义务的侵权行为、服务管理违反安全保障义务和对儿童违反安全保障义务的侵权行为的责任形态是替代责任，而不是自己责任。

3. 补充责任

在违反安全保障义务的侵权行为中,防范制止侵权行为违反安全保障义务的一方当事人承担的损害赔偿责任,是补充责任。按照这一规定,防范制止侵权行为违反安全保障义务的侵权损害赔偿责任,是指第三人侵权导致被侵权人损害的,安全保障义务人对此有过错,承担相应的补充赔偿责任。经营者、管理者或者组织者在承担补充责任后,有权向第三人追偿。

五、学生伤害事故责任

(一)学生伤害事故的概念

学生伤害事故是指无民事行为能力或者限制民事行为能力的学生在幼儿园、学校或者其他教育机构学习、生活期间,受到人身损害,应当由幼儿园、学校或者其他教育机构承担赔偿责任的特殊侵权责任。《民法典》第 1199 条至第 1201 条对此作了明确规定。

(二)学生伤害事故的归责原则

对于无民事行为能力人在幼儿园、学校或者其他教育机构学习、生活期间受到人身损害的,适用过错推定原则;对于限制民事行为能力人在幼儿园、学校或者其他教育机构学习、生活期间受到人身损害的,适用过错责任原则。对于第三人的行为造成学生受到损害的,适用过错责任原则。

(三)学生伤害事故责任的类型

1. 无民事行为能力人受到损害的学校责任

幼儿园、学校或者其他教育机构承担的责任是过错推定责任。对于无民事行为能力人受到损害的学校责任,适用过错推定原则。被侵权人主张学校承担侵权责任,应当证明违法行为、损害事实和因果关系要件。证明成立的,直接推定幼儿园、学校等教育机构有过失。幼儿园、学校等教育机构主张无过失的,应当适用举证责任倒置,由自己举证证明自己没有过错。幼儿园、学校或者其他教育机构不能证明自己没有过失的,应当承担侵权责任;能够证明尽到了教育、管理职责的,不承担侵权责任。

2. 限制民事行为能力人受到损害的学校责任

对于限制民事行为能力的未成年学生在学校受到人身损害,确定学校等教育机构的责任,实行过错责任原则,有过错的承担赔偿责任,没有过错的不承担赔偿责任。确定过错,须由被侵权人承担举证责任。

3. 第三人伤害学生的责任

第三人责任事故,是指学生伤害事故的发生,不是由于学校的过错,而是由于第三人的过错行为所引起,应当由第三人承担民事责任的事故责任。

确定第三人造成学生人身伤害,应当根据造成学生伤害的具体侵权行为类型,确定不同的归责原则:第一,造成学生伤害事故的第三人实施的侵权行为是一般侵权行为,应当适用过错责任原则。第二,造成学生伤害事故的第三人实施的侵权行为,是法律规定应当适用过错推定责任的侵权行为,则应当参照《民法典》第 1165 条第 2 款的规定确定第三人的责任。第三，造成学生伤害事故的第三人实施的侵权行为，是法律规定应当适用无过错责任原则的侵权行为，则应当参照《民法典》第1166条的规定，确定第三人的责任。

第三人造成学生人身损害，如果第三人能够承担全部赔偿责任，则按照该规定，由第三人承担全部赔偿责任，不存在学校的相应的补充责任问题。

幼儿园、学校或者其他教育机构未尽到管理职责的，承担相应的补充责任。幼儿园、学校或者其他教育机构承担补充责任后，可以向第三人追偿。

第二节　产品责任

一、产品责任的概念及特征

产品责任，是指产品生产者、销售者因生产、销售缺陷产品致使他人遭受人身伤害、财产损失或有致使他人遭受人身、财产损害之虞而应承担的赔偿损失、消除危险、停止侵害等责任的特殊侵权责任。

产品责任具有以下特征：

1. 产品责任发生在产品流通领域。产品进入流通领域的标志，是产品经过交易、转让等合同行为，由制造、生产者之手，转入消费者之手，中间可以经过若干流通环节，即批发、销售、仓储、运输等过程。产品责任发生在这个领域之中。

2. 致人损害的产品必须存在缺陷。产品责任并不是产品自身质量问题和自身损坏造成的产品本身的财产损失，而是产品因缺陷造成使用人的人身伤害或者缺陷产品以外的财产损害。这个问题关系产品责任的性质是侵权责任还是合同责任。早期的产品责任属于合同责任范畴，产品侵权责任源于合同责任。

3. 产品责任是特殊侵权责任。产品责任是物件致人损害的特殊侵权责任，是人对物所造成的损害负责任。产品致人损害时，与该致害产品有关联的人，即制造者、销售者等对所造成的损害承担赔偿责任，是一种特殊侵权责任。

二、产品缺陷的概念及种类

《产品质量法》第46条对产品缺陷作了界定："本法所称缺陷，是指产品存在危及人身、他人财产安全的不合理的危险；产品有保障人体健康、人身和财产安全的国家标准、行业标准的，是指不符合该标准。"缺陷的具体含义是：第一，缺陷是一种不合理的危险，合理的危险不是缺陷。第二，这种危险危及人身和产品之外其他的财产安全。第三，缺陷是产品不符合保障人体健康、人身、财产安全的标准。

产品缺陷有以下四种：

（一）制造缺陷

制造缺陷指产品在制造过程中所产生的不合理的危险。导致危险的原因多样，包括质量管理不善、技术水平差等。此种缺陷可能发生于从原材料、零部件的选择到产品的制造、加工和装配工序等各个环节。

（二）设计缺陷

设计缺陷指产品的设计，如产品结构、配方等存在不合理危险。考察设计缺陷，应当结合产品的用途，如果将产品用于所设计的用途以外的情形，即使存在不合理危险，也不能认为其存在设计缺陷。

（三）警示缺陷

警示缺陷指产品存在合理危险而销售产品时没有适当的警示与说明。警示包括警告和指示说明，警告是对产品所具有的危险性运用标志或文字所作的提示，指示说明则是对产品的主要性能、正确的使用方法以及错误使用可能招致的危险等所作的文字表述。产品的警示缺陷是指因产品提供者未对产品的危险性和正确使用作出必要的说明与警告所造成的不合理的危险。产品的合理危险是指产品虽然包含危险，但该危险只要依照合理的方法使用，危险就不会发生。凡是具有合理危险的产品，就必须进行充分的警示说明。

（四）跟踪观察缺陷

跟踪观察缺陷指在发展风险中，生产者将新产品投放市场后，违反对新产品应当尽到的跟踪观察义务，致使该产品造成使用人的人身损害或者财产损害的不合理危险。《民法典》第 1206 条规定了产品生产者将未能发现有缺陷的产品投放市场后，应当尽到必要的跟踪观察义务，在法律确定的较长的观察期中如果没有发现产品存在的问题，并且因此而造成了损害，应当承担侵权责任。

产品缺陷与产品质量不合格是两个相近但又不相同的概念。产品质量不合格是指产品质量不符合有关法律、法规规定的质量标准或者合同约定的产品性能要求。按照国家有关规定，产品质量应当具有满足使用要求的特性，一般包括五个方面：其一，性能，指产品为满足使用目的所具备的技术特征。其二，寿命，指产品能够正常使用的期限。其三，可靠性，指产品在规定时间和条件下，完成规定功能的性质。其四，安全性，指产品在流通、操作过程中保证安全的程度。其五，经济性，指产品从设计、制造到使用寿命周期的成本的大小。侵权责任法上所称的“产品缺陷”，是指产品所存在的危及他人人身、财产安全的不合理危险，主要是从安全性角度来认定产品是否符合要求。

三、产品责任的构成要件

（一）产品存在缺陷

我国《产品质量法》第 2 条第 2 款规定，产品责任中的产品是指“经过加工、制作，用于销售的产品”。产品须具备两个条件：一是经过加工、制作，未经过加工制作的自然物，不是产品；二是用于销售，因而是可以进入流通领域的物，按照该法第 41 条第 1 项关于未进入流通的产品，生产者不承担赔偿责任的免责规定，产品应进入流通领域。产品缺陷的种类已如上述。上述产品存在缺陷，就构成本要件。

（二）人身、财产受到损害

产品责任中的损害事实包括人身损害、财产损害和精神损害。人身损害包括致人死亡和致人伤残。财产损失，不是指缺陷产品本身的损失，即购买该产品所付价金的损失，而是指缺陷产品外的其他财产的损失，其范围包括直接损失和间接损失。受害人应对损失的存在及其范围负举证责任。精神损害，是指缺陷产品致人损害，给受害人所造成的精神痛苦和感情创伤。

（三）因果关系

产品责任中的因果关系要件，是指产品的缺陷与受害人的损害事实之间存在的引起与被引起的关系，产品缺陷是原因，损害事实是结果。确认产品责任的因果关系，要由受害人证明，证明的内容是，损害是由于使用或消费有缺陷的产品所致。使用，是对可以多次利用的产品的利用；消费，是对只能一次性利用的产品的利用。这两者在构成侵权责任时无原则性区别，因此一般称作使用也可以。

四、产品责任的法律关系主体

（一）产品责任法律关系的权利主体

产品责任的权利主体是"他人"。界定"他人"，应当将自然人、法人和非法人组织都纳入产品责任的保护范围，产品责任法律关系的权利主体应当包括因产品存在缺陷造成人身伤害或者财产损害的一切受害者，无论是自然人还是法人或其他组织都在其内。

（二）产品侵权法律关系义务主体

1. 生产者

应当包括：第一，成品制造者。成品制造者是产品责任的主要承担者。第二，零部件制造者、原材料生产者。产品缺陷由零部件制造者、原材料生产者造成的，受害人向其请求损害赔偿时，应承担侵权责任。第三，准制造者。对他人制造的产品像自己制造的产品一样进行销售或者以其他形式经营，视为制造者。例如，在他人的产品上以自己的名称、商标或其他具有识别性的标志表明自己为生产者，此种情形下，对其销售的产品，应当承担产品制造者的责任。另外，为出售、出租、转让等营业目的的进口商也视为制造者，这主要是为了避免受害人因管辖权的障碍无法对外国产品生产者起诉而蒙受损失。

2. 销售者

销售者是指生产者以外的产品经销商。由于销售者的过错使产品存在缺陷，造成人身、他人财产损害的，销售者应当承担赔偿责任。销售者不能指明缺陷产品的生产者或不能指明缺陷产品的供货者的，销售者应当承担赔偿责任。产品责任中的销售者应满足的条件是：第一，以经营该产品为业的人，如私车转让人不是销售者；第二，此种经营应是长期的，而不是临时或偶尔的；第三，不要求该致害产品是其主营业或唯一的营业，如影院出售的爆米花。至于销售者的范围，根据产品提供或经营方式，主要包括批发商、零售商、出租人、行纪人等。

有关“电商平台销售者的产品侵权法律责任”的阐释，可收听音频：

五、关于产品责任的特别规定

（一）产品责任的第三人责任

产品责任的第三人责任，是指在产品责任中，由于第三人的过错使产品存在缺陷造成他人损害，生产者或者销售者先承担的替代责任。处理这样的产品责任纠纷案件，应当掌握以下两点：第一，由于生产者或者销售者承担产品责任的中间责任是无过错责任，因此，无论有无过错，都应当对被侵权人承担赔偿责任。如果缺陷不是由生产者或者销售者造成的，而是仓储者或者运输者等第三人造成的，那么，生产者或者销售者承担了中间责任之后，有权向仓储者或者运输者等第三人追偿。第二，至于何为第三人，本条明确规定的有运输者和仓储者，在其后规定的“等”字中包含的，还有原材料提供者、零部件提供者以及进口商等。凡属于生产者、销售者之外的其他对缺陷产生具有过错的人，都是第三人。生产者或者销售者承担了赔偿责任之后，有权对他们进行追偿。

（二）跟踪观察缺陷产品责任

《民法典》侵权责任编第 1206 条是对跟踪观察缺陷产品责任的法律确认。按照这一规定，跟踪观察缺陷侵权的归责原则，应当适用过错推定原则。理由在于，一方面，“未及时采取补救措施或者补救措施不力”本身就说明产品生产者具有过失。另一方面，鉴于跟踪观察缺陷是违反跟踪观察义务导致的损害，显然属于过失认定的范畴。据此，其归责的基础应该是生产者的过错，即应当尽到相应的注意而没有尽到，具备道德上可责难性为基础。考虑到消费者和制造商之间的实力对比，以及生产者在跟踪观察义务履行中的积极地位，应该实行过错推定责任，先推定其存在过错，然后由其反证其没有过错。从未及时采取补救措施或者补救措施不力以及违反跟踪观察义务两个方面考虑，跟踪观察缺陷产品责任实行过错推定原则，是完全有道理的。生产者、销售者采取召回措施时，需要负担被侵权人因此支出的必要费用。

（三）恶意产品责任或者未及时采取有效补救措施的惩罚性赔偿金

规定恶意产品责任或者未及时采取有效补救措施的惩罚性赔偿责任制度，目的在于参酌英美法系关于惩罚性赔偿金制度的做法，以惩罚不法行为，并吓阻不法行为再度发生，而维护消费者之合法权益。

恶意产品责任适用惩罚性赔偿责任的要件是：第一，明知产品存在缺陷，或者产品投入流通后发现有缺陷；第二，仍然生产、销售，或者没有按照规定采取补救措施；第三，造成他人生命健康损害。

确定惩罚性赔偿责任的计算标准及方法，《民法典》第 1207 条没有作出规定。在实践中，可以采用实际损失数额的两倍以下确定为宜。如果产品是食品，则应当赔偿实际损失数额的三倍。在具体适用中,法官可以根据具体案件情节,在最高限额之下,确定具体的赔偿数额。

六、产品责任的不真正连带责任和免责事由

《民法典》第 1202 条、第 1203 条规定的是生产者与销售者在承担产品责任的基本责任形态。不论受害人向法院起诉生产者还是起诉销售者,只要生产或者销售的产品有缺陷,造成了损害,就应当由被起诉的被告承担责任,如果起诉的是销售者,而产品缺陷又是生产者造成的,那么,销售者在承担了侵权责任之后,可以向生产者求偿。《产品质量法》第 41 条第 2 款规定,产品生产者能够证明有下列情形之一的,不承担赔偿责任:未将产品投入流通的;产品投入流通时,引起损害的缺陷尚不存在的;将产品投入流通时的科学技术水平尚不能发现缺陷存在的。

七、产品责任的诉讼时效

《产品质量法》第 45 条规定,因产品存在缺陷造成损害要求赔偿的诉讼时效的期限是 2 年,自知道或应当知道其权益受到侵害之日起算。因产品存在缺陷造成损害要求赔偿的请求权,在造成损害的产品交付最初用户、消费者满 10 年丧失,但是尚未超过明示的安全使用期的除外。《民法典》第 188 条规定,向人民法院请求保护民事权利的诉讼时效期间为三年。诉讼时效期间自权利人知道或者应当知道权利受到损害以及义务人之日起计算。但是,自权利受到损害之日起超过二十年的,人民法院不予保护,有特殊情况的,人民法院可以根据权利人的申请决定延长。

第三节　机动车交通事故责任

一、机动车交通事故责任及相关概念

随着我国经济、汽车工业高速发展和机动车保有量急剧增加,机动车交通事故纠纷已经成为我国最常见的侵权纠纷之一。交通事故包括道路交通事故、水路交通事故、航空事故、铁路事故。道路交通事故又可以区分为机动车交通事故和非机动车交通事故。所谓机动车交通事故责任,是指在道路上进行与机动车交通活动有关的人员因交通事故造成他人损害而承担的民事责任。《道路交通安全法》第 119 条对相关概念有明确的规定:"本法中下列用语的含义:(一)'道路',是指公路、城市道路和虽在单位管辖范围但允许社会机动车通行的地方,包括广场、公共停车场等用于公众通行的场所。(二)'车辆',是指机动车和非机动车。(三)'机动车'是指以动力装置驱动或者牵引,上道路行驶的供人员乘用或者用于运送物品以及进行工程专项作业的轮式车辆。(四)'非机动车',是指以人力或者畜力驱动,上道路行驶的交通工具,以及虽有动力装置驱动但设计最高时速、

空车质量、外形尺寸符合有关国家标准的残疾人机动轮椅车、电动自行车等交通工具。(五)'交通事故'，是指车辆在道路上因过错或者意外造成的人身伤亡或者财产损失的事件。"

二、机动车交通事故责任的一般规则

《民法典》第1208条规定："机动车发生交通事故造成损害的，依照道路交通安全法律和本法的有关规定承担赔偿责任。"本条是机动车发生交通事故责任的一般规定。本条所称"依照道路交通安全法律和本法的有关规定"是指依照《道路交通安全法》第76条和《民法典》侵权责任编第五章"机动车交通事故责任"等规定。《道路交通安全法》第76条规定："机动车发生交通事故造成人身伤亡、财产损失的，由保险公司在机动车第三者责任强制保险责任限额范围内予以赔偿；不足的部分，按照下列规定承担赔偿责任：(一)机动车之间发生交通事故的，由有过错的一方承担赔偿责任；双方都有过错的，按照各自过错的比例分担责任。(二)机动车与非机动车驾驶人、行人之间发生交通事故，非机动车驾驶人、行人没有过错的，由机动车一方承担赔偿责任；有证据证明非机动车驾驶人、行人有过错的，根据过错程度适当减轻机动车一方的赔偿责任；机动车一方没有过错的，承担不超过百分之十的赔偿责任。交通事故的损失是由非机动车驾驶人、行人故意碰撞机动车造成的，机动车一方不承担赔偿责任。"

据此，机动车交通事故责任依以下规则处理：

第一，发生交通事故，通过道路交通事故保险理赔。道路交通事故保险是指机动车交通事故责任强制第三者险。道路交通事故保险责任是无过错责任。

第二，保险赔偿不足部分，在机动车与机动车之间发生事故的，按照双方过错大小承担责任。这种责任是过错责任。有学者认为，在机动车与机动车之间发生事故的，除按照双方过错大小外，还必须考虑发生交通事故的原因力大小。例如，轿车与摩托车之间发生交通事故，不仅应当考虑轿车驾驶人、摩托车驾驶人的过错，还应当考虑造成事故后果的原因力大小，通常是轿车的原因力大而摩托车的原因力小，所以即使双方的过错相同，轿车驾驶人承担的责任也要大些。

第三，保险赔偿不足部分，机动车致使非机动车驾驶人或行人受到损害的，机动车一方承担赔偿责任。这种责任是无过错责任。无过错责任不等同于"撞了不白撞"，非机动车驾驶人或行人违反道路交通法律法规，机动车驾驶人已经采取了必要处理措施的，应减轻机动车驾驶人的责任。如何减轻，在我国立法和实务中都存在较大争议。本书认为，在此种情况下，机动车驾驶人根据非机动车驾驶人或行人的过错程度承担一定比例的责任是比较妥当的。原因在于：一方面是鼓励遵守交通规则的人；另一方面是对违反交通规则的人进行一定的惩罚，以维护整个交通秩序和保证交通安全。机动车一方没有过错的，承担不超过百分之十的赔偿责任。

第四，非机动车驾驶人或行人违反道路交通法律法规，机动车驾驶人没有采取必要处理措施的，适用过失相抵规则。实行过失相抵，应当进行过错程度和原因力大小比较。在实行无过错责任的场合，无法进行无过错轻重比较。因此，在机动车致害非机动车驾驶人或行人的，实行过失相抵只能进行原因力大小比较，根据各自行为对于损害发生或者扩大的原因力大小，确定减轻机动车一方的责任幅度。在确定原因力大小时，根据“优者危险负担”原则，由机动性能强、回避能力强的一方多承担责任，以体现保护弱者的法律思想。

三、机动车交通事故责任的构成要件

机动车交通事故责任通常须具有以下构成要件：

第一，机动车造成了他人损害。“他人”是指其他机动车上的人员、本车上的人员、非机动车驾驶人和行人。“损害”包括人身伤亡、财产损失，甚至精神损害。机动车与机动车、非机动车、行人发生了交通事故，造成了损害，才会产生侵权损害赔偿责任。

第二，机动车在道路上运行。“机动车”包括各种汽车、电动车、摩托车、拖拉机、轮式专用机械车等。“道路”是指公路、城市道路和虽在单位管辖范围内但允许社会机动车通行的地方，包括广场、公共停车场等公众通行的场所。机动车在道路上表明机动车作为交通工具已经投入运行中。只有机动车在道路上，才会对周围环境中的人身、财产权益造成危险。

第三，机动车运行与损害之间存在因果关系。受害人的损害必须是由于机动车运行所致。受害人的损害不要求机动车与机动车、非机动车、行人之间发生物理上的接触。

第四，机动车之间发生交通事故的，驾驶员存在过错。依据《道路交通安全法》第76条第1款第1项的规定，机动车之间发生交通事故的，适用过错责任。因此，驾驶员对于交通事故发生具有过错时，才承担损害赔偿责任。过错认定，采客观标准，即依据双方是否违反道路交通安全法律、法规来判断各自有无过错及过错大小。司法实践中，法院主要以交警道路交通事故责任认定书作为确定机动车双方有无过错及过错大小的主要依据。

四、机动车交通事故责任的责任人确定

（一）交通事故责任人的确定标准

我国学者通说认为，确定机动车交通事故责任人的标准有“运行支配”和“运行利益”，即交通事故机动车一方的责任由谁承担，是根据机动车由谁支配运行和由谁享有运行利益来确定。在司法实践中，当事人容易发生争议的是“运行支配”和“运行利益”如何判定。所谓运行支配，是指谁可以在事实上支配管领机动车的运行。所谓运行利益，是指仅限于因车辆运行本身而生的利益。对于运行支配不能理解为纯粹的直接客观支配，而应依据法律标准和社会观念进行确定。运行支配不限于对机动车运行存在直接的、现实的支配的场合，只要处于事实上能够支配、管理机动车运行的地位，甚至对机动车运行应该能够下指示、控制的地位即可确认为对机动车具有运行支配力，这种认定是以间接支配或者有支配可能性为充分条件的。是否运行支配可从车辆所有人与驾驶员的身份关系、机动车的日常管理状况等方面予以考量。运行利益也应当不限于机动车运行而生的利益，还应当包括间接或可期待利益。运行利益首先是对机动车拥有运行支配权的人

获得。并且,这种利益既可以是单纯的观念性的种类,也可以是为了获得便利。从《民法典》的相关规定来判断,交通事故责任人的确定标准基本上贯彻了“运行支配”和“运行利益”标准。

(二)交通事故责任人的具体确定

交通事故责任人的具体确定,有强制保险的,是指保险公司在机动车强制保险责任限额范围内理赔之后,不足部分的责任人确定;没有强制保险的,直接确定机动车一方的责任人。

1. 原则上,机动车所有人是交通事故责任人。我国实行机动车登记制度,任何个人和单位购买机动车之后,都应依法办理机动车所有权注册登记。因此,确定交通事故责任人,首先看是不是机动车所有人。

2. 驾驶员与机动车所有人存在劳动关系或劳务关系情形下,交通事故责任人的确定。劳动者或劳务提供者在驾驶机动车执行职务时,发生交通事故,机动车方一方的责任由用人单位或接受劳务者承担。在上下班过程中发生交通事故的,机动车方的责任由劳动者或者劳务提供者承担。有学者认为根据机动车是由谁提供来确定责任人:若机动车由用人单位或接受劳务一方提供,交通事故责任人是用人单位或接受劳务者;若机动车由劳动者或劳务提供者提供,责任人是该劳动者或劳务提供者本人。

3. 机动车所有人、管理人与使用人不是同一人情形下,交通事故责任人的确定。机动车所有人与使用人不是同一人时,发生交通事故后属于该机动车一方责任的,根据《民法典》第 1209 条的规定,责任人是机动车使用人;所有人、管理人对损害的发生有过错的,承担相应的赔偿责任。

4. 因未办理车辆过户手续造成登记的所有人与实际的所有人不一致的,交通事故责任人的确定。根据《民法典》第 1210 条的规定,当事人之间已经以买卖等方式转让并交付机动车但是未办理所有权转移登记,发生交通事故后属于该机动车一方责任的,交通事故责任人是机动车受让人。《民法典》第 1214 条规定,以买卖或者其他方式转让拼装或者已达到报废标准的机动车,发生交通事故造成损害的,责任人是转让人和受让人,且两者承担连带责任。

5. 机动车挂靠情形下,交通事故责任人的确定。《民法典》第 1211 条规定,以挂靠形式从事道路运输经营活动的机动车,发生交通事故造成损害,属于该机动车一方责任的,由挂靠人和被挂靠人承担连带责任。

6. 分期付款购买机动车的,买受人为交通事故责任人。

7. 因盗窃、抢劫或者抢夺的机动车情形下,交通事故责任人的确定。《民法典》第 1215 条规定,盗窃、抢劫或者抢夺的机动车发生交通事故造成损害的,由盗窃人、抢劫人或者抢夺人承担赔偿责任。盗窃人、抢劫人或者抢夺人与机动车使用人不是同一人,发生交通事故造成损害,属于该机动车一方责任的,由盗窃人、抢劫人或者抢夺人与机动车使用人承担连带责任。保险人在机动车强制保险责任限额范围内垫付抢救费用的,有权向交通事故责任人追偿。

8. 第三人未经所有人同意擅自驾驶情形下，交通事故责任人的确定。《民法典》第1212条规定，未经允许驾驶他人机动车，发生交通事故造成损害，属于该机动车一方责任的，由机动车使用人承担赔偿责任；机动车所有人、管理人对损害的发生有过错的，承担相应的赔偿责任，但是本章另有规定的除外。

9. 搭便车时发生交通事故导致搭乘人损害的情形下，交通事故责任人的确定。搭便车，也称为好意同乘，是指免费搭乘他人机动车。如果是有偿搭乘他人机动车，发生交通事故导致乘客损害的，交通工具的提供者应当依照旅客运送合同规定承担民事赔偿责任。如果是免费搭乘他人机动车，发生交通事故导致搭乘者损害的，依据《民法典》第1217条的规定"属于该机动车一方责任的，应当减轻其赔偿责任，但是机动车使用人有故意或者重大过失的除外"，责任人是机动车使用人。

10. 套牌他人机动车情形下，交通事故责任人的确定。套牌机动车是指悬挂与他人机动车牌照号码相同的伪造号牌的机动车。套牌行为是严重违法行为。《民法典》对此种情形没有规定。《最高人民法院关于审理道路交通事故损害赔偿案件适用法律若干问题的解释》第5条规定，套牌机动车发生交通事故造成损害，属于该机动车一方责任，当事人请求由套牌机动车的所有人或者管理人承担赔偿责任的，人民法院予以支持；被套牌机动车所有人或者管理人同意套牌的，应当与套牌机动车的所有人或者管理人承担连带责任。

11. 驾校学员在驾驶培训中发生交通事故的情形下，交通事故责任人的确定。《民法典》没有规定此种情形下如何确定交通事故责任人。《最高人民法院关于审理道路交通事故损害赔偿案件适用法律若干问题的解释》第7条规定，接受机动车驾驶培训的人员，在培训活动中驾驶机动车发生交通事故造成损害的，属于该机动车一方责任，当事人请求驾驶培训单位承担赔偿责任的，人民法院应予支持。

12. 试乘过程中发生交通事故的情形下，交通事故责任人的确定。试乘试驾是汽车销售商为了推销汽车而提供的一种服务。虽然是免费的，但其根本目的在于推销汽车，是汽车销售商推销汽车服务的一部分。《民法典》对此没有规定。《最高人民法院关于审理道路交通事故损害赔偿案件适用法律若干问题的解释》第8条规定，机动车在试乘过程中发生交通事故造成试乘人损害，当事人请求试乘服务提供者承担赔偿责任的，人民法院予以支持。试乘人有过错的，应当减轻试乘服务提供者的赔偿责任。如果试乘中发生交通事故，造成车外人员伤害或者其他机动车损害的，由机动车一方承担责任。

五、驾驶人逃逸时对被侵权人的救济

驾驶人在发生交通事故后之所以逃逸，通常是驾驶人对造成交通事故存在过错，需要承担部分或全部责任。驾驶人逃逸后，如何对被侵权人进行救济？根据《民法典》第1216条的规定对被侵权人予以救济，机动车驾驶人发生交通事故后逃逸，该机动车参加强制保险的，由保险人在机动车强制保险责任限额范围内予以赔偿；机动车不明、该机动车未参加强制保险或者抢救费用超过机动车强制保险责任限额，需要支付被侵权人人身伤亡的抢救、丧葬等费用的，由道路交通事故社会救助基金垫付。道路交通事故社会救助基金垫付后，其管理机构有权向交通事故责任人追偿。归纳起来，可以按照以下两种途径进行：一是该机动车参加强制保险的，由保险公司在机动车强制保险责任限额范围内予以赔偿；二是机动车不明或者该机动车没有参加强制保险，需要支付被侵权人人身伤亡的抢救、丧葬等费用的，由道路交通事故社会救助基金垫付。根据《道路交通安全法》的规定，道路交通事故社会救助基金由国家设立，是用于垫付机动车道路交通事故中受害人人身伤亡的丧葬费用、部分或全部抢救费用的社会专项基金。

六、免责事由

根据《民法典》和《道路交通安全法》的有关规定，交通事故责任的免责事由有受害人故意、不可抗力、正当防卫和紧急避险。

第四节　医疗损害责任

一、医疗损害责任的概念

医疗事故纠纷已经成为我国最常见的侵权纠纷之一，国务院为此专门制定了《医疗事故处理条例》进行规范。医疗损害责任，指医疗机构及其医务人员因其具有过错的诊疗活动致使患者在诊疗活动中身体权、健康权和生命权受到损害，由医疗机构所承担的损害赔偿责任。医疗损害责任是一种专家责任，因为造成患者损害的主体是医疗机构及其医务人员，他们是具有专业知识的机构和人员，且损害是在提供专业性诊疗服务过程中造成的。正因为损害者具有医疗专业背景，且在专业诊疗活动过程中造成患者损害，因而医疗损害责任在过错和因果关系的判断上均有其特殊性，需要法律的特别规范。

与医疗损害责任相关的概念有诊疗活动、医疗事故等。所谓诊疗活动，包括诊断、治疗、护理等环节，是指通过各种检查，使用药物、器械及手术等方法，对疾病作出判断并消除疾病、缓解病情、减轻痛苦、改善功能、延长生命、帮助患者恢复健康的活动。所谓医疗事故，指医疗机构及其医务人员在医疗活动中，违反医疗卫生管理法律、行政法规、部门规章和诊疗护理规范、常规，过失造成患者人身损害的事故。根据《医疗事故处理条例》第 4 条的规定，医疗事故分为四级，即造成死亡或重度残疾的，造成中度残疾导致严重功能障碍的，造成轻度残疾导致一般功能障碍的，造成明显人身损害的其他后果的。

在医疗损害责任法律关系中，侵权行为主体是医务人员，责任主体是医疗机构。因为医务人员的诊疗行为是职务行为，受害人是患者。医务人员是指具备行医资格的医生。没有行医资格的“医生”非法行医致人损害的，不构成医疗损害责任，而构成一般侵权行为责任。

二、医疗损害责任的归责原则

确定医疗损害责任的归责原则，必须充分考虑诊疗活动的特点。诊疗活动主要有以下特点：其一，未知性。医学是一门探索性、经验性的学科，即使时至今日，仍然存在很多疾病不知其发生原因，已知发生原因的，也有很多疾病难以治愈。此外，科学对许多药品的副作用认识非常有限。其二，特异性。人体的基因不同，体质不同，情绪不同，所处环境不同，因此患者的疾病表现、治疗效果也不尽相同。其三，专业性。据了解，培养一名专科医师至少需要 15 年时间。在卫生部《医疗机构诊疗科目名录》中，一级科目有 32 类，二级科目有 130 类。

由于诊疗活动的上述特点，疾病的发生有患者原因，治疗还需患者配合，因此诊疗纠纷不能适用无过错责任。2001 年最高人民法院《关于民事诉讼证据的若干规定》(以下简称《证据规定》)第 4 条第 8 款规定了医疗损害的过错推定责任。医疗损害的过错推定责任实行至今，已经在医学界产生了医疗机构采用保守医疗方案，不利于医学进步的严重后果。因此，《侵权责任法》如何确定医疗损害责任的归责原则引人注目。根据《侵权责任法》第 54 条、第 58 条的规定，医疗损害责任，原则上采用一般过错责任，即医疗机构及其医务人员有过错的，医疗机构才承担赔偿责任，原则上由原告承担诊疗过程中医疗机构及其医疗人员有过错的举证责任；在特殊情况下，即符合第 58 条规定“违反法律、行政法规、规章以及其他有关诊疗规范的规定，隐匿或者拒绝提供与纠纷有关的病历资料，伪造、篡改或者销毁病历资料”的，推定医疗机构有过错，适用过错推定责任，并发生举证责任倒置。至于患者与医院之间的信息不对称问题，应当通过信息交流和信息公开等办法解决，而不是通过举证责任倒置方式解决。《民法典》第 1218 条和第 1222 条承继《侵权责任法》第 54 条和第 58 条的规定，确立医疗损害责任为过错责任和过错推定责任。因此，医疗损害责任的归责原则是过错责任原则。

三、医疗损害责任的构成要件

医疗损害责任应具备以下构成要件：

（一）医疗机构及其医务人员在医疗活动中实施了诊疗行为

诊疗活动是医疗机构及其医务人员借助医学知识、专业技术、仪器设备及药物等手段，为患者提供的检查、诊断、治疗、救治、护理和保健，以维护患者生命、身体、健康所必需的活动。诊疗行为是医疗机构及其工作人员在诊疗活动过程中的作为或不作为。

（二）患者在诊疗活动过程中人身受到损害

医疗机构及其医务人员在诊疗活动过程中对患者的人身造成了损害。如果患者的人身损害不是发生在诊疗活动过程中，或者与诊疗活动不存在因果关系，医疗机构无须承担侵权责任。

（三）医疗机构及其医务人员在实施诊疗行为时存在过错

医疗损害责任是过错责任，受害人应当证明医疗机构及其医务人员存在过错。根据

《民法典》第1218条的规定，患者在诊疗活动中受到损害，医疗机构或者其医务人员有过错的，由医疗机构承担赔偿责任。《民法典》第1219条和第1221条规定了两种医疗过错的判断方法：一是是否尽到病情和医疗措施的说明义务，在此前提下，是否取得患者明确同意；在不能或不宜向患者说明的情况下，是否向患者近亲属尽到病情和医疗措施的说明义务，并取得其明确同意。二是是否违反诊疗义务，即医务人员在诊疗活动中是否尽到与当时的医疗水平相应的诊疗义务。由于诊疗活动的专业性、未知性和结果不确定性等特点，因而过错的证明责任不能完全由没有专业知识的患者来承担，在法律规定的情况下，由医疗机构及其医务人员证明不存在过错，实行过错推定责任。根据《民法典》第1222条的规定，患者在诊疗活动中受到损害，有下列情形之一的，推定医疗机构有过错：违反法律、行政法规、规章以及其他有关诊疗规范的规定，隐匿或者拒绝提供与纠纷有关的病历资料，遗失、伪造、篡改或者违法销毁病历资料。

（四）医疗机构及其医务人员的诊疗行为与损害后果之间存在因果关系

根据《证据规定》第4条第8款的规定，对医疗事故侵权纠纷中的因果关系实行举证责任倒置，即由医疗机构负责证明其诊疗行为与患者损害后果之间不存在因果关系。实行举证责任倒置的前提是在受害人处于弱势的场合，没有办法完全举证证明因果关系要件时，只要原告举证证明到一定程度，就推定违法行为与损害后果之间存在因果关系，然后由被告举证证明自己的行为与损害结果之间没有因果关系。《民法典》并未就医疗机构及其医务人员的诊疗行为与患者的损害结果之间的因果关系进行推定，因此，受害人应当证明诊疗活动与损害之间存在因果关系。

四、医疗机构实施诊疗行为过程中的义务

（一）说明、告知义务

医疗机构的说明、告知义务表现为：医务人员在诊疗活动中应当向患者说明病情和医疗措施，这是医务人员在诊疗活动中一般应尽的义务。除此之外，如果需要实施手术、特殊检查、特殊治疗的，还应当及时向患者说明医疗风险、替代医疗方案等情况，并取得其书面同意。上述说明内容，如果不能或不宜向患者说明，医务人员应当向患者的近亲属说明，并取得其书面同意。医疗机构及其医务人员未尽说明、告知义务造成患者损害的，应当承担赔偿责任。《民法典》之所以较为细致地规定医务人员的说明、告知义务，目的是保障患者的知情权、选择权、同意权的行使。为了更加方便患者行使这三种权利，本书认为，医务人员还应告知诊疗措施、诊疗方案的大致费用，以便当事人基于自己的经济状况选择诊疗方案。

紧急情况下告知义务的例外。《民法典》第1220条规定，因抢救生命垂危的患者等紧急情况，不能取得患者或者其近亲属意见的，经医疗机构负责人或者授权的负责人批准，可以立即实施相应的医疗措施。“不能取得患者或者其近亲属意见”，主要是指患者不能表达自己意志，又无近亲属陪伴，又联系不到近亲属的情况。不包括患者或者其近亲属明确表示拒绝采取医疗措施的情况。

（二）诊疗义务

根据《民法典》第1221条的规定，医务人员在诊疗活动中应当尽到与当时的医疗水平相应的诊疗义务。否则，造成患者损害的，医疗机构应当承担赔偿责任。“尽到与当时的医疗水平相应的诊疗义务”体现了《民法典》确立医务人员的注意义务。医务人员未尽到此义务，表明其主观上存在过错。诊疗义务的最低标准是诊疗行为必须符合医疗卫生管理法律、行政法规、部门规章和诊疗护理规范、常规的有关要求。但并不是说诊疗行为达到最低标准就没有过失，是否有过失的判断标准是医务人员是否“尽到与当时的医疗水平相应的诊疗义务”。现在我国医疗机构进行医疗的过程中存在的一个比较大的问题就是医院的“过度检查”。医疗机构为了尽到相应的诊疗义务，就对患者进行“全面查检”，造成患者医疗费用高昂。针对这种现象，《民法典》第1227条规定，医疗机构及其医务人员不得违反诊疗规范实施不必要的检查。

诊疗活动过程中，医务人员具体注意义务涉及三方面的内容：（1）问诊义务，即问诊是否充分。医务人员仅对患者进行简单询问是不够的，应当对患者的病情、病征等各个方面进行具体而详细的询问；否则，可以认定医务人员未尽注意义务。（2）诊断义务，即医务人员是否尽到与当时医疗水平相应的诊断义务。诊断过程中医务人员的误诊并非都可判定为过失，而是该误诊是否尽到与当时平均医疗水平义务造成的。因为人体生理的复杂性及许多疾病在症状上的相似性常使医务人员难以一次性诊断正确。（3）治疗义务，即医务人员是否尽到与当时医疗水平相应的治疗义务。由于治疗措施本身就有一定的危险性，只有当此种医疗措施无必要或者在施行过程中有严重错误时，方能认定医务人员在治疗时未尽到注意义务。

（三）如实填写、妥善保管和提供病历资料的义务

基于医疗机构及其医务人员的诊疗技术与保护患者隐私的考虑，医疗服务内容和过程是不公开的。因此，记录诊疗内容和诊疗过程的病历资料均由医务人员填写和制作。而病历资料又是医疗侵权诉讼中最为关键的证据，将直接导致医疗侵权诉讼的成败。由于医疗病历资料由医务人员制作，医疗服务内容和过程的不公开性的特点，决定了病历资料应当由医疗机构妥善保管，因此，法律应当在合理限度内赋予患者查阅和复制病历资料的权利，以平衡双方当事人的举证能力。医疗机构履行该义务的关键是病历资料的范围。《医疗机构病历管理规定》对“病历”作了界定：病历是指医务人员在医疗活动过程中形成的文字、符号、图表、影像、切片等资料的总和，包括门（急）诊病历和住院病历。同时，该规定还对“病历资料”作了进一步明确，规定医疗机构可以为申请人复印或者复制的病历资料包括：门（急）诊病历和住院病历中的住院志（入院记录）、体温单、医嘱单、化验单（检验报告）、医学影像检查资料、特殊检查（治疗）同意书、手术同意书、手术及麻醉记录单、病理报告、护理记录、出院记录。病历资料是一系列医学文书资料的总和。从分类上说，病历包括门（急）诊病历和住院病历；从内容上说，病历包括体温单、医嘱单、化验单（检验报告）、医学影像检查资料、手术及麻醉记录单、病理报告、护理记录等一系列医学文书资料。因此，《民法典》第1225条规定，医疗机构及其医务人员应当按照规定填写

并妥善保管住院志、医嘱单、检验报告、手术及麻醉记录、病理资料、护理记录等病历资料。患者要求查阅、复制病历资料的，医疗机构应当提供。

（四）对患者的隐私保密的义务

由于患者的身体缺陷、健康状况、病史与其爱好、婚恋史等私人生活信息一样，构成患者隐私的内容，而医疗机构作为患者的身体缺陷、健康状况、病史了解者和掌握者，未经患者同意不得向外人披露此等私人生活信息。因此，《民法典》第1226条规定，医疗机构及其医务人员应当对患者的隐私保密。泄露患者的隐私和个人信息，或者未经患者同意公开其病历资料，应当承担侵权责任。

五、药品、消毒产品、医疗器械缺陷或者不合格血液输入的责任

《民法典》第1223条规定，因药品、消毒产品、医疗器械的缺陷，或者输入不合格的血液造成患者损害的，患者可以向药品上市许可持有人、生产者、血液提供机构请求赔偿，也可以向医疗机构请求赔偿。患者向医疗机构请求赔偿的，医疗机构赔偿后，有权向负有责任的药品上市许可持有人、生产者、血液提供机构追偿。因药品、消毒药品、医疗器械属于产品范畴，医用产品的缺陷致人损害的侵权责任，可以适用《民法典》有关产品责任的规定。医用产品责任的立法精神与产品责任一致。

医疗机构为患者输入不合格的血液，是否与医用缺陷产品生产者、销售者承担相同的责任，在《侵权责任法》立法过程中存在很大的争议，争议焦点在于“血液”是否属于产品，不合格的血液是否属于“缺陷产品”。由于我国实行无偿献血制度，血液从血站经医疗机构到患者的费用和价格并不是通过商业化运作的，卫生部和发展改革委对于血站向医疗机构供应血液的价格（该价格包括血站采集、储存、分离、检验的费用）有严格控制，并确定了相应的临床用血收费标准，医疗机构按血站供应价格向血站支付费用，留取储血费和配血费，因此，血站向医疗机构提供血液，医疗机构向患者输入血液，均不以营利为目的。血液与以营利为目的的“产品”相比是不相同的。但立法机关考虑到，近年来因输血导致患者受到损害的事例时有发生，为了加强血站和医疗机构的责任感，履行适当的注意义务，将血液视为“产品”，采用拟制的立法技术，让提供血液的血站、输入血液的医疗机构承担与产品生产、销售者相同的法律责任，是立法机构的合理选择。医疗机构承担的产品责任，是不真正的连带责任。

六、医疗机构及其医务人员的合法权益的保护

当前，医患矛盾属于社会关注的焦点问题之一，近年来医疗纠纷明显增多。产生医患矛盾主要有以下几方面的原因：

其一，由于医保制度的普及，老百姓就医看病呈明显上升趋势，门诊及住院量大幅度上升，而医疗机构由于多年来投入不足，导致其医疗条件有限，一时难以满足患者的就医需求，出现各种医患矛盾和纠纷。

其二，部分患者对医学科学期望值过高，认为进了医院如同进了保险箱，个别患者对

有些疾病无法治愈不理解，将矛盾转嫁给医院和医务人员，以致产生医疗纠纷。

其三，长期以来医疗卫生事业投入不足，导致医院不得不注重经济效益挣钱养人，患者对看病难、看病贵的意见很大，对医疗机构产生积怨，借以释放。一些医院管理不到位，制度执行不严，一些医务人员医疗技术水平不高，业务素质及修养缺失，对患者人文关怀不够，缺乏医患沟通。

实践中，解决医疗纠纷的难点主要表现为以下几个方面：

其一，医患双方信息不对称，导致医院取信患者难。医疗服务专业性很强，普通患者及其家属对出现医疗事故的原因无从分辨，不懂得如何取得对自己有利的证据，导致患方一开始就与医方处在完全不对等的位置，其举证和维权处于相对被动的地位。而部分医疗机构也存在为了维护自身利益，利用自身的强势地位，最大限度地减轻医疗责任，隐瞒部分医疗信息，使患方权利难以得到保证，引起患方对医疗机构的不信任，常常导致矛盾激化。

其二，医疗纠纷取证难，导致责任认定难。由于医疗行为具有高度的技术性、专业性和复杂性，医疗行为未知数多，不可控因素多，又因为患者个体差异等因素，除少数事实可以由双方当事人自行认定外，大多数需要经医学鉴定作出。然而，对医疗事故鉴定的公正性一直受到患者的质疑，认为是“老子为儿子鉴定”，导致患者宁肯“医闹”也不信任医疗鉴定的现象发生。

其三，患者对公正解决纠纷缺乏信心，一些患者及其家属不愿按法律程序解决问题。医疗事故处理有协商、调解和诉讼三种途径，但在实际操作中却遇到种种困难。由于医患双方缺乏信任，往往难以通过协商达成协议。由于患方认为卫生行政部门和医疗机构是“父子”关系，对卫生行政部门调解的公正性也存在顾虑，而不愿去调解。由于诉讼时间长、诉讼代理和申请鉴定成本高等原因，无论是患者还是医疗机构，都不倾向用诉讼方式处理纠纷。纠纷发生后，一些患者及其家属不愿按法律程序解决问题，而是采取动员亲属形成群体，一味采用“闹医”“闹访”的办法，甚至存在威胁医疗机构和侮辱、殴打医护人员等过激行为。社会上还存在一种“职业医闹”，哪里出了患者死亡、伤残的事情，他们就去找家属谈揽“生意”，然后纠集一些人找医院闹，闹来赔偿后与家属分成。对于该类事件，政府和卫生、司法部门也往往从维护社会稳定大局出发，本着息事宁人、息诉罢访的原则，采取医疗机构赔偿了事的办法，化解医疗纠纷，一定程度上给社会上造成了医疗纠纷“大闹大解决，小闹小解决”的认识，助长了患者家属闹医、闹访的心理倾向，给医疗单位造成了不同程度的负担。

为了解决这些问题，保障医疗机构及其医务人员的合法权益，《民法典》第 1228 条规定，医疗机构及其医务人员的合法权益受法律保护。干扰医疗秩序，妨害医务人员工作、生活，侵害医务人员合法权益的，应当依法承担法律责任。

七、免责事由

医疗损害责任的免责事由除一般免责事由外，根据《民法典》第 1224 条及其他相关法律法规的规定，还具有以下特殊免责事由：(1)患者或者其近亲属不配合医疗机构进行符合诊疗规范的诊疗;医疗机构或者医务人员也有过错的,应当承担相应的赔偿责任。(2)医务人员在抢救生命垂危的患者等紧急情况下已经尽到了合理的诊疗义务。(3)限于当时的医疗水平难以诊疗。(4)患者病情异常或者患者体质特殊。(5)在现有医学科学技术条件下,发生无法预料或不能防范的不良后果的。

第五节　环境污染与生态破坏责任

一、环境污染与生态破坏责任概述

(一)环境污染与生态破坏责任的概念

环境污染,是指由于人类原因,产生有害成分,引起环境质量下降,从而对特定人的生命健康、财产和其他民事权益造成妨害或损害的行为。环境污染的表现形态可以包括废气污染、废水污染、噪声污染、辐射污染、土壤污染等。

生态破坏是指因人类社会活动引起的生态退化及由此衍生的环境效应,导致生物的生存环境恶化的行为。生态破坏包括生物多样性减少、水土流失、土地荒漠化、气候异常、森林锐减等。生态破坏既可能是污染所致,也可能是非污染所致,如不合理地开发和利用耕地导致土地荒漠化。

环境污染与生态破坏责任,是指侵权人因污染环境、破坏生态造成他人损害,依法应当对损害后果承担的侵权责任。《侵权责任法》仅规定了环境污染责任。[①] 2014 年修订的《环境保护法》增加了破坏生态的侵权行为。为了与之保持一致,《民法典》侵权责任编将环境污染和生态破坏作并列规定。即《民法典》第 1229 条规定,"因污染环境、破坏生态造成他人损害的,侵权人应当承担侵权责任"。

(二)环境污染与生态破坏责任的特征

环境污染与生态破坏责任属于特殊的侵权责任,其特征在于:(1)适用无过错责任原则。只要行为人从事了污染环境、破坏生态的行为,并造成了损害,无论行为人是否存在过错,均应当承担侵权责任。(《民法典》第 1229 条)(2)实行因果关系的举证责任倒置。即只要发生了环境污染和生态破坏致人损害,就首先推定侵权行为与损害之间存在因果关系,由行为人就其行为与损害之间不存在因果关系承担举证责任。(《民法典》第 1230 条)(3)侵权人与第三人负不真正连带责任。为了充分保护被侵权人,确保其能够获得赔偿,《民法典》第 1233 条规定,因第三人过错污染环境、破坏生态造成被侵权人损害的,此时被侵权人既可以向侵权人请求赔偿,也可以向第三人请求赔偿;在侵权人赔偿以后,其有权向第三人追偿。可见,侵权人承担的是一种中间责任,最终责任的承担者为第

① 《侵权责任法》第 65 条规定,"因污染环境造成损害的,污染者应当承担侵权责任"。

三人。

二、环境污染与生态破坏责任的构成要件

环境污染与生态破坏责任属于特殊的侵权责任，适用无过错责任原则。构成环境污染和生态破坏责任，应具备以下条件：

(一)行为人实施了污染环境和破坏生态的行为

行为人实施污染环境和破坏生态的行为是行为人承担环境污染和生态破坏责任的前提条件。污染环境和破坏生态的行为主要表现为向环境排放了污染物或者破坏了生态，如工厂排放未经处理的废水污染了河流、工厂夜间劳作制造噪声、核泄漏释放放射性物质严重危害人体健康等。

为了保护环境，防止生态破坏，我国法律明确要求民事主体在排放污染物时，不得超过国家或地方规定的标准。例如，《中华人民共和国大气污染防治法》第 48 条规定，“违反本法规定，向大气排放污染物超过国家和地方标准的，应当限期治理”。民事主体违反国家标准或地方标准排放污染物的，属于污染环境和破坏生态的侵权行为，自不待言。对于民事主体排污符合国家或地方标准但仍造成损害的情形，由于环境侵权责任采无过错责任原则，对侵权人进行归责的基础在于其从事的活动具有危险性，而不在于其污染环境和破坏生态的行为本身具有违法性。[①] 因此即便行为人没有违反国家排污规定，只要其造成损害后果的，行为人仍然应当承担侵权责任。

(二)存在损害后果

污染环境、破坏生态的损害后果包括了两层含义：一是指行为人污染环境、破坏生态的侵权行为对他人的人身权益和财产权益造成了损害。例如，炼钢厂排放废气造成附近居民罹患呼吸道疾病，工厂排放污水到河流导致养殖户的育苗死亡等。这种情况强调特定的民事主体的权益遭受到了现实损害。另外，污染环境、破坏生态的行为造成他人人身损害，这类损害往往具有潜伏性和隐藏性需要经过一段时间后才会逐渐显露出来。对于这种潜在的损害，也应认为属于人身损害。二是指行为人的侵权行为对生态环境本身造成污染和破坏。如掠夺式利用土地导致耕地退化，对于森林资源的破坏导致沙尘暴加剧，乱捕滥杀导致生物多样性减少等。在这种情况下，遭受损害的是不特定的多数人甚至全人类的共同利益。

(三)行为人的行为与损害后果之间具有因果关系

行为人的行为与损害后果之间具有因果关系，是指侵权行为与损害后果之间具有引起与被引起的客观关系。在污染环境、破坏生态的侵权纠纷中，由于环境污染、破坏生态造成损害具有长期性、复杂性、潜伏性等特点，各国包括我国《民法典》第 1230 条都采用举证责任倒置规则，由侵权人承担对因果关系的举证责任。

但这并不意味着被侵权人对因果关系不用负担任何举证义务。具体来说，在诉讼

---

① 黄薇：《中华人民共和国民法典侵权责任编解读》，中国法制出版社 2020 年版，第 240 页。

中，被侵权人应当首先提供初步证据，证明侵权人的行为与自己所受损害之间存在因果关系的可能性，然后由侵权人举证证明自己的行为与损害后果之间没有因果关系。如果侵权人不能证明其行为与被侵权人所受损害之间不存在因果关系的，则推定行为人的侵权行为与损害后果之间有因果关系，构成环境污染和生态破坏责任。污染者举证证明下列情形之一的，人民法院应当认定其污染行为与损害之间不存在因果关系：其一，排放的污染物没有造成该损害可能的；其二，排放的可造成该损害的污染物未到达该损害发生地的；其三，该损害于排放污染物之前已发生的；其四，其他可以认定污染行为与损害之间不存在因果关系的情形。

案例分析：李某的住宅与某购物中心相隔一条公路，中间无其他遮挡物。购物中心外墙上装有一块LED显示屏，产生的强光直射入李某住宅房间，严重影响李某的正常生活。附近的居民也为此备受困扰。李某遂向法院起诉要求该购物中心承担环境污染和生态破坏的侵权责任。问：购物中心是否应当承担侵权责任？

解答：购物中心外墙设置的LED显示屏产生强光直射入李某住宅，强光已超出一般公众的可容忍范围，严重影响李某的正常生活，属于光污染。购物中心应当承担侵权责任。

三、环境污染与生态破坏责任的责任承担

（一）数人侵权的环境污染和生态破坏责任

1. 数人侵权的环境污染和生态破坏责任的概念

多人实施污染环境和破坏生态行为造成他人损害所引发的侵权责任，即为数人侵权的环境污染和生态破坏责任。

在环境侵权中，如果数个行为人基于共同的意思联络而实施污染环境和生态破坏行为的，则污染环境和破坏生态的共同侵权行为，根据《民法典》第1168条的规定，这些侵权人应当承担连带责任。但是在环境侵权中也常常发生数个行为人并无意思联络，分别独立实施污染环境和破坏生态的行为共同造成了他人损害的情形，如多家化工厂同时往河流排污造成养殖场的鱼类死亡。如果数个行为人分别实施污染环境、破坏生态的行为，造成了同一损害的，且每一个行为人的污染环境、破坏生态行为都足以造成全部损害的，则根据《民法典》第1171条的规定，侵权行为人应承担连带责任。如果数个行为人分别实施污染环境、破坏生态的行为，造成了同一损害的，且每一个行为人的行为都不足以造成全部损害的，则根据《民法典》第1172条的规定，应当承担按份责任：能够确定责任大小的，行为人各自承担相应的赔偿责任；难以确定责任大小的，行为人平均承担赔偿责任。

2. 数个侵权人按份责任的份额确定

在环境污染与生态破坏责任中，不仅要解决数个侵权人的外部责任，还要处理数个侵权人污染环境、破坏生态造成损害的内部责任如何划分的问题。根据《民法典》第1231条的规定，“两个以上侵权人污染环境、破坏生态的，承担责任的大小，根据污染物的

种类、浓度、排放量,破坏生态的方式、范围、程度,以及行为对损害后果所起的作用等因素确定”。因此,在环境污染和生态破坏中,数个侵权人的原因力应综合考量各个因素加以确定,从而正确地划定数个侵权人应承担的责任份额。

(二)污染环境、破坏生态侵权的惩罚性赔偿

《民法典》第 1232 条规定,“侵权人违反法律规定故意污染环境、破坏生态造成严重后果的,被侵权人有权请求相应的惩罚性赔偿”。在环境污染与生态环境破坏责任中引入惩罚性赔偿,严格贯彻了保护生态环境、保护被侵权人合法权益的立法政策,是坚持“绿色原则”的具体体现。

在环境污染与生态破坏责任中适用惩罚性赔偿,应具备以下条件:第一,侵权人违反法律规定实施了污染环境、破坏生态的行为。即侵权人违反关于污染指标、排放量、排放方式、开发方式等强制性法律规范。惩罚性赔偿不同于普通环境侵权,具有惩罚功能,其赔偿数额更高,因此其构成要件应当更为严格。企业的排污行为只要符合国家环境行政法律法规的要求,就不能适用惩罚性赔偿。第二,侵权人主观具有故意。惩罚性赔偿针对的是恶意侵权,只惩罚主观上故意的侵权行为。这里的“故意”主要体现为侵权人明知国家有关生态保护的禁止性规定,而无视、恶意规避或者曲解此种规定从事污染环境、破坏生态的行为。第三,造成严重后果。这是指行为人污染环境、破坏生态的侵权行为已经造成环境污染、生态破坏,或者存在重大环境安全隐患以及产生重大不良社会影响,或者造成他人严重的人身损害或致使公私财产遭受巨额损失。第四,须被侵权人提出请求。惩罚性赔偿只能基于当事人的请求而产生,而非由法院依职权作出。

(三)造成生态环境损害的特殊责任

1. 生态环境损害修复责任

生态环境损害修复责任,是指在生态环境能够修复的情况下,侵权人承担的通过重建、修补生态环境以及使其恢复原有生态功能的一种侵权责任方式。《民法典》第 1234 条规定,“违反国家规定造成生态环境损害,生态环境能够修复的,国家规定的机关或者法律规定的组织有权请求侵权人在合理期限内承担修复责任。侵权人在期限内未修复的,国家规定的机关或者法律规定的组织可以自行或者委托他人进行修复,所需费用由侵权人负担”。

构成生态环境损害修复责任,应具备以下条件:(1)违反国家规定造成生态环境损害。所谓违反国家规定,是指违反国家有关环境、生态保护的法律、国家政策、行政法规、部门规章和地方规定,以及基于此等规定制定的具体排放标准等。这里的“生态环境损害”并非是指私益损害,而是指生态环境利益受损,这属于社会公共利益的损害。例如,珍稀自然资源的供给锐减、土地荒漠化、空气污染、河流污染等。(2)行为人违反国家规定污染环境、破坏生态的行为与生态环境损害之间具有因果关系。(3)生态环境损害具备修复的可能性。只有可以通过修复等治理手段救济的生态环境损害案件,才能适用生态环境损害修复责任。如果环境污染和生态破坏特别严重,无法通过修复使生态环境达到未被污染和破坏之前的水平的,则不能用生态环境损害修复责任。

2. 生态环境损害赔偿责任

生态环境损害赔偿责任，是指在侵权人实施污染环境、破坏生态的行为造成生态环境损害的，国家规定的机关或者法律规定的组织有权请求侵权人承担赔偿责任。《民法典》第 1235 条规定，违反国家规定造成生态环境损害的赔偿范围包括：(1)生态环境受到损害至修复完成期间服务功能丧失导致的损失；(2)生态环境功能永久性损害造成的损失；(3)生态环境损害调查、鉴定评估等费用；(4)清除污染、修复生态环境费用；(5)防止损害的发生和扩大所支出的合理费用。

四、环境污染和生态破坏责任的抗辩事由

《民法典》第 1230 条规定，"因污染环境、破坏生态发生纠纷，行为人应当就法律规定的不承担责任或者减轻责任的情形及其行为与损害之间不存在因果关系承担举证责任"。环境污染和生态环境破坏责任的抗辩事由包括免责事由和减责事由。

(一)免责事由

1. 不可抗力

不可抗力是环境污染和生态破坏责任的免责事由之一。例如，《水污染防治法》第 96 条第 2 款规定，除了法律另有规定以外，由于不可抗力造成水污染损害的，排污方不承担赔偿责任。《海洋环境保护法》第 116 条也规定，因发生不可抗拒的自然灾害或者发生战争行为，相关责任者经过及时采取合理措施，仍然不能避免对海洋环境造成污染损害的，可以免予承担责任。

2. 受害人故意

在环境污染和生态破坏责任中，如果损害后果是由于受害人故意所导致，则意味着受害人的行为是损害发生的直接原因，因此侵权人无须担赔偿责任。例如，《水污染防治法》第 96 条第 3 款第 1 句规定，"水污染损害是由受害人故意造成的，排污方不承担赔偿责任"。

3. 第三人的过错

在侵权责任中，当损害后果是因第三人的过错造成之时，通常由第三人承担侵权责任，而侵权人则可以免除责任。但是这一规则并不能适用于环境污染和生态破坏责任。根据《民法典》第 1233 条的规定，"因第三人的过错污染环境、破坏生态的，被侵权人可以向侵权人请求赔偿，也可以向第三人请求赔偿。侵权人赔偿后，有权向第三人追偿"。可见，在因第三人的过错污染环境、破坏生态的情况下，侵权人并不能免责，其与第三人承担了不真正连带责任。侵权人向被侵权人承担赔偿责任以后，其可以向第三人追偿。

(二)减责事由

受害人对损害后果的发生或者扩大具有重大过失的，可以减轻侵权人的赔偿责任。例如，《水污染防治法》第 96 条第 3 款规定，"水污染损害是由受害人重大过失造成的，可以减轻排污方的赔偿责任"。

（三）举证责任

根据《民法典》第1230条的规定，侵权人要想免除或者减轻责任，应当满足两个条件：第一，侵权人应证明自己的行为符合法定的免责或减轻责任的情形；第二，侵权人应证明自己的行为与损害之间不存在因果关系。

第六节　高度危险责任

一、高度危险责任概述

（一）高度危险责任的概念与特征

高度危险责任，是指因从事高度危险作业造成他人损害时，应当承担的侵权责任。我国《民法典》采用专章（第八章）共九个条文对高度危险责任作了基本规定，与铁路法、民用航空法、电力法、核安全法等有关高度危险作业的单行法，共同架构了我国关于高度危险责任的法律体系。

高度危险责任具有以下几个特征：(1)行为人从事的活动或者管理的物品对周围环境具有高度危险性。行为人从事的危险活动和管理的危险物对周围环境的危险性已经超过了公认的一般危险。同时，这种危险转变为现实损害的可能性很大，即便采取安全措施并尽到相当的注意义务也无法避免。例如，易燃易爆物品，剧毒、放射性物品，高速运输工具等造成他人损害的概率很大。(2)适用无过错责任原则。即不考虑行为人是否具有过错，只要其从事高度危险作业造成他人损害的，就应当承担侵权责任。(3)高度危险责任主体具有多元性。在高度危险责任致人损害中，法律根据各种不同的情形对高度危险责任进行类型化规定。在不同类型的高度危险责任中，责任主体各不相同。例如，所有人、管理人、占有人、使用人等。(4)责任具有受限性和分散性。高度危险责任的高度危险性、行为的无过错性以及损害后果的严重性决定了需要对受害人给予特殊保护，但是过分地加重侵权行为人的责任也不利于社会经济和技术的发展进步。因此，为了实现两方利益的平衡，法律往往通过实行责任限额制度和责任保险制度来限制、分散侵权行为人的责任。①

（二）高度危险责任的归责原则

高度危险作业造成他人损害的，应当承担无过错责任，这是世界各国普遍的做法。我国对高度危险责任也采行无过错责任原则，即只要行为人从事高度危险作业造成他人人身、财产损害的，无论行为人是否有过错，都要承担侵权损害赔偿责任。《民法典》第

---

① 最高人民法院民法典贯彻实施工作领导小组：《中国民法典适用大全·侵权责任卷（二）》，人民法院出版社2022年版，第717页。

1236 条规定，“从事高度危险作业造成他人损害的，应当承担侵权责任”。

我国对在高度危险作业领域确立无过错责任，主要理由在于：(1)开启高度危险者应当承受其风险。(2)高度危险作业者具有一定的控制危险的能力。(3)高度危险作业者从相关活动中获得利益，理应承担该活动所带来的相关风险和损害。(4)高度危险作业者通常可以通过价格机制和责任保险分散风险。(5)被侵权人在高度危险责任中存在巨大的证明困难，由高度危险作业者承担无过错责任，有利于减轻被侵权人的举证责任，保护被侵权人。①

(三)无过错责任的限额赔偿

《民法典》第 1244 条规定，“承担高度危险责任，法律规定赔偿限额的，依照其规定，但是行为人有故意或者重大过失的除外”。这是我国关于高度危险责任的限额赔偿的基本规定。我国目前主要在航空、铁路和核事故中规定了高度危险责任赔偿限额。(1)国内航空事故赔偿限额。例如，《国内航空运输承运人赔偿责任限额规定》第 3 条规定，对每名旅客的赔偿责任限额为人民币 40 万元；对每名旅客随身携带物品的赔偿责任限额为人民币 3000 元；对旅客托运的行李和对运输的货物的赔偿责任限额，为每公斤人民币 100 元。(2)铁路交通事故赔偿限额。例如，《铁路交通事故应急救援和调查处理条例》第 33 条规定，对每名铁路旅客人身伤亡的赔偿责任限额为人民币 15 万元，对每名铁路旅客自带行李损失的赔偿责任限额为人民币 2000 元。(3)民用核设施发生核事故的赔偿限额。《国务院关于核事故损害赔偿责任问题的批复》第 7 项规定，核电站的营运者和乏燃料贮存、运输、后处理的营运者，对一次核事故所造成的核事故损害的最高赔偿额为 3 亿元人民币；其他营运者对一次核事故所造成的核事故损害的最高赔偿额为 1 亿元人民币。核事故损害的应赔总额超过规定的最高赔偿额的，国家提供最高限额为 8 亿元人民币的财政补偿。

二、高度危险责任的构成要件

(一)行为人从事了高度危险作业

高度危险作业，是指一切对周围环境产生高度危险的作业形式，既包括从事对周围环境具有高度危险的活动，也包括对高度危险场所或区域的管控，还包括占有与管理对周围环境造成危险的物品。《民法典》第 1236 条所讲的“高度危险作业”，在内涵上包括了营运民用核设施、营运民用航空器和从事高空、高压、地下挖掘活动等高度危险活动，以及占有、使用易燃、易爆、剧毒、高放射性、强腐蚀性等高度危险物的行为。一般而言，构成高度危险作业应符合以下条件：第一，作业本身对周围环境具有高度的危险性。第二，高度危险作业人即使尽最大的注意和谨慎义务，也不能完全避免侵害的发生。第三，不考虑高度危险作业人对造成他人损失是否存在过错。

① 张新宝：《中华人民共和国民法典侵权责任编理解与适用》，中国法制出版社 2020 年版，第 287 页。

（二）造成他人损害

这里的“他人”是指除了侵权人以外的其他人。侵权人的工作人员、雇员等不属于“他人”，其在具体操作高度危险作业中受到损害的，并不适用高度危险责任。高度危险作业致人损害，既包括人身损害，也包括财产损害。由于高度危险作业本身具有高度危险性，容易造成某个范围内的多人的人身、财产的损害，而且造成的损害往往比较严重，因此为了保障相关高度危险作业的正常开展，法律往往就经营者的赔偿责任设置了最高赔偿限额。①

（三）高度危险作业与他人的损害之间存在因果关系

高度危险作业与他人损害之间须有因果关系，才构成高度危险责任。在高度危险责任中，致害行为与损害后果之间的因果关系往往比较明显，法律并没有对此类责任实行举证责任的迫切性，因此这种因果关系原则上应当由被侵权人承担举证责任。如果被侵权人不能证明因果关系存在，则无权请求行为人（危险作业人）承担侵权责任。但是，在一些高度危险作业中，致害行为与损害后果之间的因果关系并非显而易见，如民用核设施致人损害。在核事故发生时，核辐射是无形的，其能够导致损害的发生是确定的，但是究竟造成了多大范围的损害却是难以确定的。由于核辐射通常伴随着环境污染和生态破坏，因此在民用核设施致害案件中应综合考虑《民法典》中关于污染环境侵权责任的相关规定，如果既构成环境污染和生态破坏责任又构成高度危险责任的，则基于保护被侵权人的政策考量，这两种责任中各自对于被侵权人的保护规定，可以一并适用。

三、高度危险责任的责任承担

（一）责任主体

高度危险责任的主体一般都是对相关危险具有控制能力，或者能够从保有危险物或者从事危险活动中获得一定利益。对于高度危险责任的责任主体，《民法典》首先笼统规定从事高度危险作业的作业人是承担高度危险责任的主体，同时根据高度危险责任的不同类型规定了不同的责任主体。具体来说，第一，在高度危险物品责任中，责任主体为高度危险物的所有人、管理人、使用人、占有人、非法占有人等。（《民法典》第 1239 条、第 1241 条、第 1242 条）第二，在高度危险活动致害责任中，责任主体是该危险活动的经营者，如民用航空器致害责任的责任主体是民用航空器的经营者。（《民法典》第 1238 条）第三，在高度危险区域致害责任中，责任主体是该危险区域的管理人。（《民法典》第 1243 条）

（二）责任方式

承担高度危险责任的方式包括：(1)停止侵害。对于正在进行的危险活动，被侵权人有权请求高度危险作业人停止侵害。(2)消除危险。高度危险作业本身对周围环境具有

① 王利明：《民法学精论》（下），中国检察出版社 2022 年版，第 2071 页。

高度危险性，如核电站出现泄漏、高压输电电缆落地等。这种危险性对特定区域内的人群的人身安全和财产安全产生极大的威胁，因此被侵权人可以请求高度危险作业人采取相应措施消除危险。(3)损害赔偿。高度危险作业致人损害的，高度危险作业人应当对被侵权人所遭受的损害，承担损害赔偿责任。然而，为了保障正常的高度危险作业的可持续发展，大多数国家都会设置最高赔偿限额。在我国，《民法典》规定了高度危险责任赔偿限额的一般条款(第 1244 条)，再由《海商法》《民用航空法》《国内航空运输承运人赔偿责任限额规定》等单行法律或法规对赔偿责任限额作出具体规定。

四、高度危险责任的抗辩事由

高度危险责任是无过错责任，一般的抗辩事由并不适用。根据法律规定，高度危险责任可适用的特殊抗辩事由主要有以下几个：

(一)不可抗力

不可抗力作为高度危险责任的免责事由，根据《民法典》的规定，主要适用于民用核设施或者核材料致人损害(第 1237 条)、高度危险物致人损害(第 1239 条)和从事高空、高压、地下挖掘活动或者使用高速轨道运输工具致人损害(第 1240 条)。如果高度危险作业人能证明损害的发生是由于不可抗力所导致的，则不需要承担侵权责任。需要注意的是，在民用核设施或者核材料致害责任的情况下，作为抗辩事由的不可抗力仅包括因战争、武装冲突、暴乱等情形，而在高度危险物致害责任与从事高空、高压、地下挖掘活动或者使用高速轨道运输工具致害责任中，作为抗辩事由的不可抗力是指一切不能预见、不能避免并不能克服的客观情况。

(二)受害人故意

受害人故意是指受害人明知将因其行为而遭受损害却追求或者放任此种损害的发生。《民法典》第 1237 条至第 1240 条规定了受害人故意是高度危险责任的免责事由。具体来说，包括民用核设施或者核材料致人损害(第 1237 条)、民用航空器致人损害(第 1238 条)、高度危险物致人损害(第 1239 条)和从事高空、高压、地下挖掘活动或者使用高速轨道运输工具致人损害(第 1240 条)。在前述情况下，如果高度危险作业人能够证明损害是由于受害人故意所导致的，则其可以免除侵权责任。

(三)法律的其他规定

《民法典》第 1243 条规定了高度危险区域致害责任的抗辩事由。即受害人未经许可进入高度危险活动或者高度危险物存放区域受到损害，管理人已经采取足够安全措施并尽到充分警示义务的，则管理人可以减轻或者不承担责任。

(四)高度危险责任的过失相抵

过失相抵是指当受害人对于损害的发生或扩大也有过错时，依法减轻或免除赔偿义务人的损害赔偿责任。根据《民法典》的规定，可以适用过失相抵的情形主要有两种：一是高度危险物致人损害(《民法典》第 1239 条)；二是从事高空、高压、地下挖掘活动或者使用高速轨道运输工具致人损害(《民法典》第 1240 条)。在前述情况下,如果被侵权人对损害的发生有重大过失的,则可以适用过失相抵,减轻相关高度危险作业人的责任。

五、各种具体的高度危险责任的类型

(一)民用核设施致害责任

《民法典》第 1237 条规定,“民用核设施或者运入运出核设施的核材料发生核事故造成他人损害的,民用核设施的营运单位应当承担侵权责任;但是,能够证明损害是因战争、武装冲突、暴乱等情形或者受害人故意造成的,不承担责任”。所谓民用核设施,就是非军用的核能设施,是指经国家有关部门批准,为和平目的而建立的核设施,如核热电厂、核供汽供热厂、核燃料生产设施等。核材料是指能产生裂变或聚变核反应并释放出巨大核能的物质,如铀-235 材料及其制品等。

民用核设施致害责任的构成,应具备以下条件:第一,民用核设施或者运入运出核设施的核材料发生核事故。即民用核设施单位从事了两种高度危险作业:一是营运核设施;二是运入运出核材料。第二,造成他人损害。第三,营运民用核设施或者运入运出核设施的核材料与他人损害之间具有因果关系。法律没有对此实行因果关系推定,被侵权人应对因果关系承担举证责任。

民用核设施致害责任的责任主体为民用核设施的营运单位。在民法意义上,单位包括法人和非法人组织。在我国从事核设施营运和核材料运入运出的只能是依法取得法人资格的单位。

民用核设施致害责任适用无过错责任原则。然而,为了避免民用核设施的营运单位因承担无过错责任而导致赔偿责任负担过重,《民法典》第 1244 条对高度危险责任的最高赔偿限额作了指引性规定,“承担高度危险责任,法律规定赔偿限额的,依照其规定,但是行为人有故意或者重大过失的除外”。《国务院关于核事故损害赔偿责任问题的批复》第 7 条规定,“核电站的营运者和乏燃料贮存、运输、后处理的营运者,对一次核事故所造成的核事故损害的最高赔偿额为 3 亿元人民币;其他营运者对一次核事故所造成的核事故损害的最高赔偿额为 1 亿元人民币”。如果民用核设施的营运单位对损害的发生有故意或重大过失,则不适用法律规定的赔偿限额,应当赔偿被侵权人的全部损失。

(二)民用航空器致害责任

《民法典》第 1238 条规定,“民用航空器造成他人损害的,民用航空器的经营者应当承担侵权责任;但是,能够证明损害是因受害人故意造成的,不承担责任”。所谓民用航空器,是指除用于执行军事、海关、警察飞行任务外的航空器,如专门从事旅客和货物运输的航空器,以及从事工业、农业、林业、抢险救灾、气象探测等通用航空的航空器。

民用航空器致害责任,是指民用航空器的运营造成他人损害时,民用航空器的经营者依法应当承担的侵权责任。民用航空器致害责任主要包括两种情形:一是民用航空器在运输旅客、货物过程中,对所载运的旅客、货物造成损害的侵权责任;二是民用航空器对地面第三人造成损害的侵权责任。

民用航空器致害责任的构成，应具备以下条件：第一，经营民用航空器并发生了事故。第二，他人受到损害。需要注意的是，航空器上的工作人员并不属于这里的“他人”，航空器上的工作人员的损害应当根据工伤事故责任或者雇佣关系处理。第三，事故与损害之间存在因果关系。即造成他人损害的事故如果是发生在民用航空器使用中，则一般可以认定该事故与损害之间具有因果关系。根据民用航空法的规定，主要有三种情形：(1)在从事公共运输航空中，造成旅客人身伤亡或者随身携带物品毁损的事故发生在民用航空器上或者在旅客上、下民用航空器过程中。(2)在从事公共运输中，造成旅客的托运行李毁损的事故是发生在航空运输期间。所谓“航空运输期间”，是指在机场内、民用航空器上或者机场外降落的任何地点，托运行李、货物处于承运人掌管之下的全部期间。(3)民用航空器或者从民用航空器上落下的人或物对地面第三人造成损害，事故是发生在民用航空器飞行中。这里的“飞行中”是指自民用航空器为实际起飞而使用动力时起至着陆冲程终了时止。如果地面第三人所受损害并不是造成损害事故的直接后果，或者所受损害仅是民用航空器依照国家有关的空中交通规则造成的，受害人无权要求赔偿。

民用航空器致害责任的责任主体是民用航空器的经营者，因为其既是导致危险产生的根源，也是民用航空器营运的获利者。民用航空器的经营者主要包括从事运输旅客、货物运输的承运人和从事通用航空的民用航空器使用人。

民用航空器的经营者承担的是无过错责任，只要民用航空器造成他人损害的，民用航空器的经营者就应当承担侵权责任。但是，如果经营者能够证明损害是因受害人故意造成的，则经营者对该受害人无须承担侵权责任。

(三)高度危险物致害责任

高度危险物致害责任，是指占有或使用高度危险物造成他人损害时，占有人或者使用人依法应当承担的侵权责任。所谓高度危险物，是指超出通常物品在物理、化学、生物性质方面对他人的人身和财产具有特别危险性的、受到国家有关部门特别严格管制的物品。因此，高度危险物不仅仅涉及易燃、易爆、剧毒、高放射性、强腐蚀性、高致病性的物品，还包括其他对人身和财产产生高度危险性的物品。

高度危险物致害责任的构成，应具备以下条件：第一，行为人占有或者使用高度危险物。这里的“占有”和“使用”包括生产、装卸、储存、运输、保管高度危险物品以及将高度危险物品作为原料或者工具进行生产等行为。第二，他人受到损害。这里的“他人”是指高度危险物的占有人、使用人之外的其他人。第三，行为人占有或者使用高度危险物与他人损害之间具有因果关系。如果他人的损害由于自然界中天然存在的具有高度危险性的物品导致的，则无法成立高度危险物致害责任。因果关系的举证责任由被侵权人来承担。

高度危险物致害责任的责任主体开启了对周围环境的危险源，占有人或者使用人有义务高度注意，采取安全保障措施，避免危险物对他人造成损害。高度危险物致害责任的主体主要包括占有人、使用人、所有人、管理人和非法占有人。对此，《民法典》分不同的情况作出规定：(1)原则上，高度危险物的占有人、使用人是高度危险物致害责任的主体。(《民法典》第1239条)这里的"占有"应是指合法占有。(2)在遗失或抛弃高度危险物造成他人损害的情况下,由所有人承担侵权责任;所有人将高度危险物交由他人管理的,由管理人承担侵权责任;所有人有过错的,与管理人承担连带责任。(《民法典》第1241条)(3)在非法占有高度危险物造成他人损害的情况下,由非法占有人承担侵权责任。如果所有人、管理人不能证明对防止非法占有尽到高度注意义务的,与非法占有人承担连带责任。(《民法典》第1242条)

高度危险物致害责任适用无过错责任原则,只要高度危险物致人损害的,相关责任主体就应当承担侵权责任。这里的"侵权责任"不仅包括赔偿损失,还包括事故发生之前消除危险,以及事故发生之后迅速采取有效措施,如组织抢救、防止事故扩大、减少人员伤亡和财产损失等。《民法典》第1239条还规定了高度危险物致害责任的抗辩事由。在占有或者使用高度危险物致人损害时,占有人或者使用人能够证明损害是因受害人故意或者不可抗力造成的,则不承担侵权责任;在高度危险物占有人或者使用人已经尽到注意义务的前提下,受害人有重大过失的,可以减轻占有人或者使用人的责任。

(四)高度危险活动致害责任

高度危险活动致害责任,是指从事高空、高压、地下挖掘或者使用高速轨道运输工具造成他人损害时,高度危险活动的经营者依法应当承担的侵权责任。《民法典》第1240条规定,"从事高空、高压、地下挖掘活动或者使用高速轨道运输工具造成他人损害的,经营者应当承担侵权责任;但是,能够证明损害是因受害人故意或者不可抗力造成的,不承担责任。被侵权人对损害的发生有重大过失的,可以减轻经营者的责任"。

高度危险活动致害责任的构成,应具备以下条件:第一,经营者从事高空、高压、地下挖掘活动或者使用高速轨道运输工具进行营运活动。所谓高空作业是指超过正常的高度进行的作业,如高空安装广告牌、对高层建筑进行清洁等。民用航空器不属于高空作业,在民用航空器飞行中因坠落物造成地面人损害的,适用民用航空器致害责任的相关规则。高压作业主要包括以高压制造、储藏、运送电力、液体、煤气等。地下挖掘是指在地下进行的具有高度危险的施工活动,如地下掘井、挖掘隧道、挖掘地铁等。高速轨道运输工具是具有高度危险性的运输活动,包括铁路、城铁、有轨电车等通过轨道高速行驶的交通运输工具。第二,他人受到损害。这里的"他人"是指经营者之外的人。经营者的员工不属于"他人",其在工作中受到损害的,应按照工伤事故或者雇佣关系处理。第三,高空、高压、地下挖掘活动或者使用高速轨道运输工具进行营运活动与他人的损害之间存在因果关系。即他人的损害是由于经营者从事高空、高压、地下挖掘活动或者使用高速轨道运输工具进行营运活动造成的。

高度危险活动致害责任的责任主体为经营者。具体来说,(1)在高空作业致人损害中,责任人应为作业人。(2)在高压作业致人损害中,责任主体应为电力设施的产权人,包括电力设施的所有人和管理人。(3)在地下挖掘致人损害中,责任主体为从事地下挖掘活动的作业单位。(4)在高速轨道运输工具致人损害中,责任主体为从事高速轨道运输的运输企业。

高度危险活动致害责任适用无过错责任，只要经营者从事高空、高压、地下挖掘活动或者使用高速轨道运输工具造成他人损害的，就应当承担侵权责任。但是，经营者可以通过证明损害是因受害人故意或者不可抗力造成的，从而主张不承担责任；或者证明被侵权人对损害的发生有重大过失，从而主张减轻责任。

(五)高度危险区域致害责任

高度危险区域致害责任，是指被侵权人未经许可进入高度危险活动的区域或者存放高度危险物品的区域而受到损害的，高度危险区域的管理人应当承担的侵权责任。《民法典》第1243条规定，"未经许可进入高度危险活动区域或者高度危险物存放区域受到损害，管理人能够证明已经采取足够安全措施并尽到充分警示义务的，可以减轻或者不承担责任"。

高度危险区域致害责任的构成，应具备以下条件：第一，被侵权人未经许可进入高度危险活动的区域或者存放高度危险物品的区域。高度危险区域具有高度危险性，如果未经许可擅自进入该区域，就极可能导致损害的发生。任何合法的或者受到明示、默示许可的"进入"，以及难以判断是否有权进入情况下的"进入"，都不属于"未经许可进入"的情形。[①] 第二，被侵权人受到损害。第三，管理人未尽到相当注意义务。管理人对高度危险区域具有一定的管理和控制能力，法律要求管理人应当采取足够安全措施，尽到充分的警示义务。管理人违反前述义务的，应承担侵权责任。

高度危险区域致害责任适用无过错责任，但是被侵权人未经许可进入高度危险活动的区域或者存放高度危险物品的区域，就说明被侵权人本身存在过错。为了平衡两方的利益，法律同时也规定了高度危险区域致害责任中责任主体的抗辩事由：管理人如果能够证明已经采取足够安全措施并尽到充分警示义务的，可以减轻或者不承担责任。(《民法典》第1243条)

第七节 饲养动物损害责任

一、饲养动物损害责任概述

(一)饲养动物损害责任的概念和特征

饲养动物损害责任是指动物饲养人或管理人因自己饲养的动物造成他人损害时所应当承担的侵权责任。饲养的动物本身具有一定的危险性，可能给他人的人身和财产安全造成损害。我国《民法典》以专章(第九章 饲养动物损害责任)的方式对饲养动物损害

---

① 张新宝：《中华人民共和国民法典侵权责任编理解与适用》，中国法制出版社2020年版，第314页。

责任作出了详细的规定，有助于更好地规范饲养动物的行为，落实饲养人和管理人的法律义务和责任，培养人们文明饲养动物的意识，防止饲养动物给他人造成损害。

饲养动物损害责任具有以下特点：第一，致害动物是饲养的动物。即处于人的饲养、管束之下的动物均属于饲养的动物，如家养的猫狗、家禽，动物园中的动物等。因野生动物造成人身、财产损害的，不属于此处的饲养动物损害责任。第二，责任形态为对物的替代责任，而非是对自己行为的责任。饲养动物致人损害是动物本身造成的，而不是由人的侵权行为所导致的。饲养动物损害责任实际上是责任人对自己管领下的动物所致损害所负有的侵权损害责任。第三，饲养动物损害责任属于特殊侵权责任，原则上适用无过错责任，在法律有特别规定的情况下适用过错推定责任。

（二）饲养动物损害责任的归责原则

根据饲养动物致人损害的不同情形，《民法典》规定了不同的归责原则：第一，无过错责任。根据《民法典》第 1245 条的规定，原则上饲养动物只要给他人造成了损害，无论动物饲养人或者管理人是否存在过错，都应当承担侵权责任。但是，如果动物饲养或者管理人能够证明损害是因被侵权人故意或重大过失造成的，那么动物饲养人或者管理人可以提出抗辩，主张免于承担责任或者减轻责任。对饲养动物损害责任适用无过错责任原则，有助于督促动物的饲养人或者管理人尽到注意义务，采取防范措施，保护公众的安全。[①] 第二，严格的无过错责任。《民法典》第 1246 条和第 1247 条规定了在两种情形下，动物饲养人或者管理人应当承担非常严格的无过错责任：(1)违反管理规定，未对动物采取安全措施造成他人损害的。(2)禁止饲养的烈性犬等危险动物造成他人损害的。这两类责任中的动物饲养人或者管理人的抗辩事由受到更为严格的限制：首先，动物饲养人、管理人没有任何抗辩事由；其次，即便被侵权人有重大过失，也不能减轻动物饲养人或者管理人的责任。(3)过错推定责任原则。根据《民法典》第 1248 条的规定，在发生了动物园饲养的动物致人损害之时，首先推定动物园具有过错，由动物园承担侵权责任；如果动物园能够证明其已尽到管理职责，则不用承担侵权责任。

二、饲养动物损害责任的构成要件

（一）饲养的动物致人损害

饲养动物损害责任中，致害的动物须为饲养的动物。野生动物资源属于国家所有，所以野生动物致人损害的情况下一般由国家来承担赔偿。所谓“饲养的动物”一般是指能为某人所有、占有、管理、控制的动物。实践中常见的造成他人损害的动物有以下几类：第一，家庭饲养的家畜和家禽，如猪、牛、羊、狗、鹅等；第二，动物园饲养的动物，如狮子、老虎、豹、熊、鳄鱼等；第三，供实验或为经济目的饲养的动物，如农场的奶牛、为获取蜂蜜饲养的蜜蜂、作为实验对象的老鼠等。需要注意的是，饲养动物是合法还是非法，并不影响饲养动物损害责任的成立。

---

① 黄薇：《中华人民共和国民法典侵权责任编解读》，中国法制出版社 2020 年版，第 299 页。

（二）他人遭受了损害

饲养动物给他人造成的损害既包括人身伤亡，也包括财产损害。前者如家养的犬只咬伤、撞伤他人，后者如饲养的牛跑到他人的菜园中踩烂或啃食蔬菜。

饲养动物致人损害应是基于动物的本能行为所致。动物本身具有一定的危险性，脱离了人的管理和控制会对他人造成损害。基于动物自身的、本能行为造成他人损害的，才能构成饲养动物损害责任。如果动物是在人的驾驭、支配下致人损害的，此时动物只是被人当作是一种侵权工具使用，应当属于人为加害，应按照一般侵权行为处理。

（三）饲养动物的加害行为与他人损害之间具有因果关系

饲养动物损害责任要求饲养动物的加害行为与损害事实之间应具有因果关系，否则被侵权人无权请求动物饲养人或者管理人承担侵权损害赔偿责任。

在饲养动物损害责任中，因果关系通常采相当因果关系规则。即判断相关行为在通常情况下足以产生相关的损害后果。[①] 例如，狗追人，被追者因为恐慌在逃跑过程中不慎跌倒摔伤。虽然在此情形中狗并没有直接接触受害者，但是因其追赶、逼近等危险动作导致受害人摔伤，可以认定其与受害人的损害之间存在相当因果关系。

三、饲养动物损害责任的责任承担

（一）责任主体

关于饲养动物致人损害的责任主体，比较法上的规定虽然各不相同，但是它们都贯彻了民法理论上的一个原则，就是物的所有者或占有者对其支配下的物品所造成的损害要承担赔偿责任。[②]因此，在饲养动物致人损害中，责任主体与饲养或管理的动物之间往往存在着现实的占有、支配及利益关系。我国《民法典》将动物的饲养人或管理人确定为饲养动物损害的责任主体。动物的饲养人通常是指动物的所有人，包括单独所有人或共有人；而动物的管理人是指动物所有人之外的对动物进行实际控制与管理的人，如动物园的动物致人损害，责任主体为动物园。

在实践中，出现不少非法占有他人饲养动物的情况，如偷盗他人饲养的犬只，据为己有。在非法占有期间动物致人损害的，应当由非法占有人承担侵权责任。因为此时非法占有人是能够实际控制和管束动物的人，应当认定为是《民法典》第1245条所称的"管理人"。

（二）饲养动物损害责任的具体类型

1. 违反规定未采取安全措施的饲养动物损害责任

《民法典》第1246条规定，"违反管理规定，未对动物采取安全措施造成他人损害的，动物饲养人或者管理人应当承担侵权责任；但是，能够证明损害是因被侵权人故意造成的，可以减轻责任"。由于某些饲养动物本身具有较大的危险性，可能会给他人造成严重的人身和财产损害，因此管理规定会要求对其采取安全措施。例如，饲养动物容易罹患

---

① 王利明：《民法学精论》（下），中国检察出版社2022年版，第2106页。

② 车辉、李敏、叶名怡：《侵权责任法理论与实务》，中国政法大学出版社2012年版，第251页。

疫病，造成人畜共患传染病传播，影响公共卫生安全和人体健康，《中华人民共和国动物防疫法》就针对动物防疫活动的管理，预防、控制、净化、消灭动物疫病作出了详细的规定。如果相关管理规定没有安全措施要求，或者饲养人或管理人已按照管理规定采取了安全措施的，则不能构成《民法典》第 1246 条的违反规定未采取安全措施的饲养动物损害责任，而应当按照《民法典》第 1245 条的一般的饲养动物损害责任处理。

根据《民法典》第 1246 条的规定，违反规定未对动物采取安全措施的饲养动物损害责任，适用的是严格的无过错责任原则。在动物饲养人或管理人违反管理规定未对动物采取措施的情况下，只要动物造成他人损害，饲养人或管理人就要承担侵权责任，即使损害是因被侵权人故意造成的情况下也不能免责。

2. 禁止饲养的危险动物损害责任

《民法典》第 1247 条规定，“禁止饲养的烈性犬等危险动物造成他人损害的，动物饲养人或者管理人应当承担侵权责任”。根据本条规定，禁止饲养的危险动物的饲养人或管理人应承担“最严格的无过错责任”，没有任何的抗辩事由可以援引，只要禁止饲养的危险动物造成他人损害，动物饲养人或者管理人就应当承担侵权责任。也就是说，即使损害是因被侵权人的故意或重大过失造成的，饲养人或管理人仍应当对被侵权人的损失承担全部赔偿责任。

烈性犬等危险动物会对人民群众的人身安全和财产安全构成极大的威胁，一般而言，相关管理规定都会对禁止饲养的危险动物进行专门的规定。饲养人或管理人违反管理规定，饲养禁止饲养的危险动物，其行为性质更为恶劣，因此对此类损害责任适用最为严格的无过错责任自在情理之中。

3. 动物园的动物损害责任

《民法典》第 1249 条规定，“动物园的动物造成他人损害的，动物园应当承担侵权责任；但是，能够证明尽到管理职责的，不承担侵权责任”。动物园是具有专业资质的动物饲养人和管理人，动物园饲养的动物处在其占有、支配和控制之下，因而动物园的动物致人损害时，责任主体应是动物园。

动物园饲养的动物有包括狮、虎、熊、象等在内的大型动物，对周围群众具有较大的危险性，动物园应按照国家相关法律的要求尽到管理职责。为了强化动物园的责任，防止动物园动物致人损害，《民法典》对动物园的动物损害责任适用过错推定责任原则。即只要动物园的动物致人损害的，首先推定动物园存在过错，应当承担侵权责任；动物园只有证明其已经尽到管理职责，不存在过错，才能免于承担侵权责任。在诉讼中，动物园可以证明其已采取足够的安全措施和充分的警示义务，[①]如园区内的设施、设备没有缺陷，已设置明显的警示牌，已充分考虑到未成年人的特殊安全需要，管理员对游客挑逗动物或擅自翻越栏杆靠近动物等行为进行劝阻等，最大限度地杜绝损害后果发生，进而免于承担损害赔偿责任。

---

① 谢某某诉上海动物园饲养动物致人损害纠纷案，载《最高人民法院公报》2013 年第 8 期（总第 202 期）。

如果动物园未尽管理职责或者不能证明已尽到管理职责的，则其应当承担向被侵权人承担责任。与禁止饲养的危险动物损害责任不同，在动物园的动物损害责任中，如果被侵权人（及监护人）对于损害的发生存在过错，则可以依法减轻动物园的赔偿责任。例如，儿童在海洋馆游玩喂食海豹时右手被海豹咬伤，监护人未尽到监护职责，存在过错，应依法减轻海洋馆的赔偿责任。①

4. 遗弃、逃逸的动物损害责任

《民法典》第1245条规定，“遗弃、逃逸的动物在遗弃、逃逸期间造成他人损害的，由动物原饲养人或者管理人承担侵权责任”。遗弃、逃逸动物，称为丧失占有的动物，是指动物饲养人或者管理人将动物遗弃或者动物逃逸，而使动物饲养人或者管理人失去了对该动物的占有，如城市中流浪的猫狗大多属于这种情况。遗弃、逃逸的动物脱离了饲养人或管理人的管理和控制，对社会公众造成损害的危险程度显著增加，由原饲养人或管理人作为遗弃、逃逸动物损害的责任人，有助于避免动物饲养人或管理人随意遗弃动物，或者放任动物逃逸，维护社会公共安全。

遗弃、逃逸的动物损害责任适用无过错责任原则，只要遗弃、逃逸的动物造成他人损害，原饲养人或管理人就应承担侵权责任。如果被侵权人对于损害的发生或扩大具有过错，则可以适用过失相抵原则，减轻饲养人或管理人的赔偿责任。

四、饲养动物损害责任的抗辩事由

在饲养动物损害责任中，如果存在法定的或当事人约定的抗辩事由时，动物的饲养人或管理人的赔偿责任可以减轻或者免除。

（一）受害人故意或重大过失

《民法典》第1245条将“受害人故意或重大过失”作为饲养动物损害责任的法定的抗辩事由：(1)当被侵权人故意造成损害时，动物的饲养人或者管理人可以免于承担侵权责任；(2)当被侵权人对损害的发生具有重大过失时，动物的饲养人或者管理人仍应当承担侵权责任，但是可以依法减轻责任。被侵权人的故意或者重大过失，常常表现为故意挑逗、击打动物，或者不听警告擅自进入危险动物饲养区域等。在诉讼中，被侵权人故意或重大过失，应当由动物的饲养人或管理人承担举证责任。

（二）第三人过错

《民法典》第1250条规定，“因第三人的过错致使动物造成他人损害的，被侵权人可以向动物饲养人或者管理人请求赔偿，也可以向第三人请求赔偿。动物饲养人或者管理人赔偿后，有权向第三人追偿”。所谓“因第三人的过错造成他人损害”，应理解为动物的饲养人、管理人以及被侵权人之外的第三人从事了有过错的行为，导致被侵权人的民事权利遭受损害。并且，动物的饲养人、管理人不存在任何过错。

在因第三人的过错致使动物损害责任的情形下，饲养动物损害责任适用不真正连带

① 吉林省长春市朝阳区人民法院(2020)吉0104民初166号民事判决书。

责任，这里存在选择权和追偿权两项权利。选择权是指被侵权人既可以向动物饲养人请求赔偿，也可以向第三人请求赔偿；追偿权是指在被侵权人选择向动物饲养人或管理人行使请求权的情况下，动物饲养人或管理人承担的是中间责任，其向被侵权人承担了赔偿责任以后，有权向第三人追偿。

第八节　建筑物和物件损害责任

一、建筑物和物件损害责任概述

(一)建筑物和物件损害责任的概念和类型

建筑物和物件损害责任，是指建筑物、构筑物及其搁置物、悬挂物、堆放物或者林木等其他设施造成他人损害时相关主体依法应当承担的侵权责任。与一般侵权行为不同，建筑物和物件致人损害并非行为人对受害人实施某种加害行为所导致的，而是建筑物和物件本身致人损害，因此这类侵权也称为“准侵权行为”。

我国民事立法对建筑物损害责任和物件损害责任进行了区分，对这两类责任分别作出了规定。这一立法经验导源于 1986 年的《民法通则》，后为《侵权责任法》和《民法典》侵权责任编所继承。[①]《民法典》侵权责任编第十章用七个条文对这两类责任作出了列举式规定：(1)建筑物损害责任，包括建筑物、构筑物或者其他设施倒塌、塌陷致害责任(第 1252 条)，建筑物等设施脱落、坠落致害责任(第 1253 条)，抛掷物、坠落物致害责任(第 1254 条)；(2)物件损害责任，包括堆放物致害责任(第 1255 条)、在公共道路上妨碍通行的物品致害责任(第 1256 条)、林木致害责任(第 1257 条)、地面施工致害责任(第 1258 条第 1 款)以及地下设施致害责任(第 1258 条第 2 款)。我国采取这种具体列举而非概括的方式来规定建筑物和物件损害责任存在一定的不足，因为建筑物和物件损害责任的实质在于物的设计、建造或设置上有缺陷或者是在使用、管理上有问题从而给他人造成损害，至于建筑物和物件以何种具体方式给他人造成损害，则并非重要。因此仅是简单罗列了一些常见的物件致害的具体方式，存在挂一漏万的弊端。[②]

(二)建筑物和物件损害责任的归责原则

为了保护受害人，减轻受害人的举证负担，比较法上建筑物和物件损害责任通常采用过错推定原则。《民法典》根据造成损害的物件不同及物件造成的损害方式不同，采取了多种不同的归责原则：

1. 过错责任原则。即行为人仅在过错的情况下，才承担侵权责任。例如，《民法典》

---

① 王利明：《民法学精论》(下)，中国检察出版社 2022 年版，第 2117 页。

② 程啸：《侵权责任法》，法律出版社 2017 年第 3 版，第 633 页。

第 1252 条第 2 款规定的建筑物、构筑物或者其他设施倒塌、塌陷致害责任中，因所有人、管理人使用人或者第三人的原因，所有人、管理人、使用人或者第三人应承担侵权责任。《民法典》第 1254 条第 2 款规定的抛掷物、坠落物致害责任中，物业服务企业等建筑物管理人若没有采取必要的安全措施防止抛掷物、坠落物致人损害的，应当承担侵权责任。

2. 过错推定原则。即法律首先推定行为人存在过错，由其举证推翻法律上这一推定，如果行为人不能推翻这个推定，则其依法应当承担侵权责任。《民法典》第 1253 条规定的建筑物等设施脱落、坠落致害责任，第 1255 条规定的堆放物致害责任，第 1256 条规定的公共道路妨碍通行物品致害责任中公路管理人的责任，第 1257 条规定的林木致害责任中林木的所有人或者管理人的责任，第 1258 条规定的地下设施致害责任中施工人与管理人的责任，均适用过错推定原则。

3. 无过错责任原则。即没有过错造成他人损害的，依法律规定应当由与造成损害原因有关的人承担民事责任的原则。《民法典》第 1252 条规定的建筑物、构筑物或者其他设施倒塌、塌陷致害责任和第 1256 条规定的在公共道路上妨碍通行物品致害责任中行为人的责任，均适用无过错责任原则。

4. 公平责任原则。公平责任是指当事人对造成的损害都无过错、不能适用无过错责任要求行为人承担赔偿责任，但如果不赔偿受害人遭受的损失又显失公平的情况下，由人民法院根据当事人的财产状况及其他实际情况，责令行为人对受害人的财产损失给予适当补偿的一种责任形式。例如在抛掷物、坠落物致害责任（第 1254 条第 1 款）中，在难以确定具体侵权人，且建筑物的使用人又不能证明自己不是侵权人的情况下，由可能加害的建筑物使用人共同分担受害人的损失，给予受害人补偿。可能加害的建筑物使用人的补偿责任即为一种公平责任。[①]

二、建筑物损害责任

案例分析：宁某家附近正在盖新的住宅小区，一天宁某吃完饭后外出散步，突然下起雨来，宁某就跑到工地的围墙下避雨。不料围墙突然倒塌，将宁某压在下面，致使宁某受了伤，所幸没有生命危险。宁某伤愈后找到工地，要求其赔偿损失，但工地认为这是天灾，不同意赔偿。宁某的损失该由谁赔偿？

解答：本案中，墙被雨水弄倒塌，说明墙本身的质量存在缺陷。根据《民法典》第 1252 条的规定，应当由建设单位与施工单位承担连带责任。

（一）建筑物、构筑物或者其他设施倒塌、塌陷致害责任

《民法典》第 1252 条规定，“建筑物、构筑物或者其他设施倒塌、塌陷造成他人损害的，由建设单位与施工单位承担连带责任，但是建设单位与施工单位能够证明不存在质量缺陷的除外。建设单位、施工单位赔偿后，有其他责任人的，有权向其他责任人追偿。

① 程啸：《侵权责任法教程》，中国人民大学出版社 2020 年版，第 351 页。

因所有人、管理人、使用人或者第三人的原因,建筑物、构筑物或者其他设施倒塌、塌陷造成他人损害的,由所有人、管理人、使用人或者第三人承担侵权责任”。关于建筑物、构筑物或者其他设施倒塌、塌陷致害责任,有以下几点值得注意:

1. 构成要件

(1)建筑物、构筑物或者其他设施发生了倒塌、塌陷。首先,致害物为建筑物、构筑物或者其他设施。所谓建筑物,是指人工建造的、固定在土地上,其空间用于居住、生产或者存放物品的设施,如住宅、写字楼、车间等。构筑物或者其他设施,是指人工建造的,固定在土地上、建筑物以外的某些设施,如道路、桥梁、隧道、房屋内的电梯等。无论是建筑物、构筑物还是其他设施,均属于不动产。在动产导致他人损害时,如果该动产是不动产上的搁置物、悬挂物,则适用《民法典》第1253条的规定;如果该动产是堆放物,则适用《民法典》第1255条的规定。其次,建筑物、构筑物或者其他设施发生倒塌、塌陷。倒塌、塌陷意味着该建筑物、构筑物或者其他设施主体结构或者整个建筑物、构筑物或者其他设施倾倒、崩塌,丧失了基本的使用功能。

(2)建筑物、构筑物或者其他设施倒塌、塌陷给他人造成了损害。如果建筑物、构筑物或者其他设施倒塌、塌陷,没有造成他人的人身或财产损害的,那么就不构成建筑物、构筑物或者其他设施倒塌、塌陷致害责任。

(3)建筑物、构筑物或者其他设施倒塌、塌陷与损害结果之间存在因果关系。建筑物、构筑物或者其他设施倒塌、塌陷是损害结果出现的原因,被侵权人应当对因果关系承担举证责任。

(4)建筑物、构筑物或者其他设施的相关责任人存在过错。建筑物、构筑物或者其他设施倒塌、塌陷致害责任中,责任主体包括:第一,建设单位和施工单位;第二,所有人、管理人、使用人或者第三人。建设单位和施工单位的过错主要体现为其建筑物、构筑物或者其他设施存在质量缺陷,所有人、管理人、使用人或者第三人的过错主要体现为其对建筑物、构筑物或者其他设施未尽到管理、维护职责。

2. 抗辩事由

建筑物、构筑物或者其他设施倒塌、塌陷致害责任中建设单位和施工单位的责任适用过错推定原则。在建筑物、构筑物或者其他设施倒塌、塌陷造成他人损害之时,法律推定该建筑物、构筑物或者其他设施存在质量缺陷,由建设单位和施工单位对被侵权人承担连带责任,向被侵权人进行赔偿。如果建设单位和施工单位能就自己的建筑物、构筑物或者其他设施不存在质量缺陷进行举证,则建设单位和施工单位就不承担侵权责任。但是,如果建设单位和施工单位不能证明其建筑物、构筑物或者其他设施不存在质量缺陷,但是能够证明质量缺陷是由其他责任人所导致的,则建设单位和施工单位在向被侵权人赔偿后,有权向其他责任人追偿。

值得注意的是,如果建筑物、构筑物或者其他设施倒塌、塌陷致人损害并非建设缺陷所导致,而是由于所有人、管理人、使用人或者第三人对建筑物、构筑物或者其他设施存在管理、维护失职所导致的,则根据《民法典》的规定应当由所有人、管理人、使用人或者第三人向被侵权人承担侵权责任。然而,若建设单位和施工单位不能证明其建筑物、构筑物或者其他设施不存在质量缺陷，只是证明损害是由于所有人、管理人、使用人或者第三人的原因所导致的，尚不能认为建设单位和施工单位已经证明自己没有过错，仍然应当向被侵权人承担连带责任。

(二)建筑物等设施及其搁置物、悬挂物脱落、坠落致害责任

建筑物等设施脱落、坠落责任是指因建筑物、构筑物或者其他设施及其搁置物、悬挂物脱落、坠落造成他人损害而产生的侵权损害赔偿责任。根据《民法典》第1253条的规定，“建筑物、构筑物或者其他设施及其搁置物、悬挂物发生脱落、坠落造成他人损害，所有人、管理人或者使用人不能证明自己没有过错的，应当承担侵权责任。所有人、管理人或者使用人赔偿后，有其他责任人的，有权向其他责任人追偿”。

1. 构成要件

(1)建筑物、构筑物或者其他设施及其搁置物、悬挂物发生了脱落、坠落。建筑物、构筑物和其他设施，是指依人工在土地上所建造的设施，属于不动产。搁置物是指因为人工或者天然原因而存在于建筑物、构筑物和其他设施之上的各种物品，如阳台上的花盆。悬挂物是指因人工原因或天然原因而悬挂于建筑物侧面的物品，如悬挂于房屋外墙的空调机、房檐下的冰柱。

建筑物、构筑物和其他设施脱落，是指建筑物、构筑物或者其他设施的组成部分从建筑物主体脱离。搁置物、悬挂物坠落，是指搁置物、悬挂物从建筑物、构筑物和其他设施之上落下。搁置物和悬挂物均不是建筑物、构筑物或者其他设施的组成部分，其在坠落前与建筑物、构筑物或者其他设施并不结合在一起。

(2)建筑物等设施及其搁置物、悬挂物脱落、坠落给他人造成了损害。遭受损害的被侵权人只能是建筑物等设施的所有人、管理人、使用人以外的人，否则不能构成《民法典》第1253条所规定的建筑物等设施及其搁置物、悬挂物脱落、坠落责任。

(3)所有人、管理人或者使用人不能证明自己没有过错。建筑物等设施及其搁置物、悬挂物脱落、坠落责任适用过错推定原则。法律推定建筑物等设施及其搁置物、悬挂物的所有人、管理人或者使用人存在过错，由所有人、管理人或者使用人提供证据推翻法律上的这个推定。如果所有人、管理人或者使用人不能证明自己不存在过错的，则应当承担侵权责任。

(4)建筑物等设施及其搁置物、悬挂物脱落、坠落与损害后果之间存在因果关系。被侵权人的损害应当是由脱落、坠落的建筑物等设施及其搁置物、悬挂物直接造成的，而非人为导致的。例如，甲将阳台上的花盆扔下楼，砸中了从楼下经过的乙。此种情形应当构成《民法典》第1254条中的抛掷物、坠落物致害责任，而非第1253条的建筑物等设施脱落、坠落责任。

2. 抗辩事由

我国对建筑物等其他设施及其搁置物、悬挂物脱落、坠落致害责任实行过错推定原则，由所有人、管理人或者使用人证明自己不存在过错，才能免于承担侵权责任。一般而言，所有人、管理人或者使用人仅是笼统地证明自己已经尽到注意义务，并不能达到证明

自己不存在过错进而要求免于承担侵权责任。所有人、管理人或者使用人还应当证明损害是由于第三人的原因、不可抗力、受害人故意造成的，才能免于承担责任。

建筑物等设施及其搁置物、悬挂物脱落、坠落致人损害，如果是第三人的原因导致的，则被侵权人仍然可以向所有人、管理人或者使用人请求承担赔偿责任。所有人、管理人或者使用人在向被侵权人赔偿以后，可以向第三人全部追偿。因为所有人、管理人或者使用人此时承担的是一种不真正连带责任，第三人才是终局的责任人。

（三）抛掷物、坠落物致害责任

1. 概述

抛掷物、坠落物致害责任是指从建筑物中抛掷物品或者从建筑物上坠落物品造成他人损害，所引发的侵权损害赔偿责任。自我国《侵权责任法》第 87 条确立抛掷物、坠落物致害责任以来，国内学者对该规定褒贬不一。在民法典起草之时，如何修改这一条款，使得抛掷物、坠落物致害案件中的责任分配和承担更加公平合理，成为民法典编纂的焦点问题之一。经过了多次讨论和修改，抛掷物、坠落物致害责任最终定型，规定于《民法典》第 1254 条。①

与《侵权责任法》第 87 条相比，《民法典》第 1254 条新增了如下内容：(1)从行为规范的角度明确禁止从建筑物中抛掷物品。这是一条禁止性规定，意义在于起到宣示性作用，告诫人们不得从建筑物中抛掷物品、坠落物品。(2)强调从建筑物中抛掷物品或者从建筑物上坠落物品造成他人损害时应当由侵权行为人承担责任。这是自己责任的应有之义，也是对过错责任原则的贯彻。(3)新增了可能加害的建筑物使用人的追偿权。即在可能加害的建筑物使用人向被侵权人给予补偿以后，有权向真正的侵权人追偿。(4)规定物业服务企业的安全保障义务及其未尽到安全保障义务时应当承担的侵权责任。(5)引入了有关机关依法调查的职责。

2. 构成要件

(1)存在从建筑物中抛掷物品或者从建筑物上坠落物品的事实。造成损害的物品应当是从“建筑物”中抛掷或者坠落的物品。如果造成损害的物品是从“构筑物或其他设施”中抛掷或坠落的，则应当适用《民法典》第 1253 条，由所有人、管理人、使用人或第三人承担侵权责任。

(2)有损害事实。损害事实包括人身损害和财产损害。如果从建筑物中抛掷物品或者从建筑物上坠落的物品并没有给他人造成损害，则不构成抛掷物、坠落物致害责任。

(3)从建筑物中抛掷物品或者从建筑物上坠落物品与损害事实之间存在因果关系。

---

① 《民法典》第 1254 条规定，“禁止从建筑物中抛掷物品。从建筑物中抛掷物品或者从建筑物上坠落的物品造成他人损害的，由侵权人依法承担侵权责任；经调查难以确定具体侵权人的，除能够证明自己不是侵权人以外，由可能加害的建筑物使用人给予补偿。可能加害的建筑物使用人补偿后，有权向侵权人追偿。物业服务企业等建筑物管理人应当采取必要的安全保障措施防止前款规定情形的发生；未采取必要的安全保障措施的，应当依法承担未履行安全保障义务的侵权责任。发生本条第一款规定的情形的，公安等机关应当依法及时调查，查清责任人”。

即从建筑物中抛掷物品或者从建筑物上坠落物品是造成他人遭受损害的原因。在民事诉讼中，被侵权人应就自己所受的损害与从建筑物中抛掷物品或者从建筑物上坠落物品之间存在因果关系承担举证责任。

3. 责任主体

(1)侵权人

《民法典》第 1254 条规定"禁止从建筑物中抛掷物品。从建筑物中抛掷物品或者从建筑物上坠落的物品造成他人损害的，由侵权人依法承担侵权责任"。即在抛掷物、坠落物致害案件中，如果损害发生时可以确定侵权人为何人，则应当由侵权人依法承担侵权责任。这里的侵权人既包括实施抛掷物品行为的人，也包括致害物品的所有人、管理人、使用人。

(2)可能加害的建筑物使用人

当抛掷物、坠落物致人损害发生时，经过公安等机关调查难以确定具体侵权人的，除能够证明自己不是侵权人的以外，由可能加害的建筑物使用人补偿。

首先，责任主体应是建筑物的使用人，而不是所有人。所谓建筑物使用人是指损害发生时占有并使用建筑物的人，包括建筑物的所有人、承租人、借用人和其他使用建筑物的人。按照一般的生活经验，在抛掷物、坠落物致人损害时，建筑物使用人在建筑物内进行活动，控制、管理着建筑物和建筑物内的物品，此时加害人很可能就潜藏在建筑物使用人中。[①] 因此，在无法确定具体加害人的情况下，将建筑物使用人列为责任主体的范畴，有助于最大限度地确定可能的加害人，保护受害者的利益。

其次，并非所有的建筑物使用人都是责任主体，而必须是可能加害的建筑物使用人。这里使用了"可能加害"的修饰词，意在强调建筑物使用人与损害的发生存在因果关系的可能性较大。只有当建筑物使用人是极有可能造成受害人损害的情况下，才将其作为责任主体，有效限定了责任主体的范围，防止责任主体过于泛化。

再次，可能加害的建筑物使用人可以通过证明自己不是侵权人，使自己免于承担责任。尽管为了保证受害者的权益得到弥补，《民法典》第 1254 条采用公平责任原则，规定在经有关机关调查后仍无法确定具体侵权人的情况下由可能的加害人给予受害人补偿。但是该条同时还规定了可能加害的建筑物使用人的抗辩事由。如果可能加害的建筑物使用人能够提供充分证据，排除自己加害的全部可能性，如证明在损害发生时自己及其家人全部不在建筑物内或者致害物品并非归属于自己，则其无须对受害人承担补偿责任。当然，如果有证据能够确定具体的加害人的，则其他可能加害的建筑物使用人就无须再证明自己不是真正的加害人。

最后，可能加害的建筑物使用人承担了补偿责任以后，才发现具体加害人的，则其有权向真正的加害人追偿。

(3)物业服务企业等建筑物管理人

物业服务企业等建筑物管理人承担了小区、建筑物的管理职责，在防止抛掷物、坠落

① 程啸：《侵权责任法》，法律出版社 2017 年第 3 版，第 645 页。

物致人损害事件中扮演着重要角色。《民法典》第1254条第2款新增了物业服务企业等建筑物管理人违反安全保障义务应承担的侵权责任，从而将物业服务企业等建筑物管理人也纳入抛掷物、坠落物致害的责任主体之中。

在认定物业服务企业等建筑物管理人是否应当承担责任时，应考察其对于安全保障义务的违反与损害的发生是否具有因果关系。如果物业服务企业等建筑物管理人已经做好物业管理区域内的安全防范工作，防止高空抛物、坠物的发生，如在建筑物周围安装防护设施、定期对公共场地和设施设备等进行排查、安装监控设备、加强宣传教育等，则物业服务企业等建筑物管理人与损害的发生无因果关系，无须承担侵权责任。否则，则其应当依法承担未履行安全保障义务的侵权责任。

在抛掷物、坠物致人损害的情况下，物业服务企业等建筑物管理人承担的侵权责任是补充责任，而非完全赔偿责任。(1)在具体的侵权人能够确定的情况下，被侵权人首先应当向具体的侵权人主张权利，要求其承担赔偿责任。只有在具体的侵权人赔偿不足或者没有赔偿能力的情形下，被侵权人才可以要求物业服务企业等建筑物管理人承担相应的补充责任。所谓相应的补充责任，是指承担与违反安全保障义务人的过错程度和行为的原因力相应的责任。(2)在具体侵权人无法确定的情况下，抛掷物、坠物致人损害的责任主体主要有两个：一是违反安全保障义务的物业服务企业等建筑物管理人，二是可能加害的建筑物使用人。关于二者的责任认定顺位，《民法典》第1254条并没有作出规定。我们认为，物业服务企业等建筑物管理人的补偿责任是一种基于过错而承担的损害赔偿责任，可能加害的建筑物使用人是基于公平责任而分担受害人的损失，因此，在责任认定的顺位上，应先认定物业服务企业等建筑物管理人的责任，然后在此基础上再认定可能加害的建筑物使用人的补偿责任。

三、物件损害责任

(一)堆放物致害责任

堆放物致害责任是指堆放物整体倒塌或者部分堆放物从高处滚落、滑落到低处造成他人的损害，堆放人应当依法承担的侵权责任。堆放物致害责任属于“准侵权行为”，因为这类责任并不是行为人对自己的侵权行为承担责任，而是堆物造成的损害承担责任。[①]《民法典》第1255条规定，“堆放物倒塌、滚落或者滑落造成他人损害，堆放人不能证明自己没有过错的，应当承担责任”。

1. 构成要件

(1)堆放物倒塌、滚落或者滑落。堆放物是指堆放在土地上或者其他平面上的物品。堆放物具有临时性，必须是未固定在其他物体之上的动产，如堆放在建筑工地上的货物、建筑材料、矿石、砖头等。堆放在公共道路上的物品，不属于《民法典》第1255条所指的

① 张新宝:《中华人民共和国民法典侵权责任编理解与适用》，中国法制出版社2020年版，第357页。

堆放物，因此这类物品致人损害不能适用本条，而应当适用《民法典》第1256条规定的妨碍通行的物品致害责任规则。

(2)被侵权人的损害事实。被侵权人因为堆放物倒塌、滚落或者滑落遭受了损害，包括人身损害和财产损害。

(3)堆放物倒塌、滚落或者滑落与被侵权人的损害之间存在因果关系。

(4)堆放人存在过错。对于堆放物倒塌、滚落或者滑落致人损害的责任适用过错推定原则，由堆放人证明自己没有过错，否则其应承担侵权责任。在堆放物致害案件中，如果受害人的损害是基于受害人故意或者第三人原因导致的，则堆放人无须承担侵权责任。

2. 责任主体

根据《民法典》第1255条的规定，堆放物致害责任的主体规定为“堆放人”。这里的堆放人并不是指实施和完成堆放行为的人，而应当是指堆放物的所有人或者管理人。所有人或者管理人直接控制着堆放物，对堆放物有基本的看顾和安全管理的职责，如果对堆放物未尽到安全注意义务，所有人或者管理人应当承担赔偿责任。

3. 抗辩事由

堆放物致害责任实行举证责任倒置，由堆放人证明自己不存在过错，以免于承担责任。通常而言，堆放人采用以下路径证明自己没有过错：(1)设置堆放物不违反法律、行政法规、部门规章等的禁止性规定；(2)对堆放的选址没有过错；(3)在堆放的规模、结构、方式等方面没有过错；(4)对堆放的管理、维护、警示等方面没有过错。[①]

(二)在公共道路上妨碍通行的物品致害责任

在公共道路上妨碍通行的物品致害责任，是指在公共道路上堆放、倾倒、遗撒妨碍通行的物品造成他人损害，所引发的侵权损害赔偿责任。《民法典》第1256条规定，“在公共道路上堆放、倾倒、遗撒妨碍通行的物品造成他人损害的，由行为人承担侵权责任。公共道路管理人不能证明已经尽到清理、防护、警示等义务的，应当承担相应的责任”。

1. 构成要件

(1)在公共道路上堆放、倾倒、遗撒妨碍通行物品。公共道路是供不特定人通行使用的道路，在公共道路上堆放、倾倒、遗撒妨碍通行的物品会对社会大众的人身安全和财产安全产生威胁，故应当予以禁止。

(2)造成了他人损害。这里的“他人”，是指除了行为人、管理人(及其工作人员)以外的任何使用公共道路的第三人。

(3)在公共道路上堆放、倾倒、遗撒妨碍通行物品与他人损害之间存在因果关系。

(4)不同的责任主体适用不同的归责原则。在公共道路上堆放、倾倒、遗撒妨碍通行物品致害的责任主体有行为人和公共道路管理人。其中，对行为人适用无过错责任原

① 张新宝：《中华人民共和国民法典侵权责任编理解与适用》，中国法制出版社2020年版，第357页。

则，只要行为人在公共道路上堆放、倾倒、遗撒妨碍通行的物品，造成他人损害的，行为人就应当承担侵权责任。《民法典》对公共道路管理人适用过错推定原则，只要在公共道路上堆放、倾倒、遗撒妨碍通行的物品，首先推定公共道路管理人具有过错。除非其能够证明自己已经尽到清理、防护、警示等义务以外，否则公共道路管理人应当承担相应的侵权责任。

2. 责任主体与责任分担

在公共道路上堆放、倾倒、遗撒妨碍通行物品致害责任中包括了行为人和公共道路管理人这两个责任主体。二者的责任分担可以分为以下几种情况：

(1)根据《民法典》第1256条的规定，在公共道路上堆放、倾倒、遗撒妨碍通行物品造成他人损害的，由行为人承担侵权责任。这里的行为人通常是指那些直接“堆放、倾倒、遗撒妨碍通行物品”的单位、个人。如果公共道路管理人能够证明自己已经尽到清理、防护、警示等义务的，则应当由行为人对被侵权人承担全部的损害赔偿责任。

(2)如果公共道路管理人不能证明自己已经尽到清理、防护、警示等义务的，在这种情况下就涉及多数人侵权的问题。公共道路管理人应当与行为人对被侵权人的损害承担按份赔偿责任。公共道路管理人承担的责任份额应与其未尽到清理、防护、警示等义务的部分相适应。

(三)林木致害责任

林木致害责任是指林木的所有人或者管理人因未尽到维护林木义务而对因林木折断、倾倒或者果实坠落等致人损害，林木的所有人或者管理人依法应当承担的侵权责任。《民法典》第1257条规定，“因林木折断、倾倒或者果实坠落等造成他人损害，林木的所有人或者管理人不能证明自己没有过错的，应当承担侵权责任”。

1. 构成要件

(1)存在林木折断、倾倒或者果实坠落等事实。林木是指种植在土地上的树木，不仅包括自然生长的树木，也包括人工种植的树木。

(2)林木折断、倾倒或者果实坠落等造成了他人损害。林木折断、倾倒或者果实坠落等可能会对他人的人身、财产安全造成损害。例如，在大风、暴雨天气里，折断、倾倒的树木可能会砸坏停在路边的汽车，还可能导致行驶中的汽车避让不及而发生交通事故，造成人员伤亡。

(3)林木折断、倾倒或者果实坠落等与他人损害之间存在因果关系。

(4)林木的所有人或者管理人存在过错。林木折断、倾倒或者果实坠落等致人损害往往是由于所有人或者管理人没有尽到管理、维护的职责所导致的，因此我国的林木致害责任适用过错推定原则，所有人或者管理人应证明自己不存在过错，否则其应当承担损害赔偿责任。

2. 责任主体

林木致害责任在本质上属于物的责任，应当由能够对物施加管理、控制的人来承担责任。根据《民法典》第1257条的规定，林木折断、倾倒或者果实坠落致人损害的，责任主体为林木的所有人或者管理人。所有人即林木的所有权人。管理人是指依据合同或法律规定对林木负有管理职责的民事主体，如物业服务企业对物业小区内的树木负有管理、维护的职责。林木的所有人和管理人可以同为一人，如甲在自家的院子种了一棵树，甲既是该树的所有人，也是该树的管理人，此时所有人（或管理人）是责任主体。林木的所有人和管理人并非同一人的情况下，管理人为责任主体。

（四）地面施工致害责任

地面施工致害责任是指在公共场所或者道路上挖坑、修缮安装地下设施造成他人损害，施工人依法应当承担的损害赔偿责任。《民法典》第 1258 条第 1 款规定，“在公共场所或者道路上挖掘、修缮安装地下设施等造成他人损害，施工人不能证明自己已经设置明显标志和采取安全措施的，应当承担侵权责任”。

1. 构成要件

（1）必须是在公共场所或者道路上进行施工。如果不是在公共场所或者道路上施工而导致他人损害的，则不能认定为该施工行为构成地面施工致害责任。公共场所和道路通常来说都是群众比较聚集的场所，在这些场所进行施工有可能会给群众和过往行人的人身和财产安全带来潜在的威胁，因此法律特别要求施工者在公共场所或者道路上挖掘、修缮地下设施等活动时负有高度的注意义务，必须采取安全防护措施，最大限度地避免给他人造成损害。

（2）施工人没有设置明显标志和采取安全措施。《民法典》第 1258 条第 1 款明确要求施工人在公共场所或者道路上挖掘、修缮安装地下设施等时，要尽到两项作为义务：一是设置明显标志，二是采取安全措施。施工人如果没有尽到前述义务给他人造成损害，说明施工人存在过错，应当依法承担赔偿责任。

（3）造成了他人损害。损害必须是从事地面施工以外的人的损害。如果是施工人自己在施工时受到损害，则不构成地面施工致害责任。

（4）施工人没有设置明显标志和采取安全措施与损害后果之间具有因果关系。地面施工致人损害是在施工期间发生的，且施工人违反注意义务的不作为是造成损害后果的原因，否则不构成此处的地面施工致害责任。

2. 责任主体

在地面施工致害责任中，责任主体为“施工人”。这里的施工人不能简单地理解成直接进行“挖掘、修缮安装地下设施等”活动的人，应当理解成组织施工的单位或者个人。施工单位的工作人员或者个体施工的雇员均不是此处所说的“施工人”。

3. 抗辩事由

地面施工致害责任适用过错推定责任原则，因此在诉讼中采取举证责任倒置，要求施工人要证明自己没有过错，即其已经尽到了两项法定注意义务：一是设置明显标志，二是采取安全措施。如果施工人不能证明自己已经尽到前述注意义务，则推定其具有过错，应当对受害人承担侵权损害赔偿责任。相反，如果施工人能够证明自己没有过错，则不承担侵权责任。

需注意的是，如果施工人设置了明显标志和采取了安全措施后，但是由于受害人故意、第三人的原因或者不可抗力导致标志或安全措施未能起到防止事故损害发生的，施工人不能主张免责。施工人必须举证证明其已经尽到管理、维护职责才能免于承担责任。

（五）地下设施致害责任

地下设施致害责任，是指窨井等地下设施造成他人损害，管理人应当承担的责任。《民法典》第1258条第2款规定，“窨井等地下设施造成他人损害，管理人不能证明尽到管理职责的，应当承担侵权责任”。

1. 构成要件

(1)地下设施致人损害。地下设施是指在地面以下以人力方式修建的窨井、下水道、水井、地窖等。地下设施致害的主要情形是覆盖物缺失或覆盖物缺陷，导致受害人跌入地下设施。[①] 地下设施造成他人损害，可以是人身损害，也可以是财产损害。

(2)管理人未尽管理职责。窨井等地下设施影响社会公众安全，因此要求管理人承担管理职责，采取一定的措施预防、避免损害的发生。如果地下设施的管理人没有尽到管理职责，导致地下设施致人损害的，则应当依法承担侵权责任。

(3)管理人未尽管理职责与地下设施致人损害之间有因果关系。管理人没有尽到管理职责必须与损害后果之间具有相当的因果关系。例如，受害人骑车回家，为了躲避从建筑物上掉下来的广告牌，受害人不慎掉入了没有井盖的下水道中导致人身伤害。在这种情况下，地下设施管理人没有尽到管理职责与受害人所遭受的人身伤害之间具有相当的因果关系。

2. 责任主体

地下设施致害责任的主体为管理人。管理人是指对窨井等地下设施负有管理、维护职责的单位或者个人，包括：(1)地下设施的所有人，如在自家院子里修建水井。(2)虽然不是地下设施的所有人，但对地下设施负有管理职责的民事主体，如物业服务公司、市政部门、高速公路管理公司等。城市地下设施复杂多样，包括供水、排水、燃气、热力、电力、通信、广播电视、工业等管线及其附属设施等，不同的地下设施分管不同的单位，因此，损害发生以后，应当及时查明致害设施的具体管理人，并根据其过错程度确定各自应当承担的侵权责任。

3. 抗辩事由

地下设施致害责任适用过错推定原则，只要发生了地下设施致人损害就推定管理人有过错，由管理人承担侵权责任。管理人若对此推定有异议，则应当提供证据证明自己已尽到管理职责，不存在过错，才能免于承担侵权责任。

由于第三人原因、受害人故意或者不可抗力，如第三人恶意破坏窨井的井盖，导致地下设施致人损害的，管理人不能仅以存在第三人原因、受害人故意、不可抗力的法定事由

① 盛舒弘：《民法原理与实务 侵权责任编》，中国政法大学出版社2021年版，第194页。

而要求免责，而是仍然需要证明自己已经尽到管理职责才能免责。这是因为管理人对其管理的地下设施负有维持义务，在地下设施被破坏、移动、偷窃等情况下，管理人应当及时修复。

本章小测

一、客观题

扫码测试

二、主观题

1. 简述环境污染、生态破坏责任中惩罚性赔偿制度。
2. 简述生态环境损害侵权的抗辩事由。
3. 简述高度危险责任的概念与特征。
4. 简述高度危险责任的构成要件。
5. 简述抛掷物、坠落物致害责任的构成要件。
6. 简述违反规定未采取安全措施的饲养动物损害责任。

拓展案例

1. 连云港市赣榆区环境保护协会诉王某杰环境污染损害赔偿公益诉讼案。

2. 某甲、某乙、某丙与某照明公司、某市管理局、某市照明服务中心高度危险责任纠纷案。

3. 犬只追逐致路人受惊吓摔伤，饲养人、管理人应当承担赔偿责任——张某甲诉张某乙饲养动物损害责任纠纷案。

4. 咪咕数字传媒有限公司与济南众佳知识产权代理有限公司侵害作品信息网络传播权纠纷案。

拓展案例

延伸阅读

1. 有关“特殊侵权责任”的概要性阐释，可扫码收听音频：

2. 关于“高度危险的判断”的详细阐释，可扫码收听音频：

3. 关于“不真正连带责任与连带责任的关系”的详细阐释，可扫码收听音频：

4. 关于监护人责任的诉讼架构，可扫码阅读：

本章参考文献

1. 程啸：《侵权责任法》，法律出版社 2021 年第 3 版。
2. 陈龙业：《民法典侵权责任编的创新发展与规则适用》，人民法院出版社 2023 年版。
3. 王泽鉴：《侵权行为》，北京大学出版社 2016 年第 3 版。
4. 熊进光：《无人驾驶汽车侵权法律问题研究》，法律出版社 2023 年版。
5. 北京互联网法院：《网络侵权纠纷典型案例解析》，中国法制出版社 2022 年版。
6. 李红玲：《普通法系侵权法抗辩事由研究》，法律出版社 2024 年版。
7. 黄薇：《中华人民共和国民法典侵权责任编解读》，中国法制出版社 2020 年版。
8. 最高人民法院民法典贯彻实施工作领导小组：《中国民法典适用大全·侵权责任卷(二)》，人民法院出版社 2022 年版。
9. 张新宝：《中华人民共和国民法典侵权责任编理解与适用》，中国法制出版社 2020 年版。
10. 王利明：《民法学精论》(下)，中国检察出版社 2022 年版。
11. 盛舒弘：《民法原理与实务：侵权责任编》，中国政法大学出版社 2021 年版。
12. 谢某某诉上海动物园饲养动物致人损害纠纷案，载《最高人民法院公报》2013 年第 8 期(总第 202 期)。
13. 吉林省长春市朝阳区人民法院(2020)吉 0104 民初 166 号民事判决书。